江西省社科基金委托项目
"江西民族交往交流交融史料汇编·秦汉卷"（23WT02）

海昏侯刘贺墓
"孔子衣镜"的历史内涵考察

何 丹 著

An Investigation of the Historical Connotation of the "Clothing Mirror of Confucius" in the Tomb of Marquis Liu He of Haihun

中国社会科学出版社

图书在版编目（CIP）数据

海昏侯刘贺墓"孔子衣镜"的历史内涵考察／何丹著．－－北京：中国社会科学出版社，2024.12.
ISBN 978-7-5227-4487-2

Ⅰ．K878.84

中国国家版本馆 CIP 数据核字第 2024F89F88 号

出版人	赵剑英
责任编辑	郭 鹏
责任校对	李晓琳
责任印制	李寡寡

出　　版	中国社会科学出版社
社　　址	北京鼓楼西大街甲 158 号
邮　　编	100720
网　　址	http://www.csspw.cn
发 行 部	010-84083685
门 市 部	010-84029450
经　　销	新华书店及其他书店
印　　刷	北京明恒达印务有限公司
装　　订	廊坊市广阳区广增装订厂
版　　次	2024 年 12 月第 1 版
印　　次	2024 年 12 月第 1 次印刷
开　　本	710×1000　1/16
印　　张	30
字　　数	465 千字
定　　价	168.00 元

凡购买中国社会科学出版社图书，如有质量问题请与本社营销中心联系调换
电话：010-84083683
版权所有　侵权必究

目 录

第一章 衣镜的画像构成与布局内涵 …………………………………… (1)

  第一节 人神布局间的方位信仰 …………………………………… (2)

    一 以上为尊 …………………………………………………… (2)

    二 以左为尊 …………………………………………………… (3)

    三 以中为尊 …………………………………………………… (3)

  第二节 五行意识中的色彩取向 …………………………………… (6)

    一 赤色信仰 …………………………………………………… (6)

    二 黄色信仰 …………………………………………………… (9)

    三 黑色信仰 …………………………………………………… (10)

    四 五色信仰 …………………………………………………… (11)

  第三节 阴阳观念下的儒家思想 …………………………………… (14)

    一 尊师重教 …………………………………………………… (14)

    二 男尊女卑 …………………………………………………… (17)

    三 重人轻神 …………………………………………………… (19)

    四 阴阳和谐 …………………………………………………… (22)

第二章 衣镜的圣人孔子与汉代教育 …………………………………… (27)

  第一节 对孔子画像与附属传记的文本依据的追溯 ……………… (27)

    一 相关的学术进展情况 ……………………………………… (27)

    二 "孔子传记"与《史记》的关系 ………………………… (30)

三　"孔子图案"与《史记》的吻合 …………………………………(41)
　　四　由相合再谈《史记》的影响和流传 ………………………………(42)

第二节　由孔子画像的两宗题材对汉代教育的窥探 ……………………(47)
　　一　学者宗之，可冒至圣 ………………………………………………(48)
　　二　皇者用之，以行教化 ………………………………………………(56)
　　三　汉代教育，今朝启示 ………………………………………………(67)

第三章　衣镜的孔子之徒与组合排序 …………………………………………(70)

第一节　孔子弟子传记与《史记·仲尼弟子列传》的文本
　　　　联系 ………………………………………………………………(70)
　　一　相关的学术进展情况 ………………………………………………(70)
　　二　"孔子弟子传记"与《仲尼弟子列传》的对应关系 ……………(72)
　　三　"孔子弟子传记"与《仲尼弟子列传》之非对应
　　　　关系 ………………………………………………………………(80)
　　四　从《仲尼弟子列传》"太史公曰"再论"传记"的
　　　　文本依据 …………………………………………………………(87)

第二节　颜渊、子赣、子路的"君子"组合与仁、智、勇的
　　　　排序 ………………………………………………………………(94)
　　一　衣镜孔子师徒画像中的三人形象 …………………………………(95)
　　二　刘贺生前汉人眼中的三人组合 ……………………………………(110)
　　三　汉人对画像中三人的排序蠡测 ……………………………………(119)

第三节　衣镜画像中孔子前三位弟子的春秋影响和"国士"
　　　　形象 ………………………………………………………………(143)
　　一　画像前三弟子在孔子私学内的地位 ………………………………(144)
　　二　画像前三弟子在春秋诸侯国的影响 ………………………………(153)
　　三　三君子各自的治国能力和重要意义 ………………………………(163)
　　四　三人的国士形象和颜渊辅相的名望 ………………………………(182)

第四章　衣镜的神仙信仰与灵兽观念 …………………（204）
第一节　以"西王母"与"东王公"为阴阳主神的神仙
信仰 ………………………………………………（204）
一　西汉中期西王母信仰具有承前启后的阶段性特征 ……（205）
二　西王母信仰在西汉中期发展的突出表现 ……………（213）
第二节　《衣镜赋》"蜚麇"与《上林赋》"蜚遽"的
不同 ………………………………………………（222）
一　《上林赋》"飞遽"的具体所指 ………………………（223）
二　《衣镜赋》"蜚麇"的神兽身份 ………………………（239）
三　"蜚麇"的神化形象和文化内涵 ……………………（249）
第三节　"蜚麇"以"麒麟"为动物原型的诸多补证 ………（261）
一　"麒麟"与"蜚麇"身份的相合 ………………………（262）
二　"麒麟"与"蜚麇"形象的相合 ………………………（280）
三　"麒麟"与"蜚麇"入地的相合 ………………………（286）

第五章　衣镜的麒麟神兽与黄龙形象 …………………（294）
第一节　"蜚麇"兼容"黄龙"形象的必然性解析 …………（295）
一　匹配五星之"勾陈"的星象必然 ……………………（296）
二　对应五色之"黄色"的色彩必然 ……………………（300）
三　隶属五帝之"黄帝"的祥瑞必然 ……………………（308）
四　确立五德之"土德"的汉德必然 ……………………（313）
第二节　"蜚麇"兼容"黄龙"形象的合理性阐释 …………（319）
一　生物学角度色彩转化的合理 …………………………（320）
二　阴阳学角度属性相生的合理 …………………………（326）
三　艺术学角度文化加工的合理 …………………………（328）
四　功能学角度性情互补的合理 …………………………（339）
五　民族学角度夷夏太平的合理 …………………………（345）

第六章　由孔子与弟子的传记对《史记》流传的再认识 ……… (360)
　第一节　对《史记》在西汉流传与否的认识 ……………… (360)
　　一　由刘贺墓孔子画像观宣帝朝《史记》之流传 ……… (360)
　　二　由"盐铁会议"观昭帝朝《史记》之流传 ………… (367)
　　三　由"孔子见老子汉画像"对武帝朝《史记》的流传
　　　　推测 …………………………………………………… (370)
　第二节　对《史记》在西汉流传形式的蠡测 ……………… (376)
　　一　家传本《史记》的存在与流传 …………………… (377)
　　二　官藏本《史记》的存在与流传 …………………… (380)
　　三　成王时东平王事件的正确理解 …………………… (390)
　　四　海昏侯墓孔子画像的隐含提示 …………………… (395)
　　五　《史记》流传问题的相关余论 …………………… (402)

第七章　有关衣镜主人刘贺《汉书》所载形象的再认识 ……… (410)
　第一节　由孔子画像对刘贺形象的再思考 ………………… (410)
　　一　关于海昏侯的已有认知倾向——刘贺无辜,历史
　　　　冤案 …………………………………………………… (411)
　　二　孔子衣镜与刘贺个人的关系——因缘故里,玩世
　　　　不恭 …………………………………………………… (413)
　第二节　由汉代丧礼对刘贺形象的再思考 ………………… (426)
　　一　《霍光传》所记刘贺帝位被废的原因 ……………… (427)
　　二　《汉书》关于刘贺被废真实性的自证 ……………… (429)
　　三　海昏侯墓随葬儒家经典与刘贺的关系 …………… (438)
　　四　其他文物对《汉书》刘贺形象的证明 …………… (446)

总　结 …………………………………………………………… (451)

参考文献 ………………………………………………………… (458)

后　记 …………………………………………………………… (474)

第一章

衣镜的画像构成与布局内涵

南昌海昏侯刘贺墓的发现，无疑是江西近年最为轰动的历史事件。得益于杨军、徐长青等一批兢兢业业的考古学者的艰辛发掘，已知该墓创造了诸多历史纪录，并先后获得了2015年度的全国"六大"、"十大"考古新发现的殊荣。这份荣誉伴随着首都博物馆和江西省博物馆的两场《南昌汉代海昏侯国考古成果展》的成功举办，现今的刘贺墓早已是蜚名海内外。成名的原因与出土的精美文物所体现的学术价值有着重要关联，其中最为引人注目的便是发现于主椁室的一组衣镜。上面绘有人物形象，历经2000多年漆画颜色依然非常鲜艳，文字清晰可见，通过对所附文字的解读，可以确定画中的核心人物就是"孔子"，这组衣镜也由于绘有孔子形象和记有孔子传记，现今较为一致地被称为"孔子衣镜"。该衣镜自从问世便引起了社会的广泛关注，被誉为国宝级文物，不少学者据以研究史书对于墓主人刘贺帝位被废记载的真实性，并且力图重新认识刘贺的本来面目。本章则希冀透过孔子衣镜[①]先行认识刘贺所处时代的儒家思想与信仰，并以期能为之后进一步剖析这一重要文物及其所反映的西汉社会发表自己的浅显看法。

[①] 有关"孔子衣镜"的器物基本信息、文字内容释读等，主要依据江西省文物考古研究所的王意乐、徐长青、杨军、管理四位学者所刊之文：《海昏侯刘贺墓出土孔子衣镜》，《南方文物》2016年第3期，第61—70页。其上的文字部分，由于破损造成缺文或漫漶不清无法辨识的文字用□代替，残损文字用…表示，（）内的字为根据上下文和现存文献所推测。为行文方便，本章之内不再一一注释。

第一节 人神布局间的方位信仰

一 以上为尊

孔子与五位弟子的形象同绘于镜框背板，背板四周绘有方框，在方框内有两条黄色粗线将背板分割为大小一致的上下三部分，每个部分的格局基本一致，而地位最尊的孔子位于最上面一栏，可见西汉有"以上为尊"的信仰。这也与"衣镜赋"中陈述的对于神兽仙人的位置排列吻合，其文曰"下有玄鹤兮上鳳凰"，此处的上、下排位与凤凰尊于玄鹤的处境相一致。此外，从铜镜正面有繁复精美的装饰，而背面为素面来看，还展示了重正面而轻背面的观念，这种"重前轻后"的意识，实则也是"以上为尊"的体现，因为时人视"前"为"上"，视"后"为"下"。

而在空间概念中，"上下左右"为相对方位，"东西南北"才是绝对方位，若按西汉"坐北朝南"的四方分配习惯，即"上南下北、左东右西"，也就是"以上为尊"，意味着"以南为尊"。所以，皇帝的宝座是面南背北，皇帝祭天大礼是在南郊举行，皇帝与臣子的关系也以南北区分尊卑，是故流传有"南面称孤"、"南面称王"、"南面称尊"和"北面称臣"等习惯用语。置换到师徒关系中，由于"师尊徒卑"，故而《汉书·于定国传》记载：宣帝时人，"定国乃迎师学《春秋》，身执经，北面备弟子礼"[①]。故而南面为君、为师，北面为臣、为徒，孔子位于背板最上方一栏，正是体现了这种以上（南）为尊的方位意识。

这种以"上下"别"尊卑"的用法，在现今社会仍然可以找到遗迹。如今人常言的"高高在上"，既是对自然地势高度的形容，又是对社会权势高度的描述，其中，在"上"者，指的就是地位高贵的人，与位处卑下的人相对应。且迄今还有诸多以"上"、"下"来标示统治

---

① （汉）班固撰，（唐）颜师古注：《汉书》（一〇），中华书局1962年标点本，第3042页。

与被统治、领导与被领导关系的语言词汇，如"谄上骄下"、"瞒上欺下"、"欺上压下"、"上和下睦"、"下陵上替"、"上下相安"等，这正表达了"上下有等"的高低贵贱内涵。

二　以左为尊

衣镜背板最上面一栏除了有孔子之外，还有颜回的画像。孔子为师，位于左侧；颜回为徒，位于右侧，由"师尊徒卑"还可见有"以左为尊"的涵义。出于这些方位意识，镜框背板所绘六位人物的尊卑顺序也就可以判定为：孔子—颜回—子赣—子路—堂骀子羽—子夏。这一顺序不仅与"孔子传文"中以"颜回子赣"代指"孔子弟子"相吻合，还与"衣镜赋"中显示的苍龙、白虎的方位排列保持一致，其文曰："右白虎兮左苍龍"，由于龙尊于虎，所以还是可以看到"尊左"的意识。此外，这种意识在行文格式上也可以看出一二，如左侧的三人传记每列文字间用墨线分割，右侧的三人传记每列文字则没有墨线分割。左有右无的反差，可以明确地看到在同一栏中左边人物的重要性。

这种"以左为尊"的信仰，在西汉还有诸多表现，如进献禽、鱼之类的贡品时，要将牲体的头放在左边；乘车时，以左边之位为尊等。再联系到汉人"左东右西"的方位意识，可见讲究的是"以东为尊"，故而太子以其身份之尊而居"东宫"。所以，在"孔子衣镜"中，孔子身居老师的身份而被安排在颜回的左侧，就是表达了"以左为尊"的方位意识，且联系汉人"男尊女卑"的性别意识，衣镜赋中所说的"西王母兮東王公"，也是以左（东）为尊的表现。

三　以中为尊

观察整个镜框背面的图案，还可见孔子及其弟子的画像占据的面积最大，而且是中部主体位置，相对的神兽和仙人图案则位于镜框内框的四周边框。其中，仙人图案又位于四周边框的上方，按照"以上为尊"的原则，仙人地位则尊于神兽。而仔细阅读"衣镜赋"中对于衣镜绘画的描述，可以发现一个一致的现象，其文曰：

> 右白虎兮左苍龍，下有玄鶴兮上鳳凰。西王母兮東王公，……□□圣人兮孔子，□□之徒颜回卜商。

在这段话中，先言的神兽、仙人都是位处卑下的，如"右白虎"、"下玄鹤"、"西王母"；后言者则都是位处高位的，如"左苍龍"、"上鳳凰"、"東王公"。按照这样的叙述模式，先言的"神兽仙人"则卑于后言的"圣人孔子及孔子之徒"。也就是说，整个的叙述主线是遵循着"先卑后尊"的结构，故先言"神兽"，再言"仙人"，最后才说"圣人及圣人之徒"。将这种尊卑排序与儒家"重人轻神"的思想相联系，可知将最尊贵的人放于整个镜面最核心的位置，以最大面积来展示，就说明了时人还有"以中为尊"的意识，故而汉室天子也要依托中原来统治天下。

总结如上分析，可知在小范围内，西汉人"尊上"、"尊左"；在大范围内，则有着"尊中"的意识。而且对于"孔子衣镜"所显现出的这些方位尊卑，汉人很是看重。故而"衣镜赋"中，在介绍完神兽、仙人之后，紧接着有言"左右尚之兮日益昌"，谈的就是崇尚方位意识才能日益昌盛，实则就是要求遵循当时的等级制度。而且这些方位信仰早在楚汉之争时便是如此，据《史记·项羽本纪》记载，在著名的"鸿门宴中"，"项王、项伯东向坐，亚父南向坐。……沛公北向坐，张良西向侍"[1]。项羽将自己一方安排在东向、南向的尊位上，而把宴请的刘邦一方安排在北向、西向的卑位上，显露出了以我为尊、预杀刘邦的心态，刘邦一方也因此有了俎上鱼肉的感受。

若要追根溯源的话，这些方位礼制当直接继承于周代，如《大戴礼记·武王践阼》记载："师尚父亦端冕，奉书而入，负屏而立。王下堂，南面而立。"[2] 此处武王见尚父，就是以王者身份"南面而立"的。

---

[1] （汉）司马迁撰：《史记》（一），中华书局1982年标点本，第312页。
[2] （清）孔广森撰，王丰先点校：《大戴礼记补注》，中华书局2013年版，第114—115页。

又如《周易·说卦》曰："圣人南面而听天下"①；《庄子·盗跖》曰："凡人有此一德者，足以南面称孤矣"②；《韩非子·有度》曰："贤者之为人臣，北面委质，无有二心"③ 等。再如《礼记》的《曲礼上》云："主人入门而右，客入门而左"④，《檀弓上》云："二三子皆尚左"⑤；《史记·魏公子列传》载："公子从车骑，虚左，自迎夷门侯生"⑥。如此才有了"虚左以待"以示尊重的成语流传。此外，作为我国专称的"中国"一词最早出现的"何尊"，也属西周器物，而其所指的"中原之地"及其所居住的"华夏之民"也被周人视为政治正统和文化主导的代表。

如上所述，早在周礼当中，室内的席位就已经形成了东向为尊、西向为卑；南向为尊、北向为卑的习俗。所以，当宾客至时，为了显示对宾客的尊敬，主人应当安排宾客坐在西边或北边的位置上（面向东或面向南），自己为了表示自谦或以示卑下，则应当坐在东边或南边的位置上（面向西或面向北），也就是"东主西宾"，故而"主人家"才有了"东家"之称。《韩非子》卷九到卷十四的篇名，才会先是《内储说》，再是《外储说》；先是《内储说上》，再是《内储说下》；《外储说》也才会依次是"左上"、"左下"、"右上"、"右下"⑦。

时至今日，诸多固定短语中，还能看到东西、南北成对出现的情况，如东拉西扯、东张西望、东鳞西爪、东食西宿、东奔西跑；南辕北辙、南腔北调、南来北往、天南海北、南征北战等。而且无不是"东"前"西"后、"南"前"北"后，这种先后组合顺序恰好就是长期以来

---

① 周振甫译注：《周易译注》，中华书局1991年版，第281页。
② （清）王先谦：《庄子集解》，国学整理社编《诸子集成》（三），中华书局2006年版，第196页。
③ （清）王先慎：《韩非子集解》，国学整理社编《诸子集成》（五），中华书局2006年版，第23页。
④ （清）朱彬撰，饶钦农点校：《礼记训纂》，中华书局1996年版，第15页。
⑤ （清）朱彬撰，饶钦农点校：《礼记训纂》，中华书局1996年版，第96页。
⑥ （汉）司马迁撰：《史记》（七），中华书局1982年标点本，第2378页。
⑦ （清）王先慎：《韩非子集解》，国学整理社编《诸子集成》（五），中华书局2006年版，目录第2页。

按照尊卑顺序约定俗成的结果。因此，"东西南北"（"前后左右"）这些今天表示方位的用词，在古代却还有着区分尊卑的重要用途。

第二节　五行意识中的色彩取向

一　赤色信仰

衣镜上最为引人注目的色彩，当属对系列赤色的运用，包括：镜框表面髹红漆，孔子服饰用粉彩等。这种颜色的使用之所以能视之为信仰，由孔子画像与其他五位弟子的画像不同即可看出。与孔子画像是满绘、服饰用粉彩相对，其他人物都只是用线条描绘身体轮廓，可见粉色是有意而为之。按色相而论，粉色与红色均属于赤色系列，而《礼记·檀弓上》中明确表达有"周人尚赤，大事敛用日出，戎事乘騵，牲用骍"[1]的说法，所以，衣镜上红漆与粉彩的使用，体现的便是"周人尚赤"之说。这种以赤色代表尊贵的做法，在周代运用甚广。除了表现在《檀弓上》所说的丧事入殓用日出、军事乘赤身白腹的马、祭祀用赤牲之外，还可以此处衣镜所展示的"服饰用赤"和"装饰用赤"予以说明。

就"服饰用赤"而言，仅《诗经》中便多有反映，如《小雅·车攻》记载周宣王举行大规模会猎活动时，诸侯们身着"赤芾"的装束[2]；《豳风·七月》记载贵族祭祀所穿的礼服也属赤色，其曰："我朱孔阳，为君子裳"[3]；《小雅·斯干》记载君王之子诞生后就要穿戴"朱芾"，是言："朱芾斯皇，室家君王"[4]。而且依据杨宽先生对于金文的研究，也可见西周中期以后，周天子赏给公爵等执政大臣的命服是"朱芾"，赏给"卿"和诸侯的是"赤芾"[5]。再从考古所出实物来看，

---

[1] （清）朱彬撰，饶钦农点校：《礼记训纂》，中华书局1996年版，第83页。
[2] 刘毓庆、李蹊译注：《诗经》，中华书局2011年版，第450页。
[3] 刘毓庆、李蹊译注：《诗经》，中华书局2011年版，第364页。
[4] 刘毓庆、李蹊译注：《诗经》，中华书局2011年版，第476页。
[5] 杨宽：《西周史》，上海人民出版社2003年版，第477—479页。

陕西宝鸡茹家庄西周诸侯墓就出土有用朱砂染成的丝帛。① 就"装饰用赤"而言，同样可以找到相关佐证。在周代礼仪场合中有使用朱砂调漆髹饰的红色盾牌的情况，是谓"朱干"。②

受"周人尚赤"礼制的影响，红色在周代的信仰范围非常广泛，从而还有"楚人尚赤"、"巴人尚赤"等说法。如《墨子·公孟》记载楚庄王身穿红色的宽袖大袍以治国，是曰："楚庄王鲜冠组缨，绛衣博袍，以治其国，其国治"③；《国语·楚语上》记载楚灵王筑造的章华台行宫有"彤镂"之美④，也就是涂着华美的红彩。又如《华阳国志·蜀志》记载："开明帝始立宗庙，以酒曰醴，乐曰荆。人尚赤。帝称王。"⑤ 所以，将"周礼尚赤"和"孔子复周礼"的史实结合起来观之，"孔子衣镜"中运用系列赤色来表示尊贵之意也就显明起来，表达了对于孔子所生活的周代色彩信仰本来面目的一种尊重。

与此同时，受习俗传承的影响，赤色对于西汉男子来说仍然是一种高贵的象征，故而《史记》的《高祖本纪》记载：刘邦立为沛公之后，"祠黄帝，祭蚩尤于沛庭，而衅鼓旗，帜皆赤。由所杀蛇白帝子，杀者赤帝子，故上赤"⑥；《封禅书》记载刘邦立为汉王之后，也因在沛县始举义旗时自托为"赤帝子"之故，"而色上赤"⑦。是故西汉初期的马王堆汉墓所出土的多数丝织品都运用了红色，最具代表性的T型帛画和乘云绣、长寿绣中更是以红色为基调。

此外，值得特别注意的是，西汉对于"周人尚赤"的礼制在继承的同时，也适应时代情况有所改变。因为在周代的"五色"信仰中，

---

① 李也贞等：《有关西周丝织和刺绣的重要发现》，《文物》1976年第4期，第60—63页。
② 《礼记·明堂位》，（清）朱彬撰，饶钦农点校：《礼记训纂》，中华书局1996年版，第482页。
③ （清）孙诒让：《墨子间诂》，国学整理社编《诸子集成》（四），中华书局2006年版，第273—274页。
④ 徐元诰撰，王树民、沈长云点校：《国语集解》，中华书局2002年版，第493页。
⑤ （晋）常璩撰，任乃强校注：《华阳国志校补图注》，上海古籍出版社1987年版，第122页。
⑥ （汉）司马迁撰：《史记》（二），中华书局1982年标点本，第350页。
⑦ （汉）司马迁撰：《史记》（四），中华书局1982年标点本，第1378页。

还有"正色"与"奸色"（或称"间色"）的区别，如《礼记·玉藻》曰："衣正色，裳间色"①；《荀子·正论》曰："衣被则服五采，杂间色"② 等。都是指在五类系列色彩中，有一种标准颜色称之为"正色"，而"五正色"就是礼制所提倡的颜色，是正统、高雅的颜色。相反，"间色"就是不正之色。哪些颜色又算是"间色"呢？孔子曰："恶紫之夺朱也，恶郑声之乱雅乐也"③；君子"红紫不以为亵服"④，可见"红紫"便是孔子眼中的不正之色，这些"奸色"与"郑声"一样，不应当为君子所取。此处的"红色"对应哪种具体颜色呢？《说文·红》段注："今人所谓粉红、桃红也"⑤；近人程树德认为"红紫，间色不正，且近于妇人女子之服也"⑥。所以，孔子身上服饰用的粉彩，虽然也属赤色系列，但却是"奸色"，与孔子提倡"五正色"的态度不甚相符。由此可见西汉对于"正色"与"奸色"的区别，已经不再过分强调。这从宣帝时精通《尚书》的著名儒者夏侯胜在世时对学生的谆谆告诫中也可看出，其言："士病不明经术，经术苟明，其取青紫如俯拾地芥耳！"此处"青紫"，颜师古注曰："卿大夫之服也。"⑦ 而紫色在周礼中却是"奸色"，可见西汉之礼于周礼的因革损益并存。

这种细微的变化，当与西汉中期服饰色彩的进一步丰富相适应。而且这种情况早在春秋战国就已经存在，脍炙人口的"齐桓公服紫"⑧ 事

---

① （清）朱彬撰，饶钦农点校：《礼记训纂》，中华书局1996年版，第456页。
② （清）王先谦：《荀子集解》，国学整理社编《诸子集成》（二），中华书局2006年版，第222页。
③ 《论语·阳货》，杨伯峻译注：《论语译注》，中华书局1980年版，第187页。
④ 《论语·乡党》，杨伯峻译注：《论语译注》，中华书局1980年版，第99页。
⑤ （汉）许慎撰，（清）段玉裁注：《说文解字注》，上海古籍出版社1988年版，第651页。
⑥ 程树德撰，程俊英、蒋见元点校：《论语集释》，中华书局1990年版，第668页。
⑦ 《汉书·夏侯胜传》，（汉）班固撰，（唐）颜师古注：《汉书》（一〇），中华书局1962年标点本，第3159页。
⑧ 《韩非子·外储说左上》记载："齐桓公好服紫，一国尽服紫，当是时也，五素不得一紫，桓公患之。谓管仲曰：'寡人好服紫，紫贵甚，一国百姓好服紫不已，寡人奈何？'管仲曰：'君欲止之，何不试勿衣紫也。谓左右曰，吾甚恶紫之臭。'于是左右适有衣紫而进者，公必曰：'少却，吾恶紫臭。'公曰：'诺。'于是日，郎中莫衣紫；其明日，国中莫衣紫；三日，境内莫衣紫也。"见于（清）王先慎《韩非子集解》，国学整理社编《诸子集成》（五），中华书局2006年版，第210页。

件，就可为此提供证明。齐桓公喜欢紫色服饰，并进而引发国人好紫一事，反映的是人们内心对于色彩丰富化的追求。而有需求就会有市场，以至于统治者不得不从维护礼制的角度出发，规定"奸色乱正色，不粥于市"①，强令禁止奇装异服的商品买卖行为。但随着社会的日益发展，这种对服饰色彩多样化的内心需求却是不能被阻挡的。因此，周代一些所谓的"奸色"在西汉已经为人们所接受，并跻身为新的等级标识之色。

二 黄色信仰

红色之外，衣镜上比较突出的颜色便是黄色。包括：镜框内部背板以黄色粗线在四周绘有方框，在方框内又有两条黄色粗线将背板分割为大小一致的上下三部分，这样背板的六位人物，便两两位于以黄线绘成的方框之内。此处为什么一定要施以黄色，而不是其他颜色？联系到人们都生活于土地之上，而所认识的土地又基本都是黄色，可知运用了五行信仰中以"土"为"黄色"的观念，以此来表示圣人和圣人之徒立足于大地之上、扬名于身后之世的丰功伟绩。所以，这种黄色信仰根源于土地崇拜，这正如《周礼·考工记·画缋》所说的："地谓之黄"②；《逸周书·小开武解》所说的："五行：一黑，位水；二赤，位火；三苍，位木；四白，位金；五黄，位土"③；《说文解字》所言的："黄，地之色也"④。此外，由黄色位于镜框背板的中部位置，还可知体现了五行信仰中的以"中"为"黄"、为"土"的观念，故而《左传·昭公十二年》有言："黄，中之色也"⑤；《黄帝内经》是曰："东方青色"、"南方赤色"、"中央黄色"、"西方白色"、"北方黑色"⑥。所以，

---

① 《礼记·王制》，（清）朱彬撰，饶钦农点校：《礼记训纂》，中华书局1996年版，第200页。
② 杨天宇撰：《周礼译注》，上海古籍出版社2004年版，第640页。
③ 黄怀信：《逸周书校补注译》，西北大学出版社1996年版，第143页。
④ （汉）许慎撰，（清）段玉裁注：《说文解字注》，上海古籍出版社1988年版，第698页。
⑤ 杨伯峻编著：《春秋左传注》（四），中华书局1990年版，第1337页。
⑥ 姚春鹏译注：《黄帝内经》，中华书局2010年版，第31—33页。

"孔子衣镜"中的黄色主要反映的是五行思想。

这种五行思想还被战国时期的邹衍用于解释朝代的更迭，他所宣扬的"五德终始说"早在孝文帝时，就有鲁人公孙臣引以上书，言"汉得土德，宜更元，改正朔，易服色。当有瑞，瑞黄龙见"，不过由于"事下丞相张苍，张苍亦学律历，以为非是，罢之"①。直到汉武帝时，受董仲舒思想的影响，黄色才被提升至国家信仰层面。据《史记·孝武本纪》所载：太初元年，"夏，汉改历，以正月为岁首，而色上黄"。②汉武帝一改高祖以来"尚赤"的传统，以黄色象征国色，便是由黄色代表大地出发，认为秦为水德，以黑色为象征，汉代秦而立，按照"土胜水"的五行相生相胜理论，则汉自然是土德，以黄色为象征。这样黄色又与政治权力联系起来，成为尊贵之色，故而皇宫内有涂为"黄门"的，如《汉书·霍光传》载："上乃使黄门画者画周公负成王朝诸侯以赐光。"③

三　黑色信仰

除了赤色、黄色这两类较为鲜艳的颜色外，衣镜上使用比重最高的颜色乃是黑色。包括：镜框盖板正面的"衣镜赋"为墨书；人像两侧的人物传记是墨书；左侧三人传记每列文字间用墨线分割，右侧三人传记每列文字则没有墨线分割；在每篇介绍的起始、结束用黑圆点为篇首、篇尾等。对比传记左右两侧一有一无的现象，便可发现这些黑色色彩的使用也不简单，应当有表示庄严、正式之意。

据《礼记·檀弓上》的记载，"夏后氏尚黑，大事敛用昏，戎事乘骊，牲用玄"④，由夏人丧事入殓用黄昏时候、军事乘黑马、祭祀用黑牲，可见黑色的使用都是在丧葬、祭祀、战争之类正式场合，所以以黑色代表庄重的使用形式至少可以追溯到夏代。至周，作为卿士听朝之正

---

①《史记·历书》，（汉）司马迁撰：《史记》（四），中华书局1982年标点本，第1260页。
②（汉）司马迁撰：《史记》（二），中华书局1982年标点本，第483页。
③（汉）班固撰，（唐）颜师古注：《汉书》（九），中华书局1962年标点本，第2932页。
④（清）朱彬撰，饶钦农点校：《礼记训纂》，中华书局1996年版，第83页。

服的"缁衣"是黑色；作为所崇尚赤色的固定搭配也是黑色。如周代贵族的宫殿厅堂就多运用黑红配作为装饰，《楚辞·招魂》所云的"红壁沙版，玄玉梁些"正是这种色彩搭配的反映①；又如礼仪用器也以黑红配最为常见，湖北随县曾侯乙墓的外棺就以黑色为底，以朱砂等颜料绘出各种纹饰②。

至秦，"始皇推终始五德之传，以为周得火德，秦代周德，从所不胜。方今水德之始，改年始，朝贺皆自十月朔。衣服旄旌节旗皆上黑"，黑色成为秦的国祚之色，黎民也被更名为"黔首"。③ 这样，以"黑色"代表正式这种上千年之久的传统，在汉代也自然被继承下来。所以，汉代官员仍以黑色为朝服，皇帝仍以"玄衣赤裳"为"冕服"。迄今在戏剧舞台上还流行以黑色脸谱象征刚正无私，比如包公、李逵等人物都是黑脸的形象。

四 五色信仰

除了感官上可以看到的赤、黄、黑这三种颜色之外，通过衣镜还可以认识到时人对于其他颜色的看法。如"衣镜赋"有言："右白虎兮左苍龍，下有玄鹤兮上鳳凰。"从这句话中可以看到"四方"与"四色"的对应关系，即右为"白"；左为"苍"；下为"玄"；上为凤凰的"赤"。再结合这些神兽位于镜框内框四周的边框正面来看，前面提到的用以分割背板的黄色就是代表的"中央之色"。如此看来，结合衣镜上的图文情况，联系当时的方位意识（右为西、左为东、下为北、上为南），可见此处明显呈现出了"五色"与"五方"的对应关系，即：东为青、西为白、南为赤、北为黑、中为黄。

这种"五色配五方"的"五色"信仰，同样起源于周代，发展于汉代，所以形成或流传于这一阶段的文献对此关系多有阐述。除了前面

---

① （宋）洪兴祖撰，白化文等点校：《楚辞补注》，中华书局1983年版，第206页。
② 谭维四主编：《湖北出土文物精华》，湖北教育出版社2001年版，第115页。
③ 《史记·秦始皇本纪》，（汉）司马迁撰：《史记》（一），中华书局1982年标点本，第237、239页。

已经提到过的《黄帝内经》外，还有《周礼·春官·大宗伯》曰："以黄琮礼地，以青圭礼东方，以赤璋礼南方，以白琥礼西方，以玄璜礼北方"①；《考工记·画缋》曰："东方谓之青，南方谓之赤，西方谓之白，北方谓之黑，……地谓之黄"②；《说文解字》曰："青，东方色也"，"白，西方色也"，"赤，南方色也"，"黑，北方色也"，"黄，地之色也"③。

但若从盛行程度和对后世的影响来看，西汉才是五色信仰最为重要的阶段，这突出地表现在对于"五色帝"的祭祀上。这种祭祀虽然起源于东周秦国依次建立起的对"白帝"、"青帝"、"黄帝"、"炎帝"的祭祀④，却是完备于西汉，也就是在继秦朝后续祭祀四畤的基础上，经汉高祖刘邦作北畤祠黑帝⑤，"白、青、黄、赤、黑"的"五色帝"才最终俱全。而且俱全之后，自汉文帝发亲自郊祭"五色帝"之端起，西汉皇帝便经常亲往祭祀，可见对其的重视程度，其中又以汉武帝时"尤敬鬼神之祀"⑥，据《汉书·武帝纪》的记载，汉武帝一生更是七次"行幸雍，祠五畤"（见附表一）。

---

① 杨天宇撰：《周礼译注》，上海古籍出版社2004年版，第281页。
② 杨天宇撰：《周礼译注》，上海古籍出版社2004年版，第640页。
③ （汉）许慎撰，（清）段玉裁注：《说文解字注》，上海古籍出版社1988年版，第215、363、491、487、698页。
④ 据《史记·封禅书》记载："周东徙洛邑，秦襄公攻戎救周，始列为诸侯。秦襄公既侯，居西垂，自以为主少皞之神，作西畤，祠白帝"；"其后十六年，秦文公……作鄜畤，用三牲郊祭白帝焉"；至"秦宣公作密畤于渭南，祭青帝"；至"秦灵公作吴阳上畤，祭黄帝；作下畤，祭炎帝"。至秦始皇统一中国后，秦仍然"唯雍四畤，上帝为尊"。见于（汉）司马迁撰《史记》（四），中华书局1982年标点本，第1358—1364页。
⑤ 据《史记·封禅书》记载：汉王二年，刘邦"东击项籍而还入关，问：'故秦时上帝祠何帝也？'对曰：'四帝，有白、青、黄、赤帝之祠。'高祖曰：'吾闻天有五帝，而有四，何也？'莫知其说。于是高祖曰：'吾知之矣，乃待我而具五也。'乃立黑帝祠，命曰北畤。有司进祠，上不亲往。"见于（汉）司马迁撰《史记》（四），中华书局1982年标点本，第1378页。
⑥ 《史记·孝武本纪》，（汉）司马迁撰：《史记》（二），中华书局1982年标点本，第451页。

附表一　　　　　　西汉皇帝亲自祭祀"五色帝"的记载

皇帝	祭祀时间	祭次	出处：《汉书》中华书局1962年版
汉文帝	"十六年夏四月，上郊祀五帝于渭阳"。	1	《文帝纪》，第127页。
汉景帝	中元六年，"冬十月，行幸雍，郊五畤"。	1	《景帝纪》，第148页。
汉武帝	元光二年，"冬十月，行幸雍，祠五畤"。 元狩二年，"冬十月，行幸雍，祠五畤"。 元鼎四年，"冬十月，行幸雍，祠五畤"。 元鼎五年，"冬十月，行幸雍，祠五畤"。 元封二年，"冬十月，行幸雍，祠五畤"。 元封四年，"冬十月，行幸雍，祠五畤"。 太始四年，"十二月，行幸雍，祠五畤"。	7	《武帝纪》，第162页。 第175页。 第183页。 第185页。 第193页。 第195页。 第207页。
汉宣帝	五凤二年，"春三月，行幸雍，祠五畤"。	1	《宣帝纪》，第265页。
汉元帝	初元五年，"三月，行幸雍，祠五畤"。 永光四年，"三月，行幸雍，祠五畤"。 建昭元年，"三月，上行雍，祠五畤"。	3	《元帝纪》，第285页。 第291页。 第293页。
汉成帝	永始二年，"冬十一月，行幸雍，祠五畤"。 元延元年，"三月，行幸雍，祠五畤"。 元延三年，"三月，行幸雍，祠五畤"。 绥和元年，"三月，行幸雍，祠五畤"。	4	《成帝纪》，第322页。 第326页。 第327页。 第329页。

而所谓"五色帝"，核心便是将"五色"与"五方"、"五帝"直接对应起来，这在不少文献记载中都可以清晰地看到，如《礼记·月令》①、《吕氏春秋·十二纪》② 等文献中，皆有东方青帝、南方赤帝、中央黄帝、西方白帝、北方黑帝之说。而且天子在不同月令祭祀某帝时，相关车马服饰器用都要使用与之相应的颜色（见附表二）。所以，"五色帝"的祭祀在西汉变得完整并且延续下去的现象，就无疑说明了西汉社会盛行着以"五方"配"五色"的色彩信仰，如此便可知道"孔子衣镜"中绘画部分的构图依据。

---

① 杨天宇撰：《礼记译注》，上海古籍出版社2004年版，第172—216页。
② 陆玖译注：《吕氏春秋》，中华书局2011年版，第1—2、32、64、95、125、156、161、189、217、246、276、307、336页。

附表二　　　　　　　　"五色帝"祭祀中的主要元素

文献	五色	五方	五帝	天子	五德
《礼记·月令》（《吕氏春秋·十二纪》）	青	东	青帝大皞	乘鸾辂，驾仓（苍）龙，载青旗（斾），衣青衣，服仓（青）玉	木
	赤	南	赤帝炎帝	乘朱路（辂），驾赤駵（骝），载赤旗（斾），衣朱衣，服赤玉	火
	黄	中	黄帝	乘大辂，驾黄駵（骝），载黄旗（斾），衣黄衣，服黄玉	土
	白	西	白帝少皞	乘戎路，驾白骆，载白旗（斾），衣白衣，服白玉	金
	黑	北	黑帝颛顼	乘玄路（辂），驾铁骊，载玄旗（斾），衣黑衣，服玄玉	水

此外，还需关注的是，五色信仰中存在的青色和白色，在"孔子衣镜"中并没有单独出现，这两种颜色的缺失正与当时的等级社会对此二者的使用情况符合。如《扬子法言·吾子》曰："绿衣三百，色如之何矣？"[①] 表达的就是服绿者没有进入宗庙参加祭礼的资格。而绿色属于五色中的青色系列，可见作为专门的色彩，"青"的等级并不高。至于白色，在当时则主要用于丧服之色和庶民的服饰。所以，"青"、"白"二色的重要性主要在于是东方、西方的代表之色，而非贵族等级身份的象征之色，这也就解释了在充满着儒家等级尊卑意味的"孔子衣镜"中，为何独独缺失的原因。

第三节　阴阳观念下的儒家思想

一　尊师重教

孔子作为五位弟子的老师，他的画像被安排在最尊贵的位置，也就是镜框背板中间主体部分的左上方，而且与其他人物仅仅以线条描绘身体轮廓不同，孔子的画像是满绘且服饰用了粉彩。其次，在文字描述方面，衣镜赋中也是先提孔子，再言孔子之徒，其文曰："□□圣人兮孔

---

① （汉）扬雄：《扬子法言》，国学整理社编《诸子集成》（七），中华书局2006年版，第6页。

子，□□之徒颜回卜商。"且所有人物的传记中，也数孔子传记用墨最多、最为详细。再次，在孔子弟子的传记中，都会首先点明他们身为"孔子弟子"这一身份，并且重点去描述孔子对于他们思想的影响，以及他们对于孔子的高度评价和一致崇拜。此外，衣镜中出现的"圣人之徒"有颜回、子赣、子路、子羽、子夏、子张，这些都是孔子弟子中的代表人物，其中颜回作为孔子最喜欢的学生居于孔子之后、众弟子之前，可见并存的孔子之徒，也是参照孔子对于弟子的喜好和评价为标准。凡此种种，都是讲究尊师重教的体现。

这种尊崇师道、重视教育的风尚在刘贺所处的武、昭、宣之世，多有所见。比如：

第一，经师论道多称引于师。

即经师在阐述自己的观点时，常常说明得诸于师。如司马迁、王式等其时之人，都常言某义"闻之于师"。正因为如此，"师法"一词成为西汉的"习用语"，据粗略统计，仅《汉书》中就 9 次出现，而且《汉书·儒林传》在记载各经时，也是明确指出受之何师、传于何人，师传脉络十分清晰，可见时人讲究"师承效法之义"[1]。这正如皮锡瑞所说："汉人最重师法。师之所传，弟之所受，一字毋敢出入；背师说即不用。师法之严如此。"[2]

第二，中央政府真正重视教育。

主要表现在如下三个方面：首先，学校教育得到迅猛发展。就官学而言，汉武帝设立太学，且办学规模渐趋扩大，从元朔五年置博士弟子员五十人始，至昭帝时百人，宣帝时已达二百。另外，武帝还"令天下郡国皆立学校官"。其次，儒术经学开始发达兴盛。与高祖、文帝、景帝、窦太后不甚重儒不同，武帝即位后倾向儒术，采纳了董仲舒在《举贤良对策》中建议的"罢黜百家，独尊儒术"的文教政策，儒术独尊使得儒家经典成为中央太学的主要教育内容，《诗》、《书》、《礼》、

---

[1] 姜维公：《汉代经学教育中的师法与家法》，《社会科学战线》2005年第1期，第148页。
[2] （清）皮锡瑞著，周予同注释：《经学历史》，中华书局1959年版，第77页。

《易》、《春秋》均被立于学官，分门传授。至甘露元年，宣帝更是于石渠阁召集诸儒论经。再次，教师地位有了明显改观。比如师资数量大大增加；教师经济上享有优裕的地位，宣帝时更是将博士俸禄由原来的四百石增至六百石，且还时有慰劳赏赐；在政治上有所作为、顺利升迁的机会也大为增多，如董仲舒、疏广等众多名儒便是以博士入官。①

在最高统治者大力提倡儒家学说的社会背景下，西汉中后期"尊孔崇儒"的社会风尚也就自然形成，而"尊师重教"本就是儒家思想的重要组成部分，所以被当时儒者大力提倡。如"兴太学，置明师，以养天下之士"②的教育方针政策本就出于当时大儒董仲舒的建议，而且董仲舒更是明确地尊孔子为"素王"，其曰："孔子作《春秋》，先正王而系万事，见素王之文焉。"③ 孔子在这种汉代教育下也就被树立成师之偶像。而汉儒的这种主张渊源悠久，直接承自于先秦儒家。如荀子早就将尊师重教与国家兴衰联系起来，是曰："国将兴，必贵师而重傅。贵师而重傅，则法度存。国将衰，必贱师而轻傅。贱师而轻傅，则人有快，人有快则法度坏"④；"礼有三本：天地者，生之本也；先祖者，类之本也；君师者，治之本也"⑤。至于如何贯彻这种精神，先秦儒者认为"守师法"便是可行的具体方式，故而有言：

  人无师无法，而知则必为盗，勇则必为贼，云能则必为乱，察则必为怪，辩则必为诞；人有师有法，而知则速通，勇则速威，云能则速成，察则速尽，辩则速论。故有师法者，人之大宝也；无师

---

① 李玉方：《两汉时期尊师重教及历史原因》，《徐州师范学院学报》1992年第3期，第96—101页。

② 《汉书·董仲舒传》，（汉）班固撰，（唐）颜师古注：《汉书》（八），中华书局1962年标点本，第2512页。

③ 《汉书·董仲舒传》，（汉）班固撰，（唐）颜师古注：《汉书》（八），中华书局1962年标点本，第2509页。

④ 《荀子·大略》，（清）王先谦：《荀子集解》，国学整理社编《诸子集成》（二），中华书局2006年版，第336页。

⑤ 《荀子·礼论》，（清）王先谦：《荀子集解》，国学整理社编《诸子集成》（二），中华书局2006年版，第233页。

法者，人之大殃也。①

　君子之学也，说义必称师以论道，听从必尽力以光明。听从不尽力，命之曰背；说义不称师，命之曰叛。背叛之人，贤主弗内之于朝，君子不与交友。②

由此可知，"孔子衣镜"中以多种方式来突出"孔子"的特殊地位，就是对先秦以来儒家所形成的尊师重教精神的表达；孔子弟子的传文中对于师徒关系的率先说明和求学、治学之事的重点描述，以及对于孔子的高度赞扬等，则无不是尊崇师道的具体体现。

二　男尊女卑

衣镜图文中的"西王母"和"东王公"，符合当时西卑和东尊的方位观念，再联系到他们的性别属性，可知体现的是"男尊女卑"的思想，也就是即使都是仙人，也按照人间的男女性别地位进行了方位排列。由于汉人认为"夫妇之际，人道之大伦也"③，这种"男尊女卑"的意识，便是当时社会要义的重要组成。其中尤以董仲舒"夫为妻纲"的思想最具代表性，所以在他的代表作《春秋繁露》中，每每出现这种思想的阐述，如《顺命》中说"妻不奉夫之命，则绝"④，而且这一意识在西汉社会得到了广泛的贯彻。

第一，在为人女的阶段。

多数女性所接受的教育只是"女德"、"妇功"，即便少数上层社会和知识分子家庭的女子，能够如男子般接受音乐和儒家经典教育，受教育的场所也只能限于家内，而不能如男子般外出就学，且学习的目的也不是出仕为官，而是以修身养性、待娱男性为主。

---

①《荀子·儒效》，（清）王先谦：《荀子集解》，国学整理社编《诸子集成》（二），中华书局2006年版，第90—91页。
②《吕氏春秋·尊师》，陆玖译注：《吕氏春秋》，中华书局2011年版，第112页。
③《史记·外戚世家》，（汉）司马迁撰：《史记》（六），中华书局1982年标点本，第1967页。
④（清）苏舆撰，钟哲点校：《春秋繁露义证》，中华书局1992年版，第412—413页。

第二，在为人妇的阶段。

一方面，女子没有选取结婚对象的主动权，必须遵循父母之命、媒妁之言，以示遵循"合两姓之好，上以事宗庙，而下以继后世"① 的婚礼之要。甚至当国家/朝廷在军事上力所不能或鞭长莫及时，女子要远嫁异域，通过和亲为朝廷换取暂时利益。另一方面，女性要严格遵循"妇道"，敬事舅姑、料理家务等，否则就会因"七去"② 之由而遭到休弃，但"妇人有七见去，夫无一去义"。霍光、金日䃅都为武、昭、宣时期的辅政重臣，昭帝时，霍光曾"以女妻日䃅嗣子赏"，待"宣帝即位，赏为太仆，霍氏有事萌牙，上书去妻"③，可见即便不在七出之条，女子也会面临被遗弃的命运。

第三，在为人母的阶段。

首先，在生儿育女的问题上，盛行重男轻女之风，汉武帝时的一则民谣便是很好的反证，其言"生男无喜，生女无怒，独不见卫子夫霸天下"④。这里表面是在劝说世人莫要喜男厌女，但像卫子夫一般做了大汉皇后之人只是凤毛麟角，所以，"怒生女，喜生男"便是当时最为普遍的民众心理状态。其次，女性在早早承担生儿育女的责任同时，孩子出生之后，抚育子女成才的责任也主要落在朝夕相处的母亲身上。这从官方还往往对教子有方的女性进行表彰一事即可看出。如金日䃅的母亲因"教诲两子，甚有法度，上闻而嘉之。病死，诏图画于甘泉宫，署曰'休屠王阏氏'"⑤。再次，在夫死之后的去向问题上，西汉中后

---

① 《礼记·昏义》，（清）朱彬撰，饶钦农点校：《礼记训纂》，中华书局1996年版，第877页。
② 《大戴礼记·本命》中提出了男子处分妻子的法则——"七去"："妇有七去：不顺父母去，无子去，淫去，妒去，有恶疾去，多言去，窃盗去。不顺父母去，为其逆德也。无子，为其绝世也。淫，为其乱族也。妒，为其乱家也。有恶疾，为其不可与共粢盛也。口多言，为其离亲也。盗窃，为其反义也。"见于（清）孔广森撰，王丰先点校《大戴礼记补注》，中华书局2013年版，第246—247页。
③ 《汉书·金日䃅传》，（汉）班固撰，（唐）颜师古注：《汉书》（九），中华书局1962年标点本，第2962—2963页。
④ 《史记·外戚世家》，（汉）司马迁撰：《史记》（六），中华书局1982年标点本，第1983页。
⑤ 《汉书·金日䃅传》，（汉）班固撰，（唐）颜师古注：《汉书》（九），中华书局1962年标点本，第2960页。

期妇女守节呈现出愈演愈烈之势。如宣帝时,不仅开创了汉代正式褒奖贞顺的先例,还将宣扬贞节观念的《礼记》和《穀梁传》立于学官。

由此可知,"孔子衣镜"中"西王母"与"东王公"的方位呈现,正是源于刘贺所在之世的这种"男尊女卑"的礼制观念。这种礼制在当时更是渗透到了生活中的方方面面,如"子生,男子设弧于门左,女子设帨于门右";"凡男拜,尚左手","凡女拜,尚右手"① 等。而除了通过教育等多种方式不遗余力地进行宣传外,还对此予以了法律保障,而且早在西汉前期就已然如此。如《张家山汉简·二年律令》中有涉及家庭暴力的法律条文,规定"妻悍而夫殴笞之,非以兵刃也,虽伤之,毋罪;妻殴夫,耐为隶妾","妇贼伤、殴詈夫之泰父母、父母、主母、后母,皆弃市"② 等。这种法律的不对等,明显体现了对于夫权、男权的绝对维护。而若论及起源,则同样可以追溯到先秦儒家所提倡的周礼之中,如《荀子·大略》有言:"夫妇之道,不可不正也。君臣父子之本也。"③

三 重人轻神

从整个衣镜的布局来看,孔子师徒六人位于镜框背面中部的主体位置,而神兽与仙人只是居于四周边框之上。将这里一"中"一"外"的空间对比,与前述所论及的"以中为尊"的方位观念相结合,可以明确感受到时人对于"人"、"神"的相对态度。因为在传统的方位意识中,"中外"可以代表距离的"远近"、感情的"亲疏"、宗法的"内外"等关系,如周代在对待居于中原华夏族与四方蛮夷戎狄的关系

---

① 《礼记·内则》,(清)朱彬撰,饶钦农点校:《礼记训纂》,中华书局1996年版,第435、441、442页。

② 张家山二四七号汉墓竹简整理小组编:《张家山汉墓竹简》,文物出版社2001年版,第13、14页。

③ (清)王先谦:《荀子集解》,国学整理社编《诸子集成》(二),中华书局2006年版,第326页。

时，就曾主张"内诸夏而外夷狄"的"华夷之辨"①。所以，此处由"人物"处于"中"，而"神物"处于"外"，明显可见"神物"为"远"为"疏"、"人物"为"近"为"亲"的观点，并进而可看到对待"人物"可"亲近"、对待"神物"可"疏远"的处理方法。这与赋文内容所表达的二者关系，也正相吻合。虽然白虎、苍龙、玄鹤、凤凰这些瑰伟奇物可以"除不祥"，西王母、东王公这些仙人可以"淳恩臧"，但最终却要通过圣人孔子和圣人之徒"临观其意"才能达到"乐未央"、"皆蒙庆"的理想效果。因此，不管是从绘画的方位布局，还是从文字阐述的顺序和内容，都可感受到儒家重人轻神的态度和视"人为万物之灵"的认识。

这种"天人观"与孔子思想有着密切的关联。据《论语·雍也》记载："樊迟问知，子曰：'务民之义，敬鬼神而远之，可谓知矣！'"②《论语·先进》记载："季路问事鬼神，子曰：'未能事人，焉能事鬼？'曰：'敢问死！'曰：'未知生，焉知死？'"③ 由这两件事例，可以看到孔子对于鬼神之事的明确态度，而之所以要"敬鬼神而远之"，就在于孔子认为"人事"重于"鬼神之事"。而这又源于长期以来人们对于人类自身在宇宙万物之中重要性的认识，如《尚书·泰誓上》中早就有言："惟天地，万物父母；惟人，万物之灵。"④ 这种认知又被后世学者所继承和发扬，如荀子说："人有气有生有知，亦且有义，故最为天下贵也。"⑤ 就汉代而言，则直接体现在董仲舒所建构的天人关系理论中。

第一，天人感应。

在这一理论中，"天"是带有绝对权威的至上神，有意志、可以行赏

---

① 何丹：《先秦时期"民族"概念的演变与定型》，《新疆大学学报》（哲学·人文社会科学版）2015年第6期，第74页。
② 杨伯峻译注：《论语译注》，中华书局1980年版，第61页。
③ 杨伯峻译注：《论语译注》，中华书局1980年版，第113页。
④ （汉）孔安国传，（唐）孔颖达正义：《尚书正义》，上海古籍出版社2007年版，第401页。
⑤ 《荀子·王制》，（清）王先谦：《荀子集解》，国学整理社编《诸子集成》（二），中华书局2006年版，第104页。

第一章　衣镜的画像构成与布局内涵

罚,是上天和人世的最高主宰,是所谓"天者,百神之君也,王者之所最尊也"①。"王者"为何最为"尊天",则是因为皇权乃是受命于天的,皇帝只是秉承天命而主宰人世,即"受命之君,天意之所予也"②,故而皇帝又称之为"天子"。可见伸张"天"的神权,意在强调君王的"皇权"。正所谓:"唯天子受命于天,天下受命于天子,一国则受命于君。君命顺,则民有顺命;君命违,则民有逆命。"③ 因为"天子"与"天神"的这种神秘联系,董仲舒认为天人之间可以相互感应。"天"通过对人世的赏罚来表现自己具有自由意志,且这种意志可以通过天子传达到人世。当君主受天命或有功德时,上天就会降下麒麟、凤凰、灵芝、甘露等祥瑞以示喜庆和褒奖;当君主为政有失或国家衰亡时,上天就会降下山崩、地裂、灾荒和日月蚀等灾异以示"谴告"。所以,君主为政必须要按"天"的意志行事,否则就要遭到"天"的惩罚,故"帝王之将兴也,其美祥亦先见;其将亡也,妖孽亦先见"④。

第二,以人为本。

董仲舒在强调遵循"天命"的同时,也提倡人因积极发挥主观能动性,去探寻天命、适应天命并进而为我所用,是而有言曰:"人之超然万物之上,而最为天下贵也。人,下长万物,上参天地。"⑤ 所以,即便认为"天"具有最高权威,也只是为了突出代天行使天意的"天子"皇权,以及维护皇权之下的整个等级秩序。而强调上天可以感应人世间君王的统治得失而行赏罚,也是为了促使统治者顺应天意、推行仁政,是曰:"王者欲有所为,宜求其端于天。天道之大者在阴阳。阳

---

① 《春秋繁露·郊义》,(清)苏舆撰,钟哲点校:《春秋繁露义证》,中华书局1992年版,第402页。
② 《春秋繁露·深察名号》,(清)苏舆撰,钟哲点校:《春秋繁露义证》,中华书局1992年版,第287页。
③ 《春秋繁露·为人者天》,(清)苏舆撰,钟哲点校:《春秋繁露义证》,中华书局1992年版,第319页。
④ 《春秋繁露·同类相动》,(清)苏舆撰,钟哲点校:《春秋繁露义证》,中华书局1992年版,第358页。
⑤ 《春秋繁露·天地阴阳》,(清)苏舆撰,钟哲点校:《春秋繁露义证》,中华书局1992年版,第466页。

为德，阴为刑；刑主杀而德主生。……王者承天意以从事，故任德教而不任刑。"①这种对皇权加以神学的限制，明显可见是在强调"以人为本"的重心就是"以民为本"，而这正是儒家思想中对于君王为政要务民之义的精神追求。故而，"孔子衣镜"中作为"人"的代表的，是因德满天下、功及后代而被奉为"圣人"的"孔子"和"孔子之徒"，而非当时或先世的某位帝王。

四 阴阳和谐

由上述内容可知，整个"孔子衣镜"的核心形象就是孔子，中心思想就是儒学，尤其是很好地表达了儒家"严明等级"的思想。因此，孔子师徒六人，在镜框背板严格按照尊卑来排列位置；镜框四周边框上的神兽与仙人，也严格按照尊卑来确定方位；描绘师徒六人形象时，也按画像的繁简以示尊卑；书写师徒六人的传记时，也按用语的详略以示区分等。而不管是强调方位、色彩之分，还是突出师徒、男女和人神之别，都只是为了达到"阴阳和谐"的理想局面，所以，衣镜赋最后的"祝词"便是希望通过"顺阴阳"而达到"气和平"的效果。正因为以"阴阳和谐"为目的，又处处体现着儒家等级尊卑的理论，可见"孔子衣镜"强调儒礼中的等级尊卑思想就是实现阴阳和谐的最佳方式，故而衣镜赋中才会有言："左右尚之兮日益昌！"

孔子衣镜所传达的这种思想，恰是董仲舒新儒学理论的核心。故而对于礼，他解释道："礼者，继天地，体阴阳，而慎主客，序尊卑、贵贱、大小之位，而差外内、远近、新故之级者也。"②又由于在他眼中的"礼"，是"继天地，体阴阳"的，所以不同的等级关系中也都贯穿了阴阳之道。而所谓"阴阳之道"，首要的便是事物都有阴阳之属性；其次是阴阳既相辅相成，又有上下之分。也就是宇宙之间存在一条颠扑

---

① 《汉书·董仲舒传》，（汉）班固撰，（唐）颜师古注：《汉书》（八），中华书局1962年标点本，第2502页。

② 《春秋繁露·奉本》，（清）苏舆撰，钟哲点校：《春秋繁露义证》，中华书局1992年版，第275—276页。

不破的普遍法则，那便是"阳尊阴卑"，是言："凡物必有合。合，必有上，必有下……皆取诸阴阳之道。"① 对此宇宙大法，汉人异常重视，认为既关乎风俗、又关乎天道，所以将此运用于各种人道社会关系和天道自然关系中。就孔子衣镜而言，主要涉及的便是：

第一，在社会关系中，夫为阳、妻为阴，所以"男尊女卑"。

在董仲舒以君臣、父子、夫妇为核心的"三纲"理论中，"夫妇"之道最为关键，因为"天地之阴阳当男女，人之男女当阴阳。阴阳亦可以谓男女，男女亦可以谓阴阳"②，故而"妇事夫"就好比"地事天"、"阴事阳"，乃天经地义、不容置喙之事。所以，妻子应唯丈夫之命是从，是谓："臣妾受命于君，妻受命于夫，诸所受命者，其尊皆天也，虽谓受命于天亦可"，若"妻不奉夫之命，则绝"，因为"不奉顺于天者，其罪如此"③。是故"阴道无所独行，其始也不得专起，其终也不得分功"④。即便妻子身份高于丈夫，也要受丈夫支配，是言："丈夫虽贱皆为阳，妇人虽贵皆为阴。"⑤ 除了将男女比附于阴阳，董仲舒将其他人际关系都套用阴阳理论，认为"君臣父子夫妇之义，皆取诸阴阳之道"，因此产生"三纲"之理论，并且"王道之三纲，可求于天"⑥。而将这种阴阳理论运用于师徒关系，就是师尊徒卑。

第二，在自然关系中，东为阳，西为阴，所以"东尊西卑"。

古人在长期的生活中早就总结出日出东方、日落西方的自然规律，又由于对太阳所提供的光照与热量的极度依赖，人们每天过着

---

① 《春秋繁露·基义》，（清）苏舆撰，钟哲点校：《春秋繁露义证》，中华书局1992年版，第350页。
② 《春秋繁露·循天之道》，（清）苏舆撰，钟哲点校：《春秋繁露义证》，中华书局1992年版，第446页。
③ 《春秋繁露·顺命》，（清）苏舆撰，钟哲点校：《春秋繁露义证》，中华书局1992年版，第412—413页。
④ 《春秋繁露·基义》，（清）苏舆撰，钟哲点校：《春秋繁露义证》，中华书局1992年版，第351页。
⑤ 《春秋繁露·阳尊阴卑》，（清）苏舆撰，钟哲点校：《春秋繁露义证》，中华书局1992年版，第325页。
⑥ 《春秋繁露·基义》，（清）苏舆撰，钟哲点校：《春秋繁露义证》，中华书局1992年版，第350—351页。

"日出而作，日入而息"的生活，行之日久便产生了太阳崇拜，《周易·系辞上传》中"县象著明莫大乎日月"①的说法，便是这种心态的体现。从文字构造来看，"东"为"从日在木中"；"西"为"鸟在巢上"。②可见古人对于两种方位的认识本就源于对太阳起落现象的观察。因此，在"四方"理论中才会最先强调东西方位的划分，而且更为崇拜东方。所以，早在盘古开天辟地的创世神话中，就有盘古垂死化身，"左眼为日，右眼为月"的记载；孔子也才会说："今丘也，东西南北之人也"③；"衣镜赋"中也才会以"左右"代指方位。也因此才有向阳的南方尊于背阴的北方之说。故而这种阴阳理论，本就与上天之自然规律有关系。

　　由此可知，将本属天道之"阴阳"理论，运用于人道之"尊卑"现象，就形成了"阳尊阴卑"这一既合乎天道又适应人伦的新儒学理论，故而不仅可以为自然界中天地、方位、颜色等诸多事物定出高下之分，还可以将人类社会中夫妻、君臣、父子、长幼、师徒等尊卑关系上升至天道的高度。其中，凡属"阳"者，皆为"上"、为"尊"；凡属"阴"者，皆为"下"、为"卑"。而且属性相同者，其用意还能相互渗透。比如男阳女阴、左阳右阴，所以行拜礼时，男人用左手，女人用右手；长阳幼阴，所以排座次时，长者在左，幼者在右；父阳子阴，祭祀牌位，父位在左，子位在右等。迄今民间流传的"左眼跳财，右眼跳祸"等说法也无不是阴阳理论衍化而来，因为"财"主吉，为阳，而"祸"主凶，为阴。所以，"孔子衣镜"所展示的核心思想就是董仲舒从阴阳五行出发所提出的新儒学理论，它宣扬"阳尊阴卑"是宇宙间永恒不变的普遍法则，认为"天不变，道亦不变"④。礼制所规定的等

---

① 周振甫译注：《周易译注》，中华书局1991年版，第247页。
② （汉）许慎撰，（清）段玉裁注：《说文解字注》，上海古籍出版社1988年版，第271、585页。
③ 《礼记·檀弓上》，（清）朱彬撰，饶钦农点校：《礼记训纂》，中华书局1996年版，第80页。
④ 《汉书·董仲舒传》，（汉）班固撰，（唐）颜师古注：《汉书》（八），中华书局1962年标点本，第2519页。

级秩序正是这一法则的具体化,而"尊卑分明"的礼制所要达到的目标就是"阴阳和谐",因为只有上下各安其位,统治者才能实现长治久安。

这也正是汉武帝采纳并推广董仲舒新儒学理论的根本原因,也就是有利于维护当时"大一统"的政治局面。更何况经过董仲舒改造后的儒学,借"天"的权威来进一步加强皇权,这种神道设教比之先秦儒学具有更强的教化力量。故而有言:"大一统者,天地之常经,古今之通谊也。"[1] 在"孔子衣镜"中,不管是以"西王母、东王公"和"四灵"为代表的天界,还是以孔子师徒为代表的人间,所存在的人和物都各自居于自己应在的位置,表达的正是按等级顺序各安其位的思想。但与此同时,他们共同位于镜框背板,便是透过这种等级秩序所要达到的"阴阳和谐"境界的思想追求表达,强调的是人与人、人与天都可以实现和谐共存。

小结

综上所述,"孔子衣镜"不仅是研究墓主人刘贺所处武、昭、宣时期儒家思想的重要物证,而且还是见证董仲舒思想的直接凭证。董仲舒的新儒学体系因应时而生,被汉武帝欣然采纳和宣扬,由于"诸不在六艺之科孔子之术者,皆绝其道,勿使并进"[2],儒学对西汉中后期政治舞台上强化中央集权的统治秩序,也就产生了深远的影响,这正如史家所称的:"汉兴,承秦灭学之后,景、武之世,董仲舒治《公羊春秋》,始推阴阳,为儒者宗。"[3] 故而,"孔子衣镜"表现出了当时社会"尊孔崇儒"的意识是毋庸置疑的,印证了在汉武帝"罢黜百家,独尊

---

[1] 《汉书·董仲舒传》,(汉)班固撰,(唐)颜师古注:《汉书》(八),中华书局1962年标点本,第2523页。

[2] 《汉书·董仲舒传》,(汉)班固撰,(唐)颜师古注:《汉书》(八),中华书局1962年标点本,第2523页。

[3] 《汉书·五行志》,(汉)班固撰,(唐)颜师古注:《汉书》(五),中华书局1962年标点本,第1317页。

儒术"的推动下，西汉中期之后，对孔子及儒学的推崇已经成为社会的思想主潮，所以以孔子为题材的画像在汉代彩绘中才会大量出现，而儒家经典也才会受到世人的广泛关注，孔子的"圣人"身份也得以获得官方认可。这种社会思潮的存在，还可从该墓随葬简牍的主要内容也是儒家经典看出。但由于它们随葬在刘贺墓中，而时人埋葬又奉行"事死如事生"的原则，故而许多学者据以判定刘贺便是一副儒者的形象，并且进而怀疑史书关于刘贺荒淫无道的记载真实性。那么，这种观点是否能够成立，墓主刘贺的真实形象到底如何？解决这一困扰学界的难题，关键还在于分析"孔子衣镜"和"儒家简牍"所折射出的"尊孔崇儒"思想，代表的只是当时的社会风气，还是也可以代表刘贺的个人喜好。对此，本书末章将会另行专门探讨。

第二章

衣镜的圣人孔子与汉代教育

有关南昌海昏侯刘贺墓的研究,自发掘以来就吸引了众多学者的瞩目,其中被视为迄今发现最早的"孔子画像"尤为受人关注,但在共同认可该画像具有突出学术价值的同时,对其意义发现还显得不够。目前成果也多热衷于强调画像体现的尊孔崇儒信息,至于画像本身存在的文本依据及其时代背景的探讨,则较为缺乏和存在不足。比如,包含儒学深意的这幅"孔子画像",实则还事关汉代的教育大计。又如,有关画像的文本问题,虽然已有学者围绕其侧面的传记内容,发表过自己的看法,但尚有涉及不全面、分析不充分之处。以下便先从文本问题既有的相关研究谈起。

第一节 对孔子画像与附属传记的文本依据的追溯

一 相关的学术进展情况

(一) 取得的成果

通过文字内容的对比,已有学者指出同画像相关的人物传记,与《史记》有着较为明显的联系。代表性的作品,如王意乐、徐长青、杨军、管理的《海昏侯刘贺墓出土孔子衣镜》;邵鸿的《海昏侯墓孔子屏风试探》;王楚宁的《海昏侯墓系列研究》等。① 这些文章围绕传记文

---

① 有关该"孔子画像"的载体称谓,一开始学者多从出土位置推测为"屏风",后通过拼合释读,可以确定其属性为"衣镜"。待王意乐先生之文据镜铭直呼为"孔子衣镜"以来,这一属性和称谓也算可以尘埃落定。

本所探讨的范围有重合,也有不同,但作者都就自身关注到的问题提出了见解。为行文方便,以下就以第一作者之名对他们所取得的成果进行简要的概括,之后再次引用同篇论文,也不再反复注释。

第一,邵鸿先生之文,部分释读了衣镜上关于孔子、子赣、颜回、子张四位人物的文字记载,认为传记文本"与《史记·孔子世家》和《仲尼弟子列传》可能有密切联系";"较多文字错误则表明,其可能只是刘贺为自保而以尊儒示人的一件道具"。①

第二,王楚宁学者之文,对孔子、子张的传记先后进行过部分释读,也认为与《孔子世家》和《仲尼弟子列传》有重大联系,还看到子张传记与《论语》也有一定联系,并主张刘贺尊孔崇儒,衣镜为"图史自镜"的功用。②

第三,王意乐先生之文,不仅将衣镜自身的情况、所绘人物形象和文字内容的释读结果公布于众,还指出孔子及其弟子的传记与《史记》的《孔子世家》、《仲尼弟子列传》、《太史公自序》及《论语》基本一致,只有关于孔子出生、孔子三十岁纪年和孔子弟子人数这三处略有不同,并且由此解读了刘贺的真实形象,认为他尊孔崇儒,衣镜上的孔子画像和墓葬随葬的儒家经典即是证明。③

(二)存在的不足

总结以上成果,可见作者在对比衣镜传记与传世文献的过程中,都看到了与《史记》的关联,但相关研究还存在着较多有待改进和完善之处。包括:

第一,有关文字内容的比较,受所知材料的限制,大多存在讨论不全面和不充分的问题。这种先天不足,曾经给学界带来过本可以没有的

---

① 邵鸿:《海昏侯墓孔子屏风试探》,《江西师范大学学报》(哲学社会科学版) 2016 年第 5 期,第 16—23 页。
② 王楚宁:《海昏侯墓系列研究》,北京联合大学文化遗产保护协会编《文化遗产与公众考古》(第三辑),2016 年,第 96—113 页。
③ 王意乐、徐长青、杨军、管理:《海昏侯刘贺墓出土孔子衣镜》,《南方文物》2016 年第 3 期,第 61—70 页。

困扰。比如有学者曾经依据某些报道不全的图片,发现孔子三十岁纪年为"鲁昭公六年"的文字,认为与史籍有着较大差异。而凭借这一内容,有人宣称要重新审视甚至改写现有传统孔子系年,还有人指出衣镜本身大有问题①。又如还有传言称传记所记孔子的身高为"七尺九",与《史记》的"九尺有六寸"相去太多。② 再如邵鸿先生之文曾推测孔子画像右侧的人像,"可能是孔子的父亲叔梁纥"。

第二,没有对人物画像本身的文本依据进行考察,而作为"孔子画像"的核心,本该得到应有的关注。因为从衣镜绘画的布局来看,图案可以分为圣人、仙人和神兽三类,相比仙人和神兽位于衣镜边框,被称为"至圣"的孔子和"圣人之徒"的孔子弟子,则位于衣镜中部的主体位置。而人物之中,又以孔子地位最为尊贵,这由孔子图案的所列方位、描绘方式,与传记的详略、主旨,以及"衣镜赋"中先提孔子、再言孔子之徒的描述顺序等方面均可看出。正是由于孔子为人物图像的核心,所以衣镜的人物画像可以统称为"孔子画像",具体则归属于"孔子与弟子画像"这一类型。又由于圣人类图像为整个衣镜绘画的核心,所以该衣镜可以命名为"孔子衣镜"。这些图像作为整体表达出了"尊师重教"、"重人轻神"等儒家思想。人物传记就是对绘画的文字说明。这正如镜框盖板正面的"衣镜赋"中,多数文字都能与绘制图案直接对应起来,如"右白虎兮左苍龍,下有玄鶴兮上鳳凰,西王母兮東王公"和"□□圣人兮孔子,□□之徒颜回卜商"等。因此,

---

① 如王楚宁之文推测孔子"生于鲁襄公七年(前566年),鲁昭公六年(前536年)时'孔子盖卅矣',鲁定公六年(前504年)时'孔子六十三'",孔子生年"比《春秋公羊传》和《春秋穀梁传》早十四年、比《史记·孔子世家》早十五年"。见于王楚宁《海昏侯墓系列研究》之一《海昏侯墓孔子屏风浅释》,北京联合大学文化遗产保护协会编《文化遗产与公众考古》(第三辑),2016年,第96—99页。实际王文论述过程中还提到"孔子六十三岁时应是鲁定公七年(前503年)"之语,与所引结语内容自身便存在不符。又如白平教授认为:"这块屏风有诈,其关于孔子年龄的说法更是子虚乌有","版面上出现丝栏效果,俨然后世线装书的样式,不可能是汉代物品的味道"。见于记者任冬梅《山西大学教授白平质疑海昏侯墓"孔子屏风"》,山西新闻网——三晋都市报,http://shanxi.sina.com.cn/news/b/2016-01-08/detail-ifxnkkuv4193992.shtml,2016年。

② 郭永秉:《屏风上的断想》,《文汇报》2015年12月13日。对于孔子三十岁纪年,该文写道"屏风上的记载,实在是出入得大了一点",至于究竟是旧说的错误,还是屏风记载的错误,指出只有看到全文,才能做出了断。

人像头部后上方标有人物姓名的榜题，与人像两侧墨书的该人物的生平言行，都是为了明确这些画像的具体所指。这自然意味着，考察"孔子画像"的文本依据，不能仅仅关注传记的文字内容，还必须涉及图案的绘制凭借问题。

第三，即便发现衣镜传记与《史记》内容，有"相合"与"不合"两种情况，也较少借此更为深入地由相合之处去了解《史记》在汉代的流传情况，以及由不合之处去分析刘贺的真实形象等。

既然还存在着不足，而迄今有关"孔子画像"的相关情况，又经由王意乐先生之文得到了公示，那么凭借这一客观信息，重新认识"孔子画像"的文本问题，就显得非常有必要。因为这不仅可以纠正一些由揣测而产生的失实情况，还能就一些相关问题进行有所根据的阐发。本节则将整体的"孔子画像"区分开来，特指孔子单人图案及其附属的孔子传记，但不涵盖随从孔子出现的弟子图案及传记。而且，考虑文字显现的直接性，也就先从"孔子传记"与《史记》的关系出发，再谈及"孔子图案"与《史记》的吻合，进而认识海昏侯墓"孔子画像"中人物描绘和传记书写的文本依据，并了解《史记》在刘贺所处的武、昭、宣时期的流传情况。

二 "孔子传记"与《史记》的关系

对比"孔子传记"的文字内容，可以较为容易地发现有关孔子的生平事迹，虽与《公羊传》存在个别相似的情况，但与《史记》却保持着高度一致，只有个别之处略有出入。又由于传记对于图案的说明性质，可以暂且推测《史记》便是"孔子画像"创作的最为主要的文本依据。对于这种推测，当然还得通过对文字和图像的全方位比较，才能验证《史记》曾经起到过的这种实际作用。由于孔子事迹集中见载于《史记·孔子世家》，为使对比情况一目了然，以下就先将"传记"与《世家》的相关记载，以表格形式予以逐条呈现。

第二章　衣镜的圣人孔子与汉代教育

表一　　　　"孔子传记"与《孔子世家》的对比情况

"孔子传记"	《孔子世家》	《史记》出处
1. 孔子生魯昌平鄉聚邑，其先□（宋）□（人）也。曰房叔，房叔生伯夏，伯夏生叔梁紇。 2. 叔梁紇與顏氏女**野居**而生孔子，禱於尼丘。魯襄公廿二年孔子生。生而首上汙頂，□（故）名丘云，字中尼，**姓孔，子氏**。	1. 曰孔防叔，防叔 2. 紇与颜氏女**野合**而生孔子，祷于尼丘得孔子。鲁襄公二十二年而孔子生。生而首上圩顶，故因名曰丘云，字仲尼，**姓孔氏**。	1905页
3. 孔子為兒僖戲，常陳俎豆，設□（容）禮。	3. 孔子为儿嬉戏，常陈俎豆，设礼容。	1906页
4. 人皆□（偉）之。孔子年十七，諸侯□稱其賢也。	4. 孔子年十七，鲁大夫孟厘子病且死，诫其嗣懿子曰："孔丘，圣人之后，灭于宋。……吾闻圣人之后，虽不当世，必有达者。今孔丘年少好礼，其达者欤？吾既没，若必师之。"	1907—1908页
5. **魯昭公六年**，孔子蓋卅矣。	5. **鲁昭公之二十年**，而孔子盖年三十矣。	1910页
6. 孔子長九尺有六寸，人皆謂之'長人'，異之。	6. 孔子長九尺有六寸，人皆謂之'長人'而異之。	1909页
7. 孔子行禮樂仁義，□久天下聞其聖，自遠方多來學焉。孔子弟子顏回子贛之徒，**七十有七人**，皆異能之士。	7. 故孔子不仕，退而修诗书礼乐，弟子弥众，至自远方，莫不受业焉。 7. 孔子以诗书礼乐教，弟子盖三千焉，身通六艺者**七十有二人**。如颜浊邹之徒，颇受业者甚众。	1914页 1938页
8. □（孔）□（子）□（游）□諸□（侯），毋所遇，因于□（陳）□（蔡）之間。	8. 孔子……已而去鲁，斥乎齐，逐乎宋、卫，困于陈蔡之间，于是反鲁。 8. 孔子在陈蔡之间，……发徒役围孔子于野。不得已，绝粮。从者病，莫能兴。	1909页 1930页
9. 魯哀公六年，孔子六十三。	9. 孔子年六十三，而鲁哀公六年也。	1933页
10. 當此之時，**周室威**，王道壞，禮樂廢，盛德衰，上毋天子，下毋方伯。臣詑君子，□必四面起矣，強者為右。	10. 孔子之时，**周室微**而礼乐废，诗书缺。	1935页
11. 南夷與北夷交，中國不絕如縷耳。		
12. 孔子退監於史記，說上世之成敗，古今之□□，始於隱公，終於哀公，紀十二公事，是非二百卅年之中□（弑）□（君）、卅一，亡國十二，刺幾社失，為天下儀表。	12. （孔子）乃因史记作《春秋》，上至隐公，下讫哀公十四年，十二公。据鲁，亲周，故殷，运之三代。约其文辞而指博。……推此类以绳当世。贬损之义，后有王者举而开之。《春秋》之义行，则天下乱臣贼子惧焉。	1943页

· 31 ·

续表

"孔子传记"	《孔子世家》	《史记》出处
13. 子曰:"吾慾載之空言,不如見行事深切著名也。故作春秋,上明三王之道,下辨人事經紀,□(決)□(嫌)□(疑),□□惡,舉賢才,廢不宵,賞有功,誅桀暴,長善茞惡以備王道,論必稱師,而不敢專己。"		
14. 追跡三代之禮,序書傳,上紀唐虞之際,下至秦繆,編次其事,約其文辭。詩書禮樂雅頌之音,自此可得而述也,以成六藝。	14. 追迹三代之礼,序书传,上纪唐虞之际,下至秦缪,编次其事。……故书传、礼记自孔氏。……礼乐自此可得而述,以备王道,成六艺。	1935—1937 页
15. 孔子年七十三,<u>魯哀公十六年四月己丑卒</u>。	15. <u>以鲁哀公</u>	1945 页
16. 天下君王至於賢人眾矣,當時則榮,歿則已焉。孔子布衣,傳十余世,<u>至今不絕</u>。<u>學者宗之</u>,<u>自王侯</u>,中國言六藝者折中於夫子,<u>可胃至圣矣</u>!	太史公曰:……天下君王至于贤人众矣,当时则荣,没则已焉。孔子布衣,传十余世,<u>学者宗之</u>。<u>自天子王侯</u>,中国言六艺者折中于夫子,<u>可谓至圣矣</u>!	1947 页

(备注:表中条目为方便对比而加,数字可以一一对应。标有下划线的文字,为表述不同之处,整句文字大体相异则不加线。为便于理解,又另加标点。其中,传记内容依据王意乐先生之文,□代替的是由于破损而造成的缺文或漫漶不清而无法辨识的文字;……表示残损文字;( )内文字是依据上下文和现存文献而推测的内容。《史记》"出处",依据中华书局 1982 年版,引用时写作现在通行文字,所以表中涉及的繁简、异体差异可以忽略不计。)

(一) 主要依据《孔子世家》的记载

对比上表所列之文,发现"孔子传记"中只有标号 11、13 的语句,在《孔子世家》中找不到对应的表述,因而二者是"同多异少","传记"是否主要依据《世家》,对于相异之处的考察就显得格外重要。而二者的相异情况,从形式上来说,又可分为两类:一为语句不同,而大意相同,如标号 4、7、8、9、10、12、14 的表述;一为字词不同,如表二所示。

第二章 衣镜的圣人孔子与汉代教育

表二　　　　　"孔子传记"与《孔子世家》的字词不同

相异	"孔子传记"	《孔子世家》	情况
字词不同	曰房叔，房叔 叔梁紇 禱於尼丘 廿二年孔子生 汙頂 名丘云，字中尼 僮戲 柤豆 （容）禮 魯昭公 孔子 卅矣 異之 魯哀公 至今不絕。學者宗之，自王侯，可冒	曰孔防叔，防叔 紇 祷于尼丘得孔子 二十二年而孔子生 圩頂 因名曰丘云，字仲尼 嬉戏 俎豆 礼容 鲁昭公之 而孔子 年三十矣 而异之 以鲁哀公 学者宗之。自天子王侯，可谓	省字、通假 加字 省字 省字 通假 省字、通假 通假 通假 字序相反 省字 省字 省字 省字 省字 加字、省字 通假
	野居 姓孔，子氏 六年 七十有七 威	野合 姓孔氏 二十年 七十有二 微	似乎大意不同

也就是说，"传记"与《世家》在字词的不同上，从表面大意来说，又可分为相同和相异两类。而不管是常见的省字和通假，还是少见的加字和字序相反的情况，都不影响内容所指。但还有五处相异，看上去似乎大意不同。那么，这种相异是否能够否定"传记"对于《世家》的凭借呢？通过深入分析，可以找到答案。其中，有关"威"与"微"的分别，邵鸿先生之文早已指出："'周室灭'，与历史事实不符。疑'灭'本为'微'，形近致误。"因而如下主要对孔子的纪年、姓氏和出生的三处差异进行探讨。

第一，孔子的纪年问题——"六年"与"二十年"。

关于孔子三十岁之年，"传记"与《世家》有着明显的不同，前者所示为"鲁昭公六年"，后者记载为"鲁昭公二十年"。但二者其他相关纪年又都完全相同，包括：孔子的生年，都是"鲁襄公二十二年"；孔子63岁之年，都是"鲁哀公六年"；孔子卒年，都是"鲁哀公十六

· 33 ·

年四月己丑",而且时年都是73岁,由此可以确定"传记"的"六年"乃是"廿年"的书写错误。① 因此,衣镜的出土不仅不能动摇孔子生年的传统认识,反而从实质上印证了对《世家》纪年的参照。

考虑当时还流传着其他孔子纪年的说法,便可真切感受到这种参照便是一种文本依据。如关于孔子的"生年",《公羊传》和《榖梁传》都记载为"鲁襄公二十一年",这就与"传记"、《世家》的"鲁襄公二十二年"相差一年。又如有关孔子的出生时间,"传记"、《世家》都只记载了生年,《公羊传》和《榖梁传》却还记载了"生月"和"生日",即《公羊传》云:"十有一月庚子,孔子生"②;《榖梁传》云:"冬,十月庚辰朔,日有食之。……庚子,孔子生。"③ 再如《世家》不仅记录了孔子的生年,和孔子30岁、63岁和73岁的明确纪年,还有"孔子年四十二,鲁昭公卒于乾侯,定公立";"定公九年,……孔子年五十";"定公十四年,孔子年五十六"等信息。④ 如此有无同异之间的不同,"传记"却独与《世家》完全吻合,不能不视为一种文本取舍。而且从《史记》具有最为详细的孔子纪年来看,司马迁应当是整齐纪年的第一人。

第二,孔子的姓氏问题——"姓孔,子氏"与"姓孔氏"。

有关孔子的姓氏,"传记"与"世家"在描述上稍有不同,前者称"姓孔,子氏",也就是将"姓"与"氏"分开;后者称"姓孔氏",也就是将"姓"与"氏"连言。然而,按照先姓后氏的产生顺序,和孔子先祖为宋国公室,宋国又为商王室后裔受封之国,而商民族祖先"契"之姓为"子"来看,孔子姓氏的准确描述应当为"子姓,孔氏"⑤。"传

---

① 对此王意乐之文,也曾推测"镜框上的文字可能是抄写错误";邵鸿之文,也推测"'六'字当为'廿'字之误"。至于曹景年先生推测的"鲁昭公六年之'六',当是'十八'之误"的观点,也是受到了当初材料的限制,见曹景年《海昏侯出土屏风所载孔子年岁蠡测》,复旦大学出土文献与古文字研究中心网站,http://www.fdgwz.org.cn/Web/Show/2731,2016年。
② 王维堤、唐书文撰:《春秋公羊传译注》,上海古籍出版社2004年版,第416页。
③ 承载撰:《春秋榖梁传译注》,上海古籍出版社2004年版,第564—565页。
④ (汉)司马迁撰:《史记》,中华书局1982年标点本,第1912、1914、1917页。
⑤ 《孔子家语·本姓解》记载:"孔父嘉,五世亲尽,别为公族,故后以孔为氏焉。一曰孔父者,生时所赐号也,是以子孙遂以氏族。"(清)陈士珂辑:《孔子家语疏证》,上海书店1987年版,第234页。

记"、《世家》的表达则与此均有不同。

就"姓孔氏"来看，这是司马迁《史记》记录人物姓氏的惯用写法，因而类似表述非常常见。如《秦始皇本纪》记载：秦始皇"名为政，姓赵氏"；《商君列传》记载：商君"名鞅，姓公孙氏，其祖本姬姓也"①。秦始皇本"嬴姓"，却书"姓赵氏"；商鞅本"姬姓"，却称"姓公孙氏"，可见与孔子本"子姓"而写作"姓孔氏"的用法一样，都在于强调与近祖相关的"氏"。而观察发现这种"姓孔氏"的描述，与正确说法"子姓，孔氏"较为相似。不仅姓氏的叙述先后顺序保持一致，而且关键的"孔氏"完全吻合，因而《史记》只是就正确说法省略了"子姓"之"子"。而至于为何简省，则是与时代"重氏轻姓"、"以氏为姓"的文化背景相适应的。

在三代时期，"姓"标识的是古老的血缘，与远祖关联，故不可更改；"氏"则由"姓"分化而出，且"氏"在发展到一定阶段，又会产生"新氏"，所以"氏"是可变的，与近祖相联系。按照周礼"五代同宗"②的原则，五代之后，大宗之中的分支便可另立小宗，产生"新氏"。因而随着后代的不断繁衍和宗法制度的衰落，由"姓"而统摄的亲属关系，也会随着层层分化而愈发淡漠。

至西汉时期，靠血缘凝聚同族之人的功用更是随之弱化，与自己生活、利益休戚相关的，往往便是五代以内的"同氏"之人。曾经"同姓同心同德"的意识也就缩小为"同氏相亲"，曾经对于"宗族"的强调也被"家族"的概念所代替。况且民族或国家先祖，只有天下或国之大宗才有祭祀权利，对于绝大多数人而言，"小宗"比"大宗"、比"祖先"更为重要。加之同姓不婚之制也不再是西汉婚制一定强调的内容，更何况，经历春秋战国乃至秦汉之际的战乱和严令，要想追溯本氏的原姓，客观上也变成了一件难事。所以，社会对于"姓"的重视减弱。

与此同时，"氏"作为区分政治身份的作用却进一步得以强化。如班

---

① （汉）司马迁撰：《史记》，中华书局1982年标点本，第223、2227页。
② 《礼记·大传》记载："四世而缌，服之穷也。五世袒免，杀同姓也。六世亲属竭矣"；"别子为祖，断别为宗。继祢者为小宗。有百世不迁之宗，有五世则迁之宗"。杨天宇撰：《礼记译注》，上海古籍出版社2004年版，第430、432页。

固解释说："人所以有姓者何？所以崇恩爱、厚亲亲、远禽兽、别婚姻也。……所以有氏者何？所以贵功德、贱伎力，或氏其官，或氏其事，闻其氏即可知，其所以勉人为善也。"① 而且以"氏"区分贵贱，也是范围在血亲之内，所以"重氏轻姓"、"以氏为姓"的现象也就自然而然流行开来，"氏"也就同时具备了分血缘、别婚姻、明贵贱的功用。

正由于"姓"不变而"氏"可变，孔子从远祖的"子姓"不可单称为"子氏"或"孔姓"；从近祖的"孔氏"反倒是可以称为"孔姓"或"姓孔"。又因为"轻姓"，孔子的"子姓孔氏"之"子"可以省略；因为"重氏"，《世家》的"姓孔氏"包含双重含义，一指孔子本为"孔氏"，二指孔子的"孔氏"又可称为"姓孔"。这种姓氏的称谓现象虽根源于社会，但与太史公有着紧密关联，因为其他文献谈及孔子姓氏时，通常只单称孔氏，而不提及"姓"。哪怕是在强调"姓"的场合，司马迁也保持着这种记述文体。如《殷本纪》记载：帝舜将契"封于商，赐姓子氏"；《秦本纪》记载：秦先祖大费被"舜赐姓嬴氏"；《韩世家》记载："韩之先，与周同姓，姓姬氏"。② 此处三例明显在于强调商祖契被赐姓"子"、秦祖大费被赐姓"嬴"、韩祖与周同"姓姬"，但都同时加上了一个"氏"字。而且这种文体影响深远，如《白虎通德论·姓名》就记载："殷姓子氏，祖以玄鸟子也。"③

这些情况使得顾炎武说："姓、氏之称，自太史公始混而为一。《本纪》于秦始皇则曰'姓赵氏'，于汉高祖则曰'姓刘氏'，是也。"④ 这里顾氏没有注意到同样的表述下也有强调"氏"与"姓"的两种分别，但将"姓×氏"当作司马迁《史记》的撰述特色，却是评价很中肯的。如此再来观察衣镜"姓孔，子氏"的描述，可见与正确说法正好相反。由"氏"是

---

① 《白虎通·姓名》，（汉）班固撰：《白虎通德论》，上海古籍出版社1990年版，第63页。
② （汉）司马迁撰：《史记》，中华书局1982年标点本，第91、173、1865页。
③ （汉）班固撰：《白虎通德论》，上海古籍出版社1990年版，第63页。
④ （清）顾炎武著，黄汝成集释：《日知录集释》，上海古籍出版社2006年版，第1279页。顾炎武还说："自战国以下之人，以氏为姓，而五帝以来之姓亡矣"；"战国时人犹称氏、族。汉人则通谓之姓，然氏、族之称犹有存者"。分别见于同书的第1276、1278页。

"姓"的分支来看,传记"先姓后氏"的书写顺序应当是无误的。今日仍然习称"姓氏"而非"氏姓"的这一语言习惯,便是传统文化的积淀。但是称"姓"为"氏"、称"氏"为"姓"的并用,在先秦两汉的文献中都不见有他例存在,而且西汉对于孔子虽然可称"姓孔",却没有单称"子氏"的,推测"传记"应当出现了某种错误。这样再来比较"传记"与《世家》之文,发现如果去掉"子"字,二者就完全相同。联系前文所言"六年"的书写错误,此处应当同样是以《世家》为蓝本,多出的"子"字乃是衍生之误。所以,"传记"本质上并不是一种错误的观点,也不能作为一种新观点代表时代的某种新动向。①

第三,孔子的出生问题——"野居"与"野合"。

有关孔子的出生,"传记"写作"野居",《世家》写作"野合",对此一字之差,王意乐先生之文指出意义大有区别。他认为"野合"暗指了孔子父母叔梁纥与颜徵在的成婚,因年龄相差悬殊而不合当时婚姻之礼;"野居"之"野",是相对"国"而言的郊外、野外,应当指孔子父母"在尼山祈祷而在尼山附近结庐而居"。

《世家》"野合"的原义,是否包含了司马迁对于此事的个人评判,是否与"野居"都是对客观事件的描述,由于与本节所讨论的文本问题没有直接关联,可暂且不论。但是由已知"传记"在依据《世家》的同时,却出现有错字、衍字的情况来看,此处的一字之差也应当属于错字的情况。而这也与邵鸿先生之意相合,他表示:"居"、"合"二字

---

① 唐百成之文将"孔子传记"姓氏的分开视为采用"一种'周制'的姓氏称呼方式,且孔姓应是秦汉新姓","其原因可能是'屏风'的主人刘贺对儒学异常推崇";将姓氏的相反看作"秦汉时期姓氏的变革所造成的姓氏观念的空前混乱",以及"秦汉姓氏观的演变结果",认为"到了西汉时期,姓与氏的界限与区别逐渐消失,姓氏合一,姓即氏,氏即姓,二者含义相同,可混用,可替换。无论是称'姓'还是称'氏'或是称'姓氏',都不再有所区别","因而可能产生'姓孔,子氏'的说法";"'子氏'的记载也有可能是刘贺有意为之,移'子姓'做'子氏',以表明孔子宗亲的最初来源,进而显示刘贺对孔子和儒学的推崇。而秦汉时期我国姓氏观的空前混乱与松弛,也为刘贺的'有意为之'提供了胆量与可行性"。王楚宁之文说:"各种传世书籍都没有完整记载孔子的姓与氏,孔子屏风则明确写着孔子'字中(仲)尼,姓孔,子氏',将孔子的姓、氏、字完整记录"。这些说法都是值得商榷的。而邵鸿先生之文,曾有相同推测,说"其本同于《世家》,作'姓孔氏',因为'孔子'一词极为惯用而衍出一'子'字。"

由于古字形十分接近，而被衣镜"误'居'为'合'"。①

　　总结所示情况，可见"传记"的内容，除去通假、省略、讹误和同义表述等情况外，绝大多数都可以在《世家》中找到对应的记载，而且两者叙述的先后顺序也基本保持一致，尤其是文首与文末的文字，更是在字词上达到了高度吻合。所以，《孔子世家》便是衣镜"孔子传记"的主要文本依据。

　　（二）间或参照《仲尼弟子列传》《太史公自序》的记载

　　以上虽然已经涉及了"孔子传记"的大部分文字内容，重点通过一些相异之处的分析，指出了与《孔子世家》的联系。但是还有一处字词不同，有两处在《世家》中不见出处的语句未予讨论。以下就先通过对孔子弟子的人数问题和标号13一句的出处，说明"孔子传记"与《史记》其他篇章的联系。

　　第一，孔子弟子的人数问题——"七十有七"与"七十有二"。

　　"传记"与《世家》关于孔子弟子的人数记载也有差异，前者为"七十有七"，后者为"七十有二"。然而同样不能据此否定"传记"与《史记》具有关联性。因为《仲尼弟子列传》记载有孔子曰："受业身通者七十有七人，皆异能之士也。"②而且"传记"与《列传》在弟子人数之后，所接之语都为"皆异能之士"，所以此处参照的乃是《列传》的记载。这在与其他文献相关记载的对比中，同样可以感受到。比如《孔子家语》有篇名作《七十二弟子解》，但篇中列名76人，两个数字与"传记"的77人都不相同，而且"其中琴牢、陈亢、县亶为《史记》未记载，而《史记》中的奉冉、公伯寮、单、颜何为《孔子家语》无"③。

---

①　至于恩子健、任和合两先生认为《史记》"野合"为后世传抄错误，"野居"才当为正确写法；及邵鸿先生提及的郭永秉告知的，"野居"或为野外同居相处的委婉说法的观点，本节保留态度。就此还可结合对孔子弟子传记的考察加以认识。见恩子健、任和合《海昏侯墓孔子屏风"野居而生"改正千年错误》，复旦大学出土文献与古文字研究中心网站，http://www.fdgwz.org.cn/Web/Show/2718，2016年。

②　（汉）司马迁撰：《史记》，中华书局1982年标点本，第2185页。

③　王意乐、徐长青、杨军、管理：《海昏侯刘贺墓出土孔子衣镜》，《南方文物》2016年第3期，第67页。

第二章　衣镜的圣人孔子与汉代教育

由此处面对《史记》自身差异的文本取舍，可推测关于孔子的内容，衣镜"传记"主要依据《孔子世家》；涉及孔子弟子的部分，应当主要参照的是《仲尼弟子列传》，而这种说法同样可以求证于孔子弟子传记的文本记载。

第二，孔子的自我评价问题。

"传记"标号13一句，涉及孔子对于自身的评价，虽然在《孔子世家》中找不到对应文字，但是却与《太史公自序》中的记载基本保持一致，即：

> 子曰："我欲载之空言，不如见之于行事之深切著名也。夫《春秋》，上明三王之道，下辨人事之纪，别嫌疑，明是非，定犹豫，善善恶恶，贤贤贱不肖，存王国，继绝世，补敝起废，王道之大者也。"①

对比表中文字，知道与"孔子传记"的不同有："我"作"吾"；"见之于行事之"作"見行事"；"夫《春秋》"作"故作春秋"；"人事之纪"作"人事經紀"；"明是非，定犹豫，善善恶恶，贤贤贱不肖，存王国，继绝世，补敝起废，王道之大者也"，写作"□□恶，舉賢才，廢不宵，賞有功，誅桀暴，長善苴惡以備王道，論必稱師，而不敢專己"。也就是说，虽然用字、用句略有不同，但是大体文字和语句大意是吻合的。这样还可以推测王意乐先生之文所补充的"□（决）□（嫌）□（疑）"，或为"别嫌疑"。由此二例看来，"孔子传记"还间或参照了《仲尼弟子列传》、《太史公自序》的记载，还是与《史记》脱离不了关系。

（三）仅有个例受《公羊传》的影响

"孔子传记"中还剩标号11的一句，未论及出处，其曰："南夷與北夷交，中國不絕如縷耳。"与此句最为相似的文本，出自《公羊传·僖公四年》之言："南夷与北狄交，中国不绝若线。"② 此处由"北夷"

---

① （汉）司马迁撰：《史记》，中华书局1982年标点本，第3297页。
② 王维堤、唐书文撰：《春秋公羊传译注》，上海古籍出版社2004年版，第192页。

与"北狄"、"不絶如縷"与"不绝若线"的用字不同，可知二者虽然相似，却不如对《史记》的采用那般吻合。而考察其他文献，发现这或许已经成为当时的习用语。

首先，四方之人皆可称"夷"的用法，在《左传》、《孟子》中早就存在。如《左传·昭公十七年》曰："天子失官，官学在四夷"[①]；《孟子·尽心下》曰："南面而征北夷怨，东面而征西夷怨"[②]，可见这渗透了春秋战国时期就流行的民族概念。其次，"线"与"缕"意义相同，也是可以互换的。如成语"千丝万缕"的用法即是如此。再次，类似表述西汉之人口中也经常出现。如汉哀帝时，刘歆上议中提到："及至幽王，犬戎来伐，杀幽王，取宗器。自是之后，南夷与北夷交侵，中国不绝如线。"[③] 刘歆为西汉古文经的代表，提倡古文，精于《左传》，而董仲舒所治的《公羊春秋》则是今文经的代表著作。

这样再联系到前面提及的孔子纪年问题，可知在《史记》与《公羊传》的观点存在分歧时，"孔子传记"采用的是《史记》的观点。由此足见《史记》就是"孔子传记"的根本性文本依据。所以，与《公羊传》的单句相似性，与其说成对其文本的"兼采"，还不若推测为当时一句习用语的不经意窜入。而这种"不经意"所透露的便是《公羊传》在当时的影响。因为《公羊传》在汉武帝时期已经大显，其中有"汉代孔子"之称的董仲舒发挥了关键作用，所以董仲舒的儒学理论在衣镜绘画的整体布局中也多有体现。因此，《公羊传》虽然在武、昭、宣之世也大行于世，并且作为内在的指导思想也影响了衣镜的绘画，但就衣镜文本而言，它的作用却并不突出。

---

① 杨伯峻编著：《春秋左传注》，中华书局1990年版，第1389页。
② （清）焦循：《孟子正义》，国学整理社编《诸子集成》（一），中华书局2006年版，第566页。
③ 《汉书·韦玄成传》，（汉）班固撰，（唐）颜师古注：《汉书》，中华书局1962年标点本，第3125—3126页。

三 "孔子图案"与《史记》的吻合

（一）孔子"长人"的形象

以上从"孔子传记"的角度，说明了衣镜文本与《史记》的密切联系。那么"孔子图案"的情况，是否也是如此呢？在"传记"和《世家》中都谈到了孔子外貌具有一个突出特征，那就是"身长"，具体都为"長九尺有六寸"，而且人人"異之"，"皆謂之'長人'"。此处即可以此为切入点，观察时人眼中的孔子形象由何而来。

对于这样的外形特征，虽然《史记》之前的文献也有谈及，如《荀子·非相》说："帝尧长，帝舜短；文王长，周公短；仲尼长，子弓短。"① 但都不如《史记》如此详细。而观察衣镜的孔子图案，对这一特征也有刻意表现，即其中的孔子像高约28.8厘米，比之颜回像高约27厘米、子赣像高约26.5厘米、子路像高约26.2厘米、子夏像高约26.3厘米等，都明显高出。按照图案的身高比例，推测在绘画过程中设定孔子的身高时，应当参照了某一具体的数字，而这个依据也就只能是记载最明确的《史记》。

（二）孔子"布衣宗师"的形象

描绘"孔子图案"时，对于《史记》文本参照的这种推测，也可以由之前典籍关于孔子形象的其他记载得到求证。如《荀子·非相》曰："仲尼之状，面如蒙俱。"②《孔子世家》还记录了郑人说孔子："其颡似尧，其项类皋陶，其肩类子产，然自要以下不及禹三寸，累累若丧家之狗。"③ 可见都是对他在当世未能施展政治抱负时的形象表达。反观图案中的孔子，则是以一副布衣形象示人，显得儒雅、内敛而谦恭，正好可对应"传记"和《世家》所共同书写的"孔子布衣，傳十餘世，學者宗之"的形象。而且为了强调他的这一"学者之宗"的布衣形象，还特意描绘有弟子随同出现。这又与西汉武帝以来肯定孔子在当世教育的贡献和后世的影响直接相关。

---

① （清）王先谦：《荀子集解》，国学整理社编《诸子集成》（二），中华书局2006年版，第46页。
② （清）王先谦：《荀子集解》，国学整理社编《诸子集成》（二），中华书局2006年版，第47页。
③ （汉）司马迁撰：《史记》，中华书局1982年标点本，第1921页。

由"丧家之狗"到"学者之宗"的这种地位变化，正得益于他一生所从事的教育事业，也就是他所开创的儒学。因而"孔子传记"对于孔子生平事迹的介绍①，就是在于突出他"儒者之宗"的身份。衣镜传记作为绘画说明而存在的客观情况，也明示图案中的孔子就应当是一副儒者形象。而他头戴小冠，穿深衣长袍，腰部有束带，脚上穿翘头履，拱手而立、背微前倾，恰好吻合了儒者的形象。这诸多的"吻合"自然不能随意视为"巧合"，图案中"身长而瘦"的孔子形象，也当是一种写实描绘。这同时意味着，孔子身高异于常人，在当时被视为事实，而不是某些学者所说的："出于孔子被圣化的一种需要"。所以，可以推论"孔子图案"与"孔子传记"都是以《史记》为文本依据，衣镜上孔子的图案与传记也就是互为参照的。

四　由相合再谈《史记》的影响和流传

以上从"传记"和"图案"两个角度，说明了衣镜上"孔子画像"与《史记》的直接关联性。其中，"孔子传记"与《史记》大意的表面不合之处，分析下来也都是由疏忽而导致的错误。但以《史记》为文本依据，有的学者还是持迟疑态度，认为是"传记"与《史记》采用了其他文献相同的文字内容。然而，"表一"中标号13、16的两句话，出自司马迁之口，就使得这种怀疑能够不攻自破。

（一）由"太史公曰"的文字背景，直观《史记》的影响

首先，前面已经提及标号13一句，可以对应《太史公自序》的记载，而当仔细阅读上下文之后，发现出于太史公对于"上大夫壶遂"提问的答语之中，即：

上大夫壶遂曰："昔孔子何为而作《春秋》哉？"

---

① 包括：孔子的籍贯、父母、祖先；出生的缘由、时间、形象、称谓；少时嬉戏设俎豆的爱好及社会评价；而立之年后的形象、收徒讲学的教学活动及社会评价；周游列国的遭遇；老年因时退而修书，作春秋、成六艺的经历，及孔子的自我评价；辞世的时间及后人"至圣"的评价。这些为世人所津津乐道的圣人形象，与《史记》的文字或大意保持一致。

第二章　衣镜的圣人孔子与汉代教育

太史公曰："余闻董生曰：周道衰废，孔子为鲁司寇，诸侯害之，大夫壅之。孔子知言知不用，道之不行也，是非二百四十二年之中，以为天下仪表，贬天子，退诸侯，讨大夫，以达王事而已矣。子曰：'我欲载之空言，不如……'"①

从"余闻董生曰"可见，司马迁撰写《史记》确有参照他人之言，而且此"董生"服虔曰："仲舒也。"如此则可推论司马迁曾受到过董仲舒思想的影响，或者《史记》有参照《公羊春秋》的成分，但即便如此，也不能说明司马迁就没有自己的主张，《史记》就没有自己的影响力。因为《史记》在武帝年间成书之时，《公羊传》早已存在较大影响，倘若司马迁一味地照书照搬，就不会有与《公羊传》不同的纪年说法存在。所以，此句话直接的文本依据只能是"太史公曰"的内容。而这四个字，被公认为司马迁在《史记》中表达观点、议论史事的文体。

其次，标号 16 的这句话，与《孔子世家》已经趋近于逐字相同的地步，而且既是"传记"的结语，也是《世家》的结语。然而这句结语，《世家》明确记载为"太史公曰"的内容。因而这两句话足以证明衣镜上"孔子传记"的核心文本依据就是《史记》。具有标志性的便是最后落脚的"至圣"二字的评价。因为这一说法最早便是出于《史记》中的"太史公"之口，其中《史记》之前与武帝时期对于孔子的评价，赞誉为"圣人"的说法也有，或出自其弟子之口，如《论语·子罕》记载子贡曾誉之为"天纵之圣"②；或出自求教者之口，如"吴客曰：'善哉圣人'"③；或出自官员之口，如韩婴认同他为能够与黄帝、颛顼、帝喾、尧舜禹汤、文武周公相提并论的"圣人"④。此外，还有仪封人称其为"天之木铎"⑤；还有董仲

---

① （汉）司马迁撰：《史记》，中华书局 1982 年标点本，第 3297 页。
② 《论语·子罕》载："太宰问于子贡曰：'夫子圣者与？何其多能也？'子贡曰：'固天纵之将圣，又多能也。'"杨伯峻译注：《论语译注》，中华书局 1980 年版，第 88 页。
③ 《史记·孔子世家》，（汉）司马迁撰：《史记》，中华书局 1982 年标点本，第 1913 页。
④ （汉）韩婴撰，许维遹校释：《韩诗外传集释》，中华书局 1980 年版，第 195—196 页。
⑤ 《论语·八佾》载仪封人说："天下之无道也久矣，天将以夫子为木铎。"见杨伯峻译注《论语译注》，中华书局 1980 年版，第 32—33 页。

舒称其为"素王"①。但这些描述并未在"孔子传记"中得以体现。相反，《史记》将先秦对于孔子"圣人"的评价，一跃而升为"至圣"，正是对孔子思想相沿至汉，不仅历久未绝，还能被尊为学者宗师的新情况的反响，传记"传十余世，至于今不绝"几字，也指向了司马迁所在的时代。

"传记"对"至圣"这一评价的采用，同时也说明"孔子画像"存在的时代背景，在于社会对于孔子的高度评价，和对他所提倡儒家学说的推崇。所以，武、昭、宣三帝时期"尊孔崇儒"文化氛围的形成，从文献影响的角度来说，不仅仅有儒家经典的功劳，《史记》也发挥了重要作用。

（二）由"太史公曰"的观点影响，反思《史记》的流传

以上从"孔子传记"与《史记》的文字吻合、句意相同，以及"姓孔氏"、"襄公二十二年"、"七十有七人"等处观点的一致性，可以直观察觉到《史记》的影响。又由于"孔子衣镜"随葬于宣帝神爵三年（前59年）②，而《史记》成书于汉武帝时期，墓主人刘贺生平又历经武、昭、宣三帝，所以从时间的早晚先后顺序推测，《史记》是可能为衣镜的制作者所参照的。然而怀疑《史记》为衣镜文本依据者的理由便是，文献记载《史记》在当时乃至西汉并没有得到广泛流传，刘贺是没有机会见到《史记》的。③ 对于这种主张，还值得反思。

因为《汉书》虽然有成帝时朝廷严格控制诸侯王拥有《史记》的事例，即《宣元六王传》记载：汉成帝时，东平王曾经上疏求《太史公

---

① 董仲舒在《天人三策》中明确的尊孔子为"素王"，其曰："孔子作〈春秋〉，先正王而系万事，见素王之文焉。"见《汉书·董仲舒传》，（汉）班固撰，（唐）颜师古注：《汉书》（八），中华书局1962年标点本，第2509页。

② 《汉书·王子侯表》记载："海昏侯贺，……神爵三年薨。"（汉）班固撰，（唐）颜师古注：《汉书》，中华书局1962年标点本，第493页。

③ 有关"孔子衣镜"的文本是否可能为《史记》，学者要么模棱两可，要么表示否定。如王楚宁说："从时间上讲刘贺活到了《史记》宣布于世，但笔者认为海昏侯刘贺在宣帝时代是难以见到《史记》的"；"刘贺是略有可能在昭帝时代看到稍出于世的《史记》的。若'孔子立镜'也造于这一时期，那其上的文字就略有可能源于《孔子世家》。但即便'孔子立镜'上的文字不是源于《孔子世家》，也不能否定与《史记》的重要关系，'孔子立镜'与《孔子世家》很可能拥有共同的母本"。王楚宁：《海昏侯墓系列研究》之一《海昏侯墓"孔子立镜（孔子屏风）"再释》，北京联合大学文化遗产保护协会编《文化遗产与公众考古》（第三辑），2016年，第102—103页。

第二章　衣镜的圣人孔子与汉代教育

书》，但朝廷未予，理由是："《太史公书》有战国从横权谲之谋，汉兴之初谋臣奇策，天官灾异，地形厄塞；皆不宜在诸侯王。"①但这并不能意味着《史记》在之前的武、昭、宣时期，就没有被传抄而流传的可能，最多只能说明其时的官方态度。就像汉武帝时，《史记》的流传未能得到官方的许可，但在宣帝时却已能公布于世；又如汉宣帝时，刘贺薨后，"坐故行淫辟，不得置后"，但"初元三年，鳌侯代宗以贺子绍封"。②因而东平王求书不得，并不能引以为否定《史记》为"孔子传记"直接文本依据的凭借，对此当然还有、也需要有其他理由作为辅证。

首先，《太史公自序》记载《史记》在成书之后，被"藏之名山，副在京师"，索隐曰："言正本藏之书府，副本留京师也。"③但是《汉书·司马迁传》有言曰："迁既死后，其书稍出。"④虽然司马迁死于何年，史书没有明确记载，但大概应在武帝晚期，或者昭帝时期，即武昭之际《史记》已经在民间流传。那么，宣帝时才去世的刘贺，自然有机会通过民间渠道获取《史记》。

其次，《司马迁传》还记载："宣帝时，迁外孙平通侯杨恽祖述其书，遂宣布焉。"⑤由司马迁外孙杨恽封侯而"祖述其书，遂宣布焉"来看，《史记》在司马迁家属处应有存份，且这次乃是获得官方认可层面的"公布于世"。又依据《汉书·景武昭宣元成功臣表》的记载：杨恽"以左曹中郎受董忠等言霍禹等谋，以告侍中金安上，侯，二千五百户"⑥。而霍氏家族倾灭的时间恰是宣帝地节四年（公元前66年），刘贺又死于宣帝神爵三年（公元前59年），这种时间上的一前一后，使得刘贺生前也有可能见到杨恽公布的《史记》。

---

① （汉）班固撰，（唐）颜师古注：《汉书》，中华书局1962年标点本，第3324—3325页。
② 《汉书·王子侯表》，（汉）班固撰，（唐）颜师古注：《汉书》，中华书局1962年标点本，第493页。
③ （汉）司马迁撰，（唐）司马贞索隐：《史记·太史公自序》，中华书局1982年标点本，第3320—3321页。
④ （汉）班固撰，（唐）颜师古注：《汉书》，中华书局1962年标点本，第2737页。
⑤ （汉）班固撰，（唐）颜师古注：《汉书》，中华书局1962年标点本，第2737页。
⑥ （汉）班固撰，（唐）颜师古注：《汉书》，中华书局1962年标点本，第671页。

再次，刘贺曾经有过27天的短暂为帝经历，而帝都长安的宫廷又藏有《史记》，加上杨恽的父亲杨敞，也就是司马迁的女婿，此时正任职宰相，因而在此阶段他也是有机会见到《史记》的。那么，这三种途径之中，衣镜与《史记》联系起来的时间，更有可能是在什么时候？结合刘贺王、帝、侯的经历和心路历程，推测"孔子衣镜"的制作时间可能就是在刘贺被废之后到封侯之前的昌邑"故王"阶段。对此，由"地节四年"这样一个关键性的时间节点，也可以看出。《汉书·昌邑王传》记载，这一年九月山阳太守张敞曾亲入"故昌邑王宫"监察刘贺的情况①，也就是《史记》公布于世的时间正当刘贺"故王"阶段。而此时被监视的处境让他具有"以儒示人"的需求，因为君臣父子的名分观念最被监视他的汉宣帝所看重，孔子作为提出这一理论的儒学创始人，自然可以起到掩人耳目的作用。相比之下，其他阶段的刘贺，或没有尊孔崇儒的兴趣，或没有为我所用的需要，而墓葬出土文物许多带有"昌邑"的文字，也说明海昏侯墓的随葬品多有来自故封国昌邑的。

综合诸多信息来看，杨恽宣布《史记》于世之前，《史记》虽然在民间已经有所流传，但"孔子衣镜"与他的直接联系却应当在此之后，与他的公开有关。只是为何衣镜的制造者，会采用《史记》作为描绘和书写孔子的文本依据，还是得益于曾经在民间流传中所形成的重大影响力。所以，衣镜的"孔子画像"，可以证明自《史记》的成书和流传，汉代人有关孔子的事迹、形象和评价，就多源自《史记》的记载。这也意味着，《史记》的流传和影响要比人们认识的要早、要大。再联系到迄今仍称孔子为"至圣先师"来看，还足见《史记》作用之深远。

小结

综上所述，海昏侯刘贺墓出土的"孔子画像"包含"孔子传记"的书写和"孔子图案"的描绘两部分，并都是以《史记》为根本依据。

---

① 《汉书·武五传》，（汉）班固撰，（唐）颜师古注：《汉书》（九），中华书局1962年标点本，第2767页。

具体而言：

首先，从"孔子传记"与《史记》的关系出发，以表格形式逐条对比，并重点分析相异之处，尤其是看似大意不同的孔子纪年、姓氏和出生三个问题，认为"传记"主要依据《孔子世家》，"六年"乃是"廿年"的书写错误，"姓孔，子氏"乃是"姓孔氏"的衍生错误，"野居"乃是"野合"的书写错误；间或参照《仲尼弟子列传》和《太史公自序》，这分别指孔子弟子的人数写作"七十有七"而非"七十有二"，与不见于《世家》的孔子自我评价之语；仅有个例受《公羊传》的影响，即"南夷與北夷交，中國不絕如縷耳"一句，不能视作对文本的"兼采"。

其次，从孔子"长人"和"布衣宗师"的形象，谈及"孔子图案"与《史记》的吻合，认为图案绘制运用的是写实的方法，图案与传记可互为参照，其根源就是都以《史记》为文本依据。

再次，由"孔子画像"与《史记》"太史公曰"的相合，还探讨了《史记》的影响和流传问题。即由孔子的自评之语和"至圣"的他评之语，都是直接出自司马迁之口，以及衣镜"孔子传记"与《史记》文字吻合、句意相同、观点一致的客观情况，认为《史记》在武、昭、宣三帝时期有着比人们既往认知更早的流传和更大的影响。而且从《史记》的流传情况，结合刘贺的人生经历和墓葬文物情况，还认为"孔子衣镜"的制作时间最有可能在刘贺为昌邑"故王"阶段的"地节四年"之后。

总之，《史记》对于"孔子画像"的影响，是明显可见且最为直接的。这种文本的采用，不仅印证了"三帝"时期"尊孔崇儒"的时代背景，还说明了《史记》对于这种文化氛围的形成也发挥过重要作用。而且，本节所言观点，也还可以从对衣镜"孔子弟子画像"的考察中得到求证。当然，反观之前其他学者所论，又可见邵鸿先生的前期推测多有预见之处。

第二节　由孔子画像的两宗题材对汉代教育的窥探

南昌海昏侯刘贺墓的发现，无疑是考古界近年来最为轰动的历史性事件之一。其轰动的外在表现为众多媒体的广泛聚焦、广大群众的热情关注、考古成果展的成功举办、年度考古新发现的殊荣囊获等,而内在动因却源于该墓创造的诸多历史纪录所彰显出的突出价值。比如出土于主椁室的"孔子衣镜"①,由于绘有迄今发现最早的孔子画像,而引起了学者们的广泛关注,被誉为国宝级文物,学术价值不容估量。但目前成果大都热衷于强调画像所具有的尊孔崇儒信息,并以此作为判定刘贺真实形象和史书记载可靠性的依据。本节则希冀由衣镜上的"孔子画像"②出发,统观整个汉代的孔子画像,进而剖析画像本身的存在根源,认识它们与汉代教育的关联。

一 学者宗之,可胃至圣

(一)从衣镜的"孔子与弟子画像"直观时人眼中"善教"的孔子

通过对复原的衣镜进行观察,可以发现位于衣镜最重要位置的"孔子画像",不仅进行过精心的彩绘装饰,还墨书有榜题和生平传记予以文字说明。深入认识这一外在的孔子形象,自然可以回答墓主人刘贺所生活的西汉中期社会对于孔子外形的认知和内涵的评价等问题。

孔子在时人眼中到底是什么样的形象呢?衣镜绘画告诉我们的答案是:头戴小冠,面部有长须,穿深衣长袍,腰部有束带,脚上穿翘头履,身长而瘦、拱手而立、背微前倾。至于如何评价孔子,用衣镜传文之言,一言以蔽之,即:"天下君王至于贤人众矣,当时则荣,殁则已焉。孔子布衣,传十余世,至今不绝,学者宗之。自王侯,中国言六艺

---

① 有关"孔子衣镜"的器物基本信息、文字内容释读等,本节主要依据江西省文物考古研究所的王意乐、徐长青、杨军、管理四位学者所刊之文:《海昏侯刘贺墓出土孔子衣镜》,《南方文物》2016年第3期,第61—70页。为行文方便,节内不再一一注释。

② 绘画和雕塑是"孔子画像"的两大宗,而翦伯赞先生早就指出过:"除了古人的遗物以外,再没有一种史料比绘画雕塑更能反映出历史上的社会之具体的形象。同时,在中国历史上,也再没有一个时代比汉代更好在石板上刻出当时现实生活的形式和流行的故事来",所以基于汉代"孔子画像"对刘贺真实形象的考察,以及对"孔子衣镜"文化内涵的认识,也就应当具有一定的科学性。见于翦伯赞《秦汉史·序》,北京大学出版社1999年版,第5页。

· 48 ·

者折中于夫子,可胃至圣矣!"①所以,衣镜上孔子画像的存在,在于时人对于孔子的高度评价,和对他所提倡儒家学说的推崇。

将衣镜上"孔子画像"及"孔子传文"所反映出的孔子信息,与其时所流传的《史记》进行对比,可以发现二者基本吻合。以孔子的身高为例,《孔子世家》与孔子传文皆有言曰:"孔子長九尺有六寸,人皆謂之'長人'而异之。"②可见孔子身高异于常人,在当时被视为事实,而衣镜绘画对这一外形特征也有刻意表现,即其中的孔子像高约28.8厘米,比之颜回像高约27厘米、子赣像高约26.5厘米、子路像高约26.2厘米、子夏像高约26.3厘米等,都明显高出,因而"孔子画像"正可与这些文字记载相互参照。此外,有关孔子生平情况的介绍,"传文"与《世家》也是基本保持一致。总之,孔子以一副布衣形象示人,儒雅、内敛而谦恭,以至于"传文"和《世家》都表述为:"孔子布衣,传十余世,学者宗之","可胃至圣矣!"③依据这种吻合的情况,或可推论衣镜上"孔子画像"的制作便是基于《史记》的记述。

这种推测从《史记》之前典籍关于孔子的记载也可得到求证。如《荀子·非相》曰:"仲尼之状,面如蒙倛"④;《论语》记载孔子在世时,被誉为"天之木铎"、"天纵之圣"⑤,但这些描述并未在"孔子衣镜"上得以体现。相反,《史记》将先秦对于孔子"圣人"的评价,一跃而升为"至圣",正是对孔子思想相沿至汉,不仅历久未绝,还能被尊为学者宗师的新情况的反响。更何况衣镜上有关孔子弟子的画像和传文的情况,

---

① 王意乐、徐长青、杨军、管理:《海昏侯刘贺墓出土孔子衣镜》,《南方文物》2016年第3期,第65页。

② (汉)司马迁撰:《史记》(六),中华书局1982年标点本,第1909页。

③ 对此评价,《史记·孔子世家》原文为:"天下君王至于贤人众矣,当时则荣,殁则已焉。孔子布衣,传十余世,学者宗之。自天子王侯,中国言六艺者折中於夫子,可谓至圣矣!"可见与"传文"表述基本一致。见于(汉)司马迁撰:《史记》(六),中华书局1982年标点本,第1947页。

④ (清)王先谦:《荀子集解》,国学整理社编《诸子集成》(二),中华书局2006年版,第47页。

⑤ 《论语·八佾》载仪封人说:"天下之无道也久矣,天将以夫子为木铎";《子罕》载:"太宰问于子贡曰:'夫子圣者与?何其多能也?'子贡曰:'固天纵之将圣,又多能也。'"分别见于杨伯峻译注《论语译注》,中华书局1980年版,第32—33、88页。

也与《史记》的记述基本保持一致。以子路为例,依据衣镜可视图像来看,子路两臂外张、两小腿外露、两脚跨立,整个人显得雄武有力,衣镜传文的描述则正与《仲尼弟子列传》所说的"子路性鄙,好勇力,志伉直,冠雄鸡,佩豭豚"①的形象吻合,他"儒服委质"之前的这种形象,正突出了汉人对于他勇敢品质的认可。②又由于《史记》成书于汉武帝时期,"孔子衣镜"随葬于宣帝年间,因此,或可进一步推论出《史记》正是整个西汉中期"孔子与弟子画像"的创作依据。

在西汉中期被推崇为"至圣"的孔子,体貌上多被人描述为有异象。如《孔子世家》除记载他身高异于常人外,还记录了郑人说他:"其颡似尧,其项类皋陶,其肩类子产,然自要以下不及禹三寸,累累若丧家之狗。"③将他与古代圣贤相类,说明相信他有圣人之貌,而"累累若丧家之狗"又是对他在当世未能施展政治抱负的形象表达。由"丧家之狗"到"学者之宗",这种地位的变化则得益于他一生所从事的教育事业。孔子及其弟子共现于"孔子衣镜",不仅直观地展示了他们的师徒关系,更是表达了孔子之最大贡献在于教育的思想。故而《史记》有言:"孔子以诗书礼乐教,弟子盖三千焉,身通六艺者七十有二人"④;"自孔子卒后,七十子之徒散游诸侯,大者为师傅卿相,小者友教士大夫"⑤。可见正是通过"善教",孔子才将自己的思想传于弟子,并最终被后世儒者发扬光大,成为"学者宗之"的"至圣"。所以,"孔子衣镜"的存在与西汉中

---

① (汉)司马迁撰:《史记》(七),中华书局1982年标点本,第2191页。衣镜传文的原文为:"子路性鄙,好勇力,伉直,冠雄鸡,配佩豭豚。"见王意乐、徐长青、杨军、管理《海昏侯刘贺墓出土孔子衣镜》,《南方文物》2016年第3期,第66页。

② 作为"至圣"的弟子也得到了时人的追捧,"孔子衣镜"中颜回、子赣、子路、子羽、子夏等孔门弟子随同出现便是其证,并被统称为"圣人之徒"。这些高贤各有卓越德才显明于世,子路之勇正是其中之一,因而汉代文献对此多有记述。如《淮南子·人间训》载:"人或问孔子曰……'子路何如人也?'曰:'勇人也,丘弗如也。'"见于(汉)高诱注《淮南子》,国学整理社编《诸子集成》(七),中华书局2006年版,第321页。

③ (汉)司马迁撰:《史记》(六),中华书局1982年标点本,第1921页。

④ 《史记·孔子世家》,(汉)司马迁撰:《史记》(六),中华书局1982年标点本,第1938页。

⑤ 《史记·儒林列传》,(汉)司马迁撰:《史记》(一〇),中华书局1982年标点本,第3116页。

期人士肯定孔子在教育学上的贡献和影响有关，他有教无类、诲人不倦的教育精神，和因材施教、循循善诱等教学方法更是影响至今。

（二）从其他的"孔子见老子画像"直观汉人心中"好学"的孔子

"存形莫善于画"，借助衣镜上的"孔子画像"，可以直观简捷地知道汉人眼中孔子的样貌，然孔子自己也说过："形状，末也"①，因而衣镜上"孔子与弟子画像"所突出的孔子与教育的关联才是观画的重点。对于这种关联性，我们还可以从"孔子见老子画像"中得到求证。此类题材是已经发现的孔子画像中的最大宗，所以对于探究"孔子衣镜"的存在根源有着不可或缺的参考价值。孔子流传后世的故事繁多，为何汉人会热衷于表现孔老相见之事呢？回归这则典故本身，就能理解这类"孔子画像"广布的缘由。

依据《史记》的记载，"孔子见老子"的典故②，彰显的就是孔子"谦逊好学"的品质，这从孔子适周问礼的初衷即可看出。孔子为何会去见老子？《孔子世家》曰：孔子"适周问礼，盖见老子云"③；《老子韩非列传》曰："孔子适周，将问礼于老子。"④ 可见孔老相见的结果就是源于孔子去东周学习周礼的初衷。至于孔子问礼的对象为何选定老子？是因为老子乃"周守藏室之史也"⑤，自然方便博览群书，成就渊博学识，而作为东周最有学问之人对于周礼也当是十分熟稔的，孔子因此才会心生向往前往求教之。所以，《孔子家语·观周》载有："孔子谓南宫敬叔曰：吾闻老聃博古知今，通礼乐之原，明道德之归，

---

① 《史记·孔子世家》，（汉）司马迁撰：《史记》（六），中华书局1982年标点本，第1922页。

② 关于孔子师于老子的典故，在先秦秦汉的典籍中多有记载，除《史记》的《老子韩非列传》《孔子世家》《仲尼弟子列传》有记载外，还见于《庄子》的《天地》《天道》《天运》《田子方》，以及《吕氏春秋·当染》《礼记·曾子问》《孔子家语·观周》《新序·杂事》《韩诗外传》《白虎通义·辟雍》《潜夫论·赞学》等。详细内容请参考史培争《汉画像与历史故事研究——以〈孔子问学〉〈荆轲刺秦王〉为中心》，东北师范大学2015年博士学位论文，第41—44页。

③ （汉）司马迁撰：《史记》（六），中华书局1982年标点本，第1909页。

④ （汉）司马迁撰：《史记》（七），中华书局1982年标点本，第2140页。

⑤ 《史记·老子韩非列传》，（汉）司马迁撰：《史记》（七），中华书局1982年标点本，第2139页。

即吾师也,今将往矣。"① 而此时的孔子已经学有所成、名声在外,并且开堂讲学、传授弟子以"六艺",可见自身对周礼已经有着深入的了解和体悟,在此情形之下,孔子尚能不辞辛劳、远赴东周求学,其谦逊好学的品质自是众目昭彰。

对此"问礼"的相见主旨,在这类孔子画像的构图细节上多有体现。如在随同拜谒老子的孔子弟子手中,亦或老子侍从手中,都常见持有竹简者。② 这些竹简应当就是得自老子所掌管的"守藏室",也就是孔子所问周礼的实物表现,所以太史公也说孔子曾"西观周室、论史记旧闻"③。又如有表现"孔子车"的意象④,与《孔子世家》所言"鲁南宫敬叔言鲁君曰:'请与孔子适周'。鲁君与之一乘车,两马,一竖子俱,适周问礼"⑤ 的记载符合。再如还出现有"龙"纹这种罕见图案⑥,这又正与《老子韩非列传》关于孔子说"吾今日见老子,其犹龙邪"⑦ 的感慨相印证。因此,这类画像雕刻的依据同样来源于《史记》的记载。对此推论放在孔子弟子的形象上观之同样适用。再以子路来

---

① 王国轩、王秀梅译注:《孔子家语》,中华书局2009年版,第87页。
② 例1:山东嘉祥武宅山村画像中,孔子身后有其弟子四人捧简恭立,见于中国画像石全集编辑委员会编《中国画像石全集·第1卷·山东汉画像石》,山东美术出版社、河南美术出版社2000年版,第9页。例2:山东嘉祥五老洼画像中,孔子身后弟子二人,皆手捧简牍侍立,见于朱锡禄编著《嘉祥五老洼发现一批汉画像石》,《文物》1982年第5期。例3:山东嘉祥蔡氏园画像中,孔子身后有弟子三人,皆手捧简牍站立,见于朱锡禄编著《嘉祥汉画像石》,山东美术出版社1992年版,图11。例4:山东长清孝堂山画像中,孔子身后站立三十人,老子身后站立十四人,皆捧简册,见于南阳汉代画像石学术讨论会办公室编《汉代画像石研究》,文物出版社1987年版,第217页。例5:山东滕州古庙村画像中,孔子身后有弟子四人,其中三人手捧竹简站立,见于孙桂俭编著《汉画石语》,文物出版社2007年版,图51。
③ 《史记·十二诸侯年表》,(汉)司马迁撰:《史记》(二),中华书局1982年标点本,第509页。
④ 如乾隆时期济宁运河同知黄易发现的嘉祥武氏祠画像石中,从榜题来看,有"孔子也"、"老子也"、"孔子车","孔子车"正为一辆两马拉的四维轩车。见于朱锡禄编著《武氏祠汉画像石》,山东美术出版社1986年版,图69。
⑤ (汉)司马迁撰:《史记》(六),中华书局1982年标点本,第1909页。
⑥ 如山东微山县微山岛沟南村和嘉祥县宋山出土的"孔子见老子画像"中都有龙纹出现。见于王思礼、赖非、丁冲、万良《山东微山县汉代画像石调查报告》,《考古》1989年第8期;中国画像石全集编辑委员会编《中国画像石全集·第2卷·山东汉画像石》,山东美术出版社、河南美术出版社2000年版,第47、90页。
⑦ (汉)司马迁撰:《史记》(七),中华书局1982年标点本,第2140页。

第二章　衣镜的圣人孔子与汉代教育

看，在嘉祥县齐山村①、嘉祥县矿山村②和武氏祠前石室第二石、左石室第六石③上的孔老相见画像石中，子路正是《仲尼弟子列传》所言的"冠雄鸡，佩豭豚"的形象。

"孔子见老子画像"从西汉中期到东汉晚期的长期广泛存在，说明孔子问礼老子一事一直为汉人所津津乐道，他们宣扬的自然就是这一题材所显露出的孔子"好学"的品质。对于所具备的这种品质，孔子自己也十分认可，曾曰："十室之邑，必有忠信如丘者焉，不如丘之好学也"④，孔子引以为豪的这种"好学"品质，因为他"学而不厌"的精神得以美名流传。孔子认为"朝闻道，夕可死矣"⑤；且从"十有五而志于学"⑥到退而修书，可见他终其一生不曾一日忘记学习，正所谓"其为人也，发愤忘食，乐以忘忧，不知老之将至云尔"⑦的真实写照。细化来看，孔子"好学"的突出特点在于"学无常师"⑧。他不仅"入太庙，每事问"⑨，还曾"学于老聃、孟苏、夔靖叔"⑩、"学鼓琴于师襄子"⑪、"访乐于苌弘"⑫等，是此《仲尼弟子列传》总结说："孔子之所严事：于周则老子；于卫，蘧伯玉；于齐，晏平仲；于楚，老莱子；于郑，子产；于鲁，孟公绰。数称臧文仲、柳下惠、铜鞮伯华、介山子然，孔子皆后之，不并

---

① 朱锡禄编著：《嘉祥汉画像石》，山东美术出版社1992年版，第65页。
② 解华英、傅吉峰：《浅谈嘉祥县出土孔子、老子、晏子同在的汉画像石》，顾森、邵泽水主编《大汉雄风——中国汉画学会第十一届年会论文集》，高等教育出版社2008年版，第57页。
③ 朱锡禄编著：《武氏祠汉画像石》，山东美术出版社1986年版，第19、56页。
④ 《论语·公冶长》，杨伯峻译注：《论语译注》，中华书局1980年版，第53页。
⑤ 《论语·里仁》，杨伯峻译注：《论语译注》，中华书局1980年版，第37页。
⑥ 《论语·为政》，杨伯峻译注：《论语译注》，中华书局1980年版，第12页。
⑦ 《论语·述而》，杨伯峻译注：《论语译注》，中华书局1980年版，第71页。
⑧ 《论语·子张》记载子贡说："夫子焉不学，而亦何常师之有！"见于杨伯峻译注《论语译注》，中华书局1980年版，第204页。
⑨ 《论语·八佾》，杨伯峻译注：《论语译注》，中华书局1980年版，第28页。
⑩ 《吕氏春秋·当染》，（汉）高诱注：《吕氏春秋》，国学整理社编《诸子集成》（六），中华书局2006年版，第20页。
⑪ 《韩诗外传·卷五》，（汉）韩婴撰，许维遹校释：《韩诗外传集释》，中华书局1980年版，第175页。
⑫ 《孔子家语·观周》，王国轩、王秀梅译注：《孔子家语》，中华书局2009年版，第87页。

世。"① 他还认为"知之为知之,不知为不知,是知也"②,所以还留下了"三人行,必有我师焉,择其善者而从之,其不善者而改之"③ 的求知态度。也正因为如此,孔子对"一箪食,一瓢饮,在陋巷"④ 尚且能致力于学习的颜回甚是喜爱;对"昼寝"的宰予,则骂道"朽木不可雕也,粪土之墙不可杇也"⑤。

此外,孔子甚至还具备"不耻下问"的为学精神,突出例证便是"项橐七岁而为孔子师"的故事⑥。因而为突出孔子好学这一主旨,在许多"孔子见老子"的汉画像中,除了将孔子塑造成躬身谦逊、手执挚礼⑦的形象外,还特意在孔老之间塑造有项橐的形象。在已见最早的属于西汉宣元时期的山东微山沟南村画像中,孔老之间便有一面朝孔子的小童。⑧ 其后的诸多画像也是如此构图,如在陕西绥德刘家沟、山东长清孝堂山、山东嘉祥吕村、嘉祥蔡氏园、嘉祥宋山第 5 石、嘉祥齐山、嘉祥纸坊镇敬老院的第 1 石和第 4 石等处出土的画像⑨中,孔老之间皆有这样一位童子的存在,而且常常是手推独轮或两轮玩具车出现,以显示年龄的幼小。对于这

---

① (汉)司马迁撰:《史记》(七),中华书局 1982 年标点本,第 2186 页。
② 《论语·为政》,杨伯峻译注:《论语译注》,中华书局 1980 年版,第 19 页。
③ 《论语·述而》,杨伯峻译注:《论语译注》,中华书局 1980 年版,第 72 页。
④ 《论语·雍也》,杨伯峻译注:《论语译注》,中华书局 1980 年版,第 59 页。
⑤ 《论语·公冶长》,杨伯峻译注:《论语译注》,中华书局 1980 年版,第 45 页。
⑥ 关于"孔子师项橐"的事迹,最早见于《战国策·秦策五》,此外汉代典籍《史记·樗里子甘茂列传》《新序·杂事》《淮南子·说林训》《淮南子·修务训》《论衡·实知篇》中也均有记载。详细内容可参看史培争《汉画像与历史故事研究——以〈孔子问学〉〈荆轲刺秦王〉为中心》,东北师范大学 2015 年博士学位论文,第 44 页。
⑦ 这类画像中的孔子,常常袖中露出一只禽头,就是挚礼的表现。如山东嘉祥宋山的 2 幅图、嘉祥纸坊镇敬老院的 1 幅等,皆是如此。见于朱锡禄编著《嘉祥汉画像石》,山东美术出版社 1992 年版,图 47、49、126。这种细节表现甚多,其后提到的陕西绥德刘家沟、山东长清孝堂山画像中的孔子也是手执挚礼的形象,此处不再一一列举。
⑧ 王思礼、赖非、丁冲、万良:《山东微山县汉代画像石调查报告》,《考古》1989 年第 8 期;中国画像石全集编辑委员会编:《中国画像石全集·第 2 卷·山东汉画像石》,山东美术出版社、河南美术出版社 2000 年版,第 47 页;马汉国主编:《微山县汉画像石精选》,中原出版社 1994 年版,图 73。
⑨ 分别见于中国画像石全集编辑委员会编《中国画像石全集·第 5 卷·陕西、山西汉画像石》,山东美术出版社、河南美术出版社 2000 年版,第 139 页;南阳汉画像石学术讨论会办公室编《汉画像石研究》,文物出版社 1987 年版,第 217 页;朱锡禄编著《嘉祥汉画像石》,山东美术出版社 1992 年版,图 32、11、47、83、126、129。

第二章　衣镜的圣人孔子与汉代教育

位小童的身份，曾经多有异议，但随着两幅带有榜题的画像问世，他的身份也就盖棺论定了。一者是山东平阴实验中学出土的7号画像石上，榜题有"太□诧"三字；一者是山东嘉祥矿山村的石墓画像中，榜题有"大巷當"三字，对此已有学者判定，二者皆是指《汉书》记载的"达巷党人"，因为"'诧'即'讬'，与'橐'同音而借用"；"大"即"达"，"當"即"党"，"形音相近而互通"①。而孟康在注《汉书·董仲舒传》关于"达巷党人不学而自知也"的时候，就明确说明是人即"项橐也"。② 此外，皇甫谧③、梁玉绳④等学者也都持此观点，没有疑义。⑤

在尊老敬师的时代氛围下，孔子为尊且博学，年幼的项橐为卑，孔子不介怀自己身份和已取得名誉，能够屈尊向七岁小儿学习，这种强烈对比和鲜明反差足见孔子之好学非常人能比。正是因为"好学"这一共同精神，"孔子问礼老子"和"孔子师项橐"两则典故才被汉人结合起来，但主角都是孔子无疑，此处还可借助榜题提示重点的用法予以判断。如在山东嘉祥齐山的画像中，孔子身后有二十人，老子身后有七人，但有榜题者只有四人，曰："孔子也"、"老子也"、"颜回"、"子路"⑥；又如山东长清孝堂山的画像中，不仅有孔子、老子、项橐，孔子身后还有三十人，老

---

① 乔修罡、王丽芬、万良：《山东平阴县实验中学出土汉画像石》，《华夏考古》2008年第3期；解华英、傅吉峰：《浅谈嘉祥县出土孔子、老子、晏子同在的汉画像石》，顾森、邵泽水主编《大汉雄风——中国汉画学会第十一届年会论文集》，高等教育出版社2008年版，第56—57页。

② （汉）班固撰，（唐）颜师古注：《汉书》（八），中华书局1962年标点本，第2510页。

③ 《论语正义·子罕》引皇甫谧《高士传》佚文，曰："达巷党人，姓项，名橐。"见于刘宝楠撰，高流水点校《论语正义》，中华书局1990年版，第321页。

④ 梁玉绳《汉书人表考》卷三载："达巷党人……即项橐也。又做项讬。亦曰后橐。亦曰太项。亦曰童子。"见于中华书局1985年版，第140页。

⑤ 小童绝大多数都是面向孔子，与老子同列一旁就是表明他们共同的"孔子师"的身份，嘉祥矿山村画像中带有榜题的小儿明确指向孔子，或可推论只要是面朝孔子者，都可视为"项橐"。但同时还应注意到，也有个别画像中的童子是面朝老子的，如江苏铜山白集的画像中，孔、老之间手推独轮的小儿，就是面向老子；又如山东济宁喻屯的画像中，孔老之间有一小孩，面向老子，拱手站立。分别见于徐州市博物馆选编《徐州汉画像石》，江苏美术出版社1985年版，图102；夏忠润《山东济宁县发现一组汉画像石》，《文物》1983年第5期。这种例外的出现，不能排除是工匠的个人失误所致，因为从图画构成和出土地点来看，都应是面朝孔子更为合理。况且"孔子衣镜"中的文字失误，就旁证了这种可能性的存在。若本非失误，才能与工匠的个人创意联系起来，而创作的依据就是《孔子世家》所载鲁君所赠的"竖子"。

⑥ 朱锡禄编著：《嘉祥汉画像石》，山东美术出版社1992年版，图83。

子身后还有十四人，但却只榜题有"孔子"①。观察这两幅画像的榜题，明显可见"孔子"才是画像的核心人物，孔子所代表的儒者才是着重体现的人群，所以只有孔子弟子才见有榜题，而且弟子人数也明显多于跟随老子的人。因此，不管是否有弟子跟随，或跟随弟子的数量多少，只要是"孔子、老子"二人，或"孔子、老子、项橐"三人，作为重要人物一同出现的汉画像，其主旨都是在于突出孔子"好学"的品质。②

而"好学"正是学子在接受教育过程中所最需要具备的品质，是故两类汉代"孔子画像"③的主观愿望相类似，都是在于凸显孔子与教育的关联，只是"孔子见老子画像"展示的是孔子主动接受教育而成为"圣人"的历程；"孔子与弟子画像"表现的则是孔子主动教育弟子而成为"至圣"的史实。这也正是孔子为教育的两大主体（学生和老师）所树立的"学而不厌，诲人不倦"④的两大中心精神。总之，通过对师徒关系的描绘，说明了"孔子画像"的存在与汉代教育密切相关的情况，传达的就是"尊师重教"的理念，这从师徒的位置排列、神情举止等方面皆可看出。

二 皇者用之，以行教化

（一）两类"孔子画像"所揭露的"劝学、遵礼"主旨

画像中栩栩如生的孔子，是如何与汉代教育联系起来的呢？分析已

---

① 南阳汉代画像石学术讨论会办公室编：《汉代画像石研究》，文物出版社1987年版，第217页。

② 所以，此类"孔老相见"的题材画像，若从描述的事件本身来看，可称为"孔子见老子图"；若从描述对象的地位来看，可称为"双圣图"；若从描绘的主旨来看，则只能称为"孔子问礼老子图"，强调的是孔子好学而问礼、谦逊而从师的历史事实。

③ "孔子与弟子"、"孔子见老子"两类"孔子画像"的真实存在，也说明了孔子创办私学和问礼老子两事得到了汉代社会的广泛认同，是影响中国文化史上的两次重大事件。

④ 《论语·述而》载："子曰：'若圣与仁，则吾岂敢？抑为之不厌，诲人不倦，则可谓云尔已矣。'公西华曰：'正唯弟子不能学也。'"另有《孟子·公孙丑上》载："昔者子贡问于孔子曰：'夫子圣矣乎？'孔子曰：'圣则吾不能，我学不厌而教不倦也。'子贡曰：'学不厌，智也；教不倦，仁也。仁且智，夫子既圣矣。'"可见孔子正是以"学而不厌，诲人不倦"为自己最重要的品性，孔子弟子也正是因此视之为"圣人"。分别见于杨伯峻译注《论语译注》，中华书局1980年版，第76页；杨伯峻译注：《孟子译注》，中华书局2010年版，第57页。

第二章 衣镜的圣人孔子与汉代教育

经发现的两大类"孔子画像",可知二者的连接点便是"儒学"。孔子所创立的儒学在西汉中期,既然仍有如此大的民间影响力,统治者就不能视而不见,更何况儒家所倡导的伦理道德,尤其是"君君、臣臣、父父、子子"①的名分观念,符合最高统治者维持大一统局面的利益,所以经董仲舒上言、汉武帝采纳,儒学由民间而走上政治舞台,儒家经典也成为官方教育的核心内容。汉武帝建元五年,"置五经博士"②,使得皇位继承人也要师从名儒、受教儒学。在此形势下,"孔子画像"所传达的"尊师重教"的儒学主张,自然也就成为汉代皇帝所宣扬的理念,因而汉皇所下诏书中经常提到"国之将兴,尊师而重傅"③一语,"孔子画像"也由此被广泛地描绘和塑造,从而成为经典之外辅助教化、维护统治的重要手段。

"孔圣人"与"圣人之师"、"圣人之徒"之间的师徒关系,告诫了学子们只有"好学尊师"才能成就德行与伟业,因为即便孔子也是因为好学才最终受益的。如《孔子世家》就记载:"孔子自周反于鲁,弟子稍益进焉。"④孔子终因无时不学、无处不学,才名满天下、德及后世,才获得世人"圣人"的评价。而对此看法,除了前面提到的公西华和子贡有之,子夏亦有之,其云:"(圣人)仲尼学乎老聃","未遭此师,则功业不能著乎天下,名号不能传乎后世者也。"⑤所以,孔

---

① 为齐景公问政于孔子的答语,载于《论语·颜渊》、《史记·孔子世家》。分别见于杨伯峻译注《论语译注》,中华书局1980年版,第128页;(汉)司马迁撰《史记》(六),中华书局1982年标点本,第1911页。

② 《汉书·武帝纪》,(汉)班固撰,(唐)颜师古注:《汉书》(一),中华书局1962年标点本,第159页。

③ 见于《汉书·元帝纪》《汉书·萧望之传》等。而将尊师重教与国家兴衰联系起来的观点,荀子早已明确提出。如《荀子·大略》有言:"国将兴,必贵师而重傅。贵师而重傅,则法度存。国将衰,必贱师而轻傅。贱师而轻傅,则人有快,人有快则法度坏。"参看(清)王先谦《荀子集解》,国学整理社编《诸子集成》(二),中华书局2006年版,第336页。

④ (汉)司马迁撰:《史记》(六),中华书局1982年标点本,第1909页。《孔子家语·观周》中也有同义表述,说孔子"自周反鲁,道弥尊矣。远方弟子之进,盖三千焉"。见于王国轩、王秀梅译注《孔子家语》,中华书局2009年版,第87—88页。以孔子问礼老子之事的记载相似来看,《史记》与《孔子家语》有文献学上的对比研究价值。

⑤ 《韩诗外传·卷五》,(汉)韩婴撰,许维遹校释:《韩诗外传集释》,中华书局1980年版,第196页。

子作为"好学尊师"的成功案例,他的画像自武帝起就包含了统治者"劝学"的初衷。

孔子学习的对象是周礼,并且能够身体力行。比如他对于"八佾舞于庭"的僭越行为,愤慨地说:"是可忍也,孰不可忍也";对于"三家者以雍彻"的行为,抗议到:"'相维辟公,天子穆穆',奚取于三家之堂"①。即便自己的儿子孔鲤和最喜爱的学生颜回过世,他也恪守礼制,没有过礼而厚葬。在教育弟子的"文、行、忠、信""四教"②中,相比知识性教育,他也是更为重视品德修养,是言:"弟子,入则孝,出则弟,谨而信,泛爱众而亲仁。行有余力,则以学文。"③ 他认为礼制是个人安身立命之本,是曰:"不学礼,无以立"④;"君子博学于文,约之以礼,亦可以弗畔矣夫!"⑤ 所以,孔子所删订"六经"之道同归于"礼",也就是讲究"贵贱有等,长少有差,贫富轻重皆有称也"⑥。

这种个体对于礼制的自觉遵守与维护,正是维系家庭、安定国家、发展社会的基石,所以最为统治者所看重,只有被统治者各安其位,统治者所建构的等级秩序才能得以维系,天下才能得以大治。因此,关于孔子如何去见的老子?《孔子世家》记载:"鲁君与之一乘车,两马,一竖子俱,适周问礼。"⑦ 孔子问礼老子得到鲁国国君的认可和资助,已经说明了礼制的运用是符合最高统治者需要的。是此,为维护大一统的局面,汉代皇帝自然也要提倡孔学儒术,也就是"以礼治国"的主张。董仲舒说:"圣王已没,而子孙长久安宁数百岁,此皆礼乐教化之功也。"⑧ 在他的新儒学理论中,便有君臣、父子、夫妇的"三纲"原则,认为它

---

① 《论语·八佾》,杨伯峻译注:《论语译注》,中华书局1980年版,第23页。
② 《论语·述而》,杨伯峻译注:《论语译注》,中华书局1980年版,第73页。
③ 《论语·学而》,杨伯峻译注:《论语译注》,中华书局1980年版,第4—5页。
④ 《论语·季氏》,杨伯峻译注:《论语译注》,中华书局1980年版,第178页。
⑤ 《论语·雍也》,杨伯峻译注:《论语译注》,中华书局1980年版,第63—64页。
⑥ 《史记·礼书》,(汉)司马迁撰:《史记》(四),中华书局1982年标点本,第1161页。
⑦ (汉)司马迁撰:《史记》(六),中华书局1982年标点本,第1909页。
⑧ 《汉书·董仲舒传》,(汉)班固撰,(唐)颜师古注:《汉书》(八),中华书局1962年标点本,第2499页。

们符合"阳尊阴卑"的宇宙规律,并主张以此学说来教化民众。所以,董仲舒建议汉武帝"诸不在六艺之科孔子之术者,皆绝其道,勿使并进。邪辟之说灭息,然后统纪可一而法度可明,民知所从矣"①。可见汉代统治者通过孔子画像"劝学"的目的,在于让被统治者通过"学礼",做到如孔子一般"遵礼",孔子就是树立起的"学礼"、"遵礼"楷模。总之,"孔子画像"的存在源于统治者"儒道设教"的统治策略,而正是由于官方对于礼制的这种高度重视,"孔子衣镜"中形象地展现了儒家关于方位、色彩、性别等诸多方面的礼制内容。

(二)前后"孔子画像"所体现的"范式、格局"全貌

第一,图化天下,武帝奠基;孔子画像,范式已成。

既知两类"孔子画像"都是汉皇儒道设教的工具,而考古已知的"孔子与弟子画像"和"孔子见老子画像",若按墓主下葬年代而论,最早都只能追溯到宣帝年间。至于两汉文献记载的明确时间,则晚至了东汉灵帝之时,见于《后汉书·蔡邕传》之载:"光和元年,遂置鸿都门学,画孔子及七十二弟子像。"②"鸿都门学"的"孔子与弟子画像",证实了我们前面关于"孔子画像"与"汉代教育"直接关联的推定。又有《汉书·艺文志》记载有"孔子徒人图法二卷"③,将"孔子与弟子画像"的出现时间提早至了西汉时期,而且明示这类孔子画像已经形成范式,只是具体阶段并不明确。结合"孔子衣镜"已出的事实,需要回答的就是:刘贺下葬的宣帝年间,能否等同于墓内实物所反映文化的确定时间?随葬的西周提梁卣和战国青铜缶的存在,已经明确说明墓葬时间与随葬器物的文化时代不能等同。

那么,"孔子画像"与汉代官学教育最早连接于何时?唐代学者司

---

① 《汉书·董仲舒传》,(汉)班固撰,(唐)颜师古注:《汉书》(八),中华书局1962年标点本,第2523页。

② (南朝宋)范晔撰,(唐)李贤等注:《后汉书》(七),中华书局1965年标点本,第1998页。

③ (汉)班固撰,(唐)颜师古注:《汉书》(六),中华书局1962年标点本,第1717页。

马贞为我们提供了另外一种答案，他曾说"文翁孔庙图作七十二人"①，也就是认为"孔子与弟子画像"始于文翁创办的地方郡学。文翁生活于景、武之际，曾担任蜀郡太守一职，《汉书·循吏传》记载他曾"修起学官于成都市中，招下县子弟以为学官弟子"，由于教化蜀地的办学效果显著，使"蜀地学于京师者比齐鲁焉。至武帝时，乃令天下郡国皆立学校官"，后"文翁终于蜀，吏民为立祠堂，岁时祭祀不绝。至今巴蜀好文雅，文翁之化也"。② 由此则地方官学设立孔庙，且于庙堂图画孔子与弟子画像的做法，就是武帝以来教育机构的一贯传统。所以，这位后人司马贞之说能否成立，成为问题的关键，而这在史书中却有信息可以自证。

据《汉书》记载，用图画以教化天下的方式，武帝曾多次运用。如为了表彰金日磾的母亲教子有方，"诏图画于甘泉宫，署曰'休屠王阏氏'"③；又如为了立少子托孤，"乃使黄门画者画周公负成王朝诸侯以赐（霍）光"④ 等。所以，武帝应当就是汉代图化天下、兴善诫恶的奠基人。而且只有武帝"罢黜百家，独尊儒术"的政策实行之后，"孔子画像"才能得以立足官方学堂；只有武帝推广文翁办学经验之后，孔子画像才能在多地方、大范围内得以流行。这正如孔子"圣人"的赞誉，武帝时期才开始集中出现于官员口中，如除了司马迁称其为"至圣"外，还有董仲舒称其为"素王"⑤，韩婴认同他为能够与黄帝、颛顼、帝喾、尧舜禹汤、文武周公相提并论的"圣人"⑥ 等，这代表了这一时期官方对

---

① （唐）司马贞索隐：《史记索隐·仲尼弟子列传》，中华书局1982年标点本，第2185页。
② （汉）班固撰，（唐）颜师古注：《汉书》（一一），中华书局1962年标点本，第3626—3627页。
③ 《汉书·金日磾传》，（汉）班固撰，（唐）颜师古注：《汉书》（九），中华书局1962年标点本，第2960页。
④ 《汉书·霍光传》，（汉）班固撰，（唐）颜师古注：《汉书》（九），中华书局1962标点本，第2932页。
⑤ 董仲舒在《天人三策》中明确的尊孔子为"素王"，其曰："孔子作〈春秋〉，先正王而系万事，见素王之文焉。"见《汉书·董仲舒传》，（汉）班固撰，（唐）颜师古注：《汉书》（八），中华书局1962年标点本，第2509页。
⑥ （汉）韩婴撰，许维遹校释：《韩诗外传集释》，中华书局1980年版，第195—196页。

第二章　衣镜的圣人孔子与汉代教育

于孔子地位的认可。武帝在学校教育中树立"尊孔崇儒"的用意，自然就是"孔子画像"所彰显的教化子民以"学礼"、"遵礼"。

汉武帝利用画像"成教化，助人伦"①的这种统治策略。

一方面早在两周教育中就被广泛运用。如《淮南子·主术训》记载："文王周公，观得失，偏览是非，尧舜所以昌，桀纣所以亡者，皆著于明堂。"②又如《孔子家语·观周》记载："孔子观乎明堂，睹四门墉，有尧舜之容，桀纣之象，而各有善恶之状，兴废之诫焉。又有周公相成王，抱之负斧扆南面以朝诸侯之图焉。"③"明堂"正是周代的教育场所，可见两周之官学也图画有历史人物，通过展现这些人物的善恶兴废，以告诫学子兴善诫恶的为人之道。只是孔子作为武帝欲兴儒学的创始人，成为了汉代官学的标配。是此，从武帝开始的西汉中后期到东汉的官府学堂里，就应当始终存在着"孔子画像"。

另一方面，对此武帝之教，他的后人也是着力加以运用。如为了表彰辅佐汉室中兴的有功之臣，汉宣帝于甘露三年，"思股肱之美，乃图画其人于麒麟阁，法其形貌，署其官爵姓名……皆有功德，知名当世，是以表而扬之。"④当世名臣尚且能图画于皇宫之内，作为皇帝所提倡的儒学创始人立于官学，也就并非什么稀奇之事了。将这些信息综合看待，西汉《孔子徒人图法》的存在可以确定在武帝时期。所以，虽然"孔子衣镜"随葬于宣帝年间，与其时曾经召开"石渠阁会议"、增置博士弟子员等情况吻合，但宣帝时图画古今名人的做法，以及推崇儒学的文教政策，却都是直接继承武帝而来，因而"孔子衣镜"所反映的文化现象，也应直接归属于刘贺所生活过的武、昭、宣三世。衣镜对于孔子"可胃至圣矣"的评价，以及关于孔子及其弟子的人物绘画和生

---

①　张彦远：《历代名画记》，人民美术出版社1963年版，第1页。
②　"著，犹图也。"见（汉）高诱注《淮南子》，国学整理社编《诸子集成》（七），中华书局2006年版，第149页。
③　王国轩、王秀梅译注：《孔子家语》，中华书局2009年版，第90页。
④　《汉书·苏武传》，（汉）班固撰，（唐）颜师古注：《汉书》（八），中华书局1962年标点本，第2468—2469页。

平介绍与《史记》的一致现象，正说明了汉代"图化天下"的统治策略，乃是奠基于武帝时期。

值得注意的是，前面虽然已说"孔子画像"的范式应当形成于汉武帝时期，但文献所言立于官方学堂的皆是"孔子与弟子画像"，并未涉及"孔子见老子画像"，而已经发现的后者实物又都见于丧葬礼仪建筑的壁画、画像石（砖）等载体上，这又引发了两个相继的问题。

一是"孔子见老子画像"是否也被立于官方学堂？依据《白虎通·辟雍》中还专门提到"孔子师老聃"[①]之说，推测应当也是存在的，因为"辟雍"正是天子"行礼乐、宣德化"的教育机构，而且"教"与"学"是教育的两个维度，重视教育就不应当只有突出孔子之教的"孔子与弟子图"，还应当有突出孔子之学的"孔子见老子图"。这就如同已发现的"孔子与弟子画像"不见于学堂，而有出土于墓中的；画像石中也并非全是"孔子见老子画像"，也偶尔发现有"孔子与弟子画像"的情况[②]类似，说明考古成果只是保存下来的少数发现，不能片面作为依据来论断全局性的问题。

二是"孔子见老子画像"是否也已形成范式？由于没有文献记载可参照，对此我们就只能依据考古情况来推论。从发掘实物来看，"孔子见老子画像"出现于宣元时期，渐趋增多于西汉后期，东汉数量最多，尤其是东汉中晚期，是已发现"孔子画像"中最为主要的题材。但在两百多年的时段内，不管是何种表现形式，这些画像却是大同小异、主旨相同，不得不让人想到这类画像对于孔子的描绘也早已形成范式。是此我们今日尚能较为轻松地判断出画面中的重要人物，如身长执挚的孔子、扶杖的老子、年幼的项橐、勇猛的子路等典型形象。而且人物的组合方

---

① （清）陈立撰，吴则虞点校：《白虎通疏证》，中华书局1994年版，第255页。
② 如东晋戴延之《西征记》一书中最早记录有孔子画像实物的发现，是言金乡山有汉司隶校尉鲁恭墓，"冢前有石祠石庙，四壁皆青石隐起。自书契以来，忠臣、孝子、贞妇、孔子及弟子七十二人形象。像边皆刻石记之，文字分明"。见于王国维校《水经注校·济水》，上海人民出版社1984年版，第291页。此处与孔子画像一同出现的，还有"忠臣、孝子、贞妇"，这些符合儒家伦理道德的历史题材的并出，也证实了我们所说的汉代存在"儒道设教"的情况。

式也非常稳定,要么孔子、老子二人并现;要么孔子、老子、项橐三人并现,再跟随不等数量的弟子。这些具有稳定性的图像符号一经形成,便由画师、工匠之手得以反复描绘和塑造,成为一种公认的范式,在相同的文化背景下不断传承,一些细节的不同则可能是民间艺人根据载体的具体情况而作出的灵活取舍。因此,"孔子见老子画像"应当同样在武帝年间已经形成范式,和"孔子与弟子画像"共同构成汉代官学教育的两方面,一方面是提醒教师要学习孔子的"善教",才能桃李满天下;一方面是劝诫学生要学习孔子的"好学",才能成就德行。

也由于这两类"孔子画像"最初都是服务于官学教育的,所以这种范式的形成也就应当来自皇帝之意,出于宫廷画师之手。而武帝因独尊儒术,确有专门招纳画师设立"黄门署"以备诏作画之举,《汉书·霍光传》中记载的武帝"乃使黄门画者画周公负成王朝诸侯以赐(霍)光"[①]一事,就证实了宫廷画师曾秉承上意绘制过"周公辅成王图",而这正是已发现汉画像中仅次于"孔子见老子图"的第二大类历史题材。这些宫廷画师之作因直接反映国家意识形态,又具有高超的艺术水准,自然就会成为民间争相摹仿的对象。所以,"孔子与弟子图"、"孔子见老子图"、"周公辅成王图"的范式,应当都是形成于汉武帝时期。[②] 正因为汉武帝对于中国文化有如此重大之贡献,才引得班固赞曰:

> 孝武初立,卓然罢黜百家,表章六经。遂畴咨海内,举其俊茂,与之立功。兴太学,修郊祀,改正朔,定历数,协音律,作诗

[①] 《汉书·霍光传》,(汉)班固撰,(唐)颜师古注:《汉书》(九),中华书局1962年标点本,第2932页。

[②] 此处言三者范式形成于汉武帝时期,并非否定它们在之前存在的可能性。如前面引用的《孔子家语·观周》之文中,已经提到过:"孔子观乎明堂,……有周公相成王,抱之负斧扆南面以朝诸侯之图焉。"只是经历过周秦、秦汉之际的纷飞战火,它们的保存情况堪忧,更何况秦朝实行的是"以法治国,以吏为师"的文教政策,还曾"焚书坑儒";汉初又以黄老治国,儒学也未能大兴。也就是,至武帝时不仅时代已久远,还缺乏保存下来的社会氛围,古老的孔子画像或周公画像存在的可能性就微乎其微。更何况,武帝时作为汉代儒学立为官学的起点,无论是否有古画可为参照,既有新的画作出现,也自当以此作为当世画像范式的起源。

乐，建封□，礼百神，绍周后，号令文章，焕焉可述。后嗣得遵洪业，而有三代之风。①

也因此，"孔子衣镜"上的孔子，虽然被誉为迄今发现最早的孔子画像而轰动一时，但并不代表事情本来的真相，或许还会有其他更早的"孔子画像"出土。图画孔子这种源于教育机构的风气，自然也就引领了当时整个时代的艺术创作，"孔子画像"因此才会以不同的题材、见于各类物质载体上，从而出现于学堂以外的宫殿、宗庙、祠堂、墓葬等场所。只是许多用以宣教的孔子画像，随着地面建筑变成废墟，也消失在了历史长河中，仅留得容易保存的部分为今人所见。

第二，儒道并存，儒主道辅；思想格局，影响千年。

两类题材的"孔子画像"，在突出孔子及其弟子的同时，却总是有道家代表人物作为陪衬随同出现，"孔子衣镜"中的西王母、东王公是如此，其他画像中的老子也是如此。这种图像的并现，反映了汉代社会儒道思想的并存，且儒主道辅的格局。这种"非儒即道"的思想格局，与东周的"非儒即墨"②、秦代的"以法治国"、汉初的"黄老无为"，均大为不同，而开创这一文化局面的仍是雄韬伟略的汉武大帝。

汉武帝为何能够开创这种文化格局？一方面，在于其时的儒学不仅具有很大的民间影响力，还依据新的时代需要对自身进行了改造，杂糅其他学说后的儒学宣扬君权神授、天下一统，变得更加有利于中央的集权统治，加之武帝时汉朝民富国强、空前强盛，为维持和巩固中央集权，儒学从而升格为政治统治的主导思想，以对民众实现思想控制。另一方面，汉武帝以帝王之身在向全社会推广儒术的同时，自己还迷恋道家仙术，多次派人寻找不老仙药。与此同时，官员与民众也普遍追求长寿永生，这样老

---

① 《汉书·武帝纪》，(汉)班固撰，(唐)颜师古注：《汉书》（一），中华书局1962年标点本，第212页。
② 《韩非子·显学》云："世之显学，儒墨也。儒之所至，孔丘也；墨之所至，墨翟也。"见(清)王先慎《韩非子集解》，国学整理社编《诸子集成》（五），中华书局2006年版，第351页。

子就成为了他们羡慕的对象。因为时人普遍相信老子有着异于常人的高寿,如《老子韩非列传》就说:"盖老子百有六十余岁,或言二百余岁,以其修道而养寿也。"① 既然"修道"能够"养寿",崇奉道家思想者也就大有人在。这样儒学作为官方思想、道学作为个人追求,从武帝开始作为社会文化的两大主干开始并存发展,影响中国历史进程两千年之久,乃至而今儒道都是左右人们思维方式、行事风格的主要学派。

之所以未能被对方所取代,是在于二者存在一种互补的关系。儒学代表着个体对于社会价值的实现需求,道学则代表着个体对于己身享乐的关注,由于人性在这两方面的不可或缺,儒道也就得以长期共存。而两家思想在互补的同时,还存在对立的一面。西汉由前期的黄老治国到中期的儒学独尊,说明意识形态之争不仅反映不同的时代发展情况,更反映了对于统治权力的争夺,而这种争夺关乎生计和前途,是此太史公曰:"世之学老子者则绌儒学,儒学亦绌老子。'道不同不相为谋',岂谓是邪?"②

春秋战国百家争鸣,为何又唯独这两家思想能够影响如此深远?儒家思想为何又能一直占据上风,保持千百年而不改变?这与两家思想境界的差别直接相关。在孔老相见一事上,由孔、老二人的临别之言可清晰地感受到这种差别。据《老子韩非列传》的记载,老子认为孔子"所言者,其人与骨皆已朽矣,独其言在耳",是以奉劝孔子"去子之骄气与多欲,态色与淫志,是皆无益于子之身";孔子评价老子则是"犹龙邪",而自己虽知飞鸟、游鱼、走兽之能,然"至于龙吾不能知,其乘风云而上天"。③ 此处由老子对孔子的奉劝、孔子对老子的不知,可明显看到孔、老二人追求的不同。老子奉劝孔子改变志向的理由是"无益于子之身",代表了道者对于是否有益于己身的取舍标准。老子在《道德经》一书中,围绕"道"提出了"道法自然"、"无为而治"的主张,在他构建的"小

---

① (汉)司马迁撰:《史记》(七),中华书局1982年标点本,第2142页。
② 《史记·老子韩非列传》,(汉)司马迁撰:《史记》(七),中华书局1982年标点本,第2143页。
③ (汉)司马迁撰:《史记》(七),中华书局1982年标点本,第2140页。

国寡民"的理想社会中,人们正是怡情于朴素平等的血缘亲情和团结和睦的邻里关系中,表达的正是尽享人生乐趣的旨意。孔子对于飞鸟、游鱼、走兽的所知,则代表了儒者对于现实社会的关注。因而在《论语》一书中,孔子"学而不厌、诲人不倦"的形象深入人心,他拒绝避世隐逸,终其一生为复兴周礼而奔波,虽数度受挫却仍饱含激情,追求理想、至死不渝。可见孔子具有"知其不可为而为之"的精神,相比之下,老子则是心怀"知其不可为而隐之"的心态。

孔子的高尚情操和老子的处世哲学,也分别影响了他们的后学,故而孔子所开创的儒学由强调个人修养,而关注现实世界,讲究修身、齐家、治国、平天下的人生理想;道家则关注个人的心灵解脱和灵魂永生。对比全局关注和自身修炼的境界大小,便可知儒学担负的是天下,道学影响的是自身;儒者是以天下为己任,道者是以自身为思量。而最高统治者在拥有至上权利的同时,担负的也正是国家安危和天下苍生,是此即便汉武帝自己也求仙问道,向社会推广的却是儒学,自然能够影响天下大局的也只能是儒学。因为儒学推崇礼制,就是维护统治者既定的等级秩序,最符合汉皇安定天下的需要,所以自武昭宣始儒学大昌,儒者由此获得了实现他们"学而优则仕"①的政治抱负的渠道。而儒者的相继入仕,又反过来促进了儒家思想向各方面渗透,社会上的尊孔崇儒风气终成。在西汉中期这股尊孔崇儒之风的吹拂下,其后的整个汉代社会都存在这种思想的影响,所以孔子画像的实物也呈现出递增的情况。② 哪怕是在苦县赖乡的老子庙中,东汉桓帝也要绘制上孔子画像③,足见儒学在

---

① 《论语·子张》载子夏曰"仕而优则学,学而优则仕",见杨伯峻译注《论语译注》,中华书局1980年版,第202页。

② 就汉代的流传情况而言,"孔子画像"出现的时间,晚于相关题材被文字记载的时间,所以画像有着文献依据;但故事的发生时间,又早于文献的成书时间,所以故事的流传本身还应有着口耳相传的方式。只是口述的历史被书写的过程,就是故事情节被定格的过程,而一旦定格,又会成为文献传抄、工艺传承、民间传说的新的故事版本。于汉代"孔子画像"来说,《史记》正是这一定格的文献依据,因而图像程式化特点突出。

③ 裴松之在《三国志·魏书·仓慈传》注引《孔氏谱》云:"汉桓帝立老子庙于苦县之赖乡,画孔子像于壁。"见(晋)陈寿撰,(南朝宋)裴松之注《三国志》,中华书局1999年简体字版,第387页。

汉代国家层面之地位。

三　汉代教育，今朝启示

汉代的儒学教育，上承先秦之余绪，奠定大汉四百年之基业，下启中国两千年之文化，无疑是成功的。就本节所论孔子画像与汉代教育的关联来看，给我们当下社会提供了良多启示，主要可归结为如下三点：

第一，回归以德为主的教育。

教育方针关乎国家长治久安，正确的教育是功在当代、利在千秋的大事。汉代官方教育儒术独尊，学堂通过读经、观画等方式使学子服膺于圣人道德的大旗下，而对于高尚品格的普遍追求，促使了社会风气纯化，这引发我们反思当下的教育方式。正如孔子所说："道之以政，齐之以刑，民免而无耻；道之以德，齐之以礼，有耻且格。"[①] 教育在重视能力培养的同时，还应当强调德才兼备，而且以德为首。

第二，提升教育的为政分量。

为政之道，不仅需要确立符合需要的指导思想，更在于将这种思想传播出去使大众接受。孔子由一名教书匠而受到世人尊崇、君王景仰，就在于他用以教育的儒学为统治者提供了所需的政治宣传和道德训诫。而汉代统治者通过提高儒者政治地位和经济待遇，使得通经之儒将君臣仁孝等纲常伦理传播的家喻户晓，从而达到了国泰民安的效果，可见对于教育的社会定分，事关治国安民的大计，这对当今宣传官方核心价值理念同样有借鉴作用。

第三，重视人性的双面需求。

和谐社会的缔造，关键在于对民众基本需求的满足。孔子、老子作为历史人物，不仅能够影响当世，还能穿越时空影响后世，足见儒道思想强劲的生命力，而其根源便是对于人性需求的迎合。这也启示国策法规的制定，既要为个体实现社会价值提供正常渠道，也要注重民生问题以满足个体的合理私欲。

[①] 《论语·为政》，杨伯峻译注：《论语译注》，中华书局1980年版，第12页。

小结

通过考察海昏侯墓出土的衣镜绘画，发现孔子画像事关汉代的教育大计。透过衣镜上的"孔子传文"，可见"孔子画像"的存在，在于时人对于孔子"至圣"的高度评价，和对他所提倡儒家学说的推崇。"孔子与弟子画像"共现于"孔子衣镜"，表达了孔子之最大贡献在于教育的思想，正是通过"善教"，孔子才终成学者之宗。而除了衣镜上的这类题材，汉代"孔子画像"还存在另外一大宗，即"孔子见老子画像"，其主旨则在于彰显孔子"好学"的品质，正是通过谦逊好学，孔子才成长为一代圣人。从汉人执着于表现孔子创办私学和孔子问礼老子两事可知，画像通过对师徒关系的描绘，向世人传达了"劝学"、"遵礼"的主观意图，说明了孔子画像的存在与汉代教育密切相关。画像所展示的孔子主动接受教育和主动教育弟子的两面，正是教育的两大核心内容；孔子"学而不厌，诲人不倦"的精神，正是教育面向学生和老师这两大主体所宣扬的理念。

"孔子画像"所传达的"尊师重教"的儒学主张，自汉武帝时被确立为官方思想，这种图画孔子的做法，也就成为武帝以来教育机构的一贯传统，并进而引领了当时整个时代的艺术创作，"孔子画像"也由此被广泛地描绘和塑造，从而出现于学堂、宗庙、祠堂、墓葬等场所。"孔子衣镜"所反映出的尊孔崇儒风气，正是汉代官学教育成果的展现。孔子作为画像刻画的核心人物，便是点明向圣人学习当起于"好学"，且学习的主旨在于"遵礼"，孔子就是树立起的"学礼"、"遵礼"楷模。而武帝就是汉代图化天下、兴善诫恶的奠基人，他以此来倡导天下之人学习儒家的道德标准与行为规范，所以"孔子衣镜"的构图中随处可见儒家礼制的成分。而且，武帝时期两类"孔子画像"的范式已成，创作的文字依据应当就是《史记》的记述，由此不仅可以感受到司马迁所成"一家之言"在汉代的影响，也可见汉武帝奠定中国传统文化根基的丰功伟业，还可见孔子不愧为古代卓越的教育家和思想家。

  另外，在汉代"孔子画像"的两大宗题材之中，道家人物总是作为陪衬随同出现的事实，又是汉武帝以来儒道并存、儒主道辅的思想格局的体现。儒道两家思想作为中国文化的两大主干，之所以能够并存两千年之久，是在于二者存在一种既对立又互补的关系。儒者由于以天下为己任，推崇礼制、维护君臣名分，切合了统治者安定天下的政治需要，所以为统治者所青睐，而得以长期居于正统地位。总之，"孔子画像"观乎汉代的教育大计，"孔子衣镜"体现了武帝以来形成的"儒道设教"的统治策略。如此"孔子画像"就不是独立的艺术创作，而应定性为"礼仪美术"，存在于时人的生死两界。因而"孔子画像"是了解汉代艺术、教育、思想、政治的强有力凭借。

第三章

衣镜的孔子之徒与组合排序

南昌海昏侯刘贺墓出土的"孔子画像"具有重要学术价值,被誉为"国宝级"文物。这种价值不仅在于其作为迄今发现最早的此类画像实物,可以印证西汉武帝以来尊孔崇儒、以儒教化的时代风貌,还在于它的图文并茂具有重要的文献价值。比如,对比文字部分的异同,可以发现个体"孔子画像"的创制,以《史记》为根本性的文本依据,其中又以《孔子世家》为主、以《仲尼弟子列传》《太史公自序》为辅,而这种采用事实与《史记》其他的征引或运用案例,又意味着《史记》在汉代流传有限的看法有必要重新思考,画像即体现了司马迁"一家之言"在汉代的深刻影响。只是,画像对于《史记》流传研究的这种推动价值,还是同时立足附属于整体"孔子画像"之中的"孔子弟子画像"与《史记》的文本联系而得出的。而且,由于文字相比图案所显示文本的直接性,本章也就先行针对画像中"弟子传记"的情况,来表述个人的这点愚见。

第一节 孔子弟子传记与《史记·仲尼弟子列传》的文本联系

一 相关的学术进展情况

对于海昏侯墓"孔子弟子传记"的文本依据,因为已有学者发表过看法,以下便从既有的相关研究谈起。

直接论及"弟子传记"文本问题的,目前已有两位学者:

第三章　衣镜的孔子之徒与组合排序

第一，邵鸿先生的《海昏侯墓孔子屏风试探》。

该文对子赣部分释读 14 字，推测与《史记·仲尼弟子列传》《论语·子张》可能有关；颜回部分 15 字，推测与《论语·述而》《史记·孔子世家》可能有关；子张部分 117 字，推测与《史记·仲尼弟子列传》《孔子家语·七十二弟子解》《论语·为政》《论语·子张》可能有关。①

第二，王楚宁的《海昏侯墓"孔子立镜（孔子屏风）"再释》。

该文对"子张传记"进行过不完全释读，认为与《史记·仲尼弟子列传》《论语·子张》内容相似。②

由这两位学者的文字比对结果，大约可见"孔子弟子传记"与《史记》《论语》《孔子家语》应当存在着文本上的某种关联。

然而，不可回避的是，受所获知材料的限制，已有成果还存在着明显不足。这主要体现在两个方面：

第一，一些分析尚处于揣测层面。

如邵鸿先生之文，对于孔子人像右侧的人物，推测"可能是孔子的父亲叔梁纥"，而实则为"颜渊"；由子赣人像有题名，推测"孔子及其弟子也都应有题名"，而实际有"题名"的仅是孔子弟子。③

第二，讨论涉及的弟子非常有限。

主要涉及"子张"，另外六位弟子或者没有谈到，或者谈到而不全面和充分。

因此，对此话题的研究，存在再思考和再完善的必要。而迄今有关"孔子弟子画像"的完整情况，已经由王意乐等先生的《海昏侯刘贺墓出土孔子衣镜》一文而公布于众。④ 那么，依据该文所披露的客观信息，重新认识画像的文本问题，也会变得更具有意义。而利用这一信

---

① 邵鸿：《海昏侯墓孔子屏风试探》，《江西师范大学学报》（哲学社会科学版）2016 年第 5 期。
② 王楚宁：《海昏侯墓系列研究》之一《海昏侯墓"孔子立镜（孔子屏风）"再释》，北京联合大学文化遗产保护协会编《文化遗产与公众考古》（第三辑），2016 年，第 100—101 页。
③ 邵鸿：《海昏侯墓孔子屏风试探》，《江西师范大学学报》（哲学社会科学版）2016 年第 5 期。
④ 王意乐、徐长青、杨军、管理：《海昏侯刘贺墓出土孔子衣镜》，《南方文物》2016 年第 3 期。释读结果中，□代替的是由于破损而造成的缺文或漫漶不清而无法辨识的文字；…表示残损文字；（）内文字是依据上下文和现存文献而推测的内容。

息,前述已经依据"孔子传记"书写孔子弟子的人数为"七十有七",而非《孔子世家》"七十有二"的情况,推测在整体的画像传记中:"涉及孔子弟子的部分,主要参照的是《仲尼弟子列传》。"不过事实上,这种观点的提出,还是通盘考察"孔子弟子传记"之后,再与"孔子传记"相互参照的结果。

二 "孔子弟子传记"与《仲尼弟子列传》的对应关系

由于孔子弟子的事迹集中见载于《史记·仲尼弟子列传》,因而有必要先将《仲尼弟子列传》对衣镜上相应弟子的记述与"传记"内容进行逐一对比,以便下一步的分析。而衣镜上虽然实有七位孔子弟子的人像,但其中曾子的图文损毁严重,仅能模糊地看到头颈部和"曾子"二字。所以,本节将予以探讨的,也就是能够辨识的其余六位弟子的传记,即颜渊、子赣、子路、子羽、子夏和子张。为使对比情况一目了然,以下就立足"传记"内容,将《仲尼弟子列传》中可以与之对应的记载,先以表格形式予以逐条呈现(见表一)。

表一　　　　"孔子弟子传记"与《仲尼弟子列传》的对应情况

弟子	"孔子弟子传记"	《仲尼弟子列传》	《史记》
颜渊	1. 孔子弟子,曰颜□(回),字子渊。少孔子卅岁。 2. 颜回问仁。子曰:"克己复礼为仁。一日□(克)己复礼,天下归仁焉。为仁由己,而由人乎哉?"颜渊□(曰):"请问其目。"子曰:"非礼勿视,非礼勿听,非礼勿言,非礼勿动。"颜渊曰:"回虽不敏也,请事此语也。" 3. 颜回渭然(叹)□(之)曰:"仰之弥高,钻之弥坚。瞻之在前,忽焉在后。夫子循循然善诱人,博我以文,约我以礼,欲罢不能。□(既)□(竭)□(吾)□(才),□(如)□(有)□(所)□(立)□(卓)□(尔)。□(虽)□(欲)□(从)之,也无由也已。" 4. 孔子曰:"颜回为淳仁□直。"子谓颜回曰:"用之则行,舍之则藏,唯我与尔有是夫!"孔子曰:"自我得回也,门人日益亲。"	1. 颜回者,鲁人也,字子渊。少孔子三十岁。 2. 颜渊问仁,孔子曰:"克己复礼,天下归仁焉。" 4. 孔子曰:"贤哉回也!一箪食,一瓢饮,在陋巷,人不堪其忧,回也不改其乐。……用之则行,舍之则藏,唯我与尔有是夫!"回年二十九,发尽白,蚤死。孔子哭之恸,曰:"自吾有回,门人益亲。"	2659—2660页

续表

弟子	"孔子弟子传记"	《仲尼弟子列传》	《史记》
子赣	1. 孔子弟子，曰端木赐，卫人也，字子赣。少孔子卅一岁。 2. 子赣为人结□（驷），□（鬻）财□□□□。既已受业，问曰："有一言可以终身行之者乎？"孔子曰："其恕乎！己所不欲，勿施于人。" 3. 陈子禽问子赣曰："子为恭也，中尼岂贤与子乎？"子赣曰："君子一言以为知，一言以为不知，不可不慎也！夫子之不可及，犹天之不可陞也。夫子得国家者，可胃立之斯立，道之斯行，馁之斯来，动之斯和。其生也荣，其死也哀，如之何其可及也？"	1. 端沐赐，卫人，字子贡。少孔子三十一岁。 2. 子贡好废举，与时转货赀。喜扬人之美，不能匿人之过。	2669、2675 页
子路	1. 孔子弟子，曰中由，卞人。字子路，□□（孔）□（子）□（九）□（岁）。 2. □（子）□（路）□（性）鄙，好勇力，伉直，冠雄鸡，配佩猳豚，陵暴孔□（子）。□□□，孔子教设□艺，稍诱子路，子路后儒服委质，因门人请为孔子弟子。 3. 既已受业，问曰："君子好勇乎？"孔子曰："君子义之为上。君子好勇无义则乱，小人□（效）则为盗。" 4. 孔子曰："自吾得由也，恶言不闻吾耳。"	1. 仲由，字子路，卞人也。少孔子九岁。 2. 子路性鄙，好勇力，志伉直，冠雄鸡，佩猳豚，陵暴孔子。孔子设礼稍诱子路，子路后儒服委质，因门人请为弟子。 3. 子路问："君子尚勇乎？"孔子曰："义之为上。君子好勇而无义则乱，小人好勇而无义则盗。" 4. 孔子曰："自吾得由，恶言不闻于耳。"	2664—2667 页
子羽	1. 孔子弟子，曰堂骀灭明，武城人，字子羽。…甚恶。欲事孔子，孔子以为材薄。 2. 曰：然乌得扬…。 3. 已受业，退而修行，行不由径，非公事不见…子三百人，设□□取予去就，□□□…，曰："甚乎哉！丘之言取人也。" 4. 宰予，字…，以为可教。既已受业，修于学…，其稊不可滌也。宰予问五帝之德，…临葘大夫，与田常□乱死。 5. …失之子羽；以言取人，失之宰予。	1. 澹台灭明，武城人，字子羽。少孔子三十九岁。状貌甚恶。欲事孔子，孔子以为材薄。 2. 3. 5. 既已受业，退而修行，行不由径，非公事不见卿大夫。南游至江，从弟子三百人，设取予去就，名施乎诸侯。孔子闻之，曰："吾以言取人，失之宰予；以貌取人，失之子羽。" 4. 宰予，字子我。利口辩辞。既受业，……宰予昼寝。子曰："朽木不可雕也，粪土之墙不可圬也。"宰我问五帝之德，子曰："予非其人也。"宰我为临葘大夫，与田常作乱，以夷其族，孔子耻之。	2680、2667—2668 页

续表

弟子	"孔子弟子传记"	《仲尼弟子列传》	《史记》
子夏	1. 孔子弟子，曰卜商，字子夏，少孔子廿四岁。子夏问："巧笑倩兮，美目盼兮，素以为绚兮"，何胃也？孔子曰："绘事后素。"曰："礼厚乎！"孔子曰："起予，商也！始可与言《诗》已。" 2. 子夏曰："贤贤易色；事父母，能竭其力；事君，能致起身；其友交，言而有信。虽曰未学，吾必胃之学矣。" 3. 子夏曰："博学而孰记，切问而近思，仁在其中矣。" 4. 孔子殁而子夏居西河，致为魏文侯师。	1. 卜商，字子夏。少孔子四十四岁。子夏问："'巧笑倩兮，美目盼兮，素以为绚兮'，何谓也？"子曰："绘事后素。"曰："礼后乎！"孔子曰："商始可与言《诗》已矣。" 4. 孔子既没，子夏居西河教授，为魏文侯师。	2676—2677页
子张	1. 孔子弟子，曰颛孙师，陈人，字子张。少孔子□八岁。 2. 子张问干禄，孔子曰："……，慎言其余，则寡尤；多见阙殆，慎行其余，则寡悔。言寡尤，行寡悔，禄在其中矣。" 3. 子……子张。子夏曰："子夏曰何？"对曰："'可者与之；不可者距之。'"子张曰："异乎吾所闻；君子尊贤而……不能。我之大贤与，于人何所不容？我之不贤与，人将距我，若之何其距人也？" 4. …	1. 颛孙师，陈人，字子张。少孔子四十八岁。 2. 子张问干禄，孔子曰："多闻阙疑，慎言其余，则寡尤；多见阙殆，慎行其余，则寡悔。言寡尤，行寡悔，禄在其中矣。"	2678页

（备注：表中条目是为方便对比所加；标点则是为便于理解所加；标有下划线的文字为特别提示之处。其中，"传记"内容采自《海昏侯刘贺墓出土孔子衣镜》，第64—66页。引用时繁体写作简体，异体写作正体。所据《史记》，为中华书局2013年点校本。）

总结"表一"的比对情况，可知"传记"的大部分内容与《仲尼弟子列传》都保持着对应关系。其中，"子路传记"更是达到了逐句相应的程度。而就这些对应文本而言，总体则可谓"大同小异"。

（一）"传记"与《仲尼弟子列传》的"大同"

所谓"大同"，分为两类情况。此处就以"颜渊传记"和"子张传记"为例，说明"传记"所依据的文本就是《仲尼弟子列传》，而非其他具有相似甚至相同表述的文献。

第一，颜渊传记——孔子两句评语的实质相同。

传记"自我得回也，门人日益亲"的这句孔子评语，除了可与《仲尼弟子列传》对应外，还在《孔子家语·七十二弟子解》中有基本相同的表述,即"自吾有回,门人日益亲"①。若仅从都是文字表述稍有差异而大意相同的情况来看,此处则还有依据《孔子家语》的嫌疑。然而,"传记"在此语之前,还有孔子对颜回"用之则行,舍之则藏,唯我与尔有是夫"的评价,这又与《仲尼弟子列传》完全相同,但《孔子家语》却没有相应表述。所以,从承接的上文来看,"传记"此句评语,就是以《仲尼弟子列传》为文本依据,而非《孔子家语》。② 而这也同时意味着,从接续的下文来看,"用行舍藏"的这句评语,依据的是《仲尼弟子列传》,而不是具有相似记载的《论语·述而篇》。更何况,对此说法,还可从三者微妙的称谓用语同异上得到求证。

就文本而言,《论语》与"传记"只有"颜回"为"颜渊"、"唯"为"惟"的两字不同③,其中的"唯""惟"作为常用通假又可以忽略不论;"颜渊"与"颜回"又实指一人。若就此而论,则此处又有依据《论语》的嫌疑。只是,"渊"(字)与"回"(名)的这一字之差,实则有本质区别。按照尊者称字、卑者称名的礼制,在孔子与颜回的师徒尊卑关系之中,孔子称呼颜回自当为"回"。这样再比较三者对于这句评价主体的记载:"传记"写作"子谓颜回曰";《仲尼弟子列传》则接续在"孔子曰:'贤哉回也'"之后,可见二者都是以"回"称谓,都在于突出孔子为师、为尊的地位。而这与《论语》称"渊",同时体现有尊崇颜渊的意味是不同的,应是《论语》有经过孔子弟子或再传弟子编纂过的痕迹,因为以他们的关系称字,就可能符合尊卑礼制。所以,"传记"此句评语在称谓上的选择,显示的就是一种面对《仲尼弟子列传》与《论语》具有相似文本时的基本采用态度。

---

① 杨朝明、宋立林主编:《孔子家语通解》,齐鲁书社2013年版,第431页。
② 邵鸿:《海昏侯墓孔子屏风试探》,《江西师范大学学报》(哲学社会科学版)2016年第5期。邵鸿先生之文就此段文字有近似看法,认为"在文字编排上,屏风与《世家》更为相近"。需要指出的是,他讲"回年二十九,发尽白,蚤死。孔子哭之恸,曰:'自吾有回,门人益亲'"出自《孔子世家》,实则源于《孔子弟子列传》。
③ 杨伯峻译注:《论语译注》,中华书局1980年版,第68页。

第二，子张传记——基本情况与"问干禄"的逐字相同。

传记中的"子张问干禄"一事，除去不清楚的部分，与《仲尼弟子列传》达到了逐字相同的地步。而相同事迹的记述，在《论语·为政篇》中也能见到。只是，"传记"的"问干禄""孔子曰"，《论语》分别写作"学干禄""子曰"。① 这两处细微的用字不同，足见"传记"此处依据的文本即是《仲尼弟子列传》，而非《论语》。所以，据《仲尼弟子列传》推测，"传记"此处残损的文字，应当就是"多闻阙疑"。

再观此事承接的上文，"传记"与《仲尼弟子列传》都是子张的基本情况，而且除了"□八岁"存在情况不明之外，其余也是达到了逐字相同的地步，即都是："颛孙师，陈人，字子张。少孔子。"至于这不能辨识的年龄，《仲尼弟子列传》写作"四十八岁"。并且，还值得注意的是，《七十二弟子解》中也记载着完全相同的文字介绍。对此，可以首先依据这两处记载，判定"传记"此处的年龄当指"四十八岁"。再联系《仲尼弟子列传》中颜回、子贡"少孔子"之龄的"三十岁"与"三十一岁"，"传记"中分别写作"卅岁"与"卅一岁"的情况，则此处"□八岁"中所缺之字，应当就是"四十"的另外一种写法"卌"。② 只是，若论文本的依据，考虑"传记"与《仲尼弟子列传》的下文都是"子张问干禄"一事，且所记逐字相同的情况，而《七十二弟子解》所接之言却是："为人有容貌资质，宽冲博接，从容自务，居不务立于仁义之行，孔子门人友之而弗敬。"③ 可知"传记"此处就是以《仲尼弟子列传》为依据，而非《孔子家语》。所以，从上

---

① 杨伯峻译注：《论语译注》，中华书局1980年版，第19页。

② 对于子张年龄的这种判断，可以纠正一些失当的推测。如王楚宁之文说："无论'孔子立镜'上本段的数字是作'十'还是作'廿'，则都与《史记》的记载（案：指"子张少孔子四十八岁"）有所出入。虽不能肯定'孔子立镜'的记载为是，但亦不能妄断为誊写错误。"见《海昏侯墓"孔子立镜（孔子屏风）"再释》，北京联合大学文化遗产保护协会编《文化遗产与公众考古》（第三辑），2016年，第100页。至于有学者对《史记》关于子张纪年产生疑虑的情况，则应另当别论。如梁玉绳撰《史记志疑》由子张"他日从在陈蔡间，困，问行"，而对子张的年龄提出过怀疑，说："孔子厄陈、蔡年六十三，子张少孔子四十八岁，则是时子张才十五岁，恐未必从行也。"（清）梁玉绳撰：《史记志疑》，中华书局1981年版，第1217页。

③ 杨朝明、宋立林主编：《孔子家语通解》，齐鲁书社2013年版，第435页。

下文的编排与用语、用字的一致来看,"颜渊传记"和"子张传记"的这些对应之处,就是依据《仲尼弟子列传》的代表性例证。

(二)"传记"与《仲尼弟子列传》的"小异"

所说"小异",分为四类情况。一是:字词不同,但所指相同。如前面提到的年龄在写法上有所不同。又如,存在文字可通假的情况。例:"传记"的"端木赐""中由""堂骀灭明""何胃""殁",《仲尼弟子列传》分别写作:"端沐赐""仲由""澹台灭明""何谓""没"。二是:语句大意相同,但表述有差异。如"颜渊传记"标号1和4;"子路传记"标号1、2、3和4;"子羽传记"标号3、4和5;"子夏传记"标号4的语句,与《仲尼弟子列传》只是在个别字词的使用上稍有增减或交换顺序。① 三是:字词不同,大意似乎也不同。如"子赣传记"称端木赐"字子赣",《仲尼弟子列传》则称"字子贡";"子夏传记"称子夏少孔子"廿四岁",《仲尼弟子列传》则记载为"四十四岁"。四是:字词、大意总体相同,但结构不同。如"子羽传记"除语句2因缺文不好判别外,其余内容都依据了《仲尼弟子列传》的记载,但与《仲尼弟子列传》所记子羽又有不同的是,此处还出现了标号4中有关"宰予"的叙述。而若考虑当时人的用语、书写或引用习惯,前两类可以忽略。至于后两类涉及之例,若仔细分析,也可见本质相同。

第一,就端木赐称字的不同而言。

"子赣"与"子贡"这两种称谓,实则都是指端木赐。因为"赣"与"贡"读音相近,在汉时就已有通用的情况。如同样随葬于汉宣帝年间的"定州汉简",对于"端木赐"的"字",就是"子贡"与"子

---

① 如《列传》的"颜回者,鲁人也"、"孔子哭之恸,曰:'自吾有回,门人益亲'","颜渊传记"分别写作:"颜□(回)"、"孔子曰:'自我得回也,门人日益亲'";《列传》的"字子路,卞人也"、"志伉直"、"孔子设礼稍诱子路"、"因门人请为弟子"、"自吾得由,恶言不闻于耳","子路传记"分别写作:"卞人。字子路"、"伉直"、"孔子教设□艺"、"因门人请为孔子弟子"、"自吾得由也,恶言不闻吾耳";《列传》的"与田常作乱,以夷其族","子羽传记"写作"与田常□乱死";《列传》的"孔子既没,子夏居西河教授,为魏文侯师","子夏传记"写作"孔子殁而子夏居西河,致为魏文侯师"。

赣"两种写法并存。① 该墓墓主中山怀王刘修薨于五凤三年（前55），与刘贺卒年神爵三年（前59）十分接近②，据此推测这种通假并用的情况在宣帝之世应当已经普遍。只是，若往前追溯，这种情况本就存在于《史记》之中。如《货殖列传》记载："子赣既学于仲尼，退而仕于卫，废著鬻财于曹、鲁之间，七十子之徒，赐最为饶益。……子贡结驷连骑，束帛之币以聘享诸侯，所至，国君无不分庭与之抗礼。夫使孔子名布扬于天下者，子贡先后之也。"③ 所以，此处称字的不同，本质上相同，也是符合《史记》用法的。

第二，就子夏年龄的不同而言。

联系前述针对孔子纪年问题已经指出的，"孔子传记"在依据《孔子世家》的同时，却出现有"廿年"错写为"六年"的情况④，以及上述所见"弟子传记"对于《仲尼弟子列传》的依据事实，可以推测"传记"关于子夏年龄的"廿四岁"之"廿"，本应写作"卌"字（有异体字作"𠦜"），属于形近致误。所以，此处年龄的不同，本质上是同于《仲尼弟子列传》的"四十四岁"，只是写法不同、又写错而已。

第三，就宰予出现在子羽传记而言。

王文由此称：这些文字"为子羽和子我传记"。⑤ 然而，联系文义和篇章结构，这种以"合传"视之的看法有待修正。因为从篇尾标志主旨的"右堂骀子羽"这一篇名，即可看出主角便是"子羽"一人，对应的就是图像也只有一人。所以，这一篇名兼具明示这一人像身份的榜题作用，这一传记也就只能视作"子羽传记"。由上述所言的其他传

---

① 李建平：《从定州简〈论语〉看"子贡"与"子赣"》，《文史杂志》2012年第3期。
② 《诸侯王表》记载："地节元年，怀王修嗣，十五年薨，亡后"；《王子侯表》记载：海昏侯刘贺"神爵三年薨"。见（汉）班固撰，（唐）颜师古注：《汉书》，中华书局1962年标点本，第414、493页。
③ （汉）司马迁撰：《史记》卷一百二十九《货殖列传》，中华书局2013年标点本，第3955页。
④ 指孔子三十岁之年，"传记"本应是同于《史记》的"鲁昭公二十年"，却错写为"鲁昭公六年"。
⑤ 王意乐、徐长青、杨军、管理：《海昏侯刘贺墓出土孔子衣镜》，《南方文物》2016年第3期。

第三章　衣镜的孔子之徒与组合排序

记情况，已知仅就"传记"与《仲尼弟子列传》可对应的文字内容而言，不管是"大同"，还是"小异"之处，"传记"实则都是以《仲尼弟子列传》为文本依据，因而此处可以先对照《仲尼弟子列传》的文字，推测出一些王文未予释读的部分内容，然后再做分析。这包括：

（1）"……甚恶"所残损的内容，至少应有"状貌"二字，或还有"少孔子卅九岁"的文字。（2）"非公事不见……子三百人，设□□取予去就，□□□……，曰"中缺文的内容，应当就是子羽受业之后的情况。"不见"之后"……"的文字，或为"卿大夫。南游至江，从弟"；"□□□……"的文字，或为"名施乎诸侯。孔子闻之"。（3）"宰予，字……"所缺文字，至少有"子我"二字，或还有"利口辩辞"四字；"修于学……"的缺文，应当有"宰予昼寝。子曰"的内容；"……临菑大夫"的缺文，或为"子曰：'予非其人也。'宰我为"；"与田常□乱死"的"□"，或为"作"；"……失之子羽"所缺内容，则应当有"以貌取人"四字。

这样再观察篇章结构，可见"传记"与《仲尼弟子列传》都是先介绍子羽的基本信息，再谈"求学""受业"的情况，并最后讲孔子对他的评价。将这种一致性，与《仲尼弟子列传》在记述子羽末尾处的孔子评语中出现了"宰予"的情况（即："吾以言取人，失之宰予；以貌取人，失之子羽"）相联系，便可知对宰予的介绍正是对这句评语的补充说明。因为与孔子以宰予对比而肯定子羽的主旨对应，所补充的宰予"昼寝""问五帝之德"和"作乱死"三事，都是孔子对宰予的否定事例，孔子曾分别回应以："朽木不可雕也，粪土之墙不可圬也"；"予非其人也"；"耻之"。[①] 而且，这段文字夹处"甚乎哉！丘之言取人也"和"以言取人，失之宰予"之间的位置，正类似于今日文体中的"夹注"性质。所以，宰予在"子羽传记"的出现，就是为了对引自《仲尼弟子列传》的这句孔子评语中的"宰予"进行补充说明，以

[①] （汉）司马迁撰：《史记》卷六十七《仲尼弟子列传》，中华书局2013年标点本，第2668页。

便更好地突出子羽行胜于貌的形象。

总体而言，上述"大同"与"小异"的多类、各种对应情况，便是"孔子弟子传记"依据《仲尼弟子列传》的文本之处。因此，仅就这些文本所占整个"弟子传记"的比例来讲，《仲尼弟子列传》就已经可以说是这些"弟子传记"所依据的主要文本。只是除了子夏年龄存在误写的情况外，"传记"在依据《仲尼弟子列传》的同时，还存在一些其他的书写错误。即："子路传记"的"冠雄鸡，配佩猳豚"的"配"字，应当是衍生多出的；"子夏传记"的"礼厚乎"的"厚"字，或本应写作"后"。

三 "孔子弟子传记"与《仲尼弟子列传》之非对应关系

由"表一"所示可知，"孔子弟子传记"还有部分文字内容，无法在《仲尼弟子列传》中找到出处，如"颜渊传记"2的部分和3、"子赣传记"3、"子夏传记"2和3、"子张传记"3的语句。而与之相似的文本，又都见于《论语》之中。那么，这一情况又当如何解读？是否会影响《仲尼弟子列传》作为"孔子弟子传记"关键文本的这一判断，还需全局看待。

（一）颜渊传记——颜回"问目"与"叹之"

"传记"标号2的语句，在《论语·颜渊篇》中有表述基本相同且大意一致的记载。即二者只有"颜回问仁"为"颜渊问仁"，以及"回虽不敏也，请事此语也"为"回虽不敏，请事斯语矣"的个别用字不同。[1] 所以，此处参照了《论语》，应当是可以肯定的。但是，《论语》"语录体"的形式，与"传记"所带"纪传体"的性质有着不能忽视的区别。就"传记"而言，先介绍颜回基本情况，再讲"颜回问仁"与"颜回叹之"两事，最后谈孔子对颜回的评价，这样一种成篇的先后层次在《论语》中是无从见到的。然而，这种结构却与《仲尼弟子列传》是吻合的，这尤其体现在二者开头介绍与结尾评价的一致上。

---

[1] 杨伯峻译注：《论语译注》，中华书局1980年版，第123页。

就开头而言，二者都是在介绍基本情况之后，紧接"问仁"之事。而且，《仲尼弟子列传》所记录的"克己复礼，天下归仁焉"这句孔子之言，正是"传记"中孔子答语最为核心的意思。其余能够见于《论语》的"问目"之事，则是"问仁"的一种延续，孔子答以的"非礼四勿"，也不过是对"克己复礼"的进一步解释。

就其后的"叹之"一事而言，则是在《子罕篇》和《孔子世家》中都有基本相同的表述。其中，不同之处，只是传记的"颜回渭然□（叹）□（之）曰"与"也无由也已"，在《论语》中分别写作："颜渊喟然叹曰"与"末由也已"①；在《史记》中则为："颜渊喟然叹曰"与"蔑由也已"②。从比较明确的文字来看，"传记"与《论语》《史记》的殊异程度是相当的。这意味着，二者都有可能是"传记"的文本依据。③只是，若考虑"孔子传记"主要依据《孔子世家》的同时，也有引用《仲尼弟子列传》和《太史公自序》的个别例证，则"颜渊传记"在主要依据《仲尼弟子列传》的同时，选择参照《孔子世家》的可能性似乎更大。而即便不考虑这种疑而不决的情况，作为颜回学习孔子仁道之后的一种反馈，也是符合补充"问仁"一事的用意的。所以，结合前面已经提及的结尾部分的文本一致，与此处分析的开头部分的结构、主旨一致，以及中间"叹之"一事恰好可为补充等因素，应当可以确定"传记"与《仲尼弟子列传》不能对应的这两处，就是对采自《仲尼弟子列传》有关"问仁"一事的补充说明。

（二）子赣传记——"子赣问言"与"陈子禽问子赣"

"传记"标号 2 中的子赣受业问言一事，载于《论语·卫灵公》。而且，就"问曰"之后的文字差异而言，"传记"只是比《论语》少一

---

① 杨伯峻译注：《论语译注》，中华书局 1980 年版，第 90 页。
② （汉）司马迁撰：《史记》卷四十七《孔子世家》，中华书局 2013 年标点本，第 2349 页。
③ 比较《论语》与《史记》的文本，实则还有一处"既竭吾才"与"既竭我才"的不同，但"传记"此处正好无法辨识，也就不好据此判断。王文推测的"□（既）□（竭）□（吾）□（才）"，则可见是以《论语》为依据的。

"而"字,以及"子曰"被写作"孔子曰"。① 标号3的"陈子禽问子赣"一事,见于《论语·子张篇》。二者的表述虽有三种不同情况,但文本仍可谓是相似的。即:一是传记的"问子赣""中尼""子赣曰""可胃",《论语》分别写作:"谓子贡""仲尼""子贡曰""所谓",以及"传记"少"言""也""之"字;二是《论语》的"绥"被写作"餒","阶"(繁体作"階")被写作"陛",或属于形近出错;三是传记中的"国家",《论语》写作"邦家"。② 所以,这两处也应是参照过《论语》的。只是,结合《仲尼弟子列传》的文本情况来看,这种参照又是有限的。理由如下:

首先,在参照《论语》文本的同时,却依据了《仲尼弟子列传》的用语习惯。比如,《论语》写作"子曰"之处,《仲尼弟子列传》则喜作"孔子曰",而标号2"问言"一事恰好就遵循了《仲尼弟子列传》的这一文本特征。又如,标号3与《论语》的"国""邦"不同,本就见于《论语》与《仲尼弟子列传》,且就发生在《仲尼弟子列传》对陈子禽问子贡"孔子适是国必闻其政"一事的记载上,因为该事见于《论语·学而篇》之处,便是写作"邦"。③ 由《论语》的早出,以及二字在春秋与西汉的不同含义,可知这是司马迁根据时代新情况所做出的一种有意改动。④ 而如此变更,不仅能对应汉王朝一统的政治形势,还能与司马迁独将孔子列入"世家",而将老子等其他先秦诸子并入"列传"所体现出的以孔子为"素王"的意识更能匹配。⑤ 所以,"传记"与《论语》这种观念性的一字差异,就说明《论语》并非主

---

① 杨伯峻译注:《论语译注》,中华书局1980年版,第166页。
② 杨伯峻译注:《论语译注》,中华书局1980年版,第205页。
③ 杨伯峻译注:《论语译注》,中华书局1980年版,第6页。
④ 这二字若置于孔子与子赣所处的春秋时期,则互换而含义不变,同指分封制下的诸侯国,与卿大夫之"家"和天子之"天下"相对而言。但是,若置于司马迁所生活的汉武帝时代,"国家"便是作为一个整体概念而使用,对应大一统的汉王朝,这样便又不可与"邦家"等同。
⑤ (汉)司马迁撰:《史记》卷一百三十《太史公自序》,中华书局2013年标点本,第4017页。《太史公自序》记载司马迁说:"周室既衰,诸侯恣行。仲尼悼礼废乐崩,追修经术,以达王道,匡乱世反之于正,见其文辞,为天下制仪法,垂六艺之统纪于后世。作《孔子世家》第十七。"

第三章　衣镜的孔子之徒与组合排序

导性的文本,而《仲尼弟子列传》才是。

其次,传记这两事的先后顺序和主旨大意,也是符合《仲尼弟子列传》的。因为从篇章结构来看,"传记"与《仲尼弟子列传》在介绍人物基本情况之后,都是先谈受业提问之事,再接陈子禽请问子贡之事。而且,二者所记求问之事虽然不同,但却都与强调子贡的"言语"能力有关。就《仲尼弟子列传》所记子贡受业问"赐何人也"与孔子答"汝器也"的师徒对话而言,实则正是指孔子以子贡为辩才,认为他"善言",这从其后紧接的"陈子禽问子贡"与子贡受孔子之托而游说诸侯并大获成功的记载可以看出。① 就"传记"受业问言来说,又本是子赣针对自己的言语表现而问,因而会有"终身行之"的想法。所以,"传记"同于《仲尼弟子列传》,都是子贡针对自己的"言语"所问。就陈子禽所问之事,《仲尼弟子列传》是"仲尼焉学"与"孔子适是国必闻其政。求之与?抑与之与";"传记"则是"子为恭也,中尼岂贤与子乎",然而从求问对象不变,可见突出的都是子贡俨然已成孔子发言人的形象,而这自然又与他的言语能力直接相关。所以,这种前后层次的一致性,就意味着这两处确有依据《仲尼弟子列传》的文本。只是,与其他案例不同的是,此处在保持主旨大意与叙述顺序不变的同时,又参考了《论语》的文本,对相关事件发生了置换。

再次,就标号2的完整层次来说,"传记"也是可以在《仲尼弟子列传》中找到对应文本的。即子贡列传末尾处一段总结性的文字:"子贡好废举,与时转货赀。喜扬人之美,不能匿人之过。"其中,"好废举,与时转货赀"与传记的"结□(驷)""□(鬻)财",都是在谈子赣经商之事;"喜扬人之美,不能匿人之过",与"传记"中孔子所回答的"其恕乎!己所不欲,勿施于人",又正是一种因果关系。可见二者的前后层次,恰好能够完美对应,分别表达子贡"经商"与"言语"的两种能力。所以,总体而论,标号2的语句就还是以《仲尼弟

---

① (汉)司马迁撰:《史记》卷六十七《仲尼弟子列传》,中华书局2013年标点本,第2669—2674页。

子列传》为根本性的依据。

至于标号3的语句,从子赣回答陈子禽问话的核心意思,即"君子一言以为知,一言以为不知,不可不慎也",可知是作为"受业问言"一事的后续反馈而存在的,意在说明子赣已经具有了"慎言"的觉悟。所以,结合标号2依据《仲尼弟子列传》的情况,则标号3的"陈子禽问子赣"一事,便是为更好地说明《仲尼弟子列传》"喜扬人之美,不能匿人之过"的文意而进行的补充。这样"子赣传记"的这两处,虽确有参照《论语》文本,但《仲尼弟子列传》的影响仍然是更为主要的,因而会呈现出用语习惯、叙述顺序与层次大意等多方面的一致。此外,还应注意到的是《货殖列传》对"子赣传记"也存在影响。如"子赣为人结□(驷),□(鬻)财□□□□"之语,与前面提及的《货殖列传》的文字表述更为相似。又如,从称字的情况来看,"传记"全作"子赣",《论语》《仲尼弟子列传》都全作"子贡",而《货殖列传》却是两种兼有。

(三)子夏传记——子夏"言学"

"子夏传记"中标号2、3的语句,也是共现于《论语》之中。其中,前者载于《学而篇》,不同之处在于"传记"的"事君,能致起身;其友交,言而有信",写作"事君,能致其身;与朋友交,言而有信";"胃之"写作"谓之"。① 后者载于《子张篇》,不同之处在于"传记"的"博学而孰记",写作"博学而笃志"。② 抛开"胃"与"谓"通假,"其友交"和"与朋友交"、"孰记"和"笃志"大意相同,以及"致起身"的"起"当为"其",或是音同而致误的情况,可知这两处也确实参照了《论语》的文本。

然而,"传记"以基本情况开头,并紧接子夏"学《诗》"一事,且以孔子殁后子夏居西河"为魏文侯师"结束,却是独与《仲尼弟子列传》所述最为一致。因为这样的叙事顺序,虽然另见于《七十二弟

---

① 杨伯峻译注:《论语译注》,中华书局1980年版,第5页。
② 杨伯峻译注:《论语译注》,中华书局1980年版,第200页。

第三章 衣镜的孔子之徒与组合排序

子解》,但就"学《诗》"与"教授"之事分别所记录的:"习于《诗》,能通其义,以文学著名";"孔子卒后,教于西河之上。魏文侯师事之,而谘国政焉。"①其文本吻合程度又不能与《仲尼弟子列传》相提并论。这一方面,表现在"学《诗》"只概括性地说"能通其义",却未提及子夏请问"巧笑倩兮,美目盼兮,素以为绚兮"这一具体事例,而"传记"却与《仲尼弟子列传》同时具有;另一方面,表现在"教授"又比"传记"与《仲尼弟子列传》都多出了魏文侯"谘国政焉"的内容。所以,子夏"学《诗》"一事,"传记"应当就是以《仲尼弟子列传》为依据。

只是,"学《诗》"之事,又见于《论语·八佾篇》,而且"传记"比《仲尼弟子列传》多出的"起予"这二字,《论语》中有相似表达,写作:"起予者商也!"②这或许会使人产生是否依据《论语》的疑虑。不过,除了已经言及的篇章结构之外,一些关键性文字也对此有提示。比如,在开启与结束此事的问答主体上,"传记"与《仲尼弟子列传》都是"子夏问""孔子曰",而《论语》却写作"子夏问曰""子曰"。联系"子张传记"中依据《仲尼弟子列传》"问干禄""孔子曰",而非《论语》"学干禄""子曰"的情况,可知《仲尼弟子列传》不仅有将《论语》的"子曰"改作"孔子曰"的习惯,还有强调"问"的习惯,因而此处问答主体与《仲尼弟子列传》的吻合,就是一种文本依据的标志。至于"起予"二字,便是遵循《史记》思路与文本的同时,参照《论语》而添加的,意在说明子夏"善学"的形象。因为孔子的这一评价,自然是更具有说服力的。

如此,再看夹处"学《诗》"与"教授"二事之间的标号2、3的语句,发现都紧扣了"善学"这一主旨。其中,2句的"未学"而"胃之学矣",是子夏对于何为"学矣"的见解;3句的以"仁"在"学""记""问""思"之间,则是子夏对于学习过程与仁道关系的看

---

① 杨朝明、宋立林主编:《孔子家语通解》,齐鲁书社2013年版,第434页。
② 杨伯峻译注:《论语译注》,中华书局1980年版,第25页。

· 85 ·

法。所以，这两处参照《论语》而有的子夏"言学"之例，应当就是对采自《仲尼弟子列传》的"学《诗》"一事的补充。

（四）子张传记——"问交于子张"

"子张传记"中标号3的语句，就可释读的文字而言，《论语·子张篇》中有几近相同的记载，只是"传记"的"子夏曰何"写作"子夏云何"；"距"写作"拒"。① 而这种一字之差，在当时又属于常例。如《史记·项羽本纪》记载的"欲距项梁"；"距关，毋内诸侯"；"以距汉"等②，都是以"距"通"拒"。因此，这些内容也应是依据了《论语》的文本。这样可以先据此补全其中的不明部分，即"……"之处的完整语句，大致当为："子夏之门人问交于子张"；"君子尊贤而容众，嘉善而矜不能"。

只是，若考虑到1、2的语句内容和先后顺序，与《仲尼弟子列传》完全吻合的情况，此处"问交于子张"一事，也应是依据《仲尼弟子列传》的同时，参照《论语》而补充的子张信息。而且，联系其他弟子传记起始终止之处与《仲尼弟子列传》的一致性，以及"孔子传记"与《孔子世家》的这种相同特征，或许还可推测"子张传记"中未完而不明的部分，可能就是《仲尼弟子列传》在"子张问干禄"之后所记录的"问行""问达"两事或其一。③

总结上述对于"弟子传记"与《仲尼弟子列传》不能对应之处的分析，可以获知三方面的情况：一是，"传记"确有参照《论语》的记载。这反映了《论语》作为儒家经典在当时的流传广度，联系汉宣帝少时都曾学习《论语》，以及刘贺墓中就随葬有《论语》等现象，可以深刻感受到《论语》在当时的影响之大。二是，"传记"采用《论语》文本，是为了补充依据《仲尼弟子列传》内容所涉及的相关情况。这

---

① 杨伯峻译注：《论语译注》，中华书局1980年版，第199页。
② （汉）司马迁撰：《史记》卷七《项羽本纪》，中华书局2013年标点本，第384、398、408页。
③ （汉）司马迁撰：《史记》卷六十七《仲尼弟子列传》，中华书局2013年标点本，第2678—2679页。

也才有了颜渊、子赣、子夏、子张四位弟子传记，在整体叙述思路和篇章结构上与《仲尼弟子列传》的一致性。三是，除了《论语》之外，传记还能明确见到《货殖列传》的影响，以及隐约感到《孔子世家》的影响。所以，衣镜上的"孔子弟子传记"，总体还是以《史记·仲尼弟子列传》为根本性的文本依据，其余的参照则只能算是细枝末流。也因此，还存在如"子羽传记"那样以《仲尼弟子列传》所记宰予情况为补充的情况，更存在"子路传记"那样从基本情况、到"求学"经历、再到受业"问勇"之事及孔子"恶言不闻"的评价，能够与《仲尼弟子列传》做到环环相应的情况。

四 从《仲尼弟子列传》"太史公曰"再论"传记"的文本依据

以上论述虽然从文字表述、总体大意、叙事思路和篇章结构等多方面的一致，说明了海昏侯墓"孔子弟子传记"与《史记·仲尼弟子列传》存在着根本性的文本联系。只是针对有专家依据《仲尼弟子列传》篇末"太史公曰"的内容，而产生有是否直接依据该篇所取材书籍的疑虑，此处还有必要作出回应。

（一）《仲尼弟子列传》取材《论语》的事实

就司马迁撰写《仲尼弟子列传》所取材的书籍，依据篇末"太史公曰"所明确揭示的"《论语》弟子问，并次为篇，疑者阙焉"[①]，则可知该篇曾取材《论语》。而且，对此说法的真实性，可以立足《仲尼弟子列传》中相继出现的"言论"，通过查看在《论语》中的存在与否而加以验证。只是，需要注意的是，司马迁所取材的版本，与今传本应当有所不同，而以古文《论语》的可能性最大。这是因为：

首先，在该篇"太史公曰"的内容中，司马迁提到了自己取材的对象"出孔氏古文"这一线索，而文献多载的"孔壁出书"一事中，

[①] （汉）司马迁撰：《史记》卷六十七《仲尼弟子列传》，中华书局 2013 年标点本，第 2703 页。虽然有学者以"《论语弟子问》"断句，但是主张本质上也是指《论语》。见金德建《论〈史记〉"论言弟子籍""论语弟子问"即指〈论语〉》，《司马迁所见书考》，上海人民出版社 1963 年版，第 205 页。

《论语》又正是所出藏书之一。如《汉书·艺文志》记载："鲁共王坏孔子宅，欲以广其宫，而得《古文尚书》及《礼记》、《论语》、《孝经》凡数十篇，皆古字也。……孔安国者，孔子后也，悉得其书，以考二十九篇，得多十六篇。安国献之。遭巫蛊事，未列于学官。"① 又如，《论衡·佚文篇》曰："恭王坏孔子宅以为宫，得《佚尚书》百篇，《礼》三百，《春秋》三百篇，《论语》二十一篇。"② 这就意味着，在司马迁撰写《仲尼弟子列传》之前，古文《论语》确实已经存在。

其次，就孔壁所出古文《论语》的去向而言，由孔安国献书而未列学官的结果，可知应当归入了汉王朝秘府。这又可由《汉书·艺文志》著录有"《论语》古二十一篇。出孔子壁中，两《子张》"③ 得到验证。这样再联系司马迁在《太史公自序》中所感慨的：其时"天下遗文古事靡不毕集太史公。太史公仍父子相续纂其职"④，就可以确定已然存在的古文《论语》，为司马迁所阅读并参考的可能性完全存在。

再次，司马迁本就有取材古文《尚书》的做法。《汉书·儒林传》记载：古文《尚书》"遭巫蛊，未立于学官。安国为谏大夫，授都尉朝，而司马迁亦从安国问故。迁书载《尧典》、《禹贡》、《洪范》、《微子》、《金縢》诸篇，多古文说"。⑤ 由司马迁问故孔安国并多载古文《尚书》之说的做法，可见他对于孔壁所出这批古文书籍的史料价值持肯定态度。如此，既然有所问故和参考，自然就不会仅限于《尚书》。就《仲尼弟子列传》的组成来说，"弟子问"正是最为主要的部分，而《论语》又是专记孔子与弟子言论的书籍，自然会是重要的参考对象，这从司马迁所明言的该篇取材只有《论语》也可看出。所以，综合这

---

① （汉）班固撰，（唐）颜师古注：《汉书》卷三十《艺文志》，中华书局1962年标点本，第1706页。
② （汉）王充：《论衡》，国学整理社编《诸子集成》（七），中华书局2006年版，第199页。
③ （汉）班固撰，（唐）颜师古注：《汉书》卷三十《艺文志》，中华书局1962年标点本，第1716页。
④ （汉）司马迁撰：《史记》卷一百三十《太史公自序》，中华书局2013年标点本，第4026页。
⑤ （汉）班固撰，（唐）颜师古注：《汉书》卷八十八《儒林传》，中华书局1962年标点本，第3607页。

第三章 衣镜的孔子之徒与组合排序

多方面信息，古文《论语》正当是《仲尼弟子列传》的重点取材对象。

然而，遗憾的是，这一古文《论语》的原貌现今已经无法确知。能够用以比较的现传本《论语》，则是同时杂糅了齐、鲁两家的说法，不好判别归属。但考虑到三家的不同，多是篇目、篇次的不同，或者是古《论》多用本字而鲁《论》多用假借字之类的异文①，以及若不计算古文《论语》"两《子张》"，则与现传本《论语》的篇目也是一致的情况，可知就内容来说，以现传《论语》比对《仲尼弟子列传》，其结果却应是大致相同的。而为方便下一步的讨论，此处就以衣镜"传记"涉及的七位弟子的记述为例，来管窥二者大致的对比情况。

于颜渊而言，"颜渊问仁"一事，见于《颜渊篇》；孔子由箪食瓢饮而"不改其乐"称赞"贤哉回也"一句，见于《雍也篇》；孔子曰"回也不愚"一句，见于《为政篇》；孔子曰"用之则行，舍之则藏"一句，见于《述而篇》；颜回死"孔子哭之恸"一事，见于《先进篇》；鲁哀公问"弟子孰为好学"一事，见于《雍也篇》。②

于子路而言，"子路问政"一事，见于《子路篇》；子路问"君子尚勇乎"一事，见于《阳货篇》；"子路有闻"一句，见于《公冶长篇》；孔子曰"片言可以折狱者"一句，见于《颜渊篇》；孔子曰"由也好勇过我"一句，见于《公冶长篇》；孔子曰"与衣狐貉者立而不耻者"一句，见于《子罕篇》；孔子曰"由也升堂矣"一句，见于《先进篇》；"子路喜从游，遇长沮、桀溺、荷蓧丈人"，见于《微子篇》；孔子曰子路"可谓具臣矣"一事，见于《先进篇》。③

于宰予而言，问"三年之丧"一事，见于《阳货篇》；"昼寝"一

---

① 顾颉刚遗著，王煦华整理：《孔子研究讲义按语》，《中国典籍与文化》编辑部编《中国典籍与文化论丛》（第七辑），北京大学出版社2002年版，第11、15页。

② （汉）司马迁撰：《史记》卷六十七《仲尼弟子列传》，中华书局2013年标点本，第2659—2660页；杨伯峻译注：《论语译注》，中华书局1980年版，第123、59、16、68、112、55页。

③ （汉）司马迁撰：《史记》卷六十七《仲尼弟子列传》，中华书局2013年标点本，第2664—2667页；杨伯峻译注：《论语译注》，中华书局1980年版，第133、190、47、128、44、95、114、193—196、117页。

事,见于《公冶长篇》。①

于子贡而言,问"汝与回也孰愈"一事,见于《公冶长篇》;问"赐何人也"一事,见于《公冶长篇》;陈子禽问子贡"孔子适是国必闻其政"一事,见于《学而篇》;问"富而无骄,贫而无谄"一事,见于《学而篇》。②

于子夏而言,问"素以为绚兮"一事,见于《八佾篇》;问"师与商孰贤"一事,见于《先进篇》;子谓子夏"为君子儒"一事,见于《雍也篇》。③

于子张而言,"问干禄"一事,见于《为政篇》;陈蔡间"问行"一事,见于《卫灵公篇》;问"士何如斯可谓之达矣"一事,见于《颜渊篇》。④

由以上列举的这些对应情况与所占有《仲尼弟子列传》绝大部分"言论"的比例,以及篇末"太史公曰"的文字虽然提到了该篇由"弟子问"和"弟子名姓文字"两大部分组成,但"弟子名姓文字"往往只是弟子列传开头第一句的情况,可知以"《论语》弟子问"为司马迁撰写《仲尼弟子列传》所取材的主要对象,无疑是正确的。而且,所说"弟子问",实则包括两方面内容:一是弟子求问事例(即"弟子问+孔子答"的模式);二是孔子直接的评语(即"子曰"的模式)。所以,《论语》虽非该篇取材的全部,但作为最为重要的对象,与海昏侯墓"弟子传记"的这种对比情况,却是具有代表性的。由此再看《论语》作为《仲尼弟子列传》之外"弟子传记"所参照的最为重要的对象,也便是与司马迁的这种取材做法相符合的。

---

① (汉)司马迁撰:《史记》卷六十七《仲尼弟子列传》,中华书局2013年标点本,第2667—2668页;杨伯峻译注:《论语译注》,中华书局1980年版,第188、45页。
② (汉)司马迁撰:《史记》卷六十七《仲尼弟子列传》,中华书局2013年标点本,第2669—2670页;杨伯峻译注:《论语译注》,中华书局1980年版,第45、43、6、9页。
③ (汉)司马迁撰:《史记》卷六十七《仲尼弟子列传》,中华书局2013年标点本,第2676—2677页;杨伯峻译注:《论语译注》,中华书局1980年版,第25、114、59页。
④ (汉)司马迁撰:《史记》卷六十七《仲尼弟子列传》,中华书局2013年标点本,第2678—2679页;杨伯峻译注:《论语译注》,中华书局1980年版,第19、162、130页。

(二)"弟子传记"相比《论语》的文本差距

以上通过《仲尼弟子列传》与《论语》的对比,已知取材自《论语》的"弟子问"正是该篇的核心内容。只是如此安排,司马迁遵循的是他自己的撰写初衷。他在《太史公自序》中有说道:"孔氏述文,弟子兴业,咸为师傅,崇仁厉义。作《仲尼弟子列传》第七。"① 可见为孔氏弟子撰写列传,就是因为他们"孔子弟子"的这一身份和他们传承孔学的缘故,因而以他们合为一篇并取名《仲尼弟子列传》,以示这种从属和师承关系。而由"表一"所示的衣镜六位弟子传记的开头,无一例外都会率先表明他们"孔子弟子"的身份,可知这些弟子的存在主旨与《仲尼弟子列传》相同,意在突出孔子与孔学的地位。

相比之下,这种主旨的揭示,在《论语》中却是没有的。因为《仲尼弟子列传》虽然确有依据《论语》,但是这种取材又并非照抄。这首先便体现在,为司马迁所"并次为篇"的部分,仅占《论语》"弟子问"的一小部分,因而"并次"也即包含了一定的"取舍"工作。其次,即便就有所"取"的部分而言,在文字表述上也是有所不同的。以子路从游遇人之事来说,《史记》对《论语》中过程性的文字进行了大幅度的删减,而只总结性地说他"喜从游",并罗列所遇之三人称谓以为说明。再次,尽管只是文字上的微小改动,从思想上说也是更符合司马迁的个人己见的。

比如,前文已经说明过的"弟子传记"与《论语》《仲尼弟子列传》所共具的几处相似记录,即应是《仲尼弟子列传》取材《论语》之处,其中改"渊"为"回"的一字不同,能更为恰当地适应语境、表达师徒尊卑;改"邦"为"国"的一字不同,能更好地符合时代新情况、表达尊孔意识;改"学"为"问"的一字不同,能与司马迁强调"弟子问"为《仲尼弟子列传》核心的用语、用意更好对应;改"子曰"为"孔子曰",则与司马迁不同于《论语》编撰者与孔子师徒关系的后人身份更为适合。而就这些带有观念性的分别之处,"颜渊传

---

① (汉)司马迁撰:《史记》卷一百三十《太史公自序》,中华书局2013年标点本,第4020页。

记""子赣传记""子张传记"都与《仲尼弟子列传》相同,而非《论语》。又如,还可以尚未提及的子路"问勇"一事观之。就问答的主体而言,"传记"与《仲尼弟子列传》都强调"问"(分别写作"问曰""问"),都写作"孔子曰";《论语》却作"曰""子曰",可见"传记"也是遵循了《仲尼弟子列传》的用语习惯。就答语的内容而言,《仲尼弟子列传》与《论语》有"义之为上"与"义以为上"、"好勇而无义则乱"与"有勇而无义为乱"、"好勇而无义则盗"与"有勇而无义为盗"的不同,但是"传记"对《仲尼弟子列传》"之""好""则"这些关键字眼皆取。所以,通过"弟子传记"与《仲尼弟子列传》曾取材《论语》之处的对比,明显可见在这三者的关系之中,"弟子传记"与《仲尼弟子列传》的文本更为贴近,而与该篇采用过的《论语》文本则相差较远。

这种事实,就说明《仲尼弟子列传》正是这些"弟子传记"最为根本、直接的文本依据,而并非能够越过《仲尼弟子列传》而直指《论语》,或者其他有所取材的对象。更何况,这些弟子在海昏侯墓这幅衣镜画像中既然是附属孔子而存在的,其身份便不具有绝对的独立性,这样对于他们的考察,也就还应当基于整体的视角。而就核心人物孔子而言,画像的"孔子传记"中有许多情况,就刘贺生活的阶段来说,都是在《史记》之中唯独存在的。比如,用以结尾的文字,正是出于《孔子世家》中"太史公曰"的内容,其中最后落脚的"至圣"评价极具标志性,因为这是司马迁出于赞其道德和欲扬其学问的思想,而在《史记》中所首次赋予的。又如,还有一段出自《太史公自序》的文字,便是司马迁回答上大夫壶遂提问的答语,而这也只能是首见于《史记》。再如,多条有关孔子的纪年,也只完整见于《孔子世家》,尤其其中对于"鲁襄公二十二年"为"生年"的记录,还与当时流行的《公羊传》《穀梁传》有所不同。此外,本该有的"姓孔氏"的说法,也是《史记》记录姓氏的一种特色。所以,从整体画像的主角孔子也是以《史记》为根本性文本依据来看,附属其中的"弟子传记"以

《仲尼弟子列传》为主要依据对象，也便在情理之中。

小结

通过对比刘贺墓"孔子画像"中的"孔子弟子传记"与《史记·仲尼弟子列传》，发现二者文本存在"对应"与"非对应"两种关系。其中，保持对应关系的占大部分内容，尤以"子路传记"的逐句相应具有代表性，且对应之处总体可谓"大同小异"。所谓"大同"者，可以"颜渊传记"中孔子两句评语的实质相同和"子张传记"中基本情况与"问干禄"的逐字相同为例，说明"传记"所依据的文本就是《仲尼弟子列传》，而非其他具有相似甚至相同表述的文献。所说"小异"者，一些是按照当时用语、书写或引用习惯而可以忽略的表面情况，另一些如端木赐称字的不同、子夏年龄的不同、宰予出现在子羽传记的情况，其本质则也是相同的。所以，对应文本之处，就是"孔子弟子传记"依据《仲尼弟子列传》之例。

就非对应的文本而言，虽然都有见于《论语》，但却并非以《论语》为主导。如颜回"问目"一事，虽有参照《颜渊篇》，但却是对采自《仲尼弟子列传》的"问仁"一事的补充；颜回"叹之"一事，虽在《子罕篇》中有基本相同的表述，但更有依据《孔子世家》的可能性，而且也符合补充《仲尼弟子列传》"问仁"一事的用意。又如，"子赣问言"与"陈子禽问子赣"之事，虽然文字分别参照了《卫灵公篇》《子张篇》，但其关键用字、叙事顺序、主旨大意，又都符合《仲尼弟子列传》，因而是依据《仲尼弟子列传》的同时，参照《论语》而对相关事件发生了置换，以更好地表达《仲尼弟子列传》所说的子贡"喜扬人之美，不能匿人之过"这一"言语"形象。再如，子夏"言学"两例，虽有参照《学而篇》和《子张篇》，但却是对采自《仲尼弟子列传》"学《诗》"一事的补充，意在说明子夏"善学"的形象。所以，总体而论，"孔子弟子传记"就是以《史记·仲尼弟子列传》为根本性的文本依据。

"孔子弟子传记"以《论语》作为《仲尼弟子列传》之外所参照

的主要对象,也符合司马迁撰写该篇的取材做法。这反映了司马迁以《论语》为信史的观念,以及《论语》对时人认识孔子师徒存在的重要影响。只是,《仲尼弟子列传》虽然确实重点取材"《论语》弟子问",但就"弟子传记"所见的这些取材之处而言,还是与《仲尼弟子列传》的文本更为贴近,而与《论语》相差较远。这就说明判定"弟子传记"的文本依据,是不能越过《仲尼弟子列传》,而直指该篇取材对象的。因为一经司马迁的取材、并次,便已然成为"一家之言"。并且,"弟子传记"以《仲尼弟子列传》为根本依据,同时参考《货殖列传》(或还有《孔子世家》)的做法,也与"孔子传记"以《史记》为根本依据的做法相适应。所以,《史记》就是刘贺墓整体的"孔子画像"的主要依据文本,而这自然也反映出《史记》在刘贺生前就已然存在着的流传和影响。

此外,如同司马迁引用《论语》却融入了个人己见一般,透过衣镜制作者所引用《史记》的这些文本,与为说明所涉及的弟子形象而参照《论语》的做法,以及其中一些不同于《史记》的文本改动,还可见画像中的孔子与弟子传记也融入了衣镜制作者的思想。这有两事可为例证,即"子夏传记"依据《仲尼弟子列传》记述"学《诗》"的同时,为更好地说明子夏"善学"的形象,而参照《论语》添加了"起予"二字;"孔子传记"末尾依据《孔子世家》"太史公曰"的同时,却将"自天子王侯"省略了"天子"二字,而这种改动则能在突出孔子"至圣"荣光的同时,保持天子"至尊"的地位。所以,海昏侯墓的这幅"孔子画像"具有重要文献价值,能够推动《史记》流传的上限、程度、形式、取材等多方面的研究。

第二节　颜渊、子赣、子路的"君子"组合与仁、智、勇的排序

对于中国传统文化,孔子有着承上启下的卓越贡献。他所开创的儒

家学派在春秋战国"百家争鸣"的浪潮之中有"非儒即墨"之说，在汉代官学中更是有"独尊儒术"的地位。他集其之前两千五百年以上积累的"大成"，又开其之后两千五百年以上演进的"新统"，是对中国的历史进程和文化理想"具有最深影响最大贡献者"，因而钱穆先生称其为"中国历史上第一大圣人"①。但是，这种影响的形成，很大程度上又得归功于孔子弟子对其思想的传播。所以，了解孔门弟子也是认识儒学的关键。而海昏侯墓出土的"孔子画像"，向世人展示出刘贺生活年代的汉人对于孔门弟子的一种认知，即哪些弟子可以作为孔门的代表。

对此，依据《海昏侯刘贺墓出土孔子衣镜》②一文所披露的情况，可知有七位。而且，通过分析画像所体现的方位尊卑，前述已经推定与孔子共同位于镜框背板的五位弟子的先后顺序应当为：颜渊—子赣—子路—堂驷子羽—子夏。但衣镜上实际出现的孔子弟子，还有子张和曾子二位，他们位于镜框盖板的背面，其中子张在左侧、曾子在右侧，按照"以左为尊"的原则，则子夏之后还应当接续上：子张—曾子。这七位弟子为何会与孔子一同出现，又为何会如此排序？自然是有着某种内在的原因。综合分析所涉资料，这七位弟子总体上应当遵循着一种"前三后四"的结构。本节则先仅就"前三"弟子进行阐述。

一 衣镜孔子师徒画像中的三人形象

在海昏侯刘贺墓的这幅孔子师徒画像之中，不仅描绘有颜渊、子赣、子路的图案，而且还书写有三人的传记。就图案来说，颜渊、子赣都是典型的儒者风范，戴小冠、着长袍，显得彬彬有礼；子路形象则异常鲜明，穿襦、扎腰带、手臂外张、双脚跨立，显得勇猛有力。就传记来说，除了率先点明他们"孔子弟子"的共同身份和介绍称谓、籍贯、

---

① 钱穆：《孔子传》，九州出版社2017年版，《序言》第1页。
② 王意乐、徐长青、杨军、管理：《海昏侯刘贺墓出土孔子衣镜》，《南方文物》2016年第3期，第61—70页。本节有关海昏侯墓衣镜上"孔子画像"的基本情况，皆依据此文，为行文方便，节内不再一一注释。

年龄这些基本情况外，其余内容又都可以分为三部分看待。而这些文字既是对此三人形象的注解，也是他们得以选列画像的原因。

（一）颜渊人设

第一，颜回问仁。

"颜渊传记"首先写道："颜回问仁。子曰：'克己复礼为仁。一日囗（克）己复礼，天下归仁焉。为仁由己，而由人乎哉？'颜渊囗（曰）：'请问其目。'子曰：'非礼勿视，非礼勿听，非礼勿言，非礼勿动。'颜渊曰：'回虽不敏也，请事此语也。'"①颜回此问，说明"仁"是他毕生的最高追求。孔子告之的"克己复礼"、"为仁由己"和"四目"，与孔子说过的"仁远乎哉？我欲仁，斯仁至矣"②、"有能一日用其力于仁矣乎？我未见力不足者"③的旨意相同，都是强调追求"仁"道的关键在于内在修养，"克己"、"由己"、"我欲仁"就是实现自我"为仁"、天下"归仁"的途径，因而孔子还提倡"见贤思齐焉，见不贤而内自省也"④。

颜回表示要"事此语"，事实上，他也做到了。子曰："贤哉，回也！一箪食，一瓢饮，在陋巷，人不堪其忧，回也不改其乐。贤哉，回也！"⑤可见孔子十分赞赏颜回安贫乐道的精神。孔子又说过："不仁者不可以久处约，不可以长处乐。"⑥颜回箪食瓢饮、居陋巷也不改其乐的行为，正是长久处约处乐的现实演绎。如此看来，在孔子心中，颜回则应当不仅是"贤者"，而且还是"仁者"。所以，"颜回问仁"一事，在二人的师徒关系之中才会显得格外重要，而被放在这幅画像"颜渊传记"的首要部分。

第二，颜回叹之。

---

① 此事又见于《论语·颜渊篇》，杨伯峻译注：《论语译注》，中华书局1980年版，第122页。
② 《论语·述而篇》，杨伯峻译注：《论语译注》，中华书局1980年版，第74页。
③ 《论语·里仁篇》，杨伯峻译注：《论语译注》，中华书局1980年版，第36页。
④ 《论语·里仁篇》，杨伯峻译注：《论语译注》，中华书局1980年版，第39页。
⑤ 《论语·雍也篇》，杨伯峻译注：《论语译注》，中华书局1980年版，第59页。
⑥ 《论语·里仁篇》，杨伯峻译注：《论语译注》，中华书局1980年版，第35页。

第三章 衣镜的孔子之徒与组合排序

传记随后记载了"颜回渭然口（叹）口（之）"一事，所叹之语显露出他对于孔子的无限推崇。其中，"仰之弥高，钻之弥坚。瞻之在前，忽焉在后"，说明他眼中的孔子之道既高且深；"夫子循循然善诱人，博我以文，约我以礼，欲罢不能"，则是盛赞孔子的善教；"口（既）口（竭）口（吾）口（才），口（如）口（有）口（所）口（立）口（卓）口（尔）。口（虽）口（欲）口（从）之，也无由也已"，便是最终表明他对于孔子之道"好学"的心迹。①

而颜回"好学"的品质，正是孔子屡次称道之处。比如，子曰："语之而不惰者，其回也与"②；"吾与回言终日，不违，如愚。退而省其私，亦足以发，回也不愚。"③ 又如，哀公问"弟子孰为好学"，孔子对曰"有颜回者好学，不迁怒，不贰过。不幸短命死矣，今也则亡，未闻好学者也"④；季康子问"弟子孰为好学"，孔子对曰"有颜回者好学，不幸短命死矣，今也则亡"⑤。正由于颜回如此好学，孔子谈到他时才会说："惜乎！吾见其进也，未见其止也。"⑥ 所以，即便颜回自己认为孔子之道高深莫测，虽竭其所能也难以企及，但在一众弟子之中，他却可算是最为坚定的求学者。对此，孔子自己也曾说过，颜回"于吾言无所不说"⑦。再到其后道家学者的眼中，颜回的"好学"则是达到了夫子"步亦步"、"言亦言"、"趋亦趋"、"辩亦辩"、"驰亦驰"的地步。⑧

至于何谓"好学"？子曰："君子食无求饱，居无求安，敏于事而慎于言，就有道而正焉，可谓好学也已。"⑨ 可见孔子心中的"好学"，

---

① 此事又见于《论语·子罕篇》，杨伯峻译注：《论语译注》，中华书局1980年版，第90页。
② 《论语·子罕篇》，杨伯峻译注：《论语译注》，中华书局1980年版，第93页。
③ 《论语·为政篇》，杨伯峻译注：《论语译注》，中华书局1980年版，第16页。
④ 《论语·雍也篇》，杨伯峻译注：《论语译注》，中华书局1980年版，第55页。
⑤ 《论语·先进篇》，杨伯峻译注：《论语译注》，中华书局1980年版，第111页。
⑥ 《论语·子罕篇》，杨伯峻译注：《论语译注》，中华书局1980年版，第93页。
⑦ 《论语·先进篇》，杨伯峻译注：《论语译注》，中华书局1980年版，第111页。
⑧ 《庄子·田子方》，（清）王先谦：《庄子集解》，国学整理社编《诸子集成》（三），中华书局2006年版，第130页。
⑨ 《论语·学而篇》，杨伯峻译注：《论语译注》，中华书局1980年版，第9页。

本就属于"乐道"的一部分。只是"乐道"比"好学"更要高出一个层次，因为"知之者不如好之者，好之者不如乐之者"①。而颜回跟随孔子学习的举动，正可谓"就有道而正焉"；语之不惰、退而省发、"不迁怒，不贰过"的表现，正可谓"敏于事而慎于言"；箪食瓢饮、居陋巷的境遇，又符合"食无求饱，居无求安"的要求，所以"君子"所学、所乐的正是颜回请事的"仁"道。如此，颜回又当是孔子所认为的"君子"。

第三，孔子评语。

传记最后是孔子对颜回的三句评语：

一者，"颜回为淳仁□直"。这与众弟子唯有颜回被孔子称"仁"的记录是吻合的。子曰："君子去仁，恶乎成名？君子无终食之间违仁，造次必于是，颠沛必于是。"②而观察众弟子的表现，孔子认为："回也，其心三月不违仁，其余则日月至焉而已矣。"③所以，比较之下，孔门能够以"仁者"称之的，便是颜回无疑，因为只有他可以长久契合仁道。

二者，"用之则行，舍之则藏，唯我与尔有是夫"④。这种"全身"与"行道"的原则，正是孔子提倡和坚守的处世态度。孔子还说过："笃信好学，守死善道。危邦不入，乱邦不居。天下有道则见，无道则隐。邦有道，贫且贱焉，耻也；邦无道，富且贵焉，耻也"⑤；"邦有道，危言危行；邦无道，危行言孙"⑥；"邦有道，榖；邦无道，榖，耻也"⑦；"国无道，隐之可也；国有道，则衮冕而执玉"⑧。因而，孔子称赞过卫国

---

① 《论语·雍也篇》，杨伯峻译注：《论语译注》，中华书局1980年版，第61页。
② 《论语·里仁篇》，杨伯峻译注：《论语译注》，中华书局1980年版，第36页。
③ 《论语·雍也篇》，杨伯峻译注：《论语译注》，中华书局1980年版，第57页。
④ 此语又见于《论语·述而篇》，杨伯峻译注：《论语译注》，中华书局1980年版，第68页。
⑤ 《论语·泰伯篇》，杨伯峻译注：《论语译注》，中华书局1980年版，第82页。
⑥ 《论语·宪问篇》，杨伯峻译注：《论语译注》，中华书局1980年版，第146页。
⑦ 《论语·宪问篇》，杨伯峻译注：《论语译注》，中华书局1980年版，第145页。
⑧ 《孔子家语·三恕》，杨朝明、宋立林主编：《孔子家语通解》，齐鲁书社2013年版，第106页。

第三章　衣镜的孔子之徒与组合排序

大夫宁武子"邦有道，则知；邦无道，则愚。其知可及也，其愚不可及也"①；还因弟子南宫适（字子容）"邦有道，不废；邦无道，免于刑戮"，而"以其兄之子妻之"②。他自己在担任鲁国司寇期间，在季桓子接受了齐人"患其将霸，欲败其政"而送与鲁君的"好女子八十人"、"文马四十驷"之后，因"君臣淫荒，三日不听国政，郊又不致膰俎"而主动弃官并离开鲁国。③至于颜回，则虽有治国之才，但当孔子询问他"家贫居卑，胡不仕乎"的时候，颜回答曰"不愿仕"，理由就是有田足以"给飦粥"、"为丝麻"，"鼓琴足以自娱"，"所学夫子之道者，足以自乐也"。④而这也是因为他身处乱世，尚未遇到明王圣主。他与孔子所共具的这种处世之道，自然也就是符合孔子"仁"道的。比如，孔子就曾因蘧伯玉"邦有道，则仕；邦无道，则可卷而怀之"，而称赞他为"君子哉"！⑤

三者，"自我得回也，门人日益亲"。子曰："德不孤，必有邻"⑥；"爱人者则人爱之，恶人者则人恶之"⑦；"唯仁者能好人，能恶人"⑧。因而，孔子主张"众恶之，必察焉；众好之，必察焉"⑨。对于乡人皆"好之"或"恶之"，孔子也就认为"未可也"，"不如乡人之善者好之，其不善者恶之"⑩。由此可见，只有"仁者"能够团结善人，则此处门人日渐亲近，指向的同样是颜回之"仁"。所以，《孔子家语·七

①《论语·公冶长篇》，杨伯峻译注：《论语译注》，中华书局1980年版，第50页。
②《论语·公冶长篇》，杨伯峻译注：《论语译注》，中华书局1980年版，第42页。
③《孔子家语·子路初见》，杨朝明、宋立林主编：《孔子家语通解》，齐鲁书社2013年版，第240页。又见于《史记·孔子世家》。《论语·微子篇》记作："齐人归女乐，季桓子受之，三日不朝，孔子行。"见杨伯峻译注《论语译注》，中华书局1980年版，第193页。
④《庄子·让王》，（清）王先谦：《庄子集解》，国学整理社编《诸子集成》（三），中华书局2006年版，第191页。
⑤《论语·卫灵公篇》，杨伯峻译注：《论语译注》，中华书局1980年版，第163页。
⑥《论语·里仁篇》，杨伯峻译注：《论语译注》，中华书局1980年版，第41页。
⑦《孔子家语·贤君》，杨朝明、宋立林主编：《孔子家语通解》，齐鲁书社2013年版，第158页。又见于《说苑·政理》。
⑧《论语·里仁篇》，杨伯峻译注：《论语译注》，中华书局1980年版，第35页。
⑨《论语·卫灵公篇》，杨伯峻译注：《论语译注》，中华书局1980年版，第168页。
⑩《论语·子路篇》，杨伯峻译注：《论语译注》，中华书局1980年版，第142页。

十二弟子解》在紧跟孔子这句评语之后,写道:"回以德行著名,孔子称其仁焉。"① 而且,孔子以"仁"定位颜回的评价,带有盖棺论定的总结性质,因而《史记·仲尼弟子列传》在记载此语时,所交代的语境背景是颜回早死、"孔子哭之恸"的情况下所说。② 同时,孔子认为"君子周而不比,小人比而不周"③,则颜回这种能够团结门内弟子的能力,自然也正是为"君子"所有。

综上所述,"颜渊传记"的三部分内容,看似不同、实则一也,都离不开一个"仁"字。所以,这幅孔子画像中的颜渊,就是一位"仁者"的形象。而之所以能够被定位成"仁者",根本原因在于他德行出众,具有能够不为外在条件所影响的"好学乐道"精神。子曰"君子怀德"④,颜回能够以"德行"而著名⑤,正可谓"君子"。

(二) 子赣人设

第一,子赣结驷鬻财。

"子赣传记"首先写道"子赣为人结口(驷),口(鬻)财"之语,考虑被置于"既已受业"之前,可知是在点明子赣受业孔子之前的身份乃是商人。只是实际上,子赣的商业活动在他求学孔子期间以至受业之后都并没有终止,因而孔子有言:"赐不受命,而货殖焉,亿则屡中"⑥;司马迁会说:"子赣既学于仲尼,退而仕于卫,废著鬻财于曹、鲁之间,七十子之徒,赐最为饶益"⑦,"子贡好废举,与时转货赀。……尝相鲁卫,家累千金,卒终于齐"⑧,所称"子赣"与"子贡",实则一人,都是指"端木赐"。所以,子赣经商的成功,是无可

---

① 杨朝明、宋立林主编:《孔子家语通解》,齐鲁书社 2013 年版,第 431 页。
② (汉) 司马迁撰:《史记》(七),中华书局 2013 年标点本,第 2660 页。
③ 《论语·为政篇》,杨伯峻译注:《论语译注》,中华书局 1980 年版,第 17 页。
④ 《论语·里仁篇》,杨伯峻译注:《论语译注》,中华书局 1980 年版,第 38 页。
⑤ 《论语·先进篇》,杨伯峻译注:《论语译注》,中华书局 1980 年版,第 110 页。
⑥ 《论语·先进篇》,杨伯峻译注:《论语译注》,中华书局 1980 年版,第 115 页。
⑦ (汉) 司马迁撰:《史记》卷一百二十九《货殖列传》,中华书局 2013 年标点本,第 3955 页。
⑧ (汉) 司马迁撰:《史记》卷六十七《仲尼弟子列传》,中华书局 2013 年标点本,第 2675 页。

争议的。也正因为如此，司马迁不仅因他"孔子弟子"的身份，将他写入《仲尼弟子列传》，还将他视作先秦著名商人而写入《货殖列传》。

第二，子赣受业问言。

传记随后写道："既已受业，问曰：'有一言可以终身行之者乎？'孔子曰：'其恕乎！己所不欲，勿施於人。'"① 从这段师徒对话，一方面可见子贡对于"言语"的重视，因而受业所问乃"言"，而非其他。也由于这种重视，当孔子说"予欲无言"时，子贡曰："子如不言，则小子何述焉？"② 另一方面，还可知孔子对于子贡言语能力的肯定和提点。

孔子曾见"子贡方人"，并说："赐也贤乎哉？夫我则不暇。"③ 言其"不暇"，而非有误，说明本就是他人之恶，只是孔子认为"言人之恶，非所以美己；言人之枉，非所以正己"④，因而对于子贡逞其言语的行为，孔子才会说无暇顾及。又有，"邾隐公朝于鲁，子贡观焉。邾子执玉高，其容仰。定公受玉卑，其容俯。子贡曰：'以礼观之，二君者将有死亡焉'"，"夏五月，公薨，又邾子出奔。孔子曰：'赐不幸而言中，是赐多言。'"⑤ 两事相印证，便知孔子认可子贡"善言"的同时，对其"多言"之举并非赞赏。所以，等到司马迁描述子贡言语时会写："子贡利口巧辞，孔子常黜其辩"；子贡"喜扬人之美，不能匿人之过"。⑥

也由于这样，当子贡说"我不欲人之加诸我也，吾亦欲无加诸人"

---

① 《论语·卫灵公篇》有类同记载。杨伯峻译注：《论语译注》，中华书局1980年版，第166页。
② 《论语·阳货篇》，杨伯峻译注：《论语译注》，中华书局1980年版，第187—188页。
③ 《论语·宪问篇》，杨伯峻译注：《论语译注》，中华书局1980年版，第155页。
④ 《孔子家语·颜回》，杨朝明、宋立林主编：《孔子家语通解》，齐鲁书社2013年版，第230—231页。
⑤ 《孔子家语·辩物》，杨朝明、宋立林主编：《孔子家语通解》，齐鲁书社2013年版，第200页。又见于《左传》定公十五年。
⑥ （汉）司马迁撰：《史记》卷六十七《仲尼弟子列传》，中华书局2013年标点本，第2669、2675页。

时，孔子的反应是："赐也，非尔所及也。"① 可见就是指他还未达到"己所不欲，勿施于人"的境界。以此再联系传记中孔子以"恕"回答子贡可以终身奉行之言，便知是一种因材施教。也就是，既肯定他擅长言语的能力，又提示他要更为合乎于礼地去运用。至于如何运用，便是要符合孔子所说的"恕"。何谓"恕"？考虑到"仲弓问仁"时，孔子的回答就包括"己所不欲，勿施于人"②，则此处的"恕"统属于"仁"，这也使得许慎会解释"恕"曰："仁也。"③ 只是与回答颜渊以"克己复礼"的强调内修不同，这里要求做到的是推己及人，因而孔子还曾告诉子贡："夫仁者，己欲立而立人，己欲达而达人。"④ 由此足见，孔子就是在提醒子贡，应当向"仁者"的标准靠近。

  至于为何希望子贡能就"多言"的习惯有所改进，是因为孔子认为："躬自厚而薄责于人，则远怨矣"⑤；"乐道人之善"为"益矣"。⑥ 也就是，即便"多言"无损，也不会带来好处，因而应当多言人之善，而非指人之恶；应多批评自我过失，而非评论他人过失，以免招致怨恨、惹出祸端。对于"多言"的这种看法，孔子"观周"期间，在"太祖后稷之庙"得见"三缄其口"的"金人"铭文时，还曾有过明确表达。他认为铭文所说的"无多言，多言多败"、"口是何伤？祸之门也。强梁者不得其死，好胜者必遇其敌"，是"实而中，情而信"，并要求弟子"识之"。⑦ 可见孔子是希望弟子能够引以为戒，"慎言人也"。因此，他曾因为漆雕凭"言人之美也，隐而显；言人之过也，微而著"，而称赞他为"君子哉"。⑧

---

① 《论语·公冶长篇》，杨伯峻译注：《论语译注》，中华书局1980年版，第46页。
② 《论语·颜渊篇》，杨伯峻译注：《论语译注》，中华书局1980年版，第123页。
③ （汉）许慎撰，（清）段玉裁注：《说文解字注》，上海古籍出版社1988年版，第504页。
④ 《论语·雍也篇》，杨伯峻译注：《论语译注》，中华书局1980年版，第65页。
⑤ 《论语·卫灵公篇》，杨伯峻译注：《论语译注》，中华书局1980年版，第165页。
⑥ 《论语·季氏篇》，杨伯峻译注：《论语译注》，中华书局1980年版，第176页。
⑦ 《孔子家语·观周》，杨朝明、宋立林主编：《孔子家语通解》，齐鲁书社2013年版，第128—129页。又见于《说苑·敬慎》《说苑·反质》。
⑧ 《孔子家语·好生》，杨朝明、宋立林主编：《孔子家语通解》，齐鲁书社2013年版，第114页。又见于《说苑·权谋》。

第三章　衣镜的孔子之徒与组合排序

相比之下，能够做到"敏于事而慎于言"的颜回，则算是领悟到了孔子之意，因而他在回答仲孙何忌的提问时会说："一言而有益于仁，莫如恕。"① 所以，比较孔子因子贡多言而反问"赐也贤乎"与孔子见颜回安贫乐道而称他"贤哉"，可知此处"问言"一事，意在说明子赣并非颜回那样的"仁者"。那么，子赣的形象又是什么呢？《论语·先进篇》将子贡列为孔门"言语"科的代表②，而孔子又曾予以两次重托：一是在鲁国危亡之际，子贡曾奉师命游说诸侯国，使得"子贡一出，存鲁，乱齐，破吴，强晋而霸越。子贡一使，使势相破，十年之中，五国各有变"，而且在他"请行"之前，子路、子张、子石曾先后请缨，但都被孔子否决，直到"子贡请行"，孔子才应允；③ 二是在孔子绝粮于陈时，"使子贡至楚。楚昭王兴师迎孔子，然后得免"④。可见在孔子心中，子赣乃是难得一见的"辩才"。所以，画像此处记载"问言"一事，是意在突出他能言善辩的能力。

第三，陈子禽问子赣。

传记最后写道："陈子禽问子赣曰：'子为恭也，中尼岂贤与子乎？'"子赣曰："君子一言以为知，一言以为不知，不可不慎也！夫子之不可及，犹天之不可陛升也。夫子得国家者，可胃立之斯立，道之斯行，馁之斯来，动之斯和。其生也荣，其死也哀，如之何其可及也？"⑤

二人的这段对话，首先，彰显出子赣因长于言语，俨然成为了孔

---

① 《孔子家语·颜回》，杨朝明、宋立林主编：《孔子家语通解》，齐鲁书社2013年版，第228页。
② 杨伯峻译注：《论语译注》，中华书局1980年版，第110页。
③ （汉）司马迁撰：《史记》卷六十七《仲尼弟子列传》，中华书局2013年标点本，第2670、2674页。
④ （汉）司马迁撰：《史记》卷四十七《孔子世家》，中华书局2013年标点本，第2340页。
⑤ 《论语·子张篇》有类同记载，杨伯峻译注：《论语译注》，中华书局1980年版，第205页。对于"陈子禽"是否为孔子弟子，彼时有不同看法，如《史记·仲尼弟子列传》不载此人，而《孔子家语·七十二弟子解》却记载"陈亢，陈人，字子亢，一字子禽，少孔子四十岁"，但从海昏侯墓这幅"孔子画像"以《史记》为根本性的文本依据来看，此处应从《史记》以之为孔门外之人。见杨朝明、宋立林主编《孔子家语通解》，齐鲁书社2013年版，第446页。

对外发言人的史实，因而陈子禽才会问孔子于子赣。而且，事实上这种孔门之外的求问之例还有很多。比如，太宰问于子贡曰："夫子圣者与？何其多能也？"子贡曰："固天纵之将圣，又多能也。"① 又如，卫公孙朝问于子贡曰："仲尼焉学？"子贡曰："夫子焉不学？而亦何常师之有？"② 再如，南郭惠子问于子贡曰："夫子之门，何其杂也？"子贡曰："君子正身以俟，欲来者不距，欲去者不止，且夫良医之门多病人，檃栝之侧多枉木，是以杂也。"③ 其次，子赣能够成为对外发言人，显露出他的"智"。传记提到的"子赣曰：'君子一言以为知，一言以为不知，不可不慎也！'"既是对"言"与"智"关系的清晰表达，又是对子赣"智"的彰显，更是强调"智"也是君子所必备的修养。而子赣之"智"，最突出的就是在于他能知孔子，他知道孔子之道犹如苍天一般高不可攀，若能得以施展，必能使百姓安乐、上下同心，因而孟子评价他"智足以知圣人"④。也由于这种深知，他同时还是门内其他弟子的求问对象。比如，冉有问于子贡，曰："夫子为卫君乎？"子贡曰："诺；吾将问之。"然后，子贡入而以伯夷、叔齐之为人发问，孔子则评价二人为"古之贤人"，因为他们"求仁而得仁"，所以对于他们自己未做孤竹国君一事没有怨悔。子贡由此出而告之曰："夫子不为也。"⑤ 此处子贡借以互相推让而失国的伯夷、叔齐兄弟为试探，来了解孔子对卫出公辄与其父蒯聩当时争夺君位的态度，足见其语言艺术；由孔子对于伯夷、叔齐的评价，而可以得知孔子对于卫出公赞成与否的态度，足见子贡之"智"。他盛赞孔子之生也荣，哀叹其死也哀，也正是源于这种由衷的理解与敬佩。而且，对于子贡之智，孔子不仅曾经明

---

① 《论语·子罕篇》，杨伯峻译注：《论语译注》，中华书局1980年版，第88页。
② 《论语·子张篇》，杨伯峻译注：《论语译注》，中华书局1980年版，第203—204页。
③ 《荀子·法行篇》，（清）王先谦：《荀子集解》，国学整理社编《诸子集成》（二），中华书局2006年版，第352页。
④ 《孟子·公孙丑上》，杨伯峻译注：《孟子译注》，中华书局2010年版，第58页。
⑤ 《论语·述而篇》，杨伯峻译注：《论语译注》，中华书局1980年版，第70页。孔子对于伯夷、叔齐的态度，还可与他评价让国给季历的"泰伯"（太伯）"可谓至德"相互参照。见《论语·泰伯篇》，杨伯峻译注：《论语译注》，中华书局1980年版，第78页。

第三章　衣镜的孔子之徒与组合排序

确予以表扬，称他能够触类旁通，"告诸往而知来者"①，也总是适时的使之予以展现，前面提到的两次重托如是，另外在从游时也是，如："孔子南游适楚，至于阿谷之隧，有处子佩璜而浣者。孔子曰：'彼妇人其可与言矣乎？'抽觞以授子贡，曰：'善为之辞，以观其语。'"②所以，传记中陈子禽之问，就是突出子贡乃是"智人"的代表，也可谓"君子"。

再次，由子贡答陈子禽之语，还可见他在面对来自外界的质疑之声时，会竭力维护孔子的师道尊严。除去传记此例外，同类事情还多有发生。比如，对于"叔孙武叔毁仲尼"，子贡说"无以为也！仲尼不可毁也"，因为他人之贤犹如丘陵，尚可逾越；而仲尼之贤犹如日月，"无得而逾焉"，叔孙武叔之举只能"见其不知量也"，而不会有伤于孔子。③又如，当齐景公询问子贡"先生何师"，且追问"仲尼贤乎"之时，子贡回答说"圣人也，岂直贤哉"，然而"景公嘻然而笑曰：'其圣何如？'"子贡告之以"不知也"，使得"景公悖然作色"。子贡随之解释说：自己"事仲尼"，犹如终身戴天践地，却不知天高地厚一般；犹如操壶杓饮于江海，腹满而不知江海之深一般。景公则认为："先生之誉，得无太甚乎？"子贡进一步说到"臣赐何敢甚言，尚虑不及耳"，因为自己誉或不誉，都无碍于孔子形象的益损。④可见子贡将孔子推崇至了"圣人"的高度。因此，当孔子自谦地说："圣则吾不能，我学不厌而教不倦也。"子贡则说："学不厌，智也；教不倦，仁也。仁且智，夫子既圣矣。"⑤另外，子贡还说过："见其礼而知其政，闻其乐而知其德，由百世之后，等百世之王，莫之能违也。自生民以来，未有夫

---

① 《论语·学而篇》，杨伯峻译注：《论语译注》，中华书局1980年版，第9页。
② 《韩诗外传·卷一·第三章》，（汉）韩婴撰，许维遹校释：《韩诗外传集释》，中华书局1980年版，第2页。
③ 《论语·子张篇》，杨伯峻译注：《论语译注》，中华书局1980年版，第205页。
④ 《韩诗外传·卷八·第十四章》，（汉）韩婴撰，许维遹校释：《韩诗外传集释》，中华书局1980年版，第286页。
⑤ 《孟子·公孙丑上》，杨伯峻译注：《孟子译注》，中华书局2010年版，第57页。

子也。"①

综上所述,"子赣传记"的第二、第三部分,都离不开一个"言"字,子赣的重言、善问、善答、善辩,则既是"辩人"所具,又是他"智"的外在展现。这样再回头看记述子赣货殖的第一部分,可知不管是他经商的成功,还是选择受业孔子,同样与他的"智"不可分离。所以,这幅画像中的子赣,就是一位"智者"的形象。而且,由于他的才智足以知孔子,又擅长以"言语"不遗余力地维护孔子,因而孔子的名扬天下与孔门的发展壮大,都离不开子贡的宣传。画像中"子赣传记"的最后一部分,有别于"颜渊传记"、"子路传记",而没有设置为"孔子评语",反倒是子贡对外评价孔子的事例,正是突显他于孔门儒学的这样一种不可磨灭的贡献。

(三) 子路人设

第一,子路儒服委质。

"子路传记"先写道:"□(子)(路)□(性)鄙,好勇力,伉直,冠雄鸡配,佩猳豚,陵暴孔□(子)。□□□□,孔子教设□艺,稍诱子路,子路后儒服委质,因门人请为孔子弟子。"子路以雄鸡、猳豚为装饰,正是他"好勇力"的外在体现。也因为喜爱勇力,子路在拜师受教之前,有戎服持剑以见孔子的经历。比如,《孔子家语·好生》记载:"子路戎服见于孔子,拔剑而舞之",求问"古之君子,以剑自卫乎"? 孔子回答说:"古之君子,忠以为质,仁以为卫","有不善则以忠化之,侵暴则以仁固之,何持剑乎?"② 可见这种"以剑自卫"的"好勇",在孔子看来,只是一种血气之勇,不值得提倡。至于原因,便是孔子所说的:"勇力不足惮也。"③

第二,子路受业问勇。

---

① 《孟子·公孙丑上》,杨伯峻译注:《孟子译注》,中华书局2010年版,第58页。
② 杨朝明、宋立林主编:《孔子家语通解》,齐鲁书社2013年版,第112页。又见于《说苑·贵德》。
③ 《孔子家语·致思》,杨朝明、宋立林主编:《孔子家语通解》,齐鲁书社2013年版,第86页。又见于《尚书大传》《韩诗外传·卷六》《说苑·建本》。

传记又写道："既已受业，问曰：'君子好勇乎？'孔子曰：'君子义之为上。君子好勇无义则乱，小人□（效）则为盗。'"① 这段师徒对话显示，子路在受业之后，依然"好勇"，因而受业所问乃"勇"。只是由孔子的回答可知，对于"好勇"的品质，孔子一直保持着谨慎的态度，他所主张的乃是"君子"之勇，这种"勇"以"义"为节制。所以，对于一贯"好勇"的子路，孔子总是多加告诫。比如，除了传记此处外，孔子还曾对子路说："君子以心导耳目，立义以为勇；小人以耳目导心，不愻以为勇。故曰退之而不怨，先之斯可从已。"②

而之所以主张对"勇"加以约束，是因为一味"好勇"会成为祸乱的根源，因而孔子会说"君子好勇无义则乱"。而且，旨意相同的表述，孔子还有很多。比如，子曰："勇而无礼则乱"③；"好勇疾贫，乱也"④；"一朝之忿，忘其身，以及其亲，非惑与"⑤。又如，孔子说到的君子有"四恶"，其中之一便是"恶勇而无礼者"⑥；说到的"君子有三戒"，除了少时戒色、老时戒得外，即是"及其壮也，血气方刚，戒之在斗"⑦。若能够义勇结合，自然就是一种值得倡导的可贵品质，因而子曰："见义不为，无勇也。"⑧ 所以，孔子提倡的是见义勇为，而非意气用事。

第三，孔子评语。

传记最后写道："孔子曰：'自吾得由也，恶言不闻吾耳。'"依照《史记·仲尼弟子列传》的记载，此语出于"孔子闻卫乱，曰：'嗟乎，由

---

① 这句话又见于《论语·阳货篇》，只是写作："子路曰：'君子尚勇乎？'子曰：'君子义以为上，君子有勇而无义为乱，小人有勇而无义为盗。'"杨伯峻译注：《论语译注》，中华书局1980年版，第190页。类似表述还见于《史记·仲尼弟子列传》，（汉）司马迁撰：《史记》（七），中华书局2013年标点本，第2665页。
② 《孔子家语·好生》，杨朝明、宋立林主编：《孔子家语通解》，齐鲁书社2013年版，第118页。
③ 《论语·泰伯篇》，杨伯峻译注：《论语译注》，中华书局1980年版，第78页。
④ 《论语·泰伯篇》，杨伯峻译注：《论语译注》，中华书局1980年版，第82页。
⑤ 《论语·颜渊篇》，杨伯峻译注：《论语译注》，中华书局1980年版，第130页。
⑥ 《论语·阳货篇》，杨伯峻译注：《论语译注》，中华书局1980年版，第190页。
⑦ 《论语·季氏篇》，杨伯峻译注：《论语译注》，中华书局1980年版，第176页。
⑧ 《论语·为政篇》，杨伯峻译注：《论语译注》，中华书局1980年版，第22页。

死矣！'已而果死"① 之后，则听闻死讯后的这句孔子评语带有最终概括性。《集解》引王肃之言曰："子路为孔子侍卫，故侮慢之人不敢有恶言，是以恶言不闻于孔子耳。"② 对于子路所承担的这种侍卫之责，在其他事例中也能见到。比如："孔子之宋，匡人简子以甲士围之。子路怒，奋戟将与战。"③ 而能够承担侍卫的职责，使侮慢之人不敢对孔子恶言相向，还是源于子路之"勇"，所以此处实则就是在称赞子路"勇"的品质。

而且，由子路之死来看，这种"勇"正是孔子所传授的"君子"之勇。这在对比孔子称道的"卞庄子之勇"下显得非常明显。那么，卞庄子何以能成为孔子心中真正的勇士呢？依据《韩诗外传·卷十·第十三章》的记载，可以知道"卞庄子好勇，母无恙时，三战而三北，交游非之，国君辱之。卞庄子受命，颜色不变。及母死三年，鲁兴师，卞庄子请从"，"遂走敌而斗"，先三获甲首献之将军，请塞责三北，再奔敌"杀七十人而死"。对于先前的三次败北，他解释说："三北以养母也"，是以"辱吾身"；对于其后从师的表现，他表示"节士不以辱生"。④ 所以，卞庄子之勇，是可以为了奉养母亲而不计个人荣辱，为了保卫国家而不惜个人性命的真勇，因而孔子称具有卞庄子之勇的人，"亦可以为成人矣"⑤，即具有德行之人。

又据《史记·仲尼弟子列传》的记载"子路为卫大夫孔悝之邑宰"期间，"蒉聩乃与孔悝作乱"，使得"出公奔鲁，而蒉聩入立，是为庄公"，因属于以下犯上的"不义"之举，子路建议庄公不用孔悝且"得而杀之"，庄公弗听，又惧子路燔台，便派人攻子路，"击断子路之缨。子路曰：'君子死而冠不免。'遂结缨而死"。而且，子路之死本身是可以避免的，因为卫乱之时，"子路在外"，但他却"闻之而驰往"。到城

---

① （汉）司马迁撰：《史记》（七），中华书局2013年标点本，第2667页。
② （汉）司马迁撰：《史记》（七），中华书局2013年标点本，第2667页。
③ 《孔子家语·困誓》，杨朝明、宋立林主编：《孔子家语通解》，齐鲁社2013年版，第268页。又见于《说苑·杂言》《韩诗外传·卷六》。
④ （汉）韩婴撰，许维遹校释：《韩诗外传集释》，中华书局1980年版，第352—353页。
⑤ 《论语·宪问篇》，杨伯峻译注：《论语译注》，中华书局1980年版，第149页。

门时，又恰遇子羔出城，而且还曾奉劝他："出公去矣，而门已闭，子可还矣，毋空受其祸"，但他却说："食其食者不避其难。"① 于是，他终究选择了入城赴死。所以，相比子羔的避难"卒去"，子路的英勇赴死，就是忠义之举，因为这符合了孔子"臣事君以忠"②、"君子义之为上"、见义勇为的主张。

这种忠义之举，本身也是孔子仁德的有机部分。子曰："志士仁人，无求生以害仁，有杀身以成仁。"③ 则子路正是以自己之死，践行了孔子"杀身成仁"的价值理念。再结合孔子"恶言不闻"的情况，可知子路之勇恰是家国平安的保障，而这与"卞庄子之勇"正好同类。所以，子路在卫国政变中"结缨而死"一事，正是一种"君子"之勇。又由于孔子知子路为人，子路之死也就在孔子意料之中，因而当孔子在鲁听闻"卫有蒯聩之难"即说："柴（子羔）也其来，由（子路）也死矣"④。另外，孔子在谈到子路"可谓具臣"时，也说过"弑父与君，亦不从也"⑤，子路死于卫乱，则正是这种"不从"的后果。君子之勇，义为质，礼为节，统于仁，子路没有避难而行，可谓见义勇为；临终而冠，可谓遵礼；视死如归，可谓好仁。

综上所述，"子路传记"的三部分内容，都离不开一个"勇"字。所以，这幅孔子画像中的子路，就是一位"勇者"的形象。而之所以能够被定位成"勇者"，就在于子路之勇有义加持。孔子曾说："民之于仁也，甚于水火。水火，吾见蹈而死者矣，未见蹈仁而死者也。"⑥又曾因国家无道之时"微子去之，箕子为之奴，比干谏而死"⑦，而将三人评价为殷商末年的"三仁"，因而不仅没有助纣为虐，反而能够见

---

① （汉）司马迁撰：《史记》（七），中华书局2013年标点本，第2666—2667页。
② 《论语·八佾篇》，杨伯峻译注：《论语译注》，中华书局1980年版，第30页。
③ 《论语·卫灵公篇》，杨伯峻译注：《论语译注》，中华书局1980年版，第163页。
④ 《孔子家语·曲礼子夏问》，杨朝明、宋立林主编：《孔子家语通解》，齐鲁书社2013年版，第561页。又见于《左传》哀公十五年、《礼记·檀弓上》《史记·卫康叔世家》。
⑤ 《论语·先进篇》，杨伯峻译注：《论语译注》，中华书局1980年版，第117页。
⑥ 《论语·卫灵公篇》，杨伯峻译注：《论语译注》，中华书局1980年版，第169页。
⑦ 《论语·微子篇》，杨伯峻译注：《论语译注》，中华书局1980年版，第192页。

义勇为的子路，自然也算是难能可贵的"君子"。

二 刘贺生前汉人眼中的三人组合

海昏侯墓的墓主人刘贺，大约生于武帝太始四年（前93）或征和元年（前92），于昭帝始元元年（前86）继承父位为第二代昌邑王，于元平元年（前74）被霍光等拥立"受皇帝玺绶"且27日后又被废黜归居故昌邑王宫，于元康三年（前63）被宣帝诏封为海昏侯，而最终薨于宣帝神爵三年（前59）。[1] 考虑到文化的传承性，则在他墓中所出土的这幅孔子画像，自然能够直接反映他所生活的武、昭、宣之世汉人的一些思想认识。而观察同时期形成的汉人著作，以及对比能够为他们所阅读的传世书籍，可以发现子路、子贡、颜渊总是作为一种固定组合随同孔子出现。

（一）汉人编著书籍中三人的固定组合

第一，以《韩诗外传》为例。

它的作者韩婴为文帝时博士，"景帝时至常山太傅"，武帝时"尝与董仲舒论于上前"而"仲舒不能难也"，并且作为当时大儒，在担任"太傅"期间，他曾"推诗人之意，而作《内外传》数万言，其语颇与齐、鲁间殊"，而且自此"燕赵间言《诗》者由韩生"，"孝宣时，涿郡韩生其后也"，也曾自言"尝受《韩诗》"。[2] 所以，《韩诗》在武、昭、宣阶段得到了流传，是毋庸置疑的。仅就现在仍能见到的《韩诗外传》来说，这三位弟子往往就是同时陪伴孔子出现的。比如：

《卷七·第二十五章》记载："孔子游于景山之上，子路、子贡、颜渊从"，而且三人依次各"言其愿"，子路表示"愿奋长戟，荡三军"，"进救两国之患"；子贡表示愿"不持一尺之兵，一斗之粮，解两国之难"；颜回表示"愿得小国而相之。主以道制，臣以德化，君臣同

---

[1] 辛德勇：《海昏侯刘贺》，生活·读书·新知三联书店2016年版，第292—295页。
[2] 《汉书·儒林传》，（汉）班固撰，（唐）颜师古注：《汉书》（一一），中华书局1962年标点本，第3613—3614页。

第三章　衣镜的孔子之徒与组合排序

心，外内相应"，"言仁义者赏，言战斗者死"。孔子则分别评价为"勇士哉"、"辩士哉"、"圣士哉"，并认为："圣者起，贤者伏。回与执政，则由赐焉施其能哉！"①

《卷九·第十五章》记载："孔子与子路子贡颜渊游于戎山之上"，孔子让"二三子各言尔志"，三人依次作答，其中子路愿"使将而攻之"；子贡愿"使于两国之间"；颜渊"愿得明王圣主为之相"，"铸库兵以为农器"。孔子以"勇士哉"、"辩士哉"、"大士哉"分别予以评述，并认为颜渊若为相，"由来，区区汝何攻？赐来，便便汝何使？愿得衣冠为子宰焉"。②

第二，以《淮南子》为例。

它的主编淮南王刘安因"为人好书"，"亦欲以行阴德拊循百姓，流名誉"，便"招致宾客方术之士数千人，作为《内书》二十一篇，《外书》甚众，又有《中篇》八卷，言神仙黄白之术"，时逢"武帝方好艺文"，又为宗亲，"甚尊重之"，"每为报书及赐"。③颜师古注《汉书·艺文志》曰"《内篇》论道，《外篇》杂说"④，则现今所见《淮南子》大概就是《内书》的内容，而且在当时是能够为人所见的。

而在该书之中，同样有三弟子组合出现的情况。比如，《人间训》记载"人或问孔子曰"：颜回、子贡、子路"何如人也"？孔子分别答曰："仁人也"、"辩人也"、"勇人也"，"丘弗如也"。⑤

第三，以《说苑》为例。

它由刘向编纂而成，而刘向一生历经西汉昭、宣、元、成、哀五帝，成帝时任光禄大夫期间曾奉命领校秘书，对古籍的整理有重要贡献，其《说苑》便保存有不少史事。虽然《说苑》应成书于刘向任职

---

① （汉）韩婴撰，许维遹校释：《韩诗外传集释》，中华书局1980年版，第268—269页。
② （汉）韩婴撰，许维遹校释：《韩诗外传集释》，中华书局1980年版，第319—321页。
③ 《汉书·淮南厉王刘长传》，（汉）班固撰，（唐）颜师古注：《汉书》（七），中华书局1962年标点本，第2145页。
④ （汉）班固撰，（唐）颜师古注：《汉书》（六），中华书局1962年标点本，第1742页。
⑤ （汉）高诱注：《淮南子》，国学整理社编《诸子集成》（七），中华书局2006年版，第321页。

光禄大夫期间，但正如他所自言的，该书乃是他根据皇室收藏和民间流传的资料加以选择整理而成的①，其记录的事迹在他生活的昭、宣时期已有流传，也就在情理之中。

其中《指武》记载："孔子北游东上农山，子路子贡颜渊从焉"，孔子让"各言尔志"，子路先答曰：愿"举兵而击之，必也攘地千里"；子贡再答曰：愿"陈说白刃之间，解两国之患"；颜渊最后答曰："愿得明王圣主而相之"，"使天下千岁无战斗之患"。孔子则分别评价说："勇哉士乎"；"辨哉士乎"；"美哉德乎"！并且表示："吾所愿者，颜氏之计，吾愿负衣冠而从颜氏子也。"②

比较《韩诗外传》"游于景山"与"游于戎山"之事，以及《说苑》北游"农山"之事，可见文字叙述虽有差别，但主旨大意却是相同的。即颜渊、子贡、子路与孔子，就是这一阶段汉人心目中固定的师徒组合，所赋予弟子三人的定位也十分明确且统一，就是《淮南子》中所总结的"仁人"、"辩人"、"勇人"的分别代表。其中，对于颜渊，虽然有"圣士"、"大士"、"美哉德乎"的不同说法，但实则也都是指"仁人"。由此再结合海昏侯墓"孔子画像"中对三人的形象定位，可以明确画像所反映的就是这一阶段汉人对于孔门弟子的一种普遍认知。也就是，颜渊、子贡、子路三人乃是孔门最为重要的三大弟子，他们由于各具"德"、"辩"、"勇"的才能而出类拔萃，既受到孔子的赞赏，也为汉人所推崇。

（二）汉人特有观念中三人的组合事实

由画像中颜渊、子赣、子路的先后，与所举汉人书籍中三人从游言志的次序，以及孔子最为欣赏颜渊的态度，还可以确定的便是三弟子之间的高低排序。正如孔子愿从颜渊那样，若颜渊的仁德能够得到施展，则子赣将无难可解、子路将无危可救。所以，颜渊为众弟子之首的地位无可动摇，子赣、子路的地位则依次排列其下。而且，倘若再比较相同

---

① （汉）刘向撰，向宗鲁校证：《说苑校证》，中华书局1987年版，《说苑序奏》第1页。
② （汉）刘向撰，向宗鲁校证：《说苑校证》，中华书局1987年版，第375—376页。

第三章 衣镜的孔子之徒与组合排序

事迹在不同文献中的记载情况,还可以得知将这三弟子作为组合并加以固定排序,是这一阶段汉人特有的一种意识,而并非承继先秦的说法。此处可以围绕具有争议性的《孔子家语》的两例记事同异加以说明。

第一,以弟子从游之事为例。

在《孔子家语》中,也存在三弟子从孔子而游的情况。比如,前引《说苑·指武》孔子师徒四人北游农山一事,也见于《家语·致思》。在其文中,对于"由当一队而敌之,必也攘地千里"、"赐著缟衣白冠,陈说其间,推论利害,释国之患"、"回愿得明王圣主辅相之,敷其五教,导之以礼乐,……千岁无战斗之患"的三人志向,孔子分别评价说:"勇哉"、"辩哉"、"美哉!德也"。并且对于子路"夫子何选焉"的提问,孔子表示"不伤财,不害民,不繁词,则颜氏之子有矣"。[①] 比较之下,二者文字表述可谓大同小异,可以互为参照,主旨大意则更是相同的将颜渊、子贡、子路的形象定位为仁者、辩士、勇士,且三者高低亦是分明。

如此来看,则《家语》的说法相同于刘贺生活的武、昭、宣时期汉人的意识。

换句话说,这种互为参照证明《家语》对于研究汉人有关孔子弟子的看法具有史料价值。因此,该书虽然曾经长期被贴上"王肃伪造"

[①] 杨朝明、宋立林主编:《孔子家语通解》,齐鲁书社2013年版,第73—74页。对于三弟子从游言志这几事,有认为一也,如王国轩、王秀梅介绍《致思》时说:"本章又见于《韩诗外传九》、《说苑·指武》,文字有异同";杨朝明、宋立林注释"农山"时说:"山名,在鲁国北部。此记载又见于《韩诗外传》卷九、《说苑·指武》",则都是以"农山"同于"戎山"。又如向宗鲁注释《说苑·指武》时说:"本《韩诗外传》卷九,又《韩诗外传》卷七,事同文异,《家语·致思篇》本此",则是以"农山"、"景山"、"戎山"一也。也有认为不同者,如许维遹注释"戎山"认为:"戎""农"为一声之转,"明其为齐山矣","景山实在卫地,或传闻异辞,故有农山、戎山及景山之别,不可强说也"。但不管怎样,都不影响此处的总体性判断,所以对于孰是孰非,此处不必以深究。分别见于王国轩、王秀梅译注《孔子家语》,中华书局2009年版,第62页;杨朝明、宋立林主编:《孔子家语通解》,齐鲁书社2013年版,第74页;(汉)刘向撰,向宗鲁校证:《说苑校证》,中华书局1987年版,第376页;(汉)韩婴撰,许维遹校释:《韩诗外传集释》,中华书局1980年版,第320页。

的标签。① 但正如一些学者利用安徽阜阳双古堆1号墓（墓主为汝阴侯夏侯灶，卒于汉文帝十五年，即前165年）出土的木牍章题，与河北定县八角廊40号墓（墓主为中山怀王刘修，卒于汉宣帝五凤三年，即前55年）出土的简文《儒家者言》，以及上海博物馆藏的战国楚竹书等新材料所指出的那样，这种观点需要重新被审视。如李学勤先生认为《家语》原型在汉初就已经形成，《儒家者言》就是《家语》的原型②；宁镇疆先生认为《家语》材料比《礼记》更为原始和真实③；杨朝明先生认为《家语》的价值不在《论语》之下，完全称得上"孔子研究第一书"④。

仅就本节的探讨来说，《家语》正可谓难能可贵。因为所涉及的该书内容，不仅可与汉人所能见到的《论语》《孟子》《荀子》《庄子》《吕氏春秋》等先秦著述相参照，说明确有来源先秦的真实性；又能与韩婴《韩诗外传》、刘安《淮南子》、刘向《说苑》、司马迁《史记》、戴德《大戴礼记》、戴圣《礼记》（二戴为叔侄，昭宣时人）等汉人编纂书籍互见，说明孔安国在《家语后序》中提到的：与《论语》并时而成的《孔子家语》在吕氏时散在人间，在景帝末年因与他书妄相错杂而藏之秘府，至武帝元封之时才由他"因诸公卿士大夫，私以人事，募求其副，悉得之，乃以事类相次，撰集为四十四篇"⑤，这些信息具有可靠性。所以，《家语》材料可以与他书记载互为发明，以知晓某些时代史实。以弟子从游之事的记载来

---

① 如大儒皮锡瑞就是如此判定。（清）皮锡瑞著，周予同注释：《经学历史》，中华书局1959年版，第155页。
② 李学勤：《新发现简帛与汉初学术史的若干问题》，《烟台大学学报》（哲学社会科学版）1988年第1期，第13页；李学勤：《竹简〈家语〉与汉魏孔氏家学》，《孔子研究》1987年第2期，第60页。
③ 宁镇疆：《〈礼记·檀弓上〉"不诚于伯高"再议——兼谈〈孔子家语〉的相关问题》，《中国典籍与文化》2013年第3期，第10页。
④ 杨朝明：《〈孔子家语·颜回〉篇与"颜氏之儒"》，李小虎主编《齐鲁文化研究》（第一辑），山东师范大学学报编辑部2002年版，第97页；杨朝明：《代前言：〈孔子家语〉的成书与可靠性研究》，杨朝明、宋立林主编《孔子家语通解》，齐鲁书社2013年版，代前言第1页。
⑤ 孔安国：《孔子家语后序》，杨朝明、宋立林主编《孔子家语通解》，齐鲁书社2013年版，第578—579页。

第三章　衣镜的孔子之徒与组合排序

看，孔安国在编撰中或许就加入了一些时代看法。而对此，在孔子厄于陈蔡之事的记述上更为显然。

第二，以厄于陈蔡之事为例。

在孔子事迹中，"陈蔡困厄"可谓流传甚广。其中，又数两处细节最为人们所乐道。而细察不同文献的相关记载，可知汉人对前人叙述是有所选择或加工的。

首先，于困厄期间弟子的表现而言。从先秦到汉代，对于弟子"在陈绝粮"之际的表现，有着较为明显的一种变化趋势。在《论语》中，只保存有"子路愠见曰：'君子亦有穷乎'"，而孔子感叹"君子固穷，小人穷斯滥矣"①的记录。到《庄子·让王》与《吕氏春秋·孝行览·慎人》中，就有对颜回、子路、子贡三人表现的着重描述，而且二者叙述大略相同，都有"孔子弦歌"、"颜回择菜"的情节，又都记有子路、子贡针对孔子"未尝绝音"的相言之语，只是前者写作"君子之无耻也若此乎"；后者写作："盖君子之无所丑也若此乎？"颜回入告，孔子喟然而叹，前者评价二者"细人也"；后者写作"小人也"，乃召而入室。入室后，前者记载"子路"先曰："如此者可谓穷矣"，孔子则以君子"通于道之谓通，穷于道之谓穷"，而自己是"抱仁义之道，以遭乱世之患"，怎可谓之"穷"，并且认为"陈蔡之隘，于丘其幸乎"，子路由此"执干而舞"；子贡则深感自己先前之语乃是不知天高地下，并感叹"得道者"是"穷亦乐，通亦乐，所乐非穷通也"，而是"道"；后者则是将"可谓穷矣"的问话者也写作"子贡"，将"通"写作"达"。②可见相比《论语》中只有子路的怀疑，战国著作中三人已经开始组合出现，而且有意识地在突出颜回的地位，表现出来的就是颜回的泰然处之与子路、子贡二人的心疑口怨。至于子路、子贡之间的高低，则还未加以区分，因而会有二人相互言语和孔子给予二

---

① 《论语·卫灵公篇》，杨伯峻译注：《论语译注》，中华书局1980年版，第161页。
② （清）王先谦：《庄子集解》，国学整理社编《诸子集成》（三），中华书局2006年版，第192—193页；（汉）高诱注：《吕氏春秋》，国学整理社编《诸子集成》（六），中华书局2006年版，第151—152页。

人相同评价的情节，以及"可谓穷矣"的问话者—者"子路"、一者"子贡"的分别。

再到《史记·孔子世家》之中，细节的描写增添更多，效果就是三弟子与孔子不仅作为师徒组合而出现，三人之间的层次也更为分明起来。即在绝粮之际，"孔子讲诵弦歌不衰"，"子路愠，见曰：'君子亦有穷乎'"；"子贡色作"，"孔子知弟子有愠心"，先后召见子路、子贡、颜回问道："吾道非邪？吾何为于此？"子路认为："意者吾未""仁邪"、"知邪"，才使得"人之不""我信"、"我行"；子贡曰："夫子之道至大也，故天下莫能容夫子，夫子盖稍贬焉"；颜回曰："夫子之道至大也，故天下莫能容。虽然，夫子推而行之，不容何病，不容然后见君子！……夫道既已大修而不用，是有国者之丑也。不容何病，不容然后见君子！"对于三者的说法，孔子认为：没有仁者必信、知者必行之说；"今尔不修尔道而求为容。赐，而志不远矣"；只有颜回的回答最令孔子满意，"欣然而笑曰：'有是哉颜氏之子！使尔多财，吾为尔宰。'"[①] 将此处孔子召见三人的顺序与前述从游事件中三人言志的顺序进行对比，可以发现完全吻合，而且从三人回答孔子提问的情况来看，这个顺序也恰是三人距离孔子之道的远近关系。

也就是说，孔子提问前所表现出的子路内心的"愠"、子贡外在的"色作"；与子路以为是夫子之道尚未仁、未智而不被容，以及子贡虽知"夫子之道至大"但主张"稍贬"以容于天下的看法分别，都是将子路与子贡的地位明确区分开来。除了确定子贡高于子路外，颜回位居二者之上的观点被保存下来，所以颜回能够认识到"不容何病，不容然后见君子"！对应的，就是孔子对颜回的评价最高。而这个评价与前面提到的《韩诗外传》中四人"游于戎山"时，孔子所说的"愿得衣冠为子宰焉"；以及《说苑》中四人"东上农山"时，孔子所说的"吾所愿者，颜氏之计，吾愿负衣冠而从颜氏子也"，很明显是出于同样的意识。所以，按颜渊、子赣、子路这样的先后顺序所进行的地位区分，

[①] （汉）司马迁撰：《史记》（六），中华书局2013年标点本，第2337—2339页。

第三章　衣镜的孔子之徒与组合排序

就是这一阶段汉人形成的特有观念。而且，这三位弟子正是他们所认为的孔门最为重要的三大弟子，因而从游事件中才总是这三弟子作陪且言志，困厄事件中知弟子有愠心也才只是询问这三人的想法。

然而，比较《孔子家语·在厄》中对于此事的记述，可以发现故事情节与《史记》基本相同。这包括：师徒众人"绝粮七日"，孔子讲诵、弦歌不废，先后召子路、子贡、颜回询问"吾道非乎，奚为至于此"，子路愠而答以夫子"未仁"、"未智"才使得人之"弗信"、"弗行"；子贡虽认可"夫子之道至大"，但因"天下莫能容"而劝夫子"少贬"；颜回则认为"天下莫能容"至大的夫子之道，是"有国者之丑"，而孔子则分别回应说："由未之识也"；"赐，尔志不广矣，思不远矣"；"有是哉，颜氏之子！使尔多财，吾为尔宰"。① 而且，子贡高于子路的这种意识，在《家语·困誓》记述的此事情况中也有体现。其中，针对绝粮之际"孔子弦歌"，子路的反应是入见问"礼乎"；子贡则是在"免于厄"之后说道："二三子从夫子而遭此难也，其弗忘矣！"对于二者的表现，孔子评价子路是"不我知而从我者"，而认为子贡之言为"善"，因为在孔子看来，"烈士不困行不彰"，"夫陈、蔡之间，丘之幸也。二三子从丘者，皆幸也"，则子贡所说弗忘此难正与孔子认为困厄可使"激愤厉志"的想法契合。② 综合《家语》的这两处记载，可以明显感受到子贡与子路的高低，正是与他们对于孔子的"知"与"不知"直接对应。而三人间的这种排序意识，与先秦有所不同，又正与汉人编纂、著述书籍中所体现的思想保持一致，可见孔安国在对于此事的记载上，应当吸收了汉人当时新近流行的观点。

其次，于颜回窃食之事而言。《家语·在厄》与《吕氏春秋·审分览·任数》的记载有所出入。按《任数》的记载，在师徒"七日不尝粒"的情况下，是"颜回索米，得儿爨之。几熟，孔子望见颜回攫其甑中而食之。选间食熟，谒孔子而进食，孔子佯为不见之"。则见窃食的为

---

① 杨朝明、宋立林主编：《孔子家语通解》，齐鲁书社2013年版，第244—245页。
② 杨朝明、宋立林主编：《孔子家语通解》，齐鲁书社2013年版，第267页。

孔子。而且怀疑者也是孔子，他在佯装不见之后，起曰："今者梦见先君，食洁而后馈。"颜回对曰："不可。向者煤炱入甑中，弃食不祥，回攫而饮之。"孔子在释疑后，叹曰："所信者目也，而目犹不可信。所恃者心也，而心犹不足恃。弟子记之：知人固不易矣。故知非难也，孔子之所以知人难也。"① 则此事落脚在孔子对于知人不易的感叹上。然而，若依《在厄》的说法，在"孔子厄于陈、蔡，从者七日不食"的情况下，是"子贡以所赍货，窃犯围而出，告籴于野人，得米一石焉"，也是子贡望见颜回取食，"不悦，以为窃食也"，并且"入问孔子曰：'仁人廉士，穷改节乎？'"孔子则表示："改节即何称于仁廉哉"，"吾信回之为仁久矣"，而为使释疑又召颜回询问详情，知是"有埃墨堕饭中"的缘故，孔子由是："顾谓二三子曰：'吾之信回也，非待今日也。'"② 则此事又落脚于孔子对于颜回"为仁久矣"的绝对信任上。

将这两处叙事的主旨大意进行对比，可以发现《家语》中情节的设置更符合汉人的意识。一方面，粮食的获得者由《吕氏春秋》中的"颜回索米"变为子贡"以所赍货告籴"而有，更吻合汉人对于子贡货殖成功的欣赏和智人形象的定位，子贡经商的财富也由此被暗示成孔子周游列国的物力保障，而这会使他对孔门儒学的贡献由此更为凸显。另一方面，将看到偷食与怀疑颜回的人，由《吕氏春秋》中的"孔子"变为"子贡"，更能显示孔子洞察世事的知人之能和衬托二人完美的师生关系。若再将《家语·在厄》于窃食一事所特有的子贡询问仁人是否会穷而改节的描述，与《家语》《史记》中子贡于困厄中主张"稍贬"以容的想法进行对比，则可见《家语》编者在两事的记述上有意使之吻合的意图。所以，《史记》的成书虽然有取材于《家语》的可能，但现在所能见到的孔安国所编的《家语》，其中也当倾注了孔安国对武帝以来一些普遍意识的吸收。

---

① （汉）高诱注：《吕氏春秋》，国学整理社编《诸子集成》（六），中华书局2006年版，第205页。

② 杨朝明、宋立林主编：《孔子家语通解》，齐鲁书社2013年版，第249页。

《家语·七十二弟子解》所记载的三人形象，与海昏侯墓"孔子画像"中所设定的十分吻合，也是颜回"以德行著名，孔子称其仁焉"；端木赐"有口才著名"；仲由"有勇力"。① 至于《家语》所显示的三人高低，也与画像中三人的先后顺序保持一致。所以，《家语》对于三弟子从游、困厄事迹的记载，也可以与以《史记》为代表的这一阶段汉人著作一样，作为三人组合与排序的说明。而且，《家语》成书的特殊性，还可以证实汉人对于孔门弟子的这种认知乃是一种特有意识，而这又是出于对先秦记事选择性的继承和某种加工。其中，对于三弟子形象的定位就是一种继承，三人地位高低的排序则是汉人推理的一种结果。而且，这种排序主要又是围绕"改节与否"、"知否"两个主题而设置情节的。一方面，颜回的穷而不改与子贡的不容降志，使得颜回高于子贡的地位确定，而这本身也是符合孔子本意的。因为子贡位列其下的地位，正好可与孔子谈到"逸民"时，将"不降其志，不辱其身"的"伯夷、叔齐"，置放于"降志辱身矣，言中伦，行中虑"的"柳下惠、少连"之前相对应。② 而这是由于孔子认为"君子"若"从上依世则道废"③，因而提议附和世俗的子贡，自然在能够不为世俗所折辱的颜回之下。另一方面，子贡对于夫子之道的"知"与子路的"不知"，又将子贡与子路的高低分别开来。而不改节为"仁"，知孔子为"智"，所以汉人对于三弟子的印象，终究都是围绕"仁"、"智"、"勇"而有的。

三　汉人对画像中三人的排序蠡测

以上经由海昏侯墓的这幅"孔子画像"，再观照刘贺生前汉人著述中的三人事迹，已知这一阶段的汉人有以颜渊、子赣、子路为固定组合的事实，而且三人形象分别被设定为"仁人"、"辩才"、"勇士"，三人的先后顺序也正是对三人地位高低的排序。而这样排序的原因，也已知与三人于

---

① 杨朝明、宋立林主编：《孔子家语通解》，齐鲁书社2013年版，第431、432、433页。
② 《论语·微子篇》，杨伯峻译注：《论语译注》，中华书局1980年版，第197页。
③ 《孔子家语·贤君》，杨朝明、宋立林主编：《孔子家语通解》，齐鲁书社2013年版，第153页。又见于《说苑·敬慎》。

孔子之道的远近有关。这样在孔子身处困境时，三人的表现也就被分为了三个层次，从颜渊的坚信不疑到子贡的虽知却不能坚守，再到子路的不知但能跟从，三人在行道上的高下也就一目了然。只是按照孔子之"道"的标准，为何就会有这样的区分结果，还需要做进一步的分析。

（一）子赣排列第二的原因

第一，君子不器。

颜回因其"仁"，而位列孔门众弟子之首，通常是无可争议的。至于善为说辞的"辩才"子贡，为何会居于颜回之下，则是因为孔子主张"君子不器"①。也就是，孔子心中的"君子"所追求的境界，不能仅仅是形而下的"器"。而当子贡询问孔子"赐也何如"时，子曰："女，器也。"至于是"何器也"？孔子曰："瑚琏也。"②"瑚琏"乃是宗庙里盛放黍稷的重器，则以此为喻，一方面是孔子对子贡辩才的肯定；另一方面，也意味着子贡并非孔子心中最为理想的"君子"。相比之下，孔子却曾明确称赞过："回有君子之道四焉：强于行义，弱于受谏，怵于待禄，慎于治身。"③ 由此可以确定，颜回所具有的仁德才是孔子最为看重的。所以，汉人坚信在孔子困厄期间，能够矢志不渝且为孔子提供精神支撑的只可能是颜回。更何况，子贡作为"辩才"所凸显的"智"，在孔子看来也是不如颜回的。他曾明确表示：子贡"弗如"颜回，甚至还说："吾与女弗如也。"对此子贡也表示认可，说："赐也何敢望回？回也闻一以知十，赐也闻一以知二。"④ 因此，当子贡听闻宋阳里华子之言"而怪之，以告孔子"时，"孔子曰：'此非汝所及乎！'顾谓颜回纪之"。⑤

孔子对颜回与子赣之智所作出的这种高下之分，还可以从二人处理一些事情的表现对比中看出。比如，"仲尼闲居，子贡入侍"，见孔子

---

① 《论语·为政篇》，杨伯峻译注：《论语译注》，中华书局1980年版，第17页。
② 《论语·公冶长篇》，杨伯峻译注：《论语译注》，中华书局1980年版，第43页。
③ 《孔子家语·六本》，杨朝明、宋立林主编：《孔子家语通解》，齐鲁书社2013年版，第186页。又见于《说苑·杂言》。
④ 《论语·公冶长篇》，杨伯峻译注：《论语译注》，中华书局1980年版，第45页。
⑤ 《列子·周穆王篇》，杨伯峻撰：《列子集释》，中华书局2016年版，第115页。

"有忧色"而"不敢问","出告颜回",颜回则"援琴而歌",使孔子听闻后主动召见且问:"若奚独乐?"颜回则反问"夫子奚独忧",并用孔子所教诲的"乐天知命故不忧"来引导孔子乐以忘忧。① 又如,与颜回竭尽全力地求学不同,子贡虽然也能长久的勤学好问,但也有厌学的时候。并且在他"倦于学,困于道矣"的时候,曾向孔子提出停止学习的打算,并希望转而"事君"、"事亲"、帮助"妻子"、结交"朋友"或"耕矣",然而孔子都认为他所欲行之事"难也","焉可以息哉"。子贡虽然最终由此意识到了"君子"于学,只有死后方能"息焉"②,但其"好学"的精神也可见不如颜回。而孔子认为"好学则智"③,则"好学"既是实现"智"的途径,也是"智"的表现,所以能够做到至死方休的颜回,自然也就在只是敏而好学的子贡之上。而对于颜回之智,还有两事足以彰显,一是他"以政"知擅长驾车的东野毕"其马将必佚";一是他"以音类"知哭者所哭之由,"非但为死者而已,又有生离别者也",鲁定公由此认为颜回之言,"其义大矣";孔子由此称赞颜回"善于识音矣"。④ 所以,子贡虽然能够因具有自知之明和知人之能,而作为"智人"的代表排列在其他众弟子之前,但却要位于颜回之后,因为颜回正是大智若愚。

此外,对于子贡所擅长的言语能力,孔子本身也是持谨慎态度的。比如,孔子说过:"巧言乱德"⑤;"巧言令色,鲜矣仁"⑥,"耻之"⑦;

---

① 《列子·仲尼篇》,杨伯峻撰:《列子集释》,中华书局2016年版,第119—120页。
② 《孔子家语·困誓》,杨朝明、宋立林主编:《孔子家语通解》,齐鲁书社2013年版,第262—263页。又见于《列子·天瑞篇》《荀子·大略篇》《韩诗外传·卷八》。
③ 《孔子家语·弟子行》,杨朝明、宋立林主编:《孔子家语通解》,齐鲁书社2013年版,第136页。
④ 《孔子家语·颜回》,杨朝明、宋立林主编:《孔子家语通解》,齐鲁书社2013年版,第222—224页。前事又见于《荀子·哀公》《韩诗外传·卷二》《新序·杂事五》;后事又见于《说苑·辨物》。
⑤ 《论语·卫灵公篇》,杨伯峻译注:《论语译注》,中华书局1980年版,第167页。
⑥ 《论语·学而篇》,杨伯峻译注:《论语译注》,中华书局1980年版,第3页。又见于《阳货篇》,同书第187页。
⑦ 《论语·公冶长篇》,杨伯峻译注:《论语译注》,中华书局1980年版,第52页。

"辞达而已矣"①;"友便佞,损矣"②;"焉用佞? 御人以口给,屡憎于人"③;"恶夫佞者"④;"非敢为佞也,疾固也"⑤;"恶利口之覆邦家者"⑥;"道听而涂说,德之弃也"⑦;"小辩害义,小言破道"⑧;"终日为善,一言则败之,可不慎乎!"⑨ 又如,孔子以"言伪而辩"为天下五大恶之一⑩;以"称人之恶"、"居下流而讪上"为"君子"之恶⑪;以"言未及之而言"的"躁"、"言及之而不言"的"隐"、"未见颜色而言"的"瞽",作为侍奉"君子"的"三愆"⑫。再如,孔子自己"于乡党,恂恂如也,似不能言者","在宗庙朝廷,便便言,唯谨尔";⑬他还因"南容三复白圭",显露出对于"斯言之玷,不可为也"的重视,而"以其兄之子妻之"。⑭可见对于言语,孔子反对心口不一、花言巧语、妄言乱语;主张出言慎重、少言寡语、言语迟钝、言辞达意即可,故而孔子还曾明言:君子"敏于事而慎于言"⑮;"君子欲讷于言而敏于行"⑯;"仁者,其言也讱"⑰;"刚、毅、木、讷近仁"⑱。而且,

---

① 《论语·卫灵公篇》,杨伯峻译注:《论语译注》,中华书局1980年版,第170页。
② 《论语·季氏篇》,杨伯峻译注:《论语译注》,中华书局1980年版,第175页。
③ 《论语·公冶长篇》,杨伯峻译注:《论语译注》,中华书局1980年版,第43页。
④ 《论语·先进篇》,杨伯峻译注:《论语译注》,中华书局1980年版,第118页。
⑤ 《论语·宪问篇》,杨伯峻译注:《论语译注》,中华书局1980年版,第155—156页。
⑥ 《论语·阳货篇》,杨伯峻译注:《论语译注》,中华书局1980年版,第187页。
⑦ 《论语·阳货篇》,杨伯峻译注:《论语译注》,中华书局1980年版,第186页。
⑧ 《孔子家语·好生》,杨朝明、宋立林主编:《孔子家语通解》,齐鲁书社2013年版,第120页。
⑨ 《孔子家语·六本》,杨朝明、宋立林主编:《孔子家语通解》,齐鲁书社2013年版,第191页。又见于《说苑·杂言》。
⑩ 《孔子家语·始诛》,杨朝明、宋立林主编:《孔子家语通解》,齐鲁书社2013年版,第11页。又见于《尹文子·大道下》《荀子·宥坐》《说苑·指武》。
⑪ 《论语·阳货篇》,杨伯峻译注:《论语译注》,中华书局1980年版,第190页。
⑫ 《论语·季氏篇》,杨伯峻译注:《论语译注》,中华书局1980年版,第176页。
⑬ 《论语·乡党篇》,杨伯峻译注:《论语译注》,中华书局1980年版,第97页。
⑭ 《论语·先进篇》,杨伯峻译注:《论语译注》,中华书局1980年版,第111页。
⑮ 《论语·学而篇》,杨伯峻译注:《论语译注》,中华书局1980年版,第9页。
⑯ 《论语·里仁篇》,杨伯峻译注:《论语译注》,中华书局1980年版,第41页。
⑰ 《论语·颜渊篇》,杨伯峻译注:《论语译注》,中华书局1980年版,第124页。
⑱ 《论语·子路篇》,杨伯峻译注:《论语译注》,中华书局1980年版,第143页。

第三章 衣镜的孔子之徒与组合排序

他还曾评价一"客"曰:"恨兮其心,颡兮其口,仁则吾不知也。"① 所以,在孔子心中,能言善道、利口辞辩虽然可以视为"智者"的象征,但却未能达到"仁者"的境界,子贡也就自然在颜渊之下。

然而,言语不当虽然有损害大义、破坏大道的可能性,但若合理运用又能产生积极效应,所以擅长言语又是可贵的才能。子曰:"可与言而不与之言,失人;不可与言而与之言,失言。知者不失人,亦不失言"②,而且"不知言,无以知人也"③。可见"智者"需要做到"知人""知言",而且只有先"知言"才能"知人"。对照之下,子贡算是做到了。他正是因为知孔子之言,所以能知孔子之人。比如,孔子在周游列国14年后,终究未能得到施展抱负的机会,便产生了回到父母之邦的想法。当季康子"召冉求,冉求将行"时,"是日,孔子曰:'归乎归乎!吾党之小子狂简,斐然成章,吾不知所以裁之。'子赣知孔子思归,送冉求,因诫曰'即用,以孔子为招'云",等到冉有大败齐师受到重用后,终劝得季康子"以币迎孔子,孔子归鲁"。④ 又如,孔子曾称赞子产善于辩辞,对子贡说:"不言,谁知其志?言之无文,行之不远。晋为伯,郑入陈,非文辞不为功。小子慎哉!"⑤ 而子贡在存鲁、使楚等事件中的成功,说明子贡所依靠的言语能力总体还是应当受到孔子认可的。若用子贡自己的话说,便是"出言陈辞,身之得失,国之安危也。"⑥ 也就是,言辞关乎个人荣辱和国家安危。所以,言语能力也是"君子"所需要具备的,子贡也就能够凭借这种能力和智者的形象,而位列其他弟子之前。

---

① 《韩诗外传·卷四·第三十章》,(汉)韩婴撰,许维遹校释:《韩诗外传集释》,中华书局1980年版,第161页。
② 《论语·卫灵公篇》,杨伯峻译注:《论语译注》,中华书局1980年版,第163页。
③ 《论语·尧曰篇》,杨伯峻译注:《论语译注》,中华书局1980年版,第211页。
④ (汉)司马迁撰:《史记》卷四十七《孔子世家》,中华书局2013年标点本,第2334—2335、2342页。《论语·公冶长篇》记载:"子在陈,曰:'归与! 归与!'"杨伯峻译注:《论语译注》,中华书局1980年版,第51页。
⑤ 《孔子家语·正论解》,杨朝明、宋立林主编:《孔子家语通解》,齐鲁书社2013年版,第476页。又见于《左传》襄公十五年。
⑥ 《说苑·善说》,(汉)刘向撰,向宗鲁校证:《说苑校证》,中华书局1987年版,第266—267页。

第二，君子谋道。

既然"君子不器"，那么"君子"应该做什么？在孔子看来，便是"谋道"。子曰："君子谋道不谋食"、"君子忧道不忧贫"。① 也就是，"君子"追求的应当是形而上的"道"。孔子曾问子贡"女以予为多学而识之者与"？子贡对曰："然"，但孔子却说"非也，予一以贯之"。② 而所贯通者，就是孔子追求的"道"。可见孔子在肯定子贡才能的同时，是希望他向更高层次的"道"迈进。因而孔子自己的人生态度便是："不怨天，不尤人，下学而上达"③；在回答鲁哀公"人道孰为大"时，他会说："古之政，爱人为大。所以治爱人，礼为大"④，而"爱人"为"仁"⑤，所以孔子通过学习所要"上达"的就是他所说的"道"。具体就是"仁道"，而这便是"君子"应当毕生追求的。也正由于孔子认为"君子"所谋应为"道"，因而当子贡因为鲁君已经不再亲临祖庙行"告朔"之礼而"欲去告朔之饩羊"时，孔子会说："赐也！尔爱其羊，我爱其礼。"⑥ 则即便只是徒留形式，但却能体现出心中对于"道"的那份坚守。子曰："夫道不可不贵也。"⑦ 所以，大道不能不尊崇，君子就应以"得道"为荣。

相应的，若"谋食"、"忧贫"就不是"君子"所为。因而孔子"罕言利"⑧，认为"富与贵，是人之所欲也；不以其道得之，不处也。贫与贱，是人之所恶也；不以其道得之，不去也"⑨；"饭疏食饮水，曲肱而枕之，乐亦在其中矣。不义而富且贵，于我如浮云"⑩；"就利者则无不弊"⑪；"夫

---

① 《论语·卫灵公篇》，杨伯峻译注：《论语译注》，中华书局1980年版，第168页。
② 《论语·卫灵公篇》，杨伯峻译注：《论语译注》，中华书局1980年版，第161页。
③ 《论语·宪问篇》，杨伯峻译注：《论语译注》，中华书局1980年版，第156页。
④ 《孔子家语·大婚解》，杨朝明、宋立林主编：《孔子家语通解》，齐鲁社2013年版，第28页。
⑤ 《论语·颜渊篇》，杨伯峻译注：《论语译注》，中华书局1980年版，第131页。
⑥ 《论语·八佾篇》，杨伯峻译注：《论语译注》，中华书局1980年版，第29页。
⑦ 《孔子家语·辩政》，杨朝明、宋立林主编：《孔子家语通解》，齐鲁书社2013年版，第163页。
⑧ 《论语·子罕篇》，杨伯峻译注：《论语译注》，中华书局1980年版，第86页。
⑨ 《论语·里仁篇》，杨伯峻译注：《论语译注》，中华书局1980年版，第36页。
⑩ 《论语·述而篇》，杨伯峻译注：《论语译注》，中华书局1980年版，第70—71页。
⑪ 《孔子家语·三恕》，杨朝明、宋立林主编：《孔子家语通解》，齐鲁书社2013年版，第97页。

损人自益，身之不祥"①，主张"君子上达，小人下达"②。孔子还曾对鲁哀公说"长者不为市"③，由忠厚长者不做买卖，足见孔子针对贫富所倡导的这种生活态度。究其原因，则是他认为："放于利而行，多怨。"④ 这也成为他评价弟子的一条准绳，因而子贡"商人"的身份，也影响了他在孔子心中的地位。孔子曾感慨颜渊和子贡的各自命运，认为子贡"不受命"而"货殖焉，亿则屡中"，颜渊则"庶"而"屡空"⑤，由此足见孔子因颜渊"谋道"而认为他高于子贡的基本态度。而子贡则因其经商活动而位列其下，对此盐铁会议上就有"文学曰"："子贡以布衣致之，而孔子非之。"⑥ 此处所谓"致之"，就是指子贡货殖的成功。

子贡"货殖"既然不为孔子所欣赏，他为何又能排列其他弟子之前？是因为他又与一般的商人有所不同，不以逐利为目的，能够做到孔子所主张的以义节利、利不害义。季氏家臣阳虎所说的"为富不仁矣，为仁不富矣"⑦，正是对当时一般商人或士人的描述。然而，子贡并没有"为富不仁"。子贡曾以"贫而无谄，富而无骄，何如"提问于孔子，孔子则在表示认可的同时，更提出"未若贫而乐，富而好礼者也"⑧。这意味着孔子并不排斥"求富"的人生态度。孔子自己也说过："富而可求也，虽执鞭之士，吾亦为之。如不可求，从吾所好。"⑨ 更何况，"富民"还是孔学为政的基本主张。如冉有见卫国人口稠密而问政，孔子的回答便是首先"富之"，随后才是"教之"⑩；又如，"哀公问政于孔子。孔子对曰：'政之急者，莫大

---

① 《孔子家语·正论解》，杨朝明、宋立林主编：《孔子家语通解》，齐鲁书社2013年版，第506页。又见于《新序·杂事五》《淮南子·人间训》。
② 《论语·宪问篇》，杨伯峻译注：《论语译注》，中华书局1980年版，第154页。
③ 《孔子家语·好生》，杨朝明、宋立林主编：《孔子家语通解》，齐鲁书社2013年版，第117页。又见于《荀子·哀公》。
④ 《论语·里仁篇》，杨伯峻译注：《论语译注》，中华书局1980年版，第38页。
⑤ 《论语·先进篇》，杨伯峻译注：《论语译注》，中华书局1980年版，第115页。
⑥ 《盐铁论·贫富》，王利器校注：《盐铁论校注》，中华书局2015年版，第243页。
⑦ 《孟子·滕文公上》，杨伯峻译注：《孟子译注》，中华书局2010年版，第107页。
⑧ 《论语·学而篇》，杨伯峻译注：《论语译注》，中华书局1980年版，第9页。
⑨ 《论语·述而篇》，杨伯峻译注：《论语译注》，中华书局1980年版，第69页。
⑩ 《论语·子路篇》，杨伯峻译注：《论语译注》，中华书局1980年版，第136—137页。

乎使民富且寿也'"①；再如，孔子认为"因民之所利而利之"为"从政"的"五美"之一。② 如此则孔子说的"君子喻于义，小人喻于利"③，并非指"君子"不能求富，而逐利的就是"小人"，而是要求"富而无骄"、"富而好礼"，反对为富不仁、唯利是图。

事实上，子贡也做到了这些。子赣在买卖行为中靠猜中行情而积累的财富，还成为他践行孔子之道的物力保障。比如，越王勾践曾经"送子贡金百镒，剑一，良矛二。子贡不受，遂行"④；又如，"鲁国之法，赎人臣妾于诸侯者，皆取金于府。子贡赎之，辞而不取金"⑤。子贡能够拒绝巨额财物，可见并非唯利是图；能够以私人财物赎取鲁人，可见并非为富不仁。再有，子贡曾经以"博施于民而能济众，何如"问于孔子，孔子回答子贡说："可谓仁之方也已。"⑥ 孔子在回答鲁哀公提问时，又有言："言谈者，仁之文也"；"分散者，仁之施也。"⑦ 由此观察子贡的种种举动，他则正是在实践孔子的"仁道"。所以，司马迁会将子贡之商与孔子之道视为相得益彰，称："子贡结驷连骑，束帛之币以聘享诸侯，所至，国君无不分庭与之抗礼。夫使孔子名布扬于天下者，子贡先后之也。此所谓得埶而益彰者乎？"⑧ 可见正是对子贡货殖之举在孔子之道的传播中，所起贡献的肯定。由此足见，子赣虽是商人，却是"义商"、"儒商"，能够重义轻利，而不是见利忘义，符合孔子所提倡的义利之道。

这种贫富义利观，既符合人性，又具有利他的特征，说明财富与道义

---

① 《孔子家语·贤君》，杨朝明、宋立林主编：《孔子家语通解》，齐鲁书社2013年版，第157页。又见于《说苑·政理》。
② 《论语·尧曰篇》，杨伯峻译注：《论语译注》，中华书局1980年版，第210页。
③ 《论语·里仁篇》，杨伯峻译注：《论语译注》，中华书局1980年版，第39页。
④ （汉）司马迁撰：《史记》卷六十七《仲尼弟子列传》，中华书局2013年标点本，第2673页。
⑤ 《孔子家语·致思》，杨朝明、宋立林主编：《孔子家语通解》，齐鲁书社2013年版，第92页。又见于《吕氏春秋·察微》《淮南子·齐俗训》《淮南子·道应训》《说苑·辨物》《说苑·政理》。
⑥ 《论语·雍也篇》，杨伯峻译注：《论语译注》，中华书局1980年版，第65页。
⑦ 《孔子家语·儒行解》，杨朝明、宋立林主编：《孔子家语通解》，齐鲁书社2013年版，第44页。
⑧ （汉）司马迁撰：《史记》卷一百二十九《货殖列传》，中华书局2013年标点本，第3955页。

可以相容。孔子曰"富而不好礼,殃也",南宫敬叔"以富得罪于定公",先丧失官位而"奔卫",后又"载其宝以朝"而期望恢复官职,孔子是以担心他"将有后患也",最后在请教孔子之后,"循礼施散焉"。① 可见"富而好礼"很重要的方面,就是散财于民。孔子还说过:"独贵独富,君子耻之"②,而且"君子有三思",其中就包括"有思其穷则务施"③。子贡既然做到了富而好礼、乐善好施、见利思义,他就还是符合孔学"君子"的范畴的。总之,子贡为商、为学,都可谓成功,是位内儒外商的"君子"。只是孔子还认为:"贫而无怨难,富而无骄易。"④ 因此,能够"贫而乐道"的颜渊,自然还是在"富而好礼"的子赣之上。

(二) 子路排列第三的原因

孔子曾经告诉并要求子路记住:"奋于言者华,奋于行者伐,夫色智而有能者,小人也。故君子知之曰知,言之要也;不能曰不能,行之至也。言要则智,行至则仁。既仁且智,恶不足哉?"⑤ 可见孔子认为"君子"言谈的要领是知之为知之,行为的准则是"不能曰不能",只有这样才能称得上明智与仁爱。而对于这两方面,子路都尚未及之。

第一,智不足。

子路排列颜渊、子赣之后,首先便是因为他的"智"不足。子曰:"智者莫大乎知贤"⑥;"不患人之不已知,患不知人也"⑦,就是对"智"重要性的说明,而且明确了关键之处就在于"知人"。因而前面提到的子路在孔子绝粮陈国之际对孔子所授"君子"之道的怀疑,就是子路对孔子

---

① 《孔子家语·曲礼子贡问》,杨朝明、宋立林主编:《孔子家语通解》,齐鲁书社2013年版,第512页。
② 《孔子家语·弟子行》,杨朝明、宋立林主编:《孔子家语通解》,齐鲁书社2013年版,第140页。
③ 《孔子家语·三恕》,杨朝明、宋立林主编:《孔子家语通解》,齐鲁书社2013年版,第96—97页。又见于《荀子·法行》。
④ 《论语·宪问篇》,杨伯峻译注:《论语译注》,中华书局1980年版,第149页。
⑤ 《孔子家语·三恕》,杨朝明、宋立林主编:《孔子家语通解》,齐鲁书社2013年版,第105页。又见于《荀子·子道》《韩诗外传·卷三》《说苑·杂言》。
⑥ 《孔子家语·王言解》,杨朝明、宋立林主编:《孔子家语通解》,齐鲁书社2013年版,第24页。
⑦ 《论语·学而篇》,杨伯峻译注:《论语译注》,中华书局1980年版,第10页。

"不知"的体现,也正是他"不智"最为突出的地方。也由此,在子路与孔子的交往之中,多能见到子路的率性之举。比如,"孔子之郯,遭程子于涂,倾盖而语,终日,甚相亲",期间曾两次让子路"取束帛以赠先生",子路则两次回答说:"由闻之,士不中间见,女嫁无媒,君子不以交,礼也。"① 又如,子路见到"孔子为鲁司寇,摄行相事,有喜色",便问道:"由闻君子祸至不惧,福至不喜。今夫子得位而喜,何也?"② 再如,当孔子听闻吴楚战争中"工尹商阳"的表现后,说:"杀人之中,又有礼焉",子路则"怫然进曰:'人臣之节,当君大事,唯力所及,死而后已。夫子何善此?'"③ 而这些举动实则就是源于子路的这种"不知",其中不赠束帛,是他不知孔子以程子为"天下贤士","于斯不赠,则终身弗能见也"的心意;质疑孔子有喜色,是他不知孔子身处高位"乐以贵下人"的态度;愤然进言,则是不知孔子只是"取其有不忍杀人之心"的想法。

缘于这种"不知",子路在"言语"方面显得比较欠缺。比如,对于孔子若在卫国为政"必也正名乎"的首步打算,子路曰:"有是哉,子之迂也!奚其正?"这不仅使孔子由此阐述了他名正则言顺、事成;反之,则礼乐不兴、刑罚不中、民无所错手足的"正名"理论,还使得他评价说:"野哉,由也!君子于其所不知,盖阙如也";"君子于其言,无所苟而已矣。"④ 可见子路对于孔子有所不知,而且对于自己所不知的,没有采取保留态度,也没有谨慎处理措辞。更何况,子路的言语不当,还在其他方面多有表现。如子路与曾皙、冉有、公西华侍坐时,还曾因"率尔对曰"被孔子"哂之",理由就是"其言不让"⑤;又如,"鲁人有朝祥而暮歌者,子路笑之",虽然孔子也认为"逾月则其善也",但却批评子路:"尔责于人

---

① 《孔子家语·致思》,杨朝明、宋立林主编:《孔子家语通解》,齐鲁书社2013年版,第88页。又见于《韩诗外传·卷二·第十六章》和《说苑·尊贤》。
② 《孔子家语·始诛》,杨朝明、宋立林主编:《孔子家语通解》,齐鲁书社2013年版,第11页。又见于《尹文子·大道下》《荀子·宥坐》《说苑·指武》。
③ 《孔子家语·曲礼子贡问》,杨朝明、宋立林主编:《孔子家语通解》,齐鲁书社2013年版,第519—520页。又见于《礼记·檀弓下》。
④ 《论语·子路篇》,杨伯峻译注:《论语译注》,中华书局1980年版,第133—134页。
⑤ 《论语·先进篇》,杨伯峻译注:《论语译注》,中华书局1980年版,第118—119页。

终无已。"① 由此几例，都可见子路在言语方面，没有做到孔子所说的"慎言"，既不能思虑成熟，也讲究说话时机与技巧。

此外，子路"言语"不及子贡，更多的还表现在他的"不对"、"未应"方面。比如："叶公问孔子于子路，子路不对。子曰：'女奚不曰，其为人也，发愤忘食，乐以忘忧，不知老之将至云尔。'"② 又如，有渔父"招子贡子路"，问"孔氏者何治也"？"子路未应；子贡对曰：'孔氏者，性服忠信，身行仁义，饰礼乐，选人伦，上以忠于世主，下以化于齐民，将以利天下。此孔氏之所治也。'"③ 以此"不对"，与子贡之言孔子比较，二人在言语方面的高下就很明显了。再如，二人在提问事例中的对比，也尤为突出。如子路曾以"鲁大夫练而杖"、"鲁大夫练而床"是否合礼分别求问于孔子，孔子都答曰"吾不知也"，使得子路认为"夫子亦徒有所不知也"。然而，当子贡再以"练而杖"、"练而床""礼与"代为求问时，孔子则曰"非礼也"，使得子贡对子路说"夫子徒无所不知也。子（女）问非也"，因为"礼，居是邦（邑），则不非其大夫"。④ 由此几例，则又可见子路也没有做到"善答"、"善问"。所以，就子路在言语方面的总体表现来说，他离孔子所说的"君子"形象还相差较远。

子路言谈多不合要领，正是源于他的乏"智"。他因"不智"而居于子贡之下，也就很自然了。而对于二人之"智"的这种高低之分，正是孔子内心的看法。这在孔子对待二人"问死"的态度分别中，也可以清楚感受到。一方面，子路"问死"，子曰："未知生，焉知死？"⑤ 另一方面，子贡问"死者有知"或"无知"时，子曰："吾欲言死之有

---

① 《孔子家语·曲礼子贡问》，杨朝明、宋立林主编：《孔子家语通解》，齐鲁书社2013年版，第530页。又见于《礼记·檀弓下》。
② 《论语·述而篇》，杨伯峻译注：《论语译注》，中华书局1980年版，第71页。
③ 《庄子·渔父》，(清) 王先谦：《庄子集解》，国学整理社编《诸子集成》(三)，中华书局2006年版，第205页。
④ "练而杖"，见《孔子家语·曲礼子夏问》，杨朝明、宋立林主编：《孔子家语通解》，齐鲁书社2013年版，第554页；"练而床"，见《荀子·子道篇》，(清) 王先谦：《荀子集解》，国学整理社编《诸子集成》(二)，中华书局2006年版，第349页。
⑤ 《论语·先进篇》，杨伯峻译注：《论语译注》，中华书局1980年版，第113页。

知，将恐孝子顺孙妨生以送死；吾欲言死之无知，将恐不孝之子弃其亲而不葬。"① 孔子一者未正面回应，一者将真实想法诚恳以告的不同态度，就是对子贡思辨能力的肯定。子曰："中人以上，可以语上也；中人以下，不可以语上也。"② 可见这种"语"与"不语"的区别，正是智商高低的对应。以此再回顾前面提到的孔子委托子贡出使救鲁而未允诺子路的请行，就也是源于他对于子路言语不及子贡、子贡之"智"高于子路的评判。这样再看孔子曾说的"由！诲女知之乎！知之为知之，不知为不知，是知也"③，就是特意以何为"智"教诲子路。所以，对于孔子之道而言，孔子认为："由也升堂矣，未入于室也。"④

　　子路虽已入道，却还不够精深的很重要一面就是：勇有余而智不足。甚至于孔子还说过："由也好勇过我，无所取材。"⑤ 只是这并非意味着孔子认为子路除了好勇之外，就没有可以称道的地方，而是认为他的"勇"还需要"智"来加以成就。孔子在感叹只有颜渊和自己能够做到"用之则行，舍之则藏"时，子路即刻追问："子行三军，则谁与？"子曰："暴虎冯河，死而无悔者，吾不与也。必也临事而惧，好谋而成者也。"⑥ 由此可见，在孔子看来，子路在颜渊之下也甚明，理由就是他虽然有勇却缺少谋略，而颜渊对于行藏之道的把握，便是其智谋的表现。孔子曰"古之士者，国有道则尽忠以辅之，国无道则退身以避之"，因而对于"鲍牵（鲍庄子，齐国大夫）事齐君，执政不挠，可谓忠矣，而君刖之"，视为"智之不如葵"的无法自保的不智之举。⑦

　　以至于孔子对"子路，行行如也"、"子贡，侃侃如也"的侍侧表

---

　　① 《孔子家语·致思》，杨朝明、宋立林主编：《孔子家语通解》，齐鲁书社2013年版，第92页。又见于《吕氏春秋·察微》《淮南子·齐俗训》《淮南子·道应训》《说苑·辨物》《说苑·政理》。
　　② 《论语·雍也篇》，杨伯峻译注：《论语译注》，中华书局1980年版，第61页。
　　③ 《论语·为政篇》，杨伯峻译注：《论语译注》，中华书局1980年版，第19页。
　　④ 《论语·先进篇》，杨伯峻译注：《论语译注》，中华书局1980年版，第114页。
　　⑤ 《论语·公冶长篇》，杨伯峻译注：《论语译注》，中华书局1980年版，第44页。
　　⑥ 《论语·述而篇》，杨伯峻译注：《论语译注》，中华书局1980年版，第68页。
　　⑦ 《孔子家语·正论解》，杨朝明、宋立林主编：《孔子家语通解》，齐鲁书社2013年版，第500页。又见于《左传》成公十七年。

现都很高兴之时，却又对子路的刚强担忧地说："若由也，不得其死然。"①而且，孔子还曾对子路说过："君子而强气，而不得其死；小人而强气，则刑戮荐蓁"②；颜回也曾问于子路曰："力猛于德而得其死者鲜矣，盍慎诸焉？"③所以，孔子提倡的"勇"是有勇有谋。正因为勇有余而智不足，孔子为使子路免于祸患，对他的教育也是有所针对性的。比如对于"闻斯行诸"的问题，孔子对于冉有的回答是："闻斯行之。"回答子路的却是："有父兄在，如之何其闻斯行之？"而答复相反的原因就在于："求也退，故进之；由也兼人，故退之。"④可知孔子是希望子路能够临事而惧、三思而后行。

第二，行不至。

前面所举子路与孔子交往之中的率性之举，本身也是一种无礼行为，属于孔子所说的"直而无礼则绞"⑤的类型，因而他才会显得心直口快、尖刻刺人。子曰："敬而不中礼，谓之野"；"勇而不中礼，谓之逆"，"夫礼，所以制中也。"⑥如此，则按照孔子的标准，子路就既不符合"言要则智"，也未达到"行至则仁"。更何况，这种不合于准则之处的行为，子路还表现有诸多方面。比如：

其一，"子不语怪，力，乱，神"⑦，认为"获罪于天，无所祷也"⑧；"务民之义，敬鬼神而远之，可谓知矣"⑨。因而，对于"楚昭王有疾，卜曰：'河神为祟。'王弗祭，大夫请祭诸郊"，而昭王以"三代命祀，祭不越

---

① 《论语·先进篇》，杨伯峻译注：《论语译注》，中华书局1980年版，第113页。
② 《孔子家语·好生》，杨朝明、宋立林主编：《孔子家语通解》，齐鲁书社2013年版，第121页。
③ 《孔子家语·颜回》，杨朝明、宋立林主编：《孔子家语通解》，齐鲁书社2013年版，第229页。
④ 《论语·先进篇》，杨伯峻译注：《论语译注》，中华书局1980年版，第117页。
⑤ 《论语·泰伯篇》，杨伯峻译注：《论语译注》，中华书局1980年版，第78页。
⑥ 《孔子家语·论礼》，杨朝明、宋立林主编：《孔子家语通解》，齐鲁书社2013年版，第318页。
⑦ 《论语·述而篇》，杨伯峻译注：《论语译注》，中华书局1980年版，第72页。
⑧ 《论语·八佾篇》，杨伯峻译注：《论语译注》，中华书局1980年版，第27页。
⑨ 《论语·雍也篇》，杨伯峻译注：《论语译注》，中华书局1980年版，第61页。

望", 黄河不在楚国境内, "遂不祭", 孔子会评价说"楚昭王知大道矣, 其不失国也, 宜哉"①。但子路却对鬼神之事感兴趣, 曾经"问事鬼神。子曰: '未能事人, 焉能事鬼?'"② 又有: "子疾病, 子路请祷。子曰: '有诸?' 子路对曰: '有之; 诔曰: 祷尔于上下神祇。'"③

其二, 孔子重视名分, 讲究"名不正, 则言不顺", 因而当"齐景公问政"时, 对曰"君君, 臣臣, 父父, 子子"④。他认为: "为礼不敬", "吾何以观之哉?"⑤ 因而他在谈到季氏"八佾舞于庭"时, 说: "是可忍也, 孰不可忍也"; 谈到仲孙、叔孙、季孙三家祭祖"以《雍》彻"祭品之时, 说: "'相维辟公, 天子穆穆', 奚取于三家之堂?"⑥ 就是因为都僭越了天子之礼。他在担任"中都宰"时, "制为养生送死之节"; "为司空"时, 将被季氏葬于鲁公公墓"墓道之南"的昭公墓"沟而合诸墓焉", 以掩饰季氏"贬君"的"不臣"行为⑦; 为"大司寇"期间, 又依照礼制针对"三家", "使季氏宰仲由隳三都", 以便"强公室, 弱私家, 尊君卑臣"⑧。但"子疾病, 子路使门人为臣", 使得孔子在病渐好之后, 说: "久矣哉, 由之行诈也! 无臣而为有臣。吾谁欺? 欺天乎! 且予与其死于臣之手也, 无宁死于二三子之手乎! 且予纵不得大葬, 予死于道路乎?"⑨ 原因便是这种不合名分的违礼行为, 在孔子看来, 是对仁道的背离。子曰: "人而不仁, 如礼何?"⑩ 就是认为内在的"仁"与

---

① 《孔子家语·正论解》, 杨朝明、宋立林主编: 《孔子家语通解》, 齐鲁书社2013年版, 第493页。又见于《左传》哀公六年、《说苑·君道》。
② 《论语·先进篇》, 杨伯峻译注: 《论语译注》, 中华书局1980年版, 第113页。
③ 《论语·述而篇》, 杨伯峻译注: 《论语译注》, 中华书局1980年版, 第76页。
④ 《论语·颜渊篇》, 杨伯峻译注: 《论语译注》, 中华书局1980年版, 第128页。
⑤ 《论语·八佾篇》, 杨伯峻译注: 《论语译注》, 中华书局1980年版, 第34页。
⑥ 《论语·八佾篇》, 杨伯峻译注: 《论语译注》, 中华书局1980年版, 第23页。
⑦ 《孔子家语·相鲁》, 杨朝明、宋立林主编: 《孔子家语通解》, 齐鲁书社2013年版, 第2页。又见于《左传》定公元年、《礼记·檀弓上》《史记·孔子世家》。
⑧ 《孔子家语·相鲁》, 杨朝明、宋立林主编: 《孔子家语通解》, 齐鲁书社2013年版, 第7页。又见于《左传》定公十二年。
⑨ 《论语·子罕篇》, 杨伯峻译注: 《论语译注》, 中华书局1980年版, 第90页。
⑩ 《论语·八佾篇》, 杨伯峻译注: 《论语译注》, 中华书局1980年版, 第24页。

第三章 衣镜的孔子之徒与组合排序

外在的"礼"不可分离,因而孔子主张:"君子之行,必度于礼。"①

其三,孔子提倡"好学",认为"性相近也,习相远也"②,因而主张"君子少思其长则务学"③。孔子还认为"不好学"而有六种品德,便会生出六种弊病,即若仅仅"好仁"、"好知"、"好信"、"好直"、"好勇"、"好刚"而"不好学",便会有"愚"、"荡"、"贼"、"绞"、"乱"、"狂"这样的弊病。④ 孔子自己则是"学如不及,犹恐失之"⑤,从"十有五而志于学"⑥,以至"发愤忘食,乐以忘忧,不知老之将至"⑦。然而,子路在初次拜见孔子时,就坦言自己"好长剑",并反问孔子"学岂益也哉"?孔子告之曰"受学重问,孰不顺哉?毁仁恶士,必近于刑。君子不可不学",然而子路却以南山之竹自直而认为"何学之有"。⑧ 虽然子路最终表示"敬而受教",但对于"求学"的态度似乎没有根本上的改变。所以,后来又有"子路使子羔为费宰"一事,孔子说他:"贼夫人之子",认为他是误人子弟;但子路却说:"有民人焉,有社稷焉,何必读书,然后为学?"⑨ 而且,子路为了能够率性而为,还曾经问于孔子曰:"请释古之道而行由之意,可乎?"⑩ 如此来看,"六言六蔽"的道理也应是孔子特意对子路所谈到的。

只是,子路虽然多有不至之"行",而未能达到"仁"的境界。但他同时又具有一些符合仁道的品质,这才使得他能居于其他弟子之前而

---

① 《孔子家语·正论解》,杨朝明、宋立林主编:《孔子家语通解》,齐鲁书社2013年版,第501页。又见于《左传》哀公十一年、《国语·鲁语下》。
② 《论语·阳货篇》,杨伯峻译注:《论语译注》,中华书局1980年版,第181页。
③ 《孔子家语·三恕》,杨朝明、宋立林主编:《孔子家语通解》,齐鲁书社2013年版,第97页。又见于《荀子·法行》。
④ 《论语·阳货篇》,杨伯峻译注:《论语译注》,中华书局1980年版,第184页。
⑤ 《论语·泰伯篇》,杨伯峻译注:《论语译注》,中华书局1980年版,第83页。
⑥ 《论语·为政篇》,杨伯峻译注:《论语译注》,中华书局1980年版,第12页。
⑦ 《论语·述而篇》,杨伯峻译注:《论语译注》,中华书局1980年版,第71页。
⑧ 《孔子家语·子路初见》,杨朝明、宋立林主编:《孔子家语通解》,齐鲁书社2013年版,第232—233页。又见于《说苑·建本》。
⑨ 《论语·先进篇》,杨伯峻译注:《论语译注》,中华书局1980年版,第118页。
⑩ 《孔子家语·六本》,杨朝明、宋立林主编:《孔子家语通解》,齐鲁书社2013年版,第181页。又见于《说苑·建本》。

排列第三。比如：

其一，重信守诺、言出必行。《论语·公冶长篇》记载："子路有闻，未之能行，唯恐有闻。"①《颜渊篇》记载："子路无宿诺。"② 而且，画像中"子路传记"提到求学之初的"儒服委质"与子路"结缨而死"的最终结局，本身就是子路言行一致的表现。因为委质之礼，本是人仕者书己名于策，以示誓死效忠君主的礼节，而众弟子中只有子路拜师提到"委质"，可见他最初求学孔子的决心，有誓死追随之意。他在卫国蒯聩之乱中因"君子死而冠不免"，终"结缨而死"的结局，正是对他当初受教时所做承诺的一种践行，因为孔子强调过：君子"其容不可以不饬"③。而子路这种"信"的品质，正是孔子所提倡的。如子曰："始吾于人也，听其言而信其行；今吾于人也，听其言而观其行"④；"古者言之不出，耻躬之不逮也"⑤；"其言之不怍，则为之也难"⑥；"言忠信，行笃敬，虽蛮貊之邦，行矣"⑦；"言寡可行，其信乎"⑧；"人而无信，不知其可也"⑨。所以，"君子"正应当具备这种"信"的品质，不能言过其实、行不胜言，故而孔子还有言："君子名之必可言也，言之必可行也"⑩；"君子耻其言而过其行"⑪；君子"不失口于人"，是故君子"言足信也"⑫；"君子以行言，小人以舌言"⑬。

---

① 杨伯峻译注：《论语译注》，中华书局1980年版，第47页。
② 杨伯峻译注：《论语译注》，中华书局1980年版，第128页。
③ 《孔子家语·致思》，杨朝明、宋立林主编：《孔子家语通解》，齐鲁书社2013年版，第86页。又见于《尚书大传》《韩诗外传·卷六》《说苑·建本》。
④ 《论语·公冶长篇》，杨伯峻译注：《论语译注》，中华书局1980年版，第45页。
⑤ 《论语·里仁篇》，杨伯峻译注：《论语译注》，中华书局1980年版，第40页。
⑥ 《论语·宪问篇》，杨伯峻译注：《论语译注》，中华书局1980年版，第153页。
⑦ 《论语·卫灵公篇》，杨伯峻译注：《论语译注》，中华书局1980年版，第162页。
⑧ 《孔子家语·子路初见》，杨朝明、宋立林主编：《孔子家语通解》，齐鲁书社2013年版，第234页。又见于《说苑·杂言》。
⑨ 《论语·为政篇》，杨伯峻译注：《论语译注》，中华书局1980年版，第21页。
⑩ 《论语·子路篇》，杨伯峻译注：《论语译注》，中华书局1980年版，第134页。
⑪ 《论语·宪问篇》，杨伯峻译注：《论语译注》，中华书局1980年版，第155页。
⑫ 《礼记·表记》，（清）朱彬撰，饶钦农点校：《礼记训纂》，中华书局1996年版，第781页。
⑬ 《孔子家语·颜回》，杨朝明、宋立林主编：《孔子家语通解》，齐鲁书社2013年版，第230页。

第三章 衣镜的孔子之徒与组合排序

孔子也由此在答子贡问"君子"时，说"先行其言而后从之"①；在"读史"时曾感叹楚庄王"轻千乘之国而重一言之信"的"复陈"壮举，还因为他的重诺称他"贤哉"②！然而，子路在世时就已经因能恪守诚信而享誉其他诸侯国。《左传》哀公十四年记载："小邾射以句绎来奔，曰：'使季路要我，吾无盟矣。'"虽然子路因他在二国战事之际，不"死其城下"而以土地投奔敌国是"不臣"之举，若"济其言，是义之也"而终究辞约，但正如"季康子使冉有"所说的那样，"千乘之国，不信其盟，而信子之言"，此事足见子路诚信之著名。③

其二，事亲有道。子路拜见孔子时曾讲到"昔者由也事二亲之时，常食藜藿之实，为亲负米百里之外。亲殁之后，南游于楚，从车百乘，积粟万钟，累茵而坐，列鼎而食，愿欲食藜藿，为亲负米，不可复得也"，从而感叹："二亲之寿，忽若过隙"。孔子对此评论说："由也事亲，可谓生事尽力，死事尽思者也。"④ 而这种侍奉父母的方式，在孔子看来就是符合孝道的，比如孔子说过："啜菽饮水，尽其欢心，斯为之孝。敛手足形，旋葬而无椁，称其财，斯为之礼"⑤；"礼，与其奢也，宁俭；丧，与其易也，宁戚"⑥；"夫丧亡，与其哀不足而礼有余，不若礼不足而哀有余也"，因而对于丧葬用具，主张"称家之有亡焉"即可，也就是"有也，则无过礼。苟亡矣，则敛手足形，还葬，悬棺而封"⑦。至元代起流传甚广的古代二十四孝故事中，排列第四的便是这则子路"百里负米"

---

① 《论语·为政篇》，杨伯峻译注：《论语译注》，中华书局1980年版，第17页。
② 《孔子家语·好生》，杨朝明、宋立林主编：《孔子家语通解》，齐鲁书社2013年版，第109页。又见于《左传》宣公十年。
③ 杨伯峻编著：《春秋左传注》（四），中华书局1990年版，第1682页。
④ 《孔子家语·致思》，杨朝明、宋立林主编：《孔子家语通解》，齐鲁书社2013年版，第87页。又见于《说苑·建本》。
⑤ 《孔子家语·曲礼子贡问》，杨朝明、宋立林主编：《孔子家语通解》，齐鲁书社2013年版，第531页。又见于《礼记·檀弓下》。
⑥ 《论语·八佾篇》，杨伯峻译注：《论语译注》，中华书局1980年版，第24页。
⑦ 《孔子家语·曲礼子贡问》，杨朝明、宋立林主编：《孔子家语通解》，齐鲁书社2013年版，第533页。又见于《礼记·檀弓下》。

的事迹。子路所具有的"孝",在孔学的领域中,又被视为"仁之本"①,因而当宰我提出"三年之丧,期已久矣",而认为"期可已矣"时,子曰:"予之不仁也!"②所以,孔子还要求"君子入则笃孝"③。

其三,过而能改。比如,子路虽然多有无礼言行为孔子所批评,但在听闻"子路为季氏宰"期间参与的祭祀,"室事交于户,堂事当于阶。质明而始行事,晏朝而彻"后,孔子也说过:"以此观之,谁谓由也而不知礼?"④ 又如,孔子听闻"子路鼓琴",曰:"甚矣!由之不才也","由,今也匹夫之徒,曾无意于先王之制,而习亡国之声,岂能保其六七尺之体哉?"子路得知后,"惧而自悔,静思不食,以至骨立"。使得孔子又说:"过而能改,其进矣乎!"⑤ 再如,"子路盛服见于孔子",被孔子批评说:"由,是倨倨者,何也?……今尔衣服既盛,颜色充盈,天下且孰肯以非告汝乎?"子路随即"趋而出,改服而入,盖自若也"⑥。另有,"子路有姊之丧,可以除之矣,而弗除",孔子则教之以"先王制礼,过之者俯而就之,不至者企而及之",子路"遂除之"。⑦ 所以,孟子在谈到子路时说"人告之以有过,则喜",并将之与"禹闻善言,则拜"并提。⑧ 而子路这种能够闻过则喜、改过迁善的美德,同样是"君子"之风。比如,孔子就说过:君子"过,则勿惮改"⑨,因而倡导"三人行,必有我师焉:择其善者而从

---

① 《论语·学而篇》,杨伯峻译注:《论语译注》,中华书局1980年版,第2页。
② 《论语·阳货篇》,杨伯峻译注:《论语译注》,中华书局1980年版,第188页。
③ 《韩诗外传·卷九·第四章》,(汉)韩婴撰,许维遹校释:《韩诗外传集释》,中华书局1980年版,第310页。
④ 《孔子家语·曲礼公西赤问》,杨朝明、宋立林主编:《孔子家语通解》,齐鲁书社2013年版,第576页。又见于《礼记·礼器》。
⑤ 《孔子家语·辩乐解》,杨朝明、宋立林主编:《孔子家语通解》,齐鲁书社2013年版,第400—401页。又见于《说苑·修文》。
⑥ 《孔子家语·三恕》,杨朝明、宋立林主编:《孔子家语通解》,齐鲁书社2013年版,第105页。又见于《荀子·子道》《韩诗外传·卷三》《说苑·杂言》。
⑦ 《孔子家语·曲礼子贡问》,杨朝明、宋立林主编:《孔子家语通解》,齐鲁书社2013年版,第535页。又见于《礼记·檀弓上》。
⑧ 《孟子·公孙丑上》,杨伯峻译注:《孟子译注》,中华书局2010年版,第75页。
⑨ 《论语·学而篇》,杨伯峻译注:《论语译注》,中华书局1980年版,第6页。又见于《子罕篇》,同书第94页。

第三章　衣镜的孔子之徒与组合排序

之，其不善者而改之"①。而且，孔子自己也是以"苟有过，人必知之"，为自己之"幸"②；认为"不善不能改，是吾忧也"③；"改之为贵"，"说而不绎，从而不改，吾末如之何也已矣"④。反之，"过而不改，是谓过矣"⑤。所以，孔子还曾称赞卫孙文子"能克己服义，可谓善改矣"⑥；又因孟僖子能够"惩己所病，以诲其嗣"，遗命南容说、仲孙何忌"必事孔子而学礼，以定其位"，而称赞他"能补过者，君子也"⑦；还因南宫绍（又称南宫适）一日三复《诗》文"白圭之玷"，而"信其能仁，以为异士"⑧。如此来看，则子路的过而能改，也是仁者之风。

第四，不耻贫穷。子曰："士志于道，而耻恶衣恶食者，未足与议也。"⑨ 然而，孔子却称赞过子路："衣敝缊袍，与衣狐貉者立，而不耻者，其由也与？"⑩ 这样子路也就算是达到了"君子食无求饱，居无求安"⑪的标准。而且，子路不仅能够不以贫穷为耻，还愿与朋友共享富贵，因而他曾向孔子表达自己的志向是"愿车马衣轻裘与朋友共敝之而无憾"⑫。既知子路不厌恶贫苦，又有孔子说过"好勇疾贫，乱也"⑬，所以终生喜好勇力的子路，终究没有形成祸乱。

综上所述，子路对于孔子之道既不能尽知，也曾有不合之举，从"儒服委质"到"结缨而死"都未脱离他"好勇"的本性，而"勇"

---

① 《论语·述而篇》，杨伯峻译注：《论语译注》，中华书局1980年版，第72页。
② 《论语·述而篇》，杨伯峻译注：《论语译注》，中华书局1980年版，第74页。
③ 《论语·述而篇》，杨伯峻译注：《论语译注》，中华书局1980年版，第67页。
④ 《论语·子罕篇》，杨伯峻译注：《论语译注》，中华书局1980年版，第94页。
⑤ 《论语·卫灵公篇》，杨伯峻译注：《论语译注》，中华书局1980年版，第168页。
⑥ 《孔子家语·正论解》，杨朝明、宋立林主编：《孔子家语通解》，齐鲁书社2013年版，第474页。又见于《左传》襄公二十九年。
⑦ 《孔子家语·正论解》，杨朝明、宋立林主编：《孔子家语通解》，齐鲁书社2013年版，第472页。
⑧ 《孔子家语·弟子行》，杨朝明、宋立林主编：《孔子家语通解》，齐鲁书社2013年版，第141页。
⑨ 《论语·里仁篇》，杨伯峻译注：《论语译注》，中华书局1980年版，第37页。
⑩ 《论语·子罕篇》，杨伯峻译注：《论语译注》，中华书局1980年版，第95页。
⑪ 《论语·学而篇》，杨伯峻译注：《论语译注》，中华书局1980年版，第9页。
⑫ 《论语·公冶长篇》，杨伯峻译注：《论语译注》，中华书局1980年版，第52页。
⑬ 《论语·泰伯篇》，杨伯峻译注：《论语译注》，中华书局1980年版，第82页。

虽然是孔子最为欣赏子路的品质，但子路的言谈举止离孔子心目中的理想"君子"还有差距。所以，当"孟武伯问子路仁乎"的时候，子曰："由也，千乘之国，可使治其赋也，不知其仁也。"① 可见，孔子心中的子路，最为人所称道的是治军这样一种具体才能。也就是，子路同样不能相通于道。只是即便都如"器也"，子贡与子路所分别具有的行为能力也有高低之分，因而当子贡问"何如斯可谓之士矣"时，子曰："行己有耻，使于四方，不辱君命，可谓士矣"，其次则是"宗族称孝焉，乡党称弟焉"，再其次就是"言必信，行必果"②。对照之下，可知子贡正好吻合孔子所说的第一层次，而第二、第三层次又恰为子路所具有，所以即便以"行"而论，子路也是居于子贡之下的。这样，颜渊、子赣、子路三人在孔子心中的高低之分，也就非常明确。

而且，即便以子路具有孝亲、善改、不疾贫等为孔子所肯定的"君子"品格而论，也还不足以使他超越子赣、颜渊的地位，因为他们也应具有相应的道德。以改过而论，孔子曾称赞"颜氏之子，其殆庶几乎？有不善未尝不知，知之未尝复行也"③；而子贡也针对"多言"的毛病有所改进，他不仅认识到了"驷不及舌"④ 的道理，还认为"君子之过也，如日月之食焉：过也，人皆见之；更也，人皆仰之"⑤。因而当"卫将军文子问于子贡曰：'吾闻孔子之施教也，……盖入室升堂者，七十有余人。其孰为贤？'"子贡则先因"贤人无妄，知贤即难"而"对以不知"，只是随后在文子的一再请求下，才据其所知状况就12位主要同门师友进行了介绍，并最后表示："凡此诸子，赐之所亲睹者也。吾子有命而讯赐，赐也固，不足以知贤。"⑥

只是，子路虽然"智""仁"的层面都未能达到，但他却能至死无悔

---

① 《论语·公冶长篇》，杨伯峻译注：《论语译注》，中华书局1980年版，第44页。
② 《论语·子路篇》，杨伯峻译注：《论语译注》，中华书局1980年版，第140页。
③ 《周易·系辞下传》，周振甫译注：《周易译注》，中华书局1991年版，第264页。
④ 《论语·颜渊篇》，杨伯峻译注：《论语译注》，中华书局1980年版，第126页。
⑤ 《论语·子张篇》，杨伯峻译注：《论语译注》，中华书局1980年版，第203页。
⑥ 《孔子家语·弟子行》，杨朝明、宋立林主编：《孔子家语通解》，齐鲁书社2013年版，第132—143页。

的追求"仁道",因而孔子曾经说过:"道不行,乘桴浮于海。从我者,其由与?"① 尤其是子路"结缨而死"一事,鲜明地体现出了孔子所具有的"知其不可而为之"② 的求道精神。子曰:"君子而不仁有矣夫,未有小人而仁者也。"③ 对此,子路正可谓如此。比如,"樊迟问仁。子曰:'居处恭,执事敬,与人忠'"④;子张问仁,孔子以"恭、宽、信、敏、惠"答之,认为"能行五者于天下为仁矣"⑤,可见"忠"、"信"正是"仁者"所应具有的。更何况,孔子还认为"君子""主忠信"⑥,而这两种主要的道德又正是子路所著名的。所以,从总体而论,子路仍然可谓是孔子所说的"君子",他虽未至于"仁",也不达于"智",但却可谓是"近仁"。

(三) 三人组合与排序的理论依据——仁、智、勇的"君子之道"

那么,以此三人与孔子为师徒搭配常态,有没有更为具体的理论依据?循着前面已经总结出的汉人对于三人形象"仁"、"智"、"勇"的分别定位,以及汉人根据孔子评价而对三人共有的"君子"认识,再翻检孔子言论,便可知这种组合与排序正是迎合了孔子"君子之道"的理论。

孔子有将仁、智、勇并举的习惯,如子曰:"知者不惑,仁者不忧,勇者不惧"⑦;"人皆爱其死,而患其生,是故用人之智去其诈,用人之勇去其怒,用人之仁去其贪"⑧。而且,仁爱、智慧、勇敢这三者,还被孔子视为天下应共行的美德,因而当"哀公问政于孔子"时,孔子曰"智、仁、勇三者,天下之达德也",至于为何如是说,则是因为:"好学近乎智,力行近乎仁,知耻近乎勇。知斯三者,则知所以修身;知所以修身,则知所以治人;知所以治人,则能成天下国家者矣。"⑨ 可见在孔子看来,三者便

---

① 《论语·公冶长篇》,杨伯峻译注:《论语译注》,中华书局1980年版,第43页。
② 《论语·宪问篇》,杨伯峻译注:《论语译注》,中华书局1980年版,第157页。
③ 《论语·宪问篇》,杨伯峻译注:《论语译注》,中华书局1980年版,第147页。
④ 《论语·子路篇》,杨伯峻译注:《论语译注》,中华书局1980年版,第140页。
⑤ 《论语·阳货篇》,杨伯峻译注:《论语译注》,中华书局1980年版,第183页。
⑥ 《论语·学而篇》,杨伯峻译注:《论语译注》,中华书局1980年版,第6页。
⑦ 《论语·子罕篇》,杨伯峻译注:《论语译注》,中华书局1980年版,第95页。
⑧ 《孔子家语·礼运》,杨朝明、宋立林主编:《孔子家语通解》,齐鲁书社2013年版,第371页。
⑨ 《孔子家语·哀公问政》,杨朝明、宋立林主编:《孔子家语通解》,齐鲁书社2013年版,第208—209页。

是自身修养、治理别人和完成国家大事的根本。而这些又都是"君子"应做之事,因而孔子还直接说过:"仁者不忧,知者不惑,勇者不惧"乃是"君子道者三"①。对此,孔子在回答弟子提问时,也有影射。比如,当"子路问成人"时,子曰:"今之成人者何必然?见利思义,见危授命,久要不忘平生之言,亦可以为成人矣"②。此"成人"即可指"君子"。而列举的三个方面,正好为子贡、子路、颜渊所分别具有。所以,将这些情况结合起来,就可以确定三人与孔子的组合常态,就是这一阶段汉人为了体现孔子理想"君子"风范的一种有意为之。

只是在"君子"最为重要的这三种美德之间,地位也是有高低的。子曰:"有德者必有言,有言者不必有德。仁者必有勇,勇者不必有仁。"③ 其中,"有德者"对应"仁者";"有言者"对应"智者",则按照孔子的这一理论,"仁者"是明显高于"言者"、"勇者"的。至于"智者"与"勇者"的高低,从孔子的言论中也能找到答案。子曰"仁者安仁,知者利仁"④,却未言明"勇者"与"仁道"的关系,实际就已经隐晦地指出"勇者"的层次要次于"仁者"和"智者"。孔子又说过"苟志于仁矣,无恶也"⑤,而"勇"既为"君子道者三"的其中之一,且所谓"道"指的就是"仁道",则在孔子"君子之道"的理论中,"勇者"与"仁道"的关系就应当是"勇者无恶"。比较能够安心实行仁德,与认识仁德的好处而加以利用,以及无损于仁德这三种境界,高低之分一目了然。所以,这三类人的高低顺序,就是仁者、智者、勇者。

正因为三者之中"仁""智"更为重要,这也直接导致了另外一个现象的产生,即孔子还存在以此二者并举的习惯。比如,子曰:"言要则智,行至则仁。既仁且智,恶不足哉"⑥;"知者乐水,仁者乐山。知

---

① 《论语·宪问篇》,杨伯峻译注:《论语译注》,中华书局1980年版,第155页。
② 《论语·宪问篇》,杨伯峻译注:《论语译注》,中华书局1980年版,第149页。
③ 《论语·宪问篇》,杨伯峻译注:《论语译注》,中华书局1980年版,第146页。
④ 《论语·里仁篇》,杨伯峻译注:《论语译注》,中华书局1980年版,第35页。
⑤ 《论语·里仁篇》,杨伯峻译注:《论语译注》,中华书局1980年版,第36页。
⑥ 《孔子家语·三恕》,杨朝明、宋立林主编:《孔子家语通解》,齐鲁书社2013年版,第105页。又见于《荀子·子道》《韩诗外传·卷三》《说苑·杂言》。

者动，仁者静。知者乐，仁者寿"①。并且，他还将这种习惯运用到了教学之中。比如，孔子曾以"知及之"与"仁"能否"守之"谈论治民的不同影响②；还曾针对为死者送葬，而谈论以为死者"无知"是"不仁"，以为死者"有知"是"不智"，都"不可为也"。③又如，颜回问："臧文仲、武仲孰贤？"孔子曰："武仲贤哉！"其理由就是文仲"犹有不仁者三，不智者三。"④再如："颜回问君子。孔子曰：'爱近仁，度近智，为己不重，为人不轻，君子也夫。'"⑤相应地，请教者也经常以二者求问。如《论语·雍也篇》、《颜渊篇》两处见载樊迟"问知""问仁"⑥；又有，哀公问于孔子曰："智者寿乎？仁者寿乎？"⑦

孔子也正是在这种理论之下，对能够作为三类代表的三人有过明确的排序。

《孔子家语·三恕》记载：孔子曾经先后以"智者若何？仁者若何"提问于子路、子贡、颜回，三人的回答分别是："智者使人知己，仁者使人爱己"；"智者知人，仁者爱人"；"智者自知，仁者自爱"。而孔子对子路、子贡的评语是："可谓士矣"；对于颜回的评价则是："可谓士君子矣。"⑧可见从思想层次上说，可以称得上士中君子的颜回，自然是高于"可谓士"的子路与子贡的。这种分别正可对应孔子以为颜回"谋道"，而二人为"器"的不同看法。再有，《韩诗外传·卷九·第七章》记载三人还曾就"人不善我""所持各异，问于夫子"，

---

① 《论语·雍也篇》，杨伯峻译注：《论语译注》，中华书局1980年版，第62页。
② 《论语·卫灵公篇》，杨伯峻译注：《论语译注》，中华书局1980年版，第169页。
③ 《孔子家语·曲礼子夏问》，杨朝明、宋立林主编：《孔子家语通解》，齐鲁书社2013年版，第564页。又见于《礼记·檀弓下》。
④ 《孔子家语·颜回》，杨朝明、宋立林主编：《孔子家语通解》，齐鲁书社2013年版，第225—226页。又见于《左传》文公二年、襄公二十三年。
⑤ 《孔子家语·颜回》，杨朝明、宋立林主编：《孔子家语通解》，齐鲁书社2013年版，第228页。
⑥ 杨伯峻译注：《论语译注》，中华书局1980年版，第61、131页。
⑦ 《孔子家语·五仪解》，杨朝明、宋立林主编：《孔子家语通解》，齐鲁书社2013年版，第70页。又见于《韩诗外传·卷一》《说苑·杂言》《文子·符言》。
⑧ 《孔子家语·三恕》，杨朝明、宋立林主编：《孔子家语通解》，齐鲁书社2013年版，第103页。又见于《荀子·子道》。

其中子路、子贡、颜回依次表达说："人不善我"，"我不善之"；"我则引之进退而已耳"；"我亦善之"。孔子则评价说："由之所持，蛮貊之言也。赐之所持，朋友之言也。回之所持，亲属之言也。《诗》曰：'人而无良，我以为兄。'"① 此处，蛮貊、朋友、亲属之间由疏及亲的关系，即影射出三人与孔子仁道之间由远及近的距离。

这三人在这两处情景中作答顺序的一致，以及与《韩诗外传》《说苑》《孔子家语》中几例从游事件中三人言志顺序的一致，以及与《孔子家语》《史记》所记三人在陈蔡困厄期间对孔子之道看法高低的一致，足见这些记述可以互为参照，这个顺序就是汉人对于三人与孔子"君子之道"由远及近的关系排列。而且，作为组合来说，三人缺一不可。因为孔子在说"仁者不忧，知者不惑，勇者不惧"为"君子道者三"的时候，子贡就有评论说："夫子自道也。"② 而《淮南子·人间训》又记载："人或问孔子曰"："三人皆贤夫子，而为夫子役，何也？"夫子曰："丘能仁且忍，辩且讷，勇且怯。以三子之能易丘一道，丘弗为也。"③ 可见在子贡和后来的汉人看来，孔子自身是具备了"仁""智""勇"三达德的，则以此三人作为组合，还是由于他们分别具备孔子之一体，因而三人作为孔门最为重要的三大弟子，是无可替代的。孔子还说过："有其德而无其言，君子耻之；有其言而无其行，君子耻之。"④ 就是指出完备的"君子"品格，应当既有颜回之"德"，又有子赣之"言"，还要有子路之"行"。所以，在汉人观念中，仁、智、勇"三达德"已经被视为一个有机体，因为不仅"勇"需要"仁"节制、需要"智"成就，"仁"与"智"也需要"勇"所具的意志才能实现。总之，汉人对于三弟子的这种固定组合与排序，就是以孔子的"君子之道"为理论依据的。

---

① （汉）韩婴撰，许维遹校释：《韩诗外传集释》，中华书局1980年版，第312页。
② 《论语·宪问篇》，杨伯峻译注：《论语译注》，中华书局1980年版，第155页。
③ （汉）高诱注：《淮南子》，国学整理社编《诸子集成》（七），中华书局2006年版，第321页。
④ 《孔子家语·好生》，杨朝明、宋立林主编：《孔子家语通解》，齐鲁书社2013年版，第118页。又见于《礼记·杂记下》。

小结

综上所论，本节开头提到的"前三"的格局，就是指在海昏侯墓的这幅"孔子画像"之中，颜渊、子赣、子路这前三位弟子是与孔子作为固定的师徒组合而出现的。他们的先后顺序与同时期汉人所记事迹中三人高下之分的契合，共同说明以此三人顺序为孔门最为重要的三大弟子，乃是刘贺所生活的武、昭、宣时期的一种普遍意识。至于汉人这种意识的形成，则应是依据孔子"君子道者三"的理论，反映在画像中便是三人传记所分别透露出的三人"仁者"、"智者"、"勇者"的形象定位。如此，颜回便因有"君子之道"而排列第一，子赣就因"君子不器"、"君子谋道"而排列第二，子路就因"智不足"、"行不至"而排列第三。子曰："人能弘道，非道弘人"[①]；"君子之德风，小人之德草。草上之风，必偃"[②]。汉人以孔子提倡的"君子三达德"为风向标，就是希望以仁、智、勇来教化民众。颜渊、子赣、子路正是由于分别在这三方面有君子之风，而得以被选入这幅"孔子画像"作为学习者的榜样。因此，所谓的"前三"直接与孔子认为的理想人格"君子"有关。

第三节 衣镜画像中孔子前三位弟子的春秋影响和"国士"形象

海昏侯墓出土"孔子衣镜"上的孔子师徒画像，依次以颜渊、子赣、子路、澹台子羽、子夏、子张、曾子为孔子的代表性弟子。其中，前三位弟子又分别以"仁者""智者""勇者"的身份，共同形成对应孔子仁、智、勇三种君子之道的"君子"组合。他们在画像中的先后顺序，也即他们之间地位高下的体现，并取决于孔子认为"仁"高于"智"、"智"又高于"勇"的评价标准。而且，受孔子"君子"和"仁道"思想的影响，同

[①] 《论语·卫灵公篇》，杨伯峻译注：《论语译注》，中华书局1980年版，第168页。
[②] 《论语·颜渊篇》，杨伯峻译注：《论语译注》，中华书局1980年版，第129页。

样具有君子之道和孔子之体的这三位弟子，在画像中也相应不能由其他弟子替代或更改他们之间的顺序。① 只是，衣镜画像所反映的西汉时人普遍以颜渊、子赣、子路为孔门最为重要的三大弟子的观念由来，以及将他们按高下之序与孔子刻画成固定师徒组合的原因，也还与这三位"君子"在春秋时代就已然形成的社会影响与孔子"为学""治政"的主张有关。以下便主要结合他们的客观情况和孔子的相关看法，来阐明衣镜画像所呈现的他们位于孔门"前三"的地位和排序原因。

一 画像前三弟子在孔子私学内的地位

如果颜渊、子赣、子路三人仅受到孔子个人的欣赏，他们显然不足以时隔四百年左右还作为衣镜画像中的"君子"组合而受到西汉时人的推崇，因而他们为"仁者""智者""勇者"代表的形象定位，实际不仅与孔子对于他们的评价直接相关，也在于他们各自具有的"君子"形象还得到了孔门其他弟子的认可，以及他们的言行事迹又进而流广于周代诸侯国之间并使得他们名声大噪。

（一）颜渊不可取代的孔门地位

衣镜画像中的颜渊，以首徒的身份紧随孔子出现，这显示了他在孔门弟子之间备受尊重而没有人能够取代的地位。以画像中同样列为孔子代表性弟子的子赣（又称"子贡"）和曾子的评价为例。子贡虽然因为能言善辩和懂得孔子及其仁道而被认为是"智者"的代表，但他又明确向孔子承认过"赐也何敢望回？回也闻一以知十，赐也闻一以知二"，对于子贡的这种评价，孔子则不仅以"弗如也"予以了赞同，还进一步表示"吾与女弗如也"。② 与此呼应，在孔子的"七十子之徒"中，又是"回以德行著名，孔子称其仁焉"③；在卫将军文子向子贡询

---

① 何丹：《海昏侯墓"孔子衣镜"中颜渊、子赣、子路的"君子"组合和排序》，《民族艺术》2023年第5期，第91—107页。
② 《论语·公冶长篇》，杨伯峻译注：《论语译注》，中华书局1980年版，第45页。
③ 《孔子家语·七十二弟子解》，杨朝明、宋立林主编：《孔子家语通解》，齐鲁书社2013年版，第431页。

第三章 衣镜的孔子之徒与组合排序

问他所交往过的孔子弟子的品行时,子贡又是首先提到"夫能夙兴夜寐,讽诵崇礼,行不贰过,称言不苟,是颜回之行也",并引用"孔子说之以《诗》曰:'媚兹一人,应侯慎德','永言孝思,孝思惟则'"的看法,而表示颜回"若逢有德之君,世受显命,不失厥名;以御于天子,则王者之相也。"①

比较可见,子贡不仅认为颜渊之智在其个人之上,还认为其品行和治政能力在孔门之中也无人能及。他早起晚睡而学而不厌,崇尚礼仪而谨言慎行,善于改过而从不重复犯错,言行一致而合于礼仪的这些表现,实则也皆为符合孔子提倡的好学精神和君子为人处世的仁道原则。比如,孔子"语之而不惰者,其回也与"②的说法,以及"回也,其心三月不违仁,其余则日月至焉而已矣"③的比较性认识,即直接显示了孔子认为颜回最为好学和言行最为合乎于礼的看法。孔子"君子不可以不学""君子少思其长则务学"④的说法,以及"君子……过,则勿惮改"⑤和"君子博学于文,约之以礼,亦可以弗畔矣夫"⑥的说法,又说明颜回好学、改过、遵礼等表现都属于孔子所谓的"君子"品行。至于孔子心中最具智慧的弟子,由他对于颜渊"用之则行,舍之则藏,惟我与尔有是夫'"的评价及其对于子路"暴虎冯河,死而无悔者,吾不与也。必也临事而惧,好谋而成者也"的答复⑦,与"有德者必有言,有言者不必有德"⑧的看法,则可明确得知正是仁者颜渊。所以,唯独能够与孔子同样做到用行舍藏的颜渊,实际达到了孔子推崇的

---

① 《孔子家语·弟子行》,杨朝明、宋立林主编:《孔子家语通解》,齐鲁书社2013年版,第134页。这段文字又见于《大戴礼记·卫将军文子》。
② 《论语·子罕篇》,杨伯峻译注:《论语译注》,中华书局1980年版,第93页。
③ 《论语·雍也篇》,杨伯峻译注:《论语译注》,中华书局1980年版,第57页。
④ 《孔子家语·致思》《孔子家语·三恕》,杨朝明、宋立林主编:《孔子家语通解》,齐鲁书社2013年版,第86、97页。
⑤ 《论语·学而篇》,杨伯峻译注:《论语译注》,中华书局1980年版,第6页。
⑥ 《论语·雍也篇》,杨伯峻译注:《论语译注》,中华书局1980年版,第63—64页。
⑦ 《论语·述而篇》,杨伯峻译注:《论语译注》,中华书局1980年版,第68页。
⑧ 《论语·宪问篇》,杨伯峻译注:《论语译注》,中华书局1980年版,第146页。

"既仁且智"的"君子"高度①,就其治理政事的能力而言,子贡则与孔子都认为他"若逢有德之君",便足以担任君王辅相而永享美名。

同时,由曾子对于颜回"以能问于不能,以多问于寡;有若无,实若虚,犯而不校——昔者吾友尝从事斯矣"②的追忆,及其病重之际"吾无颜氏之才"③的说法,又可知曾子眼中的颜渊也是德行超群、才能出众,并应当是他最为尊重的同门友人。以曾子的这种评价,结合他在画像中作为"孔子弟子"的身份而又榜题"曾子"的特殊称谓方式④,以及子贡对于颜回的评价及其在画像中又排列孔门第二的地位,则还可见子贡、曾子对于颜渊的称赞,正是可以反映颜渊的真实形象及其在孔门内部受到其他弟子分外敬重的情况。也正因为如此,在"颜渊死"的事情上,孔子虽然以"鲤也死,有棺而无椁"和自己"从大夫之后,不可徒行"的理由,拒绝了"颜路请子之车以为之椁"的请求,并明确告诉"欲厚葬之"的门人为"不可",但这些同门友人终究还是有着"厚葬之"的做法。⑤孔子门人对待颜回之丧,甚至不惜违背孔子反对为之置办外椁的意见而将之厚葬的这种做法,即明显反映了颜渊在孔门之内的声望。所以,衣镜画像的颜渊传记在最末特别提及的"自我得回也,门人日益亲"的孔子评语,实际也呼应孔门其他弟子对

---

① 孔子曾要求子路记住:"奋于言者华,奋于行者伐,夫色智而有能者,小人也。故君子知之曰知,言之要也;不能曰不能,行之至也。言要则智,行至则仁。既仁且智,恶不足哉?"《孔子家语·三恕》,杨朝明、宋立林主编:《孔子家语通解》,齐鲁书社2013年版,第105页。又见于《荀子·子道》《韩诗外传·卷三》《说苑·杂言》。
② 所谓的"吾友","历来的注释家都以为是指颜回"。《论语·泰伯篇》,杨伯峻译注:《论语译注》,中华书局1980年版,第80页。
③ 《说苑·敬慎》记载:"曾子有疾,曾元抱首,曾华抱足。曾子曰:'吾无颜氏之才,何以告汝。虽无能,君子务益。夫华多实少者,天也;言多行少者,人也。……'"见(汉)刘向撰,向宗鲁校证《说苑校证》,中华书局1987年版,第246页。此事又见于《大戴礼记·曾子疾病》,写作:"曾子有疾,曾元抑首,曾华抱足。曾子曰:'微乎!吾无夫颜氏之言,吾何以语汝哉!然而君子之务,尽有之矣。夫华繁而实寡者,天也;言多而寡者,人也。……'"见(清)王聘珍撰,王文锦点校《大戴礼记解诂》,中华书局1983年版,第96页。
④ 有关"孔子衣镜"的基础信息,均引自王意乐、徐长青、杨军、管理《海昏侯刘贺墓出土孔子衣镜》,《南方文物》2016年第3期。以下不再一一注释。
⑤ 《论语·先进篇》,杨伯峻译注:《论语译注》,中华书局1980年版,第111、113页。

于颜回一致尊重的情况,因而孔门公认的孔子首徒也就非颜渊莫属。

(二)子赣至关重要的孔门地位

子赣虽然不及颜渊那般得孔子之心,但他在孔门也具有至关重要的地位。一方面,在孔子的生前死后,子贡实际凭借其言语能力和智慧、威望而成为了孔子、孔门的代言人。比如,在冉有想要知道孔子对于卫出公与蒯聩父子争夺君位的看法时,便是"问于子贡,曰:'夫子为卫君乎'",子贡则以有着让国美名的伯夷、叔齐代为求问,并在得到孔子对于二人"古之贤人"和"求仁而得仁,又何怨"的评价后,出告冉有曰"夫子不为也"。① 此事即说明孔门弟子欲以得知孔子想法之时往往会向子贡求问,子贡则又会代他们请教于孔子,因而子贡在孔门内部实际具有孔子助教的形象和更接近于孔子的地位。又如,衣镜画像的子赣传记在最末提到的"陈子禽问子赣"之事,与子赣"夫子之不可及,犹天之不可陛升也。夫子得国家者,可胃立之斯立,道之斯行,馁之斯来,动之斯和。其生也荣,其死也哀,如之何其可及也"② 的说法,又表明孔门之外的人士欲以了解孔子、孔学之时往往也是向子贡求问,因而子贡还可谓是孔门的对外发言人。

同时,由子贡对于孔子的高度评价来看,孔子"圣人"名声的形成,实则也称得上是子贡宣扬的结果。比如,子贡不仅对陈子禽盛赞过孔子德行的遥不可及和治国才能的毋庸置疑及其应当享有的生荣死哀的社会声誉,还曾对叔孙武叔表示"仲尼不可毁也"和其贤犹如日月"无得而踰焉"③;对太宰

---

① 《论语·述而篇》记载:"冉有曰:'夫子为卫君乎?'子贡曰:'诺;吾将问之。'入,曰:'伯夷、叔齐何人也?'曰:'古之贤人也。'曰:'怨乎?'曰:'求仁而得仁,又何怨?'出,曰:'夫子不为也。'"杨伯峻译注:《论语译注》,中华书局1980年版,第70页。孔子对于伯夷、叔齐的看法,还可与他评价让国给季历的泰伯(太伯)"可谓至德"的说法相互参照。见《论语·泰伯篇》,杨伯峻译注:《论语译注》,中华书局1980年版,第78页。

② 此事最早见载于《论语·子张篇》。杨伯峻译注:《论语译注》,中华书局1980年版,第205页。

③ 《论语·子张篇》记载:"叔孙武叔毁仲尼。子贡曰:'无以为也!仲尼不可毁也。他人之贤者,丘陵也,犹可踰也;仲尼,日月也,无得而踰焉。人虽欲自绝,其何伤于日月乎?多见其不知量也。'"杨伯峻译注:《论语译注》,中华书局1980年版,第205页。

表示"固天纵之将圣，又多能也"①；对齐景公表示仲尼"圣人也，岂直贤哉"②。这些事例显示子贡在外界质疑孔子之贤时，他总是会竭尽全力地去维护孔子的名声，并进而还将之推崇到了"圣人"的层面。所以，再以孔子"圣则吾不能，我学不厌而教不倦也"的自谦之言，比较子贡"学不厌，智也；教不倦，仁也。仁且智，夫子既圣矣"的回应，及其"见其礼而知其政，闻其乐而知其德，由百世之后，等百世之王，莫之能违也。自生民以来，未有夫子也"的说法③，即可知子贡对于孔子圣人之名及其学问的传播正是发挥过关键性作用。对于子贡的这种贡献，司马迁也早有评价说："夫使孔子名布扬于天下者，子贡先后之也"④；清代大儒崔述则又同样表示："子贡之推尊孔子至矣，则孔子之道所以昌明于世者大率由于子贡，其功不可没也。"⑤

另一方面，在孔子病逝前后，子贡已明显成为孔门当时的主事弟子。比如，《孔子世家》"孔子病，子贡请见。孔子方负杖逍遥于门，曰：'赐，汝来何其晚也？'孔子因叹，歌曰：'太山坏乎！梁柱摧乎！哲人萎乎！'因以涕下。谓子贡曰：'天下无道久矣，莫能宗予。……'后七日卒"⑥的记载，即表明孔子在预感自己生命垂危之际，最想见的弟子正是子贡。又如，《左传·哀公十六年》所载"夏四月己丑，孔丘卒。公诔之曰：'旻天不吊，不慭遗一老，俾屏余一人以在位，茕茕余

---

① 《论语·子罕篇》，杨伯峻译注：《论语译注》，中华书局1980年版，第88页。
② （汉）韩婴撰，许维遹校释：《韩诗外传集释》卷八·第十四章，中华书局1980年版，第286页。
③ 《孟子·公孙丑上》记载孟子曰："昔者子贡问于孔子曰：'夫子圣矣乎？'孔子曰：'圣则吾不能，我学不厌而教不倦也。'子贡曰：'学不厌，智也；教不倦，仁也。仁且智，夫子既圣矣。'"杨伯峻译注：《孟子译注》，中华书局2010年版，第57、58页。
④ （汉）司马迁撰：《史记》卷一百二十九《货殖列传》，中华书局2013年标点本，第3955页。
⑤ （清）崔述撰著，顾颉刚编订：《洙泗考信余录》卷一《子贡》，《崔东壁遗书》，上海古籍出版社2013年版，第378页。
⑥ （汉）司马迁撰：《史记》卷四十七《孔子世家》，中华书局2013年标点本，第2353页。对此，《礼记·檀弓上》又云："孔子蚤作，负手曳杖，消摇于门，歌曰：'泰山其颓乎？梁木其坏乎？哲人其萎乎？'既歌而入，当户而坐。子贡闻之曰：'泰山其颓，则吾将安仰？梁木其坏，哲人其萎，则吾将安放？夫子殆将病也。'遂趋而入。夫子曰：'赐！尔来何迟也？夏后氏殡于东阶之上，则犹在阼也；殷人殡于两楹之间，则与宾主夹之也；周人殡于西阶之上，则犹宾之也。而丘也殷人也。予畴昔之夜，梦坐奠于两楹之间。夫明王不兴，而天下其孰能宗予？予殆将死也。'盖寝疾七日而没。"

第三章　衣镜的孔子之徒与组合排序

在疚。呜呼哀哉尼父！无自律'"的事情中，子赣针对鲁哀公之诔而评价说"君其不没于鲁乎！夫子之言曰：'礼失则昏，名失则愆。'失志为昏，失所为愆。生不能用，死而诔之，非礼也；称一人，非名也。君两失之"①的情况，又表明子贡还主持了孔子的丧葬之事。所以，当孔子"既卒"而"门人疑所以服夫子者"之时，又是子贡由孔子为颜回、子路之丧"若丧其子而无服"的做法而建议"请丧夫子如丧父而无服"，他的这一意见最终也被孔子其余弟子所采纳，并相应还有弟子"皆吊服而加麻。出有所之，则由绖"的服丧情况。②

不仅如此，比较《孟子·滕文公上》所云"昔者孔子没，三年之外，门人治任将归，入揖于子贡，相向而哭，皆失声，然后归。子贡反，筑室于场，独居三年，然后归"③的情况，以及《孔子世家》"孔子葬鲁城北泗上，弟子皆服三年。三年心丧毕，相诀而去，则哭，各复尽哀；或复留。唯子赣庐于冢上，凡六年，然后去"④的记载，与《终记解》"二三子三年丧毕，或留或去，惟子贡庐于墓六年"⑤的说法，还可知子贡主持孔子之丧时"如丧父而无服"的师丧安排，还正是儒家弟子为师"心丧三年"礼俗的开创。而且，其余弟子服丧三年后都有向子贡揖礼告别的做法，也显示了子贡彼时在孔门相对更高的地位；子贡又唯独"庐墓六年"方归的做法，则既反映了子贡对于孔子的格

---

① 杨伯峻编著：《春秋左传注》，中华书局1990年版，第1698—1699页。此事又见于《孔子家语·终记解》，写作：(孔子)遂寝病，七日而终，时年七十二矣。哀公诔曰："昊天不吊！不慭遗一老，俾屏余一人以在位，茕茕余在疚，于乎哀哉，尼父！无自律。"子贡曰："公其不没于鲁乎！夫子有言曰：'礼失则昏，名失则愆。失志为昏，失所为愆。'生不能用，死而诔之，非礼也；称一人，非名。君两失之矣。"杨朝明、宋立林主编：《孔子家语通解》，齐鲁书社2013年版，第463页。依周礼常制，周天子才可自称"予一人"；大夫之丧国君才亲自作诔，鲁庄公诔县贲父的"士之有诔"的开始，则属于变例。
② 《孔子家语·终记解》，杨朝明、宋立林主编：《孔子家语通解》，齐鲁书社2013年版，第465页。此段文字又见于《礼记·檀弓上》，写作："孔子之丧，门人疑所服。子曰：'昔者夫子之丧颜渊，若丧子而无服；丧子路亦然。请丧夫子，若丧父而无服。'"
③ 《孟子·滕文公上》，杨伯峻译注：《孟子译注》，中华书局2010年版，第114页。
④ (汉)司马迁撰：《史记》卷四十七《孔子世家》，中华书局2013年标点本，第2354页。
⑤ 《孔子家语·终记解》，杨朝明、宋立林主编：《孔子家语通解》，齐鲁书社2013年版，第466页。

外爱戴,也突显了他在颜渊死后递进为孔门执事弟子的地位。所以,子贡既与孔子建立起了深厚的师生感情,又凭借其智慧及言语才能而在孔门获得了至关重要的地位。前举子贡能够根据礼仪评价鲁哀公吊唁孔子之事存在"两失",及其"君其不没于鲁乎"的预言最终也被言中的情况①,则也即子贡智慧及其了解孔子所传授周礼、德政的显示。也因此,子贡对于孔子的学问、品行是一种由衷的钦佩,而并非是利益关系产生的吹捧,孟子也由是还曾评价子贡"智足以知圣人"②。

(三) 子路不可或缺的孔门地位

以上举子贡"仁且智,夫子既圣矣"的说法,比较"子曰:'君子道者三,我无能焉:仁者不忧,知者不惑,勇者不惧。'子贡曰:'夫子自道也'"③的师徒对话,即可得知孔子对其提倡的三种君子之德正是有着仁、智、勇的高下排序。受此思想的影响,作为"勇者"代表的子路,在孔门虽然不及"仁者"颜渊和"智者"子贡的地位,但也可谓是不可或缺,因而当孔子深感天下无道而自己不被见用之时,又曾经说过:"道不行,乘桴浮于海。从我者,其由与?"④

只是,子路在孔门的重要地位的获得,同样与其他弟子对他的认可有关。比如,孔子"疾病"之时,子路"请祷"和"使门人为臣"的做法,虽然不符合孔子的意愿及其仁、智的标准,并曾被孔子反问"有诸"和批评"久矣哉,由之行诈也!无臣而为有臣。吾谁欺?欺天乎!且予与其死于臣之手也,无宁死于二三子之手乎!且予纵不得大葬,予死于道路乎"⑤,但也能由之看出子路其时为孔门担当的情况,以及他对于孔子的尊师态度

---

① 《鲁周公世家》记载:"(鲁哀公)二十七年春,季康子卒。夏,哀公患三桓,将欲因诸侯以劫之,三桓亦患公作难,故君臣多间。公游于陵阪,遇孟武伯于街,曰:'请问余及死乎?'对曰:'不知也。'公欲以越伐三桓。八月,哀公如陉氏。三桓攻公,公奔于卫,去如邹,遂如越。国人迎哀公复归,卒于有山氏。子宁立,是为悼公。"(汉)司马迁撰:《史记》卷三十三,中华书局2013年标点本,第1866页。
② 《孟子·公孙丑上》,杨伯峻译注:《孟子译注》,中华书局2010年版,第58页。
③ 《论语·宪问篇》,杨伯峻译注:《论语译注》,中华书局1980年版,第155页。
④ 《论语·公冶长篇》,杨伯峻译注:《论语译注》,中华书局1980年版,第43页。
⑤ 《论语·述而篇》《论语·子罕篇》,杨伯峻译注:《论语译注》,中华书局1980年版,第76、90页。

和深厚感情。因为子路所使为治丧之臣的"门人",实际也与厚葬颜回的"门人"一样,都是孔子所称的"二三子",也即孔子的弟子。在孔子一度病重之际,子路既然能够主持大局而让其时在场的其余弟子听从其建议,便说明子路正是孔门彼时当事之人中最有威望的弟子。

与此呼应,称赞颜渊的子贡、曾子,实际也都敬重子路。比如,在回答卫将军文子请问孔子弟子品行之时,子贡所列举的"贤弟子"正是也包括子路在内,并紧随以"德行"著名的颜回、冉雍(字仲弓)之后,其"不畏强御,不侮矜寡,其言循性,其都以富,材任治戎,是仲由之行也"的介绍,以及引用"孔子和之以文,说之以《诗》曰:'受小拱大拱,而为下国骏庞。荷天子之龙','不戁不悚','敷奏其勇'"的评价而认为子路"强乎武哉!文不胜其质"的看法,则还因为可谓"知人"而得到过孔子"赐,汝次为人矣"的肯定。[①] 这表明子贡对于子路的看法实则十分中肯,子路也相应具有不恃强凌弱、不欺软怕硬和遵守礼法、待人宽厚的品行,以及能够治理城邑和率领军队的能力,并以无所畏惧而勇武刚强的形象最为突出。又如,孟子谈到的"或问乎曾西曰:'吾子与子路孰贤?'曾西蹵然曰:'吾先子之所畏也'"[②]的对话,即表明曾西(即曾申,字子西)曾提及子路是其父亲曾子所敬畏之人。综合来看,则"文不胜其质"也即子贡将之排在颜渊、仲弓之后的原因;"强乎武哉"也即子贡又将之排在其余弟子之前的原因。以此再观衣镜画像七位"孔子弟子"之中子路明显特殊于其他六位儒者装扮和仪态的弟子而为勇武的武士形象,也可以得知子路正是以"勇者"代表的身份而入选的画像并排列在后四位弟子之前,其传记叙述的他"好勇力"的性格与受业后请教"君子好勇乎"之事,以及孔子"自吾得由也,恶言不闻吾耳"的评价,则也相应都是在强调他为"勇者"的"君子"形象。这种评价与形象,则又可以验证于

---

① 《孔子家语·弟子行》,杨朝明、宋立林主编:《孔子家语通解》,齐鲁书社2013年版,第135页。此段文字又见于《大戴礼记·卫将军文子》,(清)王聘珍撰,王文锦点校:《大戴礼记解诂》,中华书局1983年版,第108—109页。
② 《孟子·公孙丑上》,杨伯峻译注:《孟子译注》,中华书局2010年版,第51页。

孔子匡地之围中"子路怒,奋戟将与战"的表现。①

此外,有关颜回、子路在孔门的地位,由孔子对于二人之死深感悲痛的态度和对待二人丧事超出礼仪规定的服丧也可以观之。颜回死后,"子哭之恸。从者曰:'子恸矣!'曰:'有恸乎?非夫人之为恸而谁为'",并发出了"噫!天丧予!天丧予"的感慨②,这足见孔子对于颜回最为欣赏的喜爱之情和惋惜其英年早逝的哀悼之情。子路在卫国内乱中被醢身亡后,孔子又有闻丧而"哭之于中庭"和"遂令左右皆覆醢,曰:'吾何忍食此'"③的做法,以及"噫!天祝予"④的感叹。这一声"天祝予"的悲情,虽然不及孔子为颜回发出的两声"天丧予",但孔子对待子路之丧也如同颜渊之丧那般"若丧其子而无服"⑤的服丧方式,及其为之覆醢不食的行为,却也显示了子路在孔子心中举足轻重的分量。所以,衣镜画像的颜渊传记、子路传记末尾引用孔子"自我得回也,门人日益亲""自吾得由也,恶言不闻吾耳"评语的情况,以及这两句评语所采用的《仲尼弟子列传》"自吾有回,门人益亲""自吾得由,恶言不闻于耳"⑥的记载,实则也都有突显二人在孔门特殊地位的用意。不仅如此,孔子对于颜回、仲由的这两句评价,实

---

① 《孔子家语·困誓》记载:"孔子之宋,匡人简子以甲士围之。子路怒,奋戟将与战。孔子止之曰:'恶有修仁义而不免世俗之恶者乎?夫《诗》、《书》之不讲,礼、乐之不习,是丘之过也。若以述先王,好古法而为咎者,则非丘之罪也,命之夫。由,歌,予和汝。'"杨朝明、宋立林主编:《孔子家语通解》,齐鲁书社 2013 年版,第 268 页。又见于《说苑·杂言》《韩诗外传·卷六》。

② 《论语·先进篇》,杨伯峻译注:《论语译注》,中华书局 1980 年版,第 112 页。

③ 《论语·曲礼子夏问》云:"子路与子羔仕于卫,卫有蒯聩之难。孔子在鲁,闻之,曰:'柴也其来,由也死矣。'既而卫使至,曰:'子路死焉。'夫子哭之于中庭。有人吊者,而夫子拜之。已哭,进使者而问故,使者曰:'醢之矣。'遂令左右皆覆醢。曰:'吾何忍食此!'"杨朝明、宋立林主编:《孔子家语通解》,齐鲁书社 2013 年版,第 561 页。此段记载又见于《左传·哀公十五年》《礼记·檀弓上》《史记·卫康叔世家》。《檀弓上》云:"孔子哭子路于中庭。有人吊者,而夫子拜之。既哭,进使者而问故。使者曰:'醢之矣。'遂命覆醢。"

④ 《春秋公羊传·哀公十四年》,(汉)公羊寿传,(汉)何休解诂,(唐)徐彦疏:《春秋公羊传注疏》,北京大学出版社 1999 年版,第 624 页。又见于《春秋繁露·随本消息》。

⑤ 子贡说过:"昔夫子之丧颜回也,若丧其子而无服,丧子路亦然。"《孔子家语·终记解》,杨朝明、宋立林主编:《孔子家语通解》,齐鲁书社 2013 年版,第 465 页。

⑥ (汉)司马迁撰:《史记》(七),中华书局 2013 年标点本,第 2660、2667 页。

际还可以追溯到《尚书大传·殷传·西伯戡耆》的记载，只是其同时又另有提到"自吾得赐也，远方之士日至"①的孔子评语。而这种情况，也还意味着衣镜画像所展示的前三位弟子在孔门的特殊地位，既与他们对于孔子、孔门的突出贡献直接相关，又因为孔子的这三句评语而早就被西汉的读书人广为知晓。

二 画像前三弟子在春秋诸侯国的影响

海昏侯墓衣镜画像中颜渊、子赣、子路这前三位弟子依次随同孔子出现的现象，已知反映了西汉时人以他们为孔门最为重要的三大弟子的意识，并取决于他们各自具有的仁、智、勇的品行和孔子对于他们肯定性评价的情况。但若要论他们居于前三地位的影响因素，则不仅与上述提到的孔门内部其他弟子对于他们的敬重有关，他们在春秋诸侯国之间已经形成的社会名望和发挥的作用实则更不可忽略。

（一）颜渊在鲁国的好名声

由于颜回是孔子最为得意的弟子，孔子对之的不吝夸赞也就并没有局限于孔门之内，而是也曾经将之介绍给鲁国的国君和当权者。比如，鲁定公之时，定公曾询问颜回"子亦闻东野毕之善御乎"，颜回则对曰"善则善矣。虽然，其马将必佚"，这虽然使得"定公色不悦，谓左右曰：'君子固有诬人也'"，但后三日"东野毕之马佚"的事实却让定公对之刮目相看，并召见而询问其"奚以知之"，颜回则引用"帝舜巧于使民，造父巧于使马。舜不穷其民力，造父不穷其马力，是以舜无佚民，造父无佚马"的典故，并比较"今东野毕之御也，……历险致远，马力尽矣，然而犹乃求马不已"的情况而对曰"以政知之"，定公则因

---

① （清）皮锡瑞撰，吴仰湘点校：《尚书大传疏证》，中华书局2022年版，第139—140页。李贤注《后汉书·祭遵传》"（祭遵从弟祭肜永平十二年）征为太仆。……后从东巡狩，过鲁，坐孔子讲堂，顾指子路室谓左右曰：'此太仆之室。'太仆，吾之御侮也"时曾引用，写作：《尚书大传》曰："孔子曰：'吾有四友焉。自吾得回也，门人加亲，是非胥附邪？自吾得赐也，远方之士至，是非奔走邪？自吾得师也，前有光，后有辉，是非先后邪？自吾得由也，恶言不至门，是非禦侮邪？'"见（南朝宋）范晔撰，（唐）李贤等注《后汉书》卷二十《铫期王霸祭遵列传》，中华书局1965年标点本，第3册，第745—746页。

之表示"善！诚若吾子之言也。吾子之言，其义大矣，愿少进乎"，颜回又进而以类喻的方式提到"未有穷其下而能无危者也"的道理，定公也由此十分欣赏颜回之言，并将此事告诉了孔子，孔子则又有评价说"夫其所以为颜回者，此之类也，岂足多哉"。① 此事显示颜回早在鲁定公问话之前就已经在鲁国有"君子"之名，问话之后则又应当进一步以明智、善言和懂得为政之道的形象闻名于鲁国君臣之间。

又如，在鲁哀公时期，哀公及其执政之卿季康子都曾问"弟子孰为好学"，孔子则分别答曰："有颜回者好学，不迁怒，不贰过。不幸短命死矣，今也则亡，未闻好学者也"②；"有颜回者好学，不幸短命死矣，今也则亡"③。这又表明孔子哪怕是在颜回死后，对外也对之多有表扬之词，因而颜回的名声在鲁哀公年间也仍然没有湮灭。而且，鲁定公、鲁哀公之时颜回在鲁国颇有名声的原因，由所举孔子在鲁国君卿面前对于颜回的赞赏，即可知不仅与他自身的品行有关，也在于他为"孔子弟子"的身份。至于颜回结识鲁定公的契机，联系《孔子世家》"定公以孔子为中都宰，一年，四方皆则之。由中都宰为司空，由司空为大司寇"④ 的记载，可知应当与孔子为鲁定公大夫的身份有关。若以颜回强调"使民"不能"穷其民力"的为政方式，比较孔子"道千乘之国，敬事而信，节用而爱人，使民以时"⑤ 和"仁者爱人"⑥ 的说法，及其对于鲁哀公问人道、问政"古之政，爱人为大。所以治爱人，礼为大""政之急者，莫大乎使民富且寿也"⑦ 的答复，以及孔子还将"因民之所利而利之"列为

---

① 《孔子家语·颜回》，杨朝明、宋立林主编：《孔子家语通解》，齐鲁书社2013年版，第222页。此事又见于《荀子·哀公》《韩诗外传·卷二》《新序·杂事五》。
② 《论语·雍也篇》，杨伯峻译注：《论语译注》，中华书局1980年版，第55页。
③ 《论语·先进篇》，杨伯峻译注：《论语译注》，中华书局1980年版，第111页。
④ （汉）司马迁撰：《史记》卷四十七《孔子世家》，中华书局2013年标点本，第2320页。
⑤ 《论语·学而篇》，杨伯峻译注：《论语译注》，中华书局1980年版，第4页。
⑥ 《孔子家语·三恕》，杨朝明、宋立林主编：《孔子家语通解》，齐鲁书社2013年版，第103页。
⑦ 《孔子家语·大婚解》《孔子家语·贤君》，杨朝明、宋立林主编：《孔子家语通解》，齐鲁书社2013年版，第28、157页。

"从政"的"五美"之一的情况①,则还可知其以礼使民的说法,正是属于孔子提倡的"仁者"以"爱人"之仁道治国的方式。这些情况表明孔子为鲁定公大夫的期间,其弟子之中学有所成的颜渊就已经凭借其所学而在鲁国形成了一定的社会影响,而且颜回对于孔子之道的坚守、传播和孔子对于颜回好学、乐道、知政的夸赞,实则也使得师徒二人生前死后的声名有了互相成就的效果。所以,颜回为孔子首徒的地位和师徒二人可以代表孔门的形象,在后世也逐渐根深蒂固,衣镜画像的颜渊传记便也相应首先强调其"孔子弟子"的身份。

(二)子赣在诸侯国的声望

在衣镜画像"君子"组合的三弟子之间,若以实际发挥的社会作用来说,则无疑是子赣在诸侯国的声望最高。比如,卫将军文子向子贡询问"吾闻孔子之施教也,……盖入室升堂者,七十有余人。其孰为贤'"的原因,本身就在于他认为子贡是与他们一起从学的突出"贤者"。②又如,《论语·子张篇》和衣镜画像子赣传记中都有提到的陈子禽询问子贡"子为恭也,仲尼岂贤于子乎"③的发问,以及鲁大夫叔孙武叔"语大夫于朝曰:'子贡贤于仲尼'"的事情与子贡经子服景伯相告此事后"譬之宫墙,赐之墙也及肩,窥见室家之好;夫子之墙数仞,不得其门而入,不见宗庙之美、百官之富。得其门者或寡矣"④的说法,表明陈子禽、叔孙武叔等人甚至还曾认为子贡之贤超越了孔子,因

---

① 《论语·尧曰篇》,杨伯峻译注:《论语译注》,中华书局1980年版,第210页。
② 《孔子家语·弟子行》,杨朝明、宋立林主编:《孔子家语通解》,齐鲁书社2013年版,第132—133页。
③ 《论语·子张篇》记载:"陈子禽谓子贡曰:'子为恭也,仲尼岂贤于子乎?'子贡曰:'君子一言以为知,一言以为不知,言不可不慎也。夫子之不可及也,犹天之不可阶而升也。夫子之得邦家者,所谓立之斯立,道之斯行,绥之斯来,动之斯和。其生也荣,其死也哀,如之何其可及也?'"杨伯峻译注:《论语译注》,中华书局1980年版,第205页。衣镜上的子赣传记,写作:"陈子禽问子赣曰:'子为恭也,中尼岂贤与子乎?'"
④ 《论语·子张篇》记载:"叔孙武叔语大夫于朝曰:'子贡贤于仲尼。'子服景伯以告子贡。子贡曰:'譬之宫墙,赐之墙也及肩,窥见室家之好。夫子之墙数仞,不得其门而入,不见宗庙之类,百官之富。得其门者或寡矣。夫子之云,不亦宜乎!'"杨伯峻译注:《论语译注》,中华书局1980年版,第204页。

而这也更为直接地体现了子贡在世之时便享有的甚高威望，以及孔子在春秋之世反倒多不见容的境遇。所以，子贡面对质疑孔子贤能的声音，以"宫墙"作比表示孔子之墙"数仞"而"得其门者或寡矣"的说法，既明显流露了他尊敬、推崇孔子的态度及其是春秋社会鲜见能够真正懂得孔子之人的事实，也佐证了孔子的声名远播和孔门的壮大、孔学的流传得益于子贡宣扬的情况。

至于子贡的言论为何可以带动孔子的名声大噪？则又正是在于子贡在春秋多个诸侯国之间所具有过的官方身份和产生的重大影响力，因而传世文献对于孔子弟子的记载，实际也以子贡的事迹远远多于其他弟子。以先秦成书的《左传》为例，子贡从政的事迹正是最为多见，并主要是孔子去世之前其在鲁国为官的情况。按照发生时间的早晚之序，则依次包括鲁定公年间的一事和鲁哀公年间的四事。具体来说，鲁定公十五年，子贡参加了正月"邾隐公来朝"的接待仪式，并因为"邾子执玉高，其容仰；公受玉卑，其容俯"的不合礼表现，依据"夫礼，死生存亡之体也"的要义和"嘉事不体，何以能久？高、仰，骄也；卑、俯，替也。骄近乱，替近疾"的理由，预言过"以礼观之，二君者，皆有死亡焉"和鲁定公"为主，其先亡乎"的命运，而且其预言在该年"夏五月壬申"鲁定公薨逝之事所应验后，孔子还曾感慨"赐不幸言而中，是使赐多言者也"。① 此事虽然表明其时的子贡还有着"多言"的缺点，但也彰显了他在鲁定公年间就已经掌握邦交礼仪并凭借这种能力和擅长言语的特征而任职鲁国礼仪官员的情况。

再至鲁哀公七年，哀公"会吴于鄫"的事情中，吴国太宰嚭向鲁国强征百牢并召见时任鲁国执政的季康子赶赴会场，由于吴国所征严重

---

① 杨伯峻编著：《春秋左传注》，中华书局1990年版，第1600—1601页。此事又见载于《孔子家语·辩物》，写作："邾隐公朝于鲁，子贡观焉。邾子执玉高，其容仰。定公受玉卑，其容俯。子贡曰：'以礼观之，二君者将有死亡焉？夫礼，生死存亡之体，将左右、周旋、进退、俯仰，于是乎取之；朝、祀、丧、戎，于是乎观之。今正月相朝，而皆不度，心以亡矣。嘉事不体，何以能久？高、仰，骄也；卑、俯，替也。骄近乱，替近疾。若为主，其先亡乎？'夏五月，公薨，又邾子出奔。孔子曰：'赐不幸而言中，是赐多言。'"杨朝明、宋立林主编：《孔子家语通解》，齐鲁书社2013年版，第200页。

· 156 ·

第三章　衣镜的孔子之徒与组合排序

违礼，季康子不欲前往而"使子贡辞"，面对太宰嚭"国君道长，而大夫不出门，此何礼也"的质问，子贡则不卑不亢地表明"畏大国也。大国不以礼命于诸侯"的原因，并援引吴国先祖"大伯端委以治周礼，仲雍嗣之，断发文身，臝以为饰"的例证，提出礼在特殊情境下可以变通的说辞①，并最终使得吴国此次强征没有达成；十一年，鲁、吴联合进攻齐国的军事行动中，子贡随行，在吴王夫差赐鲁卿叔孙州仇"甲、剑铍，曰：'奉尔君事，敬无废命'"而"叔孙未能对"之时，又有"卫赐进，曰：'州仇奉甲从君'"而代为拜受之事②；十二年，"公会吴于橐皋"而吴王夫差"使大宰嚭请寻盟。公不欲"的事情中，鲁哀公又使子贡以对，并最终有了"乃不寻盟"的局面③；十五年，"冬，及齐平。子服景伯如齐"的事情中，鲁哀公为了解决孟孙氏家臣成邑宰公孙成（又称公孙宿）背叛孟武伯而以成邑入于齐的问题，又使"子赣为介。见公孙成"，并使得齐国当时掌握大权的陈成子（即田成子）当年便归还成邑而与鲁国和解④。同时，孔子去世之后，子贡仍然有为官经历见载。只是，《左传》仅有的鲁哀公二十六年"卫出公自城鉏使以弓问子赣，且曰：'吾其入乎？'子赣稽首受弓，对曰：'臣不识也。'私于使者曰：'……则赐不识所由入也'"⑤的事情，又说明此年的子贡已经在卫国任职。

综合《左传》对于子贡事迹的记载，则可见子贡曾经长期在鲁国为官，并可谓被鲁国国君和执政之卿所倚重而负责邦交往来之事，他的这种地位及其出使的优异表现，也相应使得他在鲁国的名声显著，并因而才有前举叔孙武叔在朝堂告诉其他鲁大夫"子贡贤于仲尼"之事。至于作为卫国人的子贡，为何会在孔子生前长期任职鲁国？为何会被《左传》

---

①　杨伯峻编著：《春秋左传注》，中华书局1990年版，第1640—1641页。
②　按："卫赐"，即卫人端木赐。杨伯峻编著：《春秋左传注》，中华书局1990年版，第1663页。
③　杨伯峻编著：《春秋左传注》，中华书局1990年版，第1671页。
④　公孙宿则"以其兵甲"归入齐国廪邑。杨伯峻编著：《春秋左传注》，中华书局1990年版，第1690—1694页。
⑤　杨伯峻编著：《春秋左传注》，中华书局1990年版，第1731—1732页。

· 157 ·

重点关注？则都与他和孔子的师徒关系直接相关。其中，子贡在鲁定公年间为官鲁国的原因，即同样与他为孔子弟子的身份和孔子为鲁定公大夫的任职有关；《左传》自鲁定公十五年子贡接待邾隐公之事后，直到鲁哀公七年又才开始出现子贡事迹的原因，又与孔子离开鲁国而子贡随同其出游列国的情况有关；《左传》自鲁哀公十六年四月"孔丘卒"而子贡接待鲁哀公吊丧之事后，直到鲁哀公二十六年又才出现子贡为官卫国事迹的原因，则既与子贡为孔子守墓六年的做法有关，又与孔子死后鲁国不再信任和重用子贡的做法有关。对于子贡离开鲁国的这种缘由，《左传·哀公二十七年》"春，越子使舌庸来聘，且言邾田，封于驷上。二月，盟于平阳，三子皆从。康子病之，言及子赣，曰：'若在此，吾不及此夫！'武伯曰：'然。何不召？'曰：'固将召之。'文子曰：'他日请念。'夏四月己亥，季康子卒"①的记载，实则也佐证了子贡在为孔子服丧结束之后不再受到鲁国执政季康子任用的情况。

而且，虽然季康子死前曾因耻于平阳之盟而想念子贡擅长以辞令处理邦交事务的才能，并表示了将会召他回鲁国任职的想法，但季康子不久便离世的情况，又意味着该年之后的子贡也应当没有再回到鲁国任职。与此呼应，《史记·儒林列传》"自孔子卒后，七十子之徒散游诸侯，大者为师傅卿相，小者友教士大夫，或隐而不见。……子张居陈，澹台子羽居楚，子夏居西河，子贡终于齐"②的记载，与《汉书·儒林传》"仲尼既没，七十子之徒散游诸侯，大者为卿相师傅，小者友教士大夫，或隐而不见。故子张居陈，澹台子羽居楚，子夏居西河，子贡终于齐"③的一致说法，还表明子贡最后是仕于齐国并高居"卿相"之位。若总结子贡身居显要职位的为官经历，则又正当如《仲尼弟子列传》对其"常相鲁卫，家累千金，卒终于齐"④的记载，因而子贡实际在鲁、卫、齐三个诸侯国都曾进入过权力

---

① 杨伯峻编著：《春秋左传注》，中华书局1990年版，第1732—1733页。
② （汉）司马迁撰：《史记》卷一百二十一《儒林列传》，中华书局2013年标点本，第3786页。
③ （汉）班固撰，（唐）颜师古注：《汉书》卷八十八《儒林传》，中华书局1962年标点本，第3591页。
④ （汉）司马迁撰：《史记》卷六十七《仲尼弟子列传》，中华书局2013年标点本，第2675页。

核心。同时,《辩政》所云"子贡为信阳宰,将行,辞于孔子"①之事,以及《货殖列传》"子赣既学于仲尼,退而仕于卫,废著鬻财于曹、鲁之间,七十子之徒,赐最为饶益。……子贡结驷连骑,束帛之币以聘享诸侯,所至,国君无不分庭与之抗礼"②的记载,又说明子贡还曾影响过楚、曹等多个诸侯国。所以,子贡不仅是鲁定公、鲁哀公年间鲁国邦交中的关键人物,还曾辅政过卫、齐的朝堂,并做过楚国的信阳邑城宰,这些为官的经历及其聘享活动广泛牵涉其他诸侯国的事实,以及他在曹、鲁之间的经商活动也十分成功的情况,足见他在春秋社会的知名度和影响力实属非常之大。

(三) 子路在诸侯国的威名

子路在鲁国的名声,虽然不如颜渊、子赣,但是《仲尼弟子列传》所载他做过"季氏宰"的经历③,以及《孔子世家》进一步叙述的鲁定公十三年时任大司寇的孔子上禀定公而"使仲由为季氏宰"以协助其完成"堕三都"之计划的事情,与定公十四年子路在鲁国君臣收受齐国贿赂而变得"怠於政事"之后对孔子"夫子可以行矣"的劝告,和孔子最终决定离开鲁国之后他又坚定追随孔子出游,并安顿孔子于其"妻兄颜浊邹家"的情况④,却应当意味着子路在鲁国等诸侯国也存在一定的影响力。而且,子路义无反顾地按照孔子的想法"堕三都"和随同孔子周游列国的行为,无疑也体现了他为孔子所看重的勇敢、忠诚、信实等美好品质。这些品质,事实也相应成就了子路的声名。比

---

① 杨朝明、宋立林主编:《孔子家语通解》,齐鲁书社2013年版,第168页。此事又见载于《说苑·政理》。
② (汉)司马迁撰:《史记》卷一百二十九《货殖列传》,中华书局2013年标点本,第3955页。
③ (汉)司马迁撰:《史记》卷六十七《仲尼弟子列传》,中华书局2013年标点本,第2666页。
④ (汉)司马迁撰:《史记》卷四十七《孔子世家》,中华书局2013年标点本,第2322—2325页。有关子路为"季氏宰"的时间,《左传》的记载与《史记》存在一年之差,其言:定公十二年"仲由为季氏宰,将堕三都,于是叔孙氏堕郈。季氏将堕费,公山不狃、叔孙辄帅费人以袭鲁。公与三子入于季氏之宫,登武子之台。费人攻之,弗克。入及公侧,仲尼命申句须、乐颀下,伐之,费人北。国人追之,败诸姑蔑。二子奔齐,遂堕费。将堕成,公敛处父谓孟孙:'堕成,齐人必至于北门。且成,孟氏之保障也。无成,是无孟氏也。子伪不知,我将不堕。'冬十二月,公围成,弗克。"杨伯峻编著:《春秋左传注》(四),中华书局1990年版,第1586—1587页。

如,《左传》对于子路有两处记载,一是鲁哀公十四年"小邾射以句绎来奔,曰:'使季路要我,吾无盟矣'"之事,此事中子路因为小邾射在两国战事之际不"死其城下"而以土地投奔敌国的行为乃"不臣"之举,和若"济其言,是义之也"的性质,而拒绝与之盟约的做法,以及小邾射"千乘之国,不信其盟"而唯独相信子路之言的情况①,便是既显示了子路忠、信的品行,又说明了他在生前已经因为恪守诚信而享誉鲁国和小邾国的情况;二是鲁哀公十五年"秋,齐陈瓘如楚,过卫,仲由见之"之事,此事中齐国权臣陈瓘路过卫国而拜见仲由的做法,以及子路"善鲁以待时"的建议被陈瓘听信的情况②,便是既显示了子路对于父母之邦鲁国的情谊,又说明了他在卫国、齐国也已形成不小名声的事实。

同时,就子路的为官经历来说,他不仅在鲁国、卫国任职过家宰、邑宰,还曾经在楚国担任过领军作战的将领,《孔子家语·致思》所载子路"亲殁之后,南游于楚,从车百乘,积粟万钟,累茵而坐,列鼎而食"③的说法即是其证。其中,子路为卫国蒲邑之宰的治政表现,更是使之声誉鹊起。相关情况,《仲尼弟子列传》仅提到子路为"蒲大夫"④的身份;《致思》则载有"子路为蒲宰,为水备"和"子路治蒲,请见于孔子"两事⑤;《辨政》则详细叙述了孔子因为他治理蒲邑的成效显著而"三称其善"之事,具体如下:

子路治蒲三年。孔子过之,入其境,曰:"善哉!由也恭敬以信

---

① 杨伯峻编著:《春秋左传注》(四),中华书局1990年版,第1682页。
② 《哀公十五年》记载:"秋,齐陈瓘如楚,过卫,仲由见之,曰:'天或者以陈氏为斧斤,既斫丧公室,而他人有之,不可知也;其使终飨之,亦不可知也。若善鲁以待时,不亦可乎?何必恶焉?'子玉曰:'然。吾受命矣,子使告我弟。'"杨伯峻编著:《春秋左传注》(四),中华书局1990年版,第1692—1693页。
③ 《孔子家语·致思》,杨朝明、宋立林主编:《孔子家语通解》,齐鲁书社2013年版,第87页。又见于《说苑·建本》。
④ (汉)司马迁撰:《史记》卷六十七《仲尼弟子列传》,中华书局2013年标点本,第2666页。
⑤ 杨朝明、宋立林主编:《孔子家语通解》,齐鲁书社2013年版,第82、94页。又分别见于《说苑·臣术》和《史记·仲尼弟子列传》《说苑·政理》。

矣。"入其邑，曰："善哉！由也忠信而宽矣。"至廷，曰："善哉！由也明察以断矣。"子贡执辔而问曰："夫子未见由之政，而三称其善，其善可得闻乎？"孔子曰："吾见其政矣。入其境，田畴尽易，草莱甚辟，沟洫深治，此其恭敬以信，故其民尽力也；入其邑，墙屋完固，树木甚茂，此其忠信以宽，故其民不偷也；至其庭，庭甚清闲，诸下用命，此其言明察以断，故其政不扰也。以此观之，虽三称其善，庸尽其美乎？"①

由此可知，在子路治理蒲邑的三年之际，孔子路过卫国之时曾途经蒲邑，并由其"入其境""入其邑""至其庭"所见的农田水利、居民房舍和官吏状态，而先后三次称赞子路之政"善哉"，并认为这些情况能够观其"恭敬以信""忠信而宽""明察以断"的治政方式与"其民尽力""其民不偷""其政不扰"的治政效果。所以，孔子眼中的"子路治蒲"，可谓是有方、善政，而这种评价也呼应了"四科十哲"的说法将子路列入"政事"科的分类②。

不仅如此，《荀子·大略》"晋人欲伐卫，畏子路。不敢过蒲"③的说法，还显示子路"勇"的名声及其治蒲成效显著的事迹也传到了晋国等诸侯国。子路在卫国治蒲的美政，也应当使得他赢得了部分卫国人的敬重，因而再到鲁哀公十五年子路"为卫大夫孔悝之邑宰"而适逢"蒉聩乃与孔悝作乱"而"结缨而死"④之后，卫国还是有人对之多有怀念并派出使者向孔子报丧。子路追随孔子周游列国的行为，也当促成

---

① 《辩政》，杨朝明、宋立林主编：《孔子家语通解》，齐鲁书社2013年版，第170—171页。又见于《韩诗外传》，写作："子路治蒲三年，孔子过之，入其境而善之，曰：'善哉！由恭敬以信矣。'入其邑，曰：'善哉！由忠信以宽矣。'至其庭，曰：'善哉！由明察以断矣。'子贡执辔而问曰：'夫子未见由，而三称善，可得闻乎？'孔子曰：'我入其境，田畴甚易，草莱甚辟。此恭敬以信，故其民尽力。入其邑，墉屋甚尊，树木甚茂。此忠信以宽，故其民不偷。入其庭，甚闲，故其民不扰也。《诗》曰：夙兴夜寐，洒扫庭内。'"（汉）韩婴撰，许维遹校释：《韩诗外传集释》卷六·第四章，中华书局1980年版，第205—206页。
② 《论语·先进篇》云"德行：颜渊，闵子骞，冉伯牛，仲弓。言语：宰我，子贡。政事：冉有，季路。文学：子游，子夏。"杨伯峻译注：《论语译注》，中华书局1980年版，第110页。
③ （清）王先谦撰：《荀子集解》，中华书局1988年版，第504页。
④ （汉）司马迁撰：《史记》卷六十七《仲尼弟子列传》，中华书局2013年标点本，第2666—2667页。

了他为更多的诸侯国人所知晓。比如，在孔子"去叶，反于蔡"的途中，孔子曾遇隐者"长沮、桀溺耦而耕"，并"使子路问津焉"，而子路与二人的对话，即透露出了他们既知道"鲁孔丘"的存在，又知道仲由为"孔丘之徒"的情况。① 所以，从子路在鲁、卫、楚都曾为官的经历，以及他在齐、晋、小邾都享有盛名的事实，与春秋避世的一些隐者也听闻其名的情况，又足见子路在春秋社会的诸侯国之间也已产生一定的影响力。也正因为如此，墨家实际也还流传着"子路为人，勇于见义"② 的形象。

若比较三弟子的上述事迹，则可以发现衣镜画像中分别为"仁者""智者""勇者"形象的这三位"君子"，正是各自具有仁、智、勇的品行及其对应的从政能力。比如，颜回"好学""遵礼"的品质和能够使孔门"日益亲"的影响力，即都是其"仁"的体现；子赣善于言辞、货殖和能够被多个诸侯国的重要政治人物认为是"贤者"的情况，即都是其"智"的体现；子路能够使恶言不闻于孔子和不惧死亡等表现，都是其"勇"的体现。颜回言中善御的东野毕将会佚马之事，又突显了他懂得居上者不能穷其民力以危自身的为政使民之道；子赣相礼鲁定公接待邾隐公的国事并言中二君将死之事，以及代季康子拒绝吴国太宰

---

① 《孔子世家》记载："去叶，反于蔡。长沮、桀溺耦而耕，孔子以为隐者，使子路问津焉。长沮曰：'彼执舆者为谁？'子路曰：'为孔丘。'曰：'是鲁孔丘与？'曰：'然。'曰：'是知津矣。'桀溺谓子路曰：'子为谁？'曰：'为仲由。'曰：'子，孔丘之徒与？'曰：'然。'桀溺曰：'悠悠者天下皆是也，而谁以易之？且与其从辟人之士，岂若从辟世之士哉！'耰而不辍。子路以告孔子，孔子怃然曰：'鸟兽不可与同群。天下有道，丘不与易也。'"（汉）司马迁撰：《史记》卷四十七《孔子世家》，中华书局2013年标点本，第2336页。此事还早见于《论语·微子篇》，写作："长沮、桀溺耦而耕，孔子过之，使子路问津焉。长沮曰：'夫执舆者为谁？'子路曰：'为孔丘。'曰：'是鲁孔丘与？'曰：'是也。'曰：'是知津矣。'问于桀溺。桀溺曰：'子为谁？'曰：'为仲由。'曰：'是鲁孔丘之徒与？'对曰：'然。'曰：'滔滔者天下皆是也，而谁以易之？且而与其从辟人之士也，岂若从辟世之士哉？'耰而不辍。子路行以告。孔子怃然曰：'鸟兽不可与同群，吾非斯人之徒与而谁与？天下有道，丘不与易也。'"杨伯峻译注：《论语译注》，中华书局1980年版，第193—194页。

② 《诘墨》记载墨子曰："孔子厄于陈、蔡之间，子路烹豚，孔子不问肉之所由来而食之。剥人之衣以沽酒，孔子不问酒之所由来而饮之。诘之曰：'所谓厄者，沽买无处，藜羹不粒，乏食七日。若烹豚饮酒，则何言乎厄？斯不然矣。且子路为人，勇于见义，纵有豚酒，不以义不取之，可知也，又何问焉？'"傅亚庶撰：《孔丛子校释》，中华书局2011年版，第392页。

嚭的违礼强征、代叔孙州仇应对吴王夫差的赏赐、代鲁哀公推托太宰嚭的寻盟之事，与作为子服景伯出使齐国的副使等情况，又突显了他对于邦交礼仪的知晓、善用及其政治地位和影响；子路为蒲大夫"治蒲三年"卓有成效并被孔子三称其善的事情，及其在楚国曾经领军的情况，又突显了他善于治政、治军的能力。所以，衣镜画像中前三位对应孔子"君子道者三"之理论的"君子"组合，实则还是能够治理"政事"的组合。

三　三君子各自的治国能力和重要意义

已知衣镜画像中的颜渊、子赣、子路不仅在孔子私学内的地位都非同一般，在春秋社会诸侯国之间也都已然形成一定影响，并且还都有着擅长处理政事的共同之处。只是，还需要强调的是，这三位代表三种君子之道的"君子"在孔门内外的地位和影响力的形成，也正是主要取决于他们各自具有的治国能力。

（一）孔子更为推崇具有治政能力的"君子"

孔子推崇的"君子"，本就应当以从政治世为人生目标。比如，孔子"诵《诗》三百，授之以政，不达；使于四方，不能专对。虽多，亦奚以为"①的说法，即直接表明了孔子教授弟子读《诗》的原因，在于使弟子能够通过书中大义而学会处理政事的方法，并在他们做官时可以完成好自己的治理职责，或者更进一步能够出使他国而独立应对邦交事宜。否则，诵读再多次，在孔子看来也是无甚大用。又如，在"子路问君子"和两次追问"如斯而已乎"之事中，孔子先后答曰"修己以敬""修己以安人""修己以安百姓。修己以安百姓，尧舜其犹病诸"②的说法，即显示孔子眼中通过学习而能够修养自身品行之人只是最低层次的"君子"，更高层次的"君子"则依次还有通过"修己"

---

① 《论语·子路篇》，杨伯峻译注：《论语译注》，中华书局1980年版，第135页。
② 《论语·宪问篇》记载："子路问君子。子曰：'修己以敬。'曰：'如斯而已乎？'曰：'修己以安人。'曰：'如斯而已乎？'曰：'修己以安百姓。修己以安百姓，尧舜其犹病诸？'"杨伯峻译注：《论语译注》，中华书局1980年版，第159页。

而能够做到"安人""安百姓"之人。其中，所谓的"安百姓"，即使百姓生活富足、安居乐业；所谓的"安人"，应当相对是使上层统治者的统治秩序得到维护，能够做到这两个层次的"君子"，相比仅能"修己"的君子，则不仅是通过读书提升了自身的品行，而还能对于邦国、天下产生大益处。所以，在孔子的这种"读书"思想之下，"君子"相应有着能够"修己以安百姓""修己以安人"和仅仅能够"修己以敬"的高下之分，孔子也因此不仅自己曾经长期追求入仕，并表示过"苟有用我者，期月而已可也，三年有成"①，他倡导弟子读书、好学的目的，也是希望他们能够学以致用，并通过从政而达到社会上下安乐的理想效果。

对照孔子的这种"君子"标准，具有为政能力的颜渊、子赣、子贡，在孔门之内的地位自然也就高于一般性的仅能通过读书而"修己"的君子。比如，孔子学《诗》的知名弟子，虽然通常被认为是子夏，但能够随机应变而"使于四方"的子贡，实际才是学《诗》最为成功的弟子。与此呼应，在子贡求问孔子"贫而无谄，富而无骄，何如"之事中，他对于孔子"可也；未若贫而乐，富而好礼者也"的答语，所做出的"《诗》云：'如切如磋，如琢如磨'，其斯之谓与"的反应，以及孔子由此对之"赐也，始可与言《诗》已矣，告诸往而知来者"②的称赞，即证明了子贡学过《诗》并了解其大义的事实。在衣镜画像的子夏传记中，即便特别提到了"子夏问：'巧笑倩兮，美目盼兮，素以为绚兮'，何胃也？孔子曰：'绘事后素。'曰：'礼厚乎！'孔子曰：'起予，商也！始可与言《诗》已'"的子夏问《诗》之事，与孔子对之也有的"始可与言《诗》已"的积极评价，但没有什么治政实绩流传后世的子夏，在画像中的地位又明确低于子贡。所以，子贡出使诸侯国而能够"专对"的从政表现，既与他"诵《诗》三百"的读书行为直接有关，也是其擅长读《诗》的最好证明。

---

① 《论语·子路篇》，杨伯峻译注：《论语译注》，中华书局1980年版，第137页。
② 《论语·学而篇》，杨伯峻译注：《论语译注》，中华书局1980年版，第9页。

第三章　衣镜的孔子之徒与组合排序

若以孔子《诗》教的愿望推于"六艺"之学，则还可知孔子传授弟子的"六艺"皆可运用于从政，颜渊、子赣、子路等弟子求学于孔子，为孔子所"教不倦"的六艺之学与君子之道，实际也就不仅是仁、智、勇的道德修养，而更是"仁者""智者""勇者"这三种不同类型的君子所具有的治政能力。而且，所举孔子与子贡的师徒对话，不仅展示了子贡善于读《诗》而能够引《诗》譬喻的表现，以及孔子对其读书能够举一反三之智的认同，和子贡对于孔子之道的足够了解，还表明了孔子相对"贫而无谄，富而无骄"之人而更为赞赏"贫而乐道""富而好礼"之君子的态度，以及分别能够代表"贫而乐道"的颜回和"富而好礼"的子贡也正是因为孔子的这种思想而受到后人推崇的情况。只是，在孔子"不仁者不可以久处约，……仁者安仁""贫而无怨难，富而无骄易"[1]与"安百姓"重于"安人"的为政思想之下，颜回又因为能够"安百姓"的"仁者"形象而高于仅能"安人"的智者子贡。对于孔子最希望仁者以仁道治理邦国的这种主张，孔子在回答子贡"如有博施于民而能济众，何如？何谓仁乎"的提问时，也曾表示："何事于仁！必也圣乎！尧舜其犹病诸！夫仁者，己欲立而立人，己欲达而达人。能近取譬，可谓仁之方也已！"[2]所以，孔子提倡的"君子"为政，相应以"修己以安百姓"为最高目标，这种思想则不仅是他格外重视富民、安民、爱民的原因，也是他将民众利益放在首位而能够以仁道治国的颜渊看作弟子之首的理由。

若结合颜渊、子赣、子路各自的"君子"品行和治政能力，反观孔子以"仁者不忧，知者不惑，勇者不惧"为"君子道者三"[3]的说法，即可以确定孔子所谓仁、智、勇的三种君子之道，实则并非仅仅是指三种君子所具有的仁爱、智慧、勇敢三种美德，而还是将这三种美德看作这三种君子治理天下的方式。也因为如此，当"哀公问政于孔子"之时，孔子实际

---

[1] 《论语·里仁篇》《论语·宪问篇》，杨伯峻译注：《论语译注》，中华书局1980年版，第35、149页。

[2] 《论语·雍也篇》，杨伯峻译注：《论语译注》，中华书局1980年版，第65页。

[3] 《论语·宪问篇》，杨伯峻译注：《论语译注》，中华书局1980年版，第155页。

还明确表示过：“智、仁、勇三者，天下之达德也”，而且"好学近乎智，力行近乎仁，知耻近乎勇。知斯三者，则知所以修身；知所以修身，则知所以治人；知所以治人，则能成天下国家者矣。"① 这表明孔子认为懂得仁、智、勇三种美德之人，能够进而得知如何"修身""治人"和"成天下国家"。以此再比较前举孔子回答"子路问君子"所言三种君子由低到高分别能够"修己以敬""修己以安人""修己以安百姓"的说法，便可以明确孔子心中的仁、智、勇正是"君子"修身、从政的必备素养。所以，代表三种君子之道的仁者颜渊、智者子赣、勇者子路，即分别具有一种孔子看重的君子品行和治政能力，他们也因为各自突出的"君子"形象及其与"圣人"孔子的师徒关系而受到后世的推崇，并随同孔子成为海昏侯墓衣镜画像的"前三"弟子。

此外，孔子有关读书目标和"君子"分类、排序的思想，实际也影响了"七十子"和后儒。比如，子夏"学而优则仕"②的主张，与曾子"可以托六尺之孤，可以寄百里之命，临大节而不可夺也——君子人与？君子人也"③的说法，以及《大学》"身修""家齐""国治""天下平"④的观念，即明显源出于孔子的这些思想。其中，曾子所谓可以托付幼主和国家的君子又正可对应颜渊；在存亡之际可以将邦国命运交付以出使救危的君子又正可对应子贡；在安危之间能够不惧生死而不屈从、不改志的君子又正可对应子路，因而曾子"君子人"的这则说法应当不是巧合，而更可能就是他对于这三位弟子的整体性肯定。所

---

① 《孔子家语·哀公问政》，杨朝明、宋立林主编：《孔子家语通解》，齐鲁书社2013年版，第208—209页。
② 《论语·子张篇》，杨伯峻译注：《论语译注》，中华书局1980年版，第202页。
③ 《论语·泰伯篇》，杨伯峻译注：《论语译注》，中华书局1980年版，第80页。
④ 《大学》云："大学之道，在明明德，在亲民，在止于至善。知止而后有定，定而后能静，静而后能安，安而后能虑，虑而后能得。物有本末，事有终始，知所先后，则近道矣。古之欲明明德于天下者，先治其国；欲治其国者，先齐其家；欲齐其家者，先修其身；欲修其身者，先正其心；欲正其心者，先诚其意；欲诚其意者，先致其知；致知在格物，物格而后知至，知至而后意诚，意诚而后心正，心正而后身修，身修而后家齐，家齐而后国治，国治而后天下平。自天子以至于庶人，壹是皆以修身为本。其本乱而末治者，否矣。其所厚者薄，而其所薄者厚，未之有也。此谓知本，此谓知之至也。"杨天宇撰：《礼记译注》，上海古籍出版社2004年版，第800—801页。

以，以此说法，结合衣镜画像中"曾子"的特殊称谓方式及其在汉代的深远影响，则还可知画像以这三人为孔门三大代表性弟子的观念，虽然根本上取决于孔子对于他们的肯定性评价，但也应当还得益于曾子对于他们的持续性宣扬。

（二）孔子对于三君子治国能力的肯定与划分

受孔子学以致用的思想影响，孔子实际多有鼓励弟子从政，孔子弟子则对其推崇的君子风范和为政之道也多感兴趣，并进而有颇多具有治政能力的弟子。只是，由于"四科十哲"的说法仅是将"冉有，季路"列于"政事"科，学者也往往直接以冉求（字子有，又称冉有）、子路（又字季路，即仲由）为孔子擅长政事的弟子，排列二人之前的"德行"科弟子"颜渊，闵子骞，冉伯牛，仲弓"和"言语"科弟子"宰我，子贡"①，则又分别被看作德行、言语出众的代表性弟子。但从上述对于颜渊、子赣、子路在春秋诸侯国之间影响的介绍，即可以发现有关"四科"划分的简单理解，实则忽略了"德行"科与"言语"科弟子实际也堪为治政的能力。所以，虽然前举子路"治蒲"之事，可以证明子路确实擅长处理"政事"的形象，但这并非意味着能够治理"政事"的孔子弟子仅仅是"政事"科所列举的二人。尤其是，以先后列于三科的颜渊、子赣、子路来说，他们能够入选海昏侯墓衣镜师徒画像而分别代表"仁者""智者""勇者"的原因，在于他们作为不同类型的"君子"都具有的治政能力。至于他们从一众可以治理政事的弟子之中脱颖而出的原因，既在于他们品行的出众，又在于他们所具有的治政能力实则是更为重要的治国能力。比如，前举孔子"诵《诗》三百，授之以政，不达；使于四方，不能专对"的说法，实则就是将治国能力与一般的治政能力区别开来，子贡能够代表邦国出使其他诸侯国的能力，也相应重要于同样被孔子称赞过善于读《诗》的子夏为"莒

---

① 《论语·先进篇》云："德行：颜渊，闵子骞，冉伯牛，仲弓。言语：宰我，子贡。政事：冉有，季路。文学：子游，子夏。"杨伯峻译注：《论语译注》，中华书局1980年版，第110页。

父宰"① 所需的地方治理能力。

对于弟子可为治政的能力高下,孔子往往喜欢通过让弟子自言入仕愿望的方式予以观察。比如,在"颜渊、季路侍"时,孔子曾让二人"各言尔志",子路先答曰"愿车马衣轻裘与朋友共敝之而无憾",颜渊后答曰"愿无伐善,无施劳",孔子则在子路进而表示"愿闻子之志"的请求后,说明了他希望"老者安之,朋友信之,少者怀之"的为政志向。②比较之下,即可见颜渊的从政愿望明显比子路的层次更高,并具有超越自身的"爱人"特征,在其"无伐善,无施劳"的愿景下的受益之人,则也正是涵盖孔子理想中的"老者""朋友""少者";子路愿与朋友共享车马服饰的想法,虽然流露出其"义"的特征,却仅是相合于孔子欲使"朋友信之"的愿望。再联系"樊迟问仁。子曰:'爱人'"③的回答,也便可知颜渊、孔子想要实施的治政方式实则都是孔子提倡的仁道,子路的治政志向则与孔子仁政的主张还存在较大差距。所以,颜渊、季路的这次言志之事,可以看到孔子对于颜渊为国治世志向的肯定,其原因则也在于他的为政愿望心怀邦国、天下,并契合孔子仁道的治政标准。而且,颜渊与孔子的这种志同道合,也应当正是前举孔子、子贡评价他若遇有德之君,便可以辅政以治理国家、天下的原因;"孔子称其仁"与后人也视之为"仁者"的考量,则也相应并非仅仅是因为他"以德行著名",而还在于他与孔子的志同道合和可以实施仁政的治国能力。

又如,在"子路、曾皙、冉有、公西华侍坐"时,孔子也让他们表达自己若得任用之后的从政计划,其中"子路率尔而对曰:'千乘之国,摄乎大国之间,加之以师旅,因之以饥馑,由也为之,比及三年,可使有勇,且知方也'"的表现,还引得孔子"哂之"的反应,理由

---

① 《论语·子路篇》记载:"子夏为莒父宰,问政。子曰:'无欲速,无见小利。欲速,则不达;见小利,则大事不成。'"杨伯峻译注:《论语译注》,中华书局1980年版,第139页。

② 《论语·公冶长篇》记载:"颜渊、季路侍。子曰:'盍各言尔志?'子路曰:'愿车马衣轻裘与朋友共敝之而无憾。'颜渊曰:'愿无伐善,无施劳。'子路曰:'愿闻子之志。'子曰:'老者安之,朋友信之,少者怀之。'"杨伯峻译注:《论语译注》,中华书局1980年版,第52页。

③ 《论语·颜渊篇》,杨伯峻译注:《论语译注》,中华书局1980年版,第131页。

第三章 衣镜的孔子之徒与组合排序

则是"为国以礼，其言不让"；冉求"方六七十，如五六十，求也为之，比及三年，可使足民。如其礼乐，以俟君子"的志向，孔子则仅是肯定了他欲以使所治理城邑富庶的想法对于邦国也存在意义；公西赤"非曰能之，愿学焉。宗庙之事，如会同，端章甫，愿为小相焉"的愿望，孔子则是表示"赤也为之小，孰能为之大"。① 比较这三位弟子各自所言的从政志向和孔子的态度，即可以发现孔子弟子的治政目标正是有大小之分，欲以运用所学参与邦国大事的弟子通常又更为受到孔子赞赏，因而公西赤（字子华，又称公西华）愿意学习并运用礼乐以相助邦国宗庙祭祀和诸侯会盟之事的志向受到孔子欣赏，冉求欲以治理"六七十"或"五六十"里土地的"足民"之志而不用"礼乐"的打算却并未受到孔子的称赞。比较孔子对于子路、公西赤言志的看法，还可以发现孔子对待同样以邦国大事为治政目标的志向还有高下之分，因而相比公西赤的志向明确被孔子称赞远大重要的情况，孔子虽然也肯定了子路想要治理内忧外患的"千乘之国"而使之"有勇，且知方"的志向事关邦国命运的重要性，却又嘲笑他的发言不能谦虚礼让而违背了"为国以礼"的原则。所以，此次的弟子侍坐言志之事，明显可以看到子路、公西赤这类具有治国志向的弟子更受孔子赞赏的态度，以及公西赤这类志在以礼为政的弟子又更为符合孔子心意的情况。

不仅如此，冉求"如其礼乐，以俟君子"的说法，还本就透露了孔子传授的"君子"为政之道，正是以"礼乐"治国的方式。也因为如此，当冉求看到卫国人口已然稠密而问政时，孔子先答以"富之"，后又进而表示

---

① 《论语·先进篇》云：子路、曾皙、冉有、公西华侍坐。子曰："以吾一日长乎尔，毋吾以也。居则曰：'不吾知也！'如或知尔，则何以哉？"子路率尔而对曰："千乘之国，摄乎大国之间，加之以师旅，因之以饥馑，由也为之，比及三年，可使有勇，且知方也。"夫子哂之。"求，尔何如？"对曰："方六七十，如五六十，求也为之，比及三年，可使足民。如其礼乐，以俟君子。""赤！尔何如？"对曰："非曰能之，愿学焉。宗庙之事，如会同，端章甫，愿为小相焉。"……三子者出，曾皙后。曾皙曰："夫三子者之言何如？"子曰："亦各言其志也已矣。"曰："夫子何哂由也？"曰："为国以礼，其言不让，是故哂之。""唯求则非邦也与？""安见方六七十、如五六十而非邦也者？""唯赤则非邦也与？""宗庙会同，非诸侯而何？赤也为之小，孰能为之大？"杨伯峻译注：《论语译注》，中华书局1980年版，第118—119页。

"教之"①，因而冉求侍坐时所言的"足民"之志，只是孔子主张的君子治政的低层次要求，更高层次的目标则还包括他没有打算推行的礼乐教化。有关孔子提倡礼乐教化的为政治国方式，他也还明确表示过："能以礼让为国乎？何有？不能以礼让为国，如礼何？"②至于这种治国方式的优势，其"为政以德，譬如北辰，居其所而众星共之"和"道之以政，齐之以刑，民免而无耻；道之以德，齐之以礼，有耻且格"③的说法，即表明了孔子认为德政、礼治能够真正得人心而使上下相安的看法，因而这也意味着孔子提倡的以礼乐、仁德治国的方式，本质上相通。与此呼应，当颜渊"问为邦"时，孔子答以"行夏之时，乘殷之辂，服周之冕，乐则《韶》《舞》。放郑声，远佞人。郑声淫，佞人殆"④；当"颜渊问仁"时，孔子又答以"克己复礼为仁"，而且其纲目也即"非礼勿视，非礼勿听，非礼勿言，非礼勿动"，其目标也即"天下归仁焉"，颜渊则还表示"回虽不敏，请事斯语矣"⑤。所以，对鲁定公盛赞过"帝舜巧于使民""舜不穷其民力""舜无佚民"，并胸怀"无伐善，无施劳"之治国愿景的颜回志向，实则最为符合孔子传授的治国方式和理想，因而衣镜画像中的颜渊传记既然特别提到颜回"问仁"之事，也就相应意味着颜渊"仁者"的身份及其作为孔子首徒的地位，本身也涵盖了他遵循孔子教诲而具有的以仁德、礼乐治国的为政志向和能力。

同时，孔子更为欣赏有志于继续学习礼乐之道并运用礼乐来相礼邦国祭祀和诸侯往来等大事的公西赤的态度，还意味子贡在孔子心中有着更重于子路的地位。因为仅比较前举《左传》记载的鲁定公、鲁哀公年间的子贡事迹，即可以发现公西赤的从政志向正是类同于子贡，而且

---

① 《论语·子路篇》记载："子适卫，冉有仆，子曰：'庶矣哉！'冉有曰：'既庶矣，又何加焉？'曰：'富之。'曰：'既富矣，又何加焉？'曰：'教之。'"杨伯峻译注：《论语译注》，中华书局1980年版，第136—137页。
② 《论语·里仁篇》，杨伯峻译注：《论语译注》，中华书局1980年版，第38页。
③ "共"即"拱"。《论证·为政篇》，杨伯峻译注：《论语译注》，中华书局1980年版，第11、12页。
④ 《论语·卫灵公篇》，杨伯峻译注：《论语译注》，中华书局1980年版，第164页。
⑤ 此事又见于《论语·颜渊篇》，杨伯峻译注：《论语译注》，中华书局1980年版，第123页。

子贡事实又更为擅长这些礼仪并切实有效地影响过邦国历史。尤其是，子赣最为成功而使得他名扬天下的政治事迹，还明确是他奉孔子之命而出使齐、吴、越、晋的邦交活动。具体来说，在"田常欲作乱于齐，惮高、国、鲍、晏，故移其兵欲以伐鲁"的鲁国危难之际，孔子为了扭转"父母之邦"的危机，便打算派出弟子出使诸侯国，而这也才有了子贡出使四国的行为及其"十年之中，五国各有变"和"存鲁，乱齐，破吴，彊晋而霸越"的成功，只是孔子允许"子贡请行"之前还曾有的"子路请出，孔子止之。子张、子石请行，孔子弗许"的情况①，又很好地显示了孔子此次唯独派遣子贡出使的选择，实则就是认可他能够"使于四方"的邦交能力为孔门之最的直接体现。所以，孔子不仅称赞过子贡能够闻一知二的学习能力，还最为看重子贡擅长邦交的能力，因而他实际也提前预见了子贡"存鲁"的出使活动将会不负师命的情况，子贡则也凭借这次邦交的成功而在春秋诸侯国之间声名大噪。也因为孔子的这种知人善任，曾经主动请缨的子路、子张、子石并没有相关的邦交出使之事流传；子贡纵横捭阖于诸侯国之间的此次活动所引发的"齐吴破国之难"，又还被墨家看作"孔丘之诛"②；子贡智慧

---

① 《仲尼弟子列传》记载："田常欲作乱于齐，惮高、国、鲍、晏，故移其兵欲以伐鲁。孔子闻之，谓门弟子曰：'夫鲁，坟墓所处，父母之国，国危如此，二三子何为莫出？'子路请出，孔子止之。子张、子石请行，孔子弗许。子贡请行，孔子许之"，之后便有子贡"遂行，至齐，说田常……田常许之，使子贡南见吴王"、"吴王大说，乃使子贡之越"、"越王大说，许诺。送子贡金百镒，剑一，良矛二。子贡不受，遂行"、"吴王许诺，乃谢越王。于是吴王乃遂发九郡兵伐齐""子贡因去之晋，……曰：'修兵休卒以待之。'晋君许诺"的出使之事，在子贡去晋返鲁之后，则又相继有"吴王果与齐人战于艾陵，大破齐师，获七将军之兵而不归，果以兵临晋，与晋人相遇黄池之上。吴晋争彊。晋人击之，大败吴师。越王闻之，涉江袭吴，去城七里而军。吴王闻之，去晋而归，与越战于五湖。三战不胜，城门不守，越遂围王宫，杀夫差而戮其相。破吴三年，东向而霸"的情况，司马迁也由是总结说："故子贡一出，存鲁，乱齐，破吴，彊晋而霸越。子贡一使，使势相破，十年之中，五国各有变。"（汉）司马迁撰：《史记》（七），中华书局2013年标点本，第2670—2674页。

② 《非儒下》云："孔丘乃志怒于景公与晏子，乃树鸱夷子皮于田常之门，告南郭惠子以所欲为，归于鲁。有顷，闻齐将伐鲁，告子贡曰：'赐乎！举大事于今之时矣。'乃遣子贡之齐，因南郭惠子以见田常，劝之伐吴，以教高、国、鲍、晏，使毋得害田常之乱，劝越伐吴。三年之内，齐吴破国之难，伏尸以言术数，孔丘之诛也。"吴毓江撰，孙启治点校：《墨子校注》，中华书局1993年版，第440页。

的形象和擅长辞令的特征及事迹，则也进而流广于后代儒生之间。

至西汉中期，即还有《史记·仲尼弟子列传》将子贡作为全篇用笔最多的孔子弟子并大篇幅来叙述他"存鲁"出使之事的情况，以及《孔子家语·屈节解》也详细记载子贡出使四国的背景和经过的情况①。而这也显示子贡在西汉中期显然拥有非比寻常孔子弟子的声望，海昏侯墓衣镜画像将其以"智者"的形象排列孔门第二的排序也即是其影响的体现。而且，既然画像的子贛传记有意在突显其言语能力，则其为"智者"代表的画中"君子"形象，也便理应包括其以言辞、礼仪而擅长的邦交能力。至于子贡又被排在颜渊之下的原因，则主要在于他对礼乐治国之道的坚守赶不上颜渊。比如，在鲁国国君不再亲临祖庙行"告朔"之礼的背景下，子贡相礼时曾经"欲去告朔之饩羊"，孔子则表示"赐也！尔爱其羊，我爱其礼"。② 此事即透露了子贡从政容易降节而合于世俗的态度，以及孔子复兴周礼的原因本就是为了拨乱反正而需要严格遵循礼仪的情况。也因此，孔子虽然主张内在的礼义重于外在的礼仪，但倘若只能徒留形式，孔子又认为礼仪的保留有其必要性。此外，孔子虽然很赞赏子贡的邦交能力，但这种活动之中的巧辞利辩和尔虞我诈，事实又存在违背君子美德而有伤诚信的坏处，因而这也影响了孔子对待子贡所擅长的邦交能力的评价。比如，子贡成功出使而挽救鲁国的结果，虽然早在孔子的预料之中，但他在事后却又曾感言："夫其乱齐存鲁，吾之始愿。若能强晋以弊吴，使吴亡而越霸者，赐之说之也。美言伤信，慎言哉！"③

---

① 子贡出使的背景，《孔子家语·屈节解》写作："孔子在卫，闻齐国田常将欲为乱，而惮鲍、晏。因欲移其兵以伐鲁。孔子会诸弟子而告之曰：'鲁，父母之国，不可不救，不忍视其受敌。今吾欲屈节于田常以救鲁，二三子谁可使？'于是子路曰：'请往齐。'孔子弗许。子张请往，又弗许。子石请往，又弗许。三子退，谓子贡曰：'今夫子欲屈节以救父母之国，吾三人请往而不获往。此则吾子用辩之时也，吾子盍请行焉？'子贡请使，夫子许之。"杨朝明、宋立林主编：《孔子家语通解》，齐鲁书社2013年版，第418页。
② 《论语·八佾篇》，杨伯峻译注：《论语译注》，中华书局1980年版，第29页。
③ 《孔子家语·屈节解》，杨朝明、宋立林主编：《孔子家语通解》，齐鲁书社2013年版，第420页。

第三章 衣镜的孔子之徒与组合排序

而且，虽然子路并没有为孔子所欣赏的邦交能力，其言志时"率尔而对曰"的表现也被孔子认为是不懂得"为国以礼"，但孔子实际又没有否定他的志向。与此呼应，当"孟武伯问子路仁乎"之时，孔子答曰："由也，千乘之国，可使治其赋也，不知其仁也"①。此处所谓"赋"的含义，即代指"军"或"兵"。同样的用法，则还多有例证。比如，《左传·隐公四年》记载：弑杀卫桓公而自立的卫州吁派遣使者告于宋国曰"君若伐郑以除君害，君为主，敝邑以赋与陈、蔡从，则卫国之愿也"②，这一说法中的"赋"即明显是"兵"，孔颖达疏《毛诗·国风·击鼓·序》而引用此事时，也借服虔之说而解释为："言以赋与陈、蔡从者，服虔云：'赋，兵也。以田赋出兵，故谓之赋。'正谓以兵从也"③。又如，针对《左传·昭公十三年》所载周景王卿士刘献公"天子之老请帅王赋"的说法，杨伯峻又解释说："王赋谓王军"④。再如，《汉书·刑法志》不仅有"税以足食，赋以足兵"的说法，还更是有"二伯之后，寖以陵夷，至鲁成公作丘甲，哀公用田赋，蒐狩治兵大阅之事皆失其正。《春秋》书而讥之，以存王道。于是师旅亟动，百姓罢敝，无伏节死难之谊。孔子伤焉，曰：'以不教民战，是谓弃之。'故称子路曰：'由也，千乘之国，可使治其赋也。'而子路亦曰：'千乘之国，摄乎大国之间，加之以师旅，因之以饥馑，由也为之，比及三年，可使有勇，且知方也。'治其赋兵教以礼谊之谓也"⑤的表述。所以，孔子"可使治其赋也"的说法，指向的正是子路之"勇"对应的"治军"能力，孔子对于子路则也不仅称赞过他治理蒲邑效果显著的美政，还曾肯定他堪为"千乘之国"将帅的统军才能。衣

---

① 《论语·公冶长篇》，杨伯峻译注：《论语译注》，中华书局1980年版，第44页。
② （周）左丘明传，（晋）杜预注，（唐）孔颖达正义：《春秋左传正义》，北京大学出版社1999年版，第86页。
③ （汉）毛亨传，（汉）郑玄笺，（唐）孔颖达疏：《毛诗正义》，北京大学出版社1999年版，第129页。
④ 杨伯峻编著：《春秋左传注》，中华书局1990年版，第1355页。
⑤ （汉）班固撰，（唐）颜师古注：《汉书》卷二十三《刑法志》，中华书局1962年标点本，第1081、1084页。

镜画像中已经"儒服委质"的子路既然明显是一种武士的形象,而其传记又在特意叙述他"好勇力"的特征和受业后请教"君子好勇乎"之事,则也就意味着画像中子路"勇者"的形象并非对应其治理地方城邑的能力,而是明确对应其可以统率军队的能力。

至于子路作为"勇者"类型的"君子"而被排列在颜渊、子赣之后的原因,则也相应在于孔子所说的"不知其仁也"。具体来说,其领军作战的最大志向,相比子赣的邦交活动,虽然同样有着维护邦国安危的大用处,却又具有不可回避的杀人流血的弊端,因而这种战争的为政方式明显违背了孔子"仁者爱人"的要求及其对于战争慎重的态度①。与此呼应,孔子周游列国期间,虽然非常希望能够得到诸侯国君的任用,但当卫灵公向他询问军队陈列之法时,孔子却表示"俎豆之事,则尝闻之矣;军旅之事,未之学也",而且第二日便离开了卫国②;孔子对于"人臣之节",虽然也提倡"当君大事,唯力所及,死而后已"的忠义之举,但当听闻楚国工尹商阳在"楚伐吴"的战争中"每毙一人,辄掩其目"和"杀三人"之后便回去复命的表现后,却又因为其做法"有不忍杀人之心"而表示"杀人之中,又有礼焉"③。相对而言,孔子也正是更为喜好"俎豆之事"所代表的礼乐仁德之政,而厌恶"军旅之事"所代表的战争带来的杀生行为。所以,子路在孔门低于颜

---

① 《论语·述而篇》记述的"子之所慎"正是包括"战"在内。杨伯峻译注:《论语译注》,中华书局1980年版,第69页。
② 《论语·卫灵公篇》云:"卫灵公问陈于孔子。孔子对曰:'俎豆之事,则尝闻之矣;军旅之事,未之学也。'明日遂行。"杨伯峻译注:《论语译注》,中华书局1980年版,第161页。《孔子世家》记载:"他日,灵公问兵陈。孔子曰:'俎豆之事则尝闻之,军旅之事未之学也。'明日,与孔子语,见蜚雁,仰视之,色不在孔子。孔子遂行,复如陈。"(汉)司马迁撰:《史记》(六),中华书局2013年标点本,第2333页。
③ 《孔子家语·曲礼子贡问》记载:"楚伐吴,工尹商阳与陈弃疾追吴师。及之,弃疾曰:'王事也,子手弓而可。'商阳手弓。弃疾曰:'子射诸!'射之,毙一人,韔其弓。又及,弃疾谓之。又及,弃疾复谓之。毙二人。每毙一人,辄掩其目。止其御,曰:'吾朝不坐,燕不与,杀三人亦足以反命矣。'孔子闻之,曰:'杀人之中,又有礼焉。'子路怫然进曰:'人臣之节,当君大事,唯力所及,死而后已。夫子何善此?'子曰:'然,如汝言也。吾取其有不忍杀人之心而已。'"杨朝明、宋立林主编:《孔子家语通解》,齐鲁书社2013年版,第519—520页。又见于《礼记·檀弓下》。

渊、子赣的地位，与其治国志向及统军能力的背离仁道直接相关，其言志时的表现相比公西赤"非曰能之，愿学焉"的态度，虽然确实没有体现出礼让的治国精神，但孔子"哂之"的原因实则也受到了其志向"不仁"的影响。概括来说，衣镜画像中的颜渊、子赣、子路三君子不仅都擅长政事，更是因为皆可治国的不同能力才跻身孔门前三的行列，其中颜渊擅长以礼乐治国；子赣擅长邦交事宜；子路擅长领兵作战，他们之间的地位高下也相应取决于他们与孔子仁政思想的距离。最为符合孔子治国思想的颜渊，则是依照孔子的主张而也提倡复兴礼乐治国的方式并以"天下归仁"为社会理想，因而其首徒的地位也不可动摇。

（三）子赣文智与子路武勇于治国的缺一不可

在衣镜画像的前三位弟子之中，既然子赣的邦交能力存在有损美德的欠缺之处，而子路为将作战的志向又有违孔子"为政以德""齐之以礼"的主张，那么他们二人在衣镜画像的"君子"组合之中为何又具有不可或缺的地位？或者说，孔子"君子道者三"的理论，为何以"仁者""智者""勇者"为邦国治理不可或缺的"君子"？对此，观察孔子三弟子的能力互有差异的现象，即可以发现这种"君子"组合与治国臣属的基本构成正好对应。首先，就"三君子"的数量来说，应当参考了周礼对于诸侯国核心官员的设置。比如，鲁国国君之下就是配置"三卿"以统领百官，而且这三位辅国之卿也正是有着"正卿"（又称"上卿""国卿"）和"次卿""下卿"（又称"少卿"）的位次之分，并以"正卿"的级别最高、权力最大而执掌国政，春秋时代的"季孙氏"与孟孙氏、叔孙氏"三家"也正是这样一种关系。以此联系孔子被董仲舒称作"素王"[①]和被《史记》列入《世家》的情况，并类比颜回、子赣、子路在孔门之中位列前三的地位，便可知衣镜画像中随从孔子出现的这前三位具有治国能力的弟子，又正是还被西汉时人看

[①] 董仲舒《天人三策》曰："孔子作〈春秋〉，先正王而系万事，见素王之文焉。"见《汉书·董仲舒传》，（汉）班固撰，（唐）颜师古注：《汉书》（八），中华书局1962年标点本，第2509页。

作孔子可以有国的三位辅国之卿，而颜回也即其中最为核心的国卿。

其次，就子赣、子路在君子组合中的形象来说，他们实则还被看作具有谋略的文臣之首和具有武艺的将领之首，并以共存的方式而表达着邦国治理之事文、武不可偏废的治国思想。比如，在孔子治鲁的经历中，他被任命为鲁国"中都宰"之后，上任便推行了"养生送死之节"，且"行之一年"就已见成效，并使得"西方之诸侯则焉"，而当鲁定公询问他是否可以用这种方法来治理鲁国之时，孔子则还表示"虽天下可乎，何但鲁国而已哉"；在孔子以大司寇的身份相礼鲁定公与齐景公的夹谷之会前，他以"臣闻有文事者，必有武备；有武事者，必有文备"的理由和"古者诸侯并出疆，必具官以从"的国君会遇之礼，而事先建言鲁定公让"左右司马"同行，这种安排则也事实保障了会盟中孔子斥退齐国的无礼行为和鲁定公的未曾受辱，并还使得齐景公归还了齐国之前"所侵鲁之四邑及汶阳之田"，其后来则还针对"三家"过制的情况，使"季氏宰仲由隳三都"，以便"强公室，弱私家，尊君卑臣。"① 又如，在孔子向季康子谈及"卫灵公之无道"的事情中，对于卫灵公无道却不亡国的原因，他又表示在于"仲叔圉治宾客，祝鮀治宗庙，王孙贾治军旅"②。综合这三事可见，孔子提倡的为政方式正是其所说过的"为国以礼"，只是基于邦国"有文事""有武事"的客观情况，他也相应认为"文备""武备"对于邦国都具有不能忽略的重要作用，因而哪怕国君无道，其辅政之臣倘若能够各司其职，邦国也还可以免于倾覆的命运，其所提到的卫灵公与仲叔圉、祝鮀、王孙贾的君臣关系也即如此。而且，卫国君臣"1+3"的这种配比，又明显与鲁国国君和三卿的设置类同，因而孔子"鲁卫之政，兄弟也"③的说法，也应当涵盖鲁、卫二国官制相似的这种

---

① 《孔子家语·相鲁》，杨朝明、宋立林主编：《孔子家语通解》，齐鲁书社2013年版，第2、4、7页。

② 《论语·宪问篇》云："子言卫灵公之无道也，康子曰：'夫如是，奚而不丧？'孔子曰：'仲叔圉治宾客，祝鮀治宗庙，王孙贾治军旅。夫如是，奚其丧？'"杨伯峻译注：《论语译注》，中华书局1980年版，第152页。

③ 《论语·子路篇》，杨伯峻译注：《论语译注》，中华书局1980年版，第136页。

第三章 衣镜的孔子之徒与组合排序

客观政治情况。所以，由仲叔圉、祝鮀、王孙贾三人分别"治宾客""治宗庙""治军旅"的职责，不仅可知邦国设置三位核心辅臣以分工治理三类国事的用意，还进而可知恰好对应三人治政才能而可以负责接待宾客的子贡、可以管理祭祀的颜渊、可以统帅军队的子路被选作孔门最为重要的三大弟子的深层原因。

这也即，颜渊、子贡、子路在孔门前三地位的不可取代，表面上与孔子"君子道者三"的理论直接相关，根源上却是取决于孔子的治国思想，并共同体现着"仁者""智者""勇者"这三类辅政之臣对于邦国兴衰存亡的至关重要性，以及他们所负责的宗庙、邦交、战争事宜在邦国政事中的核心地位。若从这三类辅臣为政的方式和孔子三弟子的形象来区分，则孔子的"君子之道"又可进而看作是文武之臣需要兼备的为政意识。而且，由孔子"臣闻"和"古者诸侯"之言，还可知他的这些为政思想又源于周礼建制和周代诸侯的相应做法，因而对于文、武之事的重视实则早在周代便已经可谓根深蒂固。与此呼应，早在孔子出生之前，周简王大夫刘康公（又称"刘子"）就已有"国之大事，在祀与戎"①的名言，而其"祀"也即代表礼乐之"文事"，"戎"也即代表征伐之"武事"；和孔子同时代的刘献公，在鲁昭公十三年又有"告之以文辞，董之以武师，虽齐不许，君庸多矣"②的说法。同时，如同孔子受到传统观念的影响一样，后儒也有受到孔子思想影响的情况。比如，不仅子夏回答魏文侯"问溺音"时曾表示："钟声铿，铿以立号，号以立横，横以立武，君子听钟声，则思武臣"③，《穀梁传·襄公二十五年》又有"古者虽有文事，必有武备"④的说法，《史记·循吏列传》则还记载"太史公曰：法令所以导民也，刑罚所以禁奸也。文武不备，良民惧然身修者，

---

① 《左传·成公十三年》，杨伯峻编著：《春秋左传注》，中华书局1990年版，第861页。
② 《左传》该年记载："晋人将寻盟，齐人不可。晋侯使叔向告刘献公曰：'抑齐人不盟，若之何？'对曰：'盟以底信，君苟有信，诸侯不贰，何惠焉？告之以文辞，董之以武师，虽齐不许，君庸多矣。天子之老，请帅王赋，"元戎十乘，以先启行"，迟速唯君。'"杨伯峻编著：《春秋左传注》，中华书局1990年版，第1354—1355页。
③ 《乐记》，杨天宇撰：《礼记译注》，上海古籍出版社2004年版，第494、496页。
④ 李学勤主编：《十三经注疏·春秋穀梁传注疏》，北京大学出版社1999年版，第267页。

官未曾乱也。奉职循理，亦可以为治，何必威严哉？"① 所以，不管是两周社会，还是西汉王朝，体制内的治国人才和官员设置，本就可以分为负责处理"文事"的文臣和处理"武事"的武将两类。

将这种政治现实投射到孔子的治国思想和汉儒对于孔子弟子的排序上，也就有了文、武两类代表都必须具备的需求，因而能够通过出使而化解邦国危机的子贡和欲使千乘之国有勇而可为战斗的子路被后儒排进孔门前三的位置，以及孔子"君子道者三"的思想包括"智者不惑""勇者不惧"的情况，实则相应是一种必然结果。尤其是，在诸侯争霸、战争频发的东周社会和地方叛乱、民族统一战争多有的西汉中期，子贡之智所具有的出使能力和子路之勇所具有的作战能力事实又非常重要，并受到世人的追捧。比如，盐铁会议上御史大夫桑弘羊就曾说过："苏秦、张仪，智足以强国，勇足以威敌，一怒而诸侯惧，安居而天下息。万乘之主，莫不屈体卑辞，重币请交，此所谓天下名士也。"② 所以，孔子提倡"仁者"以礼乐治国执政的同时，也认可"智者""勇者"对于邦国安危存亡的重要作用，这也就相应产生了孔子以"仁者不忧，知者不惑，勇者不惧"为"君子道者三"的思想，其实质又并非仅仅指向仁、智、勇三种"君子"美德，而更是强调能够承担执政之责的"仁者"和作为文臣之首的"智者"、作为武臣之首的"勇者"于邦国的持续发展和安危存亡的不可或缺的重要性。

换言之，当这种政治思维渗透到文化领域后，孔子及其代表的儒家实际并非轻视"武事""勇者"而一味地排斥战争。西汉人士在孔子这种"君子"思想的影响下，多流传孔子与颜渊、子贡、子路三弟子从游言志之事的情况，这虽然直接显示的是三弟子各自的治国志向和能力，但实际也传达了汉儒将德行最为突出而能够以礼乐治国的颜渊，与最具有谋略而擅长出使诸侯国的子贡，以及最为英勇而能够率军作战的子路，看作是孔门之中堪为治国理政最佳人才组合的意识。与此呼应，治国志向具有"杀

---

① （汉）司马迁撰：《史记》卷一百一十九《循吏列传》，中华书局2013年标点本，第3767页。
② 《盐铁论·褒贤》，王利器校注：《盐铁论校注》，中华书局2015年版，第266页。

第三章 衣镜的孔子之徒与组合排序

生"而"未仁"特征的子路,也还因其能够作为邦国将领的才能,而与颜渊同样被汉儒看作"夫子辅佐"之臣,其死亡则也与颜渊之死同样被看作"天将亡夫子之证"①。所以,海昏侯墓衣镜画像选择这三位弟子随从孔子出现的情况,既符合孔子认为治国辅政之臣以"仁者""智者""勇者"为理想搭配的"君子"思想,又反映了汉儒对于这三位弟子能够辅佐国政形象的认识,以及对于孔子这种"君子"治国之道的吸收。

而且,也因为孔子对于能够推行礼乐教化的治国人才的重视,他在评价历史人物之时还相应存在重视大功德而忽略小礼节的情况。比如,孔子虽然提倡忠心事主和严格遵循礼仪,并曾因管仲与"邦君"一样在门前"树塞门"、在堂上"有反坫"的做法,而评价说"管氏而知礼,孰不知礼"②,但当子路以"桓公杀公子纠,召忽死之,管仲不死"的理由求问他"未仁乎"之时,孔子却又盛赞他"如其仁,如其仁",而原因就是"桓公九合诸侯,不以兵车,管仲之力也"③;当子贡以"管仲非仁者与?桓公杀公子纠,不能死,又相之"求问之时,孔子又回答说"管仲相桓公,霸诸侯,一匡天下,民到于今受其赐。微管仲,吾其被发左衽矣。岂若匹夫匹妇之为谅也,自经于沟渎而莫之知也。"④ 而这也显然说明了孔子推崇的"君子"治国之道,实则还是仁德和礼乐,战争的防备则虽然不可缺少,却并不能当作解决邦国争端的常态化手段。所以,

---

① 对于颜渊、子路之死,东汉大儒何休针对《公羊传·哀公十四年》"颜渊死,子曰:'噫!天丧予!'子路死,子曰:'噫!天祝予!'西狩获麟,曰:'吾道穷矣'"的记载,表示:"祝,断也。天生颜渊、子路,为夫子辅佐,皆死者,天将亡夫子之证。"(汉)公羊寿传,(汉)何休解诂,(唐)徐彦疏:《春秋公羊传注疏》,北京大学出版社1999年版,第623—624页。
② 《论语·八佾篇》云:"或曰:……'然则管仲知礼乎?'曰:'邦君树塞门,管仲亦树塞门。邦君为两君之好,有反坫,管仲亦有反坫。管仲而知礼,孰不知礼?'"杨伯峻译注:《论语译注》,中华书局1980年版,第31页。
③ 《论语·宪问篇》云:"子路曰:'桓公杀公子纠,召忽死之,管仲不死。'曰:'未仁乎?'子曰:'桓公九合诸侯,不以兵车,管仲之力也。如其仁,如其仁。'"杨伯峻译注:《论语译注》,中华书局1980年版,第151页。
④ 《论语·宪问篇》云:"子贡曰:'管仲非仁者与?桓公杀公子纠,不能死,又相之。'子曰:'管仲相桓公,霸诸侯,一匡天下,民到于今受其赐。微管仲,吾其被发左衽矣。岂若匹夫匹妇之为谅也,自经于沟渎而莫之知也。'"杨伯峻译注:《论语译注》,中华书局1980年版,第151—152页。

当"叶公问政"之时，孔子又曾明确表示"近者悦，远者来"①。

进一步而言，虽然孔子不是绝对化地轻武，而"勇者"在武备防御之类的国政中也具有无法被取代的地位，但就孔子相对更为看重的国事来说，则还是对内的文德教化和对外的以礼服人。对此，由孔子以"足食，足兵，民信之矣"答复"子贡问政"，并表示若"必不得已"而依次可去者先是"去兵"、次为"去食"，和唯独"民信之"不可去及其理由便是"自古皆有死，民无信不立"的情况②，即可以明确感受到。其中，"足兵""足食"分别对应子路、冉求的志向；"民信之"，则对应颜渊的志向，因而孔子对于"兵""食""民信"在特殊背景下可去与不可去的选择，以及谁先去与谁后去的选择，实际映照了颜渊、冉有、子路与礼教、富民、战争在其心中由高及低的地位。与此相应，也便是还有前举冉有"问政"之事中，孔子先"富之"、后"教之"的回答。所以，孔子认为的治国之道，由浅入深也即是在人口充足的基础上，先使人民富裕以"足食"，再向民众推行礼乐以教化他们遵守规范。也因为孔子推崇礼乐治国的为政方式，他上任"中都宰"之后，也便随即推行过"养生送死之节"。受孔子"民无信不立"和哪怕民死都不可去"民信"的这种治国主张的影响，能够实行礼乐教化的颜渊便具有了不可替代的首徒地位；在孔子"兵"又相对可去的治国理念之下，能够领导兵戎之事的子路也就自然居于孔门三大弟子之末；不能行仁政却又能够不好战争的子赣，则也相应居于二人之中。

至于孔子认为兵可去的原因，则是因为他还认为："'善人为邦百年，亦可以胜残去杀矣。'诚哉是言也""善人教民七年，亦可以即戎矣"。③ 这表明孔子最为推崇的还是能够以礼乐、仁德治国的"仁者""善人"执政，因而颜渊、子贡、子路三弟子在孔子心中的地位，就相

---

① 《论语·子路篇》云："叶公问政。子曰：'近者悦，远者来。'"杨伯峻译注：《论语译注》，中华书局1980年版，第139页。
② 《论语·颜渊篇》，杨伯峻译注：《论语译注》，中华书局1980年版，第126页。
③ 《论语·子路篇》，杨伯峻译注：《论语译注》，中华书局1980年版，第137、144页。

应以能够行仁政的颜渊地位最高,和欲以领军作战的子路地位最低。而且,受孔学这种思想影响的汉儒,也便还有省掉子路而直接以颜渊、子贡为孔子代表弟子的情况。比如,《新语·思务》即云"学者不操回、赐之精,昼夜不懈,而曰世所不行也"①;《论衡·讲瑞》也是依次将颜渊、子贡看作能知孔子之圣的弟子②。所以,受孔子德政思想的影响,子赣的文智与子路的武勇虽然都对于治国缺一不可,但汉儒也相对更为推崇颜渊、子贡这类以非战争手段而治国的君子,并更愿意选择最符合"仁者"形象的颜渊类型的君子来把握国家发展的走向。海昏侯墓"孔子衣镜"画像中颜渊、子贡、子路这三位孔子弟子的入选和先后排序,则不仅反映了他们各自具有的孔子所看重的"仁""智""勇"的君子品行及其高下,也还体现着他们三人的政治志向、能力和三类"君子"的为政方式及其高下,并还联系着孔子希望天下太平、民众富裕和社会遵守礼乐制度的社会理想。

此外,孔子"为政以德"的内涵,还不仅是要慎重对待兵戎军旅之事,也包括不应当以刑杀为常事。比如,在"孔子为鲁大司寇"期间,他曾对执政的季桓子说过:"上失其道而杀其下,非理也。不教以孝而听其狱,是杀不辜。三军大败,不可斩也;狱犴不治,不可刑也。何者?上教之不行,罪不在民故也。……《书》云:'义刑义杀,勿庸以即汝心,惟曰未有慎事。'言必教而后刑也。既陈道德,以先服之;而犹不可,尚贤以劝之;又不可,即废之;又不可,而后以威惮之。若

---

① 王利器撰:《新语校注》,中华书局1986年版,第171页。
② 该篇云:"世人之知圣,亦犹此也。闻圣人人之奇者,身有奇骨,知能博达,则谓之圣矣。及其知之,非卒见暂闻而辄而名之为圣也。与之偃伏,从之受学,然後知之。何以明之?子贡事孔子,一年自谓过孔子,二年自谓与孔子同,三年自知不及孔子。当一年二年之时,未知孔子圣也,三年之後,然乃知之。以子贡观孔子,三年乃定,世儒无子贡之才,其见圣人,不从之学,任仓卒之视,无三年之接,自谓知圣,误矣。少正卯在鲁,与孔子并。孔子之门,三盈三虚,唯颜渊不去,颜渊独知孔子圣也。夫门人去孔子归少正卯,不徒不能知孔子之圣,又不能知少正卯之佞,门人皆惑。子贡曰:'夫少正卯,鲁之闻人也。夫子为政,何以先诛之?'孔子曰:'赐退,非尔所及。'夫才能知佞若子贡,尚不能知圣,世儒见圣自谓能知之,妄也。"黄晖撰:《论衡校释》,中华书局1990年版,第724—725页。

是三年，而百姓正矣。其有邪民不从化者，然后待之以刑，则民咸知罪矣"①；在鲁哀公年间，他又曾对鲁哀公盛赞"舜之为君也，其政好生而恶杀"②，对季康子表示"子为政，焉用杀？子欲善而民善矣"③，并反对季康子"大罪杀之，臧罪刑之，小罪罚之"的刑法主张，而认为应当"大罪则赦之以刑，臧罪则赦之以罚，小则赀之。"④所以，孔子所提倡的礼乐治国、以德导民的治国方式，实际是"先礼而后兵""先德而后刑"，并贯穿着好生恶杀的仁政思想。这种治国之道，重在引导人民使用美德、礼仪来自我约束，而不赞成居于上位的治政者依靠推行政令、刑法而强制人民服从的手段。若统治者未行教化和不能身体力行、率先垂范，便轻易动用杀人、刑罚等手段来罪责百姓，孔子则认为不能使百姓信服，因而他也强调任用贤能之人治政的重要性。也因此，孔子主张刑罚的对象，只是那些不听从教化的奸邪之徒；孔子提倡的仁道，则不仅是为人之道，还与为政之道相通。对此，孔子"人而不仁，如礼何？人而不仁，如乐何"⑤的说法，实则也本有流露。

四　三人的国士形象和颜渊辅相的名望

衣镜孔子师徒画像中三弟子的"君子"组合，既然已知与孔子的治国思想以及春秋社会他们堪为治国的形象，和邦国治理的官制及文武之事皆需重视的大政方针，以及西汉中期的政治文化关联在一起，实则也就意味着这幅画像的创作还与汉武帝以来选官任官和文化教育政策的调整相关。只是，倘若追溯这三位孔子弟子被整体看作治国组合的孔门

---

① 《孔子家语·始诛》，杨朝明、宋立林主编：《孔子家语通解》，齐鲁书社2013年版，第14页。
② 《孔子家语·好生》，杨朝明、宋立林主编：《孔子家语通解》，齐鲁书社2013年版，第109页。
③ 《论语·颜渊篇》记载："季康子问政于孔子曰：'如杀无道，以就有道，何如？'孔子对曰：'子为政，焉用杀？子欲善而民善矣。君子之德风，小人之德草。草上之风，必偃。'"杨伯峻译注：《论语译注》，中华书局1980年版，第129页。
④ 大罪、臧罪、小罪，分别对应死罪、重罪、轻罪。上博简《季康子问于孔子》，马承源主编：《上海博物馆藏战国楚竹书》（五），上海古籍出版社2011年版，第230—233页。
⑤ 《论语·八佾篇》，杨伯峻译注：《论语译注》，中华书局1980年版，第24页。

外部的缘起，则不可忽略的是春秋时代楚国君臣对于孔门弟子的看法。

（一）楚国君臣对三君子堪为"国士"的看法

有关三君子留给春秋诸侯国的印象，正如前述所介绍的那样，多数是个人事迹的流传，但西汉人士将这三君子与孔子并提的普遍现象，事实却也是早在春秋时代就已经出现。具体来说，由楚昭王与令尹子西的对话，即可以看到楚国君臣已然将他们看作孔门弟子之中能够组合以治理国事的辅佐之臣。《孔子世家》记载：孔子在陈国绝粮之际，"于是使子贡至楚"，虽然子贡以其擅长言语的能力，成功使得"楚昭王兴师迎孔子，然后得免"，然而当昭王"将以书社地七百里封孔子"之时，这一打算遭到了楚国令尹子西的反对，子西接连反问楚昭王"王之使使诸侯有如子贡者乎""王之辅相有如颜回者乎""王之将率有如子路者乎""王之官尹有如宰予者乎"四问，昭王则都答曰"无有"，因而在子西"且楚之祖封于周，号为子男五十里。今孔丘述三五之法，明周召之业，王若用之，则楚安得世世堂堂方数千里乎？夫文王在丰，武王在镐，百里之君卒王天下。今孔丘得据土壤，贤弟子为佐，非楚之福也"的进一步谏言之下，昭王欲以"封孔子"之事，终究还是"乃止"的结局。① 由此可见，楚昭王之时楚国朝堂的核心人物，正是已经存在以颜回、子贡、子路、宰予依次为孔子"贤弟子"代表的看法，并还认为楚国的"辅相""使臣""将帅""官尹"又无人能及这四位弟子。

其中，子西所言子贡堪为"使使诸侯"的使臣身份与子路堪为"将率"的将军身份，明确都是在颜回堪为的"辅相"职位之下，因而子西也是以颜回在三人之中的地位最高；所言堪为"官尹"的宰予，由邦国任命的核心官员为三位"卿相"的官制，即可知其地位明显相应在三人之下，因而这四位弟子之中被认为具有治国能力的弟子，实则也仅仅是颜渊、子赣、子路，宰予则是相对被看成了能够治理地方的代表性弟子。

---

① （汉）司马迁撰：《史记》卷四十七《孔子世家》，中华书局2013年标点本，第2340页。有关"书社"，《吕氏春秋·慎大览》云："三日之内，与谋之士封为诸侯，诸大夫赏以书社。"许维遹撰：《吕氏春秋集释》，中华书局2009年版，第359页。

· 183 ·

所以，楚国令尹子西与楚昭王提到孔子四位"贤弟子"的这则对话，实际正是依据颜渊、子赣、子路所具有的治国能力，而将他们整体性看作孔门最为重要的三大弟子。而且，这三位弟子的地位高下，也依据他们治国能力的高下和可以承担职位的高下，依次排序为颜渊、子贡、子路。以颜回、子贡、子路被令尹子西和楚昭王认为是治国大才，并使得他们警惕"封孔"会威胁楚国利益的情况，比较衣镜画像中这三位孔子弟子恰好依次排列前三位的情况，即可知他们在画像中出现和排序的原因，以及他们在西汉儒学中所具有的孔门前三的地位，实则正是与他们各自为世人看重的足以"治国""出使""统军"的治国能力直接相关。至于颜回政治形象的地位最高，令尹子西却又先提子贡的原因，则在于孔子至楚与楚昭王打算封孔之事的发生，本都源于子贡成功出使楚国的行为，以及子贡此前已然存在实际影响的情况。

同时，就三弟子倘若从政而可以辅国的这种政治身份，楚国君臣也明确指出了他们所辅佐的对象将会是"孔丘"，而这则既证明了孔子和颜渊、子贡、子路在世时便已经形成的超越孔门、鲁国的社会名望，又透露了汉儒将他们看作孔子可以有国与他们可为辅佐之臣的看法受到了楚国君臣这种观念影响的情况。而且，这三位弟子为楚国君臣所赞赏的堪为国事的"治国""出使""统军"能力，无疑又分别源自颜回之"仁"、子贡之"智"、子路之"勇"的"君子"品格，这便还意味着楚国君臣对于三弟子政治能力的评价与孔子"君子道者三"的理论相吻合，因而师徒四人的名声和孔子的学问实则是早在他们到达楚国之前就已经先行传到了楚国。与此呼应，孔子厄于陈蔡"不得行，绝粮"的背景，又是"吴伐陈。楚救陈，军于城父。闻孔子在陈蔡之间，楚使人聘孔子。孔子将往拜礼，陈蔡大夫谋曰：'孔子贤者，所刺讥皆中诸侯之疾。今者久留陈蔡之间，诸大夫所设行皆非仲尼之意。今楚，大国也，来聘孔子。孔子用于楚，则陈蔡用事大夫危矣。'于是乃相与发徒役围孔子于野。"[①] 也正因为如此，令尹子西才会在楚昭公迎孔子至楚而欲封之书社时，便随

---

① （汉）司马迁撰：《史记》卷四十七《孔子世家》，中华书局2013年标点本，第2337页。

第三章 衣镜的孔子之徒与组合排序

即提出师徒四人足以为国而为楚国之忧的反对意见。所以，楚昭王和令尹子西的对话，不仅说明春秋其时的楚人已经因为颜回、子贡、子路所具有的治国能力及重要性与他们"仁""智""勇"的君子品质，而将他们依次看作是孔子最为优秀的弟子，还透露了儒学的南传才使得他们在生前便已经在楚国形成了堪为辅佐君主治理国事的最佳组合的政治印象。

不仅如此，既然海昏侯墓孔子师徒画像中前三位弟子的组合和排序，吻合于孔门内部和楚国君臣对于他们的看法，则意味着相关评价还进而影响了汉人对于孔门弟子的认知。而且，《史记》对于孔子师徒的记载，也即是这种影响的一种见证；画像中前三位弟子的"君子"组合，则也就是堪为国事的辅佐之臣的组合，并与他们各自具有的治国能力和春秋晚期社会已经形成的社会影响直接有关。只是，就可以直接表明这三君子组合的政治形象的称谓来说，虽然他们与孔子的关系确实比照了"国君"与"三卿"的关系，而在西汉中期孔子也确实已有"素王"之称和这三位弟子也确实已有被看作孔子辅佐的情况，且"国相""卿相"之词也已为《史记》所使用，但这两词的含义却不太贴合三弟子的实际，因而也就并不能够用作三弟子的组合名称。比如，《晋世家》对于晋文公重耳流亡在外期间"过郑，郑文公弗礼。郑叔瞻谏其君曰：'晋公子贤，而其从者皆国相，且又同姓'"[1]的表述，虽然表明"国相"可以代指具有辅国才能的人，但"国相""卿相"的本义却还是指代那些具有实际地位的辅政大臣，《吴起列传》所载吴起"与其母诀，啮臂而盟曰：'起不为卿相，不复入卫'"[2]的用法便是。所以，三弟子之中事实具有辅国地位的人，既然仅是上举《儒林列传》称作"卿相"的"子贡"，则说明"国相""卿相"之称并非全然适用于衣镜画像中的这前三位弟子。

更何况，画像中孔子明面上的身份还是《孔子世家》篇末所言的"可谓至圣"[3]，而这也意味着将这三位弟子的"君子"组合直接称作

---

[1] （汉）司马迁撰：《史记》卷三十九《晋世家》，中华书局2013年标点本，第2003页。
[2] （汉）司马迁撰：《史记》卷六十五《孙子吴起列传》，中华书局2013年标点本，第2636页。
[3] （汉）司马迁撰：《史记》卷四十七《孔子世家》，中华书局2013年标点本，第2356页。

"国相""卿相"组合并非合适。至于更为合适的称谓,联系孔子、春秋时人和西汉中期人士的语言习惯,则可知不妨称作"国士"组合。其原因则相应在于"国士"不仅具有指代国家能够堪当重任的杰出人才的用法,其词在周代也已产生并为孔子使用过,而且还流行于西汉中期。比如,《左传·哀公八年》记载:该年三月吴国因为邾国国君邾子益被鲁国俘虏而攻打鲁国,在吴王夫差率军驻扎泗上之际,鲁大夫"微虎欲宵攻王舍",便从其"私属徒七百人"之中挑选了包括孔子弟子有若在内的"三百人",只是此项计划又由于有人向季孙建言"不足以害吴,而多杀国士,不如已也"而终止,但吴王听闻鲁人将要偷袭他的消息后,此事终是又有"一夕三迁。吴人行成"和"吴人盟而还"的撤军结局。[①] 这说明此事中被鲁大夫挑选出的准备偷袭吴王夫差的优秀鲁国人,在春秋其时正是被称作"国士",且"有若"也为这些"国士"之一。又如,《孔子家语·困誓》记载:孔子在回答子路问孝之事中,曾说过"虽有国士之力,而不能自举其身,非力之少,势不可矣。夫内行不修,身之罪也;行修而名不彰,友之罪也;行修而名自立。"[②] 这就表明孔子也使用过"国士"之词,并认为子路正是具有"国士"的才能。再如,《战国策·赵策一》所载豫让"臣事范、中行氏,范、中行氏以众人遇臣,臣故众人报之;知伯以国士遇臣,臣故国士报之"[③] 的说法,也是以"国士"指代辅国之才,并区别于代指普通士人的"众人"。所以,通过这些例证,可见"国士"在东周社会已然用作代指卓越人才。

同时,对应东周社会等级秩序的松动和私学的兴起,"士"的使用对

[①] 杨伯峻编著:《春秋左传注》,中华书局1990年版,第1646—1650页。
[②] 杨朝明、宋立林主编:《孔子家语通解》,齐鲁书社2013年版,第266页。
[③] 《赵策一·晋毕阳之孙豫让章》记载:"晋毕阳之孙豫让,始事范、中行氏而不说,去而就知伯,知伯宠之。及三晋分知氏,赵襄子最怨知伯,而将其头以为饮器。豫让遁逃山中,曰:'嗟乎!士为知己者死,女为悦己者容。吾其报知氏之仇矣。'乃变姓名,为刑人,入宫涂厕,欲以刺襄子。……于是赵襄子面数豫让曰:'子不尝事范、中行氏乎?知伯灭范、中行氏,而子不为报仇,反委质事知伯。知伯已死,子独何为报仇之深也?'豫让曰:'臣事范、中行氏,范、中行氏以众人遇臣,臣故众人报之;知伯以国士遇臣,臣故国士报之。'"何建章注释:《战国策注释》,中华书局1990年版,第617—618页。

象已经不再局限于曾经有着贵族血统而具有实际官职的士阶层，而也逐渐涵盖了私学具有某种真才实学而于国有用的读书人。比如，《墨子·非儒下》"今孔丘之行如此，儒士则可以疑矣"①的说法，即是以"儒士"泛指服膺于孔丘儒家学说之人，因而孔子弟子无论做官与否，正是都可以称作"士"或"儒士"。至秦汉社会，"国士"的称谓则越来越集中到极少数的杰出人才身上。比如，《史记·淮阴侯列传》记载：刘邦被项羽封为汉王而西向就国的途中，韩信因揣测"上不我用"而逃亡，丞相萧何则因知晓他为军事奇才而随即"自追之"，等到追回韩信后又曾向刘邦举荐说"诸将易得耳。至如信者，国士无双。王必欲长王汉中，无所事信；必欲争天下，非信无所与计事者。顾王策安所决耳"，其后则相应还有刘邦"择良日，斋戒，设坛场，具礼"而拜韩信为"大将"之事。②又如，司马迁《报任安书》曾评价李陵说："夫仆与李陵俱居门下，素非相善也，趣舍异路，未尝衔杯酒接殷勤之欢。然仆观其为人自奇士，事亲孝，与士信，临财廉，取予义，分别有让，恭俭下人，尝思奋不顾身以徇国家之急。其素所畜积也，仆以为有国士之风。"③由此两例可见，一国、一朝的将领在西汉正是可以称作"国士"。

其中，丞相萧何针对韩信的军事才能而认为其"国士无双"的评价，与汉王刘邦也随之任命韩信为大将的情况，还明显意味着同样被认为足以担当一国"统军"的子路，也正是会被看作"国士"。而且，韩信既然由萧何推荐，也即说明臣相之位在大将之上，因而再联系"汉初三杰"张良、萧何、韩信的组合，以及西汉置右丞相、左丞相和大将军辅佐皇帝治理天下的情况，即可知颜渊、子赣、子路在春秋社会分别可为诸侯国"辅相""使臣""大将"的形象，放到西汉又可分别对应主相、副相和大将军的地位。受这些因素的影响，西汉人士将他们看作"国士"也

---

① 吴毓江撰，孙启治点校：《墨子校注》，中华书局1993年版，第441页。
② （汉）司马迁撰：《史记》卷九十二《淮阴侯列传》，中华书局2013年标点本，第3167—3168页。
③ （汉）班固撰，（唐）颜师古注：《汉书》卷六十二《司马迁传》，中华书局1962年标点本，第2729页。

是顺理成章，因而衣镜画像对于孔子弟子的选择和介绍，既然本就主要参考孔子的思想和司马迁的叙述，则其前三位弟子的组合自然也就可以称为"国士"组合。换言之，楚国君臣对于颜渊、子赣、子路的看法与三人在海昏侯衣镜画像孔子弟子之中的排序，则本就反映了东周社会和汉代儒生认为他们及其代表的三类"君子"堪为"国士"的看法。也因此，汉儒宣传他们事迹和图画他们形象的做法，就并非仅是意在学习他们而修养仁、智、勇的品行，也还与他们学以致用、入仕治国的政治理想有着关联。此外，自董仲舒《举贤良对策》的建议被汉武帝采纳而"卓然罢黜百家，表章六经"① 的文教政策推行之后，武、昭、宣阶段实际也多有儒生做官拜相的情况存在，因而衣镜画像中三弟子的排序还呼应了西汉中期文人、文臣相对重于武夫、武将的社会地位。②

（二）孔子认为"士君子"高于"士"的思想

对于衣镜画像中孔子前三位弟子之间的高下判定，虽然已知有孔子对于"仁""智""勇"的高下排序和春秋社会对于他们堪为"辅相""使臣""大将"的政治身份的高低排序作为参考，但不可回避的是其中作为首徒的颜渊，虽然因为箪食瓢饮而能够安贫乐道的品行被看作"仁者"，以及所具有的治国能力而在诸侯国之间享有着堪为"辅相"的高度评价，但他事实上并没有子赣、子路那样的从政经历和实际政绩。那么，他的这种首徒地位、"辅相"形象，在后世为何还能够得以保持？实际还取决于孔子对于作为"君子"的"国士"的区分，及其

---

① 《汉书·武帝纪·赞》曰："孝武初立，卓然罢黜百家，表章六经。遂畴咨海内，举其俊茂，与之立功。兴太学，修郊祀，改正朔，定历数，协音律，作诗乐，建封禅，礼百神，绍周后，号令文章，焕焉可述。后嗣得遵洪业，而有三代之风。"（汉）班固撰，（唐）颜师古注：《汉书》（一），中华书局1962年标点本，第212页。

② 西汉兼具文武之资的人，也相应被认为非常难得，宣、元时期朱云即曾经因为文武兼备而受到华阴守丞上奏其试行御史大夫之职的荐举。《朱云传》记载："朱云字游，鲁人也，徙平陵。少时通轻侠，借客报仇。长八尺余，容貌甚壮，以勇力闻。年四十，乃变节从博士白子友受《易》，又事前将军萧望之受《论语》，皆能传其业。好倜傥大节，当世以是高之。元帝时，琅邪贡禹为御史大夫，而华阴守丞嘉上封事，言'治道在于得贤，御史之官，宰相之副，九卿之右，不可不选。平陵朱云，兼资文武，忠正有智略，可使以六百石秩试守御史大夫，以尽其能。'"（汉）班固撰，（唐）颜师古注：《汉书》卷六十七《杨胡朱梅云传》，中华书局1962年标点本，第9册，第2912—2913页。

这种思想在汉代的传播和被接受。具体来说，孔子不仅认为颜渊、子赣、子路堪为"国士"，还认为他们之间有着"士君子"与"士"的差别。孔子曾经先后以"智者若何？仁者若何"提问于子路、子贡、颜回，三人的回答分别是"智者使人知己，仁者使人爱己"；"智者知人，仁者爱人"；"智者自知，仁者自爱"，孔子对子路、子贡的评语是"可谓士矣"；对于颜回的评价则是："可谓士君子矣。"① 此事说明孔子对于弟子存在可谓"士"与"士君子"的两类划分，而且正是可以对应"国士"的概念，"士君子"也即"士"之中的杰出者，并明确认为颜回可谓"士君子"，子贡和子路则只是可谓"士"。

同时，虽然孔子认为子路、子贡都是"可谓士"，但从孔子提问三人的先后顺序与三人答语的境界由低而高的情况，即还可知又以子贡高于子路。孔子对于这三位弟子的高下排序为颜渊、子赣、子路的情况，则也正好呼应孔子询问何谓"智者""仁者"却不问"勇者"的情况。孔子对于三类"君子"正是明确以"勇者"的地位最低，子路在三位弟子之中的地位也因此而以"勇者"的形象排列最末。与此呼应，针对子贡、子路"何如斯可谓之士矣"的提问，孔子又针对二人各自的所长有着不同的回答，他对子贡曰："行己有耻，使于四方，不辱君命，可谓士矣"；对子路又曰："切切偲偲，怡怡如也，可谓士矣。朋友切切偲偲，兄弟怡怡"，只是在子贡接连追问"其次"和"今之从政者何如"之后，孔子又还先后告之"宗族称孝焉，乡党称弟焉""言必信，行必果，硁硁然小人哉！——抑亦可以为次矣"和"噫！斗筲之人，何足算也"。② 以子贡正是具有"行己有耻"的品质和能够成功出

---

① 《孔子家语·三恕》，杨朝明、宋立林主编：《孔子家语通解》，齐鲁书社2013年版，第103页。又见于《荀子·子道》。

② 《论语·子路篇》记载："子贡问曰：'何如斯可谓之士矣？'子曰：'行己有耻，使于四方，不辱君命，可谓士矣。'曰：'敢问其次。'曰：'宗族称孝焉，乡党称弟焉。'曰：'敢问其次。'曰：'言必信，行必果，硁硁然小人哉！——抑亦可以为次矣。'曰：'今之从政者何如？'子曰：'噫！斗筲之人，何足算也'"；"子路问曰：'何如斯可谓之士矣？'子曰：'切切偲偲，怡怡如也，可谓士矣。朋友切切偲偲，兄弟怡怡'"。杨伯峻译注：《论语译注》，中华书局1980年版，第140、143页。

使四方而"不辱君命"的邦交能力，以及子路正是具有孝顺、诚信的品质和能够团结朋友、兄弟之能力的个人形象①，比较孔子与二人的师徒对话，并联系孔子"可与言而不与之言，失人；不可与言而与之言，失言。知者不失人，亦不失言"②的说法，即可知这种同问异答的情况，不仅体现了孔子"因材施教"的教学方式，还表明了他认为子贡为"可与言"的"智者"并明确有着高于子路的为政能力的看法。

  至于这三种"士"之下的"今之从政者"，则被孔子认为是不足为算的"斗筲之人"，并应当是指对应孔子堪为从政的"君子"概念的"小人"，因而孔子"可谓士"的弟子，实际都是针对具有从政能力之人而言。而且，这些"士"，孔子又明确以子贡这类具有邦交能力的"智者"层次最高，其下则是具有孝悌、重义等美好品行和言行诚信之人。与此呼应，当季康子询问仲由、端木赐、冉求是否"可使从政也与"的时候，孔子明确答曰"由也果，于从政乎何有""赐也达，于从政乎何有""求也艺，于从政乎何有"③；当子路询问"赐也何如"之时，孔子又明确答曰："女，器也"，至于是"何器也"，孔子则表示是堪比宗庙所用重器"瑚琏也"④。以子贡之"达"、子路之"果"的表现，对应子贡"何如斯可谓之士矣"的提问与孔子"行己有耻，使于四方不辱君命，可谓士矣"的回答，以及其次为"宗族称孝焉，乡党称弟焉"与再其次为"言必信，行必果，硁硁然小人哉！抑亦可以为次矣"的看法，即可知"达"正是对应子贡"行己有耻"的品行和"使于四方不辱君命"的从政能力；"果"正是对应子路"言必信，行必果"的品行。由此可知，孔子还曾因为子路的果敢决断、子贡的通情达理、冉有的多才多艺，而认为他们都可以被任用以治理政事，但这些弟子和他们所具有的可以用作从政的才能技艺，实则又都被孔子认

---

① 在孔子弟子之中，子路还以重信守诺而闻名，这不仅可以通过前举鲁哀公十四年投奔鲁国的小邾大夫不信鲁国之盟而信子路之言的情况得知，也有《论语·颜渊篇》所云"子路无宿诺"的说法可为佐证。杨伯峻译注：《论语译注》，中华书局1980年版，第128页。
② 《论语·卫灵公篇》，杨伯峻译注：《论语译注》，中华书局1980年版，第163页。
③ 《论语·雍也篇》，杨伯峻译注：《论语译注》，中华书局1980年版，第58页。
④ 《论语·公冶长篇》，杨伯峻译注：《论语译注》，中华书局1980年版，第43页。

第三章 衣镜的孔子之徒与组合排序

为是还未能通达于"道"的"器"。

以孔子对于"士"的分类和他们之间的高下排序,比较前举孔子回答"子路问君子"时所表达的"修己以安百姓"和"修己以安人""修己以敬"的高下之分,也就还可以明确孔子所谓的"士"正是对应其"君子"的概念。子贡在孔子心中也正是可以"修己以安人"的"君子"和"士";子路在求问"何如斯可谓之士矣"之时,则还仅仅是孔子心中能够"修己以敬"的一般性"君子"和"士"。以三弟子来说,子路之"勇""果"可使"足兵";子贡之"智""达"可使"足食";颜渊之"仁""德"可使"民信之",因而对于这些可以称谓"士"的弟子是否可以选用的问题,孔子又都持肯定态度。若整体而论,则孔子实际最为提倡的是"君子不器"①。在此标准之下,孔子也相应更为推崇"不器"的"士君子",而并非属于"器"的一般性"士",因而能够"修己以安百姓"的"士君子"的境界,也别明确认为高于"修己以安人""修己以敬"的"士",颜回的地位则也相应在子贡、子路之上。有关子路请教"何如斯可谓之士矣"的时间,则应当与他表达"愿车马衣轻裘与朋友共敝之而无憾"之志的时间相近,并与表达"千乘之国,摄乎大国之间,加之以师旅,因之以饥馑,由也为之,比及三年,可使有勇,且知方也"之志的时间较远,且更早于他在卫国、楚国为官的时间。

至于颜回为何会被孔子格外高看为"士君子"?从他"智者自知,仁者自爱"的回答,相比子贡"智者知人,仁者爱人"和子路"智者使人知己,仁者使人爱己"的回答,明显更为强调克己内修的精神,及其与孔子回答颜渊"问仁"时所表示的"克己复礼为仁。一日克己复礼,天下归仁焉。为仁由己,而由人乎哉"②的主张,与其"有能一日用其力于仁矣乎?我未见力不足者"③的说法的契合,即可知还是在于颜回的品行和能力最为符合孔子提倡的仁道。而且,既然孔子所谓"君子""士"和

---

① 《论语·为政篇》,杨伯峻译注:《论语译注》,中华书局1980年版,第17页。
② 《论语·颜渊篇》,杨伯峻译注:《论语译注》,中华书局1980年版,第122页。
③ 《论语·里仁篇》,杨伯峻译注:《论语译注》,中华书局1980年版,第36页。

"士君子"的概念,都有从为政能力的角度在考量,也就意味着"仁者"的形象和"克己复礼""自知""自爱""为仁由己"的方式以及"天下归仁"的目标,本就都不局限于道德修养的层面,还包括上下安乐、充满仁爱的社会理想。所以,即便颜渊没有真正从政,孔子称赞其仁德的原因,还是与他能够以礼乐治国的为政能力直接相关。孔子对于颜渊为政能力的称赞,也因此不仅有前举子贡所言他曾引《诗》说其可以辅佐诸侯国君的事情,而还有"回有君子之道四焉:强于行义,弱于受谏,怵于待禄,慎于治身"①的明确说法。

因为以此处孔子所谓颜回合乎"君子之道"的四种行为,比较孔子对于郑国执政之卿子产"有君子之道四焉:其行己也恭,其事上也敬,其养民也惠,其使民也义"②的评价,即可以更为直观地感受到颜渊的"强于行义"是指他能够做到"使民也义";"慎于治身"是指他不管在何种处境之下都能严格自律、遵礼好学而做到"行己也恭";"弱于受谏"则是指他能够虚心接受谏言;"怵于待禄"则是指他具有报效国家的抱负。所以,既然"行己也恭""使民也义"的"君子之道"是子产治理郑国而值得称道的做法,则"强于行义""慎于治身"的颜渊也相应正是可以看作具有执政邦国的能力。至于颜渊所行"弱于受谏,怵于待禄"的"君子之道",无法与子产"其事上也敬,其养民也惠"的"君子之道"彼此对应的原因,即在于本身有着报国理想的颜渊,并未实际拥有过治国的权利,因而这也并非意味着他对待君上不能做到恭敬和对待人民不能施行恩惠。与此呼应,曾子也对之还有着"可以托六尺之孤"的"君子人"的评价;子贡对之之也还有着"若逢有德之君,世受显命,不失厥名;以御于天子,则王者之相也"的评价,以及"仁人廉士"③的称谓。也因为这

---

① 《孔子家语·六本》,杨朝明、宋立林主编:《孔子家语通解》,齐鲁书社 2013 年版,第 186 页。又见于《说苑·杂言》。

② 《论语·公冶长篇》,杨伯峻译注:《论语译注》,中华书局 1980 年版,第 47—48 页。

③ 《孔子家语·在厄》,杨朝明、宋立林主编:《孔子家语通解》,齐鲁书社 2013 年版,第 249 页。

第三章　衣镜的孔子之徒与组合排序

种"君子之道"与"仁道"的关系，被孔子称赞"有君子之道四焉"的子产死后，孔子在听闻其死讯后，也还曾因为他的执政具有古人仁爱之风而"出涕曰：'古之遗爱也'"①。

不仅如此，因为孔子与孔门弟子以及其他一些东周之人对于颜渊的为政志向和治国能力的肯定，颜渊的这种政治形象还进一步被西汉人士放大。比如，《孔子世家》记载：孔子师徒在陈绝粮之际，孔子曾经先后召见子路、子贡、颜回而询问他们对于其"道"的看法，但最令孔子满意的答复，便是颜回"夫子之道至大也，故天下莫能容。虽然，夫子推而行之，不容何病，不容然后见君子！……夫道既已大修而不用，是有国者之丑也。不容何病，不容然后见君子"的说法，而孔子也欣然表示"有是哉颜氏之子！使尔多财，吾为尔宰"②。又如，《说苑·指武》所载孔子与三弟子北游农山并让"各言尔志"的事情中，子路首先表示愿"举兵而击之，必也攘地千里，独由能耳"，子贡随后表示愿"陈说白刃之间，解两国之患，独赐能耳"，孔子针对二人的回答则先后回应说"勇哉士乎""辨哉士乎"，颜渊则是"独不言"，并在孔子的询问之下解释说"文武之事，二子已言之，回何敢与焉"，随后又在孔子的要求下表达自己的愿望是"愿得明王圣主而相之，……使天下千岁无战斗之患"，孔子听完之后则称赞其志向"美哉德乎"，并明确表示"吾所愿者，颜氏之计，吾愿负衣冠

---

① 《左传·昭公二十年》记载："及子产卒，仲尼闻之，出涕曰：'古之遗爱也。'"杨伯峻编著：《春秋左传注》，中华书局1990年版，第1422页。

② （汉）司马迁撰：《史记》卷四十七，中华书局2013年标点本，第2337—2339页。《孔子家语·在厄》对于此事的记述，故事情节与《史记》基本相同，写作："楚昭王聘孔子，孔子往拜礼焉，路出于陈、蔡，陈、蔡大夫相与谋曰：'孔子圣贤，其所刺讥，皆中诸侯之病。若用于楚，则陈、蔡危矣。'遂使徒兵距孔子。孔子不得行，绝粮七日，外无所通，藜羹不充，从者皆病。孔子愈慷慨讲诵，弦歌不衰。乃召子路而问焉，……子路愠，作色而对曰：……子路出。召子贡，告如子路。子贡出。颜回入，问亦如之。颜回曰：'夫子之道至大，天下莫能容。虽然，夫子推而行之，世不我用，有国者之丑也。夫子何病焉？不容，然后见君子。'孔子欣然叹曰：'有是哉，颜氏之子，使尔多财，吾为尔宰。'"杨朝明、宋立林主编：《孔子家语通解》，齐鲁书社2013年版，第244—245页。

而从颜氏子也。"① 由此可见，西汉人士不仅相信颜回有着辅佐"明王圣主"的治国志向及其"使天下千岁无战斗之患"的治国理想最为贴合孔子心意，更是传言孔子也曾表示愿意追随颜渊为政。所以，孔子之道又正是可以整体称作"君子之道"，颜渊、子贡、子路三人也正是有着被西汉人士分别称作"德士""辨士""勇士"的方式。三人的主要区别，也即在于对待战争的态度，不同于颜回想要天下远离战争的治国理想，子贡希望在乱世之中凭借自己的言辞能力和邦交手段来解决诸侯国之间的纷争，子路则是希望在乱世之中通过战斗的胜利来获得自己一方的净土。所以，相比之下颜渊志向更为宏大和难以实现的情况，也是显而易见的。

（三）孔子主张"大臣"高于"具臣"的观念

虽然颜渊倘若从政治国，他应当会按照其志向而努力实现他所说"无伐善，无施劳"和孔子所说"老者安之，朋友信之，少者怀之"的安乐和平的社会状态，但也如同孔子及其推行的仁道不见容于天下一般，颜渊虽然受到孔子学以致用思想的影响而有着报国之志，但其事实上也面临着不为"有国者"任用的现实窘境。对此师徒二人曾遭遇的共同境遇，陆贾也曾表示说"孔子曰：'道之不行也。'言人不能行之。故谓颜渊曰：'用之则行，舍之则藏，惟我与尔有是夫。'言颜渊道施于世而莫之用"②，因而在世人莫用的处境之下，颜渊最终选择了安于

---

① （汉）刘向撰，向宗鲁校证：《说苑校证》，中华书局1987年版，第375—376页。孔子师徒四人"游于农山"之事，《孔子家语·致思》也有基本相同的记载，大致写作：孔子对于子路"当一队而敌之，必也攘地千里"的志向，评价说"勇哉"；对于子赣"著缟衣白冠，陈说其间，推论利害，释国之患"的志向，评价说"辨哉"；对于颜回"愿得明王圣主辅相之，敷其五教，导之以礼乐，……千岁无战斗之患"的志向，评价说"美哉！德也"，并表示自己之愿"不伤财，不害民，不繁词，则颜氏之子有矣。"杨朝明、宋立林主编：《孔子家语通解》，齐鲁书社2013年版，第73—74页。

② 《慎微》云："夫目不能别黑白，耳不能别清浊，口不能言善恶，则所谓不能也。故设道者易见晓，所以通凡人之心，而达不能之行也。道者，人之所行也。夫大道履之而行，则无不能，故谓之道。故孔子曰：'道之不行也。'言人不能行之。故谓颜渊曰：'用之则行，舍之则藏，惟我与尔有是夫。'言颜渊道施于世而莫之用。"王利器撰：《新语校注》，中华书局1986年版，第93页。

贫贱、隐居不仕的生活。英年早逝的他，也才相应并没有成功治政的实际例证流传后世。对于他的这一选择，由孔子对之"用之则行，舍之则藏，唯我与尔有是夫"①的说法，即可看出孔子同样是持称赞的态度。至于孔子为何会赞赏他的这种决定，由其"贤哉，回也！一箪食，一瓢饮，在陋巷，人不堪其忧，回也不改其乐。贤哉，回也"②的评价，比较其"贤者辟世，其次辟地，其次辟色，其次辟言"③的说法，又可知孔子盛赞颜回安贫乐道的品行为"贤哉"的原因，正是与其"辟世"而不屈从于浊世的选择直接相关。与此呼应，以原宪请教什么是"耻"和"克、伐、怨、欲不行焉，可以为仁矣"之时，孔子"邦有道，谷；邦无道，谷，耻也"和"可以为难矣，仁则吾不知也"的回答④，与孔子又因为国家无道之时"微子去之，箕子为之奴，比干谏而死"的表现而以三人为殷商末年"三仁人"的评价⑤，即还可知隐居避世的颜回不仅被孔子认为是"隐者"之中的最高层次，实则也是因之将其看作"仁人"的最高层次。

对照之下，在"无道"社会选择辅政的弟子，孔子则是虽然肯定他们堪为从政的能力，却又明确表示"不知其仁"。比如，当孟武伯询问子路、冉求、公西赤"仁乎"之时，孔子先后回答说："由也，千乘之国，可使治其赋也，不知其仁也"；"求也，千室之邑，百乘之家，可使为之宰也，不知其仁也"；"赤也，束带立于朝，可使与宾客言也，不知其仁也"。⑥ 由此可见，孔子一面认可了子路可以统领一国之军和冉求可以为城邑之长、国卿之宰的能力，以及公西赤可以负责接待诸侯

---

① 《论语·述而篇》，杨伯峻译注：《论语译注》，中华书局1980年版，第68页。
② 《论语·雍也篇》，杨伯峻译注：《论语译注》，中华书局1980年版，第59页。
③ 《论语·宪问篇》，杨伯峻译注：《论语译注》，中华书局1980年版，第157页。
④ 《论语·宪问篇》记载："宪问耻，子曰：'邦有道，谷；邦无道，谷，耻也。''克、伐、怨、欲不行焉，可以为仁矣?'子曰：'可以为难矣，仁则吾不知也。'"杨伯峻译注：《论语译注》，中华书局1980年版，第145页。
⑤ 《论语·微子篇》云："微子去之，箕子为之奴，比干谏而死。孔子曰：'殷有三仁焉。'"杨伯峻译注：《论语译注》，中华书局1980年版，第192页。
⑥ 《论语·公冶长篇》，杨伯峻译注：《论语译注》，中华书局1980年版，第44页。

国宾客而为相礼之臣的能力，一面又表示他们的品行和治政能力未能达到"仁"的境界。其中，懂得邦交礼仪和擅长言辞的公西赤被孔子认为"不知其仁"的情况，实际也意味着擅长处理邦国外事的子贡应当同样被孔子看作未及于仁的层次。以孔子对于这些弟子的评价，比较前举子路愿治理"千乘之国"并使之"有勇，且知方"的志向，以及冉求愿治理地方而使之"足民"并不打算用"礼乐"的志向，与公西赤愿为邦国宗庙、会同之事"小相"的志向，则还可知这三位弟子各自表达的从政理想正是基于他们自身的兴趣爱好和能力大小所设定。而且，公西赤的志向在三人之中最受孔子肯定的情况，也意味着邦交能力更为优异而堪为使臣的子贡，是能够从政的弟子之中最受孔子欣赏的"士"。所以，孔子是以治国能力与"仁道"的关系，而认为接近礼乐治国方式的智者子贡相比其他弟子更胜，具有礼乐治国理想和能力的仁者颜渊则也因此为弟子之最。

不仅如此，呼应孔子对于颜渊可谓"士君子"与子赣、子路可谓"士"的区分，孔子对于堪称"国士"的为臣者实际还相应有"大臣"与"具臣"的区分。所谓的"大臣"，也即孔子推崇为"仁者""德士"的"士君子"；所谓的"具臣"，也即堪称"智者""勇者"等"不知其仁"的"士"，并明确位居"大臣"之下。至于何谓"大臣""具臣"？孔子在回答季子然"仲由、冉求可谓大臣与"的提问时，曾直接表示"所谓大臣者，以道事君，不可则止。今由与求也，可谓具臣矣"，而且"具臣"虽然不及"大臣"却也可以用以从政的原因，则是因为他们"弑父与君，亦不从也"。[1] 由此可见，在孔子心中，子贡、子路、冉求、公西赤等弟子都只是具有某种从政能力却"不知其仁"的"具臣"，原因即是他们对于做官的追求胜过对于仁道的坚守。孔子推荐执政者可以任用他们的原因，则不仅在于他们具有的治政能力，又

---

[1] 《论语·先进篇》云："季子然问：'仲由、冉求可谓大臣与？'子曰：'吾以子为异之问，曾由与求之问。所谓大臣者，以道事君，不可则止。今由与求也，可谓具臣矣。'曰：'然则从之者与？'子曰：'弑父与君，亦不从也。'"杨伯峻译注：《论语译注》，中华书局1980年版，第117页。

在于他们都已达到普通君子"修己以敬"的层面，而不会做出有违基本人伦和君臣道义的悖逆之事。相比之下，孔子"所谓大臣者，以道事君，不可则止"的指代对象，于孔门来说，也就以颜渊莫属。因为这种方式，正是不仅相合于颜渊"愿无伐善，无施劳"的治国志向和辅相大才，也还符合他"家贫居卑"却因天下无道而"不愿仕"的选择，及其以有田足以"给饘粥""为丝麻"和"鼓琴足以自娱""所学夫子之道者，足以自乐也"①的处世态度。所以，可谓"士君子"的颜渊，实则被孔子认为堪做"大臣"，而其格外受到孔子推崇的原因，也即在于他能够做到"以道事君，不可则止"。

同时，孔子对于"大臣""士君子"和颜回的推崇，实际也是他人生追求和经历的映照。因为他虽然十分希望得到某位诸侯国君的任用，以施展其复兴礼乐而使上下有序、社会安乐的抱负，但他却也并非贪恋权力和盲目为官。比如，孔子在鲁国为大司寇而治鲁已见成效并颇有名声之际，就曾因为"齐人归女乐，季桓子受之，三日不朝"的表现而离开鲁国②；在齐景公欲以"置廪丘之邑以为养"之时，又因为齐景公不行其言而赐之邑的行为乃不知其抱负的情况而选择"辞而不受"③。所以，孔子虽然表示过"富而可求也，虽执鞭之士，吾亦为之"，但又同时认为"如不可求，从吾所好"④。对于国士是否从政的问题，孔子

---

① 《让王》，(清)王先谦：《庄子集解》，国学整理社编《诸子集成》(三)，中华书局2006年版，第191页。

② 《论语·微子篇》记载："齐人归女乐，季桓子受之，三日不朝，孔子行。"杨伯峻译注：《论语译注》，中华书局1980年版，第193页。对于孔子离鲁之事，《孔子家语·子路初见》有着更为详细的记载，写作："孔子相鲁。齐人患其将霸，欲败其政，乃选好女子八十人，衣以文饰而舞容玑，及文马四十驷，以遗鲁君。陈女乐、列文马于鲁城南高门外。季桓子微服往观之再三，将受焉，告鲁君为周道游观。观之终日，怠于政事。子路言于孔子曰：'夫子可以行矣。'孔子曰：'鲁今且郊，若致膰乎大夫，则是未废其常，吾犹可以止也。'桓子既受女乐，君臣淫荒，三日不听国政，郊又不致膰俎。孔子遂行，宿于郭屯。师已送，曰：'夫子非罪也。'孔子曰：'吾歌可乎？'歌曰：'彼妇人之口，可以出走；彼妇人之请，可以死败。优哉游哉，聊以卒岁。'"杨朝明、宋立林主编：《孔子家语通解》，齐鲁书社2013年版，第240页。

③ 《孔子家语·六本》记载："孔子见齐景公，公悦焉，请置廪丘之邑以为养。孔子辞而不受。入谓弟子曰：'吾闻君子赏功受赏。今吾言于齐君，君未之有行，而赐吾邑，其不知丘亦甚矣。'于是遂行。"杨朝明、宋立林主编：《孔子家语通解》，齐鲁书社2013年版，第174页。

④ 《论语·述而篇》，杨伯峻译注：《论语译注》，中华书局1980年版，第69页。

推崇的态度，实则是"古之士者，国有道则尽忠以辅之，国无道则退身以避之"的方式，他也因此评价过忠心事奉齐国国君而"食于淫乱之朝，不量主之明暗，以受大刖"的鲍庄子（即鲍牵）乃是"智之不如葵"①。与此呼应，孔子对于"邦有道，则仕；邦无道，则可卷而怀之"的卫国大夫蘧伯玉，又称赞为"君子哉"！②也因此，比较孔子"以道事君，不可则止"的"大臣"标准，即可见在颜渊、子贡、子路三弟子之中，无疑只有颜渊符合这种标准，因而他自然也就是孔子心中可谓"大臣"的弟子人选；比较孔子是否做官取决于社会"有道""无道"的思想，则能够"卒终于齐"的子贡，相比在卫国内乱中被醢身亡的子路，也就明显还是以子贡的地位高于子路。

而且，既然孔子推崇颜渊为"大臣"并赞赏他安贫乐道、隐居不仕的选择，也就意味着春秋当时的社会在孔子看来正是整体属于等级失序而礼乐制度无法很好推行的"无道"社会。③在这种社会之下，一心向善和能够坚决回避邪恶的人才则虽然已经值得称赞，但孔子又认为能够为了保全自己的志向而选择避世的国士更为难能可贵，因而孔子还曾表示"见善如不及，见不善如探汤。吾见其人矣，吾闻其语矣。隐居以求其志，行义以达其道。吾闻其语矣，未见其人也"④。受孔子这种思想的影响，具有"辅相"才能却没有向"无道"社会妥协而选择入仕做官、追求富贵的颜渊，自然也就是品行高洁的"仁者""德士"的典范，其隐居政治黑暗社会的行为则也相应被看成其"既仁且智"的表现。所以，孔子对于弟子的评价和官员的选用，明显更为推崇"德

---

① 《孔子家语·正论解》记载："樊迟问于孔子曰：'鲍牵事齐君，执政不挠，可谓忠矣，而君刖之，其为至暗乎？'孔子曰：'古之士者，国有道则尽忠以辅之，国无道则退身以避之。今鲍庄子食于淫乱之朝，不量主之明暗，以受大刖，是智之不如葵，葵犹能卫其足。'"杨朝明、宋立林主编：《孔子家语通解》，齐鲁书社2013年版，第500页。
② 《论语·卫灵公篇》，杨伯峻译注：《论语译注》，中华书局1980年版，第163页。
③ 《论语·季氏篇》云孔子曰："天下有道，则礼乐征伐自天子出；天下无道，则礼乐征伐自诸侯出。自诸侯出，盖十世希不失矣；自大夫出，五世希不失矣；陪臣执国命，三世希不失矣。天下有道，则政不在大夫；天下有道，则庶人不议"；"禄之去公室五世矣，政逮于大夫四世矣，故夫三桓之子孙微矣。"杨伯峻译注：《论语译注》，中华书局1980年版，第174、175页。
④ 《论语·季氏篇》，杨伯峻译注：《论语译注》，中华书局1980年版，第177页。

第三章 衣镜的孔子之徒与组合排序

才兼备"之人，孔子的"君子之道"实质上也贯穿着"尚德"的思想，所提倡的君子风范则也相应涵盖了孔子"为政以德"的主张。在孔子的七十子之徒中，不能以礼乐治国，却于邦国治理不可或缺的人才，即是作为"辩士""使臣"形象的子赣，以及作为"勇士""将帅"形象的子路；能够"以道事君，不可则止"的"辅相""大臣""士君子"，即是"仁者""德士"形象的颜渊。孔子和春秋时人对于三弟子的这些评价和看法，也进而影响了他们在西汉士人心中的地位，衣镜画像中的他们被排列在前三的顺序，则也正是这种影响的一种见证。

总体而言，海昏侯墓衣镜师徒画像中颜渊、子赣、子路的"君子"组合，还可以称为"国士"组合，三弟子因为各自所具有的治国能力，则又分别可以称为"德士""辩士""勇士"，他们之间的高下排序即对应孔子对于"士君子"与"士"和"大臣"与"具臣"的分别。作为首徒的颜渊，则相应还有孔子最为推崇的"士君子""大臣"的身份，以及春秋时人已经认为的"辅相"形象；颜渊之下的子赣、子路，则又相应具有孔子所认为的可以从政的"士""具臣"的身份。其中，具有"辅相"之才的颜回，虽然并未真正有着治国辅政的经历，但衣镜画像将之安排与孔子同排出现，并特别带氏称为"颜渊"而非如同"子赣""子路"那般称之为"子渊"的方式，及其画像传记还专门采用孔子"用之则行，舍之则藏，唯我与尔有是夫"[①] 这句评语的情况，实则也都有提示他在孔门弟子之中的最高地位，及其最为符合"仁者""士君子""大臣"的形象。所以，衣镜画像中的颜渊，代表的正是孔子最为推崇的最高层次的"君子"。这种具有"仁者"的品质德行和治国能力的"君子"，实际也还是孔子自我形象的一种展示，因而颜渊事实上又与孔子最为相似，后世尊之为"复圣"[②] 的原因也即应在此。

---

① 《论语·述而篇》，杨伯峻译注：《论语译注》，中华书局1980年版，第68页。
② 《人表考·颜渊》云："隋大业以前皆以颜子为先师。……明嘉靖九年改称复圣颜子。"见（清）梁玉绳等撰，吴树平等点校《史记汉书诸表订补十种》，中华书局1982年版，第561页。

小结

综上所述，海昏侯墓衣镜画像中前三位孔子弟子的高下排序，实则还符合孔子和楚国君臣对于他们为政能力的评价。其中，有关三弟子的从政能力，孔子认为他们分别可以辅佐君王、出使邦国、率领军队；楚昭王和令尹子西又同样认为颜回可为"辅相"、子赣可为"使臣"、子路可为"将率"，这种一致的评价则既反映了他们在孔门的地位和春秋诸侯国之间的影响力，又说明这种地位和影响力形成的原因取决于他们各自具有的"仁""智""勇"的品行、能力和孔子肯定的态度。以颜渊、子赣、子路分别为"仁者""智者""勇者"的形象，结合孔子所谓"君子道者三"为"仁者不忧，知者不惑，勇者不惧"的说法，与"司马牛问君子，子曰：'君子不忧不惧'"[①]的师徒对话，以及又将仁、智、勇视为"天下国家"治理的三达德的说法，则还可知衣镜画像中这三位孔子弟子正是既可以统称为"君子"组合，又可以称作"国士"组合。而且，三弟子之中，孔子又唯独认为颜渊堪称"仁者"，并是能够以"仁道"治国而可为"大臣"的弟子；子赣、子路则只能是居于其下的"具臣"，二人虽然不被孔子看作"仁者"，却又与颜渊同样被孔子认为是"君子"的情况，则对应孔子"君子而不仁有矣夫，未有小人而仁者也"[②]说法。所以，"君子"的概念又并不只是代指"仁者"，而也包括好仁、近仁的"智者""勇者"，无法与之相提并论的则是"小人"。

至于"君子"之上的概念，孔子则认为是"圣人"，其"圣人，吾不得而见之矣；得见君子者，斯可矣"[③]的说法便是证明。而且，虽然孔子认为他在当时之世已经不能得见圣人，但子贡以"君子道者三"为"夫子自道也"[④]的说法，又说明子贡早就因为孔子兼具仁、智、勇三方面的品行、能力而将之推崇为"圣人"。以此比较衣镜中孔子被称

---

① 《论语·颜渊篇》，杨伯峻译注：《论语译注》，中华书局1980年版，第124页。
② 《论语·宪问篇》，杨伯峻译注：《论语译注》，中华书局1980年版，第147页。
③ 《论语·述而篇》，杨伯峻译注：《论语译注》，中华书局1980年版，第73页。
④ 《论语·宪问篇》，杨伯峻译注：《论语译注》，中华书局1980年版，第155页。

第三章　衣镜的孔子之徒与组合排序

为"圣人""至圣"的方式,则既可知汉人奉孔子为圣人的观念正是可以追溯到子贡的评价,又可知衣镜画像中的孔子与颜渊、子赣、子路也明显就是"圣人"与"君子"的组合。只是,从三弟子各自的"君子"品行和治国能力来看,不忧的仁者颜渊还是孔子最为欣赏的"大臣""士君子";不惑的智者子贡、不惧的勇者子路,则还是孔子认为的"具臣"和"士"。所以,颜渊在衣镜画像中明确位于子赣、子路之上的位置安排,或许也有依据孔子评价而分别三人为"大臣""士君子"和"具臣""士"的深意。而且,孔子对于颜渊、子贡、子路等弟子的针对性教育,实则也佐证了子贡以"学不厌,智也;教不倦,仁也"的理由,而认为"仁且智,夫子既圣矣"的合理性。

　　对应"三君子"的治国能力与楚国君臣对于他们的评价,孔子实际也还有"素王"的身份。这一称号,虽然出于董仲舒,但司马迁将孔子及其弟子分别纳入主要撰写诸侯之《世家》和人臣之《列传》的做法,却显示《史记》也正是强调了孔子师徒堪比国君与诸臣的关系和影响力。而且,《史记》对于孔子可谓"至圣"和"素王"的看法,事实也影响深远。比如,《孔子世家》"可谓至圣"的赞誉,正是明确为衣镜画像的孔子传记所采用;针对《仲尼弟子列传》的记载,司马贞《史记索隐》又有"教兴阙里,道在聊乡。异能就列,秀士升堂。依仁游艺,合志同方。将师宫尹,俎豆琳琅。惜哉不霸,空臣素王"[①]的述赞。由此可见,孔子弟子在后世又有因为通于六艺的"异能"而被看作"升堂"之"秀士"的比附,以及相对孔子"素王"的称号而被谓之"空臣"的方式。当然,若以《史记》在汉代被划入《公羊春秋》学的归类,与衣镜上的师徒画像本就以《史记》的部分篇目为主要依据的情况,结合画像中孔子传记"南夷与北夷交,中国不绝如缕耳"的说法又应当参考《公羊传·僖公四年》"南夷与北狄交,中国不

[①] （汉）司马迁撰:《史记》卷六十七《仲尼弟子列传》,中华书局 2013 年标点本,第 2703 页。

绝若线"①的情况，则还可以感受到《公羊春秋》学与《史记》对于孔子为"素王""至圣"的看法流行于西汉中期的情况。

此外，孔子有关于"士君子""大臣"的这些思想，实际还深刻影响了后来的儒生。比如，对于"士"如何可以自得其乐？孟子云："尊德乐义，则可以嚣嚣矣。故士穷不失义，达不离道。穷不失义，故士得己焉；达不离道，故民不失望焉。古之人，得志，泽加于民；不得志，修身见于世。穷则独善其身，达则兼善天下。"②对于统治者应当如何治国兴邦？孟子又表示："以力假仁者霸，霸必有大国；以德行仁者王，王不待大——汤以七十里，文王以百里。以力服人者，非心服也，力不赡也；以德服人者，中心悦而诚服也，如七十子之服孔子也。"③子赣、子路在画像中的存在，实际也还彰显了孔子"有教无类"的成功，并内涵了儒家"劝学"的思想。比如，《荀子·大略篇》"人之于文学也，犹玉之于琢磨也。……子赣、季路，故鄙人也，被文学，服礼义，为天下列士。学问不厌，好士不倦，是天府也"④的说法，以及《韩诗外传》所载冉有"不学则不成君子""夫子路，卞之野人也。子贡，卫之贾人也。皆学问于孔子，遂为天下显士。诸侯闻之，莫不尊敬。卿大夫闻之，莫不亲爱。学之故也"⑤的说法，即明显都是以子赣、子路为孔子有教无类最为成功的例证，并借之在强调学习的重要性。而且，荀子、汉儒对于这两位弟子为"天下列士""天下显士"的称谓，实际也佐证了本节对于画像中前三位弟子的组合可以称为"国士"的观点。不仅如此，若由颜渊、子赣、子路"国士"的形象，再

---

① 王维堤、唐书文撰：《春秋公羊传译注》，上海古籍出版社2004年版，第192页。
② 《孟子·尽心上》，杨伯峻译注：《孟子译注》，中华书局2010年版，第281页。
③ 《孟子·公孙丑上》，杨伯峻译注：《孟子译注》，中华书局2010年版，第67页。
④ （清）王先谦撰：《荀子集解》，中华书局1988年版，第508页。
⑤ 详情为"鲁哀公问冉有曰：'凡人之质而已，将必学而后为君子乎？'冉有对曰：'臣闻之，虽有良玉，不刻镂则不成器，虽有美质，不学则不成君子。'曰：'何以知其然也？''夫子路，卞之野人也。子贡，卫之贾人也。皆学问于孔子，遂为天下显士。诸侯闻之，莫不尊敬。卿大夫闻之，莫不亲爱。学之故也。'"（汉）韩婴撰，许维遹校释：《韩诗外传集释》卷八·第二十四章，中华书局1980年版，第295页。

观"四科十哲"之说，即还可以发现"德行""言语""政事"这前三科的弟子实则都是堪为从政的弟子，而并非仅是传统看法所认为的"政事"科的弟子才擅长处理政事。所以，"四科十哲"之说，本质上可以按照是否具有实际处理邦国事务的能力分为两类，一类也即前三科能够学以致用而担任重要官职的八位弟子；一类也即仅是擅长读书的"文学"科的两位弟子。

第四章

衣镜的神仙信仰与灵兽观念

南昌海昏侯刘贺墓所出土的"孔子衣镜"[①] 具有重要的学术价值，学者们在肯定其整体表现为儒家思想之外，却忽略了这件国宝级文物在细节上还容纳了道家思想作为组成部分。因为除了衣镜背板的主体位置画有备受关注的孔子及其弟子的人物形象外，在镜框的四周边框还绘有仙人与神兽的画像。按照孔子画像位于背板最上面一栏所凸显出的"以上为尊"的方位意识，可知在绘于四周边框的仙人与神兽图案中，被安排在四周边框上方的两位仙人才是边框图像的核心。而对照"衣镜赋"中的"西王母兮东王公，福憙所归兮淳恩臧"之语，可以确定二位仙人的身份便是"西王母"与"东王公"。其中"西王母"为大众所熟知，"东王公"则所知甚少，但二者又分别被尊为道教的阴、阳尊神。由此可见，"孔子衣镜"中两位仙人形象的出现，展示的就是刘贺所处的西汉武、昭、宣时期所盛行的道家神仙思想中的西王母与东王公信仰。而且，与之伴随的，便是还有四方神兽与"蚩虞"神兽的灵兽观念。

第一节 以"西王母"与"东王公"为阴阳主神的神仙信仰

西王母信仰作为汉代文化的一种标识，虽然已经为人们所认知，但

[①] 有关"孔子衣镜"的器物基本信息、文字内容释读等，主要依据江西省文物考古研究所的王意乐、徐长青、杨军、管理四位学者所刊之文：《海昏侯刘贺墓出土孔子衣镜》，《南方文物》2016年第3期，第61—70页。为行文方便，节内不再一一注释。

以往的研究或者模糊西汉与东汉的年代界限混杂而论，或者侧重东汉西王母信仰的具体反映。这无疑不利于科学认识西王母信仰在整个两汉阶段的真实存在和渐进发展等疑问，因此，本节着重探讨被学者们所忽略的西汉西王母信仰及其与之呼应的东王公产生。而借助"孔子衣镜"中两位仙人的存在事实，通过分析西王母信仰在西汉不同阶段的总体发展状态，以及发展的突出表现，发现可以刷新不少学界的已有认知。

一 西汉中期西王母信仰具有承前启后的阶段性特征

有关汉代西王母信仰的研究，总体呈现出的"混杂而论"、"避前就后"的特征，主要源于学者们对于西王母信仰存在和发展的不同认识，而这种认识的依据往往都源于汉画像石中西王母的艺术表现形式。因而对于西王母信仰在汉代的具体发展过程，各家结果虽然有所出入[1]，但基本都认为西王母神仙信仰的存在不早于西汉晚期；作为西王母信仰发展重要标志的东王公的出现，不早于东汉中期；东汉中晚期才是西王母信仰发展的重要阶段。甚至对于西王母"神仙"的身份，还有一些学者主张只能追溯到东汉晚期道教的兴起，比如库尔班·外力就认为："在东汉末年，随着道教的兴起，西王母被神化为女仙而信奉。"[2] 正由于可依据的史料多归属东汉时期，西王母信仰的研究也才往往通言"汉代"、"汉人"，而实则以东汉为主要内容。"孔子衣镜"在海昏侯刘贺墓中的出土，就为这种补缺填缝的探讨创造了可行性。因

---

[1] 如信立祥先生认为：汉哀帝建平四年以前，汉画像石中还没有西王母的仙人形象，但已有祈求升仙到昆仑山的表达；建平四年之后到东汉中期，有了西王母的仙人世界，但东王公还没有出现；东汉中期至东汉晚期，东王公出现，与西王母图像对应配置。见于信立祥《汉代画像石综合研究》，文物出版社 2000 年版，第 157—188 页。又如李凇先生将西王母图像分为三个衍变阶段，包括：四分之三侧面角度的西王母，属于西汉后期到东汉初期；正面角度且左右有对称侍从的西王母，属于东汉初期到中期；普遍有翼的西王母，属于东汉中期以后。见于李凇《论汉代艺术中的西王母图像》，湖南教育出版社 2000 年版，第 312 页。再如汪小洋先生认为：以东王公的出现为标志，西王母图像系统的演变可划分为两个阶段，一是西汉后期到东汉中期以前，"西王母和以她为中心的神仙世界出现！这是西王母中心的形成阶段"；二是东汉中期至东汉晚期，"东王公进入西王母神仙世界！这是西王母至上神的努力阶段"。见于汪小洋《汉画像石中西王母中心的形成与宗教意义》，《南方文物》2004 年第 3 期，第 37—38 页。

[2] 库尔班·外力：《〈西王母〉新考》，《新疆社会科学》1982 年第 3 期，第 75 页。

为"西王母"与"东王公"作为仙人形象的代表在衣镜上的存在，直接将以"西王母"为核心的仙人信仰，以及"东王公"的出现历史，提前至了墓主人刘贺所在的武帝、昭帝、宣帝三朝。

其时，正是西汉国力强盛、文化繁荣的中期，故而《史记·平准书》有言曰："至今上（汉武帝）即位数岁，汉兴七十余年之间，国家无事，非遇水旱之灾，民则人给家足，都鄙廪庾皆满，而府库余货财。"① 因此在此阶段之前的高帝、惠帝、文帝、景帝四朝，通常被视为经济恢复、政权巩固的西汉早期；在此之后的元、成、哀、平四朝（包括新莽政权在内），通常被视为王朝衰颓、直至败亡的西汉晚期，如《汉书·佞幸传》就说："汉世衰于元、成，坏于哀、平。哀、平之际，国多衅矣。"② 所以，了解西王母信仰在西汉两百余年间的发展情况，也可以参照这种早、中、晚的三阶段历史分期来予以考察。而且求证于其他文献和考古材料可知，这三位汉皇所在的西汉中期正是西汉社会西王母信仰发展的关键阶段，具有承前启后的作用。

（一）继承西汉早期对西王母仙人身份的定位

《淮南子·览冥训》云："譬若羿请不死之药于西王母，姮娥窃以奔月。怅然有丧，无以续之。何则？不知不死之药所由生也。"③ 此处讲述的正是"嫦娥奔月"的神话，"姮娥"即"嫦娥"，为羿妻，羿从西王母处求得不死之药，被嫦娥盗食而成仙，奔入月中。可见《淮南子》中将西王母视为"不死之药"的拥有者，所以羿在嫦娥偷食之后，因为不能复得"以续之"，而怅然失志，若有所丧亡。由羿"不知不死之药所由生"和"无以续之"，可见"不死之药"就是"仙药"，凡人无从知道药的研制配方，也无法多次得到西王母的赏赐，明示了不死仙药的珍贵难得，而其难得的原因就在于服用后能如嫦娥般升天成仙。所以，作为"不死之药"拥有者的"西王母"，自当就是"仙人"的身份。

---

① （汉）司马迁撰：《史记》（四），中华书局 1982 年标点本，第 1420 页。
② （汉）班固撰，（唐）颜师古注：《汉书》（一一），中华书局 1962 年标点本，第 3741 页。
③ （汉）高诱注：《淮南子》，国学整理社编《诸子集成》（七），中华书局 2006 年标点本，第 98 页。

第四章　衣镜的神仙信仰与灵兽观念

西王母神仙的身份，既然记载于《淮南子》一书当中，那么这种意识的存在至少就不当晚于《淮南子》的成书时间，也就是不晚于作者所生活的年代。而究其成书，乃是淮南王刘安召集"宾客方术之士"集体编写的，故而又名之曰"刘安子"。① 具体则编著于景帝一朝的后期，包括："为《内书》二十一篇，《外书》甚众，又有《中篇》八卷，言神仙黄白之术，亦二十余万言。"② 由其"言神仙"的记述内容，便可知西汉早期的神仙思想就已经较为普及，其中视西王母为神仙的意识最晚在景帝时期就已经出现，而且为时人所看重的便是她掌管不死之药的神职。所以，《淮南子》中多有关于西王母的记载，又如《墬形训》云"西王母在流沙之濒"③ 等，至于西王母所在的西方，也被视为"不死之野"④；其所居的昆仑，也被看作"太帝之居，众帝所自上下"、"登之乃神"的神地。⑤

西王母神仙信仰在西汉早期的这种存在，反映的正是这一时期重神的社会风气。而这种风气早在西汉建国之初就已经形成，因为"信巫鬼，重淫祀"⑥ 的楚人多有融入刘邦集团，故而汉二年刘邦就曾下诏曰："吾甚重祠而致祭。今上帝之祭及山川诸神当祠者，各以其时礼祠之如故。"⑦ 这种崇祀神灵的政策和纲领，为西王母信仰在西汉早期的发展提供了生

---

① 《西京杂记》卷第三《淮南鸿烈》记载："淮南王安著《鸿烈》二十一篇。鸿，大也。烈，明也。言大明礼教。号为《淮南子》，一曰《刘安子》。"见于（晋）葛洪撰，周天游校注《西京杂记校注》，中华书局2020年版，第143页。

② 《汉书·淮南厉王刘长传》，（汉）班固撰，（唐）颜师古注：《汉书》（七），中华书局1962年标点本，第2145页。

③ （汉）高诱注：《淮南子》，国学整理社编《诸子集成》（七），中华书局2006年版，第63页。

④ 如《淮南子·时则训》曰："西方之极，自昆仑绝流沙沉羽，西至三危之国，石城金室，饮气之民，不死之野。"见于（汉）高诱注《淮南子》，国学整理社编《诸子集成》（七），中华书局2006年版，第84页。

⑤ 如《淮南子·墬形訓》曰："禹乃以息土填洪水，以为名山。掘昆仑虚以下地，中有增城九重，其高万一千里百一十四步二尺六寸。上有木禾，其修五寻，珠树、玉树、璇树、不死树在其西，……之不死……登之乃神，是谓太帝之居，众帝所自上下。"详见（汉）高诱注《淮南子》，国学整理社编《诸子集成》（七），中华书局2006年版，第56—57页。

⑥ 《汉书·地理志》，（汉）班固撰，（唐）颜师古注：《汉书》（六），中华书局1962年标点本，第1666页。

⑦ 《史记·封禅书》，（汉）司马迁撰：《史记》（四），中华书局1982年标点本，第1378页。

长土壤。所以,西汉早期便是西王母神仙信仰在西汉发展的初期阶段,其显著特征就是民间相信西王母对于"不死之药"的拥有。

(二) 显著发展于西汉中期的西王母信仰

《淮南子》一书在编著完毕之后,于汉武帝建元二年进献于朝廷,这一举动无疑推动了西王母神仙信仰由民间走向宫廷,进而再作用于民间的步伐。汉武帝由此应当知晓了"西王母"的存在,他沉迷神仙方术也应与此相关。这些推测并非假想,可以找到其他材料予以佐证。如《史记·大宛列传》记载汉武帝有将河源之山名曰昆仑之事①,而昆仑正是传说中的西王母居地。汉武帝既知昆仑,对于昆仑所居的西王母自是有一定了解的,因而多有关于汉武帝与西王母的故事记载。如旧本题为班固所撰的《汉武帝故事》中,不仅多回点明西王母拥有长生不死之药和使人延年益寿的神能②,而且还屡次谈到七月七日西王母与汉武帝相会之事③,其中西王母赏赐汉武帝"三千年一着子"的仙桃,"食此可得极寿"的故事,更是使得西王母主持蟠桃盛会、宴请群仙的神话在后世民间广为流传,吴承恩《西游记》第五回中也才会有齐天大圣孙悟空在瑶池大闹蟠桃盛会的精彩描写。

除去汉武帝可作为西王母信仰在西汉中期显著发展的依据外,生活于其时的许多杰出人物皆可以作为这种文化现象的证人。如武帝时人司马迁说:"河出昆仑。昆仑其高二千五百余里,日月所相避隐为光明也。

---

① 《史记·大宛列传》记载:"汉使穷河源,河源出于窴,其山多玉石,采来,天子案古图书,名河所出山曰昆仑云。"见于(汉)司马迁撰《史记》(一〇),中华书局1982年标点本,第3173页。

② 如《太平御览》卷九百六十七《果部四》,引之曰:"后西王母下,出桃七枚,母自啖二,以五枚与帝。帝留核着前,王母问曰:'用此何为?'上曰:'此桃美,欲种之.'母叹曰:'此桃三千年一着子,非下土所植也!'后上杀诸道士妖妄者百馀人,西王母遣使谓上曰:'求仙信邪,欲见神人而杀戮,吾与帝绝矣!'又致三桃,曰:'食此,可得极寿.'"又如《太平御览》卷九百八十三·香部三·兜末香,引用之曰:"西王母当降,上烧兜末香。……香闻百里。关中常大疾疫,死者因生。"

③ 如《初学记》卷四·岁时部下·七月七日,引之曰:"七月七日,上于承华殿斋正中,忽有一青鸟从西而来,集殿前。上问东方朔,朔曰:'此西王母来.'有一青鸟如乌,侍王母傍。"又如《太平御览》卷三十一《时序部十六·七月七日》,引之曰:"王母遣谓帝曰:'七月七日,我当暂来.'帝至日扫宫内,燃九华之灯。"

其上有醴泉、瑶池。"① 他所言的"昆仑"、"瑶池"也皆是与西王母相关之地名。而且《史记》中既记载了汉武帝之事，也说明了司马迁对于西王母的了解，所以其书中才会多有相关事迹记载，如《秦本纪》、《赵世家》中都有周穆王见西王母之事②；《大宛列传》中有"安息长老传闻条枝有弱水、西王母，而未尝见"③的言论。又如同为武帝时人的蜀郡成都人司马相如作有《大人赋》，其中也有对西王母的描述，是言："西望昆仑之轧沕荒忽兮，直径驰乎三危。排阊阖而入帝宫兮，载玉女而与之归。……吾乃今日睹西王母，皓然白首戴胜而穴处兮，亦幸有三足乌为之使。必长生若此而不死兮，虽济万世不足以喜。"④ 由此处"西望昆仑"的恍恍惚惚，到推开天门"而入帝宫"，再到西王母的长生"而不死"，可见西汉早期存在的以西王母为掌管长生之神仙的意识，以及以昆仑为仙人居住之神山的观念，在武帝时期一直流传于社会。而流传的关键就与汉武帝的率先示范有关，所以司马相如的作赋背景，《汉书·司马相如传》记载为："相如拜为孝文园令，见上好仙，乃遂奏《大人赋》。"⑤ 此处所言"上"者，便是"汉武帝"，可见该赋是司马相如迎合武帝好仙而写的遨游仙界之辞，因而其"大人"者，就是隐喻的"汉武帝"。但从其"必长生若此而不死兮，虽济万世不足以喜"之语，可知司马相如对于武帝喜好神仙之道的态度却并非赞赏，赋文本身也就当带有讽劝之意。然一代文人哪里敌得上一朝帝王的影响力，因此，在汉武帝

---

① 《史记·大宛列传》，（汉）司马迁撰：《史记》（一〇），中华书局1982年标点本，第3179页。

② 《秦本纪》记载："造父以善御幸于周缪王，得骥、温骊、骅骝、騄耳之驷，西巡狩，乐而忘归。"见于（汉）司马迁撰《史记》（一），中华书局1982年标点本，第175页。《赵世家》记载："造父幸于周缪王。造父取骥之乘匹，与桃林盗骊、骅骝、绿耳，献之缪王。缪王使造父御，西巡守，见西王母，乐之忘归。"见于（汉）司马迁撰《史记》（六），中华书局1982年标点本，第1779页。

③ （汉）司马迁撰：《史记》（一〇），中华书局1982年标点本，第3163—3164页。

④ 《汉书·司马相如传》，（汉）班固撰，（唐）颜师古注：《汉书》（八），中华书局1962年标点本，第2596页。

⑤ 《汉书·司马相如传》，（汉）班固撰，（唐）颜师古注：《汉书》（八），中华书局1962年标点本，第2592页。

求仙的氛围笼罩下，西汉中期成为西王母信仰发展的关键阶段。

随着西王母神仙信仰的普及，这种意识也被时人以图画的方式予以呈现，并且部分被保存下来成为今日验证西王母信仰的依据。比如在"孔子衣镜"出土之前，属于西汉昭、宣之间的河南洛阳卜千秋墓壁画中，就有四分之三侧坐的西王母图像。[①] 这与"孔子衣镜"上的西王母图像，共同证实了刘贺生活时代所流行的神仙信仰。这种信仰的流行，除了归功于最高统治者的提倡，也与所说的杰出人物有关。以提到过的"司马迁"与"司马相如"为例，二者是被后人分别誉为"史宗"和"辞宗"的历史性人物，而且他们的影响在生前就已经显露出来。比如在整部《史记》当中，司马迁只有两篇传文是为文学家而立，一者《屈原贾生列传》，一者《司马相如列传》，由司马相如独占一"传"，且篇幅约当前者六倍的差距来看，司马相如的文学成就在武帝之时就已经被人们所认可，如此司马迁才会整幅收录他的多部作品。而且司马迁作史因为既秉承了古代史官"实录"的精神，又开创了实地调查的方法，所以才终归成就了"究天人之际，通古今之变，成一家之言"的恢弘巨著，《史记》也才会为当时与后世的人们所津津乐道，如鲁迅就曾评述到："武帝时文人，赋莫若司马相如，文莫若司马迁。"[②] 他们既然有着这样大的影响力，在他们的著作当中又有着对于西王母普遍认知的介绍，随着他们著作的流传，西王母神仙信仰自然也就得以广泛流行起来。

又由于"成仙得道"本就是道家的思想追求，因而这一阶段的道家著作中也每每谈到西王母。如焦延寿所作《易林》[③] 一书，载录的占卦变之辞中就有数十条提到了"西王母"，或曰"王母"，其中有的内容与长生相关，言她"生不知老，与天相保"；有的与赐福、赐子相关，说她

[①] 黄明兰：《洛阳西汉卜千秋壁画墓发掘简报》，《文物》1977年第6期，第1—12页。

[②] 鲁迅：《鲁迅全集·第九卷·汉文学史纲要》，人民文学出版社2005年版，第431页。

[③] 有关《易林》的作者及其生活年代学界有不同意见，对照本书内容所反映的文化背景，今从尚秉和、陈良运二位先生之言，认为作者是西汉昭帝时任小黄令的焦延寿，反映的正是西汉中期的思想情况。见（汉）焦延寿著，尚秉和注，常秉义点校《焦氏易林注》导言，光明日报出版社2005年版，第3页；陈良运《汉代〈易〉学与〈焦氏易林〉》，《中州学刊》1998年第4期，第65—67页。

第四章 衣镜的神仙信仰与灵兽观念

"赐我喜子"、"家蒙福祉";还有的与避灾祸、解危难相关,谈她"祸不成灾"、"卒得安处"、"使我安居"、"无敢难者"等。① 由这些内容可见,西王母已经不仅被描绘为不死之神,还被想象成了生育之神、救危解难之神。也就是基于西王母拥有不死之药的认知,人们将与生命形态有关的诞生、死亡、生命延续这样一些人生历程,都纳入西王母的神职范围之内。西王母神权的这种大肆扩张,正是其时信仰普及化的结果,证实了西汉中期才是西王母信仰大发展的阶段,其影响上达宫廷,下及万民。如此在刘贺墓中的"孔子衣镜"上,西王母才能够以主神的身份出现,"衣镜赋"中也才会有"西王母兮东王公,福憙所归兮淳恩臧"之语。

(三) 盛行于西汉晚期的西王母信仰

汇聚上层人物的推动、杰出人物的影响、大众崇拜的波及等多种因素,西王母神仙信仰发展成为西汉中期社会的一种主流意识,这种显著发展又开启了西汉晚期西王母信仰兴盛的局面。兴盛的根源仍然是人们对于西王母能够赋予人永生神性的看重,因而这一阶段的作品当中,还是以"长生不死"作为描述西王母的重点内容,如汉成帝时蜀郡成都人扬雄因随游甘泉宫而作的《甘泉赋》中,就吟有"想西王母欣然而上寿兮"② 之言。

西王母信仰在西汉晚期走向兴盛,突出表现在大规模祭祀活动的出现,其中影响最大的便是哀帝建平四年爆发的群众祭祀运动。对此,《汉书》中屡有记载,文字有详有略,见于《五行志下之上》、《哀帝纪》、《天文志》、《息夫躬传》、《鲍宣传》、《杜邺传》、《王嘉传》和《元后传》③,其中记述最为详细的要数《五行志》,其载:

哀帝建平四年正月,民惊走,持稾或棷一枚,传相付与,曰行

---

① 马怡:《西汉末年"行西王母诏筹"事件考——兼论早期的西王母形象及其演变》,《形象史学研究》2016年第1期,第40—41页。
② 《汉书·扬雄传》,(汉)班固撰,(唐)颜师古注:《汉书》(一一),中华书局1962年标点本,第3531页。
③ 分别见于(汉)班固撰,(唐)颜师古注《汉书》,中华书局1962年标点本,第1476、342、1311—1312、2184、3091、3476、3496、4033页。

诏筹。道中相过逢多至千数，或被发徒践。或夜折关，或逾墙入。或乘车骑奔驰，以置驿传行，经历郡国二十六，至京师。其夏，京师郡国民聚会里巷阡陌，设张博具，歌舞祠西王母。又传书曰："母告百姓，佩此书者不死。不信我言，视门枢下，当有白发。"至秋止。

  从这段文字可见，这次运动历经二十六个郡国才将"诏筹"传递至京师长安，在道上相遇时参与者可众达"千数"；夏季京师和郡国的百姓又共同聚集在里巷、阡陌，设置博具，以歌舞的方式祠祀西王母，而且整个过程从正月开始，至秋季才止，持续大约半年。从运动的时间之久，到参与人数之多、所涉地域之广，以及群情之激昂，都无不说明了这次事件在当时的社会影响之巨，足证当时对于朝野上下的震动，也因此《汉书》才会反复记载此事，这无疑反映了当时对于西王母的崇拜在整个社会已经深入人心。而活动中假托西王母传书百姓，告知传递、佩带西王母"诏筹"才可以"不死"的仪式，证实了对生命"死"与"活"的掌控，才使得人们主动去讨好西王母，所以对于西王母，人们是既敬又畏。

  这种祭祀活动的真实存在，还可以这一阶段的实物图像证实。如《五行志》所说的以"歌舞祠西王母"的祭祀形式，在"山东西南和江苏北部地区"的西汉晚期画像中就有较多发现①；又如信仰西王母可以"不死"的崇拜根源，在西汉晚期的画像中也通过玉兔制作不死之药的场景构图，表明了西王母拥有使人长生能力的主题。如洛阳洛宁县涧口乡砖墓的西王母壁画像中，西王母居中，左为蟾蜍、玉兔捣药；右为三足乌与九尾狐。② 又如郑州新通桥汉墓中，与西王母图像位于同一画像砖上的只有玉兔，与之相关的九尾狐和三足乌则出现于另外一块画像砖上。③ 再如山东微山县青山村的一座画像石墓中，西王母"头戴胜杖端

---

① 武红丽：《试论汉画像石中乐舞图像的来源与变化——从乐舞祠西王母说起》，《美苑》2010年第1期，第77页。
② 史家珍、李娟：《洛阳新发现西汉画像砖》，《中原文物》2005年第6期，第8—12页。
③ 汪小洋：《汉画像石中西王母中心的形成与宗教意义》，《南方文物》2004年第3期，第38页。

坐于高座上，向右有玉兔捣药，九尾狐衔食，羽人手奉灵芝草或不死药，三足乌衔食站立，周围还有蟾蜍、羽人、飞虎等；画面下方有鸡首人身、马首人身的两个仙人，皆向右侧站立"，此外还有人首龙身的烛龙侍奉其旁，以及手扶耒耜的神农氏位于其下。① 可见很明确地显示出了西王母与不死之药的关系，以及神界主神的突出地位。

也正是由于西王母信仰在西汉晚期的这种兴盛局面，王莽摄政后为了实现代汉自立的野心，还曾予以利用，为自己造势。即他为得到姑母王太后的支持和帮助，将盛行的西王母崇拜视作"王太后之应"加以提倡，下诏曰："太皇太后肇有元城沙鹿之右，阴精女主圣明之祥，配元生成，以兴我天下之符，遂获西王母之应，神灵之征。"② 在既得汉室天下后，他又下诏说："予伏念皇天命予为子，更命太皇太后为'新室文母太皇太后'，协于新故交代之际，信于汉氏。哀帝之代，世传行诏筹，为西王母共具之祥，当为历代母，昭然著明。"③ 从哀帝时为西王母"世传行诏筹"，到王太后"当为历代母"，可知祭祀西王母的活动在西汉晚期应已成俗。王莽的所作所为，无疑又反过来强化了这一民间基础，使得西王母崇拜进一步成为整个社会不论等级高低的共同信仰。东汉时期的西王母信仰，就是这种兴盛局面的一种延续，因而之前所发现的东汉画像石中才会频繁以西王母神话作为构图题材。

二 西王母信仰在西汉中期发展的突出表现

西王母信仰在西汉中期的大发展，除了体现在已经提到过的西王母神职的扩大、西王母崇拜的受众面更广这些常规方面，还有一些突出表现需要格外予以重视，包括：专门祭祀场所及祭祀活动的出现；西王母发展为神界主神；西王母发展出相对偶神——东王公等。

---

① 杨建东：《山东微山县近年出土的汉画像石》，《考古》2006年第2期，第42—43页。
② 《汉书·翟方进传》，（汉）班固撰，（唐）颜师古注：《汉书》（一〇），中华书局1962年标点本，第3432页。
③ 《汉书·元后传》，（汉）班固撰，（唐）颜师古注：《汉书》（一二），中华书局1962年标点本，第4033页。

(一) 专门祭祀场所及祭祀活动的出现

对于这种专祭活动在西汉中期的存在，学者们基本持否定态度，但推情准理都应当已经存在。文献中多有关于西汉后期存在"西王母石室"的记载。如《论衡·恢国篇》载："金城塞外：羌良桥桥种良愿等，献其鱼盐之地，愿内属汉，遂得西王母石室，因为西海郡。周时戎狄攻王，至汉内属，献其宝地。西王母国在绝极之外，而汉属之。"① 又如颜师古注《汉书·地理志下》中的"临羌"说："西北至塞外，有西王母石室、仙海、盐池。北则湟水所出，东至允吾入河。西有须抵祠，有弱水、昆仑山祠。"② 比较这两条记载，可以发现记录的都是河西存在"西王母石室"的情况，其中《汉书》所说的"临羌"，就在《论衡》所说的"金城"，汉时金城郡就属于河西走廊，而特意强调"西王母石室"在此地的存在，可见是一种地域的文化标识，所以称"献其宝地"，况且这一地域内还有"昆仑山祠"，可见正是西王母信仰的盛行之地。金城塞外"西王母石室"归汉的时间虽然发生于平帝元始四年，但其存在的历史则应该更早，是此才能成为地方文化的象征。

那么"西王母石室"是指西王母居住的地方，还是指祭祀西王母的地方？依据永和元年发生的酒泉太守马岌向前凉统治者忠成公张骏提出修建西王母祠之事，《晋书·张轨列传》所载"酒泉太守马岌上言：'酒泉南山，即昆仑之体也。周穆王见西王母，乐而忘归，即谓此山。此山有石室玉堂，珠玑镂饰，焕若神宫。宜立西王母祠，以神朝廷无疆之福。'骏从之"③ 的情况，可知"石室"应当本是西王母居住之地。而后世既然有人提出在"石室"修建"西王母祠"的建议并获得批准，就说明传说中的"石室"往往也是祭祀西王母的专门场所。这种专祭之地在西汉的存在还可找到文献引以为据，如卫宏《汉旧仪》曰"祭

---

① （汉）王充：《论衡》，国学整理社编《诸子集成》（七），中华书局2006年版，第193页。
② （汉）班固撰，（唐）颜师古注：《汉书》（六），中华书局1962年标点本，第1611页。
③ （唐）房玄龄等撰：《晋书》卷八十六，中华书局1974年版，第7册，第2240页。

第四章　衣镜的神仙信仰与灵兽观念

西王母于石室，皆在所二千石、令、长奉祠"①，对此所记《太平御览》也曾加以引用，说"祭西王母石室皆有所，二千石、令、长奉祀"②。由《汉旧仪》所载乃西汉礼制③可见，在西汉时期奉祠西王母不仅有固定场所，还有专门职司。由这种祭祀是地方郡太守、王国相和县令、县长这样的地方行政长官所主持的制度来看，这种祭祀活动盛行于西汉民间，且为官方所高度重视的情况便显而易见了。

那么这种礼制又是何时兴起的呢？应当同样可以追溯到西汉中期。前已说明祭祀西王母的专门之地被称为"西王母祠"，而据学者考证，祠堂在西汉早期已经出现，到武帝初年立祠堂早已沿袭成风④，如《汉书·文翁传》就记载有：武帝时"文翁终于蜀，吏民为立祠堂，岁时祭祀不绝"⑤。从身份来看，文翁只是一个蜀郡守，成都吏民尚且为他立祠堂，享岁时祭祀，西王母作为拥有如此崇高地位的神仙，为其修建祠堂更应当是在情理之中。因而"西王母祠"在武帝时期应当也已经出现，这与《太平寰宇记·卷三十二》中释"西王母祠"时关于汉武帝立祠祭西王母之事的记载可以互为印证，其言："王母乘五色云降于汉武，其后帝巡郡国，望彩云以祠之，而云浮五色，屡见于此。《汉书》上之□□也，因立祠焉。每水旱，百姓祷祈，时有验焉。"⑥所以，祭祀西王母的礼制就应当起源于汉武帝时期，这与其他西汉之礼基本也都创制于武帝之朝的史实也可相互参照，与汉武帝本人尤重鬼神之事的心态和实践也可对应。因于这种礼制，"西王母祠"也当不唯西北塞外这种文化诞生之地才有，京师和各郡县也当皆有专祠存在，民间祭祀所

---

① （汉）卫宏撰，（清）孙星衍辑：《汉旧仪补遗》卷下，（清）孙星衍等辑，周天游点校《汉官六种》，中华书局1990年版，第100页。

② （宋）李昉等撰：《太平御览》卷五百二十六《祭礼下》，中华书局1960年版，第2388页。

③ 周天游：《点校说明》，（清）孙星衍等辑，周天游点校《汉官六种》，中华书局1990年版，第2页。

④ 信立祥：《论汉代的墓上祠堂及其画像》，南阳汉代画像石学术讨论会办公室编《汉代画像石研究》，文物出版社1987年版，第180页。

⑤ 《汉书·循吏传》，（汉）班固撰，（唐）颜师古注：《汉书》（一一），中华书局1962年标点本，第3627页。

⑥ （宋）乐史撰，王文楚等点校：《太平寰宇记》，中华书局2007年版，第692—693页。

· 215 ·

祈祷的对象也当是以西王母为主，这样《易林·小畜之丰》也才会有言"中田膏黍，以享王母，受福千亿，所求大得"①。而且正因为对西王母的祭祀，既是一种官方礼制活动，又是一种民间自发活动，行之日久，才会爆发如西汉后期那么大规模的祭祀活动，才会涉及京师及二十六个郡国民众，也才会有王莽借此以达政治目的的诏书。

（二）西王母发展为主阴的神界主神

西王母在西汉中期有一跃而成为神界主神的地位变化过程，这可以从西王母造型艺术的多方面予以观察到。为了服务于这一身份的改变，在塑造西王母形象时，开始每每以正襟危坐的形象出现，而且身旁常给绘上些仙界异物与之相伴，其中为西王母捣制不死之药的玉兔就常作为构图要素来表示她的神职。也就是西王母的形象在这一阶段增加了更多的仙气，减去了《山海经》中所言的"豹尾虎齿"的原始形象。②就"孔子衣镜"中的西王母而言，正襟危坐的形象和神仙代表的身份，都是她主神地位的象征。此外，这种地位还体现在她对于四大神兽的驱使。前已提到过，由衣镜中展示出的"尊上"方位意识，可知与西王母同时出现的天界四方神兽，就是附属于西王母信仰而存在的。神兽既然居于西王母之下，也自然供其驱使、为其服务。所以，"西王母"图像在衣镜边框的出现，就是西王母在西汉中期已经发展成神界主神的实物凭证。

这种神兽与神仙的主从关系，在其时流传的文献中也多有反映。比如《淮南子·天文训》中记载："东方木也，其帝太皞……其兽苍龙；南方火也，其帝炎帝，……其兽朱鸟；西方金也，其帝少昊，……其兽白虎；北方水也，其帝颛顼，……其兽玄武。"③这里谈论四方天帝与神兽的先后顺序，就已经明示了他们之间的尊卑关系。又如《史记·

---

① （汉）焦延寿著，尚秉和注，常秉义点校：《焦氏易林注》，光明日报出版社2005年版，第100页。

② 如《西山经》云："西王母其状如人，豹尾虎齿而善啸，蓬发戴胜，是司天之厉及五残"；又如《大荒西经》云："有人戴胜，虎齿，有豹尾，穴处，名曰西王母"。分别见于周明初校注《山海经》，浙江古籍出版社2000年版，第36、228页。

③ （汉）高诱注：《淮南子》，国学整理社编《诸子集成》（七），中华书局2006年版，第37页。

第四章　衣镜的神仙信仰与灵兽观念

天官书》云：中央为天帝所居的"中宫"，其四方分别有"东宫苍龙"、"南宫朱鸟"、"西宫咸池"、"北宫玄武"①，其中的西宫之精便是"白虎"，由"四神"的作用就是守卫天界四方、拱卫天帝也可明见神兽与神仙的服务与被服务关系。且衣镜中上南下北、左东右西的方位，正可对应神兽所居四方，所以，衣镜中出现的四方动物②就是天界神兽，在此处为高于它们的主神西王母所服务。

衣镜之外，西王母这种主神的地位，还体现在对她役禽的改造。在西汉中期为西王母服务的神鸟称为"三足乌"，如前面提过的武帝时人司马相如所作的《大人赋》中，就说西王母"幸有三足乌为之使"。而"三足乌"的前身乃是《山海经》中为西王母取食的"三青鸟"③，为什么会出现这种形象的改造呢？同样是为了满足西王母主神身份的这种塑造需求。因为"三足乌"被视为太阳之精，所以又称"阳乌"，这与"玉兔"所代表的月亮之精相联系，就可知二者所服务的西王母，如此就兼具了太阳与月亮所分别具有的阴阳属性。而阴阳合则万物生，作为阴阳合体的西王母自然就是至高无上的神灵，不仅自己是"长生不死"的，还有掌握人之生死的神权。又依据反映这种形象改造和神兽仙人关系的文献创造背景，可知武帝时期就已经出现了西王母为至上神的意识，这佐证了前面所说武帝立祠祭祀西王母的真实性，以及这种祭祀礼制的根本由来。

正因为西王母具有至高无上的神权，到西汉晚期这种信仰便走向了兴盛、狂热，故而汉哀帝时期人们在普遍惊惶失措下所乞求祭祀的对象才会是"西王母"。表现在汉画像图中，便是西王母常常以主神的身份出现，如江苏沛县栖山发现的西汉晚期一号墓出土的三号画像石上就刻有"诸神朝

---

① （汉）司马迁撰：《史记》（四），中华书局1982年标点本，第1289—1308页。
② "孔子衣镜"背板的边框四周神兽图像，"衣镜赋"言曰："右白虎兮左苍龙，下有玄鹤兮上凤凰。"这与当时常见的青龙、白虎、朱雀、玄武，略有出入，原因将另文探讨。
③ 如《大荒西经》云：西王母之山"西有三青鸟，赤首黑目，一名曰大鵹，一名曰少鵹，一名曰青鸟"；又如《海内北经》云："有三青鸟，为西王母取食。在昆仑虚北。"分别见于周明初校注《山海经》，浙江古籍出版社2000年版，第224、185页。

拜西王母之图"①。而西王母之所以能获得至上神的这种"独尊"地位,就在于西王母兼具阴阳属性,从而具有掌握人之生死的神能。

(三) 西王母发展出相对偶神东王公

"东王公"一开始便是作为"西王母"配偶的身份而出现的,其存在历史自然是相对较晚的,而到底何时出现的呢?在"孔子衣镜"未出土之前,学者们通常依据已经发现的画像实物,较为一致地把"东王公"出现的历史追溯到东汉中晚期。如信立祥先生依据山东嘉祥武梁祠两面山墙的画像,认为东王公与西王母的相配情况最早见于东汉桓帝元嘉元年(公元151),也就是在东汉中期以前,"女性主仙西王母相对应的男性主仙还没有被群众性造仙运动创造出来"②。他的这一观点又获得了不少学者的认可,如姜生先生便引用过这一观点,以为己说。③ 又如巫鸿先生也曾指出:"东王公仅仅是西王母的一个镜像,他被创造出来的时间也不早于公元二世纪。"④ 所以,"孔子衣镜"中二神的同时出现,更新了对于西王母信仰的传统认知,标识了"东王公"与"西王母"二神并举的观念早在西汉中期就已经形成并流行。

为什么孤独无偶、至高独尊的西王母,在"孔子衣镜"中会与东王公一同出现呢?这一形象的显著变化则在于西汉中期之人对当时社会浓厚的阴阳观念的迎合。其时流传的文献多有这种阴阳观念表述,比如《淮南子·精神训》云:"有二神混生,经天营地。孔乎莫知其所终极,滔乎莫知其所止息。于是乃别为阴阳,离为八极,刚柔相成,万物乃形。"⑤ 可见其认为宇宙万物是由"阴阳二神"所化生的,所以说二神"经天营地"、"万物乃形";这二神自身的特点则是长生不死、万世永存,所以说"莫知其所

---

① 徐州市博物馆、沛县文化馆:《江苏沛县栖山汉画像石墓清理简报》,见《考古学集刊》(第二集),中国社会科学出版社1982年版,第111页。
② 信立祥:《汉代画像石综合研究》,文物出版社2000年版,第154、156、157页。
③ 姜生、种法义:《汉画像石所见的子路与西王母组合模式》,《考古》2014年第2期,第96页。
④ [美]巫鸿著,李凇译:《论西王母图像及其与印度艺术的关系》,《艺苑》1997年第3期,第36页。
⑤ (汉)高诱注:《淮南子》,国学整理社编《诸子集成》(七),中华书局2006年版,第99页。

终极"、"莫知其所止息";而又如何形成万物呢?则需要二者相辅、合二为一,所以说"刚柔相成"。正因为只有阴阳相辅相成才能化生宇宙万物,所以说"二神混生"。因此,这种阴阳对立统一的理论,在承认阴阳成对并列的同时,更强调的是阴阳的成双合一。

基于信奉的这种阴阳理论,时人就把原本阴阳合体的西王母神性分而为二,让她形式上只保留了自己女仙身份所代表的阴性,也就是退居为"阴性主神"、"女仙之首"。而为她原本所具有的阳性身份另外再找一个替身,这个再也合适不过的替身便是"东王公"了。因为与"西"相对的便是"东",与"母"相对的便是"公",这样"东王公"就在时人的阴阳理论下被创造出来了,成为"阳性主神"、"男仙之首"。由于"东王公"与"西王母"在阴阳、等级方面的完美平衡对应,所以自被创造出来,二者就成为了一种固定搭配。"孔子衣镜"中二神作为仙人世界的代表,以正襟危坐的对称形象所出现这一事实,就直接显现了刘贺所在的西汉中期二神作为神界阴阳(男女)主神的这样一种身份。

正由于"东王公"的存在与神性皆来自于对西王母最高神性的分解,所以东王公也是附属于西王母信仰之下的。二者的神性,乃是一种"你中有我,我中有你"的关系,对应《淮南子》中所说的"二神混生"的状态。所以,东王公的出现并非是对西王母至高神性的挑战,他们成双成对的出现,表达的不过是阴阳相辅相成才能化生世界万物的阴阳宇宙观。反映在"孔子衣镜"中,便是"衣镜赋"中所表述的"西王母兮東王公"这样一种先后顺序。也正因为如此,虽然西汉中期二神并举的思想已然形成,在西汉晚期也存在强调西王母阴性特征的明确表述,如前面提到过王莽曾说西王母为"阴精女主";又如哀帝时也有人说"西王母,妇人之称也"[①],但在大规模的祭祀活动中人们所祈祷祭祀的主神仍然是西王母,表现在汉画像石中,就是西王母单独出现的频率要远远高于二者同时出现的次数。

[①] 《汉书·五行志下之上》,(汉)班固撰,(唐)颜师古注:《汉书》(五),中华书局1962年标点本,第1476页。

基于西王母与东王公的这种原生与次生的对偶关系，二位神仙虽然相对，但更多的是一种统一的关系，而且是统一于西王母所本有的长生不死神能，也因此西汉中晚期的汉画像中关于西王母信仰的构图，也就存在了两种主题同时存在的现象，即西王母单独以至上神的身份出现，或西王母、东王公分别作为女仙、男仙之首的主神出现。所以，已有学者提出观点，认为"东王公的塑像则是依靠西王母为原型，也就是说东王公是西王母的变性而已……东王公画像是西王母画像的翻版"[①]。反映在现今社会，就是大多数人对于二者的知晓度存在着非常明显的差异。这种名气的大小差异直接反映的便是二位神仙流传的时代早晚、范围广狭、相对神性等问题，同时也是我国古代人类文明进程中由母系而进入父系的一种历史折射。

既知事实如此，还可以重新审视之前学者所弃而不用的一些文献资料，并进而思量史料的取用与价值的衡量标准问题。如通过搜罗文献，可以发现在旧本题为汉武帝时人东方朔所撰的《神异经·中荒经》里就已经出现了"东王公"与"西王母"相配的形象，其言："昆仑之山，有铜柱焉，其高入天，所谓天柱也，仙人九府治之，上有大鸟名曰希有，南向张左翼覆东王公，右翼覆西王母，背上小处无羽，一万九千里，西王母岁登翼上会东王公。"[②] 由二神一岁一会可见，东王公也是西王母的配偶，他们都生活于天庭，有神鸟供他们役使。但由于人们往往认为《神异经》荒诞怪异、且为后人托名所作，不值为信，这才造成了视而不见、避而不用的结果。"孔子衣镜"的出土直接印证了《神异经》的记载并非全是诬妄之语，即便后世之书也并非不能作为前世历史研究的依据。

小结

综上所述，"西王母"与"东王公"作为神仙世界的代表并出于"孔子衣镜"上的事实，反映了墓主人刘贺所处的西汉武、昭、宣时期所盛行的仙人信仰问题，也就是西汉中期才是西王母信仰发展的关键阶段。这种

---

① 牛天伟、金爱秀：《汉画神灵图像考述》，河南大学出版社2009年版，第74—75页。
② （清）崇文书局编：《百子全书》，浙江古籍出版社1998年版，第1225页。

大发展的局面突出表现在：专门祭祀场所及祭祀活动的出现、西王母发展为神界主神、西王母相对偶神东王公的出现等方面。而这种信仰乃是直接继承西汉早期对于西王母身为掌管不死之药的神仙意识，又开启了西汉后期西王母信仰兴盛的局面，终至大规模祭祀活动的爆发。所以，二位仙人作为神界阴阳两大主神的出现，与衣镜赋中所提到的"阴阳顺"、"乐未央"的表述相吻合，共同体现了时人对于"长生不死"的追求。

归根结底，则是当时现实生活中普遍存在的好生恶死生命观的真实反映。人们希冀自己生命得到无限延续，而不是停止消逝，才萌发了"长寿"、"长生"的愿景，才幻想出了"不死之药"的存在，"嫦娥奔月"的神话也才广为流传，拥有不死之药的西王母才会受到汉人的由衷信奉，又才会成为汉画像中常见的构图题材。正因为西汉中期神仙信仰如此盛行，武昭宣三朝人名中才会"有大量反映长寿、长生观念的用语"[1]。不同阶层普遍存在的对于生命终极关怀的关注和渴望，奠定了西王母信仰的坚实根基，使之上达宫廷、下及民间，成为之后西王母信仰进一步发展的沃土。

又由于西汉中期以西王母为核心的神仙信仰，在阴阳和实生万物的道家思想指导下得到了显著发展，更何况神仙意识本就与道家密不可分，故而至今还会有"成仙得道"的习语流传。且巫鸿先生早已指出西汉晚期大规模的祭祀事件已经具备早期道教的"偶像崇拜、组织联络、占卜仪式、使用符箓、异人降临、神示应验"等六项特点[2]。"西王母"与"东王公"后来会被封为道教尊神，也应与西汉西王母信仰的这种发展和盛行直接相关。所以，"孔子衣镜"边框所绘图案便是道家思想的体现，只是由于所处位置，可知整个衣镜展示的是一种"儒主道辅"的思想格局，而这也正是刘贺所在西汉中期的真实反映。总之，"孔子衣镜"的问世，大大提升了以往许多关于西王母信仰的认知，是今后研究西王母信

---

[1] 杨颉慧：《从两汉人名看汉代的神仙信仰》，《西南大学学报》（人文社会科学版）2007年第1期，第186页。

[2] ［美］巫鸿著，郑岩、王睿编：《礼仪中的美术：巫鸿中国古代美术史文编》，生活·读书·新知三联书店2005年版，第459页。

仰、道家思想、道教兴起的重要凭证。而且作为西汉中期社会整体面貌的一个缩影，无疑具有更多、更大的学术价值等待人们去挖掘。

第二节 《衣镜赋》"蜚廉"与《上林赋》"蜚遽"的不同

海昏侯刘贺墓"孔子衣镜"上被释读者命名为《衣镜赋》的这篇文字内容，貌似平淡无奇，实则蕴含着丰富的历史信息，具有重要的文学、史学与文化价值。比如，就目前可知的文献记载而言，赋文中的"衣镜"一词为汉代仅存之例；所用"兮"字八言韵文句式，在同时代的同类文体中可谓具有代表性。又如，依据衣镜为"新就"的时间，以及赋文的整体风格与核心诉求，可以剖析衣镜主人刘贺制镜之时的内心状态，并进而解决《衣镜赋》的作者、"孔子衣镜"的断限与分区等问题；凭借"西王母"与"东王公"在赋文中的并存，可以对《神异经》的作者与价值进行再思考。再如，赋文以白虎、苍龙、玄鹤、凤凰为四方"四灵"的组合也具有独特性；其载体既为铜镜，内容又关乎铜镜本身的特征、功用与纹饰等方面，则还可以窥视汉代铜镜文化、了解汉人吉凶观念。只是，本节仅就其中"蜚廉"的一词之义，来展现《衣镜赋》的隐含魅力。

其中，以"蜚廉"为《衣镜赋》的现有写法，以及所言其载体"孔子衣镜"的情况，依据的是《海昏侯刘贺墓出土孔子衣镜》一文所释读与披露的信息。① 然而，迄今为止，有关"蜚廉"词意的，也就是郭永秉教授指出当本作"飞遽"，"为神兽，见于司马相如《上林赋》"，且又有注明此种看法是"承孙飙君示知"；② 以及杨军等学者又写为"蜚居"，并以之即"飞虞"，乃衣镜立柱所雕刻的飞禽走兽之一

---

① 王意乐、徐长青、杨军、管理：《海昏侯刘贺墓出土孔子衣镜》，《南方文物》2016年第3期，第61—67页。《衣镜赋》中的"□"，代替的是相应处无法释读出的文字。

② 郭永秉：《从"衣镜赋"的凤凰谈凤凰的雄雌之分》，http://www.360doc.cn/article/29546918_ 745561149.html，2018年。又以《"衣镜赋"的凤凰》见于《文汇报》2018年4月14日第8版，http://www.360doc.com/content/18/0414/17/111031_ 745615357.shtml。

的观点①。然而，这些旁及之处，都未有详细阐述，孰是孰非也就难以判别。同时，由于"蜚廉"与"飞遽"的写法相近，衣镜主人刘贺又与《上林赋》作者司马相如同处西汉中期，因而这二者事实也更容易被联系起来。所以，本节也就旨在判断以此二者相同的既有观点的正误，以达到可以进一步认知《衣镜赋》"蜚廉"的意图。而且，从对于"蜚廉"与《衣镜赋》的探讨，都尚且缺乏专文的现状来说，这种对于真相不明的词意释析，也便具有一定意义。以下也就通过事先明确《上林赋》"飞遽"的具体所指，再以之是否符合《衣镜赋》"蜚廉"的形象进行对比，来判断二者之间的同异关系。

一 《上林赋》"飞遽"的具体所指

目前可知最早为"飞遽"的写法，应是见于颜师古注《汉书·司马相如传上》与李善注《昭明文选·司马长卿〈上林赋〉》中"蜚遽"一词都有引用的，三国曹魏之时的训诂学者张揖"飞遽，天上神兽也，鹿头而龙身"的言论。而且，两处记录中"蜚遽"一词所出自的文句逐字相同，都写作："追怪物，出宇宙，弯蕃弱，满白羽，射游枭，栎蜚遽。"② 以这种同辞的现象，结合二者成书的先后顺序，推测应是《文选》采用了《汉书》的记载。张揖以"飞遽"等同"蜚遽"，由"蜚"与"飞"的古今异体关系来看，应是没有疑义的。所以，当下学者以《衣镜赋》"蜚廉"为《上林赋》"飞遽"的书写词源，可以由张揖而追溯至《汉书》的"蜚遽"。由此再来比较"蜚廉"与"蜚遽"二词，也就仅是"廉"与"遽"的不同，而这二字读音相同、字形相近，也就无怪乎会产生"蜚廉"同于"飞遽"的看法了。

但是，最早收录《上林赋》的，实际乃是《史记·司马相如列传》。

---

① 杨军、恩子健、徐长青：《海昏侯墓衣镜画传"野居而生孔子"考》，《江西师范大学学报》（哲学社会科学版）2018年第1期，第105—106页。
② （汉）班固撰，（唐）颜师古注：《汉书》卷五十七上，中华书局1962年标点本，第8册，第2566—2567页；（南朝梁）萧统编，（唐）李善注：《昭明文选》，崇文书局2018年版，第257页。

与《汉书》相比,《史记》同句存在"蕃弱"为"繁弱"、"蜚遽"为"蜚虡"的两处书写不同,且又有《集解》引两晋学者郭璞之言曰:"蜚虡,鹿头龙身,神兽。"① 可见若由张揖、郭璞将"蜚遽"与"蜚虡"都解释为"鹿头龙身"的神兽主张,以及唐代注家颜师古、李善与南朝刘宋裴骃分别延用的态度来看,则似乎意味着《史记》与《汉书》的这两种写法可以通用,《上林赋》此处也就是这种形象的神兽无疑。然而,回归《上林赋》的所出之句,便可以发现与"蜚遽"(或"蜚虡")相关的词语和事物,却都没有办法与虚幻的天上神兽联系起来。所以,天上"神兽"的定位,并不符合司马相如在《上林赋》此处所赋予的虚实形象。

(一)相关之物对"蜚遽"真实性的佐证

首先,在《上林赋》之中,"蜚遽"(或"蜚虡")乃是为人所追逐的"怪物",而以这一词在其时的用法来看,"怪物"并不能等同于"神兽"。如《史记·大宛列传》记载:汉武帝为使"外国客""览视汉富厚焉","于是大觳抵,出奇戏诸怪物,多聚观者"。② 由可以聚众观看,可知所说"怪物"为"实物"无疑。又如,《礼记·祭法》云:"山林、川谷、丘陵能出云,为风雨,见怪物,皆曰神。"郑玄注:"怪物,云气非常见者也";孔颖达疏:"怪物,庆云之属也。风雨云露并益于人,故皆曰神,而得祭也。"③ 由所说"怪物"为"非常见"的"庆云之属",可知虽有因其"益于人"的功绩,而称之为"神"的现象,但对其真实性也是确切知道的,称为"怪物"不过是不能经常为人所见而已。再如,《汉书·武五子传》记载:"初贺在国时,数有怪。尝见白犬,高三尺,无头,其颈以下似人,而冠方山冠。后见熊,左右皆莫见。又大鸟飞集宫中。"④ 此处所说带

---

① (汉)司马迁撰,(南朝宋)裴骃集解:《史记》卷一百一十七,中华书局2013年标点本,第3678、3680页。
② (汉)司马迁撰:《史记》卷一百二十三,中华书局2013年标点本,第3851页。"觳抵",即"角抵",一种竞技之戏。《汉书·武帝纪》记载:"京师民观角抵于上林平乐馆。"见(汉)班固撰《汉书》卷六,中华书局1962年标点本,第1册,第198页。
③ (汉)郑玄注,(唐)孔颖达疏:《礼记正义》,北京大学出版社1999年版,第1296—1297页。
④ (汉)班固撰,(唐)颜师古注:《汉书》卷六十三,中华书局1962年标点本,第9册,第2766页。

第四章　衣镜的神仙信仰与灵兽观念

有神秘色彩的"白犬"、"熊"、"大鸟",既为刘贺所见,也就证明这些"怪"者,本就是可视之鸟兽。

而且,"怪物"具有真实性的这种推定,还可以由司马相如对于"怪兽"一词的运用看出。他在《子虚赋》、《上林赋》之中,虚构了"子虚"、"乌有先生"、"无是公"三位人物,分别作为"楚称"、"齐难"与"明天子之义"的代言,以表达"空藉此三人为辞,以推天子诸侯之苑囿。其卒章归之于节俭,因以风谏"的作赋旨意。其中,分别述及"乌有先生"曰:"若乃俶傥瑰伟,异方殊类,珍怪鸟兽,万端鳞萃,充仞其中者,不可胜记。"与"无是公"曰:"修容乎《礼》园,翱翔乎《书》圃,述《易》道,放怪兽,……若此,故猎乃可喜也。"① 所言"珍怪鸟兽"充仞的"其中",指诸侯苑囿;"放怪兽"之处,指天子苑囿,而既为"异方殊类"与"风谏"之语,则"怪兽"也就理应是真实的游猎对象。对此,结合他在"言封禅事"的"遗札书"中所说的"徼麋鹿之怪兽",与《子虚赋》中"楚使子虚"所言楚王"云梦之事"就包括"射麋"活动的情况②,便可以更为明确。因为"麋鹿"既然为"怪兽",而它又是毫无争议的实存之物,则司马相如口中的"怪物"也就是真实的。所以,被他称作"怪物"的"蛩蛩"(或"蛩蛩"),也就不能是"天上神兽",而更可能是人间"怪兽"。

其次,在《上林赋》之中,"蛩蛩"(或"蛩蛩")还是"弯蕃弱,满白羽"(或"繁弱")所欲射猎的对象,而这种用以射猎的弓、箭同样是现实所有之物。颜师古注、李善注与张守节正义,都引东汉文颖之说,指出"蕃弱"(或"繁弱")是夏后氏之"良弓","白羽"是以白羽为装饰的箭,"弯"、"满"则分别为"牵也"、"引弓尽箭镝"。李善注则还补充说:"《左氏传》,卫子鱼曰:分鲁公以封父之繁

---

① (汉)司马迁撰:《史记》卷一百一十七,中华书局2013年标点本,第3640、3655、3687页。
② (汉)司马迁撰:《史记》卷一百一十七,中华书局2013年标点本,第3711、3713、3641页。

弱。蕃与繁古字通。《国语》曰：吴素甲白羽之矰，望之如荼。"① 其所引《左氏传》，为《左传·定公四年》记载的周初鲁国分封之事，也即"分鲁公以大路、大旂，夏后氏之璜，封父之繁弱"②；所言《国语》，为其中的《吴语》记载吴军军容壮盛时所说的："万人以为方阵，皆白裳、白旗、素甲、白羽之矰，望之如荼。"③ 而"矰"，《说文》曰"隿射矢也"④；郭璞注《山海经·海内经》"帝俊赐羿彤弓素矰"，云："彤弓，朱弓；矰，矢名，以白羽羽之"⑤。可见若以这些事例观之，则直至西周、春秋都真实存在的"蕃弱"（或"繁弱"）与"白羽"，乃是历史悠久的良弓、名箭，分别可以上溯夏后氏与史前。至于司马相如所处的西汉时期，《上林赋》既有言及，便应是仍然真实存在的弓箭。

而且，就《史记》与《汉书》的两种不同写法而言，又应以"繁弱"优胜于"蕃弱"。这既是因为两汉除去《汉书》影响之外的其余说法，均是写作"繁弱"，如陈琳《武军赋》曰"其弓则乌号越棘，繁弱角端"⑥；孔颖达疏《左传》提及"《孔丛》云'楚王张繁弱之弓，载忘归之矢，以射蛟于云梦'"⑦，更是由于先秦文献仅存的两例相关记录，也是作此写法。其中，一例即是所举的《左传》，另一例则是《荀子·性恶篇》的"繁弱钜黍，古之良弓也"⑧。可见若从与其他记录、尤其是与

---

① （唐）颜师古注：《汉书》卷五十七上，中华书局 1962 年标点本，第 8 册，第 2566 页；（唐）李善注：《昭明文选》，崇文书局 2018 年版，第 257 页；（唐）张守节正义：《史记》卷一百一十七，中华书局 2013 年标点本，第 3680 页。
② 对此，杜预注："封父，古诸侯也。繁弱，大弓名。"孔颖达疏："此繁弱，封父之国为之，不知何时灭其国而得之也。"（周）左丘明传，（晋）杜预注，（唐）孔颖达正义：《春秋左传正义》，北京大学出版社 1999 年版，第 1545 页。
③ 徐元诰撰，王树民、沈长云点校：《国语集解》，中华书局 2002 年版，第 549 页。
④ （汉）许慎撰，（清）段玉裁注：《说文解字注》，上海古籍出版社 1988 年版，第 226 页。
⑤ 袁珂校注：《山海经校注》，北京联合出版公司 2014 年版，第 391 页。
⑥ 《全后汉文》卷九十二，（清）严可均校辑：《全上古三代秦汉三国六朝文》，中华书局 1958 年版，第 967 页。
⑦ （周）左丘明传，（晋）杜预注，（唐）孔颖达正义：《春秋左传正义》，北京大学出版社 1999 年版，第 1545 页。
⑧ （清）王先谦：《荀子集解》，国学整理社编《诸子集成》（二），中华书局 2006 年版，第 299 页。

第四章 衣镜的神仙信仰与灵兽观念

前代典籍的契合度来看,写作"繁弱"应为更佳。若以楚王于云梦"张繁弱之弓"射猎的典故,结合司马相如《子虚赋》以楚王"云梦之事"为创作背景的情况,以及《上林赋》同样以"子虚"为核心人物、以楚国为主要作赋依据的现象,便还可知"繁弱"与"白羽"作为弓箭的真实性,也能够佐证"蜚遽"(或"蜚虡")为实、非虚的可能性更大。

再次,在《上林赋》之中,与"蜚遽"(或"蜚虡")同被归为"怪物"之列,同为"繁弱"、"白羽"射猎对象的还有"游枭",而"游枭"为真实的"怪物",又是为古人所笃定的。如裴骃《集解》引郭璞曰"枭,枭羊也。似人,长唇,反踵,被发,食人";颜师古注《汉书》在提到郭璞"枭羊"之说外,又言及张揖曰"枭,恶鸟,故射之也",并表示自己以"郭说近是矣";李善注《文选》在提到张揖、郭璞之说的同时,还引用了"高诱《淮南子注》,枭羊,山精也,似遽类"的言论,并表示"高说是也"。① 由这些注解可见,对于"游枭"为真实动物的事实,其实并不存有异议,分歧只在于它是称为"枭羊"、号为"山精"的"枭兽",还是有"恶鸟"之称的"枭鸟"。

对此,从"枭鸟"为汉人所熟知来看,若以之为"游枭",就不符合"怪物"的定位。《汉书·武五子传》记载"地节四年九月中","山阳太守张敞"奉宣帝玺书旨意,"入视"废归故国而"居故宫"的刘贺"居处状","欲动观其意,即以恶鸟感之,曰:'昌邑多枭。'故王应曰:'然'。"② 由"多枭"与"然"的这二人对话,即可知"枭鸟"本为"常物",因而"枭鸟"多见的现象,还常被用以对比"瑞鸟"不见的情况,以讽喻时事。如《史记·封禅书》记载:管仲以"今凤皇麒麟不来"而"鸱枭数至",劝阻齐桓公"欲封禅,毋乃不可

---

① (南朝宋)裴骃集解:《史记》卷一百一十七,中华书局 2013 年标点本,第 3680 页;(唐)颜师古注:《汉书》卷五十七上,中华书局 1962 年标点本,第 8 册,第 2566—2567 页;(唐)李善注:《昭明文选》,崇文书局 2018 年版,第 257 页。

② (汉)班固撰,(唐)颜师古注:《汉书》卷六十三,中华书局 1962 年标点本,第 9 册,第 2767 页。

乎"①；《贾生列传》记载贾谊"渡湘水，为赋以吊屈原"，曰："呜呼哀哉，逢时不祥！鸾凤伏窜兮，鸱枭翱翔。"② 这些例证，以"枭鸟"的出现为"不祥"之兆，与"枭"为"恶鸟"的看法保持一致。所以，作为鸟类的"枭"，就是被定位为"恶鸟"，而不能称之为"怪物"。

相比之下，作为兽类的"枭"，则正是有被称为"怪物"的明确说法。也即，李善注所提到的"高诱《淮南子注》"的"枭羊"所出之处。具体则是《氾论训》中的"枭阳"，且《淮南子》同时还提到了其他"怪物"，并对这种"人怪之"的现象，作出了如下说明：

> 山出枭阳，水生罔象，木生毕方，井生坟羊，人怪之，闻见鲜而识物浅也。天下之怪物，圣人之所独见，利害之反覆，知者之所独明达也。同异嫌疑者，世俗之所眩惑也。③

此处以"枭阳"为天下"怪物"之一，正与《上林赋》以"游枭"为"怪物"相合。所以，鉴于这两方面的情况，可以确定为张揖所提出的"恶鸟"之说不能成立，为高诱、郭璞所主张与裴骃、颜师古、李善所择善而从的，"枭羊"（即"枭阳"）才是"游枭"的正确所指。涉及其具体形状与不同称谓的，则不仅有前举郭璞的描述，还有高诱注《氾论训》所说的："枭阳，山精也，人形长大，面黑色，身有毛，足反踵，见人而笑。……《山海经》谓之'赣巨人'。"（按：指《海内经》）④ 以及《山海经·海内南经》针对"枭阳国"为人所说的："人面长唇，黑身有毛，反踵，见人笑亦笑；左手操管"⑤ 等。总结而言，"游枭"又称"枭羊"

---

① （汉）司马迁撰：《史记》卷二十八，中华书局2013年标点本，第1638页。
② （汉）司马迁撰：《史记》卷八十四，中华书局2013年标点本，第3022页。
③ （汉）高诱注：《淮南子》，国学整理社编《诸子集成》（七），中华书局2006年版，第231页。
④ （汉）高诱注：《淮南子》，国学整理社编《诸子集成》（七），中华书局2006年版，第231页。所引《海内经》的原文为："南方有赣巨人，人面长臂（唇），黑身有毛，反踵，见人笑亦笑，唇蔽其面，因即逃也。"见袁珂校注：《山海经校注》，北京联合出版公司2014年版，第382页。
⑤ 袁珂校注：《山海经校注》，北京联合出版公司2014年版，第239页。

(或写作"枭阳")、"赣巨人"、"山精",具有人形、黑面、毛身、披发、长唇、反踵等特征。其中,"枭"即是作为山兽的本名,"游"则是对其行为特征的修饰语,貌若"人形"便是被称为"赣巨人"、"怪物"与"山精"的客观原因。

因此,综合被称为"怪物"的动物和自然现象,以及"繁弱"、"白羽"、"游枭"都真实存在的情况,也就可以肯定与"游枭"相类的怪物"蛩蟨"(或"蛩虞"),就是地上有形的山中"怪兽",而非虚幻合体的天上"神兽"。更何况,同被《淮南子》称作"怪物"的"坟羊",还有为《衣镜赋》誉为"圣人"的"孔子"所见且识之事流传于世。也即,先有《国语·鲁语下》记载"季桓子穿井如获土缶,其中有羊焉",却以"获狗"问于仲尼,对曰"以丘之所闻,羊也。丘闻之:木石之怪曰夔、蝄蜽,水之怪曰龙、罔象,土之怪曰坟羊";后又有《史记·孔子世家》有相似言辞,且两书《集解》对于何谓"坟羊",也都征引三国吴人唐固之言,以为"雌雄未成者"。[①] 这一眼见实例,又恰好可以呼应《淮南子》"天下之怪物,圣人之所独见"、"知者之所独明达"的说法,因而称"游枭"、"蛩蟨"(或"蛩虞")为"怪物",正是因为它们具有某一方面怪异之处的同时,又为人所"闻见鲜而识物浅"的缘故。并且,若由《淮南子》提到的"罔象"、"坟羊",被孔子称为"水之怪"、"土之怪"的情况推之,则"游枭"与"蛩蟨"(或"蛩虞")便属"山之怪"。至于"蛩蟨"(或"蛩虞")本为山中怪兽,后来却生出了被视为天上神兽的看法,以《淮南子》的说法而言,就是为"世俗之所眩惑"的混淆之见。

(二)"蛩蟨"本为"飞猿"的真实面目

虽然已知"蛩蟨"(或"蛩虞")是真实的山中"怪物",但若要得知具体是哪一种动物,却不见可以作为直接依据的其他用例,因而需

[①] 《国语》"蝄蜽",《史记》作"罔阆"。分别见徐元诰撰,王树民、沈长云点校《国语集解》,中华书局2002年版,第191页;(汉)司马迁撰,(南朝宋)裴骃集解《史记》卷四十七,中华书局2013年标点本,第2317—2318页。

要借由高诱以枭阳"似遽类"的说法，先行明确"游枭"在当今的兽名，以方便下一步的探讨。而对此，实则早有学者言明。比如，针对西汉初期辞赋家严忌《哀时命》的"使枭杨先导兮"，先有东汉文学家王逸解释"枭杨，山神名，即狒狒也"，后有南宋学者洪兴祖补注《楚辞》云："《说文》：周成王时，州靡国献狒，人身反踵，自笑，笑则上唇掩其目。"① 又如，针对《尔雅·释兽》"狒狒如人，被发迅走"的说法，先有郭璞注："枭羊也。《山海经》曰：'其状如人，面长唇黑，身有毛，反踵，见人则笑。'"后有邢昺补充到："《大传》云：'周成王时州靡国献之。'"② 再如，西晋学者孔晁注《逸周书·王会篇》"费费"（即"狒狒"），和袁珂注《山海经·海内南经》"枭阳"，都以"枭阳"便是"狒狒"。③ 由这些以狒狒为"枭杨"、"枭羊"、"枭阳"的说法，可知这三种不同的写法，实则是对狒狒的同一称谓，因而相关描述都是外形"如人"，且以长唇、反踵、被发为外貌特征。而且，周成王时"州靡国献狒"之事，与《尔雅》、《淮南子》、《哀时命》的相关言辞，又说明对于狒狒的这些认知，早在司马相如之前即已形成。所以，《上林赋》的"游枭"，可以确定为狒狒，"迅走"也就是其行为特征，也即"游"所表达的含义。

《说文》曰："迅，疾也。从辵，卂声。"④ 则"迅走"就是行走疾速之意，"游枭"就是行动迅捷的称"枭"的山兽。再以"蜚遽"（或"蜚虡"）对照"游枭"的称谓，也就可知"遽"（或"虡"）与"枭"相对，是《上林赋》此处对这一山兽的本称，"似遽类"的说法即与此相同；"蜚"则与"游"相对，应是对其迅走如飞的行为特征的描述。而基于"蜚"字所突显的这一行为特征，再结合"遽"、"虡"二字的本义与用例，还可以判定《汉书》"蜚遽"与《史记》"蜚虡"的写法殊异问题。一方面，由《说文》将"虡"列入《虍部》，曰：

---

① （宋）洪兴祖撰，白化文等点校：《楚辞补注》，中华书局1983年版，第265页。
② （晋）郭璞注，（宋）邢昺疏：《尔雅注疏》，北京大学出版社1999年版，第329页。
③ 袁珂校注：《山海经校注》，北京联合出版公司2014年版，第240页。
④ （汉）许慎撰，（清）段玉裁注：《说文解字注》，上海古籍出版社1988年版，第71页。

"钟鼓之柎也。饰为猛兽,从虍異。象形,其下足。"① 可知"虡"字所强调的是"下足"的位置与"猛兽"的装饰。所以,若为"蜚虡",则难以满足此兽具有的"飞走"的特性。

另一方面,《说文》将"遽"也列入《辵部》,解释为:"传也。一曰窘也。从辵,豦声。"② 其中,以"遽"为"传"的说法,还早见于《尔雅·释言》,对此郭璞注:"传车驿马之名";邢昺疏:《左传》"僖三十三年云:'使遽告于郑。'又成五年曰:'晋侯以传召伯宗。'是皆谓今驿也。"③ 而称为"遽"、"传"的驿站车马,最重要的特征便是迅捷,以便快速传递信息。这从《左传·昭公二年》记载的"子产在鄙闻之,惧弗及,乘遽而至"④,可以直观感受到。至于作为"遽"另一说法的"窘",其基本含义为"急"。如王逸注《楚辞·离骚》"夫唯捷径以窘步",与郭庆藩释《庄子·杂篇·列御寇》"困窘织屦",皆曰:"窘,急也"。⑤ 两相结合,急速便成为"遽"所表达的主要意思,因而在其他的"遽"字用例之中,不管作何种词性使用,也都与行动的迅速敏捷有关。如韦昭解《国语·晋语四》伯楚"求见公,公遽出见之",曰:"遽,疾也。"⑥ 又如,颜师古注《汉书·郊祀志下》"仙人可见,上往常遽",曰:"遽,速也";注《扬雄传上》则提及晋灼也曰"遽,疾也"。⑦ 再如,《礼记·檀弓上》的"故丧事虽遽不陵节"⑧;《吕氏春秋·慎大览·察今》的"楚人有涉江者,其剑自舟中坠于水,遽契其舟"⑨,也皆是如此。所以,"遽"则恰好可以与

---

① (汉)许慎撰,(清)段玉裁注:《说文解字注》,上海古籍出版社1988年版,第210页。
② (汉)许慎撰,(清)段玉裁注:《说文解字注》,上海古籍出版社1988年版,第75页。
③ (晋)郭璞注,(宋)邢昺疏:《尔雅注疏》,北京大学出版社1999年版,第57页。
④ (周)左丘明传,(晋)杜预注,(唐)孔颖达正义:《春秋左传正义》,北京大学出版社1999年版,第1176页。
⑤ 分别见(宋)洪兴祖撰,白化文等点校《楚辞补注》,中华书局1983年版,第8页;(清)郭庆藩《庄子集释》,国学整理社编《诸子集成》(三),中华书局2006年版,第454页。
⑥ 徐元诰撰,王树民、沈长云点校:《国语集解》,中华书局2002年版,第348页。
⑦ (汉)班固撰,(唐)颜师古注:《汉书》卷二十五下、卷八十七上,中华书局1962年标点本,第4、11册,第1241—1242、3514页。
⑧ (汉)郑玄注,(唐)孔颖达疏:《礼记正义》,北京大学出版社1999年版,第225页。
⑨ (汉)高诱注:《吕氏春秋》,国学整理社编《诸子集成》(六),中华书局2006年版,第178页。

"蚩"进行搭配,而从行为特征的角度,以"蚩遽"作为对此兽的称谓。

尤其是,《尔雅·释兽》还记录着一种名为"豦"的山兽。郭璞注:"今建平山中有豦,大如狗,似猕猴。黄黑色,多髯鬣,好奋迅其头,能举石擿人。貜类也。"① 所说"猕猴",也即"猕猴",可见"豦"的总体形貌,状似猕猴。又有《酉阳杂俎·毛篇》曰:"笑辄上吻掩额,状如猕猴。"② 则"狒狒"与"豦"的形貌相似。而且,就字形来说,"遽"相比"豦"多出的偏旁"辶"(即"辵"),《说文》曰:"乍行乍止也。从彳止。凡辵之属皆从辵。"③ 也即,"辶"表达的是一种忽行忽止的行步状态,而这又是猕猴及其状似动物的典型特征,豦"好奋迅其头"的动作,正是"豦"乍止之时的习惯。所以,"豦"与"遽"的写法可通,与狒狒相似的《尔雅》"豦",也就是《上林赋》与"游枭"相似的"蚩遽"。二者在生存环境、动物分类、外在形貌、行为特征方面具有相似性,而这也便是司马相如此处将二者并提的原因。高诱"枭羊"似"遽类"的说法,实质就是"游枭"似"蚩遽"的隐言。《上林赋》此处的正确写法,也便是《汉书》的"蚩遽",而非《史记》的"蚩虚"。

至于"蚩遽"通用于今的称谓,由其状似的"猕猴"往往只简称为"猴",而"猿"又与"猴"形成固定词组,且又存在"飞猿"的惯用表述来看,可以猜测应即是"猿"。这样的词组,包括"猨猴"、"猴猿"、"猿猱"、"猱猨"、"猿猴"等多种形式。如《庄子·齐物论》曰:"木处则惴慄恂惧,猨猴然乎哉"④;王逸《九思·遭厄》云:"将升兮高山,上有兮猴猿"⑤;《管子·形势》曰:"坠岸三仞,人之所大难也,而猿猱饮焉"⑥。其中,涉及的"猨"与"猿"二字所指相同,《广韵》注"猨",即指出同"蝯",且以

---

① (晋) 郭璞注,(宋) 邢昺疏:《尔雅注疏》,北京大学出版社1999年版,第330页。
② (唐) 段成式撰:《酉阳杂俎》卷之十六《广动植之一》,中华书局1985年版,第135页。
③ (汉) 许慎撰,(清) 段玉裁注:《说文解字注》,上海古籍出版社1988年版,第70页。
④ (清) 王先谦:《庄子集解》,国学整理社编《诸子集成》(三),中华书局2006年版,第15页。
⑤ (宋) 洪兴祖撰,白化文等点校:《楚辞补注》,中华书局1983年版,第322页。
⑥ (清) 戴望:《管子校正》,国学整理社编《诸子集成》(五),中华书局2006年版,第4页。

第四章 衣镜的神仙信仰与灵兽观念

"猨"为俗字①;段玉裁注《说文》"蝯",又引《干禄字书》曰:"猿俗、猨通、蝯正"②。所以,"猿"、"猨"二字本皆作"蝯","猨猴"、"猴猿"都是指"猿猴"。

有关"蝯"的得名,由《说文》"蝯,善援,禺属。从虫爰声"③的训释,可知便是源于其"善援"的特征。而《尔雅·释兽》又曰"猱、蝯,善援"④,则"善援"的动物还有"猱"。《诗·小雅·鱼藻之什·角弓》曰"毋教猱升木",对此毛亨传:"猱,猨属";郑玄笺:"猱之性善登木";孔颖达疏:"猱则猿之辈属,非猨也。陆机《疏》:'猱,猕猴也。……'然则猱猨,其类大同。"⑤ 其中,"升木"与"善登木"的说法,即对应"猱"同样"善援"的属性。而且,"猱"既然为"猕猴"的一种专称,则"猿猴"、"猱猨"的不同称谓,实则也都是指"猿猴";"猱"既然又被视为"猨属"(或曰"猿之辈属"),则猿又是猿、猴这类"善援"动物的代表。所以,"猿猴"组词惯例的形成,即与二者都善于攀援的行为能力,以及由此而生出的辈属关系相关。

而与此辈属关系可以呼应的是,在"猿猴"的词例之中,又存在以"猿"代指"猿猴"的现象。如《说苑·谈丛》云:"猿猴失木,……非其处也";"猿得木而挺,……处地宜也"。其中的"挺",注云:"《淮南》作'捷'。"⑥此处前言"失木"的为"猿猴",后言"得木"的变而只剩下"猿",明显属于以"猿"代指"猿猴"的情况。所以,由"猿得木而捷"的说法,结合只有"蝯"因"善援"而得名的情况,可知在猿、猴之间,以"猿"更为迅捷。"猴"也由此产生了被视为"猿属"的看法,以及隐藏于"猿"概念之下的现象。而

---

① (宋)陈彭年:《宋本广韵》卷一,中国书店1982年版,第94页。
② (汉)许慎撰,(清)段玉裁注:《说文解字注》,上海古籍出版社1988年版,第673页。
③ (汉)许慎撰,(清)段玉裁注:《说文解字注》,上海古籍出版社1988年版,第673页。
④ (晋)郭璞注,(宋)邢昺疏:《尔雅注疏》,北京大学出版社1999年版,第329页。
⑤ (汉)毛亨传,(汉)郑玄笺,(唐)孔颖达疏:《毛诗正义》,北京大学出版社1999年版,第907—908页。
⑥ (汉)刘向撰,向宗鲁校证:《说苑校证》,中华书局1987年版,第408页。

与此行为特征所呼应的，便是还存在"飞猿"的习惯用语。如曹魏应玚《西狩赋》曰："尔乃赴玄谷，陵崇峦，俯掣奔猴，仰捷飞猿。"① 此处"飞猿"与"奔猴"的称谓差异，正可以佐证猿、猴之间迅捷程度的不同。于后世诗词之中，便还常见有"飞猿"与"舞鹤"或"飞鸟"并提的现象。虽然所举"飞猿"之例，出自曹魏士人之口，但这一词语早在汉代应当便已形成。因为常见的"飞猿岭"、"飞猿水"（或写作"飞猨岭"、"飞猨水"）的地名，正是可以追溯至汉代。

《太平御览》卷五四《地部·岭》记载《建安记》曰：建安县"有飞猿岭，乔木造天，猿猱之所飞走，故曰飞猿岭"。② 此处以"猿猱飞走"为因，却以命曰"飞猿岭"为果，也是对猿更为迅捷于猴的明证，说明"猿"正是以"飞走"为行为标志。又据《元和郡县图志》卷二十九《江南道五》记载：建州州境包括"建安"、"邵武"两县，其中的"建安县，本汉冶县之地，后改为东侯官，又立建安县，遂因不改"；"邵武县，本汉冶县地，吴于此立昭武县，晋改为邵武。飞猿岭，在县西一百七十里。邵武溪水，源出飞猿岭"。③ 可见建安县、邵武县都有称为"飞猿岭"之地，且这两县的建制恰好又都"本汉冶县"。以此联系颜师古注《汉书·地理志上》"会稽郡"下属"冶"县所说的"本闽越地"④，则可知"冶县"的建制又是起于汉武帝平定闽越叛乱之后。而这自然意味着，以"飞猿"之称与"飞猿岭"的地名，早在司马相如之时便已存在，便是在情理之中。更何况，西汉冶县所辖之境，也即今福建福州一带，正属于曾经的楚地范围，与《上林赋》以楚国作为创作背景的情况相合。所以，从"猿猴"与"飞猿"的语词习惯来看，"似猕猴"的"蜼"就是指"蝯"，《上林赋》"蜼蠼"的

---

① 《全后汉文》卷四十二，（清）严可均校辑：《全上古三代秦汉三国六朝文》，中华书局1958年版，第699页。
② （宋）李昉等撰：《太平御览》，中华书局1960年版，第265页。
③ （唐）李吉甫撰，贺次君点校：《元和郡县图志》，中华书局1983年版，第718—719页。
④ （汉）班固撰，（唐）颜师古注：《汉书》卷二十八下，中华书局1962年标点本，第6册，第1590—1592页。

第四章 铜镜的神仙信仰与灵兽观念

称谓正对应"飞猿"的说法,突显的是"飞走"的行为特征。

对于"蜚遽"为"飞猿"的这种推定,还可以得到其他多方面的佐证。比如,郭璞称"豦"为"玃类"。而何谓"玃"?在紧随"豦"之后,《释兽》记有"玃父,善顾",郭璞注"貑玃也,似猕猴而大,色苍黑,能攫持人,好顾盼";邢昺疏:"大猱也。能玃持人,又善顾盼。因名。"① 由"豦"与"玃父"的这种先后顺序,以及"玃父"与"貑玃"的称谓,可知这一似"狝猴"(即"猕猴")的动物,就是"玃类"之"玃",其得名即源于"能攫持"的行为特征,对应"玃"字构型中的"矍"。至于其身份,由邢昺指出为"大猱",以及《广韵》也说"玃,大猨"②,则可知"玃"又有"大猿"之称,属于猿类。再来比较"豦"与"玃",可见豦"能举石"与玃"能攫持",都体现的是善于用手的能力;豦"好奋迅其头"与玃"善顾",都描述的是"乍止"之时的习惯动作。所以,就这二者的相似特征而言,"豦"正是可以称为"玃类"。而这也就意味着,"遽"也便是猿类。

而且,"遽"、"玃"同为"玃类"却异名的情况,还说明这二者不可简单等同。这就好似"猴"被视为"猿属",而猿、猴却是不同的物种一般。猴、猿、玃三者之间的这种类属关系,即如同抱朴子"猕猴寿八百岁变为猨,猨寿五百岁变为玃"③ 的说法所展示的这般,相异却又相联。其中的"玃",即是"貜",属于"豸"简化为"犭"的字例。这由《说文》"玃,善攫持人,好顾盼,从犬矍声,《尔雅》曰'玃父善顾'"④ 的言论,对照《尔雅》"玃父"的写法与郭璞的注解可以明见。与之类似的,还有"猫"本写为"貓"等。《说文》曰:"豸,兽长脊,行豸豸然。"⑤ 可见"豸"与玃"善顾"的特征对应。而"辶"又已知表示豦"好奋迅其头"的动作,则"玃"与"遽"的这种联系在字形上本

---

① (晋)郭璞注,(宋)邢昺疏:《尔雅注疏》,北京大学出版社1999年版,第329—330页。
② (宋)陈彭年:《宋本广韵》卷五,中国书店1982年版,第484页。
③ 《抱朴子内篇·对俗》,王明撰:《抱朴子内篇校释》,中华书局1985年版,第47页。
④ (汉)许慎撰,(清)段玉裁注:《说文解字注》,上海古籍出版社1988年版,第477页。
⑤ (汉)许慎撰,(清)段玉裁注:《说文解字注》,上海古籍出版社1988年版,第457页。

· 235 ·

也有所体现。所以，相比具有"大猿"之称的"玃"，作为"玃类"的"蠷"，也就只能是"猿"，而它也正是与"游枭"同样貌似猕猴。

又如，猿类动物还有被扬雄视作"怪物"的用例。也即，其《蜀都赋》曰："猭蠝玃猱，犹觳毕方。"①前已提及在《淮南子·氾论训》中，"毕方"是与"枭阳"、"罔象"、"坟羊"并列的"天下之怪物"，且由其"木生"来看，也就是"木怪"。而此处既然以"玃猱"与"毕方"对仗，也就意味着它同样被看成"怪物"，且与"木"具有一定的联系。何谓"玃猱"？《上林赋》实际也有出现，只是写作"玃蠕"或"蠷蠕"。虽有张守节解释"赤猨蠷蠕"曰"蠷音劬，蠕音柔，皆猿猴类"②，但是从"毕方"与"赤猨"都是作为整词而使用的情况来看，"玃猱"也应是一物之称。而这又有裴骃《集解》引郭璞曰"蠷蠕似猕猴而黄"，与司马贞《索隐》曰"蠷蠕，猕猴也"，以及颜师古注引张揖曰"玃蠕，猕猴也"。③那么，"玃猱"到底是"猕猴"，还是"似猕猴"？以类同的称谓方式，可知"玃猱"是以作为物种本称的"玃"为核心字，再因于"似猕猴"的特征而附加"猱"字以称谓。

《广韵》曰："猨，猨猴，五百岁化为玃。"④即是以"猨"又称"猨猴"，而此处的"猨猴"就是以"猨"为本称、以"猴"为附加。又如，"玃"除去前提"玃父"、"貜玃"（即"貜貜"）的他称外，由"貜貜"在《博物志·异兽》与《搜神记·猳国取女》之中，分别记有的"猴玃"、"玃猨"之名⑤，则还可知又有"猴玃"、"玃猨"的叫法。而这两种称谓，

---

① （宋）章樵注：《古文苑》（一）卷四，王云五主编《丛书集成初编》，商务印书馆 1937 年版，第 102 页。
② （唐）张守节正义：《史记》卷一百一十七，中华书局 2013 年标点本，第 3643、3647 页。
③ （南朝宋）裴骃集解，（唐）司马贞索隐：《史记》卷一百一十七，中华书局 2013 年标点本，第 3675 页；（唐）颜师古注：《汉书》卷五十七上，中华书局 1962 年标点本，第 2562 页。
④ （宋）陈彭年：《宋本广韵》卷一，中国书店 1982 年版，第 94 页。
⑤ 《博物志·异兽》记载："蜀山南高山上，有物如猕猴。长七尺，能人行，健走，名曰猴玃，一名马化，或曰猳玃"；《搜神记·猳国取女》云："蜀中西南高山之上，有物与猴相类，长七尺，能作人行。善走逐人，名曰'猳国'，一名'马化'，或曰'玃猨'。"由所言之物皆出蜀山，又都名为"马化"，且形貌与行为特征相同，可知这二处所指相同。分别见（晋）张华等撰，王根林等校点：《博物志》（外七种），上海古籍出版社 2012 年版，第 16 页；（晋）干宝著，邹憬译注《搜神记译注》，上海三联书店 2012 年版，第 222 页。

第四章　衣镜的神仙信仰与灵兽观念

即是在未脱离物种本名"玃"的同时,又附加有"猴"、"猱"这两种相似动物之名。"玃猱"作为同样包含两个物种之名的一物之称,也就正当是采用了类似的称谓方式。其中的"猱",又已知为"猴",因而联系"玃"又有的"猴玃"之称来看,"玃猱"之中标志物种的也就是"玃"。既知"玃猱"为"玃",而"玃"又称"大猿","蜼"又为"玃类",则可知猿类的蜼、玃正是有被看作"怪物"的情况,而这也就与《上林赋》将"蜚蜼"看成"怪物"的情况相合。至于《蜀都赋》中"玃"为何又可与"毕方"并列,则在于猿"善援"的特征,本就是指它善于攀援树木,因而前举之例中还有飞猿"飞走"于"乔木"之间的说法。

再如,"飞猿"实际也是司马相如经常描写的对象。他在《长门赋》中,言及"玄猨啸而长吟"①;在《上林赋》中,又以"隃绝梁,腾殊榛,捷垂条,踔稀间"作为"玄猨素雌"②的行为表现。而他所使用的"隃"、"腾"、"捷"、"踔"这些动作,正与猿善于攀援、腾跃如飞、行为迅捷的特征相应。这说明司马相如对于飞猿确实了解,因而他也理应知道"蜚蜼"的这一不同称谓。更何况,不仅"飞猿"之称在汉武帝时应当已经存在,《尔雅》对于"蜼"的记录,以及最早为《尔雅》作注的"犍为文学"③又是汉武帝时人的情况,还证实"蜚蜼"的称谓,在司马相如的年代也已经产生。此外,《上林赋》以"蜚蜼"为猎物的现象,还有楚王射猎"白蝯"的典故可为参照。也即,《淮南子·说山训》云:"楚王有白蝯,王自射之,则搏矢而熙。使养由基射之,始调弓矫矢,未发而蝯拥柱号矣。"④又已知司马相如以楚国为作赋背景的情况,

---

① （南朝梁）萧统编,（唐）李善注:《昭明文选》第十六卷,崇文书局2018年版,第493页。
② 《索隐》引郭璞之言曰:"玄猨,猨之雄者黑色也。素雌,猨之雌者素色也。"（汉）司马迁撰,（唐）司马贞索隐:《史记》卷一百一十七,中华书局2013年标点本,第3675页。
③ 《尔雅疏叙》,（晋）郭璞注,（宋）邢昺疏:《尔雅注疏》,北京大学出版社1999年版,第3页。
④ （汉）高诱注:"熙,戏也。"见（汉）高诱注《淮南子》,国学整理社编《诸子集成》（七）,中华书局2006年版,第281页。而对此,《太平御览》卷三百五十所引《韩非子》佚文有基本相同的记录,其曰:"楚王有白猿,王自射之,则搏矢而熙。使养由基射之,始调弓矫矢,未发而猿拥树而号矣。"王先慎注:"由基,楚共王之臣养叔也。"见（清）王先慎《韩非子集解·佚文》,国学整理社编《诸子集成》（五）,中华书局2006年版,第6页。

因而《上林赋》此处以"飞蜼"为射猎对象的可能性，也就自然存在。

综合上述因素，《上林赋》"蜚遽"也就确定为"飞猱"，而并非古代注家所说的"鹿头龙身"的"神兽"。就称谓而言，与"猱"的得名，源自"善援"的行为特征不同，"遽"强调的是因于"善援"而得以迅捷的状态，"蜚遽"之"蜚"便是对这一状态的形容，因而"飞猱"的实质是指"腾猱"。西晋索靖《草书状》"腾猱飞鼬相奔趣"①的言辞，即以"腾"与"飞"互文，这既说明"腾猱"正可以称为"飞猱"，又意味着与鸟类凭借羽翼而飞的特性不同，此"飞"乃是对其腾跃、迅走状态的比喻。就释义而言，"蜚遽"作为山中"怪物"，存在变而为注家所言"神兽"的虚实转化。这种转化，结合孔子"木石之怪"、"水之怪"、"土之怪"的说法为《史记》所继承，与狒狒在《淮南子》、《上林赋》之中都称为"怪物"，而高诱对《淮南子》所称"枭阳"、"罔象"、"毕方"、"坟羊"这些"怪物"，则分别注为"山精"、"水之精"、"木之精"、"土之精"②，以及王逸又称狒狒为"山神"的情况观之，应当便是发端于东汉。也就是，这种称"怪"的现象，上乃承继自先秦，下则在东汉衍化出称"精"、称"神"的情况。而司马相如对"蜚遽"与"似遽类"的"游枭"为"怪物"的称谓，则正是西汉的流行说法。

就写法而言，"遽"与"麌"字形可通，《尔雅·释兽》的"麌"即是《上林赋》的"蜚遽"，因而"蜚遽"也可以写作"蜚麌"。当今学者以《衣镜赋》"蜚麌"为《上林赋》"飞遽"的写法与释义，即可以追溯至《汉书》对于司马相如《上林赋》"蜚遽"的记录及相关注家之言。至于《史记》此处"蜚虞"的写法，从"遽"与"虞"虽然读音相同，但其义却相差较远，可知实则无法与"蜚遽"相通，因而《上林赋》此处也便以《汉书》"蜚遽"为正确写法。而且，伴随着"蜚遽"虚实的这种厘清，还可知《上林赋》此句又以《史记》"繁

---

① （唐）房玄龄等撰：《晋书》卷六十《索靖列传》，中华书局1974年版，第6册，第1649页。
② （汉）高诱注：《淮南子》，国学整理社编《诸子集成》（七），中华书局2006年版，第231页。

弱"的写法更胜于《汉书》"蕃弱",以及张揖以"游枭"为"恶鸟"、以"怪物"为"奇禽"①乃是误解等。

二 《衣镜赋》"蜚㢆"的神兽身份

已知刘贺墓"孔子衣镜"上《衣镜赋》"蜚㢆"与司马相如《上林赋》"蜚遽",虽然写法可通,但实不能等同。就《上林赋》"蜚遽"而言,其可以上溯的写法,以《汉书·司马相如传上》的"蜚遽"为正确,以《史记·司马相如列传》的"蜚虡"为讹误;其本身的词意,指真实的山中怪兽"飞猿"、"长臂猿",也即《尔雅·释兽》的"㢆",而非古代注家所说的"鹿头龙身"的"天上神兽"。就《衣镜赋》"蜚㢆"而言,虽然与"蜚遽"的写法相通,但"飞猿"却难以满足《衣镜赋》第二章的大义,也即不能匹配"蜚㢆"除凶猛兽、门户神兽与镜座象物的多重身份,因而《衣镜赋》"蜚㢆"的写法确定有误。这种字误的现象,在赋文中也并非孤例。既有同章之中的"囧"当为"毋",还有前后两章之中的"请"、"政"、"详",应分别为"清"、"正"、"祥"等。至于此处符合本义的正确写法,则当是《史记》写作的"蜚虡",并指古代传说的"鹿头龙身"形象的"神兽"。

(一)"蜚㢆"本为"蜚虡"的写法

严格意义上讲,"蜚虡"还应当是《衣镜赋》此处唯一的正确写法。然而,传世文献中又有将"虡"写作"从金㢆"之"鐻"字的情况,且这种通用之例也早在刘贺生前便已经存在,因而此处还需要对"鐻"不合于《衣镜赋》之处做出说明。一方面,"鐻"、"虡"通用的情况真实存在,且恰好又是见于《史记》之中。也即,对于秦始皇销兵之事,《秦始皇本纪》记载:秦始皇"收天下兵,聚之咸阳,销以为钟鐻,金人十二,重各千石,置廷宫中"②;《平津侯主父列传》记载徐乐上书武帝曰:

---

① 见颜师古注引与李善注引。(汉)班固撰,(唐)颜师古注:《汉书》(八),中华书局1962年标点本,第2566页;(南朝梁)萧统编,(唐)李善注:《昭明文选》,崇文书局2018年版,第257页。
② (汉)司马迁撰:《史记》卷六,中华书局2013年标点本,第307页。

秦始皇"坏诸侯之城，销其兵，铸以为钟虡，示不复用。"① 两相对比，明显可见"钟鐻"与"钟虡"的两种写法所指相同。其中，所说置之的"廷宫"就是"宫廷"，可与前述有关"钟虡"为宫室内器物的说法互为印证。只是，于此事所通用的"鐻"、"虡"二字，实则包含有器物的材质变化，以及随之而来的字形产生早晚的历史情况。

就"钟虡"的材质来说，最早应是木质，后来才生出了铜质之物。而为"虡"字所对应的，便是木质之物。《尔雅·释器》对此有明确的表述，其曰："木谓之虡。"郭璞注："县钟磬之木，植者名虡"；邢昺疏："县钟磬者两端有植木，其上有横木。谓直立者为虡，谓横牵者为栒"。② 由于木质的"钟虡"，历史更为悠久，使用"虡"字的用例，实际也更为普遍。其中，便包括将铜质之"鐻"也写作"虡"的情况，所举《平津侯主父列传》中的"钟虡"，即是如此。因为从此处"钟虡"乃秦始皇"销兵"而铸造的记述来看，它的材质也就确定为"铜"，这也才会有《秦始皇本纪》中重达"千石"的说法。借以表达此物的，也就本应是字形从"金"的"鐻"。所以，《秦始皇本纪》的"钟鐻"，就是出于材质角度而该有的写法；《平津侯主父列传》的"钟虡"，则是木质之"虡"早出而惯用的结果。

对于金属材质与"鐻"的这种字形关联，段玉裁注解《说文》"虡"时，也曾经言及。他通过列举《秦始皇本纪》"销以为钟鐻"与"销锋铸鐻"，以及《三辅黄图》"始皇收天下兵，销以为钟鐻"的写法，主张涉及铜质之处，"字皆正作鐻"，而"鐻"就是基于"虡本以木，始皇乃易以金"的情况，所产生的"从金虡声之字"，属于"秦小篆，李斯所作也"，至于例外的"司马赋云'千石之钟，万石之钜'，正谓秦物"，且认为"《史记》作'钜'，即'鐻'字之异者也"。③ 可见在段玉裁看来，若为铜质的"钟虡"，就应以"鐻"为正字，而"鐻"又有写作"钜"的异体字。

---

① （汉）司马迁撰：《史记》卷一百一十二，中华书局2013年标点本，第3582页。
② （晋）郭璞注，（宋）邢昺疏：《尔雅注疏》，北京大学出版社1999年版，第147页。
③ （汉）许慎撰，（清）段玉裁注：《说文解字注》，上海古籍出版社1988年版，第210页。

第四章　衣镜的神仙信仰与灵兽观念

为其所举的以"鉅"代"鐻"的个例，即《史记·司马相如列传》记载司马相如《上林赋》，曰："撞千石之钟，立万石之鉅"①。由"撞钟"的说法与"万石"的重量，可知此"鉅"同样是针对铜质钟虡而言，因而此处也当以"鐻"为正字。"鉅"、"鐻"二字同指的事实，与字形都以"金"为部首的同时，作为构件的"巨"与"豦"又是同音的现象，则还意味着"巨"、"豦"在字形之中的存在，便是出于假借其声的缘故，因而才会有以"巨"替代"豦"作为组成的用字情况。所以，"鐻"作为针对"虡"变而为铜质的新现象所产生的后起字，其中表示金属材质的"金"旁，在写法上是不能省略的。事实上，也并不存有"钟豦"的用例，也证明"鐻"与"豦"无法通用。

然而，《史记》对于铜质钟虡"鐻"、"鉅"、"虡"的三种写法，却应对后世产生有不小的影响。尤其是，原本特指木质的"虡"，在东汉及其之后的作品中，多见用以代指铜质"鐻"的情况。如前举《西京赋》"猛虡"便属一例，因为若参照《上林赋》"千石之钟"、"万石之鉅"的说法，则此处担负承重之责的"猛虡"，理应不轻于"万钧"的"洪钟"。李善引薛综注："三十斤曰钧。……言大钟乃重三十万斤。"②贾山《至言》又有"雷霆之所击，无不摧折者；万钧之所压，无不糜灭者"③的言论，可见"万钧"之重已然实属重压。虽然以之为"万石"、"万钧"的说法，不免有修辞的成分在内，但足以说明所言钟虡为铜所铸的情况。又如，《后汉书·董卓列传》记载：董卓"坏五铢钱，更铸小钱，悉取洛阳及长安铜人、钟虡、飞廉、铜马之属，以充铸焉。"对此"钟虡"，李贤注已明言："钟虡以铜为之，故贾山上书云'悬石铸钟虡。'"④再如，《汉书·司马相如传上》在记载《上林赋》之语时，便

---

①　（汉）司马迁撰：《史记》卷一百一十七，中华书局2013年标点本，第3683页。
②　（南朝梁）萧统编，（唐）李善注：《昭明文选》，崇文书局2018年版，第37页。
③　（汉）班固撰，（唐）颜师古注：《汉书》卷五十一《贾山传》，中华书局1962年标点本，第8册，第2330页。
④　（南朝宋）范晔撰，（唐）李贤等注：《后汉书》卷七十二，中华书局1965年标点本，第8册，第2325—2326页。《资治通鉴》卷五十九《汉纪五十一·孝献皇帝甲》对此有相同记载，见（宋）司马光编著，（元）胡三省音注《资治通鉴》，中华书局1956年版，第1916页。

是将"鉅"写作"虡",颜师古注:"虡,兽名也。立一百二十万斤之虡以悬钟也。"① 及《文选》之中,又有与《汉书》相同的写法,且李善注引张揖之言曰:"千石,十二万斤也";"虡,兽,重百二十万斤,以侠钟旁。"② 张揖、颜师古以"虡"为"钟鐻"所象之"兽"的名称,正与《周礼》"虡鸣"、《西京赋》"猛虡"的用法相合,这也佐证了上述关于"虡"可以单独称谓象物的说法,以及《衣镜赋》此处应为"蜚虡"的观点。而且,参照铜质"钟鐻"有写作"钟虡"的惯例来看,不论"蜚虡"的用材为木质、还是铜质,也皆可以写作"蜚虡"。

但是,不仅"鐻"从字形来说,不可以省写为"豦","孔子衣镜"的镜座应为木质的用材,又说明《衣镜赋》此处本就不能够写为"鐻"(或"鉅"),而只能是写作"虡"。这以镜座实物的未能保存,对比所发现的两个铜合页、两个铜钉状物、两个铜环与一个铜质插销,这些衣镜组件均为铜质的现象,参照山东淄博某西汉早期齐王墓所出土的一面类似矩形铜镜,也未发现镜架的情况③,可以推测镜座就应是易腐朽的木质。所以,作为镜座象物的《衣镜赋》"蜚豦",从材质来说也只能写作"蜚虡"。至于"木质髹漆"的镜框尚且可以得见的原因,则应与具有防腐功效的髹漆工艺有关,因而"蜚虡"大抵是木质而未髹漆的情况。就这种材质来说,不能用于此处,却可与"虡"通用的写法,也就是"簴"或"橻"。有关它们的用例,早不过于东汉,如蔡邕《隶势》曰:"钟簴设张,庭燎飞烟"④;《后汉书·舆服志上》云:"橻文画辀"⑤。可见应是对照"鐻"明示材质为铜的情况,参考"笥"、"筭"、"簴"、"楒"的写法,为强调"木"的材质,而为"虡"添加

---

① (汉)班固撰,(唐)颜师古注:《汉书》卷五十七上,中华书局1962年标点本,第8册,第2569页。
② (南朝梁)萧统编,(唐)李善注:《昭明文选》,崇文书局2018年版,第258页。
③ 贾振国:《西汉齐王墓随葬器物坑》,《考古学报》1985年第2期,第242、261页。
④ 《全后汉文》卷八十,(清)严可均校辑:《全上古三代秦汉三国六朝文》,中华书局1958年版,第900页。
⑤ (南朝宋)范晔撰,(唐)李贤等注:《后汉书》,中华书局1965年标点本,第12册,第3644页。

"木"或"竹"旁的晚起之字。其中,"樆文画辑"的记载,说明虡纹有被用以装饰木质车辕的情况,这也就证实了"樆"与木质相关,以及"虡"可以作为钟虡之外的其他器物所刻画的相同象物之称。

总体而言,"蜚虡"也就是《衣镜赋》此处,唯一符合章句大义、年代字例与木质用材的正确写法,它既不能写作"飞虡",也不能写作突显木质的"蜚簴"或"蜚樆",更不能写作意指铜质的"蜚鐻"或"蜚鉅"。至于本义不同的"虞"、"虡"二字,为何会在《衣镜赋》中产生混用,参考其他字误之例的现有写法与本字之间,都存在音、形方面相同或相近的情况,可知也就直接与二者音同形近相关。但若考虑"虞"与"鐻"相似,而"鐻"又与"虡"存在通用的情况,则或许还牵扯到了"鐻"字。同时,伴随着"蜚虞"当为"蜚虡"的这种确定,学者以之为"蜚雾"或"蜚居"的写法失误,也就不言而喻。而且,《史记》"蜚虡"的写法,既然是《衣镜赋》可为参照的唯一可知的文献,《史记》又确实对衣镜文字存在重要影响,则还说明这也不妨可以算作《史记》于衣镜存在影响的例证之一。

(二)"蜚虡"乃是鹿头龙身的神兽

对于《衣镜赋》本该写作的"蜚虡",裴骃《集解》引郭璞曰:"蜚虡,鹿头龙身,神兽。"[1] 而且,结合张揖所说"飞遽"为"飞猨",以及他又有的"虡"为"兽"的明言,便可知他"天上神兽也,鹿头而龙身"[2] 的注解,实则也是指"蜚虡"的形象与属性。所以,张揖与郭璞的说法,本质上是统一的。那么,这种说法是否符合历史的真实面貌?刘贺墓作为衣镜镜座的"蜚虡",是否可能就是如此形象?顺次考察这一词汇的其他相关言论,便可以作出判断。事实上,以"蜚虡"为"鹿头龙身"的"神兽"之说,不仅早可见于张揖、郭璞,在后人作品中更是多见。这既有直引郭璞之说的,如《御定子史精华(三)》卷一百三十

---

[1] (汉)司马迁撰,(南朝宋)裴骃集解:《史记》卷一百一十七,中华书局2013年标点本,第3678、3680页。
[2] (汉)班固撰,(唐)颜师古注:《汉书》卷五十七上,中华书局1962年标点本,第8册,第2566页;(南朝梁)萧统编,(唐)李善注:《昭明文选》,崇文书局2018年版,第257页。

六《动植部二·兽上》注"蜚虡"①即是如此,又涉及大量字书对"虡"或"飞虡"之义的解释。而若就后世引用的情况而言,最具有代表性的字书,又要数《前书音义》与《广韵》。具体释义如下:

  (唐)李贤注《后汉书·董卓列传》"钟虡"云:"《前书音义》曰:'虡,鹿头龙身,神兽也。'"②

  (宋)陈彭年修《宋本广韵》"虡"(即"虡")曰:"飞虡,天上神兽,鹿头龙身。《说文》曰'钟鼓之柎也,饰为猛兽。'《释名》曰'横曰簨,纵曰虡。'"③

  《前书音义》不仅是李贤注《后汉书》的常引书目,颜师古注《汉书》实际也有引用。再联系郭璞与张揖之说,则可知以"虡"或"蜚虡"("飞虡")称谓"鹿头龙身"的这种"神兽",自张揖曾经生活的东汉末年,至李贤、颜师古所处的唐朝,便应一直属于一种共识。唐之后,指明援用《前书音义》关于"虡"的说法的,有《册府元龟·邦计部(十七)》卷四九九《钱币》注"簨"④;《资治通鉴》卷五十九《汉纪五十一·孝献皇帝甲》注"钟虡"⑤;《历代帝王宅京记》卷八注"虡"⑥ 等。虽然没有明言,但实则与此说保持一致的,还有《增修校正押韵释疑》卷三注"虡",称"亦作'鐻'",而"鐻"又是"鹿头龙身,神兽也"⑦ 等。至于《广

---

① (清)吴士玉、吴襄等奉敕撰:《御定子史精华(三)》,《文渊阁四库全书》第1010册《子部三一六·类书类》,台湾商务印书馆1986年版,第424页。
② (南朝宋)范晔撰,(唐)李贤等注:《后汉书》卷七十二,中华书局1965年标点本,第8册,第2326页。
③ (宋)陈彭年:《宋本广韵》,中国书店1982年版,第238页。
④ "献帝初平元年,董卓坏五铢钱,又铸小钱,悉取洛阳及长安铜人、钟簨、飞廉、铜马之属以充铸焉。"(宋)王钦若等编纂,周勋初等校订:《册府元龟》(第六册),凤凰出版社2006年版,第5672页。
⑤ (宋)司马光编著,(元)胡三省音注:《资治通鉴》,中华书局1956年版,第1916页。
⑥ (清)顾炎武撰:《历代帝王宅京记》,《文渊阁四库全书》第572册《史部三三〇·地理类》,台湾商务印书馆1986年版,第663页。
⑦ 所引例证,有"《庄》'削木为鐻'"、"《始皇纪》'销以为钟鐻'"。见(宋)欧阳德隆撰,(宋)郭守正增修《增修校正押韵释疑》卷三,《钦定四库全书·经部》,第15a页。

韵》对"虡"、"飞虡"的解释，自宋重修之后，也便是被广泛征引的对象。有直言引用的，如《读诗略记》卷五曰："《广韵》云：'飞虡，上天神兽，鹿头龙身。'凡钟之柎，以此兽为饰"①。也有未言而实引的，如《五音集韵》卷七注"虡"，与《钦定叶韵汇辑》卷二十注"虡"，皆曰："飞虡，天上神兽，鹿头龙身"②，以及《六书统》卷十注"虡"曰："飞虡，异兽名，鹿头龙身，从虎省，从異"③。

比较所举的这些言论，可知"蜚虡"正是以"虡"为本名，以"蜚"为修饰语。只是，对于"虡"与"蜚虡"的写法，又有少数将"虡"或写作本字"鐻"与异体字"鐻"、"簴"的情况，以及大多数将"蜚"写作俗字"飞"的情况。对于偶作"鐻"、"簴"之处，由《增修校正押韵释疑》以"鐻"释"虡"来看，可见也皆当本指"虡"。而这又佐证了"蜚虡"为《衣镜赋》符合时代书写习惯的唯一正确写法的观点。至于对"蜚虡"形象与属性的看法，则明显具有一致性，都认为是"鹿头龙身"的"神兽"（或曰"天上神兽"、"上天神兽"、"异兽"）。同时，"蜚虡"一词在《史记》中的存在，又说明这一形象的神兽实物，至晚在刘贺生前的武帝时期，就已经被创造出来。所以，既然"蜚虡"的"神兽"形象传说一致，《衣镜赋》"蜚虡"也就当为"鹿头龙身"，"孔子衣镜"的"蜚虡"也就是目前可知的这种神兽的最早实物。

有关"蜚虡"的这种"神兽"属性，还可以通过其他汉镜铭文中扮演"除凶"角色的属性得到验证。前述有提及"五帝三皇"（或曰"五帝天皇"）充当着"诛讨鬼凶"的职责，而他们在镜铭中的身份，已经由华夏民族的民族祖先上升至"神人"。这从"太一"为至上神，而"五帝三皇"属于其"选从"的"群神"可知。在"五帝三皇"之中，具有"除凶"神

---

① （明）朱朝瑛：《读诗略记》，《文渊阁四库全书》第82册《经部七六·诗类》，台湾商务印书馆1986年版，第505—506页。

② 其中，《五音集韵》写作"飞虡"。见（金）韩道昭《五音集韵》卷七，《文渊阁四库全书》第238册《经部二三二·小学类》，台湾商务印书馆1986年版，第151页；（清）梁诗正等《钦定叶韵汇辑》卷二十，《钦定四库全书荟要·子部》，第2a页。

③ （元）杨桓：《六书统》，《文渊阁四库全书》第227册《经部二二一·小学类》，台湾商务印书馆1986年版，第261页。

格的，实际主要是指"黄帝"，这由汉代铜镜常见"黄帝除凶"的四字铭文可以看出。并且，在此四字之后，除个别铜镜外，大多数铭文又紧接有"朱鸟玄武，白虎青龙"八字。① 这就意味着，与"黄帝"同样具有除凶异能的，且也独立于四方"奇物"之外的《衣镜赋》"蜚虡"，也便应与汉镜中"黄帝仙人"② 的明确身份相对应，属于由"猛兽"的本质而上升所至的"神兽"性质。所以，"蜚虡"不但不应是《衣镜赋》中作为四方"奇物"的"白虎"、"苍龙"、"玄鹤"、"凤凰"，还应当如同"鬼凶"为虚幻之物一般，相应也是"非常"之物，而"鹿头龙身"的合体动物形象，则正可以呼应"蜚虡"的虚有与神格。

至于"蜚虡"为"鹿头龙身"的形象可能性，由其得名于"钟虡"，而刘贺墓的钟虡实物同为合体神兽的情况，也可以感知。对此"蜚虡"的得名，古人存在一些既有说法。如：

（宋）《增修互注礼部韵略》卷三注"虡"，与（明）《洪武正韵》卷七注"虡"，皆曰："飞虡，天上神兽，鹿头龙身。凡钟鼓之柎，饰为此兽，故谓柎为虡。"③

（元）《古今韵会举要》卷十二注"虡"，曰："《广韵》又'飞虡，天上神兽，鹿头龙身。'凡钟之柎，饰为此兽，故谓之'虡'。"④

---

① 见于《图集》"正文：图442、488、489、491、492、493""附表一：序号65、66、67、71、73、74、75、76、77、78、79、80、81、82"。其中，对于"除凶"二字，"正文"中除图442写作"余凶"，其余都写作"除凶"；"附表一"中除序号74写作"除匈"，其余也都写作"除凶"。对于"黄帝"二字，图489写作"黄牙"。而且，除图493与序号79之外的铜镜，都在"黄帝除凶"四字之后，后接"朱鸟玄武，白虎青龙"八字。只是，序号73的铜镜中"朱鸟"二字阙文，序号80的铜镜中"龙"字缺漏，序号81的铜镜中"朱鸟"写作"朱雀"。王纲怀编著：《汉镜铭文图集》，中西书局2016年版，第462、512、513、515、516、517页；第572—573页。

② 见于《图集》"附表一：序号84"。王纲怀编著：《汉镜铭文图集》，中西书局2016年版，第573页。

③ （宋）毛晃：《增修互注礼部韵略》卷三，《钦定四库全书·经部》，第21a页；（明）乐韶凤、宋濂等奉敕撰：《洪武正韵》，《文渊阁四库全书》第239册《经部二三三·小学类》，台湾商务印书馆1986年版，第103页。

④ （元）黄公绍原编，（元）熊忠举要：《古今韵会举要》，《文渊阁四库全书》第238册《经部二三二·小学类》，台湾商务印书馆1986年版，第583页。

第四章 衣镜的神仙信仰与灵兽观念

（元）《韵府群玉》卷九注"飞虡"，曰："天上神兽，鹿头龙身。凡钟之附，饰为此兽，故为'飞虡'。"①

（明）《待轩诗记》卷六注"虡业维枞"之"虡"，曰："悬钟磬者，两端植木谓之'虡'。虡，天上神兽，鹿头龙身，刻虡形于植木之足，因以为名'虡'。"②

（清）《康熙字典·未集上·竹部》注"簴"，曰："《广韵》本作'虡'，天上神兽，鹿头龙身。悬钟之木刻饰为之，因名曰'虡'。"③

以这些说法对比《广韵》，可知都是引用其说而就得名做出的一种延伸解释。只是，这些说辞所具的共性与分别都还需要加以辨识。所谓"共性"，是指都将这一神兽的得名，与悬乐植木作为装饰的现象联系起来，且都以"虡"或"飞虡"作为神兽的本名，而因之以象物的"植木之足"，则是借用其名而作为称谓。这之间的逻辑关系，由前述对于"虡"字的分析，可知应当反转才为合适。也就是，"虡"本是对悬乐"植木之足"的称谓，后来由于这一神兽被创造并作为"虡"象物的情况，才产生了以"虡"称谓这一神兽的习惯。这由"钟虡"、"磬虡"等用词早在先秦即已存在，而"蜚虡"则晚至西汉才有的情况，也可以直观看出。所谓"分别"，是指以神兽"虡"为饰的对象，有"凡钟鼓之柎"、"凡钟之柎"（或曰"悬钟之木"）与"悬钟磬者"的不同说法。于"孔子衣镜"制作之时的西汉来说，哪种说法才算准确？可以依据如下先后所示的刘贺墓钟虡与磬虡的下足象形④，做出判断。

---

① （元）阴劲弦、阴复春编：《韵府羣玉》，《文渊阁四库全书》第 951 册《子部二五七·类书类》，台湾商务印书馆 1986 年版，第 357 页。
② （明）张次仲：《待轩诗记》，《文渊阁四库全书》第 82 册《经部七六·诗类》，台湾商务印书馆 1986 年版，第 251 页。
③ （清）张玉书等编：《康熙字典》，上海书店 1985 年版，第 1000 页。
④ 参见江西省文物考古研究所、首都博物馆编《五色炫曜——南昌汉代海昏侯国考古成果》，江西人民出版社 2016 年版，第 112、114 页。

海昏侯刘贺墓"孔子衣镜"的历史内涵考察

观察这二者的象物之形,明显可见都并非"鹿头龙身",因而以钟、磬皆"饰为此兽",而有钟虡、磬虡下足得名为"虡"或"飞虡"的古人之说,也就证实为误解。其中,钟虡的下足象物之形,从头生双角、大嘴圆目、足为利爪等特征,与身躯蹲伏、头部高昂的姿态等方面,可知是"龙头虎身"的合体形象,而这就意味着同为合体神兽的"蠯虡",也自然具有存在的可能性。更何况,依据《礼记·檀弓下》中孔子所说"明器"应当"有钟磬而无簨虡"①的礼制,可知这一钟虡也是刘贺生前使用过的实用器。并且,"蠯虡"之"虡",既然得名于乐悬下足象物之称,将"虡"作为象物猛兽之称的《西京赋》"猛虡",以及张揖、颜师古以《上林赋》"虡"为"兽"名的说法,又都是针对钟虡而言的情况,还说明"蠯虡"之"虡"的得名,正当源于"钟虡"之"虡"。这种名称的假借关系,则又显示出"钟虡"应当常以"蠯虡"作为下足象物的情况。所以,既然刘贺的钟虡下足象物为"龙头虎身"的事实存在,则具有相同身份的"蠯虡"为"鹿头龙身"的形象也就合乎情理。

更何况,以目前最早提及"蠯虡"形象的张揖来说,他曾经生活过的东汉末年,本就与西汉相去不远,又有沿用西汉钟虡之事,如前举董卓为"更铸小钱"而悉取的"钟虡"就属于西汉之物,因而张揖应当得见过以"蠯虡"为象物的钟虡实物,这自然就意味着他所言明的"蠯虡"形象,也理应具有可靠性。所以,刘贺的衣镜镜座象物"蠯虡",也就是"鹿头龙身"的神兽形象。只是,如同"蠯虡"也作为衣镜象物的情况所显示的,

---

① (汉)郑玄注,(唐)孔颖达疏:《礼记正义》,北京大学出版社1999年版,第227页。

· 248 ·

第四章 衣镜的神仙信仰与灵兽观念

"蜚虞"与"钟虞"虽然有着密切联系,但也不是绝对匹配。以刘贺墓钟虞下足的情况来看,作为钟虞象物的,也并非都是"鹿头龙身"的"蜚虞",还存在"龙头虎身"这般的神兽。以刘贺墓衣镜镜座的情况来看,"蜚虞"也并未限于作为"钟虞"之饰,还有用以装饰其他器物下足的现象。而且,镜座"两蜚虞"的数量与"钟虞"两两为一组的礼制,还提示其他以之象物之处,大体也应是成对出现。此外,将"蜚虞"与"钟虞"紧密联系起来的,也就是"猛兽"。一方面,为了衬托洪钟声大、体重的特征,存在以猛兽作为钟虞象物的礼制。如《周礼·考工记》对于以"赢属"为"钟虞"的原因,解释说:"有力而不能走,则于任重宜;大声而宏,则于钟宜"①。又如,李善云:"《周礼》曰:凫氏写兽之形,大声有力者,以为钟虞。"② 可见作为象物的"赢属",其"大声"与"有力"的特征,可以分别对应"钟"声宏与"虞"任重的情况,因而"钟虞"强调以猛兽之形为下足。另一方面,为了确保辟邪除凶、守卫门户的能力,"蜚虞"又需要具有猛兽的属性。所以,"蜚虞"既然被定性为"猛兽",自然也就可以用作刘贺"钟虞"与衣镜的象物。

三 "蜚虞"的神化形象和文化内涵

对于"蜚虞"的"神兽"形象,虽然古人之说止步于"鹿头龙身"的表述,但既然已知"蜚虞"称"虞"与"钟虞"有关,则说明还可以参照刘贺墓钟虞合体神兽的形象,联系其他有关钟虞象物的描述,进一步认识"蜚虞"的面貌。而这实际上也是对"蜚虞",为何以"蜚"作为修饰语的说明。

(一)"蜚虞"形象的进一步解析

仔细观察刘贺墓钟虞下足的"龙头虎身"神兽,可以发现其虎身长有双翼的突出特征。由此联系"猛虞"在《西京赋》中"负筍业而余怒,乃奋翅而腾骧"的形象,可知恰应是对这一特征的描述。其中,

---

① (汉)郑玄注,(唐)贾公彦疏:《周礼注疏》,北京大学出版社1999年版,第1137页。
② (南朝梁)萧统编,(唐)李善注:《昭明文选》,崇文书局2018年版,第37—38页。

"负笱业而余怒",即是对"猛虡"本质为"猛兽"的说明;"奋翅而腾骧",即是对"猛虡"生有双翅的形象描述。也因为这一形象,对"猛虡"实则还有"飞兽"之称。也即,薛综注:"当笋下为两飞兽以背负,又以板置上,名为业。腾,超也。骧,弛也。言兽负此笋虡已重,乃有余力奋其两翼,如将超弛者矣。"① 可见若结合刘贺墓钟虡与张衡说辞来看,作为钟虡象物的"猛虡",也就不仅是合体的形象,还应当身有两翼。所以,本初作为钟虡象物的"蜚虡",也就不仅是传说的"鹿头龙身",在其"龙身"还应当刻画有双翅。这种为兽而有翼的神异形象,明显违背鸟类才有羽翼的动物常理,因而属于汉人的意识创造,与汉人对于"龙"的认知相关。

一者,他们认为龙是可以腾飞上天的神兽。这既可以由"飞龙"与"龙飞"之言看出。如《史记·封禅书》记载汉武帝"制诏御史"之辞,曰"《乾》称'蜚龙'"②;《论衡·龙虚》提及慎子"蜚龙乘云"的言论③等。又如,张衡《东京赋》曰:"我世祖忿之,乃龙飞白水,凤翔参墟"④;《后汉书·宦者列传》记载吕强上疏曰:"陛下龙飞即位,虽从藩国,然处九天之高"⑤ 等。也可以由神仙"骑龙"或"乘龙"的传说看出。如《史记·封禅书》记载:"黄帝采首山铜,铸鼎于荆山下。鼎既成,有龙垂胡须下迎黄帝。黄帝上骑,群臣后宫从上者七十余人,龙乃上去"⑥;《论衡·龙虚》提及"天神乘龙而行"、"仙人骑龙"、"黄帝骑龙升天"⑦ 等。二者,"应龙"被认为"有翼"。如班固《答宾戏》先后有"奋翼鳞"、"应龙潜于潢汙,鱼鼋媟之。……故

---

① (南朝梁)萧统编,(唐)李善注:《昭明文选》,崇文书局2018年版,第37—38页。
② (汉)司马迁撰:《史记》卷二十八,中华书局2013年标点本,第1671页。
③ 黄晖撰:《论衡校释》,中华书局2017年版,第332页。
④ "世祖",指汉光武帝。(南朝梁)萧统编:《昭明文选》第三卷,崇文书局2018年版,第71页。
⑤ (南朝宋)范晔撰,(唐)李贤等注:《后汉书》卷七十八,中华书局1965年标点本,第9册,第2530页。
⑥ (汉)司马迁撰:《史记》卷二十八,中华书局2013年标点本,第1674页。
⑦ 黄晖撰:《论衡校释》,中华书局2017年版,第330页。

第四章 衣镜的神仙信仰与灵兽观念

夫泥蟠而天飞者，应龙之神也"的说辞，且李善注引项岱之说，以"翼鳞"即"飞龙"，"天有九龙，应龙有翼"①。又如，洪兴祖补注《离骚》，提及许慎云："飞龙有翼。"② 三者，龙还与虎同被认为是"天之正鬼"的"猛神"，与解除"宅中客鬼"的"主神"。如《论衡·解除》云："且夫所除，宅中客鬼也。宅中主神有十二焉，青龙白虎列十二位。龙、虎猛神，天之正鬼也，飞尸流凶，安敢妄集。"③

综合这些观念来看，龙既然可以飞升上天，并作为神仙坐骑，且又有应龙有翼的传言，则为龙身添翼也就顺理成章。为它们的身体刻画"双翼"，正如同它们合体的形象也并非真实存在一样，乃是意在突出它们为"神兽"的属性。而为"蜚虡"所添加的这两翼的呈现之姿，也当如刘贺墓钟虡所展示，为"敛翼"之貌。至于为何塑造成如此姿态？参照《六韬·武韬·发启》所述太公"鸷鸟将击，卑飞敛翼；猛兽将搏，弭耳俯伏"④的言论，可知应与突显其凶猛的属性有关，因为"敛翼"正是"鸷鸟"意欲搏击状态下的形象。具体则当如汪荣宝解释《法言·渊骞卷》"虎哉！虎哉！角而翼者也"，引"俞氏樾《群经平议》"之说，据《汉书·董仲舒传》"传之翼者两其足"与《大戴礼记·易本命》"四足者无羽翼"的言论，所指出的："鸟有两翼以飞，即不得有四足以走也"、"虎而角翼，谓以猛兽而兼鸷鸟之利，其搏噬不可当也"⑤。也就是，这样的羽翼与姿态，是使"蜚虡"在具有"猛兽"本质的同时，又兼备"鸷鸟"的性能，从而凶猛不可挡，以确保"毋凶殃"、"守户房"、"辟非常"的效果。所以，衣镜镜座的"蜚虡"，也便是"鹿头龙身"，且龙身有翼而敛的形象。

而且，立足"蜚虡"的这种具体形象，还可知《衣镜赋》称"蜚虡"、

---

① （南朝梁）萧统编，（唐）李善注：《昭明文选》第四十五卷，崇文书局2018年版，第1383、1387页。
② （宋）洪兴祖撰，白化文等点校：《楚辞补注》，中华书局1983年版，第43页。
③ 黄晖撰：《论衡校释》，中华书局2017年版，第1211页。
④ 陈曦译注：《六韬》，中华书局2016年版，第92页。
⑤ 汪荣宝撰，陈仲夫点校：《法言义疏》，中华书局1987年版，第460、466—467页。

不称"猛虖"的妙处。就称谓"蜚虡"来说，可以更好地呼应第二章的文辞。其中，"虡"可以对应"猛兽"的本质，与作为象物"毋凶殃"、"守户房"、"辟非常"的功能；"蜚"可以对应兼有"鸷虫"之利的双翼形象，与能够腾飞上天的神兽属性。就不称"猛虖"来说，则可以避免实词的重复，而这本就是《衣镜赋》所遵循的用字规律。也即，上句既言"猛兽"，此处便不称"猛虖"为佳。更何况，"虡"的字义之中，也包含有为猛兽的信息。而"蜚虡"既然被定性为"猛兽"，则以之"毋凶殃"，也就蕴含的是以"凶兽"御"凶物"的理念。"龙"、"虎"既然被赋予驱逐鬼凶的神兽角色，刘贺墓钟虡象物的"龙头虎身"神兽，也就应与镜座"鹿头龙身"的"蜚虡"形象一样，属于汉人为满足辟邪除凶、守卫家宅的主观需要而产生的一种创造。至于与"蜚虡"相对应的"神仙"，以"黄帝除凶"在汉镜铭文中的常见，联系他骑龙上天的故事与"仙人"的身份，以及"画虎"御凶的汉礼被追溯至黄帝时以虎食恶鬼之俗的情况来看，则主要是指黄帝。这自然也意味着，于民族祖先之中，汉人最为推崇的就是黄帝。只是，这些"冀以御凶"的理念、礼俗与神兽，由"虎者，阳物"、龙为乾象，而鬼为阴气的代表来看，也就不仅仅是"追效于前事"，还在于符合阴阳相克的理论。

此外，基于"蜚虡"形象落脚于辟邪除凶这种根本功用的情况，对照其他汉镜铭文对于铜镜纹饰的描述，还可知"蜚虡"因为这种功用又有"辟邪"的称谓。比如，有镜铭曰："左龙右虎主四旁，朱鸟玄武仙人祥，……，上有辟邪去不祥"①；"上有东父王西王母，青龙在左白虎居右，辟耶（邪）喜怒无央咎。"② 可见与《衣镜赋》相同的是，"青龙"（即"苍龙"）与"白虎"所代表的四方"奇物"，同样被排

---

① 见于《图集》"正文：图384""附表二：序号45"。其中，对于第一个"祥"字，两处均写为"羊"；对于第二个"祥"字，后者又写作"阳"。王纲怀编著：《汉镜铭文图集》，中西书局2016年版，第402、584页。

② 见于《图集》"附表二：序号75"。王纲怀编著：《汉镜铭文图集》，中西书局2016年版，第586页。

第四章 衣镜的神仙信仰与灵兽观念

除在"辟邪"神兽之外。又如，还有"辟耶（邪）宜□，上有奇守（兽）"①的镜铭，所说"奇兽"即《衣镜赋》"奇物"，可见也是以"奇物"与"辟邪"并存。所描述的"喜怒无央咎"、"去不祥"、"宜□"，又可以对应《衣镜赋》中"猛兽"、"毋凶殃"、"辟非常"、"守户房"的说法。所以，"蜚虡"也就正可以作为这些镜铭中的"辟邪"。"孔子衣镜"以辟邪神兽"蜚虡"搭配四方奇兽与神仙的纹饰组合，也应当属于汉代铜镜的常见现象。《衣镜赋》的第二章、第三章，分别以"蜚虡"与"奇物"作为描述对象的情况，也证实了上述关于这两章分别以"除凶"与"致吉"为主题的说法，以及全文章句划分的正确性。若仿宋人对于钟钮饰为辟邪的，有称"辟邪钟"②的方式，则镜座饰有辟邪兽的"孔子衣镜"，依据其"侍侧兮辟非常"的功用，也就可以视为"辟邪镜"。而"鹿头龙身"与"龙头虎身"的这两种合体神兽，也就应是汉时钟虡象物与其他辟邪之物的主流造型。

（二）"蜚虡"所代表的文化内涵

"五灵"概念的存在，以及与"五星"匹配关系的生成，可以追溯至西汉中期，其中与中央土星"勾陈"相匹配的又正是"麒麟"，则在古人有关"勾陈"原型的学说之中，也就确定以唐、宋所流行的"麒麟"之说为正确。而这也就意味着，与"勾陈"同样传为"鹿头龙身"形象的《衣镜赋》"蜚虡"，实质也是指"麒麟"。而且，支撑这一学说成立的关键因素，也即"五灵"与"五星"对应关系的存在，还恰是能够以刘贺墓载有《衣镜赋》的这面"孔子衣镜"作为更为直接的证据。

首先，就衣镜的神兽类纹饰而言。对应《衣镜赋》第二章、第三章的文字内容。其中，第二章为四、五、六句，以衣镜镜座象物"蜚虡"为描述对象，写作："修容侍侧兮辟非常，猛兽鸷虫兮守户房，据两蜚廉（虡）

---

① 见于《图集》"附表二：序号58"。王纲怀编著：《汉镜铭文图集》，中西书局2016年版，第585页。

② （宋）王黼著，诸莉君整理校点：《宣和博古图》卷二十五，上海书店出版社2017年版，第454—458页。

兮匦（毋）凶殃"；第三章为七、八、九句，以衣镜镜框四周纹饰的"傀伟奇物"为描述对象，写作："傀伟奇物兮除不详（祥），右白虎兮左苍龙，下有玄鹤兮上凤凰"。对此，由"蜚虞"被据以"毋凶殃"、"守户房"、"辟非常"的功用来看，"蜚虞"正是具有地上"灵兽"、天上"神兽"的身份。并且，"蜚虞"在天的身份，又已知为中央土星"勾陈"，因而此处的"蜚虞"也就兼有"灵兽"与"勾陈"的身份。由"白虎"、"苍龙"、"玄鹤"、"凤凰"这四周"奇物"，具有"除不祥"的功用与匹配"四方"的事实来看，可知正当是"四灵"的身份。并且，由《衣镜赋》第四章"西王母兮东王公，福熹所归兮淳恩臧，左右尚之兮日益昌"（为十、十一、十二句）的说法，可以确定衣镜边框上方的纹饰中，正是还有西王母、东王公这两位阴阳主神。这也就说明镜框纹饰所象征的便是天宫，与两位神仙同处天宫的这四方"四灵"，还正是天宫象征"四星"的四方神灵鸟兽。所以，两相结合，《衣镜赋》并提的这五种神兽，无疑便兼具在地为"五灵"、在天为"五星"的身份。

其次，就具体对象略有不同的情况而言。所谓"下有玄鹤"，由其四方"四灵"之一的身份与匹配"北方水星"的事实，联系上述已知代表这一方位的"灵物"固定为"玄武"的情况来看，可以确定此处就是"玄武"的书写错误，而并非有关"四方"、"四灵"、"四星"格外存在的一种前所未见的新说。所以，《衣镜赋》所示的"五灵"、"五星"，便是中为"勾陈"、西为"白虎"、东为"苍龙"、北为"玄武"、南为"凤凰"。这五种鸟兽兼具地上灵物与天上星象的身份，也即是三国孙吴政权的两面纪年铜镜"上应星宿，下辟不祥"[①]的铭文内涵。这说明自东汉以至三国、唐宋的"五灵"、"五星"匹配意识，实则都是以西汉为源头，而刘贺墓的"孔子衣镜"正是可以用作证明的实物依据。只是，比较上述所举的相关说法，既可见《衣镜赋》"五灵"与许慎、服虔、孔颖达、杨慎等人以麟、凤、龟、龙、虎这五种被视为"王者嘉瑞"的"神灵鸟兽"为"五灵"相合，

[①] 一为"太平元年"；一为"天纪元年"，分别见于《图集》"附表一：序号154、195"。王纲怀编著：《汉镜铭文图集》，中西书局2016年版，第577、579页。

第四章 衣镜的神仙信仰与灵兽观念

证实这种说法也可以上溯至西汉中期，又可见与《史记》、蔡邕以苍龙、白虎、朱雀、玄武、麒麟为"五星"星象稍有差异。

具体也即，在西汉中期都已存在的这两种"五灵"之说中，作为南方星象的一为"凤凰"、一为"朱鸟"。其中，《史记》不仅详细记录了当时的"五星"之说，又是"孔子衣镜"上人物传记最为重要的文本依据，以及"蛰虞"与"五灵"之词所能追溯的最早文献，且上举诸多有关四方星象的汉时言论与器物实则也大体与《史记》"南宫朱鸟"的说法相符，而有关"朱鸟"与"凤凰"同异的问题又一直为古今学者所争论不休。所以，此处还有必要就这二者关系做出补充。从两种"五灵"、"五星"之说的共存，以及用以匹配南方星象的实质为"鸟"来看，《衣镜赋》"上凤凰"与《史记》"南宫朱鸟"的说法并不矛盾。因为这两种说法的事实存在，本身即意味着其时的汉人正是认同二者都具有"南方火"的代表身份。

为何如此？则是因为它们都具有鸟类之长的身份。以"朱鸟"来说，《论衡·物势篇》以苍龙、白虎、朱鸟、玄武为"四星之精"的同时，又说其"降生四兽之体，含血之虫，以四兽为长"[1]，这就明确了"朱鸟"是由于被看成鸟类之长而与南方相匹配的。以"凤凰"来说，更是常见以之为飞鸟之首的言论。如孔子曰："凤以为畜，故鸟不獝"[2]；"羽虫之精者曰凤"[3]；"有羽之虫三百六十，而凤皇为之长"[4]。又如，《汉书·宣帝纪》记载：地节二年四月，"凤皇集鲁郡，群鸟从之。大赦天下"；甘露三年二月，"诏曰：乃者凤皇集新蔡，群鸟四面

---

[1] 黄晖撰：《论衡校释》，中华书局2017年版，第177—178页。
[2] （汉）郑玄注，（唐）孔颖达疏：《礼记正义》，北京大学出版社1999年版，第702页；杨朝明、宋立林主编：《孔子家语通解》，齐鲁书社2013年版，第377页。
[3] 《大戴礼记·曾子天圆》，（清）王聘珍撰，王文锦点校：《大戴礼记解诂》，中华书局1983年版，第100页。
[4] 《大戴礼记·易本命》，（清）王聘珍撰，王文锦点校：《大戴礼记解诂》，中华书局1983年版，第259页。

行列，皆向凤皇立，以万数。"① 再如，《说文》释"凤"曰："神鸟也。……凤飞，群鸟从以万数。"② 所以，用以匹配"南方火星"的实质，既然是鸟类代表的身份，则"朱鸟"、"凤凰"也都堪为火星星象。

与此呼应，西汉对于灵物的计数方式，即有将"凤皇"、"神雀"并为"一灵"的现象。如扬雄《校猎赋》云："方将上猎三灵之流，下决醴泉之滋，发黄龙之穴，窥凤皇之巢，临麒麟之囿，幸神雀之林。"③ 此处"凤皇"、"神雀"并提，说明从物种的角度来说，二者本为不同的二物。但虽举"黄龙"、"凤皇"、"麒麟"、"神雀"四种祥瑞，却只言"三灵之流"，则是明确将同为鸟类的"凤皇"、"神雀"并为"一灵"计算，而与"黄龙"、"麒麟"所分别代表的龙、鹿之流，总体并为"三灵"。所以，这种"灵物"的计数方式，也证实了上述有关天上"四星之精"与地上"四兽之体"的匹配关系，实质乃是代表"龙、虎、鸟、龟"这四种不同类动物的观点。如此，"凤凰"与"朱鸟"虽然物种不同，却同为鸟类中的代表性灵物，因而在"五行"理论之中，也就同样具有了匹配"南方火"的方位与属性。所以，从灵物的角度而言，二者还正是存在称谓上的混用现象。这由《汉书·宣帝纪》有关"神爵"、"凤皇"的记载即可看出。

比如，针对"神爵"降集京师之事，五凤三年三月，宣帝诏曰："朕饬躬齐戒，……甘露降，神爵集。已诏有司告祠上帝、宗庙。三月辛丑，鸾凤又集长乐宫东阙树上，……。朕之不敏，惧不能任，娄蒙嘉瑞"；甘露二年正月，又诏曰："乃者凤皇甘露降集，……咸受祯祥。"④ 对比可见，"神爵"正是又被称为"鸾凤"、"凤皇"。又如，对于"凤皇"降集泰山之事，元康元年三月，宣帝诏曰："乃者凤皇集泰山、陈

---

① （汉）班固撰，（唐）颜师古注：《汉书》卷八，中华书局1962年标点本，第1册，第247、272页。
② （汉）许慎撰，（清）段玉裁注：《说文解字注》，上海古籍出版社1988年版，第148页。
③ （汉）班固撰，（唐）颜师古注：《汉书》卷八十七上《扬雄传上》，中华书局1962年标点本，第11册，第3553页。
④ （汉）班固撰，（唐）颜师古注：《汉书》卷八，中华书局1962年标点本，第1册，第266—267、269页。

第四章 衣镜的神仙信仰与灵兽观念

留";元康二年三月,又以"凤皇甘露降集"而赐;元康三年春,再以"神爵数集泰山"而赐。① 可见又是存在称"凤皇"为"神爵"的情况。而"神爵",也即"神雀"、"朱雀"、"朱鸟"。所以,"凤皇"、"鸾凤"、"神爵"与"神雀"、"朱雀"、"朱鸟"等这些不同称谓,在作为帝王"嘉瑞"、"祯祥"而使用的时候正是可以混用,而这自然也便是出于二者同为"神灵之鸟",同与"南方火"相匹配的五行属性。所以,西汉的两种"五灵"、"五星"概念,并没有实质意义上的区别。

至于《衣镜赋》此处称"凤凰"、不称"朱鸟"的原因,应当与强调"除不祥"的"灵物"功用有关。因为二者虽然都被视为鸟类代表性的灵物,但实际也有高低之分。比如,《论衡·讲瑞篇》既提到"孝宣之时,凤皇集于上林,群鸟从上(之)以千万数。以其众鸟之长,圣神有异,故群鸟附从",却又说"神雀、鸾鸟,皆众鸟之长也,其仁圣虽不及凤皇,然其从群鸟亦宜数十。"② 可见若就灵异程度而言,汉人又当以凤凰更甚,因而凤凰还明确被定位为"灵鸟仁瑞"。如毛亨注《诗·大雅·卷阿》,即曰:"凤皇灵鸟仁瑞也"③。所以,此处既然更为强调灵物的身份,也就以"凤凰"更为合适。尤其是,《衣镜赋》所示的这种"五灵"概念,本就与孔子"何谓四灵？麟、凤、龟、龙谓之四灵"④的说法存在着渊源关系,而《衣镜赋》又明确提到了"圣人兮孔子"的定位与"临观其意兮不亦康"的态度,且在衣镜孔子传记中还采用了《史记》对于孔子"至圣"的赞誉,也意味着与孔子说法保持一致更为恰当。因此,既然西汉中期存在的两种"五灵"概念实质相同,都与"五星"存在"五行"的对应关系,都以"麒麟"匹配为中央土星"勾陈"(也即"蜚虞")的星象,则《衣镜

---

① (汉)班固撰,(唐)颜师古注:《汉书》卷八,中华书局1962年标点本,第1册,第253、255、257页。
② 黄晖撰:《论衡校释》,中华书局2017年版,第848、850页。
③ (汉)毛亨传,(汉)郑玄笺,(唐)孔颖达疏:《毛诗正义》,北京大学出版社1999年版,第1133页。
④ 见于《礼记·礼运》与《孔子家语·礼运》。(汉)郑玄注,(唐)孔颖达疏:《礼记正义》,北京大学出版社1999年版,第702页;杨朝明、宋立林主编:《孔子家语通解》,齐鲁书社2013年版,第376页。

· 257 ·

赋》"蛩虡"的原型也便确定为"麒麟"。只是，由于用作衣镜镜座象物的用途，此处也就称为"蛩虡"、而非"勾陈"。

小结

综上所述，海昏侯刘贺墓所见《衣镜赋》的"蛩廖"一词为书写错误，本应写作"蛩虡"，意指"孔子衣镜"的镜座象物，以及注家所说的"鹿头龙身"形象的合体神兽。就"蛩虡"的写法而言，乃是《衣镜赋》此处唯一符合章句大义、年代字例与木质用材的正确书写方式。从"虡"的字形本义来说，"虍"指向作为装饰的"猛兽"身份，"共"意味作为器物下足象物与共同托举器物的用途，而这就符合《衣镜赋》"蛩廖"以"猛兽"本质作为镜座象物与支撑铜镜的实际情况。并且，从汉人认为"虎"为"猛兽鸷虫"之首、具备"食鬼"的神异之能，以及追求居宅安宁所欲辟除的"非常"与"凶殃"主要就是"鬼凶"的文化意识来看，"虡"从"虍"还是带有必然性的。所以，《衣镜赋》第二章既然表达着凭借镜座"两蛩廖"辟邪除凶、守卫门户的意图，则理应写作"蛩虡"。而其他有关此处为"蛩雾"、"蛩居"的现有写法，也就明显有误。

从"虡"的使用之例来说，虽然《说文》释其为"钟鼓之柎"，但实则多见其它引申含义，而其中就包括"虡鸣"、"猛虡"这种用以代指钟虡直柱下足象物的词例。所以，结合"衣镜"、"钟虡"同为室内实用之物来看，以"虡"作为"猛兽"象物之称，可以跨越乐器类别而称谓衣镜镜座象物的可能性也理应存在。并且，"蛩虡"一词既然可为追溯的乃是《史记·司马相如列传》，《史记》恰好又是对"孔子衣镜"的文字内容影响最大的文献，则《衣镜赋》此处写作"蛩"的事实，还意味着"蛩虡"不仅符合章句大义，还是刘贺生存年代的应有写法。至于《史记》之中还有将"钟鐻"之"鐻"写作"鉅"、"虡"的现象，也无妨于"蛩虡"为《衣镜赋》此处唯一正确写法的判断。因为从镜座实物未能保存来看，"蛩虡"应是木质，这样也就不能写为意指金属材质的"鐻"与"鉅"。

就"蛩虡"的形象而言，后世学者众口一词的"鹿头龙身"，也便应

第四章 衣镜的神仙信仰与灵兽观念

是其作为"神兽"身份的神化形象。并且,由其称谓以"蛬"为修饰语,以"虞"为本名,源自最初作为"钟虞"象物用途的情况,结合刘贺墓钟虞实物同为合体神兽且身有双翼的形象,与《西京赋》"负笱业而余怒,乃奋翅而腾骧"的"猛虞"描述,以及汉人认为龙可以腾飞上天的神兽观念,还可知"蛬虞"的"龙身"应当也刻饰有"双翼"。这种形象的创造,反映了汉人意图使"蛬虞"在具有"猛兽"本质的同时,又兼备"鸷鸟"性能而凶猛不可挡,从而确保"毋凶殃"、"守户房"、"辟非常"的愿望达成的初衷。而《衣镜赋》"蛬虞"所描述的"孔子衣镜"镜座,也就是目前可知的这种神兽的最早实物。只是,由"蛬虞"一词已经早见于《史记》来看,这种合体神兽的创造历史还可以上溯至汉武帝时期。

至于《衣镜赋》称"蛬虞"、而非《西京赋》"猛虞",则既可以呼应第二章"鸷虫"的文辞,又可以突显其"神兽"的属性与"双翼"的形象,还可以避免赋文遣字的重复。而且,以"蛬虞"形象落脚于辟邪除凶这种根本功用的情况,参照其他汉镜铭文对于铜镜纹饰的描述,还可知"蛬虞"因于这种功用正是又有"辟邪"的称谓。所以,以之"辟非常"的"孔子衣镜",也可以视为"辟邪镜";刘贺墓衣镜"鹿头龙身"的镜座"蛬虞",以及"钟虞"象物的"龙头虎身"神兽,还应当是汉时钟虞象物的两种主流神兽造型。通过对于《衣镜赋》"蛬虞"的探讨,还启示对于"蛬虞"这种神兽,还需要从其动物原型、不同的称谓及其写法,以及与刘贺的关联性等多个角度予以更为深层的认知。《衣镜赋》"蛬虞"正是以在地具有"五灵"身份的"麒麟"为动物原型,以"鹿头龙身"为神化形象,在天则象征具有"中央土星"身份的"勾陈",代表着西汉中期流行的"五灵"、"五星"观念与"五行"星占灾异之术。

这种呼应天地的"五灵"组合,以及与"五星"的"五行"匹配关系,由《史记》的相关记录与《衣镜赋》第二、三章的说辞,以及"孔子衣镜"的神灵鸟兽纹饰,可以确定在刘贺生前的武、昭、宣阶段便已经产生。以《衣镜赋》在天象征"五星"、在地视为"五灵"的描述对象来说,也即衣镜纹饰"蛬㺑"(即"蛬虞")与"白虎"、"苍龙"、"玄鹤"("玄

· 259 ·

武"）、"凤凰"，它们不仅是地上的神灵鸟兽、帝王祥瑞，还分别匹配为"中央土星"、"西方金星"、"东方木星"、"北方水星"、"南方火星"的星象。但究其实质，则是分别作为鹿、虎、龙、龟、鸟这五类动物代表的身份而存在的。若以物种结合所匹配的"五色"而称谓，也便分别是黄麟、白虎、青龙、玄龟、赤凤。它们与第四章所描绘的西王母、东王公这两位主宰阴阳的神仙，共同代表着汉人眼中的天宫世界，表达着"阴阳五行"化育万物、"天地四方"构成"六合"的宇宙理念，体现着其时的动物类祥瑞意识与星象灾异观念。而且，"蜚虡"与白虎、苍龙、玄武、凤凰在"孔子衣镜"上的存在，还不仅有助于厘清"玄武"与"龟蛇"、"凤凰"与"朱鸟"的同异关系，对于《史记》流传、《焦氏易林》作者、"蛩蛩距虚"等学术公案，也都具有借鉴价值。

此外，通过本节对于"蜚廉"与"蜚虡"同异关系的解析，还可以获知一些其它方面的情况。比如，《上林赋》中"游枭"指狒狒，而非有"恶鸟"之称的"枭"；"怪物"指"蜚遽"与"游枭"，而非"奇禽"；称"蜚遽"、"游枭"为"怪物"，乃是西汉的流行用语。又如，《衣镜赋》"蜚廉"也不当是司马相如所说"廉，封豕之属"，与赋文"白虎"、"苍龙"、"玄鹤"、"凤凰"所指的四方"奇物"；全文也当以前18句为正文，以每三句为一章；"孔子衣镜"以"蜚虡"象物御凶的做法，属于西汉流行的"制猛兽而备非常"的辟邪方式，衣镜也就不仅起着"修容"的作用，还是辟邪之物。再如，由"射猿"、"沐猴而冠"、"烹猴"之事，与"沐猴"的称谓、分类都与楚人相关，以及《上林赋》又以楚国为重要创作背景，《衣镜赋》又有楚辞骚体的"兮"字、押韵特征，还可知楚文化为汉文化主要源头的历史史实。另外，由"蜚遽"早先被称为"怪物"，后来却衍生出视为精怪、神兽的现象，还启示对于神兽"蜚虡"的进一步探讨，也需要区分虚实与辨析原型。总之，《衣镜赋》及其载体"孔子衣镜"，蕴含丰富的历史信息，具有重要的学术价值，值得学界同仁关注。

第三节 "蜚虡"以"麒麟"为动物原型的诸多补证

依据《海昏侯刘贺墓出土孔子衣镜》[①]对于《衣镜赋》的释读与其载体"孔子衣镜"的披露，通过前述对于《衣镜赋》第二章"蜚虡"的系列考察，已知这是具有重要学术价值的一词。比如，由此可观汉代铜镜象物御凶的纹饰理念，与汉人所欲辟除鬼凶的意识，以及《衣镜赋》前18句为正文，每三句为章句划分，具有楚辞骚体"兮"字、末字押韵的文体特征等情况。又如，由此可知司马相如《上林赋》以《汉书》"蜚遽"的写法为正确，以《史记》"蜚虡"为讹误，其真实身份乃是山中怪兽"飞猱"，而非古代注家所说"鹿头龙身"的"天上神兽"；其写法虽然可通于《衣镜赋》"蜚虡"，但二者的文化内涵有着根本差异，因而"蜚虡"于《衣镜赋》为书写错误，而非当下学者所主张的"蜚虡"为《上林赋》神兽"飞遽"。再如，《衣镜赋》此处本应为"蜚虡"的正确写法，还意味着这才是传言中的"鹿头龙身"神兽，对应其作为衣镜镜座象物的身份，而非立柱雕刻的飞禽走兽之一，其"龙身"还应当生有双翼，"孔子衣镜"也便是这种形象的"蜚虡"神兽迄今可确定的最早所象实物。

此外，尤其值得一提的是，"蜚虡"与《衣镜赋》第三章实质上所描述的白虎、苍龙、玄武、凤凰这四方"奇物"，还共同构成了在地为"五灵"、在天为"五星"的"五行"组合，而这无疑以实物的形式证实了原本认为晚起的"五灵"概念，及其与"五星"对应关系的生成，可以提前至衣镜主人刘贺生存与《史记》成书的西汉中期。就"蜚虡"天上"神兽"的身份而言，也就既指它匹配为中央土星"勾陈"星象的情况，又说明它作为地上"灵兽"以"麒麟"为动物原型的实质，因而以"天马"、"黄龙"、"黄螾"为"勾陈"所指的古人异说，也可以由此判定为错误。而透过这些

[①] 王意乐、徐长青、杨军、管理：《海昏侯刘贺墓出土孔子衣镜》，《南方文物》2016年第3期，第61—67页。《衣镜赋》中的"□"，代替的是相应处无法释读出的文字。本节相关于《衣镜赋》与"孔子衣镜"的情况，也参看此文，节内不再一一注释。

列举之例，足以窥视"蚩虞"对于正确理解《衣镜赋》章句大义与"孔子衣镜"镜框纹饰，以及所蕴含的汉代文化、所涉及的学术分歧具有关键性作用。只是，有关"蚩虞"动物原型的探讨，先前仅是从其"五行"身份与"五灵"、"五星"关联的角度予以了论述，而对其他也能够佐证"麒麟"为"蚩虞"原型的二者相合之处未有阐明。所以，本节便立足前述的相关成果，从"蚩虞"与"麒麟"其余方面的共通之处，来补证"蚩虞"以"麒麟"为动物原型之说的正确性，并进一步认知其神化形象。

一 "麒麟"与"蚩虞"身份的相合

借助《衣镜赋》"蚩虞"匹配"中央土"的"五灵"、"五星"身份，与在天为"勾陈"、"北斗"、"北辰"、"镇星"（即"填星"）的称谓，以及"猛兽鸷虫"对其"猛兽"本质、"鸷虫"双翼形象的暗示，与"毋凶殃"、"守户房"、"辟非常"对其辟邪除凶功用、门户神兽地位的说明，再来比较"麒麟"的相关情况，便可以发现二者在身份层面还具有诸多共通之处。

（一）"麒麟""蚩虞"都为灵异神兽与祥瑞的身份吻合

"麒麟"与"蚩虞"都具有神异灵兽与帝王祥瑞的身份。先就"麟"而言。《礼记·礼运》与《孔子家语·礼运》都记载着孔子回答弟子言偃提问时，有说到"何谓四灵？麟、凤、龟、龙谓之四灵"[①] 的明确观点，与"圣王"、"先王"以礼治天下而出现有"凤皇麒麟皆在郊棷，龟龙在宫沼"[②] 景象的言论。而与此相合的追述，还有《孔丛子·记问》所云："子曰：'天子布德，将致太平，则麟凤龟龙先为之祥'。"[③] 这说明"麟"正是孔子主张的"四灵"之一，所谓"四灵"

---

① （汉）郑玄注，（唐）孔颖达疏：《礼记正义》，北京大学出版社1999年版，第702页；杨朝明、宋立林主编：《孔子家语通解》，齐鲁书社2013年版，第376页。

② 所举"皇"、"椒"的写法出于《礼记》，《孔子家语》则分别写作"凤"、"揪"。其中，"皇"、"凤"可通用，但以表示草泽的"椒"为正确。（汉）郑玄注，（唐）孔颖达疏：《礼记正义》，北京大学出版社1999年版，第714页；杨朝明、宋立林主编：《孔子家语通解》，齐鲁书社2013年版，第383页。

③ 白冶钢译注：《孔丛子译注》，上海三联书店2014年版，第81页。

第四章 衣镜的神仙信仰与灵兽观念

即是符应古代帝王施行礼治德政以致天下太平的神灵鸟兽。不仅如此，若从孔子又存在以其中"三灵"或"二灵"并举的情况来看，在他的"四灵"概念之中，实际还正是以先言的"麟、凤"为重。其中，仅举"三灵"的，如《史记·孔子世家》记载孔子曰："丘闻之也，刳胎杀夭则麒麟不至郊，竭泽涸渔则蛟龙不合阴阳，覆巢毁卵则凤皇不翔。"① 可见若从活动场所的角度而言，孔子认为"麟、龙、凤"这"三灵"，分别是陆地、水域、高空的代表性神灵鸟兽。仅举"二灵"的，如《荀子·哀公篇》提及孔子回答鲁哀公"问舜冠"，曰："古之王者，有务而拘领者矣，其政好生而恶杀焉。是以凤在列树，麟在郊野。"② 可见若从古代圣王"好生而恶杀"之政治祥瑞的角度而言，孔子则是以"麟、凤"这"二灵"，分别作为兽类与鸟类的代表性灵物。所以，孔子的"四灵"概念，总体归属于他以礼制治国的政治理想，与以仁德修身的道德追求，并以"麟"为"灵兽"的代表。

而且，孔子的这种灵物思想，正是对其之后的历史阶段产生了深远影响。此处仅以西汉中期相关于"麟"为灵物的言辞与运用案例为证。一方面，并举孔子"四灵"的言辞多见。如元光元年五月，汉武帝"诏贤良曰：'朕闻昔在唐虞，画象而民不犯，日月所烛，莫不率俾。周之成康，刑错不用，德及鸟兽，教通四海。海外肃眘，北发渠搜，氐羌徕服。星辰不孛，日月不蚀，山陵不崩，川谷不塞；麟凤在郊薮，河洛出图书。呜虖，何施而臻此与！'"③ 其中，所谓的"河洛出图书"，即指"河图洛书"的传说，又称为"龙图龟书"。如《今本竹书纪年》记载：黄帝"游于洛水之上"，

---

① （汉）司马迁撰：《史记》卷四十七，中华书局2013年标点本，第2333页。对此，《说苑·权谋》也有基本相同的说法，即孔子曰："丘闻之：刳胎焚夭，则麒麟不至；干泽而渔，则蛟龙不游；覆巢毁卵，则凤凰不翔。"向宗鲁认为："此数语，《大戴·易本命》、《吕子·应同篇》、《赵策》载谅毅语、《尸子·明堂篇》、《淮南·本经篇》、《公羊·宣元年传》，皆略同。则古有此语，孔子述之，而诸书皆用之。"见（汉）刘向撰，向宗鲁校证《说苑校证》，中华书局1987年版，第313页。
② （清）王先谦：《荀子集解》，国学整理社编《诸子集成》（二），中华书局2006年版，第356页。
③ （汉）班固撰，（唐）颜师古注：《汉书》卷六《武帝纪》，中华书局1962年标点本，第1册，第160页。

"《龟书》出洛，赤文篆字，以授轩辕"；帝尧"率群臣东沈璧于洛，至于下昃，赤光起，元龟负书而出，背甲赤文成字，止于坛"。① 又如，《风俗通义·山泽·四渎》曰："河者，播也，播为九流，出龙图也"②；《太平御览·卷九三一·鳞介部三·龟》曰："洛书曰灵龟者，玄文五色，神灵之精也"③。再如，《援神契》云："德至深泉，则黄龙见，醴泉涌，河出龙图，洛出龟书"④；张衡《东京赋》云："龙图授羲，龟书畀姒"⑤。所以，汉武帝的这则诏书实则也是以麟、凤、龙、龟这"四灵"，为"唐虞"、"成康"这些古代"圣王"施行德治仁政的祥瑞鸟兽。

另一方面，如同孔子以凤凰、麒麟作为神灵鸟兽、祥瑞代表的言辞普遍。如董仲舒曰："五帝三王之治天下，不敢有君民之心。……故天为之下甘露，朱草生，醴泉出，风雨时，嘉禾兴，凤凰麒麟游于郊"⑥；"古以大治，……泽被四海，凤凰来集，麒麟来游"⑦。又如，东方朔云：吴王"布德惠、施仁义"，"行此三年，海内晏然，天下大洽，……凤皇来集，麒麟在郊"⑧。再如，刘向曰："（舜）及立为天子，天下化之，蛮夷率服。北发、渠搜、南抚、交阯，莫不慕义，麟凤在郊"；"昔者唐、虞崇举九贤，布之于位，而海内大康，要荒来宾，麟凤在郊"；"尧舜之诚，感于万国，动于天地，故荒外从风，

---

① 王国维撰，黄永年校点：《古本竹书纪年辑校·今本竹书纪年疏证》，辽宁教育出版社1997年版，第40、44页。
② （汉）应劭撰，王利器校注：《风俗通义校注》，中华书局2010年版，第461页。
③ （宋）李昉等撰：《太平御览》，中华书局1960年版，第4137页。
④ 见于孔颖达疏《礼记·礼运》。（汉）郑玄注，（唐）孔颖达疏：《礼记正义》，北京大学出版社1999年版，第715页。
⑤ 薛综注："《尚书传》曰：伏羲氏王天下，龙马出河，遂则其文，以画八卦，谓之《河图》。又曰：天与禹，洛出书。谓神龟负文而出，列于背"；李善曰："《尔雅》曰：畀，赐也。《史记》，禹姓姒氏。"（南朝梁）萧统编，（唐）李善注：《昭明文选》第三卷，崇文书局2018年版，第70页。
⑥ 《春秋繁露·王道》，（清）苏舆撰，钟哲点校：《春秋繁露义证》，中华书局1992年版，第101—103页。
⑦ 《汉书·董仲舒传》，（汉）班固撰，（唐）颜师古注：《汉书》（八），中华书局1962年标点本，第2520页。
⑧ 《汉书·东方朔传》，（汉）班固撰，（唐）颜师古注：《汉书》（九），中华书局1962年标点本，第2872页。

第四章 衣镜的神仙信仰与灵兽观念

凤麟翔舞"。① 可见西汉中期的这三位重要人臣，皆延续了孔子以"麟、凤"为古代帝王实现天下大治之代表祥瑞的观念。同时，与西汉中期君臣深受孔子"四灵"概念影响的这些言辞相呼应，其时的汉礼与政治决策也正是融入了这种概念。如《西京杂记》卷一《送葬用珠襦玉匣》记载："汉帝送死皆珠襦玉匣。匣形如铠甲，连以金缕。武帝匣上皆镂为蛟龙鸾凤龟麟之象。"② 可见孔子"四灵"还被运用于丧葬礼仪，从而成为了汉武帝殓葬的金缕玉匣之象。所以，由西汉中期这些代表性君臣明确继承了孔子"四灵"思想的情况观之，认定其时的汉人以"麟"为"灵兽"代表，也就应当毫无疑问。

对此，汉武帝于"获麟"之事的反应，还尤其可以证实"麟"作为灵物在当时的重要地位。据《汉书·武帝纪》记载："元狩元年冬十月，行幸雍，祠五畤。获白麟，作《白麟之歌》"③；太始二年三月，因为往者"郊见上帝，西登陇首，获白麟以馈宗庙，渥洼水出天马，泰山见黄金"，而诏令"更黄金为麟趾褭蹄以协瑞焉"，并"因以班赐诸侯王"④。可见汉武帝针对此事，先有以白麟"馈宗庙"的举动，后又有诏令"作《白麟之歌》"与铸麟趾金并"班赐诸侯王"以"协瑞"的政策。而这些记载的真实性，刘贺墓出土的麟趾金便是一种实物依据。另以《史记·孝武本纪》"有司言元宜以天瑞命，不宜以一二数"，因而"以郊得一角兽曰元狩"⑤ 的记载，与《汉书·终军传》所言济南人终军曾以"谒者给事中"的身份，"从上幸雍祠五畤，获白麟，一角而五蹄"，武帝以此为异而"博谋群臣"，终军"上对曰：……今郊祀未见神祇，而获兽以馈，此天之所以示飨，而上通之符合也。宜因昭时令曰，改定告元"，

---

① 《新序·杂事》，(汉)刘向编著，石光瑛校释，陈新整理：《新序校释》，中华书局2001年版，第12—14、149—150、614页。
② (汉)刘歆等撰，王根林校点：《西京杂记》，上海古籍出版社2012年版，第13页。
③ (汉)班固撰，(唐)颜师古注：《汉书》卷六，中华书局1962年标点本，第1册，第174页。
④ (汉)班固撰，(唐)颜师古注：《汉书》卷六，中华书局1962年标点本，第1册，第206页。
⑤ (汉)司马迁撰：《史记》卷十二，中华书局2013年标点本，第586页。

后武帝"由是改元为元狩"①的说法，可知汉武帝"元狩"的年号还是因此而"改元"所致。所以，总观这些例证，西汉中期正是继承并流行着孔子的"四灵"思想，将"麟"看作"四灵"的代表与帝王的重要祥瑞，因而"麟"也就完全具备位列汉人"五灵"的可能性。

更何况，联系孔颖达解释灵物所说的："龙，东方也。虎，西方也。凤，南方也。龟，北方也。麟，中央也"②，与服虔注《左传》"获麟"所云的："麟，中央土兽，土为信。信，礼之子，修其母，致其子，视明礼修而麟至，思睿信立而白虎扰，言从义成而神龟在沼，听聪知正则名川出龙，貌恭性仁则凤皇来仪"③，可知孔颖达疏杜预《春秋左氏传序》"麟凤五灵"而补充的："麟、凤与龟、龙、白虎五者，神灵之鸟兽，王者之嘉瑞也"④，事实便是汉人的"五灵"组合。其中，许慎所言麟配中央、凤配南方、龟配北方、龙配东方、虎配西方的"五方"之位，又指出它们所对应的"五行"属性，也即孔颖达疏《左传·昭公二十九年》提到的："汉氏先儒说《左氏》者，皆以为五灵配五方，龙属木，凤属火，麟为土，白虎属金，神龟属水。"⑤而基于这种"五行"属性，孔颖达还将"五灵"与晋太史蔡墨"是谓五官"的"五行之官"联系起来，解释说："当谓如龙之辈，盖言凤皇、麒麟、白虎、玄龟之属，每物各有其官主掌之也"⑥，且"五星者"又被视为"五行之精也"，具体即"历书"所称"木精曰岁星，火精曰荧惑，土

---

① （汉）班固撰，（唐）颜师古注：《汉书》卷六十四下，中华书局1962年标点本，第9册，第2814—2817页。
② 见于孔颖达疏《礼记·礼运》。（汉）郑玄注，（唐）孔颖达：《礼记正义》，北京大学出版社1999年版，第704页。
③ 见于孔颖达疏《礼记·礼运》。（汉）郑玄注，（唐）孔颖达疏：《礼记正义》，北京大学出版社1999年版，第703页。
④ 杜预《春秋经传集解序》，见（周）左丘明传，（晋）杜预注，（唐）孔颖达正义《春秋左传正义》，北京大学出版社1999年版，第27页。
⑤ （周）左丘明传，（晋）杜预注，（唐）孔颖达正义：《春秋左传正义》，北京大学出版社1999年版，第1508页。
⑥ 《左传·昭公二十九年》记载晋太史蔡墨曰："五行之官，是谓五官，……木正曰句芒，火正曰祝融，金正曰蓐收，水正曰玄冥，土正曰后土。"（周）左丘明传，（晋）杜预注，（唐）孔颖达正义：《春秋左传正义》，北京大学出版社1999年版，第1503—1507页。

精曰镇星,金精曰大白,水精曰辰星"①,则"五灵"为"五官"分掌的实质,又正是指"五灵"与"五星"之间,也由于"五行"属性而形成有匹配关系。所以,在汉人的"五灵"概念之中,"麟"正如服虔所说为"中央土兽",并匹配为中央土星"勾陈"(即"镇星")的星象。

同时,《衣镜赋》第二章的"蜚虡",与第三章西"白虎"、东"苍龙"、北"玄鹤"(按:指"玄武")、南"凤凰"这四方"奇物"并举的现象,意味着"蜚虡"又正当是与中央方位相匹配的神兽。由此比较汉人的"五灵"组合,也就可知"蜚虡"正与其中具有"中央土兽"之称的"麒麟"身份重合,因而"蜚虡"也就还应当与"勾陈"同指,这也恰好符合"蜚虡"、"勾陈"都被传为"鹿头龙身"形象的情况。所以,《衣镜赋》"蜚虡"神兽的身份,即在天为"勾陈"、在地为"麒麟",因而与麒麟"灵兽"与"祥瑞"的身份相应,"蜚虡"具有辟邪除凶、守卫门户的灵异功用,"勾陈"也正是汉人眼中的政治嘉祥。如扬雄《长杨赋》描述秦亡汉兴之事,云:"上帝眷顾高祖,高祖奉命,顺斗极,运天关。"②而"斗极"即"北斗"所围绕的"北极";"天关"即"北辰"、"北斗"、"勾陈",如李善注便提及"《天官星占》曰:'北辰一名天关。'"③可见"勾陈"(即"蜚虡")正是被视为汉高祖建立大汉王朝的祥瑞之星。所以,在"五灵"与"五星"的"五行"匹配关系之中,"蜚虡"与"麒麟"、"勾陈"实质相同。

(二)"麒麟"为仁德之兽与"蜚虡"为德星的身份吻合

麒麟"仁兽"、"至德之兽"的身份,与"蜚虡"在天所为"勾陈"的"德星"身份可以呼应。

---

① 见于孔颖达疏《左传·襄公二十八年》。(周)左丘明传,(晋)杜预注,(唐)孔颖达正义:《春秋左传正义》,北京大学出版社1999年版,第1070页。
② (汉)班固撰,(唐)颜师古注:《汉书》卷八十七下《扬雄传下》,中华书局1962年标点本,第11册,第3559页。
③ (南朝梁)萧统编,(唐)李善注:《昭明文选》第九卷《长杨赋》,崇文书局2018年版,第281页。

一方面，在孔子儒学的理念之下，汉人视麒麟为"仁兽"的情况多见。如《公羊传·哀公十四年》曰："麟者，仁兽也。有王者则至，无王者则不至"①；《说苑·辨物》云：麒麟"含仁怀义，音中律吕。行步中规，折旋中矩。择土而践，位平然后处"②；《说文》曰："麒，麒麟，仁兽也"③。而由于"仁"又是孔子推崇的最高道德理念，"麟"也就还被汉人称为"至德"之兽。如扬雄《法言·孝至卷》云："麟之仪仪，凤之师师，其至矣乎！螭虎桓桓，鹰隼□□，未至也。"李轨注："桓桓"，"仁少威多"；"□□"，"攫撮急疾"；"未至也"，"未合至德"；汪荣宝疏："螭"为假借字，正字作"嵞"，意即山中"猛兽"，与"虎"同类。④ 可见麟、凤正是被看成"至德"之兽、鸟的形象代表，而与"螭虎"、"鹰隼"分别代表的猛兽、鸷鸟相区别。由此联系上举孔子以凤、麟为古代"圣王"施行"好生而恶杀"之政的祥瑞，以及孔子弟子有若借麒、凤评价孔子"圣人"般出类拔萃所说的："麒麟之于走兽，凤凰之于飞鸟，……类也。圣人之于民，亦类也。出于其类，拔乎其萃，自生民以来，未有盛于孔子也"⑤，则还可知孔子与汉人正是基于麒麟、凤凰符合"好生而恶杀"的仁道，才以这"二灵"分别为走兽、飞鸟之中神灵形象的代表，以及"四灵"之中政治祥瑞的代表。

与此相应，扬雄还说过："或问：'鸟有凤，兽有麟，鸟、兽皆可凤、麟乎？'曰：'群鸟之于凤也，群兽之于麟也，形性'"⑥；"来仪

---

① （汉）公羊寿传，（汉）何休解诂，（唐）徐彦疏：《春秋公羊传注疏》，北京大学出版社1999年版，第619—621页。
② （汉）刘向撰，向宗鲁校证：《说苑校证》，中华书局1987年版，第455页。
③ （汉）许慎撰，（清）段玉裁注：《说文解字注》，上海古籍出版社1988年版，第470页。
④ 对于"螭"，汪荣宝疏："班孟坚《西都赋》李注引欧阳《书》说云：'螭，猛兽也。'《说文》作'虞'，云：'山神兽也。'引欧阳乔说：'虞，猛兽也。'段氏《撰异》云：'……虞正字，离、螭皆假借字。'陈氏《今文经说考》云：'《说文》所引欧阳乔说，即《欧阳章句》也。《欧阳尚书》今文作虞，《说文》所称，其正字也；《文选·注》引欧阳作螭，其假借字也。螭为龙之无角者，与龙同类；虞为兽之浅毛者，与虎同类也。'按：虞者，古文；螭者，今文。许引欧阳说作虞者，以欧阳《书》之螭即古文《书》之虞也。此'螭虎桓桓'，正与《选·注》引欧阳《书》说合，此子云用《欧阳尚书》之明证也。"汪荣宝撰，陈仲夫点校：《法言义疏》，中华书局1987年版，第550—551页。
⑤ 《孟子·公孙丑上》，杨伯峻译注：《孟子译注》，中华书局2010年版，第58页。
⑥ 《法言·问神卷》，汪荣宝撰，陈仲夫点校：《法言义疏》，中华书局1987年版，第183页。

第四章 衣镜的神仙信仰与灵兽观念

之鸟,肉角之兽,狙獷而不臻"①。而所谓的"来仪之鸟"、"肉角之兽",即分别指"凤"与"麟"。其中,有关凤凰符合仁道的说法,还有其他诸多汉人言辞可为佐证。如毛亨注《诗·大雅·卷阿》曰:"凤皇灵鸟仁瑞也"②;《新书·胎教》、《大戴礼记·保傅》皆提到有故言曰:"凤凰生而有仁义之意,虎狼生而有贪戾之心,两者不等,名有(以)其母"③。又如,刘公幹《公䜩诗》曰:"灵鸟宿水裔,仁兽游飞梁"④;《论衡·指瑞》云:"且凤皇骐驎何以为太平之象?凤皇骐驎,仁圣之禽也,仁圣之物至,天下将为仁圣之行矣。"⑤ 而所谓的"骐驎",即本应写作"麒麟"。可见"凤凰"正是被看成"灵鸟"、"仁瑞"、"仁鸟",并常与"仁兽"麒麟相提并论。所以,汉人继承孔子"四灵"概念的同时,也延续了他的"仁道"标准,而以符合仁道的"仁兽麒麟"与"仁鸟凤凰"作为"灵兽"与"灵鸟"的代表。

另一方面,"蚩虍"在天所为的"勾陈",又有"德星"的称谓。如孔子"为政以德,譬如北辰,居其所而众星共之"⑥ 的说法,便是以"北辰"为"德星"。又如,《史记·封禅书》记载:"望气王朔言:'候独见填星出如瓜,食顷复入焉。'有司皆曰:'陛下建汉家封禅,天其报德星云。'"⑦ 可见"填星"也称"德星"。同时,"北辰"、"填星"已知即为"勾陈",则"勾陈"也即"德星"。而所谓"德星",由《史记·天官书》"天精而见景星。景星者,德星也。其状无常,常出于有道之国"⑧ 的解释,与汉纬

---

① 《剧秦美新》,李善曰:"来仪,凤也。肉角,麟也。"(南朝梁)萧统编,(唐)李善注:《昭明文选》第四十八卷,崇文书局2018年版,第1477页。
② (汉)毛亨传,(汉)郑玄笺,(唐)孔颖达疏:《毛诗正义》,北京大学出版社1999年版,第1133页。
③ (汉)贾谊撰,阎振益、钟夏校注:《新书校注》,中华书局2000年版,第390页;(清)王聘珍撰,王文锦点校:《大戴礼记解诂》,中华书局1983年版,第59页。
④ "䜩"同"宴";刘公幹即名士刘桢。(南朝梁)萧统编,(唐)李善注:《昭明文选》第二十卷,崇文书局2018年版,第650页。
⑤ 黄晖撰:《论衡校释》,中华书局2017年版,第872页。
⑥ 见于《论语·为政》。其中,"共"即"拱"的本字。(魏)何晏注,(宋)邢昺疏,《论语注疏》,北京大学出版社1999年版,第14页。
⑦ (汉)司马迁撰:《史记》卷二十八,中华书局2013年标点本,第1680页。
⑧ (汉)司马迁撰:《史记》卷二十七,中华书局2013年标点本,第1592页。

书《援神契》"德至八极，则景星见"①的言论，可知正是"有道之国"施行德政的符瑞之星。所以，麒麟既然被奉为"仁兽"、"至德之兽"，若"勾陈"以之为星象，则恰是可以相应而有"德星"的称谓，"蚩虎"也便是以"麒麟"为原型。而对此关联性，结合《史记·天官书》以填星"主德"、太白"主杀"②的相对之说，以及作为"西方金星"的"太白"正是以凶杀之兽"虎"为星象来看，也便可以确定。

（三）"麒麟"为五灵之首与"勾陈"为五星之首的身份匹配

麒麟为"五灵"之首的身份，又与"五星"之首的"勾陈"正是堪为匹配。一方面，麒麟具有"五灵"之首的地位。这由汉人的"五灵"渊源于孔子的"四灵"可知。以孔子"四灵"的入选标准而言，关键还在于它们都具备类别之长的地位。比如，孔子既云："龙以为畜，故鱼鲔不淰。凤以为畜，故鸟不獝。麟以为畜，故兽不狘。龟以为畜，故人情不失"，故而"圣人作则"必"四灵以为畜"，以便"饮食有由也"③；又说："毛虫之精者曰麟，羽虫之精者曰凤，介虫之精者曰龟，鳞虫之精者曰龙，倮虫之精者曰圣人"④；还曾因于"四灵"堪与"圣人"、"帝王"相匹配的这种类别首领身份，言曰：

> 有羽之虫三百六十，而凤皇为之长；有毛之虫三百六十，而麒麟为之长；有甲之虫三百六十，而神龟为之长；有鳞之虫三百六十，而蛟龙为之长；倮之虫三百六十，而圣人为之长。此乾坤之美类，禽兽万物之数也。故帝王好坏巢破卵，则凤凰不翔焉；好竭水搏鱼，则蛟龙不出焉；好刳胎杀夭，则麒麟不来焉；好填谿塞谷，

---

① 见于孔颖达疏《礼记·礼运》所引。(汉)郑玄注，(唐)孔颖达疏：《礼记正义》，北京大学出版社1999年版，第715页。
② (汉)司马迁撰：《史记》卷二十七，中华书局2013年标点本，第1574、1577页。
③ (汉)郑玄注，(唐)孔颖达疏：《礼记正义》，北京大学出版社1999年版，第698—702页；杨朝明、宋立林主编：《孔子家语通解》，齐鲁书社2013年版，第377页。
④ 《大戴礼记·曾子天圆》，(清)王聘珍撰，王文锦点校：《大戴礼记解诂》，中华书局1983年版，第100页。

第四章　衣镜的神仙信仰与灵兽观念

则神龟不出焉。①

对照之下，可知孔子谓之为"四灵"的"麟、凤、龟、龙"，即分别是麒麟、凤皇、神龟、蛟龙，它们被视为神灵鸟兽、帝王嘉瑞的原因，则正是与它们分别为毛虫（走兽）、羽虫（飞鸟）、介虫（甲虫）、鳞虫（鱼鲔）之长的身份相关。

而且，虽然都具有类别首领的身份，但从上述已知的"麟、凤"又为"四灵"代表的情况来看，孔子"麟、凤、龟、龙"的"四灵"排序应当并非随意。而其中涵义，由位列"五灵"的"白虎"，未能入选孔子"四灵"名单可以感知。因为在孔子视麒麟为走兽之首、帝王祥瑞的同时，"虎"实际也被赋予有类同的地位与身份。如司马迁《报任安书》"猛虎处深山，百兽震恐"②的言论，与《说文》"虎，山兽之君"③的表述，皆体现了汉人以虎为兽长的意识。再联系江乙回答楚宣王之问而援用的"狐假虎威"的典故，所言"虎求百兽食之"、百兽见虎皆走，与虎"长百兽"为"天帝令"、"帝命"，以及"百兽之畏虎"如人臣之畏"君之威"的情节④，还可知这也正是继承于先秦的流行观念，因而对于虎也具有的兽长地位，孔子理应知晓。又如，毛亨传《诗经·国风·召南·驺虞》曰："驺虞，义兽也。白虎黑文，不食生物，有至信之德则应之。"⑤这说明汉人也以"白虎"为祥瑞，而"白虎"既然又称"驺虞"，《诗经》又存有《驺虞》之篇，孔子又以《诗》为讲授与修订对象，则孔子对于也存在以白虎为祥瑞的看法应当

---

① 《大戴礼记·易本命》，（清）王聘珍撰，王文锦点校：《大戴礼记解诂》，中华书局1983年版，第259—260页。

② （汉）班固撰，（唐）颜师古注：《汉书》卷六十二《司马迁传》，中华书局1962年标点本，第9册，第2732页。

③ （汉）许慎撰，（清）段玉裁注：《说文解字注》，上海古籍出版社1988年版，第210页。

④ 《新序·杂事二·楚王问群臣章》，（汉）刘向编著，石光瑛校释，陈新整理：《新序校释》，中华书局2017年版，第190—192页。此则典故又见载于"《战国策·楚策一·荆宣王问群臣曰》"与"《太平御览》四百九十四引《尹文子》"等处，各本同异，详见石光瑛校释。

⑤ （汉）毛亨传，（汉）郑玄笺，（唐）孔颖达疏：《毛诗正义》，北京大学出版社1999年版，第106页。

· 271 ·

同样了解。所以，孔子以"麒麟"作为走兽之首、王者嘉瑞的身份入选"四灵"，以及只言"四灵"、不言"五灵"①的说法，乃是一种有意为之的倾向性选择，体现了他对于仁兽"麟"的偏爱。

同时，排除"白虎"的做法，则源自他对于代表性凶兽"虎"的厌弃。如《论衡·遭虎》在多次言及"虎食人"、"野中之虎常害人"、"虎害人"的同时，还提到孔子路遇一妇人哭诉"去年虎食吾夫，今年食吾子"的事例②，而这也即是出于孔子之口的"苛政猛于虎"的典故出自。只是，在西汉中期成书的《礼记·檀弓下》的记载中，妇人之亲死于虎口的，还是"舅"（按："夫之父"）、"夫"、"子"三代三人。③可见虎的这种凶猛好杀的残暴习性，正是与孔子"好生而恶杀"的仁德背道而驰，而相差于"至德"。又如，"白虎"还被视作为害尤甚的群虎之首。《华阳国志·巴志》记载："秦昭襄王时，白虎为害，自黔、蜀、巴、汉患之。……白虎常从群虎。"④可见在孔子看来，也具有兽长与祥瑞身份的"白虎"，无法与"麒麟"相提并论，因而以"麒麟"入选"四灵"也就成为一种必然结果。至于"麟、凤"这"二灵"之间的地位高下，结合与之相对的"猛兽"、"鸷鸟"杀伤力差异明显的情况，也就可知正是以"仁兽"更能体现孔子的仁道，因而麟、凤即分别位列第一、第二。而"龟、龙"这"二灵"之间，"龙"又明显与孔子排除在"四灵"之外的"虎"同为凶兽。所以，统筹于"仁道"思想之下，孔子"四灵"的地位，正如他所表述的"麟、凤、龟、龙"的先后顺序，因而"麟"也就是"四灵"之首。

---

① 孔颖达对于孔子只称"四灵"、"不言五者"的原因，解释为："四灵与羞物为群，四灵既扰，则羞物皆备。龙是鱼鲔之长，凤是飞鸟之长，麟是走兽之长，龟是甲虫之长。饮食所须，唯此四物。四物之内，各举一长。虎、麟皆是走兽，故略云'四灵'。"但这只是一种针对客观结果的表层分析，更为深层的原因即是出于是否符合"仁道"标准，而产生的喜爱差别。见杜预《春秋经传集解序》，（周）左丘明传，（晋）杜预注，（唐）孔颖达正义：《春秋左传正义》，北京大学出版社1999年版，第27页。

② 黄晖撰：《论衡校释》，中华书局2017年版，第825—829页。

③ （汉）郑玄注，（唐）孔颖达疏：《礼记正义》，北京大学出版社1999年版，第310页。

④ （晋）常璩撰，任乃强校注：《华阳国志校补图注》，上海古籍出版社1987年版，第14页。

第四章 衣镜的神仙信仰与灵兽观念

再以孔颖达"五灵"的组合与顺序比较孔子的"四灵",则明显可见只是在孔子名单的末尾后缀以"白虎",且杜预《春秋经传集解序》虽言"五灵"、却只举"麟凤"①,说明"五灵"同样以"麟凤"为代表。而更为具体的地位排列,由《衣镜赋》"五灵"来看,也正当如孔颖达所说"麟、凤与龟、龙、白虎"的先后顺序。其中,先以第二章重点描述"蛮虞",后以第三章并言"四方"之"四灵",正是突出了"麒麟"在"五灵"之中的首要地位;于"四灵"而言,按照其时以"南北"为君臣方位而优先于"东西"②,且南尊北卑、东尊西卑的意识,则上下关系正是依次为凤凰、玄武、苍龙、白虎。所以,《衣镜赋》的这种"五灵"概念,正是遵循了孔子对于"四灵"的排序及其原则,将"仁兽"之"麟"由"四灵"之首而递进为"五灵"之首,并以麟与仁鸟"凤"为"五灵"代表,以"凶兽"之"白虎"位居"五灵"之末。至于汉人提及麟、凤"二灵"时,又存在的先言"凤"、后言"麟"的情况,则是由先"鸟"、后"兽"的语言习惯导致。

另一方面,"勾陈"又具有"五星"之首的地位。如孔子"譬如北辰,居其所而众星共之"③ 与"璿玑,谓北辰句陈枢星也。以其魁杓之所指二十八宿为吉凶祸福"④ 的言论,以及董仲舒"犹众星之共北辰"⑤ 的说法,都是明确以"北辰"(即"勾陈")为"五星"之首。又如,《史记·天官书》关于"中宫天极星"旁侧的"北斗七星",

---

① 对此,孔颖达疏:"独举'麟凤'而云'五灵',知二兽以外为龟、龙、白虎者,以鸟兽而为瑞,不出五者,经传谶纬莫不尽然。《礼记·礼器》曰:'升中于天而凤皇降,龟龙假。'《诗序》曰'《麟趾》,《关雎》之应','《驺虞》,《鹊巢》之应',驺虞即白虎也。是龟、龙、白虎并为瑞应。只言'麟凤'便言'五灵'者,举'凤'配'麟',足以成句,略其三者,故曰'五灵'。"(周)左丘明传,(晋)杜预注,(唐)孔颖达正义:《春秋左传正义》,北京大学出版社1999年版,第27页。

② 如李贤注《后汉书·班彪列传上》"其宫室也,体象乎天地,经纬乎阴阳",云:"南北为经,东西为纬。"(南朝宋)范晔撰,(唐)李贤等注:《后汉书》,中华书局1965年标点本,第5册,第1342页。

③ 《论语·为政》,(魏)何晏注,(宋)邢昺疏:《论语注疏》,北京大学出版社1999年版,第14页。

④ 《说苑·辨物》,(汉)刘向撰,向宗鲁校证:《说苑校证》,中华书局1987年版,第442页。

⑤ 《春秋繁露·观德》,(清)苏舆撰,钟哲点校:《春秋繁露义证》,中华书局1992年版,第270页。

"运于中央,临制四乡。分阴阳,建四时,均五行,移节度,定诸纪,皆系于斗"①的说法,与"二十八舍主十二州,斗秉兼之,所从来久矣"②的言论,又皆以"北斗"(即"勾陈")为"五星"之首。再如,刘歆《遂初赋》云:"昔遂初之显禄兮,遭阊阖之开通。跻三台而上征兮,入北辰之紫宫。备列宿于钩陈兮,拥太常之枢极。"③可见在这段以天宫星象比喻自身入仕经历的赋文中,也是以"钩陈"(即"勾陈")为"列宿"之首,并以"阊阖"为"天门";以"紫宫"为"钩陈"、"北辰"坐位;以"枢极"为"北极"、"天极"。其中,"勾陈"以"紫宫"为坐位,不同于"天极"的关系,也可以由《史记·天官书》以环卫"天极星"的众星"皆曰紫宫",又存在"紫宫、房心、权衡、咸池、虚危列宿部星,此天之五官坐位也"④的明确说法得知。所以,虽然"勾陈"与"北辰"、"北斗"的称谓细分有别,但作为"五星"之首的身份而言,这些概念却事实可以重合。

与此情况相似的,还如"北辰"与"北极"、"天极"的概念,虽然存在以"北辰"称谓"北极"、"天极"的用语习惯,但彼此之间实有差异。如《尔雅·释天》即曰:"北极谓之北辰。"⑤又如,《史记·天官书》以"北斗"为"五星"之"中央土星"的同时,又以"中宫天极星"与"东宫苍龙"、"南宫朱鸟"、"西宫咸池"、"北宫玄武"⑥并列的现象,即应当是受《尔雅》所言称谓习惯的影响。而这些所涉及的同异关系,也正如汪荣宝《法言义疏》所总结的:

---

① (汉)司马迁撰:《史记》卷二十七,中华书局2013年标点本,第1542页。
② (汉)司马迁撰:《史记》卷二十七,中华书局2013年标点本,第1603页。
③ 章樵注:"北极环卫,内曰'紫宫'。……钩陈,紫宫外营陈星。……拥卫宸极。"(宋)章樵注:《古文苑》卷五,王云五主编《丛书集成初编》,商务印书馆1937年版,第116—117页。
④ (汉)司马迁撰:《史记》卷二十七,中华书局2013年标点本,第1539、1608页。
⑤ 郭璞注:"北极,天之中,以正四时。"邢昺疏:"极,中也;辰,时也。居天之中,人望之在北,因名北极。斗杓所建,以正四时,故云北辰。"(晋)郭璞注,(宋)邢昺疏:《尔雅注疏》,北京大学出版社1999年版,第176、179页。
⑥ (汉)司马迁撰:《史记》卷二十七,中华书局2013年标点本,第1539、1546、1550、1557、1561页。

地轴北端，略当钩陈座第一星，古谓之北辰，以识天极，亦谓之极星。《考工记》："夜考之极星。"孙氏诒让《正义》云："北极正中，即天之中，古谓之天极，又谓之北极枢，后世谓之赤道极。然天中之极无可识别，则就近极之星以纪之，谓之极星。沿袭既久，遂并称星为北极，又谓之北辰。北极者，以天体言也；北辰者，以近极之星言也。极星绕极四游，非不移者。其不移者，乃天极耳。然则北辰者，最近天极之星；天极者，正对地轴之处。盖天家以地体为半球形，自不得不以北极直下为中央。"①

可见因于具有的关联性，"勾陈"也即"北辰"，"北辰"又有称谓"北极"、"天极"的习惯，但作为"五星"之首的，无疑便是位居"紫宫"之位的"勾陈"。所以，在"五星"、"五灵"的对应关系之中，堪与"句陈枢星"相匹配的灵物，也只能是作为"五灵"之首的"麒麟"，而"蜚虡"作为衣镜镜座象物所起到的支撑衣镜的关键作用，也正好比"勾陈"的"枢星"地位。

（四）"蜚虡"为辟邪神兽与"麒麟"为凶猛灵兽的身份吻合

即便从《衣镜赋》"蜚虡"又具有"猛兽"属性与作为辟邪除凶、守卫门户的"神兽"身份来看，麒麟实则也具有的凶猛能力可以与之切合。《淮南子·天文训》云："虎啸而谷风至，龙举而景云属。麒麟斗而日月食。"高诱注："麒麟，大角兽，故与日月同符。"② 以高诱对于麒麟"大角兽"的称谓，结合前提《史记·孝武本纪》又称之为"一角兽"③ 的情况，可知麒麟之"一角"为"大"的特点；用以解释"麒麟斗"的现象，则还意味着这一"大角"，不仅是标志性外貌，也是相斗的武器。并且，由"麒麟斗"与"虎啸"、"龙举"的威猛形象相提并论来看，麒麟相斗的场面也当是凶猛异常，因而才至于又存在可以引发日月食的感应之说。其中，麒

---

① 汪荣宝撰，陈仲夫点校：《法言义疏》，中华书局1987年版，第120页。
② （汉）高诱注：《淮南子》，国学整理社编《诸子集成》（七），中华书局2006年版，第36页。
③ （汉）司马迁撰：《史记》卷十二，中华书局2013年标点本，第586页。

麟实则具有的这种猛兽搏斗能力,由麒麟作为鹿科动物代表的身份,参照《论衡·乱龙篇》所言麇、鹿与熊、虎、豹这些猛兽,同为贵族"示服猛也"① 的射猎对象也可以确定。以"麒麟斗"与"日月食"为符应的说法,参照汉武帝时已经存在日、月、星"三光"并举的情况,还可知"麒麟"也正当与代表"五星"的"勾陈"相联系。如《史记·天官书》记载太史公曰:"天则有日月,地则有阴阳。天有五星,地有五行。……三光者,阴阳之精,气本在地,而圣人统理之"②;《汉书·礼乐志》记载汉武帝时所作《郊祀歌》第二章《帝临》云:"帝临中坛,四方承宇,……后土富媪,昭明三光"③。可见能够"与日月同符"的,即是同样被纳入"阴阳五行"理论的"五星"。所以,"麒麟"也就正当与可以代表"五星"的"勾陈"对应。

与此吻合,"勾陈"所司掌的神职,又正是与"麒麟斗"所展示出的凶猛一面相符。如扬雄"从上甘泉"郊祭"泰畤"而"还奏"的《甘泉赋》,言曰:"于是乃命群僚,历吉日,协灵辰,星陈而天行。诏招摇与太阴兮,伏钩陈使当兵,属堪舆以壁垒兮,梢夔魖而抶獝狂。"④ 其中,"伏钩陈使当兵"的说法,也即《管城硕记》卷二十七引《水经注》所言的:"紫微有勾陈之宿,主鬭讼兵阵"⑤;"堪舆"指天地;"夔魖"、"獝狂"代表鬼怪凶物,因而"钩陈"正是充当着天地"壁垒"的作用,以抵御兵祸、鬼怪这些凶灾为职责。由此延伸,便是还有以之为"宫卫"之象的看法。如李贤注《后汉书·班彪列传上》:"周以钩陈之位",云:"周,环也。《前书音义》曰:'钩陈,紫宫外星也,宫卫之位亦象之。'"⑥ 再与《衣镜赋》"蜚虡"在人间扮演的辟邪除凶、守卫门户的角色相比较,即可

---

① 《论衡·乱龙篇》云:"天子射熊,诸侯射麋,卿大夫射虎豹,士射鹿豕,示服猛也。"黄晖撰:《论衡校释》,中华书局2017年版,第822页。
② (汉)司马迁撰:《史记》卷二十七,中华书局2013年标点本,第1599页。
③ (汉)班固撰,(唐)颜师古注:《汉书》卷二十二,中华书局1962年标点本,第4册,第1054页。
④ 颜师古注:"梢,击也。抶,笞也。"(汉)班固撰,(唐)颜师古注:《汉书》卷八十七上《扬雄传上》,中华书局1962年标点本,第11册,第3522—3523页。
⑤ (清)徐文靖:《管城硕记》卷二十七,《钦定四库全书·子部》,第3b页。
⑥ (南朝宋)范晔撰,(唐)李贤等注:《后汉书》卷四十上,中华书局1965年标点本,第5册,第1341、1345页。

见正是与"勾陈"的神职切合。所以,"蚩虞"的身份也正如上述所说,在天乃是"五星"之首的"勾陈",在地则为"五灵"之首的"麒麟"。

至于也可以视为"猛兽"的麒麟,为何又被定位为"仁兽"?则是因为它虽然生长有武斗装备、却具有不害于生灵的习性,符合孔子"好生而恶杀"的仁道精神。如对于《公羊传·哀公十四年》"麟者,仁兽也"的说法,何休解:"状如麕,一角而戴肉,设武备而不为害,所以为仁也。《诗》云'麟之角,振振公族'是也";徐彦疏:"言仁兽者,正以设武备而不害物"。① 又如,对于《尔雅·释兽》"麐(按:同"麟"),麕(按:同"麇")身,牛尾,一角"的说法,郭璞注:"角头有肉";邢昺疏:"郑笺云:'麟角之末有肉,示有武而不用。'"② 再加之,在儒学仁道思想的影响下,汉人还形成了郿令王忳所述"仁胜凶邪,德除不祥,何鬼之避"③ 的看法。所以,以"仁兽"之麒麟具有"蚩虞"辟邪除凶、守卫门户的神异功用,以及用以匹配天宫环卫"天极"的"勾陈"星象,便都是合乎情理的观念。

此外,《衣镜赋》"蚩虞"被据以"守户房"的功用,还可以与刻画麒麟形象于门户内外的做法相应。而对此,"麒麟阁"、"麒麟殿"在西汉未央宫的存在,即是很好的说明。如《汉书·苏武传》记载:宣帝甘露三年,"上思股肱之美,乃图画其人于麒麟阁,法其形貌,署其官爵姓名"④;《汉书·董贤传》记载:汉哀帝"置酒麒麟殿,贤父子亲属宴饮"⑤。这两例事件显示出麒麟殿阁于"未央宫"具有非凡的政治意义。而且,参照"金马门"的得名方式,可以推知麒麟殿阁的称谓由来,正应

---

① (汉)公羊寿传,(汉)何休解诂,(唐)徐彦疏:《春秋公羊传注疏》,北京大学出版社1999年版,第619、620页。
② (晋)郭璞注,(宋)邢昺疏:《尔雅注疏》,北京大学出版社1999年版,第327、328页。
③ (南朝宋)范晔撰,(唐)李贤等注:《后汉书》卷八十一《独行列传·王忳》,中华书局1965年标点本,第9册,第2681页。
④ (汉)班固撰,(唐)颜师古注:《汉书》卷五十四,中华书局1962年标点本,第8册,第2468页。
⑤ 颜师古注:"在未央宫。"(汉)班固撰,(唐)颜师古注:《汉书》卷九十三《佞幸传》,中华书局1962年标点本,第11册,第3738—3739页。

当取决于图画或雕塑有麒麟形象的缘故。如《史记·滑稽列传》记载：武帝时齐人东方朔曾歌曰"避世金马门"，并说"金马门者，宦者署门也，门傍有铜马，故谓之曰'金马门'"①。可见"金马门"②的称谓正是源于"门傍有铜马"，所言"金马"也即"铜马"，因而"麒麟阁"、"麒麟殿"的称谓也当源自相似的因素。因此，麒麟殿阁的重要政治意义，还正应与"麒麟"具有的"五灵"之首的地位相合，而同样充当门户神兽的《衣镜赋》"蚩虐"，也就由此具有与"麒麟"实质相同的可能性。

同时，"麒麟殿"还和"白虎殿"、"朱鸟殿"共存，并与其它宫殿取法天上星象而形成环卫未央宫的布局。如班固《西都赋》云："其宫室也，体象乎天地，经纬乎阴阳，据坤灵之正位，放〔太〕、紫之圆方。……徇以离殿别寝，承以崇台闲馆，焕若列星，紫宫是环。清凉宣温，神仙长年，金华玉堂，白虎麒麟，区宇若兹，不可殚论。"对此"焕若列星，紫宫是环"的宫室，李贤与李善注皆引《三辅黄图》曰："未央宫有清凉殿、宣室殿、中温室殿、金华殿、大玉堂殿、中白虎殿、麒麟殿，长乐宫有神仙殿。"③可见"白虎麒麟"正是并存于未央宫的宫殿名称，它们与其它的"离殿别寝"、"崇台闲馆"共同形成了列星环绕"紫宫"之象。所谓"紫宫"，前述已经说明是中央土星"勾陈"的坐位，因而此处代指的正当为"勾陈"。又如，张衡《西京赋》云："麒麟朱鸟，龙兴含章，譬众星之环极。"李善注："龙兴、含章，皆殿名也。《汉宫阙名》有麒麟殿、朱鸟殿。"④可见又是以"麒麟殿"、"朱鸟殿"与其它宫殿譬如"众星之环极"的天象。所谓"环

---

① （汉）司马迁撰：《史记》卷一百二十六，中华书局2013年标点本，第3894页。又有李贤注《后汉书·班彪列传上》"金马"，云："金马，署名也。门有铜马，故名金马门，待诏者皆居之。"见（南朝宋）范晔撰，（唐）李贤等注《后汉书》卷四十上，中华书局1965年标点本，第5册，第1345页。

② 据颜师古注扬雄《解嘲》"历金门上玉堂"，所引应劭"金门，金马门也"的说法，则"金马门"也简称"金门"。见（汉）班固撰，（唐）颜师古注《汉书》卷八十七下《扬雄传下》，中华书局1962年标点本，第11册，第3566页。

③ （南朝宋）范晔撰，（唐）李贤等注：《后汉书》卷四十上《班彪列传上》，中华书局1965年标点本，第5册，第1341—1343页；（南朝梁）萧统编，（唐）李善注：《昭明文选》第一卷，崇文书局2018年版，第8—9页。

④ （南朝梁）萧统编，（唐）李善注：《昭明文选》第二卷，崇文书局2018年版，第38页。

第四章 衣镜的神仙信仰与灵兽观念

极"，联系上举孔子、董仲舒"众星共北辰"的说法，可知实则也是指"勾陈"，因而这两例赋文都突出了"勾陈"为众星之首的地位。

再比较两例中具体涉及的宫殿，可见都有提到的便是"麒麟殿"，且参照《三辅黄图·未央宫》"苍龙、白虎、朱雀、玄武，天之四灵，以正四方，王者制宫阙殿阁取法焉"①的明确说法，可知"白虎殿"、"朱鸟殿"还明显与西方金星"白虎"、南方火星"朱雀"的星象对应，因而由四方星象都不为麒麟来看，"麒麟殿"的不可或缺性，彰显的也便是"麒麟"匹配为中央土星"勾陈"的身份。而同样匹配"南方火星"的"朱鸟"与"凤凰"，虽然物种不同，但基于这种"五行"共性，汉人正是产生了二者等同的观念。如班固《西都赋》还描述建章宫曰："设璧门之凤阙，上柧棱而栖金爵。"李贤注："《前书》曰：'建章宫，其东则凤阙，（门）高二十余丈，其南有璧门之属。'《说文》曰：'柧棱，殿堂上最高之处也。'……其上楼金雀焉。《三辅故事》曰'建章宫阙上有铜凤皇'，即金雀也。"②可见建章宫"凤阙"之上所栖息的"金爵"，也即"金雀"、"朱雀"，但又被称为"铜凤皇"，这说明西汉正是已经存在将二者视同的意识。

与此相应，汉人除了《衣镜赋》这种以"麟、凤与龟、龙、白虎"为"五灵"、"五星"的说法外，也存在以苍龙、白虎、朱雀、玄武、麒麟为"天官五兽"的言论。如蔡邕《月令章句》云："天官五兽之于五事也，左有苍龙大辰之貌，右有白虎大梁之文，前有朱雀鹑火之体，后有玄武龟蛇之质，中有大角轩辕麒麟之信。"③至于何以能够视同，则还是由于"朱雀"也如"凤凰"一般，具有鸟类之长的身份。这由《论衡·物势》"东方，木也，其星仓龙也；西方，金也，其星白虎也；南方，火也，其星朱鸟也；北方，水也，其星玄武也。天有四星之精，降生四兽之体，

---

① 何清谷撰：《三辅黄图校释》，中华书局2005年版，第160页。
② （南朝宋）范晔撰，（唐）李贤等注：《后汉书》卷四十上《班彪列传上》，中华书局1965年标点本，第5册，第1341、1345页。
③ 《春秋繁露·服制像》注引。（清）苏舆撰，钟哲点校：《春秋繁露义证》，中华书局1992年版，第152页。

含血之虫，以四兽为长"①的说法，可以明见。所以，汉人以"五灵"匹配"五星"，也是基于它们分别具有类别之长的身份；《衣镜赋》"上凤凰"的说法，也就可以与蔡邕的"前有朱雀"等同视之②。综上所述，由"麒麟"与"蚩虞"、"勾陈"在身份层面的诸多共通之处，能够确定"蚩虞"神兽的原型与"勾陈"土星的星象，实质为"麒麟"无疑。

二 "麒麟"与"蚩虞"形象的相合

"蚩虞"既然以"麒麟"为原型，则关于其"鹿头龙身"的传说，也就是麒麟神化之后的形象。而"麒麟"的种属，从《说文》"凡鹿之属皆从鹿"与"麟，大牡鹿也"的训释③，以及薛综注张衡《东京赋》"解罘放麟"所说的"大鹿曰麟"④，可知便如其字形所示为"鹿"科无疑。所以，在"蚩虞"的传说形象之中，也就应当以"鹿头"为其动物原型的指示，以"龙身"为其作为神兽的创造性形象。所谓"鹿头"，更为准确的表述也即"麟头"，突显的是汉人所言其"一角"、"大角"、"肉角"的特征。而对此原型之说，也正是可以由"蚩虞"、"麒麟"在形象层面的相合得到证实。

（一）"蚩虞"的鹿头形象与"麒麟"又称天鹿的吻合

与"鹿头"形象指示"蚩虞"原型相符，作为政治祥瑞的"麒麟"正是又存在"天鹿"的称谓方式。如将蔡邕《五灵颂·麟》"皇矣大角，降生灵兽。视明礼修，麒麟来乳"⑤的说法，与《宋书·符瑞志下》"天鹿者，纯灵之兽也。五色光耀洞明，王者道备则至"⑥的言论对照来看，便可

---

① 黄晖撰：《论衡校释》，中华书局2017年版，第177—178页。
② 郭永秉教授也以《衣镜赋》"上凤凰"的说法为凤凰与朱雀的混同之例，且据此指出"这一混并不晚于西汉中后期"。郭永秉：《从"衣镜赋"的凤凰谈凤凰的雄雌之分》，http://www.360doc.cn/article/29546918_745561149.html，2018年。
③ （汉）许慎撰，（清）段玉裁注：《说文解字注》，上海古籍出版社1988年版，第470页。
④ 薛综注："解，散也。罘，罔也。"（南朝梁）萧统编，（唐）李善注：《昭明文选》第三卷，崇文书局2018年版，第85页。
⑤ （清）严可均辑，许振生审订：《全后汉文》卷七十四，商务印书馆1999年版，第749页。
⑥ （梁）沈约撰：《宋书》卷二十九，《钦定四库全书·史部》，第49b页。

第四章 衣镜的神仙信仰与灵兽观念

知"王者道备则至"的祥瑞"天鹿",正是"视明礼修"而来的大角"麒麟"。其中,称"天鹿"为"纯灵之兽"的美誉,正可对应麒麟以"仁兽"身份被视为"灵兽"代表与"五灵"之首的文化地位;麒麟"降生"的说法,则又与它被奉为天上"神兽"的身份,以及用以匹配"勾陈"星象的情况对应。而且,"麒麟"又称为"天鹿"的方式,由其他记载也可以明见。如颜师古注《汉书·西域传上》乌弋山离国特产"桃拔",引三国魏人孟康之言,曰:"桃拔一名符拔,似鹿,长尾,一角者或为天鹿,两角[者]或为辟邪。"[①] 可见"符拔"、"天鹿"与"辟邪",正是以"无角"、"一角"与"两角"相区别的鹿科代表性动物,因而"天鹿"与"麒麟"正是同具"一角"的标志性外貌。以此再联系《后汉书·西域传·安息》"章帝章和元年,遣使献师子、符拔。符拔形似麟而无角"[②] 的记载,也就可以确定作为"符拔"参照物的"天鹿",正是"一角"之"麟"。所以,"麒麟"、"天鹿"实同[③],都是意指"一角"之鹿。

这种"天鹿"的称谓方式,与汉人称大宛汗血马为"天马"类同,乃是因其具有的天上神兽的地位与所归类的动物种属而称,体现了古人对于不同于大多数走兽无角或两角的"一角兽"尤为关注的情况。与此称谓相应的,则还有本意为"似麟",却称之为"似鹿"的表述。如对于"解豸"(或写作"獬豸"、"解廌"、"鮭□"),司马贞索隐《史记·司马相如列传》与颜师古注《汉书·司马相如传上》,都援引张揖曰"似鹿而一角。人君刑罚(得)中则生于朝(廷),主触不直者"[④],且裴骃集解所引《汉书音义》也有相同

[①] (汉)班固撰,(唐)颜师古注:《汉书》卷九十六上,中华书局1962年标点本,第12册,第3889页。

[②] (南朝宋)范晔撰,(唐)李贤等注:《后汉书》卷八十八,中华书局1965年标点本,第10册,第2918页。

[③] 朱谋㙔《骈雅》卷七下《释兽》"麟"之属,既包括"一角为天鹿;两角为辟邪;无角为符拔,亦谓之挑拔",又涵盖"鹿头龙身,谓之飞遽"。而对此,清代学者魏茂林《训纂十六》注解:"符,一作'扶'";"挑拔,疑即'桃拔'之讹。"见(明)朱谋㙔撰,(清)魏茂林训纂《骈雅训纂》卷七下,《钦定四库全书·经部·小学类》,第1—2页。只是,其中的"飞遽",还应写作"蜚虡"。

[④] 《史记》《汉书》分别写作"解豸"、"解廌"。(汉)司马迁撰,(唐)司马贞索隐:《史记》卷一百一十七,中华书局2013年标点本,第3679页;(汉)班固撰,(唐)颜师古注:《汉书》卷五十七上,中华书局1962年标点本,第8册,第2565页。

言论①，因而"獬豸"同样具有"一角"的特征。就其种属与地位来说，"獬豸"则是被视为能够辨别是非曲直的"神羊"。如《论衡·是应篇》曰："儒者说云：觟□者，一角之羊也，性知（识）有罪。皋陶治狱，其罪疑者，令羊触之。有罪则触，无罪则不触。斯盖天生一角圣兽，助狱为验，故皋陶敬羊，起坐事之"②；《后汉书·舆服志下》记载：法冠"执法者服之"，"或谓之獬豸冠。獬豸神羊，能别曲直，楚王尝获之，故以为冠"③。所以，东汉学者张揖对于獬豸"似鹿而一角"的形象描述，也是重在强调它头部生长有"一角"的特异之处，因而由具有相同特征的鹿科动物就是"麟"来看，此处"似鹿"的说法实质即"似麟"。

结合称"麒麟"为"天鹿"、称"麟"为"鹿"的这些语言现象，可知以"鹿头"描述"麟头"也便合情合理，因而"鹿头龙身"的"蜚虡"实质就是"麟头龙身"的形象。同时，既为"麟头"，也就意味着"龙身"属于麒麟神化之后的形象。因为汉人眼中的龙首应是"两角"，而这就与"麟头"为"一角"的特征相冲突。如郑玄认为《周礼·秋官》"司民"对应"轩辕角也"，贾公彦进一步解释说："轩辕星有十七星，如龙形，有两角，角有大民、小民。"④可见正是以"龙形"有"两角"。又如，梁刘昭注补《后汉书·舆服志下》提到《吴书》曰："汉室之乱，天子北诣河上，六玺不自随，掌玺者投井中。孙坚北讨董卓"，"得传国玺。其文曰'受命于天，既寿永昌'"，"上有纽文槃五龙"，"龙上一角缺"。⑤可见汉室作为传国之玺的龙纹也恰为"两角"，只不过在汉末之乱中又有一角缺失。所以，"蜚虡"正当以"一角"之"麟头"为头首特征并指示原型，而以"龙身"作为"麒麟"神化之后的附加形象。

（二）鹿头的"蜚虡"与"麟趾龙身"神兽的形象吻合

西汉还存在"麟趾龙身"形象的神兽，可以佐证"蜚虡"以"麟头"

---

① 其曰："獬豸似鹿而一角。人君刑罚得中则生于朝廷，主触不直者。"见（汉）司马迁撰，（南朝宋）裴骃集解《史记》卷一百一十七，中华书局2013年标点本，第3679页。

② 黄晖撰：《论衡校释》，中华书局2017年版，第887页。

③ （南朝宋）范晔撰，（唐）李贤等注：《后汉书》，中华书局1965年标点本，第12册，第3667页。

④ （汉）郑玄注，（唐）贾公彦疏：《周礼注疏》，北京大学出版社1999年版，第943页。

⑤ （南朝宋）范晔撰，（唐）李贤等注：《后汉书》，中华书局1965年标点本，第12册，第3673页。

第四章 衣镜的神仙信仰与灵兽观念

为原型、以"龙身"为创造的形象。《易林·观之比》云:"麟趾龙身,日驭三千,南上苍梧,与福为婚,道里夷易,安全无患。"① 其中,"与福为婚,道里夷易,安全无患"的说法,意味着此处的"麟趾龙身"神兽,正好与《衣镜赋》"毋凶殃"、"守户房"、"辟非常"的"蜚虞"功用相同;"日驭三千,南上苍梧",说明它也具有"天上神兽"的身份。同时,相比"蜚虞"的形象而言,不仅"龙身"的描述相同,"麟趾"实质也是指向本为麒麟的原型。而对此合体形象之中,谁为原型所指、谁为创作性产物的问题,由麒麟与蛟龙的形态区别即可以判定。因为汉时的"五灵"塑像,应当已经形成范式。以龙、虎而言。扬雄《甘泉赋》曰:"蛟龙连蜷于东厓兮,白虎敦圉虖昆仑。"颜师古注:"连蜷,卷曲貌。敦圉,盛怒也。言甘泉宫中皆有此象也。"② 可见龙为卷曲的样貌,虎为蹲踞俯伏的形态,因而相应还多见"蟠龙"、"伏虎"、"卧虎"、"龙盘虎踞"等用语。比如,《淮南子·本经训》云:"寝兕伏虎,蟠龙连组",高诱注:"蟠龙,诘屈相连,文错如织组文也"③;中山靖王刘胜《文木赋》曰:"既剥既刊,见其文章。或如龙盘虎踞,复似鸾集凤翔"④。又如,《荀子·解蔽篇》曰:"冥冥而行者,见寝石以为伏虎也"⑤;《韩诗外传》曰:"昔者楚熊渠子夜行,见寝石以为伏虎"⑥;《西京杂记》云:"李广与兄弟共猎于冥山之北,见卧虎焉。射之,一矢即毙。断其髑髅以为枕,示服猛也。铸铜象其形为溲器,示厌辱之也"⑦。所以,作为猛兽形象的"蛟龙"与"白虎",

---

① (汉)焦延寿撰,徐传武、胡真校点集注:《易林汇校集注》,上海古籍出版社2012年版,第763页。
② (汉)班固撰,(唐)颜师古注:《汉书》卷八十七上《扬雄传上》,中华书局1962年标点本,第11册,第3528页。
③ (汉)高诱注:《淮南子》,国学整理社编《诸子集成》(七),中华书局2006年版,第122页。
④ (汉)刘歆等撰,王根林校点:《西京杂记》卷六"文木赋",上海古籍出版社2012年版,第42页。
⑤ (清)王先谦:《荀子集解》,国学整理社编《诸子集成》(二),中华书局2006年版,第269页。
⑥ (汉)韩婴撰,许维遹校释:《韩诗外传集释》卷六·第二十四章,中华书局1980年版,第230页。
⑦ (汉)刘歆等撰,王根林校点:《西京杂记》卷五"金石感偏",上海古籍出版社2012年版,第41页。

正是固定呈现为盘曲、蹲伏的形态。

就"麒麟"而言，则当如鹿科动物警惕时的跱立姿态，因而又形成有"麟跱"的固定表达。如"司隶从事郭究碑"曰："规步履方，麟跱清朝"①；傅玄《良马赋》曰："奋鬛沛艾，虎据麟跱"②；《抱朴子内篇·释滞》云："周党麟跱于林薮，而无损光武之刑厝也"③；《抱朴子外篇·君道》云："虎眄以警密，麟跱以接疏"④。既为"麟跱"，则意味着以麟之四足为身体特征，呈现为麒麟的跱立之貌，而非蛟龙的卷曲之形，因而"麟趾龙身"的神兽也就当以"麟趾"指示原型，以"龙身"为附加形貌。再联系汉人以"一角兽"、"大角兽"的称谓，显示"麟"以头部"一角"、"大角"为特征的同时，也以足部"麟趾"并列为其典型样貌来看，"麟趾"也就与"麟头"同为麒麟的标志。如汉武帝所获之麟的形象，《汉书·终军传》记载为"一角而五蹄"⑤，《论衡·讲瑞篇》提及为"一角而五趾"⑥，且"五趾"（即"五蹄"）正是特异于普通鹿科动物的"四趾"，因而汉武帝还有制作麟趾金以协瑞的举措。所以，综合观之，《易林》"麟趾龙身"的神兽，实则就是《衣镜赋》"鹿头龙身"的"䖟虞"，二者为异辞而同指的关系；"䖟虞"既然有着麒麟头部"一角"与足部"五蹄"这两大标志性特征，也就可以确定是以"麒麟"为原型，以"鹿头"、"麟趾"的说法指示这种本质，而"龙身"则是"麒麟"神

---

① 《全后汉文》卷一百五《阙名九》，（清）严可均校辑：《全上古三代秦汉三国六朝文》，中华书局1958年版，第1037页。

② （宋）李昉等撰：《太平御览》卷三百五十八《兵部八十九·鞚》，中华书局1960年版，第1647页。

③ 王明校释："'光武'原作'孝文'。……《后汉书·逸民传》云：周党，太原人，不仕王莽世。建武中，再被徵，见光武帝。党伏而不谒，自陈愿守所志。帝乃许，遂隐居渑池，著书而终。本篇所谓孝文，时代不合，当作光武。今据订正。"王明撰：《抱朴子内篇校释》，中华书局1985年版，第152、159页。

④ 杨明照撰：《抱朴子外篇校笺》，中华书局1991年版，第190页。

⑤ （汉）班固撰，（唐）颜师古注：《汉书》卷六十四下，中华书局1962年标点本，第9册，第2814页。

⑥ 其云："武帝之时，西巡狩，得白麟，一角而五趾。"而所谓"麟"，本即为"麟"。黄晖撰：《论衡校释》，中华书局2017年版，第858页。

第四章 衣镜的神仙信仰与灵兽观念

化变异之后的形象。而"龙身"的具体涵义，参照"汉麟瓶"为"周身甲错若麒麟"的外形①，可知应当是指"麟身"附加有象征龙"鳞虫之长"②身份的鳞甲，因而"龙身"描述的对象实际是所附加的"龙鳞"，它与"双翼"的形象都属于突显麒麟"神兽"身份的神化成分。

至于对此"麟头"、"麟趾"、"龙身"的神化形象称为"蜚虡"的原因，则应当与最初用作"钟虡"象物有关。如扬雄《甘泉赋》云："金人仡仡其承钟虡兮，嵌岩岩其龙鳞。"颜师古注："仡仡，勇健状。嵌，开张貌，言其鳞甲开张，若真龙之形也"③；李善注："孔安国《尚书传》曰：仡仡，壮勇之貌也。嵌，开张之貌也。龙鳞，似龙之鳞也。"④可见甘泉宫的"钟虡"象物，正是仿似"龙鳞"开张之貌，以类若"真龙之形"。又如，班固《西都赋》云："列钟虡于中庭，立金人于端闱。"李善注："《尔雅》曰：宫中门谓之闱，小者谓之闺。……《三辅黄图》曰：秦营宫殿，端门四达，以则紫宫。"⑤可见列于汉"西都"长安宫室"中庭"的"钟虡"象物，还正当勾陈的"紫宫"之位，并与四端门之"金人"构成仿效天宫"五星"的布局。再联系《后汉书·董卓列传》记载的董卓"坏五铢钱，更铸小钱，悉取洛阳及长安铜人、钟虡、飞廉、铜马之属，以充铸焉"，以及李贤注的"《前书音义》曰：'虡，鹿头龙身，神兽也。'《说文》：'钟鼓之跗，以猛兽为饰也'"⑥，便可知西汉长安宫室确实存在以"龙身"的"蜚虡"为"钟虡"象物的情况，且甘泉宫身有"龙鳞"的"钟虡"象物也正当为"蜚虡"神兽。所以，从神兽

---

① （宋）王黼著，诸莉君整理校点：《宣和博古图》卷十二《瓶》，上海书店出版社2017年版，第200—201页。
② 《说文》曰："龙，鳞虫之长，能幽能明，能细能巨，能短能长，春分而登天，秋分而潜渊。"（汉）许慎撰，（清）段玉裁注：《说文解字注》，上海古籍出版社1988年版，第582页。
③ （汉）班固撰，（唐）颜师古注：《汉书》卷八十七上《扬雄传上》，中华书局1962年标点本，第11册，第3526—3527页。
④ （南朝梁）萧统编，（唐）李善注：《昭明文选》第七卷，崇文书局2018年版，第224页。
⑤ （南朝梁）萧统编，（唐）李善注：《昭明文选》，崇文书局2018年版，第8—9页。
⑥ （南朝宋）范晔撰，（唐）李贤等注：《后汉书》卷七十二，中华书局1965年标点本，第8册，第2325—2326页。

"蜚虡"作为"钟虡"象物,且简称为"虡"而同名于"钟虡"之"虡"的情况,可知"蜚虡"的称谓正当取决于这种象物的用途。也即,借用"钟虡"表示下足位置、托举功用与猛兽纹饰的"虡"名,再加以能够突显"神兽"身份与"双翼"形象的"蜚"字作为修饰,便产生了"蜚虡"这一针对"麒麟"神化形象的称谓。

三 "麒麟"与"蜚虡"人地的相合

"麒麟"与"蜚虡"除去上述所言身份与形象层面的多重相合之处外,实则还存在地域与人物层面的密切关联性。

(一)"麒麟""蜚虡"都为齐鲁之地的代表性文化

从地域而言,"麒麟""蜚虡"都为齐鲁之地的代表性文化。

一方面,由一些历史事件与典故传说,可见"麒麟"正是山东盛行的崇拜对象。比如,"西狩获麟"的地点,《左传·哀公十四年》、《史记·孔子世家》、《孔子家语·辩物》等文献都一致记载为鲁地"大野"[1]。而"大野"在何处?杜预注:"大野,在高平巨野县东北大泽是也"[2];杨伯峻注:"古大野泽在巨野县北,且跨东西两郊野,又入嘉祥县西北境"[3]。又有《集解》引服虔之语曰:"大野,薮名,鲁田囿之常处,盖今钜野是也",且《正义》所引《括地志》和《国都城记》还提到钜野有土台,俗称"获麟堆"。[4]可见春秋"获麟"于鲁地无疑。而且,由"叔孙氏之车子鉏商获麟,以为不祥,以赐虞人。仲尼观之,曰,'麟

---

[1] 杨伯峻编著:《春秋左传注》,中华书局1990年版,第1682页;(周)左丘明传,(晋)杜预注,(唐)孔颖达正义:《春秋左传正义》,北京大学出版社1999年版,第1676页;(汉)司马迁撰:《史记》卷四十七,第6册,中华书局2013年标点本,第2350页;杨朝明、宋立林主编:《孔子家语通解》,齐鲁书社2013年版,第205页。

[2] (周)左丘明传,(晋)杜预注,(唐)孔颖达正义:《春秋左传正义》,北京大学出版社1999年版,第1676页。

[3] 杨伯峻编著:《春秋左传注》,中华书局1990年版,第1682页。

[4] (南朝宋)裴骃集解,(唐)张守节正义:《史记》卷四十七,中华书局2013年标点本,第2351页。

也',然后取之"①的态度转变,还可知"麟"作为真实动物,虽然在春秋末期已经为多数鲁人所不识,但鲁人对于麟为祥瑞灵物却是深信不疑。又如,"麒麟送子"的典故,《拾遗记·周灵王》传言发生于鲁地"阙里"。其云:"夫子未生时,有麟吐玉书于阙里人家,……徵在贤明,知为神异,乃以绣绂系麟角,信宿而麟去。"②可见在这则故事中,麒麟正是被视作孔子诞生的送子之神,因而麒麟在鲁地也正是有着天上神兽的身份。

再如,神仙乘麟的传说,也发生于山东半岛。《神仙传·麻姑》云:汉桓帝时,神仙王远降临蔡经家,他的随从"皆乘麟,从天而下,悬集于庭",且王远还与刚去过"蓬莱"、"已见东海三为桑田"的麻姑共同进餐。③其中,仙人"乘麟而下"的说法,体现了"麟"具有的"神兽"地位;"蓬莱"又传为麻姑所见"东海"的仙山,因而这种神兽观念也正属于紧邻东海的山东半岛文化。时至今日,山东巨野仍以"麒麟之乡"贯称,山东之地也还存在着不少以麒麟命名的地点,并常见以麒麟镇宅、求子的辟邪与生育习俗,以及用"麒麟"或"麟儿"代指优秀儿郎的语言习惯。所以,综合观之,麒麟崇拜正是山东具有代表性的地方文化。

另一方面,"騶虞"代表的又正应是衣镜主人刘贺常年生活的山东昌邑文化。因为由《衣镜赋》章句已知作为镜座象物的"騶虞",乃是"孔子衣镜"纹饰中最为重要的灵物、神兽,而衣镜"新就"的时间,从以之"侍侧"包涵的辟除凶邪、门户无虞、招致吉祥的意愿与但求安康快乐的心态来看,又更可能是在刘贺废居故昌邑王宫的期间。所以,联系昌邑王国正是以"西狩获麟"的"巨野"为故址的情况,也就可知同样代表地方信仰文化的"麒麟"与"騶虞",正是具有原型与

---

① 见于《左传·哀公十四年》。杨伯峻编著:《春秋左传注》,中华书局1990年版,第1682页;(周)左丘明传,(晋)杜预注,(唐)孔颖达正义:《春秋左传正义》,北京大学出版社1999年版,第1676—1677页。对此,《史记·孔子世家》记为:"叔孙氏车子鉏商获麟,以为不祥。仲尼视之,曰,'麟也。'取之。"见(汉)司马迁撰《史记》卷四十七,中华书局2013年标点本,第2350页。
② (晋)王嘉撰,(梁)萧绮录,齐治平校注:《拾遗记》,中华书局1981年版,第70页。
③ (晋)葛洪撰,谢青云译注:《神仙传》,中华书局2017年版,第266—271页。

创造体关系的可能性。

(二)"麒麟""蜃虞"都与圣人孔子有着密切联系

从"人物"而言,"麒麟"、"蜃虞"都与圣人孔子有着密切联系。

一方面,上述已知孔子对于麒麟有着非同一般的偏爱,以之为"四灵"之首,为神灵鸟兽、王者嘉瑞的代表。而这种偏爱,此处还可以由孔子对于"西狩获麟"之事的反应深刻感知。相关文献记载,主要如下:

《史记·孔子世家》:孔子"及西狩见麟,曰:'吾道穷矣!'"[1]

《公羊传·哀公十四年》:"有以告者曰:'有麕而角者。'孔子曰:'孰为来哉!孰为来哉!'反袂拭面,涕沾袍。……西狩获麟,孔子曰:'吾道穷矣。'"[2]

《孔子家语·辩物》:"叔孙氏之车士曰子鉏商,采薪于大野,获麟焉,折其前左足,载以归。叔孙以为不祥,弃之于郭外,使人告孔子曰:'有麕而角者,何也?'孔子往观之,曰:'麟也。胡为来哉?胡为来哉?'反袂拭面,涕泣沾衿。叔孙闻之,然后取之。子贡问曰:'夫子何泣尔?'孔子曰:'麟之至,为明王也。出非其时而害,吾是以伤焉。'"[3]

《孔丛子·记问》:"叔孙氏之车子曰鉏商,樵于野而获兽焉。众莫之识,以为不祥,弃之五父之衢。冉有告夫子曰:'有麇而肉角,岂天之妖乎?'夫子曰:'今何在?吾将观焉。'遂往,谓其御高柴曰:'若求之言,其必麟乎!'到视之,果信。言偃问曰:'飞者宗凤,走者宗麟,为其难致也。敢问今见,其谁应之?'子曰:'天子布德,将致太平,则麟凤龟龙先为之祥。今宗周将灭,天下

---

[1] (汉)司马迁撰:《史记》卷四十七,中华书局2013年标点本,第2351页。
[2] (汉)公羊寿传,(汉)何休解诂,(唐)徐彦疏:《春秋公羊传注疏》,北京大学出版社1999年版,第621—622、624页。
[3] 杨朝明、宋立林主编:《孔子家语通解》,齐鲁书社2013年版,第205页。

无主，孰为来哉？'遂泣曰：'予之于人，犹麟之于兽也。麟出而死，吾道穷矣。'乃歌曰：'唐虞世兮麟凤游，今非其时来何求？麟兮麟兮我心忧。'"①

可见都是以孔子将"获麟"与自己"道穷"联系起来。所谓之"道"，自然也便是孔子最为推崇的"仁"。结合汉人对于"麟"为"仁兽"的定位，本就继承于孔子思想的情况，则孔子"吾道穷矣"的感叹与忧伤而"涕泣"的汉人记载，也就正当为孔子肺腑之言的反映。

不仅如此，孔子所修鲁国《春秋》还绝笔于此事。也即，其《哀公十四年》仅有"十有四年，春，西狩获麟"一句。对此深意，杜预注："麟者，仁兽，圣王之嘉瑞也。时无明王，出而遇获。仲尼伤周道之不兴，感嘉瑞之无应，故因《鲁春秋》而修中兴之教，绝笔于获麟之一句。所感而作，固所以为终也。"②《春秋》也因此还有"麟史"、"麟经"之称。而且，蔡邕、服虔、何休还都以"西狩获麟"为孔子即将殁世的征兆，分别说："《春秋》既书，尔来告就。庶士子鉏，获诸西狩"③；"仲尼名之曰'麟'，然后鲁人乃取之也。明麟为仲尼至也"④；"麟者，太平之兽，圣人之类也。时得而死，此天亦

---

① 白冶钢译注：《孔丛子译注》，上海三联书店2014年版，第81页。
② （周）左丘明传，（晋）杜预注，（唐）孔颖达正义：《春秋左传正义》，北京大学出版社1999年版，第1673—1674页。对此，杜预《春秋经传集解序》也有大意相同的表述，云："今麟出非其时，虚其应而失其归，此圣人所以为感也。绝笔于获麟之一句者，所感而起，固所以为终也。"孔颖达则进一步解释为："今麟出于衰乱之世，是非其时也。上无明王，是虚其应也。为人所获，是失其归也。夫此圣人而生非其时，道无所行，功无所济，与麟相类，故所以为感也。先有制作之意，复为外物所感，既知道屈当时，欲使功被来世，由是所以作《春秋》。绝笔于获麟之一句者，麟是仲尼所感而书，为感麟而作，既以所感而起，固所以为终也。……直云'绝笔获麟'，则文势已足，而言'之一句'者，以《春秋》编年之书，必应尽年乃止。入年唯此一句，故显言之，以明一句是其所感也。"见（晋）杜预注，（唐）孔颖达正义《春秋左传正义》，北京大学出版社1999年版，第27页。
③ （汉）蔡邕《五灵颂·麟》。（清）严可均辑，许振生审订：《全后汉文》卷七十四，商务印书馆1999年版，第749页。
④ 见于裴骃集解《史记·孔子世家》所引。（南朝宋）裴骃集解：《史记》卷四十七，中华书局2013年标点本，第2351页。

告夫子将殁之证"①。所以，统筹于孔子的"仁道"思想，孔子对于"仁兽"之"麟"尤其偏爱，后人也因此将二者密切联系起来，认为《春秋》是他感"获麟"而作，而"获麟"又是他逝世的预示，他的诞生也以麒麟为送子神兽。

另一方面，从《衣镜赋》章句表达的主题来看，"蜚虡"代表的匹配"五行"的"五灵"文化，也正与孔子思想有着关联。在紧随第二章、第三章的"五灵"（也即"五星"）与第四章主宰阴阳的"二神"（即"西王母"、"东王公"）之后，第五章（为十三、十四、十五句）"□□圣人兮孔子，□□之徒颜回卜商，临观其意兮不亦康"的文句，提示《衣镜赋》除了立足"阴阳五行"理论，通过"二神"、"五灵"表达了趋吉避凶的意愿外，还展示了以衣镜画像人物孔子及其弟子为学习对象的"观儒"主题。而且，由此处称孔子为"圣人"的说法，结合衣镜"孔子传记"还采用了《史记》赞誉孔子为"至圣"的评价，以及孔子画像位于衣镜作为主体结构的铜镜背板最为尊贵的左上方的情况，可知《衣镜赋》中相关于"蜚虡"与"五灵"的吉凶灾异之说，正如孔颖达所言被看成孔子所创立的儒家学派的思想。而对此文化的学派归属，还有孔子正是言及过五星占术②，与汉武帝时期儒学官学地位已经确立，以及西汉中期儒者又盛行以五行灾异而说儒等情况可为佐证。所以，综合来看，被归入孔子儒家学说的"蜚虡"与最为受到孔子偏爱的"麒麟"，也便具有实质如一的可能性。

小结

通过上述所示"麒麟"与"蜚虡"多层面、多角度的共通之处，

---

① 见于裴骃集解《史记·孔子世家》所引。(南朝宋)裴骃集解:《史记》卷四十七，中华书局2013年标点本，第2351页。

② 《说苑·辨物》记载孔子曰:"璇玑，谓北辰句陈枢星也。以其魁杓之所指二十八宿为吉凶祸福。天文列舍，盈缩之占，各以类为验。……察变之动，莫着于五星。天之五星，运气于五行。……五星之所犯，各以金木水火土为占。春秋冬夏，伏见有时。失其常，离其时，则为变异；得其时，居其常，是谓吉祥。"(汉)刘向撰，向宗鲁校证:《说苑校证》，中华书局1987年版，第442—443页。

第四章 衣镜的神仙信仰与灵兽观念

可以确定海昏侯刘贺墓出土"孔子衣镜"上《衣镜赋》第二章中作为镜座象物的"蚩虞"神兽，及其在天所为的"勾陈"星象，实质就是指"麒麟"无疑。这种相合的表现，包括：麒麟与蚩虞、勾陈都具有神异灵兽与帝王祥瑞的身份；麒麟"仁兽"、"至德之兽"的身份与勾陈为"德星"呼应；麒麟"五灵"之首的身份与勾陈为"五星"之首堪为匹配；"蚩虞"辟邪除凶、守卫门户的"猛兽"属性、"神兽"身份与"麒麟斗"的凶猛能力切合；麒麟"天鹿"的称谓与蚩虞以"鹿头"指示原型相符；蚩虞以"龙身"为创造性形象又有《焦氏易林》"麟趾龙身"的神兽为佐证；以及二者都为齐鲁之地的代表性文化，都与"圣人"孔子有着密切联系等。所以，古代学者以蚩虞、勾陈皆为的"鹿头龙身"，乃是麒麟神化之后的形象；《衣镜赋》第二章的"蚩虞"与第三章的"凤凰"、"玄武"、"苍龙"、"白虎"，即共同构成了汉人在地为"五灵"祥瑞、在天为"五星"星象的"五行"组合，并分别匹配"中央土"与"南方火"、"北方水"、"东方木"、"西方金"。

而且，这种"五灵"组合，正是渊源于第五章所言"圣人"孔子的"四灵"思想，因而其排序也遵从了孔子仁道的原则，只是在孔子"四灵"之末再加以"白虎"，以"麒麟"为"五灵"之首，并匹配为"五星"之首的"勾陈"星象。所以，"蚩虞"所代表的"五灵"、"五星"文化，应归属于孔子后学之中以五行灾异之说而传儒的汉世学者，体现了汉儒对于"仁兽"麒麟的格外推崇，与爱好和平、期待仁政、希望大治的政治心态，以及趋吉避凶的美好心愿等。同时，这也呼应西汉中期儒学已经具有的官学地位，与以阴阳五行为宇宙生成的理论、以天地四方"六合"为宇宙方位的观念、以五星灾异占术为预测吉凶的流行方式等。其中，《衣镜赋》"蚩虞"与所对应的"孔子衣镜"象物的存在，又说明《史记》"蚩虞"的写法虽然错误，但在西汉中期实则有着现实依据；以"凤凰"、"玄武"匹配南、北两方的说法，又证实二者在"五行"理论之中可以与"朱雀"、"龟"等同的关系。若论"蚩虞"神化形象的创造年代，以及"五灵"概念与匹配"五星"关系的生成阶段，由

"蜚虡"与其所代表的"五灵"之词恰是都最早见于《史记》①，且其"五灵"又正好与"五星"占卜之术相关联的情况，可知目前可为追溯最早的便是《史记》成书的汉武帝时期。

另外，有关《衣镜赋》"蜚虡"的探讨，还提示了其他一些启发之处。一是，由《史记》与《衣镜赋》存在的这种联系，结合衣镜上的孔子与弟子传记又事实以《史记》为主体性文本依据来看，可知《史记》确实于"孔子衣镜"的文字内容与纹饰对象产生有重要影响，而这也就可以促进有关《史记》流传问题的再思考。二是，以"龟"的存在毫无争议的情况，结合鲁国"西狩获麟"、汉武帝"郊祀获麟"、周兴"凤鸣岐山"②、晋国"龙见绛郊"③、郑国"龙斗洧渊"④、夏王"孔甲食龙"⑤等典故，与汉武帝命名大宛汗血马为"天马"，以及李冰象物御凶的"犀"⑥迄今也真实可见的现象，可知对于"五灵"所代表的神鸟、神兽的真实性不能轻易否定。三是，从"蜚虡"的神化形象以"麒麟"为动物原型来看，对于刘贺墓钟虡象物这种同类的有翼合体神兽的探讨，也需要区分其形象谁为原型、谁为创作的问题。四是，从"蜚虡"存在于《焦氏易林》的情况来看，有关该书作者身份与成书早晚的学术公案，也可以由此为线索展开。五是，以孔子之前的管仲早在葵丘之会上就曾以"今凤皇麒麟不来"劝谏齐桓公封

---

① 前者见于《史记·司马相如列传》，后者见于《史记·龟策列传》。分别见（汉）司马迁撰《史记》卷一百一十七、卷一百二十八，中华书局2013年标点本，第3678、3935页。

② 《国语·周语上》有言："周之兴也，鸑鷟鸣于岐山。"而"鸑鷟"，即"凤之别名也"。徐元诰撰，王树民、沈长云点校：《国语集解》，中华书局2002年版，第29页。

③ 见于《左传·昭公二十九年》、《史记·夏本纪》。杨伯峻编著：《春秋左传注》，中华书局1990年版，第1500—1501页；（汉）司马迁撰：《史记》卷二，中华书局2013年版，第1册，第106页。

④ 《左传·昭公十九年》记载："郑大水，龙斗于时门之外洧渊。"杨伯峻编著：《春秋左传注》，中华书局1990年版，第1405页。

⑤ 《左传·昭公二十九年》记载晋国太史蔡墨说："及有夏孔甲，扰于有帝，帝赐之乘龙，河、汉各二，各有雌雄。孔甲不能食，而未获豢龙氏。有陶唐氏既衰，其后有刘累，学扰龙于豢龙氏，以事孔甲，能饮食之。夏后嘉之，赐氏曰御龙。……龙一雌死，潜醢以食夏后。夏后飨之，既而使求之。惧而迁于鲁县，范氏其后也。"杨伯峻编著：《春秋左传注》，中华书局1990年版，第1501—1502页。

⑥ 《华阳国志·蜀志》记载："秦孝文王以李冰为蜀守。……外作石犀五头以厌水精。穿石犀渠于南江，命曰犀牛里。"（晋）常璩撰，任乃强校注：《华阳国志校补图注》，上海古籍出版社1987年版，第133页。

第四章　衣镜的神仙信仰与灵兽观念

禅泰山之事①，联系夏朝"豢龙氏"、"御龙氏"的存在②与灌礼用"龙勺"、乐礼用"龙簨虡"的礼仪③，以及史前少皞立"凤鸟适至"而"以鸟名官"④的事件，可知孔子以"四灵"为神灵鸟兽、帝王嘉瑞的观念，还应当具有更为深层的民族根源。总而言之，《衣镜赋》及其载体"孔子衣镜"，具有重要的学术价值。

---

① （汉）司马迁撰：《史记》卷二十八《封禅书》，中华书局2013年标点本，第1638页。
② 《左传·昭公二十九年》，杨伯峻著：《春秋左传注》，中华书局1990年版，第1501—1502页。
③ 《礼记·明堂位》，（汉）郑玄注，（唐）孔颖达疏：《礼记正义》，北京大学出版社1999年版，第946、949页。
④ 《左传·昭公十七年》记载郯子曰："我高祖少皞挚之立也，凤鸟适至，故纪于鸟，为鸟师而鸟名"；《帝王世纪》有言："少皞时有凤鸟之瑞，以鸟纪官。于是修其方利器用政度量。户无淫民，天下大治"；《今本竹书纪年》提到：帝挚少昊氏"登帝位，有凤凰之瑞"。分别见杨伯峻著《春秋左传注》，中华书局1990年版，第1387页；徐宗元辑《帝王世纪辑存》，中华书局1964年版，第27页；王国维撰，黄永年校点《古本竹书纪年辑校·今本竹书纪年疏证》，辽宁教育出版社1997年版，第41页。

第五章

衣镜的麒麟神兽与黄龙形象

通过对海昏侯刘贺墓"孔子衣镜"上《衣镜赋》"蛬廖"一词的系列考察，上一章已经指出其为书写错误，本应写作"蛬虙"，与《上林赋》实为"飞鼅"的"蛬遽"有着根本不同，指古代学者传言为"鹿头龙身"形象的神兽，也即《焦氏易林》中"麟趾龙身"的神兽。并且，结合"蛬虙"得名与"钟虙"象物的联系，以及刘贺墓钟虙象物的"龙头虎身"神兽所刻画的双翼形象，还可推知"蛬虙"也应同样身有两翅，属于能够腾飞上天的翼兽；依据《衣镜赋》第二章、第三章的章句大义，还可确定西汉中期的"蛬虙"具有"猛兽"的特性和辟邪除凶、守卫门户的功用，以及与右"白虎"、左"苍龙"、下"玄鹤"（按：指"玄武"）、上"凤凰"共同构成在地为"五灵"、在天为"五星"的"五行"组合之事实。所以，其中匹配"五方"之中央方位的"蛬虙"，正是"五行"属"土"，与"五灵"之土兽"麒麟"、"五星"之土星"勾陈"形成了"五行"对应关系，因而"勾陈"才又同样被说成是"鹿头龙身"的神兽。这也意味着，另有"天鹿"之称的"麒麟"，正是"蛬虙"在人间的动物原型；"鹿头龙身"、"麟趾龙身"的合体"蛬虙"，正是"麒麟"作为天宫神兽的神化形象；为"蛬虙"所称谓的"孔子衣镜"镜座象物，也正是麒麟这种神化形象目前可以确知的最早实物。

同时，借由"蛬虙"与"蛬廖"、"蛬遽"，以及与"勾陈"、"麒麟"的这种关系判断，无疑可知《衣镜赋》"蛬虙"蕴含着重要的学术价值。这包括：说明了《衣镜赋》章句的正确划分方式，以及"孔子衣镜"的纹饰对象与"侍侧"象物御凶的功用；明确了现有写法"蜚廉"与《上林赋》"蜚遽"，写法虽然可通，但真实身份却不同的情况；证实了以往认为晚起的"五灵"概念，及其与"五星"匹配关系的生成，早在西汉中期就已经存在，且以"麒麟"、"勾陈"与"中央土"相匹配的情况来看，二者还正是分别具有"五灵"、"五星"之首的地位；厘清了在"五灵"匹配"五星"的"五行"理论之中，"龟"与"玄武"、"凤凰"与"朱雀"可以被视同的关系；展示了汉人的凶异观念、灵物意识、辟邪手段、趋吉心愿，与汉学的宇宙六合理论、五行灾异学说、五星占卜之术等；启示了有关《史记》流传的上限与程度、《焦氏易林》的作者身份与成书早晚、《汉书》记载刘贺帝位被废的真实性，以及麟、凤、龙所代表神灵鸟兽的虚幻性等学术公案的再思考。所以，总体而言，《衣镜赋》"蜚廉"值得格外的持续关注。

不过，对此"蜚廉"神兽以"麒麟"为原型的实质，前述虽然已从二者在身份、形象、人地层面的多重共通，正面论述了"蜚廉"的传说形象以"鹿头"、"麟趾"为原型指示，以"龙身"为神化创造，具体保留有"麟"以之为身份标志的"一角"与"五趾"特征的同时，又在"麟身"附加有"龙鳞"的形象。但若要更为全面、深入地了解麒麟的这种神化形象及其历史信息，实则还需要从反面阐明其"龙身"的由来问题。所以，本章也便致力于解释"麒麟"的神化形象，为何要融合"龙身"的时代必然性与合理性。

第一节 "蜚廉"兼容"黄龙"形象的必然性解析

就五行必然性而言，是指在"五行"理论之下，这种"龙身"实为"黄龙"的形象创造，乃是以"五灵"之"麒麟"匹配为"五星"之中央土星"勾陈"的星象，与"中央土"又对应为"五色"之"黄色"的色彩，以及"勾陈"、"黄龙"又都是隶属"五帝"之中央"黄帝"的祥瑞，且汉武帝还确立了汉德与"黄帝"同为"五德"之"土德"、同以"黄龙"为符应的一种必然结果。

一 匹配五星之"勾陈"的星象必然

"麒麟"既然被汉人纳入麟、凤、龟、龙、虎的"五灵"组合,并与"勾陈"形成匹配关系,便意味着"麟"作为"勾陈"星象实质性灵兽的同时,也具有与勾陈自身特点相结合的必要性。同时,为之多见的"勾陈"星象之说,即是两汉之后对其为"鹿头龙身"的表述。如郭璞、《前书音义》与《广韵》,皆有关于"勾陈"为这种形象的明言[1];又如,周祈指出"勾陈"为"鹿头龙身"神兽的同时,还提到它为五行之"土神"的身份[2];再如,杨慎、陈元龙还存在"勾陈"即"蜚虒",二者同为这种合体形象的言论[3]。以此比较《衣镜赋》中"辟非常"的"蜚虒",与"除不祥"的"白虎"、"苍龙"、"玄武"、"凤凰"并为灵异祥瑞之物的情况,联系《淮南子·兵略训》"所谓天数者,左青龙,右白虎,前朱雀,后玄武"[4],与《论衡·龙虚篇》"天有仓龙、白虎、朱鸟、玄武之象也,地亦有龙、虎、鸟、龟之物。四星之精,降生四兽"[5],以及《论衡·物势篇》"东方,木也,其星仓龙也;西方,金也,其星白虎也;南方,火也,其星朱鸟也;北方,水也,其星玄武也。天有四星之精,降生四兽之体,含血之虫,以四兽为长"[6]的说法,则还可知这些后人以"勾陈"、"蜚虒"形象与定位相同的观念,实则也正属于汉人意识。

只是,从表达方式来说,汉人又有着不同于"鹿头龙身"的描述而已。

---

[1] 分别详见裴骃集解《史记·司马相如列传》"蜚虒"所引;李贤注《后汉书·董卓列传》"钟虒"所引;陈彭年等重修《宋本广韵》"虗"(即"虒"的本字)。(汉)司马迁撰,(南朝宋)裴骃集解:《史记》卷一百一十七,中华书局2013年标点本,第3680页;(南朝宋)范晔撰,(唐)李贤等注:《后汉书》卷七十二,中华书局1965年标点本,第8册,第2326页;(宋)陈彭年:《宋本广韵》,中国书店1982年版,第238页。

[2] (明)周祈:《名义考》卷二《天部》"五行八卦",《钦定四库全书·子部》,第9b页。

[3] 分别详见(明)杨慎《丹铅余录》卷二十五、卷五十"勾陈",《钦定四库全书·子部》,第8b、6b页;(清)陈元龙《格致镜原》卷四十七"笋虒",《钦定四库全书·子部》,第30b页。

[4] (汉)高诱注:《淮南子》,国学整理社编《诸子集成》(七),中华书局2006年版,第263页。

[5] 黄晖撰:《论衡校释》,中华书局2017年版,第331页。

[6] 黄晖撰:《论衡校释》,中华书局2017年版,第177—178页。

第五章 衣镜的麒麟神兽与黄龙形象

如东汉晚期大儒蔡邕的《月令章句》云："天官五兽之于五事也，左有苍龙大辰之貌，右有白虎大梁之文，前有朱雀鹑火之体，后有玄武龟蛇之质，中有大角轩辕麒麟之信。"[1] 可见蔡邕所谓的"天官五兽"，也即东方"苍龙"、西方"白虎"、南方"朱雀"、北方"玄武"与中央"大角轩辕"。对照上举《衣镜赋》的"五灵"、"五星"之说，与其他有关四方星象的汉人言论，则还明显可见"天官五兽"又正是"五星"之星象，且"凤凰"也正是可以视同为"朱鸟"、"朱雀"。所以，同样作为中央神兽的"大角轩辕"与《衣镜赋》"蛬虞"，便都具有象征中央土星"勾陈"的身份，蔡邕"大角轩辕麒麟"的说法，正当是以"勾陈"及其星象为描述对象。不过，所运用的描述方式，则是不同于"苍龙大辰"、"白虎大梁"、"朱雀鹑火"的同时，又与"玄武龟蛇"相类。

以前三兽的描述而言，实际是以"大辰"、"大梁"、"鹑火"这三种星次之名，分别代指"苍龙"、"白虎"、"朱雀"这三方星象所各自象征的东方木星（即"岁星"）、西方金星（即"太白"）与南方火星（即"荧惑"）。这由"大辰"本为"苍龙"七宿之中"房、心、尾"的三宿总称，与"大梁"本为"白虎"七宿之中"胃、昴、毕"的三宿总称，以及"鹑火"本为"朱雀"七宿之中"柳、七星、张"的三宿总称可知。如《尔雅·释天》即曰："大辰，房、心、尾也"[2]；韦昭注《国语·晋语四》"岁在大梁"，即曰："岁星在大梁之次也。……自胃七度至毕十一度为大梁"[3]；《汉书·地理志下》即曰："自柳三度至张十二度，谓之鹑火之次"[4]。所以，立足北方"玄武"又明确与这三方星象并为"四象"的情况，可以推测在"玄武龟蛇"与"大角轩辕麒麟"的说法之中，正当相应以"玄武"、"麒麟"分别代

---

[1] 《春秋繁露·服制像》注引。（清）苏舆撰，钟哲点校：《春秋繁露义证》，中华书局1992年版，第152页。
[2] （晋）郭璞注，（宋）邢昺疏：《尔雅注疏》，北京大学出版社1999年版，第175页。
[3] 徐元诰撰，王树民、沈长云点校：《国语集解》，中华书局2002年版，第344页。
[4] （汉）班固撰，（唐）颜师古注：《汉书》卷二十八下，中华书局1962年标点本，第6册，第1651页。

指北方水星（即"辰星"）与中央土星（即"勾陈"），而"龟蛇"与"大角轩辕"则分别是"玄武"、"勾陈"的星象。

其中，有关"龟蛇"为"玄武"星象的这种情况，汉时的器物造型也可以提供佐证。比如，《汉书·哀帝纪》记载：元寿元年秋九月，"孝元庙殿门铜龟蛇铺首鸣"①；《宣和博古图》卷二十七《砚滴》收录的"二器"皆为"汉龟蛇砚滴"，"作龟负蛇而有行势，背为圜空，可以纳水"②；汉镜铭文对于所纹饰的四方星象，存在称之为"龙"、"虎"、"朱爵"（按：即"朱雀"）、"龟蛇"的现象③。而镜铭以"龟蛇"称谓"玄武"的方式，正与蔡邕《月令章句》之言相合；砚滴"纳水"的功能，又与"玄武"星象五行为水的属性相合，因而汉代铜镜纹饰、文具砚滴与门饰铺首所见的这些"龟蛇"合体造型，正是意指北方水神"玄武"。这说明与"五灵"、"五星"的匹配关系相适应，天上的"玄武之象"，既如《论衡·龙虚篇》所指出的，以地上之"龟"为星象实质，又融合有"蛇"的特征。而"龟"、"蛇"之间的这种主、次之分，既是"龟蛇"称谓先后顺序的原因，又是"龟蛇"造型以"蛇"附属于"龟"的依据，也体现在汉镜铭文还有称"玄武"为"玄龟"的现象。④ 所以，与对前三兽的描述方式不同，蔡邕"玄武龟蛇"的说法，乃是从主、次星象的角度而言。以此推之，则在"大角轩辕麒麟"的说法之中，"麒麟"所代指的也就确定是"五星"之"勾陈"；类同于"龟蛇"的"大角轩辕"合体形象，也就明确为"勾陈"的主、次星象。

至于"勾陈"以"大角轩辕"为星象的内涵，结合蔡邕《五灵颂·麟》"皇矣大角，降生灵兽。视明礼修，麒麟来乳"⑤ 的说法，与

---

① 颜师古引如淳曰："门铺首作龟蛇之形而鸣呼也"，并自言"门之铺首，所以衔环者也"。（汉）班固撰，（唐）颜师古注：《汉书》卷十一，中华书局1962年标点本，第1册，第344页。
② （宋）王黼著，诸莉君整理校点：《宣和博古图》，上海书店出版社2017年版，第499—500页。
③ 见于《图集》"附表二：序号28镜铭"。其言："左龙右虎辟五兵，朱爵龟蛇顺阴阳。"王纲怀编著：《汉镜铭文图集》，中西书局2016年版，第583页。
④ 如《图集》"附表二：序号104镜铭"。其言："五帝昔时，建师四方，玄龟偄威，白虎驯仁。"王纲怀编著：《汉镜铭文图集》，中西书局2016年版，第587页。
⑤ （清）严可均辑，许振生审订：《全后汉文》卷七十四，商务印书馆1999年版，第749页。

第五章　衣镜的麒麟神兽与黄龙形象

高诱注《淮南子·天文训》所言"麒麟,大角兽"①的称谓,可知头有"大角"正是被视为"灵兽"麒麟的标志性特征,因而"大角"的说法指示"勾陈"星象以"麒麟"为实质的情况,与蔡邕以"麒麟"代指"勾陈"相合,也与后人因于其"天鹿"之称而描述的"鹿头"呼应。联系《史记·天官书》"南宫朱鸟,权、衡。……权,轩辕。轩辕,黄龙体"的说法,与《集解》所引孟康"形如腾龙"的解释②,以及汉成帝重臣李寻以"黄龙"称谓"轩辕星"的方式③,可知"轩辕"的说法又正是指"黄龙",与后人"龙身"的描述呼应。所以,后人关于"勾陈"为"鹿头龙身"的说法,实则正是渊源于汉人的星象观念,蔡邕以"五灵"之"麒麟"代指"五星"之"勾陈",即是汉人存在以"麒麟"为"勾陈"星象之实质的确证;以"大角轩辕"为"天官五兽"之中央勾陈神兽的说法,即是"勾陈"星象还同时兼容有"黄龙"为次要形象的明言。

综上所述,则所谓"鹿头"、"大角",即是指勾陈以"麟头"之"一角"为头首形象,为标志动物原型乃麒麟的主体性重要特征;所谓"龙身"、"轩辕",即是指勾陈又以"黄龙"为身体形象,为属于神化成分的局部性次要特征,而先言"鹿头"、"大角",后言"龙身"、"轩辕"的语言顺序,即类同于"龟蛇"于"玄武"主次之分的表述方式。所以,在"五灵"与"五星"的"五行"关系之中,汉人既然又以"蛮虞"与"勾陈"具有相同的形象与定位,则作为"麒麟"神化形象的"蛮虞"神兽,也就必然参照了"勾陈"星象以为创造,因而"鹿头龙身"、"大角轩辕"、"麟趾龙身"这些不同方式的相关描

---

① (汉)高诱注:《淮南子》,国学整理社编《诸子集成》(七),中华书局2006年版,第36页。
② (汉)司马迁撰,(南朝宋)裴骃集解:《史记》卷二十七,中华书局2013年标点本,第1550、1553页。
③ 《汉书·李寻传》记载李寻云:"太白发越犯库,兵寇之应也。贯黄龙,……随荧惑入天门。"颜注:"张晏曰:'发越,疾貌也。库,天库也。'孟康曰:'奎为天库'";"张晏曰:'黄龙,轩辕也'"。(汉)班固撰,(唐)颜师古注:《汉书》卷七十五,中华书局1962年标点本,第10册,第3186—3187页。

述，实际也都是指"麒麟"的神化形象；"蜚虡"也即是针对"麒麟"这种神化形象而有的称谓；《衣镜赋》以"蜚虡"的称谓，与"白虎"、"苍龙"、"玄武"、"凤凰"并列的现象，本身便暗示了它既为"五灵"之"麒麟"的实质，又为"五星"之"勾陈"星象的双重身份，以及具体兼容有"黄龙"特征的神化形象。

二 对应五色之"黄色"的色彩必然

于"五行"理论之中，以上已知"勾陈"星象以"麒麟"为主体、为实质的同时，又兼容有特指"黄龙"的"龙身"形象，并与"蜚虡"神兽、神化"麒麟"实质相同的情况。但是，透过《史记·天官书》有关"北斗七星"包含"杓携龙角"的星象之说，与《文燿钩》"玉衡属杓，魁为璇玑"的定义，以及孟康"龙角，东方宿也。携，连也"的解释①，又感觉"杓携龙角"的北斗星象，似乎正可以作为勾陈"龙身"的天文依据。尤其是，结合《说苑·辨物》所述孔子"璿玑，谓北辰句陈枢星也。以其魁杓之所指二十八宿为吉凶祸福"②的言论，还可以由"璇玑"代指"北辰句陈枢星"（即"北斗"）的称谓方式，得知"魁"与"杓"在北斗的构成之中恰是分居主、次地位，与"龙身"为勾陈星象次要组成的情况恰好相符。这就佐证了勾陈星象、蜚虡神兽与神化麒麟的"龙身"，正是存在以"杓携龙角"的星象为天文依据的事实。

不过，若仅从星象的角度而言，为"龙身"所象征的对象，也就应当是斗杓所连携的东方"苍龙"之宿。而这相比蔡邕"大角轩辕"以"黄龙"为"龙身"的说法，既有着种类的吻合，又有着色彩的差异。究其原因，则是麒麟"龙身"作为参照"勾陈"星象的产物，还同时受到了"五方"、"五行"与"五色"之间对应关系的支配。具体来说，不仅"五灵"、"五星"分别匹配有五行属性，"五方"、"五色"与"五行"之间也有着固

---

① 分别见于《索隐》《集解》所引。(汉)司马迁撰，(南朝宋)裴骃集解，(唐)司马贞索隐：《史记》卷二十七，中华书局2013年标点本，第1542页。

② (汉)刘向撰，向宗鲁校证：《说苑校证》，中华书局1987年版，第442页。

第五章 衣镜的麒麟神兽与黄龙形象

定关系。比如，就"五色"与"五行"而言，《逸周书·小开武解》云："五行：一黑，位水；二赤，位火；三苍，位木；四白，位金；五黄，位土。"① 又如，就"五方"与"五色"而言，《周礼·考工记·画缋》云："东方谓之青，南方谓之赤，西方谓之白，北方谓之黑，地谓之黄"②；《说文》云："青，东方色也"、"白，西方色也"、"赤，南方色也"、"黑，北方色也"、"黄，地之色也"③；《黄帝内经》曰："东方青色"、"南方赤色"、"中央黄色"、"西方白色"、"北方黑色"④；《左传·昭公十二年》曰："黄，中之色也"⑤。

对照之下，也即东配青、西配白、南配赤、北配黑、中配黄，而"青"又可称为"苍"；苍配木、白配金、赤配火、黑配水、黄配土，而"黄"又被视为"地之色"。若再联系上举《史记·天官书》的"朱鸟"、汉镜铭文的"朱爵"，与《淮南子·兵略训》、《月令章句》的"朱雀"、"玄武"，以及《论衡》"朱鸟"、"玄武"的这些星象称谓，结合《周礼·春官·大宗伯》"以黄琮礼地，以青圭礼东方，以赤璋礼南方，以白琥礼西方，以玄璜礼北方"⑥的礼论，则还可知"赤"也被称为"朱"；"黑"也被称为"玄"。但就"中央"与"土"的色彩而言，则都统一称为"黄"或"黄色"。所以，基于这种明确的"五色"对应关系，用以匹配"五行"之"中央土"的勾陈与麒麟，自然也理应为"黄色"，因而认为"勾陈"星象的"龙身"为"黄龙"的看法，实则正是与"勾陈"匹配"中央土"、对应"黄色"的五行关系相适应。

然而，以汉武帝郊祀所获"一角"之"麟"的色彩来看，作为"灵兽"的麒麟，则又正是存在加以改造的必要。因为有关此次获取之

---

① 黄怀信：《逸周书校补注译》，西北大学出版社1996年版，第143页。
② （汉）郑玄注，（唐）贾公彦疏：《周礼注疏》，北京大学出版社1999年版，第1115页。
③ （汉）许慎撰，（清）段玉裁注：《说文解字注》，上海古籍出版社1988年版，第215、363、491、487、698页。
④ 姚春鹏译注：《黄帝内经》，中华书局2010年版，第31—33页。
⑤ （周）左丘明传，（晋）杜预注，（唐）孔颖达正义：《春秋左传正义》，北京大学出版社1999年版，第1301页。
⑥ （汉）郑玄注，（唐）贾公彦疏：《周礼注疏》，北京大学出版社1999年版，第478页。

麟，史书都明确记载为"白麟"。如《史记·封禅书》记载：汉武帝"天子苑有白鹿，以其皮为币，以发瑞应，造白金焉。其明年，郊雍，获一角兽，若麃然。有司曰：'陛下肃祗郊祀，上帝报享，锡一角兽，盖麟云。'于是以荐五畤，畤加一牛以燎。锡诸侯白金，风符应合于天也。"①又如，《汉书·武帝纪》记载："元狩元年冬十月，行幸雍，祠五畤。获白麟，作《白麟之歌》"②；《宣帝纪》记载：本始二年，宣帝为汉武帝"加尊号"以"世宗"的诏书中，所列举武帝堪立世世祭祀之宗庙的"功德"，即包括"符瑞应，……白麟获"③；《终军传》记载：济南人终军"从上幸雍祠五畤，获白麟，一角而五蹄"④。其中，对于此麟"一角兽"的称谓与"一角而五蹄"的描述，可以呼应蔡邕"大角轩辕"之中的"大角"，与《焦氏易林》"麟趾龙身"之中的"麟趾"。这说明"大角"即"一角"，"麟趾"即"五蹄"，为武帝时所获真实麒麟的本身形象，因而也才会被用以指示"蚩虞"神兽的原型与"勾陈"星象的实质；证实"轩辕"、"龙身"所代指"蚩虞"、"勾陈"的黄龙之身，正是麒麟神化之后才有的兼容形象。

只是，此次获麟之事的存在，不仅点明了麒麟本为真实动物，又具有帝王祥瑞身份与天上神兽地位的情况，还意味着按照汉时以颜色对于祥瑞的分类来说，由"白鹿"、"白金"所引发而得之的这种称为"白麟"的"瑞应"，应当被归入白色祥瑞的范畴，而非"黄祥"⑤。所以，置于"五色"理论之中来看，若以这种"白麟"直接匹配为"勾陈"星象，则势

---

① （汉）司马迁撰：《史记》卷二十八，中华书局2013年标点本，第1667页。
② （汉）班固撰，（唐）颜师古注：《汉书》卷六，中华书局1962年标点本，第1册，第174页。
③ （汉）班固撰，（唐）颜师古注：《汉书》卷八，中华书局1962年标点本，第1册，第243页。
④ （汉）班固撰，（唐）颜师古注：《汉书》卷六十四下，中华书局1962年标点本，第9册，第2814页。
⑤ 汉时对于祥瑞、灾异，还按颜色有着分别的称谓。黄色的祥瑞，即称为"黄祥"；预示灾异的黄色象征，即称为"黄眚"。如《汉书·五行志下之上》记载：刘向以为"土色黄，故有黄眚黄祥"。（汉）班固撰，（唐）颜师古注：《汉书》卷二十七下之上，中华书局1962年标点本，第5册，第1442页。

第五章　衣镜的麒麟神兽与黄龙形象

必会与"勾陈"五行之色为"黄"的对应关系发生冲突，因而与"黄色"存在矛盾的"白麟"，也就产生了加以色彩改造的必要。改造之后的麒麟，也就理应特指"黄麟"。与此呼应，对于作为神兽的麒麟，后世文献恰是存在称之为"黄麟"的现象。如《神仙传·王远》云：神仙王远出行，"唯乘一黄麟"①；《拾遗记·魏》云：汉末魏兴之际，"沛国有黄麟见于戊己之地，皆土德之嘉瑞"②。而以"黄麟"为神仙坐骑的说法，即明示了其具有天上神兽的地位；以"黄麟"为土德嘉瑞的说法，则又符合其被视为天降祥瑞的身份与五行属土的观念。所以，从色彩的角度而言，被纳入五行理论之中的"麒麟"，正是指神化之后的"黄麟"。

至于调和事实为"白麟"与五行为"黄麟"之间矛盾的方式，也便自然是借助同样被奉为政治嘉祥的黄色动物以实现色彩的转化。而以"麒麟"匹配"勾陈"，勾陈又包含"枃携龙角"的星象情况，结合汉儒常有将"黄龙"作为帝王施行王道德政之动物类符应灵物，且与"凤皇"、"麒麟"、"神爵"（即"朱雀"）、"白虎"这类具有"五灵"地位的灵物所并列的现象，可知龙属的"黄龙"恰是会被纳入首选的"黄祥"对象。比如，《淮南子·泰族训》云：圣人"精诚感于内，形气动于天，则景星见，黄龙下，祥凤至"③；《要略》云："五帝三王，怀天气，抱天心，执中含和，德形于内，……四海之内，一心同归。故景星见，祥凤至，黄龙下，凤巢列树，麟止郊野"④。又如，《春秋繁露·王道》曰："道，王道也。王者，人之始也。王正则元气和顺、风

---

① （晋）葛洪撰，谢青云译注：《神仙传》，中华书局2017年版，第87页。
② 注云："沛国，故治在今江苏省沛县东。《献帝传》载太史丞许芝条奏于魏王曰：'《易传》曰：圣人受命而王，黄龙以戊己日见。'七月四日戊寅，黄龙见，此帝王受命之符瑞最著明者也。……又曰：'圣人以德亲比天下，仁恩恰普，厥应麒麟以戊己日至，厥应圣人受命。'……。按此汉、魏易代之际，群臣传会谶纬向曹操劝进之辞，……非明帝时事。"（晋）王嘉撰，（梁）萧绮录，齐治平校注：《拾遗记》卷七，中华书局1981年版，第163、164页。
③ （汉）高诱注：《淮南子》，国学整理社编《诸子集成》（七），中华书局2006年版，第347页。
④ （汉）高诱注：《淮南子》，国学整理社编《诸子集成》（七），中华书局2006年版，第372—373页。

雨时、景星见、黄龙下"①;《天地之行》曰:"无为致太平,若神气自通于渊也;致黄龙凤皇,若神明之致玉女芝英也"②。再如,《汉书·宣帝纪》记载:甘露二年正月,宣帝"诏曰:乃者凤皇甘露降集,黄龙登兴,醴泉滂流,枯槁荣茂,神光并见,咸受祯祥"③;《扬雄传上》记载:扬雄"以为昔在二帝三王,宫馆台榭沼池苑囿林麓薮泽财足以奉郊庙,御宾客,充庖厨而已,不夺百姓膏腴谷土桑柘之地。……故甘露零其庭,醴泉流其唐,凤皇巢其树,黄龙游其沼,麒麟臻其囿,神爵栖其林"④。还如,《援神契》云:"德至鸟兽,则凤皇来,鸾鸟舞,麒麟臻,白虎动,狐九尾,雉白首。"⑤ 透过这些言论,可以明见"黄龙"正是汉儒眼中重要的动物嘉祥,堪与"五灵"相媲美,其分类也正如其名,应归入"黄祥"之属。所以,作为"黄祥"的"黄麟",存在以"白麟"为本体而兼容"黄龙"形象的可能性。

而且,这种推理,实际还有汉武帝的"协瑞"举措可为事实例证。据《汉书·武帝纪》记载:太始二年三月,武帝"诏曰:'有司议曰,往者朕郊见上帝,西登陇首,获白麟以馈宗庙,渥洼水出天马,泰山见黄金,宜改故名。今更黄金为麟趾褭蹄以协瑞焉。'因以班赐诸侯王。"⑥ 这则"今更黄金为麟趾褭蹄"的武帝协瑞政策,刘贺墓发现的麟趾金、马蹄金,即是一种实物证明。而有关诏书所言协瑞之物的内涵,古者应当未能深谙其意。如颜师古注提及应劭曰:"获白麟,有马瑞,故改铸黄金如麟趾褭蹄以协嘉祉也。古有骏马名要褭,赤喙黑身,一日行万五千里也",又自言"既云宜改故名,又曰更黄金为麟趾褭蹄,是则旧金虽以斤两为名,而官有常

---

① (清)苏舆撰,钟哲点校:《春秋繁露义证》,中华书局1992年版,第101页。
② (清)苏舆撰,钟哲点校:《春秋繁露义证》,中华书局1992年版,第461页。
③ (汉)班固撰,(唐)颜师古注:《汉书》卷八,中华书局1962年标点本,第1册,第269页。
④ 颜师古注引应劭曰:"二帝,尧、舜。三王,夏、殷、周";《尔雅》'庙中路谓之唐'。"按:"三王",应具体指为后人所称颂的圣王夏禹、商汤、周文。(汉)班固撰,(唐)颜师古注:《汉书》卷八十七上《扬雄传上》,中华书局1962年标点本,第11册,第3540、3541页。
⑤ 见于孔颖达疏《礼记·礼运》所引。(汉)郑玄注,(唐)孔颖达疏:《礼记正义》,北京大学出版社1999年版,第715页。
⑥ (汉)班固撰,(唐)颜师古注:《汉书》卷六,中华书局1962年标点本,第1册,第206页。

第五章　衣镜的麒麟神兽与黄龙形象

形制，亦由今时吉字金挺之类矣。武帝欲表祥瑞，故普改铸为麟足马蹄之形以易旧法耳"。① 但是，以对于"褭蹄"的理解来说。虽然"要褭"（或写作"騕褭"）确为汉人眼中的古骏马之名，如《淮南子·原道训》、司马相如《上林赋》还分别有"驰要褭"、"冒騕褭"② 的说法；高诱注《原道训》与《吕氏春秋·离俗》"要褭，古之骏马也"，又皆解读其为"马名"、"日行万里"③，此处"褭蹄"的称谓却只是借用其"骏马"的身份，以"褭"为"马"，以"褭蹄"为"马蹄"，所指对象则为诏书提及的"天马"，因而应劭不过列出了"马瑞"、"褭蹄"与"要褭"存在联系的情况，却未能点明之间的渊源与分别关系。以对于"更黄金为麟趾褭蹄"的理解来说。虽然"官有常形制"的"旧金"确以"斤两为名"，而现今仿祥瑞所铸造的"麟趾"、"褭蹄"又确实不同于"黄金"的常态，但此处"宜改故名"所引发的称谓方式的改变，却并非仅是以颜师古所言的"黄金"为对象，而还应当包括"白麟"、"天马"在内。

这种理解上的偏差，若究其原因，则或许是没有紧扣"协瑞"的主题与背景。结合"协瑞"的主题来看，诏书虽然列举了武帝此前出现的"白麟"、"天马"、"黄金"三祥，却以"麟趾金"、"褭蹄金"这两物以"协瑞"的情况，即意味着这两物正是分别蕴含着两种祥瑞在内。也即，"麟趾金"象征着"白麟"与"黄金"的融合；"褭蹄金"象征着"天马"与"黄金"的融合。那么，为何会铸造这种合二为一的祥瑞象征物呢？联系此则诏书发布之前的"太初元年"，汉武帝已经在"夏五月"完成了"正历，以正月为岁首。色上黄，数用五，定官名，协音律"④ 的汉礼改革来看，"今更黄金"以为铸造的做法，则正

---

① （汉）班固撰，（唐）颜师古注：《汉书》卷六，中华书局1962年标点本，第1册，第206页。
② （汉）高诱注：《淮南子》，国学整理社编《诸子集成》（七），中华书局2006年版，第15页；（汉）司马迁撰，（南朝宋）裴骃集解：《史记》卷一百一十七，中华书局2013年标点本，第3678页。
③ （汉）高诱注：《淮南子》，国学整理社编《诸子集成》（七），中华书局2006年版，第15页；（汉）高诱注：《吕氏春秋》，国学整理社编《诸子集成》（六），中华书局2006年版，第236页。
④ 颜师古注引应劭曰："初用夏正，以正月为岁首，故改年为太初也"，且自言："谓以建寅之月为正也。未正历之前谓建亥之月为正，今此言以正月为岁首者，史追正其月名"。（汉）班固撰，（唐）颜师古注：《汉书》卷六《武帝纪》，中华书局1962年标点本，第1册，第199页。

是当与"色上黄,数用五"的礼制相应和,因而也就确应纳入五行理论予以考虑。其中,"故名"为"白麟"的麒麟,在"更黄金为麟趾"的做法之后,也便相应"宜改故名"而为匹配五行之"中央土"的"黄麟","黄金"也即是借以展示"黄麟"为"五色"之"黄色"的金属材质。所以,"五行"之下的"黄麟"概念,在汉武帝时期已经事实存在,"麟趾金"也即是其象征物。

不仅如此,所谓的"黄麟",还正是指"白麟"兼容"黄龙"形象之后的神化麒麟"蜚虡",也即匹配为勾陈的"大角轩辕"星象。因为从《汉书·武帝纪》在这则诏书之前,有关汉武帝元封六年三月"行幸河东,祠后土。诏曰:'朕礼首山,昆田出珍物,化或为黄金'",与"太初元年冬十月,行幸泰山"①的记载,还可知所言泰山见之的"黄金",应当被看成某种"珍物"的变体。以此再结合《淮南子·坠形训》"正土之气也,……黄金千岁生黄龙,黄龙入藏生黄泉"②的说法,则可知这种"珍物"恰又是被认为变幻莫测的"黄龙"。而对于汉人存在以"黄金"为"黄龙"变体、以"黄龙"才是"黄金"实体的这种看法,还有汉武帝时虽未有黄龙至的直接事实,却又存在以"黄龙"与"麒麟"并为武帝祥瑞的说法可为佐证。如《论衡·恢国篇》所总结的西汉"太平之瑞",即包括:"汉文帝黄龙、玉栝。武帝黄龙、麒麟、连木。宣帝凤皇五至,麒麟、神雀、甘露、醴泉、黄龙、神光。平帝白雉、黑雉。"③这其中,除了"武帝黄龙"的说法之外,其余祥瑞的出现都明确有见于史书,因而不能简单的视为讹误。同时,在汉武帝所实获的宝鼎、神光、黄金这些不列于此处的祥瑞中,又已知西汉前期便存在以"黄金"属土、可转化

---

① 颜师古注提及应劭曰:"首山在上郡,于其下立宫庙也","昆田,首山之下田也。武帝祠首山,故神为出珍物,化为黄金";文颖曰:"(首山)在河东蒲阪界",且自言:"寻此下诏文及依《地理志》,文说是"。(汉)班固撰,(唐)颜师古注:《汉书》卷六,中华书局1962年标点本,第1册,第198、199页。

② (汉)高诱注:《淮南子》,国学整理社编《诸子集成》(七),中华书局2006年版,第66页。

③ 黄晖撰:《论衡校释》,中华书局2017年版,第968页。

第五章　衣镜的麒麟神兽与黄龙形象

为"黄龙"的观念。所以，两相结合，则"黄龙"为汉武帝祥瑞的说法，也就确定是指"黄金"；"黄金"作为祥瑞，也就确定是被看作"黄龙"的变体，因而"麟趾金"更为深层的象征意义，也即是"白麟"兼容"黄龙"的"黄麟"合体形象。

同时，以"黄金"材质代表"黄龙"形象的这种方式，还被运用于"褭蹏金"的事实，也不失为"黄龙"、"黄金"存在实、变关系的佐证。于武帝诏书之中，"今更黄金"为"褭蹏"的"协瑞"之举，明显与"渥洼水出天马"一事对应，因而"褭蹏"的实质为"天马"无疑。至于"天马"的具体所指，由因此而作的《天马之歌》"太一况，天马下，霑赤汗，沫流赭。志俶傥，精权奇，籋浮云，晻上驰。体容与，迣万里，今安匹，龙为友"①的内容，结合《史记·大宛列传》关于大宛"多善马，马汗血，其先天马子也"②的说法，与"初，天子发书《易》，云'神马当从西北来'。得乌孙马好，名曰'天马'。及得大宛汗血马，益壮，更名乌孙马曰'西极'，名大宛马曰'天马'云"③的记载，以及《汉书·礼乐志》关于汉武帝"太初四年诛宛王获宛马作"的《天马》之歌所云："天马徕，从西极，涉流沙，九夷服。……天马徕，龙之媒，游阊阖，观玉台"④的说辞，可知"天马"正是指汉武帝为之命名的"大宛汗血马"。而与汗血马"天马"的这一"旧名"相比，则是恰有"龙马"的称谓可为"新名"，如对于以"天马"为星

---

① 此《天马之歌》也即《郊祀歌》第十章，《汉书·礼乐志》记载为汉武帝"元狩三年马生渥洼水中作"。若对照《汉书·武帝纪》元鼎四年秋，"马生渥洼水中。作《宝鼎》、《天马之歌》"的记载来看，则"马生渥洼水中"应发生于元鼎四年，作《天马之歌》或即于元狩三年。（汉）班固撰，（唐）颜师古注：《汉书》卷二十二《礼乐志》，中华书局1962年标点本，第4册，第1060页；（汉）班固撰，（唐）颜师古注：《汉书》卷六，中华书局1962年标点本，第1册，第184页。

② （汉）司马迁撰：《史记》卷一百二十三，中华书局2013年标点本，第3836页。

③ （汉）司马迁撰：《史记》卷一百二十三，中华书局2013年标点本，第3848页。

④ 此《天马之歌》，也即《郊祀歌》第十章。颜师古曰："言九夷皆服，故此马远来也。徕，古往来字也"，又引应劭曰："言天马者乃神龙之类，今天马已来，此龙必至之效也"；"阊阖，天门。玉台，上帝之所居。"（汉）班固撰，（唐）颜师古注：《汉书》卷二十二，中华书局1962年标点本，第4册，第1060—1061页。

象的房宿，《孝经说》即曰："房为龙马"①，因而参照神化麒麟（即"蜚虡"）为"龙麟"合体与"麟趾金"铸造的情况，可知"龙马"正是与"褭蹏金"所对应的新名。所以，"龙马"的称谓，本就意味着是"天马"与"黄龙"的合体形象，因而"褭蹏金"更为深层的内涵，也即是这种合体形象的象征。

综上所述，则汉武帝时麟趾金、马蹄金的铸造，正是贯穿着以"黄金"为"黄龙"变体的观念，它们作为实物证明了汉时以"白麟"、"天马"分别融合"黄龙"的"黄麟"、"龙马"神化形象，已经伴随汉武帝的礼制改革与协瑞举措而产生，与武帝所制定的"上黄"、"用五"的礼制相适应。其中，"黄麟"之"黄"与"龙马"之"龙"，以及"麟趾金"、"褭蹏金"之"金"，即意指为白麟、大宛马这两种本体所兼容的"黄龙"形象。其中，作为麒麟神化形象的"黄麟"，也即《衣镜赋》五行系统中的"蜚虡"，其与"五色"之"黄色"的对应关系，即正是因为"黄龙"形象的融入才得以确立。所以，从"五色"的角度而言，《衣镜赋》列于中央之位、五行属土的"蜚虡"神兽，还可以相应称作"黄麟"，匹配为"勾陈"星象；其它与之并为"五灵"、"五星"星象的四方神灵鸟兽，则又可以分别称作赤凤（或"朱凤"）、玄龟（或"黑龟"）、青龙（或"苍龙"）、白虎。而且，有关麒麟为"鹿头龙身"、"麟趾龙身"、"大角轩辕"的这种形象创造，以汉武帝麟趾金为其发端的情况，还可以与"蜚虡"一词首见于《史记·司马相如列传》的现象相呼应。②

三 隶属五帝之"黄帝"的祥瑞必然

虽然已知五行理论之中的"黄麟"，正是因为兼容有"黄龙"的形象，才终究确立为"黄色"的情况，但实际可供汉人选择的同类"黄

---

① 见于郑玄注《周礼·夏官·校人》所引。（汉）郑玄注，（唐）贾公彦疏：《周礼注疏》，北京大学出版社1999年版，第862页。
② （汉）司马迁撰：《史记》卷一百一十七，中华书局2013年标点本，第3678页。

第五章 衣镜的麒麟神兽与黄龙形象

祥",又不仅仅是"黄龙",还有"飞黄"。这从汉儒也存在以"飞黄"与"凤皇"、"麒麟"、"青龙"并为帝王祥瑞的少见说辞可知。如《淮南子·览冥训》云:"昔者黄帝治天下而力牧太山稽辅之,……虎狼不妄噬,鸷鸟不妄搏,凤皇翔于庭,麒麟游于郊,青龙进驾,飞黄伏皁,诸北、儋耳之国,莫不献其贡职。"高诱注:"飞黄,乘黄也,出西方,状如狐,背上有角,寿千岁。皁,枥也。"① 由"寿千岁"的传言,可以明见"飞黄"也具有神兽的地位。同时,从"飞黄"又称为"乘黄","乘黄"又不过是一种真实存在的黄马来看,"飞黄"也只是一种具有神马身份的黄色骏马。如毛亨传《诗·国风·郑风·大叔于田》"乘乘黄",即曰:"四马皆黄"②;孔颖达疏《礼记·杂记上》"陈乘黄大路于中庭",又言:"乘黄,谓马也。大路谓车也。陈四黄之马于大路之西,于殡宫中庭"③。所以,"飞黄"、"乘黄"的种属为"马"无疑,这与对其"伏皁"、"伏枥"的描述也相合,其毛色则也即两种称谓都有明示的"黄",因而这种黄色骏马也确定应当归属于"黄祥"的范畴。

那么,在"黄龙"与"飞黄"之间,为何会是"黄龙"的形象,成为麒麟最终兼容的对象?这实则不仅由二者龙、马的种属与勾陈"杓携龙角"的星象关联差异所决定,也受到了"黄龙"、"勾陈"都与五帝之"黄帝"存在隶属关系的既有观念的影响。比如,在《淮南子·天文训》"何谓五星"的系统性言辞中,"黄龙"、"镇星"(即"勾陈")便已经被认为同属神司"中央土"的"黄帝"所统辖。具体如下:

> 何谓五星?东方木也,其帝太皞,其佐句芒,执规而治春,其神为岁星,其兽苍龙,其音角,其日甲乙;南方火也,其帝炎帝,其佐朱明,执衡而治夏,其神为荧惑,其兽朱鸟,其音徵,其日丙

---

① (汉)高诱注:《淮南子》,国学整理社编《诸子集成》(七),中华书局2006年版,第94—95页。
② (汉)毛亨传,(汉)郑玄笺,(唐)孔颖达疏:《毛诗正义》,北京大学出版社1999年版,第285页。
③ (汉)郑玄注,(唐)孔颖达疏:《礼记正义》,北京大学出版社1999年版,第1190页。

丁；中央土也，其帝黄帝，其佐后土，执绳而制四方，其神为镇星，其兽黄龙，其音宫，其日戊己；西方金也，其帝少昊，其佐蓐收，执矩而治秋，其神为太白，其兽白虎，其音商，其日庚辛；北方水也，其帝颛顼，其佐玄冥，执权而治冬，其神为辰星，其兽玄武，其音羽，其日壬癸。①

可见由"五方"、"五行"开始，后接"其帝"，再续"其佐"、其"执"、"其神"、"其兽"、"其音"、"其日"的这套较为全面的系统，明显以"五行"理论为根基，以太皞、炎帝、黄帝、少昊、颛顼这"五帝"为神司"五行"的"五方"天帝，而隶属"五帝"的则还有作为辅佐之臣的"五佐"，与看成五帝天宫坐位的"五星"，以及象征五帝神仙身份的"五兽"，及其对应各自五行属性的"四季"、"五音"与"十天干"。所以，这实际乃是对西汉前期"五行"理论之中所存在的"五方帝"系统的叙述。

并且，在这种"五方"、"五行"理论之中，由"中央土也，其帝黄帝，其佐后土，执绳而制四方"的说法来看，"黄帝"还正是被奉为"五帝"之首，而与之相为匹配的"土"、"中央"、"后土"、"镇星"、"黄龙"，在"五行"、"五方"、"五佐"、"五星"、"五兽"的概念之中，也即分别居于首位。这便意味着"黄龙"在西汉前期的五行理论之中正是具有重要地位，而未能列入这一体系的"飞黄"自然也就位居"黄龙"之下，汉人言及祥瑞时提到二者的多少差异的情况，也即与这种地位的区别相呼应，因而从"麒麟"所具有的"五灵"之首的地位来看，也正是以"黄龙"与之融合更为恰当。尤其是，将"黄龙"与"中央土"相联系的这种说法，还事实深刻影响了其后的汉人观念。如《春秋繁露·求雨》所云的季夏求雨礼仪，即

---

① （汉）高诱注：《淮南子》，国学整理社编《诸子集成》（七），中华书局2006年版，第37页。

第五章 衣镜的麒麟神兽与黄龙形象

包括:"衣黄衣。……以戊己日为大黄龙一,长五丈,居中央。"① 又如,服虔曰:"大皞以龙名官,春官为青龙氏,夏官为赤龙氏,秋官为白龙氏,冬官为黑龙氏,中官为黄龙氏。"② 可见都是以"黄龙"与"五色"之黄色、"五方"之"中央",以及"十干"之"戊己"相对应。再如,清人徐文靖援以质疑勾陈星象以麒麟为实质的《荆州占》"勾陈,黄龙之位也"的说法③,本是汉末武陵太守刘叡"集天文众占"而成的星象之说④,而对照《淮南子·天文训》"中央土也,……其神为镇星,其兽黄龙"的言论,即可见正应追溯至此。所以,《淮南子·天文训》的这种学说既然存在并发挥着影响,即说明有关"黄龙"与"中央土"、"勾陈"相对应的这种看法不容忽视,因而从避免与既往观念产生冲突与纠葛的角度来说,作为匹配勾陈的"麒麟",也当以"黄龙"为兼容的最佳对象。

只是,"黄龙"与"勾陈"的这种对应关系,实则源出与"黄帝"都具有的直接隶属关系。比如,前举《史记·天官书》"南宫朱鸟,权、衡。……权,轩辕。轩辕,黄龙体"⑤ 的说法,即是以"黄龙"为"黄帝"神兽的暗示。因为由《史记·五帝本纪》"黄帝者,……名曰轩辕"⑥ 的开篇之言,与王逸注解《楚辞·远游》"轩辕,黄帝号也。始作车服,天下号之,为轩辕氏也"⑦ 的说法,以及张衡《思玄赋》对于"黄帝"又有的"帝轩"⑧ 之称谓,可知"轩辕"正是"黄帝"的名号,因而权星又称为轩辕星,正应取决于其

---

① (清)苏舆撰,钟哲点校:《春秋繁露义证》,中华书局1992年版,第433页。
② 见于孔颖达疏《左传·昭公十七年》"大皞氏以龙纪,故为龙师而龙名"。(周)左丘明传,(晋)杜预注,(唐)孔颖达正义:《春秋左传正义》,北京大学出版社1999年版,第1361页。
③ (清)徐文靖:《管城硕记》卷二十八,《钦定四库全书·子部》,第25a—25b页。
④ 《晋书·天文志中》记载:"及汉末刘表为荆州牧,命武陵太守刘叡集天文众占,名《荆州占》。"(唐)房玄龄等撰:《晋书》卷十二,中华书局1974年版,第2册,第322页。
⑤ (汉)司马迁撰:《史记》卷二十七,中华书局2013年标点本,第1550页。
⑥ (汉)司马迁撰:《史记》卷一,中华书局2013年标点本,第2页。
⑦ (宋)洪兴祖撰,白化文等点校:《楚辞补注》,中华书局1983年版,第166页。
⑧ 李贤注:"帝轩,黄帝也。"(南朝宋)范晔撰,(唐)李贤等注:《后汉书》卷五十九《张衡列传》,中华书局1965年标点本,第7册,第1923页。

作为星象的"黄龙"被看成"黄帝"神兽的观念。又如，《帝王世纪》、《今本竹书纪年》有关黄帝乃其母"附宝"有感"北斗枢星"而生的传言①，即与"勾陈"隶属"黄帝"的说法相符合。两相结合，则可见正是由于"勾陈"、"黄龙"与"黄帝"的这种共有隶属关系，才引发生出了二者的间接对应关系，作为"南宫朱鸟"星象组成部分的"黄龙"，在《史记》撰写的汉武帝时期的五行体系中，也就并不具有独立匹配为"五星"星象的可能性。所以，《淮南子·天文训》虽然以"何谓五星"发问，但相关说法却是以"其帝"为核心，以司掌"中央土"的"黄帝"为首要，因而"黄龙"、"勾陈"既然被视为"黄帝"神兽与天宫坐位，则"勾陈"以麒麟为星象实质的同时，也理应兼顾标志"黄帝"中央天帝身份的"黄龙"形象。

更何况，由汉皇对于"五帝"的祭祀之事，还可以窥见这种"五帝"理论，在西汉王朝正是具有着崇高的政治影响。一方面，以"五帝"祭祀系统的建立来说。在经历秦襄公"自以为主少皞之神，作西畤，祠白帝"、秦文公"作鄜畤，用三牲郊祭白帝"，与秦宣公"作密畤于渭南，祭青帝"，以及秦灵公"作吴阳上畤，祭黄帝；作下畤，祭炎帝"之后，直到汉高帝二年刘邦才因知闻"天有五帝"，而秦时所祠祭的"上帝"仅"白、青、黄、赤"四帝的情况，才"乃立黑帝祠，命曰北畤"②而终至完善。另一方面，以西汉皇帝亲

---

① 《帝王世纪》云："黄帝母曰附宝，见大电光绕北斗枢星，附宝感而怀孕"；《今本竹书纪年》记载：黄帝"母曰附宝，见大电绕北斗枢星，光照郊野，感而孕，二十五月而生帝于寿丘"。见徐宗元辑《帝王世纪辑存》，中华书局1964年版，第10页；王国维撰，黄永年校点《古本竹书纪年辑校·今本竹书纪年疏证》，辽宁教育出版社1997年版，第39页。

② （汉）司马迁撰：《史记》卷二十七《封禅书》，中华书局2013年标点本，第1634、1637、1641、1657页。对于"五帝"祭祀系统的建立，《法言》也有总结说："昔者襄公始僭，西畤以祭白帝，文、宣、灵宗，兴鄜、密、上、下，用事四帝。"而详细情况，便即汪荣宝疏提到《封禅书》所说的："秦襄公既侯，居西垂，自以为主少皞之神，作西畤，祠白帝"；"文公梦黄蛇自天下属地，其口止于鄜衍。文公问史敦，敦曰：'此上帝之征，君其祀之。'于是作鄜畤，用三牲，郊祭白帝焉"；"宣公作密畤于渭南，祭青帝"；"秦灵公作吴阳上畤，祭黄帝；作下畤，祭炎帝"；以及"汉高祖曰：'天有五帝，而有四帝，何也？'乃立黑帝祠"。见汪荣宝撰，陈仲夫点校《法言义疏》，中华书局1987年版，第346、348—349页。

往祭祀的记录来说。自汉文帝十五年夏四月"幸雍,始郊见五帝"与十六年夏四月"郊祀五帝于渭阳"发端,其后则还有汉景帝在中元六年;汉武帝在元光二年、元狩二年、元鼎四年、元鼎五年、元封二年、元封四年、太始四年;汉宣帝在五凤二年;汉元帝在初元五年、永光四年、建昭元年;汉成帝在永始二年、元延元年、元延三年、绥和元年"行幸雍,郊五畤"的经历。[①] 这种祭祀系统的建立与总计17次的皇帝国家层面的行为,足以显现"五帝"学说对于西汉存在的巨大影响。其中,汉武帝个人7次的祭祀行为,又无疑证实刘贺生前的武、昭、宣阶段,这种"五帝"学说已经风靡于世。因此,有鉴于"五帝"学说的深刻社会作用,刘贺墓所见具有"勾陈"、"麒麟"双重身份的《衣镜赋》"蛩虡",便确定是以"麒麟"为"勾陈"星象神兽的实质同时,还兼容有被视作"黄帝"神兽的"黄龙"形象,以调和"勾陈"其帝为"黄帝",而"黄帝"又以"黄龙"为神兽的固有观念。

四 确立五德之"土德"的汉德必然

由以上的分析,虽然已知"麒麟"兼容"黄龙"的形象,与麒麟所匹配的"勾陈"为"黄帝"所司掌,而"黄帝"又以"黄龙"为标志性神兽的情况有关,但"黄帝"与"黄龙"的这种密切联系,因何而产生?则取决于"五德"理论之下的"黄帝",正是以"土德"为天命、以"黄龙"为秉受天命的符瑞。如《史记·封禅书》云:"秦始皇既并天下而帝,或曰:'黄帝得土德,黄龙地螾见。'"[②]《龙鱼河图》

[①] 分别见于《汉书》的《文帝纪》《景帝纪》《武帝纪》《宣帝纪》《元帝纪》《成帝纪》。(汉)班固撰,(唐)颜师古注:《汉书》,中华书局1962年标点本,第127页;第148页;第162、175、183、185、193、195、207页;第265页;第285、291、293页;第322、326、327、329页。

[②] 《集解》引应劭曰:"螾,丘蚓也。黄帝土德,故地见其神。螾大五六围,长十余丈";引韦昭曰:"黄者地也,螾亦地物,故以为瑞。"(汉)司马迁撰,(南朝宋)裴骃集解:《史记》卷二十八,中华书局2013年标点本,第1643页。

云:"黄龙附图,鳞甲成字,从河中出,付黄帝。令侍臣自写,以示天下。"① 可见早在秦帝国建立之初,便已经存在以"黄帝"秉受"土德"之运的传言,而汉人以之为显示黄帝得"土德"的天命,也即"黄龙附图"出于黄河的嘉祥。所以,汉人以"黄龙"为重要祥瑞的观念,以及常见将"黄帝"、"黄龙"视为一体的情况,正是渊源于"黄龙"为"黄帝"之"土德"标志的看法,因而"五星"作为帝王治理天下的重要参照对象,既然又被认为是"五行之精"、为"五帝司命"②,则受黄帝"司命"的中央土精"勾陈",也自然应将标榜黄帝"土德"的"黄龙"纳入次要星象的范畴。

同时,"黄龙"、"土德"与"黄帝"的这种联系,又为什么受到了汉人的格外关注?则是因为汉武帝还正式确立了汉王朝以"土德"为朝运、以"黄龙"祥瑞为显示天命的礼制。这种改朔易服的汉礼的最终确立,即发生于上举《汉书·武帝纪》所言的"太初元年"之"夏五月",以"色上黄,数用五"③为重要内容。而对此,《史记·孝武本纪》也早有关于太初元年"汉改历,以正月为岁首,而色上黄,官名更印章以五字"④的记载。究此确立的原委,由《史记》、《汉书》多篇所述的相关过程,便可知正是与"五德终始"的理论直接相关。如《史记·孝文本纪》记载:"北平侯张苍为丞相"之时,"鲁人公孙臣上书陈终始传五德事,言方今土德时,土德应黄龙见,当改正朔服色制度。天子下其事与丞相议。丞相推以为今水

---

① [日]安居香山、[日]中村璋八辑:《纬书集成》,河北人民出版社1994年版,第1150页。
② 如西汉善于推演阴阳灾异的官员李寻,即明言:"臣闻五星者,五行之精,五帝司命,应王者号令为之节度。"(汉)班固撰,(唐)颜师古注:《汉书》卷七十五《李寻传》,中华书局1962年标点本,第10册,第3186页。
③ (汉)班固撰,(唐)颜师古注:《汉书》卷六,中华书局1962年标点本,第1册,第199页。
④ (汉)司马迁撰,(南朝宋)裴骃集解:《史记》卷十,中华书局2013年标点本,第611页。对此,《史记·封禅书》也有基本相同的说法,云:"夏,汉改历,以正月为岁首,而色上黄,官名更印章以五字,为太初元年。"见(汉)司马迁撰《史记》卷二十八,中华书局2013年标点本,第1683页。

德，始明正十月上黑事，以为其言非是，请罢之。十五年，黄龙见成纪，天子乃复召鲁公孙臣，以为博士，申明土德事"，并接受礼官郊祭的建言，"始幸雍，郊见五帝，以孟夏四月答礼焉"，以及因于"赵人新垣平"望气之说而"设立渭阳五庙"，且"十六年，上亲见渭阳五帝庙，亦以夏答礼而尚赤"。① 可见"鲁人公孙臣"在汉文帝之时，便曾经上书汉为"土德"、当"应黄龙见"之事。

只是，由于当时的丞相张苍主张汉为"水德"而"罢之"，且即便后来有"黄龙见成纪"之事应验了公孙臣之言，而使得"土德"之说开始引起汉文帝的重视，但以文帝郊祭"五帝"仍然"以夏答礼而尚赤"的色彩之仪来看，文帝阶段终究是未能确定汉为"土德"的朝运与"黄龙"于众祥之中的首要地位。又如，有关汉王朝的这一"立德"之事，《史记》的《历书》②、《封禅书》③、《张丞相列传》④，以及《汉

---

① 《索隐》曰："五行之德，帝王相承传易，终而复始，故云'终始传五德之事。'传音转也。"（汉）司马迁撰，（唐）司马贞索隐：《史记》卷十，中华书局2013年标点本，第543—544页。

② 《历书》记载："王者易姓受命，必慎始初，改正朔，易服色，推本天元，顺承厥意"，"盖黄帝考定星历，建立五行"；至"夏正以正月，殷正以十二月，周正以十一月。盖三王之正若循环，穷则反本"，"其后战国并争，……是时独有邹衍，明于五德之传，而散消息之分，以显诸侯"；再至"秦灭六国"，则"颇推五胜，而自以为获水德之瑞，更名河曰'德水'，而正以十月，色上黑"；以及西汉，自高祖到高后，皆"袭秦正朔服色"，孝文帝时虽有公孙臣以"终始五德"建言"更元，改正朔，易服色"之事，但由于未能获得丞相张苍的认可而作罢，直至"黄龙见成纪"应验了公孙臣"汉得土德"的判断，此说才开始引起汉文帝的重视，但因"颇言正历服色事"的新垣平"后作乱"，"故孝文帝废不复问"，直至汉武帝元封七年诏令太史作《太初历》而完成改历正朔之事，因而也由此改元为"太初"。（汉）司马迁撰：《史记》卷二十六，中华书局2013年标点本，第1500—1505页。

③ 《封禅书》记载："自齐威、宣之时，驺子之徒论著终始五德之运，及秦帝而齐人奏之，故始皇采用之"；至孝文帝时，"鲁人公孙臣上书曰：'始秦得水德，今汉受之，推终始传，则汉当土德，土德之应黄龙见。宜改正朔，易服色，色尚黄。'是时丞相张苍好律历，以为汉乃水德之始，故河决金隄，其符也。年始冬十月，色外黑内赤，与德相应。如公孙臣言，非也。罢之。后三岁，黄龙见成纪。文帝乃召公孙臣，拜为博士，与诸生草改历服色事"。（汉）司马迁撰：《史记》卷二十八，中华书局2013年标点本，第1646、1661页。

④ 《张丞相列传》记载："太史公曰：张苍文学律历，为汉名相，而绌贾生、公孙臣等言正朔服色事而不遵，明用秦之《颛顼历》。"（汉）司马迁撰：《史记》卷九十六，中华书局2013年标点本，第3254页。

书》的《文帝纪》①、《郊祀志上》②、《任敖传》③,也有大略相同的记载。而其中,所规定的"用五"的数理与"上黄"的色制,即明确是迎合"土德"而设立。如由《论衡·验符篇》所云:"贾谊创议于文帝之朝云:'汉色当尚黄,数以五为名。'贾谊,智襄之臣,云色黄数五,土德审矣"④,以及《集解》所引张晏"汉据土德,土数五,故用五为印文也。若丞相曰'丞相之印章',诸卿及守相印文不足五字者,以'之'足也"⑤的言论,可知于"五行"来说,"五"正是"土数"、"黄"正是"土色",因而色尚"黄"、数用"五"的汉礼,正是与"五行"之"五德"的"土德"相适应。所以,《汉书·郊祀志》"赞曰"还总结说:"孝武之世,文章为盛,太初改制,……服色数度,遂顺黄德。彼以五德之传从所不胜,秦在水德,故谓汉据土而克之。"⑥

而且,自此"土德"的朝运确立与王朝礼制改革的完成之后,汉人以汉王朝为"土德"、以"黄龙"为符应的看法应当便是主流。这可以由汉武帝之后的两汉阶段,正是多有"黄龙见"的祥瑞记载得到验证。以

---

① 《文帝纪》记载:"十五年春,黄龙见于成纪。上乃下诏议郊祀。公孙臣明服色,新垣平设五庙。语在《郊祀志》。"颜师古注:"成纪,陇西县";"五庙,即下渭阳五帝之庙也"。(汉)班固撰,(唐)颜师古注:《汉书》卷四,中华书局1962年标点本,第1册,第127页。
② 《郊祀志上》记载:文帝十四年,"鲁人公孙臣上书曰:'始秦得水德,及汉受之,推终始传,则汉当土德,土德之应黄龙见。宜改正朔,服色上黄。'时丞相张苍好律历,以为汉乃水德之时,河决金隄,其符也。年始冬十月,色外黑内赤,与德相应。公孙臣言非是,罢之。明年,黄龙见成纪。文帝召公孙臣,拜为博士,与诸生申明土德,草改历服色事。"(汉)班固撰,(唐)颜师古注:《汉书》卷二十五上,中华书局1962年标点本,第4册,第1212—1213页。
③ 《任敖传》记载:"苍为丞相十余年,鲁人公孙臣上书,陈终始五德传,言汉土德时,其符黄龙见,当改正朔,易服色。事下苍,苍以为非是,罢之。其后黄龙见成纪,于是文帝召公孙臣以为博士,草立土德时历制度,更元年。苍由此自绌,谢病称老。"(汉)班固撰,(唐)颜师古注:《汉书》卷四十二,中华书局1962年标点本,第7册,第2099页。
④ 黄晖先生说:"'数以五为名',文不成义,疑当作'数以五,为官名。'今本脱'官'字";"'数以五',即《郊祀志》所云'官更印章以五字'也";"'为官名',盖即《艺文志》贾谊所条定《五曹官制》也"。黄晖撰:《论衡校释》,中华书局2017年版,第984页。
⑤ (汉)司马迁撰,(南朝宋)裴骃集解:《史记》卷十《孝武本纪》,中华书局2013年标点本,第612页。
⑥ (汉)班固撰,(唐)颜师古注:《汉书》卷二十五下,中华书局1962年标点本,第4册,第1270页。

第五章 衣镜的麒麟神兽与黄龙形象

《汉书》所记的西汉来说，即包括：汉宣帝时"黄龙见新丰"①；汉成帝时"黄龙见真定"②；汉平帝时"黄龙游江中"③。以《后汉书》所记的东汉来说，则包括：光武帝时"黄龙见东阿"④；汉章帝时"黄龙见于泉陵"⑤；汉安帝时"九真"、"济南"、"琅邪"、"东郡"先后言"黄龙见"⑥；汉桓帝时"沛国"、"济阴"、"金城"、"南宫嘉德署"、"巴郡"先后有"黄龙见"⑦；汉灵帝时"沛国言黄龙见"⑧；汉献帝时"黄龙复见谯"⑨。其中，以刘贺最后历经的汉宣帝来说，他还曾针对"黄龙见新丰"之事，而有"改元为黄龙"⑩的国策。考虑到礼制的延续性问题，则这种国策又无疑应当上溯为汉武帝所确立"土德"观念的影响。所以，

---

① 《汉书·宣帝纪》记载：甘露元年，"夏四月，黄龙见新丰。"（汉）班固撰，（唐）颜师古注：《汉书》卷八，中华书局1962年标点本，第1册，第269页。

② 《成帝纪》记载：鸿嘉元年，"冬，黄龙见真定。"颜师古注："本赵国东垣县也，高祖十一年更名真定。"（汉）班固撰，（唐）颜师古注：《汉书》卷十，中华书局1962年标点本，第1册，第316页。

③ 《孙宝传》记载："平帝立，宝为大司农。会越嶲郡上黄龙游江中。"（汉）班固撰，（唐）颜师古注：《汉书》卷七十七，中华书局1962年标点本，第10册，第3262—3263页。

④ 《光武帝纪下》记载：建武十二年，"六月，黄龙见东阿"。（南朝宋）范晔撰：《后汉书》卷一下，中华书局1965年标点本，第1册，第59页。

⑤ 《肃宗孝章帝纪》记载：建初五年，"零陵献芝草。有八黄龙见于泉陵。李贤注："伏侯《古今注》曰：'见零陵泉陵湘水中，相与戏。其二大如马，有角；六枚大如驹，无角。'"（南朝宋）范晔撰，（唐）李贤等注：《后汉书》卷三，中华书局1965年标点本，第1册，第141页。

⑥ 《孝安帝纪》记载：延光元年八月，"辛卯，九真言黄龙见无功"；延光三年，九月"辛亥，济南上言黄龙见历城"，"十二月乙未，琅邪言黄龙见诸县"；延光四年，"春正月壬午，东郡言黄龙二、麒麟一见濮阳"。（南朝宋）范晔撰：《后汉书》卷五，中华书局1965年标点本，第1册，第235、240、241页。

⑦ 《孝桓帝纪》记载：建和元年二月，"沛国言黄龙见谯"；元嘉二年八月，"济阴言黄龙见句阳，金城言黄龙见允街"；延熹八年，"［二月］己酉，南宫嘉德署黄龙见"；永康元年八月，"巴郡言黄龙见"。（南朝宋）范晔撰：《后汉书》卷七，中华书局1965年标点本，第2册，第289、297、314、319页。

⑧ 《孝灵帝纪》记载：熹平五年，"沛国言黄龙见谯"。（南朝宋）范晔撰：《后汉书》卷八，中华书局1965年标点本，第2册，第338页。

⑨ 《方术列传下·单飏》记载："初，熹平末，黄龙见谯，光禄大夫桥玄问飏：'此何祥也？'飏曰：'其国当有王者兴。不及五十年，龙当复见，此其应也。'魏郡人殷登密记之。至建安二十五年春，黄龙复见谯，其冬，魏受禅。"（南朝宋）范晔撰：《后汉书》卷八十二下，中华书局1965年标点本，第10册，第2733页。

⑩ （汉）班固撰，（唐）颜师古注：《汉书》卷二十五下《郊祀志下》，中华书局1962年标点本，第4册，第1253页。

不论以"黄龙"为中央天帝"黄帝"神兽的身份，还是以"黄龙"象征汉王朝"土德"的权威符瑞地位来看，作为匹配中央土星"勾陈"的灵兽"麒麟"，都应当以"黄龙"为可以兼容的最佳"黄祥"。

小结

综上所述，则为"麒麟"所兼容的"龙身"，确定是以"黄龙"为对象；蔡邕以"大角轩辕麒麟"为"天官五兽"之中的说法，即是对灵兽"麒麟"匹配为"勾陈"星象，而"勾陈"又实以麒麟"大角轩辕"的神化形象为具体星象的明言。而且，以汉武帝诏书的内容来看，这种神化形象还是恰应以当时所获的"白麟"祥瑞为本体，再附加被奉为标榜"土德"的"黄龙"形象为创造，而为汉武帝"协瑞"所铸造的"麟趾金"也即是这种神化麒麟的象征。所以，《衣镜赋》的"蚩虞"神兽，实际应当早存于汉武帝时期，"蚩虞"一词早见于《史记》亦是其证，其合体的神兽形象，则是综合汉武帝以来"汉德"为"土德"的朝运，与"黄龙"为"土德"的符瑞，以及"土"与"中央"、"黄色"、"黄帝"、"勾陈"的"五行"对应关系的必然结果。其中，以"土"为"五行"之首，以"勾陈"、"麒麟"、"黄帝"、"黄色"、"中央"分别为"五星"、"五灵"、"五帝"、"五色"、"五方"之首的观念，也与汉以"土德"为"五德"之首的意识相适应。所以，真正被汉武帝以来的汉人奉为"勾陈"神兽的，乃是作为神化形象的"麒麟"，而非视为"黄帝"神兽的"黄龙"。

对于"麒麟"、"勾陈"与"黄帝"之间的这种匹配关系，实则还可以由他们共有称谓的现象得到验证。这也即，作为勾陈星象的神化"麒麟"，正是与"黄帝"同有"黄神"、"黄灵"的称谓。如以之称谓"黄帝"的，有《淮南子·览冥训》的"西老折胜，黄神啸吟"[1]，与张衡《思玄赋》的"黄灵詹而访命兮，摎天道其焉如"[2]；以之称谓"麒麟"

---

[1] （汉）高诱注："黄神"为"黄帝之神"。（汉）高诱注：《淮南子》，国学整理社编《诸子集成》（七），中华书局2006年版，第96页。

[2] 李贤注："黄灵，黄帝神也。"（南朝宋）范晔撰，（唐）李贤等注：《后汉书》卷五十九《张衡列传》，中华书局1965年标点本，第7册，第1925页。

第五章　衣镜的麒麟神兽与黄龙形象

的，有张衡《灵宪》描述星象所云的"苍龙连蜷于左，白虎猛据于右，朱雀奋翼于前，灵龟圈首于后，黄神轩辕于中"[1]，以及《后汉书·祭祀志中·迎气》关于汉明帝"采元始中故事，兆五郊于洛阳四方"以"迎时气"的礼仪，以"先立秋十八日，迎黄灵于中兆，祭黄帝后土。车旗服饰皆黄"[2]的记载。而且，由于"后土"为"黄帝"之佐的身份，与相应也以"勾陈"为天宫坐位的情况，事实也有称"后土"为"黄灵"的现象。如《汉书·郊祀志下》记载大司马王莽奏言汉平帝，提到今称"地祇曰后土，与中央黄灵同"，宜对五方神灵分别尊称为"中央帝黄灵后土畤"、"东方帝太昊青灵句芒畤"、"南方炎帝赤灵祝融畤"、"西方帝少皞白灵蓐收畤"与"北方帝颛顼黑灵玄冥畤"。[3]所以，虽然"黄龙"可以看成"黄帝"的化身，但与黄帝天宫坐位"勾陈"相为匹配的神兽，实质却是融合了"黄龙"形象的"麒麟"。

由此比较张衡《灵宪》、蔡邕《月令章句》与刘贺墓《衣镜赋》的"五灵"、"五星"之说，也就可知《衣镜赋》的"蜚虡"，确定为《月令章句》"大角轩辕"形象的神化"麒麟"与《灵宪》的"黄神"；《衣镜赋》的"下有玄鹤"，确定是指《月令章句》的"玄武"与《灵宪》的"灵龟"；《衣镜赋》的"上凤凰"，确定可以与《灵宪》、《月令章句》的"朱雀"视同。这也才相应导致了后世有关"蜚虡"、"勾陈"都为"鹿头龙身"的形象描述。所以，"蜚虡"神兽正是指作为神化形象的"麒麟"，其形象创造的原理则又渊源于西汉中期便已存在的相关"五行"概念。

第二节　"蜚虡"兼容"黄龙"形象的合理性阐释

以"麒麟"兼容"黄龙"的神化形象，除了如上所述，为西汉"五

---

[1]　见于刘昭注《后汉书·天文志上》所引。（南朝宋）范晔撰，（唐）李贤等注：《后汉书》，中华书局1965年标点本，第11册，第3216页。

[2]　（南朝宋）范晔撰，（唐）李贤等注：《后汉书》，中华书局1965年标点本，第11册，第3181—3182页。

[3]　（汉）班固撰，（唐）颜师古注：《汉书》卷二十五下，中华书局1962年标点本，第4册，第1268页。

行"文化观念与政治运用的一种必然结果外,实则还具备其他多方面的社会合理性。比如,从生物学的角度而言,视麒麟为"黄色"的看法与转化"白麟"为"黄麟"的做法,本就具有现实的色彩依据;从阴阳学的角度而言,"麟"与"龙"的融合,又恰好符合阴阳相生的哲理;从艺术学的角度而言,麟、龙合体形象的创造,也顺应了西汉对于具有神灵地位的鸟兽予以文化加工的时代潮流;从功能学的角度而言,以仁兽"麟"合并凶兽"龙"的形象,还可以借助性情的互补更好地满足被据以辟邪除凶的功用需求;从民族学的角度而言,以代表四夷的"麒麟"形象与标志华夏的"黄龙"融合,还蕴含着怀柔四夷与夷夏和平的深层内涵。

一 生物学角度色彩转化的合理

从"五行"理论来说,出于匹配"中央土"与"勾陈"、"黄色"的需要,作为"勾陈"星象的麒麟,正应特指"黄麟",因而以"白麟"兼容"黄龙"的形象,首先便应当取"黄龙"之"黄色",以满足与"五色"的对应关系。但是,"白麟"至"黄麟"的色彩转化,以及主张麒麟为"黄色"的看法,本身即具有着一定程度的生物学依据。因为所谓的"白麟",并非意味着通体为白色,而应当也存在黄色的成分,且"麟"的常见之色还正是大体为黄色。

对于"麟"的这种毛色情况,由古人有关"麟"的形象描述,即可以得知。比如,《尔雅·释兽》曰:"麐,麕身牛尾,一角。"郭璞注:"角头有肉。《公羊传》曰:'有麐而角'。"邢昺疏:

> 李巡曰:"麐,瑞应兽名。"孙炎曰:"灵兽也。"京房《易传》曰:"麐,麕身,牛尾,狼额,马蹄,有五彩,腹下黄,高丈二。"……陆机《疏》云:"麟,麕身,牛尾,马足,黄色,圆蹄,一角,角端有肉。音中钟吕,行中规矩。游必择地,详而后处。不履生虫,不践生草,不群居,不侣行。不入陷阱,不罹罗网。王者至仁则出。"[①]

[①] (晋)郭璞注,(宋)邢昺疏:《尔雅注疏》,北京大学出版社1999年版,第327—328页。

第五章　衣镜的麒麟神兽与黄龙形象

由这些注解，可见"麐"与"麟"实指相同，正是具有"一角"标志性特征，并被看作"瑞应兽"、"灵兽"的麒麟。就其具体的毛色而言，邢昺疏语则提及有西汉"京房《易传》"以之"有五彩，腹下黄"的说法，与魏晋文学家"陆机《疏》"以之为"黄色"的说法。其中，有关毛色的这两种说法，还早见于孔颖达疏《礼记·礼运》与《诗·国风·周南·麟之趾》所引①，以及司马贞索隐《上林赋》"麒麟"所引②；邢昺所引李巡、孙炎与京房《易传》的言论，还一并早为孔颖达疏《左传·哀公十四年》所援用③，这说明邢昺疏语呈现的这些说法，又正是古人对于"麟"具有代表性的解释。

同时，就"京房《易传》"与"陆机《疏》"两种毛色观念的影响阶段来说，结合汉宣帝"立《京氏易》"④为官学，以及陆机之语应当与刘向《说苑·辨物》"麒麟麇身牛尾，圆顶一角。含仁怀义，音中律吕。行步中规，折旋中矩。择土而践，位平然后处。不群居，不旅行"⑤的说法存在直接渊源关系的情况，可知正是可以追溯至京房、刘向所生活的西汉中晚期。若再联系京房"治《易》"的师从对象，还正是保存有麒麟神化形象之"蜚虖"神兽的《易林》作者"梁人焦延寿"⑥，而"延寿云尝从孟

---

① 前一处写作："京房《易传》云：'麟，麇身，牛尾，马蹄，有五采，腹下黄，高丈二'"；后一处则将"麐"与"圆"，分别写作"麟"与"员"，且没有"狼额"的说法。分别见于（汉）郑玄注，（唐）孔颖达疏《礼记正义》，北京大学出版社1999年版，第704页；（汉）毛亨传，（汉）郑玄笺，（唐）孔颖达疏《毛诗正义》，北京大学出版社1999年版，第62页。

② 写作："《毛诗疏》云：'麟黄色，角端有肉。'京房《传》云：'有五采，腹下黄色也。'"（汉）司马迁撰，（唐）司马贞索隐：《史记》卷一百一十七《司马相如列传》，中华书局2013年标点本，第3668页。

③ 只是"麐"与"彩"，分别被写作"麟"与"采"而已。（周）左丘明传，（晋）杜预注，（唐）孔颖达正义：《春秋左传正义》，北京大学出版社1999年版，第1674页。

④ （南朝宋）范晔撰，（唐）李贤等注：《后汉书》卷三《肃宗孝章帝纪》，中华书局1965年标点本，第1册，第137—138页。

⑤ （汉）刘向撰，向宗鲁校证：《说苑校证》，中华书局1987年版，第455页。

⑥ 《汉书·京房传》记载："京房字君明，东郡顿丘人也。治《易》，事梁人焦延寿。延寿字赣。……赣常曰：'得我道以亡身者，必京生也。'其说长于灾变，分六十四卦，更直日用事，以风雨寒温为候：各有占验。房用之尤精。"（汉）班固撰，（唐）颜师古注：《汉书》卷七十五，中华书局1962年标点本，第10册，第3160页。

喜问《易》",孟喜又师从"田王孙"①,田王孙又当为汉武帝博士,与刘向又历经昭、宣、元、成、哀五位汉皇,《说苑》又以记述东周到西汉的遗闻轶事为主旨的情况,还可知这两种有关"麟"色的说法,恰应已经并存于刘贺所生活过的武、昭、宣三帝阶段。所以,比较这两种说法,可见西汉中期的汉人对于"麟"的色彩认识,不论是从局部入手,还是从整体出发,都有强调为"黄"的这一特征。而为何如此?考察与"麟"大体相似的其它动物毛色,便可获知。

先以《尔雅》及其注疏"麇身"的说法来看,不仅有郭璞注提到的《公羊传·哀公十四年》"有以告者曰:'有麕而角者'"②的记载与之相符,还有针对鲁国"西狩获麟"此事,《孔子家语·辩物》所云"叔孙以为不祥,弃之于郭外,使人告孔子曰:'有麇而角者'"③,与《孔丛子·记问》所言"冉有告夫子曰:'有麕而肉角'"④,以及司马贞索隐《上林赋》"麒麟"所引张揖"其状麇身,牛尾,狼蹄,一角'"⑤的描述,也实为相同。其中,"麇"为"麕"的异体,"麇"与"麕"又皆指被归入"麇属"的鹿科小型无角动物"麇"(或写作"獐")。如《说文》明言:麒麟"麇身,牛尾一角";"麇,麇也"、"麕,麇,麇属也"⑥。又如,郑玄注《周礼·考工记·画缋》,曰:"獐,山物也。……齐人谓麇为獐"⑦;何休注《公羊传》"有麕",曰:

---

① 《汉书·儒林传》记载:"(田)王孙授施雠、孟喜、梁丘贺。繇是《易》有施、孟、梁丘之学";"京房受《易》梁人焦延寿。延寿云尝从孟喜问《易》"。颜师古注:"延寿其字,名赣。"(汉)班固撰,(唐)颜师古注:《汉书》卷八十八,中华书局1962年标点本,第11册,第3598、3601、3602页。
② (汉)公羊寿传,(汉)何休解诂,(唐)徐彦疏:《春秋公羊传注疏》,北京大学出版社1999年版,第621页。
③ 杨朝明、宋立林主编:《孔子家语通解》,齐鲁书社2013年版,第205页。
④ 白冶钢译注:《孔丛子译注》,上海三联书店2014年版,第81页。
⑤ (汉)司马迁撰,(唐)司马贞索隐:《史记》卷一百一十七《司马相如列传》,中华书局2013年标点本,第3668页。
⑥ (汉)许慎撰,(清)段玉裁注:《说文解字注》,上海古籍出版社1988年版,第470、471页。
⑦ (汉)郑玄注,(唐)贾公彦疏:《周礼注疏》,北京大学出版社1999年版,第1116页。

第五章　衣镜的麒麟神兽与黄龙形象

"有麐，本又作'麏'，……獐也"①。再如，《论衡·讲瑞篇》云："《春秋》获麟文曰：'有麏而角。'麏而角者，则是骐驎矣。……周获麟，麟似麏而角；武帝之麟，亦如麏而角。"② 而对照前举"西狩获麟"与"武帝获麟"的相关记载，即可知此处所谓的"骐驎"本应写作"麒麟"，因而也是以"麏"为"麇"、以"麟"似"麇"。所以，"麇身"、"麏身"的说法，都是从"麟"与"麇"总体形象相似的角度而言；"麇而角"、"麏而角"与"麇而肉角"的说法，则是对二者形貌相似的同时，又存在"一角"与"无角"这种显著分别的说明。

再以有关"麟"的其他描述方式来看，即还有"若麃"与"麇身"的说法。如《史记·孝武本纪》记载：汉武帝"郊雍，获一角兽，若麃然。"司马贞索隐："韦昭曰：'体若麇而一角，《春秋》所谓'有麇而角'是也。楚人谓麇为麃'。又《周书·王会》云麃者若鹿。"③ 可见以"楚人谓麇为麃"的称谓习惯来看，"若麃"也即是"若麇"。又如，颜师古注《汉书·武帝纪》"白麟"，曰："麟，麇身，牛尾，马足，黄色，圜蹄，一角，角端有肉。"④ 由"牛尾"、"马足"的说法，明显是取局部相似的动物以为描述的方式，可知"麇身"也即"若麃"、"若麇"，都是指"麟"与鹿科中的大型有角动物"麇"具有相似性。而且，从《尔雅·释兽》首言"麋：牡，麔；牝，䴢；其子，□"，次言"麇：牡，麌；牝，麜；其子，麆"，末言"麐，麇身，牛尾，一角"的顺序⑤，还可以发现"麐"（即"麟"）也如同"麇"（即"麇"）同样被归入"麋属"。

---

① （汉）公羊寿传，（汉）何休解诂，（唐）徐彦疏：《春秋公羊传注疏》，北京大学出版社 1999 年版，第 621 页。
② 黄晖撰：《论衡校释》，中华书局 2017 年版，第 842 页。
③ 《史记·封禅书》也有相同的记载。分别见（汉）司马迁撰，（唐）司马贞索隐《史记》卷十二，中华书局 2013 年标点本，第 582—583 页；（汉）司马迁撰《史记》卷二十八，中华书局 2013 年标点本，第 1667 页。
④ （汉）班固撰，（唐）颜师古注：《汉书》卷六，中华书局 1962 年标点本，第 1 册，第 174 页。
⑤ （晋）郭璞注，（宋）邢昺疏：《尔雅注疏》，北京大学出版社 1999 年版，第 321、322、327 页。

概括来说，则"麟"的总体形状，也就是貌似"麇"、"麎"，三者之间这种相似而又不同的关系，正是已经为汉人所认识。这不仅表现在"麟"、"麎"皆被视为"麇属"的分类意识的存在，也体现于司马相如《子虚赋》以"射麇脚麟"而并列的现象①，因而三者的毛色正应当近似。其中，"麇"、"麎"迄今仍为人所易见，它们的毛色又都恰是主体为棕黄，腹部或间以白色，因而以麟为"黄色"的说法与"黄麟"的称谓，本身即应是符合通常所见之麟的主体毛色的。尤其是，结合《史记·淮南衡山列传》对于伍被将军在东宫与淮南王刘安的对话中，有关"子胥谏吴王，吴王不用，乃曰：'臣今见麋鹿游姑苏之台也'"②的记载，与《滑稽列传》中"建章宫后阁重栎中有物出焉，其状似麋"③的说法来看，还可知"麋鹿"与"似麋"之物早在西汉前中期便已经是天子、诸侯苑囿所圈养的兽类。以此再联系《子虚赋》本就是司马相如借"子虚"、"乌有先生"、"无是公"三者为辞，"以推天子诸侯之苑囿。其卒章归之于节俭，因以风谏"④的创作背景，也就可以确定这一阶段的汉人对于真实可接触到的"麇"与"似麇"之"麟"的形状与"黄色"，确应有着清楚的认识。

只是，就汉武帝所获的"白麟"而言，应当反常于这种常规现象，变而出现了大体为白色，局部如京房《易传》所言"腹下黄"的特点，这也才有了对其"白麟"的称谓。而对于"白麟"称谓的这种由来，汉时有关其它"白祥"的情况，也可以提供佐证。如"白雉"实为

---

① 对此，《集解》云："郭璞曰'脚，掎足。麟，车轹'"；《索隐》言："脚麟，韦昭云'谓持其一脚也'。司马彪曰'脚，掎也'。《说文》云'掎，偏引一脚也'"。（汉）司马迁撰，（南朝宋）裴骃集解，（唐）司马贞索隐：《史记》卷一百一十七《司马相如列传》，中华书局2013年标点本，第3641、3642页。
② （汉）司马迁撰：《史记》卷一百一十八，中华书局2013年标点本，第3750页。
③ 《正义》曰：建章宫"在长安县西北二十里故城中"；《索隐》曰："重栎，栏楯之下有重栏处也。"（汉）司马迁撰，（唐）司马贞索隐，（唐）张守节正义：《史记》卷一百二十六，中华书局2013年标点本，第3896页。
④ （汉）司马迁撰：《史记》卷一百一十七《司马相如列传》，中华书局2013年标点本，第3640页。

第五章 衣镜的麒麟神兽与黄龙形象

"白首"之雉①；"白虎"实为"白虎黑文"②，因而这类"白祥"的称谓，实质体现的是古人对于动物种群中颜色反常之物的关注。于"麟"而言，"黄麟"与"白麟"之间，则正应是常见与非常见的关系。有关麒麟毛色的这种实际情况，文献的相关记载事实也通过各有侧重的描述方式有所暗示。如《论衡·讲瑞篇》即指出："鲁之获麟，云'有麇而角'。言'有麇'者，色如麇也。……麇无角，故言'而角'也。夫如是，鲁之所得骥者，若麇之状也。武帝之时，西巡狩，得白骥，一角而五趾。角或时同，言'五趾'者，足不同矣。鲁所得麟，云'有麇'，不言色者，麇无异色也。武帝云'白骥'，色白不类麇，故[不]言'有麇'，正言'白骥'，色不同也。"③ 可见其中的"骥"、"白骥"，即指"麟"、"白麟"，而王充便是以"麇而角"（即其他文献的"麇身"、"麇而角"等）的记载，是对"鲁之获麟"为"色如麇"的同时，又不同于"麇无角"的特征说明；以"得白骥，一角而五趾"的记载，是对武帝所获之麟相比"鲁之获麟"，也以"一角"为标志性特征的同时，又存在"色不同"、"足不同"的说明。所以，由王充有关文献记载的这种解释，可知汉人眼中的麒麟形象本就并非整齐划一。

以现实存在的具体毛色而言，"麒麟"即包括："无异色"于"麇"的"黄麟"，与"色白不类麇"的"白麟"两种。由此再回顾"京房《易传》"以之"有五彩"的说法，又显然与麒麟被纳入"五行"理论的情况相适应，因而其所言"腹下黄"的麒麟，也就正应是以汉武帝所获的"白麟"为对象；有关"麟"为"黄色"的说法，则又事实与"麟"总体性的常态毛色相吻合。所以，古人有关麒麟色彩的这两种说法，与称之为"黄麟"的方式，以及转化"白麟"为"黄

---

① 孔颖达疏《礼记·礼运》提及《援神契》曰："德至鸟兽，……雉白首。"（汉）郑玄注，（唐）孔颖达疏：《礼记正义》，北京大学出版社1999年版，第715页。
② 毛亨传《诗经·国风·召南·驺虞》，曰："白虎黑文，不食生物，有至信之德则应之。"（汉）毛亨传，（汉）郑玄笺，（唐）孔颖达疏：《毛诗正义》，北京大学出版社1999年版，第106页。
③ 黄晖撰：《论衡校释》，中华书局2017年版，第857—858页。

麟"的做法，都不同程度地具有生物学的合理性。

二 阴阳学角度属性相生的合理

从阴阳学角度而言，以"麟"兼容"龙"的"麟头龙身"形象，又恰好符合阴阳相生的哲理。

一方面，据《大戴礼记·曾子天圆》所记曾子自言其"尝闻之夫子曰：……毛羽之虫，阳气之所生也。……介鳞之虫，阴气之所生也"①的说法，与《淮南子·天文训》"毛羽者，飞行之类也，故属于阳；介鳞者，蛰伏之类也，故属于阴"②的言论，可知孔子一脉的儒者存在以毛虫、羽虫"属于阳"，以介虫、鳞虫"属于阴"的意识。由这种意识来看，"毛者"之"麟"也就属"阳"；"鳞者"之"龙"也就属"阴"。所以，参照汉时"刚柔相得，奇耦相应，乃为吉良。不合此历，转为凶恶"③的"葬历"原则，则阴（即"柔"、"耦"）、阳（即"刚"、"奇"）属性不同的"龙"、"麟"融合，便符合阴阳相生的趋吉避凶原则，属于"吉良"征象。

另一方面，有关《易林·观之比》"麟趾龙身，日驭三千，南上苍梧，与福为婚，道里夷易，安全无患"的神兽，前述已经指出即是传为"鹿头龙身"、实为"麟头龙身"的"蜚虞"，而若据此"坤为麟"、"伏乾为龙"，"乾为福，与坤配，故曰与福为婚"④的"象解"，则"蜚虞"之麟、龙的形象，又分别是坤卦、乾卦之象，且以之相配为"福"。同时，坤、乾二卦又分别被视为阴卦、阳卦之首，有"尊卦"之称，为"地母"与"天父"的象征。如《易·说卦》曰："昔者圣人之作易也，将以顺性命之理。是以立天之道，曰阴与

---

① （清）王聘珍撰，王文锦点校：《大戴礼记解诂》，中华书局1983年版，第98—100页。
② （汉）高诱注：《淮南子》，国学整理社编《诸子集成》（七），中华书局2006年版，第35—36页。
③ 《论衡·讥日》，黄晖撰：《论衡校释》，中华书局2017年版，第1150页。
④ （汉）焦延寿撰，徐传武、胡真校点集注：《易林汇校集注》，上海古籍出版社2012年版，第763页。

阳。立地之道，曰柔与刚。立人之道，曰仁与义。兼三才而两之，故易六画而成卦。……天地定位"；"乾，天也，故称乎父。坤，地也，故称乎母"①。又如，颜师古注《汉书·五行志下之上》"尊卦用事"，引孟康曰："尊卦，《乾》《坤》也"②。所以，《易林》"蜚虞"实则又是以"麟"属"阴"、为"坤"，以"龙"属"阳"、为"乾"，且认为代表乾坤相配的这一神兽，正是"与福为婚，道里夷易，安全无患"的征象。

两相结合，则无论取哪一种阴阳学说，将属性不同的麟、龙形象融为一体，便都符合阴阳相生的吉祥之道。与此相应，汉代不仅存在"蜚虞"这种融"龙身"于"麒麟"的神兽形象，也有只纹饰龙、麟这"二灵"的器物造型，如《宣和博古图》卷二十九《鉴二》收录的一枚"汉龙麟鉴"③便是如此。以西汉的散文与辞赋来说，则还有将"麟"与"黄龙"作为受命符瑞与天宫神兽而并提的现象。如司马相如《封禅文》提及"受命所乘"的对象，便是举"濯濯之麟，游彼灵畤"与"宛宛黄龙，兴德而升"④而言；扬雄《甘泉赋》又曰："炎感黄龙兮，熛讹硕麟，选巫咸兮叫帝阍，开天庭兮延群神。"⑤其中，"黄龙"的说法，即正可呼应上述有关麒麟所兼容的"龙身"实指"黄龙"的判断；"硕麟"的说法，又说明匹配为勾陈星象的麒麟应属于"大兽"的情况，因而在《淮南子·天文训》"虎

---

① （清）李道平撰，潘雨廷点校：《周易集解纂疏》，中华书局1994年版，第691—692、703页。

② （汉）班固撰，（唐）颜师古注：《汉书》卷二十七下之上，中华书局1962年版，第5册，第1461、1462页。

③ （宋）王黼著，诸莉君整理校点：《宣和博古图》，上海书店出版社2017年版，第534、537页。

④ （汉）司马迁撰：《史记》卷一百一十七《司马相如列传》，中华书局2013年标点本，第3720页。

⑤ 颜师古注："言光炎熛盛，感神物也。讹，化也。硕，大也"；"服虔曰：'令巫祝叫呼天门也'"；"巫咸，古神巫之名。"（汉）班固撰，（唐）颜师古注：《汉书》卷八十七上《扬雄传上》，中华书局1962年标点本，第11册，第3532、3533页。

啸而谷风至,龙举而景云属。麒麟斗而日月食,鲸鱼死而彗星出"①的言论之中,与麒麟并举的龙、虎、鲸鱼也都具有体型庞大的特征。所以,在古人似"麇"、似"麕"的两种描述之间,又以体型属大兽的"麇"更为近似于"麟"的真实形象,司马相如麇、麟并举的现象,也正是基于二者形貌、色彩、体型皆为相似的实际,以及"麟"又有被看成"麇属"的种属观念的考量②。至于"麒麟"融合"黄龙"的神化形象,也就不仅是遵循"五星"、"五色"、"五帝"、"五德"这些"五行"概念的必然结果,还是立足麒麟的物种实情与阴阳相生的吉祥之道的合理选择。

三 艺术学角度文化加工的合理

从艺术学角度而言,麟、龙合体形象的创造,也顺应了西汉对于具有神灵地位的鸟兽予以文化加工的时代潮流。一者,以"龙"来说。"飞龙"、"龙腾"与"乘龙"、"驾龙"的观念,早在先秦便已经流行,并为汉人所继承。如《易经·乾卦》曰:"飞龙在天,利见大人"③;《离骚》曰:"为余驾飞龙兮,杂瑶象以为车"④;扬雄《剧秦美新》曰:"会汉祖龙腾丰沛"⑤。又如,《周易·乾·象》曰:"时乘六龙以御天"⑥;《九歌·河伯》

---

① (汉)高诱注:《淮南子》,国学整理社编《诸子集成》(七),中华书局2006年版,第36页。

② 古人对于司马相如"射麋脚麟"之"麟"的认识,则既有否定其为"瑞应麟"的误解,如邢昺疏《尔雅·释兽》所言:"今并州界有麟,大小如鹿,非瑞应麟也。故司马相如赋曰'射麋脚麟'。谓此麟也";也有肯定其为"仁兽麟"的正解,如段玉裁注《说文·麐》所言:"《玉篇》曰:'麐,大麃也',是也。《子虚赋》'射麋脚麟',谓此。经典用仁兽,字多作'麟',盖同音叚借。"分别见(晋)郭璞注,(宋)邢昺疏《尔雅注疏》,北京大学出版社1999年版,第328页;(汉)许慎撰,(清)段玉裁注《说文解字注》,上海古籍出版社1988年版,第470页。

③ 周振甫译注:《周易译注》,中华书局1991年版,第1页。

④ (宋)洪兴祖撰,白化文等点校:《楚辞补注》,中华书局1983年版,第42页。

⑤ (南朝梁)萧统编,(唐)李善注:《昭明文选》第四十八卷《符命》,崇文书局2018年版,第1477页。

⑥ 周振甫译注:《周易译注》,中华书局1991年版,第2页。

曰:"乘水车兮荷盖,驾两龙兮骖螭"①。可见"龙"被认为是具有腾飞异能的神兽,"飞龙"正是神仙的坐骑,"飞龙在天"又正是帝王的吉利征象,因而还有以"龙腾"比喻汉祖高帝刘邦兴起的说法。同时,另有"翼龙"的说法,可以呼应这种腾飞的能力。如汉武帝时所作《郊祀歌》第一章《练时日》曰:"灵之车,结玄云,驾飞龙,羽旄纷"②;《广雅》曰:"有翼曰应龙"③;郭璞曰:"应龙,龙有翼者也"④。可见作为神仙坐骑的"飞龙",也正应是身有羽翼的"应龙"。而与此"有翼"之"龙"的形象相应的,还有以"奋翼鳞"而形容"飞龙"的说法⑤。但是,羽翼又无疑为鸟类的标志性特征,因而所谓的"龙翼"更可能是人为附加的意识性加工。

二者,以"凤"来说。从后人引用的情况观之,京房《易传》、《山海经》与《说文》关于凤凰形象的描述,都是具有深远影响的言论。比如,张守节注解《史记·司马相如列传》提到"京房《易传》云:'凤皇,雁前麟后,鸡喙燕颔,蛇颈龟背,鱼尾骈翼,高丈二尺'"⑥;贾公彦疏《周礼·春官·乐师》又在提到京房《易传》说法的同时,言及《山海经》曰:"凤皇出丹穴山,形似鹤,首文曰德,背文曰义,翼文曰顺,腹文曰信,膺文曰仁"⑦;邢昺疏《尔雅·释鸟》"鶠,凤。其雌皇"与郭璞注"瑞应鸟。鸡头,蛇颈,燕颔,龟背,五彩色。高六尺许"的说法,则在提到京房《易传》与《山海经》说法的同时,还言及《说文》云:"神鸟也。

---

① (宋)洪兴祖撰,白化文等点校:《楚辞补注》,中华书局1983年版,第77页。
② 颜师古注:"纷纷,言其多";"风马","言速疾也"。(汉)班固撰,(唐)颜师古注:《汉书》卷二十二《礼乐志》,中华书局1962年标点本,第4册,第1052页。
③ 见于李善注张衡《西京赋》所引。(南朝梁)萧统编,(唐)李善注:《昭明文选》第一卷,崇文书局2018年版,第8页。
④ 见于袁珂注《山海经·大荒东经》所引,并指出应本于《广雅·释鱼》的"有翼曰应龙"。袁珂校注:《山海经校注》,北京联合出版公司2014年版,第307页。
⑤ 见于班固《宾戏》,颜师古注:"以龙为喻也"。(汉)班固撰,(唐)颜师古注:《汉书》卷一百上《叙传上》,中华书局1962年版,第12册,第4226页。
⑥ (汉)司马迁撰,(唐)张守节正义:《史记》卷一百一十七《司马相如列传》,中华书局2013年标点本,第3681页。
⑦ 此处所引京房《易传》曰:"凤皇麟前,鹿后,蛇颈、龟背、鱼尾、鸡喙、燕翼、五采,高二尺。"(汉)郑玄注,(唐)贾公彦疏:《周礼注疏》,北京大学出版社1999年版,第597页。

天老曰：凤之像，麟前鹿后，蛇颈鱼尾，龙文龟背，燕颔鸡喙，五色备举。出于东方君子之国，翱翔四海之外。过昆仑，饮砥柱，濯羽弱水，暮宿丹穴。见则天下大安宁。……凤飞，则群鸟从以万数"①。其中，京房《易传》已知在宣帝时立为官学，其有关麒麟的说法又与《易林》中"蜚虡"、汉武帝时"白麟"具有着关联；《说文》的说法则源自"天老"对于"黄帝"所解释的"凤像"之言②，而此事又早就见载于刘向的《说苑·辨物》③与韩婴的《韩诗外传·卷八》④；"《山海经》十三篇"又属于《汉书·艺文志》"形法六家，百二十二卷"所著录的内容⑤。所以，有关"凤像"的这些言论，实际也即西汉中期以来被广泛接受的看法，因而透过他们所提到的复杂形象，可见凤皇的艺术造型，也应当已然比附当时新儒家的道德学说与五行思想，而结合了其他动物的局部特征以加以神化。

---

① 此处所引《山海经》云："丹穴之山，有鸟焉，其状如鹤，五彩而文，名曰凤，首文曰德，翼文曰顺，背文曰义，膺文曰仁，腹文曰信。是鸟也，饮食自歌自舞，见则天下大安宁"；京房《易传》曰："凤皇高丈二。"而且，针对郭璞凤皇"高六尺许"的注解与京房《易传》"高丈二"的说法不同，邢昺还指出"《汉书》云'高五六尺'，是说凤皇之状也"。(晋) 郭璞注，(宋) 邢昺疏：《尔雅注疏》，北京大学出版社1999年版，第309—310页。

② 《说文》曰："凤，神鸟也。天老曰：'凤之像也，麋前鹿后，蛇颈鱼尾，龙文龟背，燕颔鸡喙，五色备举。出于东方君子之国，翱翔四海之外，过昆仑、饮砥柱，濯羽弱水，暮宿风穴，见则天下大安宁。'……凤飞，群鸟从以万数。'"(汉) 许慎撰，(清) 段玉裁注：《说文解字注》，上海古籍出版社1988年版，第148页。

③ 《说苑·辨物》云："黄帝即位，惟圣恩承天，明道一修，惟仁是行，宇内和平。未见凤凰，惟思影像，夙夜晨兴。于是乃问天老曰：'凤像何如？'天老曰：'夫凤鸿前麟后，蛇颈鱼尾，鹤植鸳鸯思，丽化枯折所志，龙文龟身，燕喙鸡嘞，骈翼而中注。首戴德，顶揭义，背负仁，心信智。食则有质，饮则有仪。往则有文，来则有嘉。晨鸣曰发明，昼鸣曰保长，飞鸣曰上翔，集鸣曰归昌。翼挟义，衷抱忠，足履正，尾系武。小声合金，大声合鼓。延颈奋翼，五光备举。光兴八风，气降时雨。此谓凤像。夫惟凤为能究万物，随天祉，象百状，达于道。去则有灾，见则有福。览九州，观八极，备文武，正王国。严照四方，仁圣皆伏。故得凤像之一者凤过之，得二者凤下之，得三者则春秋下之，得四者则四时下之，得五者则终身居之。'"(汉) 刘向撰，向宗鲁校证：《说苑校证》，中华书局1987年版，第455—456页。

④ 《韩诗外传》云："黄帝即位，施惠承天，一道修德，惟仁是行，宇内和平，未见凤凰，惟思其象。凤寐晨兴，乃召天老而问之曰：'凤象何如？'天老对曰：'夫凤之象，鸿前而麟后，蛇颈而鱼尾，龙文而龟身，燕颔而鸡啄，戴德负仁，抱中挟义。小音金，大音鼓。延颈奋翼，五彩备明。举动八风，气应时雨。食有质，饮有仪。往即文始，来即嘉成。惟凤为能通天祉，应地灵，律五音，览九德。天下有道，得凤象之一，则凤过之。得凤象之二，则凤翔之。得凤象之三，则凤集之。得凤象之四，则凤春秋下之。得凤象之五，则凤没身居之。'"(汉) 韩婴撰，许维遹校释：《韩诗外传集释》卷八·第八章，中华书局1980年版，第277—278页。

⑤ (汉) 班固撰，(唐) 颜师古注：《汉书》卷三十，中华书局1962年标点本，第6册，第1774—1775页。

第五章 衣镜的麒麟神兽与黄龙形象

三者,以"虎"来说。从西汉的语言习惯来看,其时应当存在为"虎身"添翼、为"虎首"加角的现象。如《淮南子·兵略训》云:"所为立君者,以禁暴讨乱也。今乘万民之力,而反为残贼,是为虎傅翼,曷为弗除。"① 而所谓的"为虎傅翼",实则又出自汲冢竹书之《逸周书·寤敬解》所记周公"监戒善败,护守勿失。无[为]虎傅翼!将飞入宫,择人而食"② 的谏言。对于周公"为虎傅翼"的这种说法,多见为后人所直接或间接征引的情况。如《韩诗外传》云:"哀公问取人。孔子曰:无取健,无取佞,无取口谗。健,骄也。佞,谄也。口谗,诞也。……《周书》曰:'无为虎傅翼,将飞入邑,择人而食。'夫置不肖之人于位,是为虎傅翼也。"③ 又如,《汉书·贾谊传》记载:贾谊针对汉文帝欲复封"淮南厉王四子"为诸侯王一事,"上疏谏曰:……所谓假贼兵为虎翼者也。愿陛下少留计!"颜师古注即引应劭曰:"《周书》云'无为虎傅翼,将飞入邑,择人而食之。'"④ 再如,《韩非子·难势》曰:"夫乘不肖人于势,是为虎傅翼也。"⑤ 可见孔子、贾谊正是都曾事实援用过《周书》有关周公的这种说法,而韩非子则又曾借助孔子由此而阐发的见解以为说辞。这说明"为虎傅翼"的周公说法,早在春秋、战国便已经发展为习语,并为汉人所继承,以表达为虎作伥、助纣为虐之意,而"傅"也即通"附"。而且,汉人实际还另有"虎翼"的用词,可以呼应"为虎傅翼"的说法。如《后汉书·翟酺传》记载:汉安帝尚书翟酺针对当时外戚干政的局面,"上疏

---

① (汉)高诱注:《淮南子》,国学整理社编《诸子集成》(七),中华书局 2006 年版,第 252 页。
② 黄怀信、张懋镕、田旭东撰:《逸周书汇校集注》,上海古籍出版社 2007 年版,第 306 页。
③ (汉)韩婴撰,许维遹校释:《韩诗外传集释》卷四·第四章,中华书局 1980 年版,第 131—132 页。
④ (汉)班固撰,(唐)颜师古注:《汉书》卷四十八,中华书局 1962 年标点本,第 8 册,第 2263—2264 页。
⑤ (清)王先慎:《韩非子集解》,国学整理社编《诸子集成》(五),中华书局 2006 年版,第 298 页。

谏曰：……臣恐威权外假，归之良难，虎翼一奋，卒不可制"。① 结合来看，则为"虎身"添翼的艺术形象，即应当早就相应被创造出来。

只是，以西汉的器物造型来说，又当不仅如此，而还应存在为"虎首"加角的现象。如扬雄《法言·渊骞卷》云：或问"酷吏"，曰："虎哉！虎哉！角而翼者也。"② 而汪荣宝已经就此指出，这与《史记·酷吏列传》针对酷吏所言"不仁之人而得势位，如虎之得角翼"的说法对应，至于何谓"虎而角翼"，他则一边肯定了"翼"为鸟翼的传统观念，一边又引"俞氏樾《群经平议》"之说，否定了"角字之义，自来皆属兽言"的通常之见，而认为"角"同"觜"、指"鸟喙"，且"角而翼"的猛虎形象，即意味着"以猛兽而兼鸷鸟之利，其搏噬不可当也"的主观意图。③ 所以，以司马迁对于酷吏"虎之得角翼"的形容，与扬雄对于"虎"为"角而翼者也"的定义，比较先秦"为虎傅翼"的习语，即可知西汉中后期以来的猛虎形象，便已经不仅有"虎翼"，而还应当有头生角的情况。

不过，若结合刘贺墓钟虎下足象物的"龙头虎身"神兽，正是"虎身"纹饰有"双翼"的形象，而"龙头"为"两角"的情况④来看，还可知"虎翼"的来源虽然确为"鸟翼"，但为"虎"所附加的"角"的形象，却应当仍从《说文》所表述的"角，兽角也"⑤的通常

---

① （南朝宋）范晔撰，（唐）李贤等注：《后汉书》卷四十八，中华书局1965年标点本，第6册，第1602—1603页。
② 汪荣宝撰，陈仲夫点校：《法言义疏》，中华书局1987年版，第460页。
③ 具体即俞氏樾《群经平议》云："角字之义，自来皆属兽言。《说文·角部》：'角，兽角也。'其实角字本义当为鸟喙，《汉书·董仲舒传》：'予之齿者去其角，传之翼者两其足。'此二句以鸟、兽对言。予之齿者去其角，谓兽有齿以齧，即不得有角以啄，传之翼者两其足，谓鸟有两翼以飞，即不得有四足以走也。若以角为兽言，则牛、羊、麋、鹿之类有齿复有角者多矣，安得云'予之齿者去其角'乎？《文选·射雉赋》：'裂膆破觜。'注曰：'觜，喙也。'觜为鸟喙，而其字从角，可知角字之义也。"按：俞说至核。《大戴礼记·易本命》："四足者无羽翼，戴角者无上齿。"此亦因不得角字之义，而曲为之说。虎而角翼，谓以猛兽而兼鸷鸟之利，其搏噬不可当也。汪荣宝撰，陈仲夫点校：《法言义疏》，中华书局1987年版，第460、466—467页。
④ 参见江西省文物考古研究所、首都博物馆编《五色炫曜——南昌汉代海昏侯国考古成果》，江西人民出版社2016年版，第112—113页。
⑤ （汉）许慎撰，（清）段玉裁注：《说文解字注》，上海古籍出版社1988年版，第184页。

第五章 衣镜的麒麟神兽与黄龙形象

看法来加以理解，具体也便是指"龙角"。而且，参照有关汉时这种形象的文献记载，还可知这种龙、虎合体神兽，正应被称作"螭虎"。比如，由蔡邕《独断》所云"玺者，印也。印者，信也。……卫宏曰：秦以前，名皆以金玉为印。龙虎纽，唯其所好。然则秦以来，天子独以印称玺，又独以玉，群臣莫敢用也。天子玺以玉螭虎纽。文曰'皇帝行玺'、'皇帝之玺'、'皇帝信玺'、'天子行玺'、'天子之玺'、'天子信玺'"①，即可知汉代的"天子玺"正是以"玉"为材质、以"螭虎"为纽饰，而所谓的"螭虎"也便是"龙虎"合体的形象。又如，由刘昭注补《后汉书·舆服志下》提到的《吴书》所言："汉室之乱，天子北诣河上，六玺不自随，掌玺者投井中。孙坚北讨董卓"，"得传国玺。其文曰'受命于天，既寿永昌'"，"上有纽文槃五龙"，"龙上一角缺"②的情况，又可知汉"天子玺"上的龙纹，又确实存在为"两角"的现象。所以，刘贺墓钟虡的"龙头虎身"神兽，正应是蔡邕称之为的"螭虎"、"龙虎"，而"螭"也即指"两角"之"龙"。

与此称谓相呼应的，即还有将这种钟虡象物，直呼为"龙虎"的情况。如《水经注·河水》云：十六国时期胡夏政权的开国皇帝赫连勃勃，"铸铜为大鼓，及飞廉、翁仲、铜驼、龙虎，皆以黄金饰之，列于宫殿之前"③。而所谓的"龙虎"，对照《后汉书·董卓列传》关于董卓"坏五铢钱，更铸小钱，悉取洛阳及长安铜人、钟虡、飞廉、铜马之属，以充铸焉。……时人以为秦始皇见长人于临姚，乃铸铜人"④的记载，结合高诱注《淮南子·氾论训》"秦之时，……铸金人"，所言"秦皇帝二十六年，初兼天下，有长人见于临洮，其高五丈，足迹

---

① （汉）蔡邕：《独断》卷上，王云五主编《丛书集成初编》第 811 册《汉礼器制度（及其他五种）》，中华书局 1985 年版，第 3 页。
② （南朝宋）范晔撰，（唐）李贤等注：《后汉书》，中华书局 1965 年标点本，第 12 册，第 3673 页。
③ （北魏）郦道元著，陈桥驿校证：《水经注校证》卷三，中华书局 2007 年版，第 84 页。
④ （南朝宋）范晔撰，（唐）李贤等注：《后汉书》卷七十二，中华书局 1965 年标点本，第 8 册，第 2325 页。

六尺。放写其形，铸金人以象之，翁仲君何是也"①的说法，便可知《水经注》的"翁仲"，即《后汉书》的"铜人"与《淮南子》、高诱的"金人"；《水经注》的"铜驼"，即涵盖在《后汉书》"铜马之属"的范畴之类，因而再排除称谓相同的"飞廉"，也就可以确定《水经注》的"龙虎"正是对应《后汉书》的"钟虡"。所以，"螭虎"也正是可以被称作"龙虎"，两种称谓也都是基于龙、虎合体的猛虎神化形象而言，而这种形象也正是运用于天子玉玺纹饰与钟虡下足象物的常见神兽，刘贺墓钟虡也即是现今可见的这种形象的实物，说明头有"角"、身有"翼"的猛虎形象与三国始见的"飞虎"②之词，又确实早在西汉中期就已经被创造出来。

四者，以"龟"来说。《洛书》曰："灵龟者，玄文五色，神灵之精也。上隆法天，下法地，能见存亡，明于吉凶"③；抱朴子云："《玉策记》曰，千岁之龟，五色具焉，其额上两骨起似角，解人之言，浮于莲叶之上，或在丛蓍之下，其上时有白云蟠蛇"④。对照之下，可见《玉策记》的"千岁之龟"、"五色具焉"，也即《洛书》的"灵龟"、"玄文五色"。而《洛书》的说法又应早存于先秦，并广泛盛行于西汉；《玉策记》的成书年代，虽有惠栋以之为"周秦时书"，但更可能即王明所指出的为"汉时书"，又称"太乙玉策"或"太一玉策"。⑤如《易·系辞上》

---

① （汉）高诱注：《淮南子》，国学整理社编《诸子集成》（七），中华书局 2006 年版，第 218 页。

② 如魏景元二年《赠司空征南将军王基碑》曰："故能野战，则飞虎摧翼。"见《全三国文》卷五十六《魏·阙名（二）》，（清）严可均校辑：《全上古三代秦汉三国六朝文》，中华书局 1958 年版，第 1364 页。

③ 见于《太平御览·卷九三一·鳞介部三·龟》所引。（宋）李昉等撰：《太平御览》，中华书局 1960 年版，第 4137 页。

④ 《抱朴子内篇·对俗》，王明撰：《抱朴子内篇校释》，中华书局 1985 年版，第 47 页。

⑤ 对于《玉策记》，王明注言："本书《遐览篇》著录《玉策记》一卷。清惠栋《易汉学》四云：《玉策记》，周秦时书。明案本篇下文称引《玉策记》及《昌宇经》，《仙药篇》称《太乙玉策》及《昌宇内记》，唐马总《意林》卷四引作《老君玉策》，则《玉策记》殆即《太乙玉策》，《昌宇经》疑即《昌宇内记》。汉代崇祀太一神，《太一玉策》似是汉时书。昌宇、力牧，相传皆黄帝时人。汉代依托黄帝之书颇多，则《昌宇经》似亦汉人造作。惠栋谓《玉策记》周秦时书，其成书年代未免过早。"王明撰：《抱朴子内篇校释》，中华书局 1985 年版，第 56 页。

曰:"河出《图》,洛出《书》,圣人则之"①;孔安国传《尚书·洪范》"天乃锡禹洪范九畴",云:"天与禹洛出书,神龟负文而出,列于背,有数至于九。禹遂因而第之,以成九类,常道所以次叙"②。可见孔安国即认为《洛书》是"神龟负文而出",以显示大禹受天命治理天下的祥瑞之物。又如,与《玉策记》相似的说法,还早见于"褚先生"(即"褚少孙")所补《史记·龟策列传》,这也即是:"臣为郎时,见《万毕石朱方》,传曰:'有神龟在江南嘉林中。……龟在其中,常巢于芳莲之上。……求之于白蛇蟠杅林中者,斋戒以待,譈然,状如有人来告之,因以醮酒佗发,求之三宿而得。'"而《索隐》又解释说:"《万毕术》中有石朱方,方中说嘉林中,故云传曰";"林名白蛇蟠杅林,龟藏其中。……谓白蛇尝蟠杅此林中也。"③可见抱朴子所引《玉策记》与《洛书》同样为西汉流传的谶纬之作,其说法还正是可以追溯到西汉中期的褚少孙与前期的《万毕术》作者刘安。所以,两说结合,则有关"灵龟"为"玄文五色"的说法,即是其被纳入"五行"、又以"玄文"为本色的说明;有关"其上时有白云蟠蛇"的说法,即是对其以"玄龟"为本体的同时,又融合有"白蛇"的神化形象的说明。

五者,即便以不属于"五灵"行列的"乘黄"而言,其艺术造型实际也已经被神化。前述已知"乘黄"具有被看成政治祥瑞的身份,因而由此身份出发,参照"大宛马"又被称作"天马"、"騠駼"又被称作"神马"④的现象,与"麒麟"又有的"天鹿"之称谓,可知"乘黄"正是也可以因于其"灵物"的身份与"马科"的类别,而视为"天马"、"神马"。同时,这种具有神兽地位的骏马,若从其艺术造型来说,则还正是又有着"龙马"的称谓。如颜师古注汉武帝时制定的《郊祀歌》第九章《日出入》中的"訾黄",即提及应劭曰:"訾黄一名乘黄,龙翼而

---

① (清)李道平撰,潘雨廷点校:《周易集解纂疏》,中华书局1994年版,第606页。
② (汉)孔安国传,(唐)孔颖达疏:《尚书正义》,北京大学出版社1999年版,第298页。
③ (汉)司马迁撰:《史记》卷一百二十八,中华书局2013年标点本,第3922页。
④ 郭璞即曰:"騠駼,神马,日行万里。"见于《史记集解》所引。(汉)司马迁撰,(南朝宋)裴骃集解:《史记》卷一百一十七,中华书局2013年标点本,第3680页。

马身，黄帝乘之而仙"，并自言："訾，嗟叹之辞也。黄，乘黄也。"① 可见"乘黄"正是又被描述为"龙翼而马身"的形象，因而汉时应当相应存在以"乘黄"之"马身"，而融合"龙翼"的造型，且与此神化形象相呼应的，也就有"龙马"、"飞黄"这两种已经言及的称谓，以及"龙文"②、"腾黄"③ 这两种尚未提到的称谓。这与以猛虎融合龙首的造型，而称之为"龙虎"、"螭虎"的情况相似；与龙身、虎身有翼的龙、虎形象，可以称之为"飞龙"、"飞虎"的情况类同，说明"飞龙"、"飞虎"、"飞黄"之"飞"，"腾黄"之"腾"，与"龙马"、"龙虎"、"螭虎"之"龙"、"螭"，以及"天马"、"神马"、"天鹿"之"天"、"神"，都不过是作为突显其神兽形象与地位的修饰语而使用。

有关这类称谓对应各自神化形象的情况，以及何为先天动物原型、何为后天附加形象的关系，虽然早在汉时就已经存在模糊不清的现象，但其间作为真实与虚幻的部分，却事实可以考证。比如，就以"龙马"形象的"乘黄"的动物种类而言。将东汉应劭有关其"黄帝乘之而仙"的说法，联系黄帝乃乘龙上天的其他记载，即可知是将"乘黄"看成了"龙属"。如《史记·封禅书》便有关于黄帝"骑龙上天"的传言④；《论衡·纪妖》又有师旷讲述"黄帝合鬼神于西大山"，以"蛟

---

① （汉）班固撰，（唐）颜师古注：《汉书》卷二十二《礼乐志》，中华书局1962年标点本，第4册，第1059—1060页。
② 如《汉书·西域传下》"赞曰"云："蒲梢、龙文、鱼目、汗血之马充于黄门。"颜师古注引孟康曰："四骏马名也。"其中，所谓的"龙文"之马，既不同于有"天马"之称的"汗血之马"，又明确纹饰有"龙"的形象，因而与乘黄"龙翼而马身"的形象对照起来，也便可知应当正是指"乘黄"。（汉）班固撰，（唐）颜师古注：《汉书》卷九十六下，中华书局1962年标点本，第12册，第3928、3929页。
③ 如《抱朴子内篇·对俗》曰："腾黄之马，吉光之兽，皆寿三千岁。"由"腾"与"飞"的语意一致性，可知"腾黄"正应是"飞黄"，因而也即是"乘黄"。王明注还提及："《初学记》二十九引《符瑞图》曰：腾黄，其色黄，一名乘黄，亦曰飞黄。"王明撰：《抱朴子内篇校释》，中华书局1985年版，第47、57页。
④ 《史记·封禅书》记载："黄帝采首山铜，铸鼎于荆山下。鼎既成，有龙垂胡髯下迎黄帝。黄帝上骑，群臣后宫从上者七十余人，龙乃上去。"（汉）司马迁撰：《史记》卷二十八，中华书局2013年标点本，第1674页。对于此事"帝王世纪"中也有提到，其曰："黄帝采首山铜，铸鼎荆山下，有龙垂胡髯而下，迎黄帝，群臣欲从，持龙髯，髯拔，遂坠。"见于徐宗元辑《帝王世纪辑存》，中华书局1964年版，第25页。

第五章　衣镜的麒麟神兽与黄龙形象

龙"为座驾的言论①；新莽时期的"四灵博局镜"中，还多见"上泰山"、"驾龙乘云"的铭文②，因而黄帝乘之上天而升仙的神兽，实则一致所传为的是"龙"，而并非"马"。同时，对于合体神兽"龙马"为"马"的本质，由《汉书·百官公卿表上》所记"掌舆马"的"太仆"属官，包括"龙马、闲驹、橐泉、骑駼、承华五监长丞"③ 的官名，与《汉书·郊祀志下》所载丞相匡衡对于汉成帝的建言以"龙马"与"鸾路"、"骍驹"④ 并举的现象，以及《周礼·夏官·庾人》所云"马八尺以上为龙，七尺以上为䯄，六尺以上为马"⑤ 的称谓方式，又皆可以得到佐证。所以，应劭认为黄帝乘"乘黄"而升仙的说法，应当就是由其融合了"龙翼"的神化形象，与相应而存在的"龙马"的称谓所导致的误解。

而且，这种将"龙马"混同于"龙"的观念，实际还发生在对于"河图"的理解上。有关"河图"当为"龙图"，与"洛书"所为

---

① 《论衡·纪妖》云："平公曰：'清角可得闻乎？'师旷曰：'不可。昔者黄帝合鬼神于西大山之上，驾象舆，六玄（交）龙，毕方并辖，蚩尤居前，风伯进扫，雨师洒道，虎狼在前，鬼神在后，虫蛇伏地，白云覆上，大合鬼神，乃作为清角。今主君德薄，不足以听之。听之，将恐有败。"参照"《韩非子》作'蛟龙'"、"《风俗通·声音篇》亦作'交龙'"，以及"《墨子》：'黄帝合鬼神于泰山，驾象车，六蛟龙'"、"《文选·七发》：'六驾交龙。'李注：'以蛟龙若马而驾之，其数六也'"的情况，此处的"玄"，黄晖先生已经指出："疑'玄'为'交'字之误"，因而"玄龙"实质也为"蛟龙"。黄晖撰：《论衡校释》，中华书局2017年版，第1059页。

② 如有镜铭曰："上大（泰）山，见神人，骖驾交（蛟）龙乘浮云"、"驾非（蜚）龙，乘浮云，白虎引，上大（泰）山，凤凰集，见神鲜（仙）"、"驾青龙，乘浮云，白虎弓（引）"、"驾蜚龙兮乘浮云，白虎引兮上泰山，凤凰集兮见神鲜（仙）"、"上大（泰）山兮见仙人，食玉央（英）兮饮醴泉，驾交（蛟）龙兮乘浮云"、"上此大山见神人，……参（骖）驾蜚龙乘浮云"、"驾非（飞）龙，乘浮云"、"驾蜚龙，乘浮云"等。依次见于《图集》"正文：图288、308、317、318、319、321、328、332"。王纲怀编著：《汉镜铭文图集》，中西书局2016年版，第300、320、329、330、331、333、340、344页。

③ 颜师古注引如淳曰："橐泉厩在橐泉宫下。骑駼，野马也，"并自言："闲，阑也，养马之所也，故曰闲驹。騊駼出北海中，其状如马，非野马也。"（汉）班固撰，（唐）颜师古注：《汉书》卷十九上，中华书局1962年标点本，第3册，第729页。

④ （汉）班固撰，（唐）颜师古注：《汉书》卷二十五下，中华书局1962年标点本，第4册，第1256页。

⑤ 郑玄注："大小异名。《尔雅》曰：'䯄，牡骊牝玄，驹襃骖。'郑司农说以《月令》曰'驾苍龙'。"贾公彦疏："引《尔雅》所释，作《诗》'䯄牝三千'，但诗直言牝不言牡，《尔雅》之意，以诗人美卫文公直牝有三千，其实兼有牡，故云䯄中所有牝则骊色，牡则玄色，兼有驹襃骖。引之者，证䯄是马色。先郑引《月令》者，谓春之三月，天子听朔及祀帝，皆驾苍龙，顺时色。引之，以证龙是马也。"（汉）郑玄注，（唐）贾公彦疏：《周礼注疏》，北京大学出版社1999年版，第867—868页。

"龟书"相对的情况,从文献对此一致的说辞,可见正应是一种主流看法。如《援神契》曰:"德至深泉,则黄龙见,醴泉涌,河出龙图,洛出龟书"①;《春秋纬》曰:"河以通干出天苞,洛以流坤吐地符。河龙图发,洛龟书感"②;张衡《东京赋》曰:"龙图授羲,龟书畀姒"③。又如,《龙鱼河图》云:"伏牺氏王天下,有神龙负图出于黄河"④;《风俗通义·山泽·四渎》云:"河者,播也,播为九流,出龙图也"⑤;《太平御览·卷九三一·鳞介部三·龟》云:"洛书曰灵龟者,玄文五色,神灵之精也"⑥。再如,《今本竹书纪年》记载:黄帝"游于洛水之上","《龟书》出洛,赤文篆字,以授轩辕";帝尧"率群臣东沈璧于洛,至于下昃,赤光起,元龟负书而出,背甲赤文成字,止于坛"⑦。但是,孔安国传《尚书·顾命》却又说:"河图,八卦。伏牺氏王天下,龙马出河,遂则其文以画八卦,谓之河图。"⑧可见孔安国也正是将"龙马"当作了"河龙"、"神龙"。然而,管子"昔人之受命者,龙龟假,河出图,雒出书,地出乘黄"⑨的说法,则无疑明示了有"龙马"之称的"乘黄",与"河龙"、"洛龟"彼此不同的关系。所以,以孔安国生活于汉武帝时期的情况,结合"乘

---

① 见于孔颖达疏《礼记·礼运》所引。(汉)郑玄注,(唐)孔颖达疏:《礼记正义》,北京大学出版社1999年版,第715页。
② 见于郑玄注《易·系辞上》"河出图,洛出书"所引。(清)李道平撰,潘雨廷点校:《周易集解纂疏》,中华书局1994年版,第606页。
③ 薛综注:"《尚书传》曰:伏羲氏王天下,龙马出河,遂则其文,以画八卦,谓之《河图》。又曰:天与禹,洛出书。谓神龟负文而出,列于背";李善曰:"《尔雅》曰:畀,赐也。《史记》,禹姓姒氏。"(南朝梁)萧统编,(唐)李善注:《昭明文选》第三卷,崇文书局2018年版,第70页。
④ [日]安居香山、[日]中村璋八辑:《纬书集成》,河北人民出版社1994年版,第1149页。
⑤ (汉)应劭撰,王利器校注:《风俗通义校注》,中华书局2010年版,第461页。
⑥ (宋)李昉等撰:《太平御览》,中华书局1960年版,第4137页。
⑦ 王国维撰,黄永年校点:《古本竹书纪年辑校·今本竹书纪年疏证》,辽宁教育出版社1997年版,第40、44页。
⑧ (汉)孔安国传,(唐)孔颖达疏:《尚书正义》,北京大学出版社1999年版,第503页。
⑨ 见于《管子·小匡》。戴望注:"假,至也";"乘黄,神马也。《坤》利牝。马之贞,故从地出,若汉之渥洼神马之比。"黎翔凤撰,梁运华整理:《管子校注》,中华书局2018年版,第470页。

第五章 衣镜的麒麟神兽与黄龙形象

黄"以"龙翼而马身"的形象与"龙马"的身份存在于汉武帝时《郊祀歌》中的情况,可知这种形象的与身份的"乘黄"造型,也恰是应当在汉武帝时便已经被创造出来。

综上所述,则具有"灵物"身份的真实鸟兽的艺术形象,在汉武帝以来正是已经发生了神化,这不仅包括龙、凤、麟这类非常之物与虎、龟这类迄今尚存的常物,也涵盖了不在麟、凤、龟、龙、虎这些"五灵"行列的"乘黄",而这无疑意味着具有"五灵"首要地位的"麟",其动物原型予以文化加工与艺术改造,也正是顺应了当时社会对于灵物加以神化的艺术潮流与时代风气。若参照乘黄"龙翼而马身"的描述,与"龙马"、"龙虎"的称谓,则"麒麟"兼容"黄龙"的神化形象,也可以相应称为"龙麟";"蛰虞"与"龙虎"的身体之"翼",虽渊源自鸟翼,也不妨按汉时的思维与语言习惯看成"龙翼";对应乘黄、猛虎、麒麟这种"龙翼"形象的合理称谓,也就有彰显它们腾飞异能的"飞马"、"飞虎"、"飞麟"[①]等。而可以与"飞麟"的称谓相呼应的,还有"麟振"等词语。如《淮南子·兵略训》"鸾举麟振,凤飞龙腾,发如秋风,疾如骇龙"[②]的说法中,以"麟振"与"龙腾"、"鸾举"、"凤飞"并举的现象,即是认为"麟"同样具有振翅而腾飞的能力。所以,总结"乘黄"、"猛虎"都如同"麒麟"融合有"龙"的形象来看,"蛰虞"以"麒麟"本体而兼容"黄龙"的形象,也就还运用的是当时艺术创作的常用神化方式。

四 功能学角度性情互补的合理

从功能学角度而言,以仁兽"麟"合并凶兽"龙"的形象,还可以借助性情的互补更好地满足被据以辟邪除凶的功用需求。

一方面,参照汉人对于"玄武"为"龟蛇"星象的看法,可知用以匹

[①] 曹植《陌上桑》曰:"望云际,有真人。安得轻举继清尘。执电鞭,驰飞麟。"(明)张溥:《汉魏六朝百三家集》卷二十七,《钦定四库全书荟要·集部》,第41a—41b页。

[②] (汉)高诱注"疾如骇龙",曰:"龙鱼也,飞之疾者也"。(汉)高诱注:《淮南子》,国学整理社编《诸子集成》(七),中华书局2006年版,第258页。

配"五星"的"五灵"神化形象,其所兼容的对象正是也将特性的互补纳为考虑因素。比如,由孔颖达针对《礼记·曲礼上》有关军行时后方旗帜绘以"玄武"星象的做法,所解释的"军后须殿捍,故用玄武。玄武,龟也,龟有甲,能御侮用也"①,可知北方"玄武"星象正是以"龟"为本质,且相应被用于军行后方的旗帜,而其原因便是取"龟甲"具有"御侮"之用。又如,由郑玄注《周礼·春官·司常》所言"龟蛇,象其扞难辟害也",与贾公彦对其"龟有甲,能扞难,蛇无甲,见人退之,是避害也"②的疏语,又可见"龟"因于"龟甲"而具有"扞难"、"御侮"功用的同时,隶属"玄武"星象的"蛇",则因于"无甲"而具有"见人退之"的"辟害"天性。再联系上举西汉存在以"龟蛇"形状的"玄武"为门饰铺首的情况,也就可知龟、蛇合体的"玄武",还正是被汉人用以守卫门户。所以,结合蛇"辟害"的天性与龟"扞难"的性能恰好可以互为补充,从而确保安全无虞的情况来看,以"龟蛇"为"玄武"星象,则正是考虑了这种特性互补的因素。

另一方面,由《衣镜赋》第二章的内容,可知麒麟神化之后的"蜚虡"神兽,也承担着汉人"辟非常""守户房""毋凶殃"③的文化功用。与此相应,为"蜚虡"所对应的"勾陈",也被据以"当兵"、除凶,而充当着天地壁垒的作用。如扬雄《甘泉赋》即曰:"伏钩陈使当兵,属堪舆以壁垒兮,捎夔魖而抶獝狂"④;《管城硕记·天文考异一》云:"《水经注》曰:紫微有勾陈之宿,主鬭讼兵阵。"⑤ 其中,"钩陈"即"勾陈";"夔魖"、"獝狂"即代表着鬼怪

---

① (汉)郑玄注,(唐)孔颖达疏:《礼记正义》,北京大学出版社1999年版,第82—83页。
② (汉)郑玄注,(唐)贾公彦疏:《周礼注疏》,北京大学出版社1999年版,第733、734页。
③ 王意乐、徐长青、杨军、管理:《海昏侯刘贺墓出土孔子衣镜》,《南方文物》2016年第3期,第64页。
④ 颜师古注:"梢,击也。抶,笞也。"且引孟康曰:"木石之怪曰夔,夔神如龙,有角,人面。魖,耗鬼也。獝狂亦恶鬼也。"(汉)班固撰,(唐)颜师古注:《汉书》卷八十七上《扬雄传上》,中华书局1962年标点本,第11册,第3522—3523页。
⑤ (清)徐文靖撰,范祥雍点校:《管城硕记》卷之二十七,上海古籍出版社2013年版,第565页。

第五章 衣镜的麒麟神兽与黄龙形象

凶物;"堪舆"即指天地;"主斗讼兵阵",即"主凶"。为"勾陈"所隶属的"黄帝",也被汉人看作最为重要的"除凶"天神。这从《汉镜铭文图集》所收录的汉镜铭文,以"黄帝除凶"四字为常见的情况可知。如其《附表一》序号65—68、70—71、73—82的16枚东汉铜镜,正是皆有这四字铭文[①];正文图442、488、489、491、492的五枚东汉末年镜铭,则还都存在"黄帝除凶,朱鸟玄武,白虎青龙"[②] 的言辞,而以此对比其他"五灵"、"五星"的说法,皆可确定所谓"除凶"的天神"黄帝",又正是与神化"麒麟"(即"螭虞")与"勾陈"相对应。所以,汉人眼中作为天上神兽的"麒麟",正是应当具有着辟邪除凶的神异功用。

然而,对于作为真实动物的麒麟,汉人又将之定位为"仁兽"。如有关《诗·周南·麟之趾》的"麟之角",毛亨传:"麟角,所以表其德也";郑玄注:"麟角之末有肉,示有武而不用"[③]。而《说文》又言:"麒麟,仁兽也",段玉裁注则还指出这种说法源自《公羊传》的"麟者,仁兽也",且何谓"仁兽",即正如何休注所言明的"一角而戴肉。设武备而不为害。所以为仁也"[④]。这也意味着,在《公羊传》兴起的汉武帝时期,为其时所获的"白麟",正是也已然被看成"仁兽",因而若仅仅依据其"有武而不用"、"设武备而不为害"这种不好搏斗的性情,也就难以满足所赋予它辟邪除凶的神兽功用。所以,从现实功用的角度出发,则麒麟的形象也有着神化的合理性,而为之所兼容的对象也自然应当为某种能够互补而善斗的"凶兽"。

同时,就黄帝乘之上天的"龙"来说,又恰是西汉人眼中的凶兽

---

① 王纲怀编著:《汉镜铭文图集》,中西书局2016年版,第572—573页。
② 其中,"凶"皆写作"兇";图442的"除"写作"余";图489的"帝"写作"牙";图488、图489、图491、图492都为东汉末年汉献帝时的纪年镜,分别为"建安七年造作"(202年)、"建安八年作"(203年)、"建安十年造"(205年)、"建安十年示氏造"(205年)。依次见于王纲怀编著《汉镜铭文图集》,中西书局2016年版,第462、512、513、515、516页。
③ (汉)毛亨传,(汉)郑玄笺,(唐)孔颖达疏:《毛诗正义》,北京大学出版社1999年版,第61页。
④ (汉)许慎撰,(清)段玉裁注:《说文解字注》,上海古籍出版社1988年版,第470页。

代表。而这不仅可以由《淮南子·说林训》"神龙不匹,猛兽不群,鸷鸟不双"①的言论,将"神龙"单列而与"猛兽"、"鸷鸟"并提的现象观之,也还可以由其时流传的"女娲补天"、"文身断发"、"叶公好龙"这些历史典故所察见。比如,对于女娲补天的方式和效果,《淮南子·览冥训》云:"鍊五色石以补苍天,断鳌足以立四极,杀黑龙以济冀州,积芦灰以止淫水。苍天补,四极正,淫水涸,冀州平,狡虫死,颛民生。"②可见"黑龙"明显属于危害"颛民"生命的"狡虫"范畴,为女娲"除凶"的对象。又如,由《史记·周本纪》与《吴太伯世家》关于周太王(即"古公")长子太伯、次子仲雍(即"虞仲")为避让少子季历,而"奔荆蛮,文身断发,示不可用"③的故事,可知"文身断发"本是区别于华夏之礼的一种荆蛮之俗。而为何形成有这样的地方习俗?结合《淮南子·原道训》"九疑之南,陆事寡而水事众,于是民人被发文身,以象鳞虫"的说法,以及高诱"被,翦也。文身,刻画其体,内默其中,为蛟龙之状以入水,蛟龙不害也,故曰以象鳞虫也"④的解释,又可知太伯、仲雍"文身"的对象正是"鳞虫"之"蛟龙",而这种"九疑之南"的"荆蛮"习俗,又正是出于避免蛟龙伤害的目的。再如,由《新序·杂事五·子张见鲁哀公章》所记子张对鲁哀公讲到的"叶公子高好龙,钩以写龙,凿以写龙,屋室雕文以写龙,于是天龙闻而下之,窥头于牖,拖尾于堂,叶公见之,

---

① (汉)高诱注:《淮南子》,国学整理社编《诸子集成》(七),中华书局 2006 年版,第 295 页。

② (汉)高诱注:"女娲,阴帝,佐虙戏治者也";"鳌,大龟,天废顿,以鳌足柱之。《楚辞》曰'鳌载山下,其何以安之',是也";"黑龙,水精也,力牧太稽杀之以止雨。济,朝也。冀,九州中谓今四海之内"。(汉)高诱注:《淮南子》,国学整理社编《诸子集成》(七),中华书局 2006 年版,第 95 页。

③ 《集解》引应劭曰:"常在水中,故断其发,文其身,以象龙子,故不见伤害。"(汉)司马迁撰,(南朝宋)裴骃集解:《史记》卷四、卷三十一,中华书局 2013 年标点本,第 149—150、1747—1748 页。

④ (汉)高诱注:《淮南子》,国学整理社编《诸子集成》(七),中华书局 2006 年版,第 6 页。

弃而还走，失其魂魄，五色无主"①的传言，可知让叶公"失其魂魄"的真龙，于汉人正是凶猛的印象。

而且，由汉镜铭文"青龙喜怒无（毋）央（殃）咎"②、"交（蛟）龙除邪顺阴阳"③的说法，还可知"蛟龙"这种"喜怒"凶猛的性情，又正是被汉人据以"毋殃咎"、"除邪"的凭借，因而对比《衣镜赋》"蜚虞"被据以"毋凶殃"、"辟非常"的同义之辞，即可以明确为黄帝升仙神兽的"龙"，正是麒麟形象可以兼容的最佳凶兽的类别。只是，再结合上述有关"黄龙"在五行理论之中，与神司"中央土"的"黄帝"之间的相关必然联系来看，所兼容的最佳对象又具体指向"黄龙"。至于能够体现"黄龙"为"凶兽"的形象特征，参照《韩非子·说难》"夫龙之为虫也，柔可狎而骑也。然其喉下有逆鳞径尺，若人有婴之者，则必杀人。人主亦有逆鳞，说者能无婴人主之逆鳞，则几矣"④的说法，可知应当是能够标志其为"鳞虫"类别、为"鳞虫之长"⑤身份的"龙鳞"。而对于以"龙鳞"象征"龙文"的这种推测，不仅可以由司马相如《子虚赋》"众色炫耀，照烂龙鳞"⑥与《法言·渊骞卷》"攀龙鳞，附凤翼"⑦的说法感

---

① （汉）刘向编著，石光瑛校释，陈新整理：《新序校释》，中华书局2017年版，第766—767页。对于这则典故，《论衡·乱龙篇》云："楚叶公好龙，墙壁槃盂皆画龙。必以象类为若真是。"黄晖先生则还提到《庄子》、《申子》也有记载。其中，今本《庄子》逸，其文见于《困学纪闻》十，曰："叶公子高之好龙，屋室雕龙，画写以龙。于是天龙下之，窥头于牖，拖尾于堂。叶公见之，失其魂魄。"见黄晖撰《论衡校释》，中华书局2017年版，第810、811页。

② 见于《图集》"附表二：序号77"。王纲怀编著：《汉镜铭文图集》，中西书局2016年版，第586页。

③ 见于《图集》"正文：图378"。王纲怀编著：《汉镜铭文图集》，中西书局2016年版，第396页。

④ （清）王先慎：《韩非子集解》，国学整理社编《诸子集成》（五），中华书局2006年版，第66页。

⑤ 《论衡·龙虚篇》即曰："龙为鳞虫之长"、"鳞虫三百，龙为之长"。其中，"鳞虫三百，龙为之长"的说法，又早出自《大戴礼记·易本命》。黄晖撰：《论衡校释》，中华书局2017年版，第331、332页。

⑥ 《集解》引郭璞曰："如龙之鳞采。"（汉）司马迁撰，（南朝宋）裴骃集解：《史记》卷一百一十七《司马相如列传》，中华书局2013年标点本，第3642、3644页。

⑦ 汪荣宝撰，陈仲夫点校：《法言义疏》，中华书局1987年版，第417页。

知，与曹丕《剑铭》所言"又造百辟露陌刀一，长三尺二寸，状如龙文，名曰龙鳞"[1]的宝刀命名得到验证，也可以被扬雄《甘泉赋》对于甘泉宫钟虡"金人仡仡其承钟虡兮，嵌岩岩其龙鳞"[2]的描述所证实。所以，西汉的钟虡象物，正是还有着仿似"龙鳞"开张之貌，以类若"真龙之形"的做法，而这种象物也就正是称之为"蛮虡"的神化麒麟。

这也就意味着，无鳞之"麟"与有鳞之"龙"的合体，正类似于有甲之"龟"与无甲之"蛇"的合体，而同样存在着性情可以互补的关系，上举蔡邕《月令章句》之中"玄武龟蛇"与"大角轩辕麒麟"的说法，及其被置于"天官五兽"之后二者的做法，也即由于"玄武"与"勾陈"星象这种合体与互补的相似性。至于合体之后的"麒麟"与"黄龙"，于文化意识之中的性情，也就还相应而发生了中和。比如，在兼容"黄龙"形象之后的"麒麟"，被赋有辟邪除凶神能的同时，为"麒麟"所合并之后的"黄龙"，也与"土德"、"黄帝"可以更好地匹配。因为由主父偃"夫怒者逆德也"[3]的明确说法，可知龙属的"黄龙"作为"凶兽"本身，是有悖于儒家的道德学说的。但既然附属于麒麟而存在，也便为其"仁兽"的性情所统辖，因而以之为神兽的"黄帝"，在相对其"凶兽"的性情而为"除凶"天神的同时，也还与麒麟为"仁兽"的性情相适应而以"主德"为神职。如《史记·天官书》即有填星"曰中央，土，主季夏，日戊己，黄帝，主德"与太白"曰西方，秋，日庚辛，主杀"[4]的相对说

---

[1]《全三国文》卷八《魏文帝》，（清）严可均校辑：《全上古三代秦汉三国六朝文》，中华书局1958年版，第1097页。

[2] 颜师古注："仡仡，勇健状。嵌，开张貌，言其鳞甲开张，若真龙之形也"；李善注："孔安国《尚书传》曰：仡仡，壮勇之貌也。嵌，开张之貌也。龙鳞，似龙之鳞也"。（汉）班固撰，（唐）颜师古注：《汉书》卷八十七上《扬雄传上》，中华书局1962年标点本，第11册，第3526—3527页；（南朝梁）萧统编，（唐）李善注：《昭明文选》第七卷，崇文书局2018年版，第224页。

[3]（汉）司马迁撰：《史记》卷一百一十二《平津侯主父列传》，中华书局2013年标点本，第3578页。

[4]（汉）司马迁撰：《史记》卷二十七，中华书局2013年标点本，第1574、1577页。

法。由此可见,"黄帝"与作为其天宫坐位的"填星"(即"勾陈"),正是与为其匹配的神化"麒麟"形象相应,而兼具麒麟之"主德"与黄龙之"除凶"的两面性能。因此,汉人以蜚虞象物与祠祭黄帝所寄寓的期望,实际也包括"解殃咎"与"求福祥"①这样相通的两面。

五 民族学角度夷夏太平的合理

从民族学的角度而言,以代表四夷的"麒麟"形象与标志华夏的"黄龙"融合,还蕴含着怀柔四夷与夷夏和平的深层内涵。

一方面,有关"龙"为"华夏"民族的标志,实则无可争议。这突出表现在华夏出身的帝王,无不通过标榜自己与"龙"的联系,以彰显政权的正统性。比如,以脱胎于华夏民族的汉王朝来说。《史记·高祖本纪》记载:高祖"其先刘媪尝息大泽之陂,梦与神遇。是时雷电晦冥,太公往视,则见蛟龙于其上。已而有身,遂产高祖"②。可见正是将汉高祖附会为感"蛟龙"所生,以显示其得天命的神圣。又如,以华夏民族渊源的夏王朝来说。《左传·昭公二十九年》记载:晋太史蔡墨提及"帝赐"夏王孔甲"乘龙","河、汉各二,各有雌雄"③;《礼记·明堂位》又追述:夏后氏行灌礼用"龙勺"、行乐礼用"龙簨虡"④。可见夏人正是以龙为天帝赐予夏王的神兽,并将其形状用作夏礼重器的纹饰。再如,以夏王朝的开创者大禹来说。《归藏·启筮》曰:"鲧死三岁不腐,剖之以吴刀,化为黄龙"⑤;《淮南子·精神训》

---

① 《史记·封禅书》记载有人上书言:古者天子"祠黄帝用一枭破镜。"《索隐》曰:"谓祠祭以解殃咎,求福祥也。"(汉)司马迁撰,(唐)司马贞索隐:《史记》卷二十八,中华书局2013年标点本,第1666页。
② (汉)司马迁撰,(唐)司马贞索隐:《史记》卷八,中华书局2013年标点本,第435页。
③ (周)左丘明传,(晋)杜预注,(唐)孔颖达正义:《春秋左传正义》,北京大学出版社1999年版,第1504—1505页。
④ (汉)郑玄注,(唐)孔颖达疏:《礼记正义》,北京大学出版社1999年版,第946、949页。
⑤ 见于袁珂注《山海经·海内经》"鲧复生禹"所引郭璞之言。袁珂校注:《山海经校注》,北京联合出版公司2014年版,第396页。

· 345 ·

与《今本竹书纪年》又都言及帝禹南方巡守,济江"黄龙负舟"而不为害的故事①。还如,以夏民族的祖先来说。《宋书·符瑞志上》、《今本竹书纪年》、《帝王世纪》又都有帝尧感"赤龙"所生的传说②;《大戴礼记·五帝德》则还记载孔子曰:"颛顼,黄帝之孙,昌意之子也,曰高阳。……乘龙而至四海。"③可见大禹、帝尧、颛顼这些华夏民族祖先,都一致性地与"龙"发生了联系,或生而为"黄龙",或感"赤龙"而生,或以"乘龙"而巡守等。

尤其是,颛顼之臣,还正是有名曰"飞龙"④的;黄帝之臣,还正是有名曰"应龙"⑤的,且属于仰韶文化遗存的濮阳西水坡 M45 墓中和附近发现的三组蚌壳图案,所呈现的腾飞之状的龙形与人骑龙的造型⑥,还正是可以与黄帝骑龙升天的传说相印证,因而"龙"本初为华夏民族的真实图腾可以确定。所以,黄帝乘龙上天的汉人传说,与其他华夏民

---

① 《淮南子·精神训》云:"禹南省方,济于江,黄龙负舟,舟中之人五色无主,禹乃熙笑而称曰:'我受命于天,竭力而劳万民,生寄也,死归也,何足以滑和,视龙如蝘蜒,颜色不变,龙乃弭耳掉尾而逃'";《今本竹书纪年》记载:禹"南巡狩,济江,中流有二黄龙负舟,舟人皆惧。禹笑曰:'吾受命于天,屈力以养人。……奚忧龙哉!'龙于是曳尾而逝"。分别见(汉)高诱注《淮南子》,国学整理社编《诸子集成》(七),中华书局2006年版,第106页;王国维撰,黄永年校点:《古本竹书纪年辑校·今本竹书纪年疏证》,辽宁教育出版社1997年版,第49页。

② 《宋书·符瑞志上》记载:"帝尧之母曰庆都,生于斗维之野,常有黄云覆护其上。及长,观于三河,常有龙随之。一旦龙负图而至,其文曰:'亦受天祐。'……赤龙感之。孕十四月而生尧于丹陵,其状如图";《今本竹书纪年》记载:帝尧陶唐氏,"母曰庆都,……观于三河,常有龙随之。一旦龙负图而至,其文要曰:'亦受天佑。'……既而阴风四合,赤龙感之,孕十四月而生尧于丹陵";《帝王世纪》云:"帝尧陶唐氏,祁姓,母庆都,出洛渚,遇赤龙,感孕,十四月而生帝于丹陵"。(梁)沈约撰:《宋书》卷二十七,《钦定四库全书·史部》,第4a页;王国维撰,黄永年校点:《古本竹书纪年辑校·今本竹书纪年疏证》,辽宁教育出版社1997年版,第42页;徐宗元辑:《帝王世纪辑存》,中华书局1964年版,第31页。

③ (清)王聘珍撰,王文锦点校:《大戴礼记解诂》,中华书局1983年版,第120页。

④ 如《吕氏春秋·仲夏纪·古乐》记载:"帝颛顼好其音,乃令飞龙作效八风之音,命之曰《承云》";《帝王世纪》云:"颛顼命飞龙放八风之音"。(汉)高诱注:《吕氏春秋》,国学整理社编《诸子集成》(六),中华书局2006年版,第52页;徐宗元辑:《帝王世纪辑存》,中华书局1964年版,第29页。

⑤ 如《山海经·大荒北经》曰:"蚩尤作兵伐黄帝,黄帝乃令应龙攻之冀州之野。应龙畜水,蚩尤请风伯雨师,纵大风雨";《帝王世纪》提到:"黄帝使应龙杀蚩尤于凶黎之谷"。见袁珂校注《山海经校注》,北京联合出版公司2014年版,第362页;徐宗元辑《帝王世纪辑存》,中华书局1964年版,第24页。

⑥ 孙德萱等:《河南濮阳西水坡遗址发掘简报》,《文物》1988年第3期,第3—4页;丁清贤、张相梅:《1988年河南濮阳西水坡遗址发掘简报》,《考古》1989年第12期,第1059页。

族的帝王与"龙"之间的密切联系,不仅是《史记·封禅书》所记李少君这种方士言于汉武帝"致物而丹沙可化为黄金,黄金成以为饮食器则益寿,益寿而海中蓬莱仙者乃可见,见之以封禅则不死,黄帝是也"①的虚妄之说,还本身具有着民族学的依据。与此相应,《史记·封禅书》还记载早在春秋初年管仲劝谏齐桓公"欲封禅"便有"黄帝封泰山,禅亭亭"的说法,与战国"秦灵公作吴阳上畤,祭黄帝"之事②;前举《论衡·纪妖》有关师旷讲述黄帝以"蛟龙"为座驾而"合鬼神于西泰山之上"的事情,实则又早存在于《韩非子·十过》之中③。

只是,由于后来逐渐少见的客观情况与不为人所识的主观因素,最初为华夏民族图腾的"龙",才进而成为孔子口中的"水怪"与世人眼中的虚幻"神兽"。如《史记·孔子世家》即记载孔子称之为"水之怪龙",而裴骃则引韦昭曰:"龙,神兽也,非常见,故曰怪"。④ 而且,因为后人在迎合历史传说的同时,还附会了"五行"的文化理论,这才又导致了"赤龙"、"黄龙"等"五色"之龙的存在。就汉武帝改朔易服以来的情况来说,与汉王朝的"土德"相适应,"黄龙"也变而成为"五龙"之中的最为尊贵者,以及汉人所歌颂的主要对象。如司马相如《封禅文》"宛宛黄龙,兴德而升;采色炫燿,熿炳煇煌。……于传载之,云受命所乘"⑤的说法,便是将象征"土德"的"黄龙",视作帝王"受命"的符瑞。然而,在汉武帝"上黄"的这种礼制确立之

---

① (汉)司马迁撰:《史记》卷二十八,中华书局2013年标点本,第1665页。
② (汉)司马迁撰:《史记》卷二十八,中华书局2013年标点本,第1637—1638、1641页。
③ 师旷对于晋平公解释黄帝"清角"之乐而提及的此事,《论衡·纪妖》与《韩非子·十过》的说法基本相同。《韩非子·十过》云:"平公曰:'清角可得而闻乎?'师旷曰:'不可。昔者黄帝合鬼神于西泰山之上,驾象车而六蛟龙,毕方并辖,蚩尤居前,风伯进扫,雨师洒道,虎狼在前,鬼神在后,腾蛇伏地,凤皇覆上,大合鬼神,作为清角。今主君德薄,不足听之。听之将恐有败。'"王先慎注:"有小泰山称东泰山,故泰山为西泰山。"(清)王先慎:《韩非子集解》,国学整理社编《诸子集成》(五),中华书局2006年版,第44页。
④ (汉)司马迁撰,(南朝宋)裴骃集解:《史记》卷四十七,中华书局2013年标点本,第2317页。
⑤ (汉)司马迁撰:《史记》卷一百一十七《司马相如列传》,中华书局2013年标点本,第3720页。

前，汉高祖感龙所生的传说，实际还有看成以"赤龙"为对象的情况。如高祖起义之初"拔剑击斩蛇"的史事，正是被附会为"赤帝子"斩杀"白帝子"①，而西汉纬书《诗含神雾》所云"赤龙感女媪，刘季兴"②的说法，即意味着与作为"白帝子"化身的"白蛇"相对应，斩杀白蛇的"赤帝子"刘邦正是"赤龙"的化身，后来汉文帝祭祀"五帝"以"上赤"而"答礼"，也即与这种观念相适应。所以，后世南朝梁《宋书·符瑞志中》与孙柔之《孙氏瑞应图》，皆言"黄龙"为"四龙之长"③的说法，以及视"真龙天子"为"黄龙"化身的意识，应当渊源于汉武帝所确立的汉礼，而自此汉礼制定以来，"黄龙"也便是汉王朝的民族标志，且抛开"黄龙"之"黄"的五行之色不论，"龙"也还是汉王朝所源自的华夏民族的代表性图腾物。

另一方面，"龙"的这种民族真实性，实际也存在于麒麟之身。《汉书·宣帝纪》记载：神爵元年三月，宣帝"诏曰：九真献奇兽，南郡获白虎威凤为宝。朕之不明，震于珍物。"④可见所谓的"珍物"，正是指"九真"、"南郡"两处异族属地所分别献贡的"奇兽"与"白虎威凤"。而对于"奇兽"与"异族"的这种联系，从先秦对于"奇兽"的定义与汉人其他相关的运用情况，也可以明确。如《尚书·旅獒》记载：太保召公训谏周成王有"珍禽奇兽不育于国"⑤的说法；《汉

---

① 《史记·高祖本纪》记载："高祖以亭长为县送徒郦山，徒多道亡。自度比至皆亡之，到丰西泽中，止饮，夜乃解纵所送徒。曰：'公等皆去，吾亦从此逝矣！'徒中壮士愿从者十余人。高祖被酒，夜径泽中，令一人行前。行前者还报曰：'前有大蛇当径，愿还。'高祖醉，曰：'壮士行，何畏！'乃前，拔剑击斩蛇。蛇遂分为两，径开。行数里，醉，因卧。后人来至蛇所，有一老妪夜哭。人问何哭，妪曰：'人杀吾子，故哭之。'人曰：'妪子何为见杀？'妪曰：'吾子，白帝子也，化为蛇，当道，今为赤帝子斩之，故哭。'人乃以妪为不诚，欲告之，妪因忽不见。后人至，高祖觉。后人告高祖，高祖乃心独喜，自负。诸从者日益畏之。"（汉）司马迁撰：《史记》卷八，中华书局2013年标点本，第442—443页。
② 见于《史记索隐》所援用。（汉）司马迁撰，（唐）司马贞索隐：《史记》卷八《高祖本纪》，中华书局2013年标点本，第437页。
③ 分别见于（梁）沈约撰《宋书》卷二十八，《钦定四库全书·史部》，第6b页；（宋）李昉等撰《太平御览》卷九百三十《鳞介部二》，中华书局1960年版，第4133页。
④ （汉）班固撰，（唐）颜师古注：《汉书》卷八，中华书局1962年标点本，第1册，第259页。
⑤ （汉）孔安国传，（唐）孔颖达疏：《尚书正义》，北京大学出版社1999年版，第329页。

· 348 ·

第五章 衣镜的麒麟神兽与黄龙形象

书·景十三王传》记载：江都王刘建欲谋反，而"遣人通越繇王闽侯"，繇王、闽侯"遗建荃、葛、珠玑、犀甲、翠羽、蝯熊奇兽"①，因而汉宣帝诏书所言的"奇兽"，正应是"九真"具有民族代表性的特产。至于此处"奇兽"的具体所指，结合《论衡·讲瑞篇》"孝宣之时，九真贡，献驎"②（按："驎"本应写作"麟"，这种混用的写法《论衡》多见）的说法，以及张衡《西京赋》描述汉皇室林苑所言"西郊则有上囿禁苑，林麓薮泽，陂池连乎蜀汉。……其中乃有九真之麟，大宛之马。黄支之犀，条支之鸟。踰崑崙，越巨海。殊方异类，至于三万里"③ 的赋文，即可以确定就是指"九真之麟"。

对此"麟"的异族身份，在汉武帝阶段实则也已经被华夏人所认识。这从建议汉武帝罢黜百家、独尊儒术的董仲舒所传《春秋》正为"《公羊氏》"④，而《公羊传·哀公十四年》解释西狩获麟"何以书"，又明言"记异也。何异尔？非中国之兽也"⑤ 的说法可知。所以，从汉人对于麒麟"非中国之兽也"的这种认知，以及将"九真之麟"与"大宛之马"、"黄支之犀"、"条支之鸟"并为"踰崑崙，越巨海"而远至的"殊方异类"的定位来看，它们作为地域民族的特产之物，还正是被看成献贡之四夷的民族象征。相关于它们的"奇兽"、"珍物"、"珍禽"等称谓，则既是对它们四夷民族身份的一种说明，也是对华夏民族奉之为珍宝的心

---

① 颜师古注："许慎云：'荃，细布也。'字本作絟，……盖今南方筩布之属皆为荃也。葛即今之葛布也"；"玑谓珠之不圜者也"。（汉）班固撰，（唐）颜师古注：《汉书》卷五十三，中华书局1962年标点本，第8册，第2417页。

② 黄晖撰：《论衡校释》，中华书局2017年版，第858页。

③ 李善注："《汉书》，宣帝诏曰：九真献奇兽。晋灼《汉书注》曰：驹形，麟色，牛角。又《武纪》曰：贰师将军广利斩大宛王首，获汗血马。又曰：黄支自三万里贡生犀。条枝国临西海，有大鸟，卵如瓮。"（南朝梁）萧统编，（唐）李善注：《昭明文选》第一卷，崇文书局2018年版，第7—8页。

④ 《史记·儒林列传》记载："董仲舒，广川人也。以治《春秋》，孝景时为博士。……今上即位，为江都相。以《春秋》灾异之变推阴阳所以错行，……中废为中大夫，居舍，著《灾异之记》。……至卒，终不治产业，以修学著书为事。故汉兴至于五世之间，唯董仲舒名为明于《春秋》，其传《公羊氏》也。"（汉）司马迁撰：《史记》卷一百二十一，中华书局2013年标点本，第3799页。

⑤ 何休解："谓有圣帝明王，然后乃来，则知不应华夏无矣。然则以其非中国之常物，故曰非中国之兽，不谓中国不合有。"（汉）公羊寿传，（汉）何休解诂，（唐）徐彦疏：《春秋公羊传注疏》，北京大学出版社1999年版，第618页。

态体现。这种对于异族之物的追捧现象，虽然受到了汉昭帝之朝主张效仿周公"执礼以治天下"的"贤良"的批判，而认为"今乃以玩好不用之器、奇虫不畜之兽、角抵诸戏、炫耀之物陈夸之"的做法，既不符合"今万方绝国之君奉赞献者，怀天子之盛德，而欲观中国之礼仪"的初衷，又"殆与周公之待远方殊"，且这些华夏人眼中的"奇虫不畜之兽"，也正是"南夷之所多"的"犀象兕虎"，与"北狄之常畜"的"骡驴馲駞"，以及"中国所鲜，外国贱之"的南越"孔雀"等。① 但是，以四夷贡纳的民族之物为稀罕珍宝的这种心态，以及用以招待"万方绝国之君"的这种做法，若结合汉武帝以来华夷"大一统"思想占据意识主流的情况，即可见其中应当贯彻着怀柔四夷的统治策略与希冀华夷和平、天下一统的心愿。

与此相应，《史记·孝武本纪》记载：在汉武帝的封禅大典礼毕之后，武帝还有"纵远方奇兽蜚禽及白雉诸物，颇以加祠"② 的仪式。而且，仅就上述文献提及的麟、虎、凤、大宛马、犀，这些在华夏具有特殊文化身份与用途的"远方奇兽蜚禽"而言，"麟"有着匹配为中央神兽的地位，汉武帝曾因获麟而改元为"元狩"③；"虎"被看成西方神兽，汉宣帝曾因"南郡获白虎，献其皮牙爪"而为之"立祠"④；"凤"被视作南方神鸟，汉宣帝曾因凤至而改元为"五凤"⑤；"大宛马"又被

---

① 《盐铁论·崇礼》，王利器校注：《盐铁论校注》，中华书局2015年版，第487—488页。
② （汉）司马迁撰：《史记》卷十二，中华书局2013年标点本，第603页。对此，《封禅书》有着基本相同的言论，只是"祠"写为"礼"。见（汉）司马迁撰《史记》卷二十八，中华书局2013年标点本，第1679页。
③ 《史记·封禅书》记载："有司言元宜以天瑞命，不宜以一二数。一元曰'建'，二元以长星曰'光'，三元以郊得一角兽曰'狩'云。"而所谓"一角兽"，即是指"麟"。（汉）司马迁撰：《史记》卷二十八，中华书局2013年标点本，第1669页。
④ （汉）班固撰，（唐）颜师古注：《汉书》卷二十五下《郊祀志下》，中华书局1962年标点本，第4册，第1249页。
⑤ 对于汉宣帝年间因为祥瑞而改元之事，文献多有总结性的记载。如《论衡·指瑞》云："孝宣皇帝之时，凤皇五至，骐驎一至，神雀、黄龙、甘露、醴泉，莫不毕见，故有五凤、神雀、甘露、黄龙之纪"；《后汉书·光武帝纪下》记载：中元元年夏的"群臣奏言"，提到"孝宣帝每有嘉瑞，辄以改元，神爵、五凤、甘露、黄龙，列为年纪，盖以感致神祇，表彰德信。是以化致升平，称为中兴"。分别见黄晖撰《论衡校释》，中华书局2017年版，第866页；（南朝宋）范晔撰：《后汉书》卷一下，中华书局1965年标点本，第1册，第82—83页。

汉武帝命名为"天马"①;"犀"则早在李冰治都江堰时便被用之"以厌水精"②,因而在这些地位有着高低分别的异族鸟兽之间,代表"五方"之中央主位的"麒麟",正是具有位列首位的身份。以此再来比较《汉书》、《西京赋》对于这些奇异禽兽的叙述先后,可见都以"九真之麟"为首先提及对象的这种顺序,即当与其位居汉时四夷民族鸟兽之首的地位相呼应。所以,作为四方民族贡纳"珍物"代表的麒麟,自然也便具有象征四夷民族的意义。

究其原因,也便与汉武帝以来倡导"孔圣儒学"的国策,以及儒学又将麒麟定位为"仁兽"的意识直接相关,因而汉儒在称颂唐尧、虞舜、周成等古代圣王之时,往往也是以"仁兽麒麟"与"仁鸟凤凰"为四夷来朝、天下太平所必言的符应祥瑞。如董仲舒曰:"五帝三王之治天下,不敢有君民之心。……故天为之下甘露,朱草生,醴泉出,风雨时,嘉禾兴,凤凰麒麟游于郊。囹圄空虚,画衣裳而民不犯。四夷传译而朝。民情至朴而不文。"③又如,刘向曰:"(舜)及立为天子,天下化之,蛮夷率服。北发、渠搜、南抚、交阯,莫不慕义,麟凤在郊";"昔者唐、虞崇举九贤,布之于位,而海内大康,要荒来宾,麟凤在郊"。④再如,蔡邕云:"成王即位,用周召毕荣之属,天下大治,殊方绝域,莫不蒙化,是以越裳献雉,重译来贡,太平之瑞,同时而应,麒麟游苑囿,凤凰来舞于庭。"⑤所以,麒麟、凤凰为汉儒所格外推崇的现象,既与儒学仁道之说有着直接联系,又以二者所具有的四夷

---

① 《史记·大宛列传》记载:"初,天子(按:汉武帝)发书《易》,云'神马当从西北来'。得乌孙马好,名曰'天马'。及得大宛汗血马,益壮,更名乌孙马曰'西极',名大宛马曰'天马'云。"(汉)司马迁撰:《史记》卷一百二十三,中华书局2013年标点本,第3848页。

② 《华阳国志·蜀志》记载:"秦孝文王以李冰为蜀守。……外作石犀五头以厌水精。穿石犀渠于南江,命曰犀牛里。"(晋)常璩撰,任乃强校注:《华阳国志校补图注》,上海古籍出版社1987年版,第133页。

③ 《春秋繁露·王道》,(清)苏舆撰,钟哲点校:《春秋繁露义证》,中华书局1992年版,第101—103页。

④ 《新序·杂事》,(汉)刘向编著,石光瑛校释,陈新整理:《新序校释》,中华书局2001年版,第12—14、149—150页。

⑤ (汉)蔡邕:《琴操》,陈文新译注《雅趣四书》,湖北辞书出版社1998年版,第60页。

民族象征意义为深层背景；由汉民族又具体以"黄龙"为天命象征的政治崇高性出发，则"黄龙"也无疑是儒学五灵之首的"麒麟"所兼容的最佳选择；受华夷一统的民族意识影响，作为分别代表华夏与四夷的龙、麟的形象结合，也就自然蕴含着华夷和平的合理内涵。

小结

综上所述，海昏侯刘贺墓"孔子衣镜"上《衣镜赋》中实为"蚩虞"而写作"蚩㺇"的神兽，其为古代学者所传言的"鹿头龙身"形象，便是以"鹿头"指示作为动物原型的"麒麟"，以"龙身"为"麒麟"神化形象所兼容的"黄龙"，具体则取"黄龙"之"黄色"、"龙鳞"、"龙翼"为其身份的标志性特征。而汉人选择"黄龙"作为"麒麟"神化形象的兼容对象，则既有着时代的五行必然性，又有着其他的社会合理性。这也即，在五行理论之下，这种"龙身"实为"黄龙"的形象创造，乃是以"五灵"之"麒麟"匹配为"五星"之中央土星"勾陈"的星象，与"中央土"又对应为"五色"之"黄色"的色彩，以及"勾陈"、"黄龙"又都是隶属"五帝"之中央"黄帝"的祥瑞，且汉武帝还确立了汉德与"黄帝"同为"五德"之"土德"、同以"黄龙"为符应的一种必然结果；于西汉社会之中，从生物学的角度而言，视麒麟为"黄色"的看法与转化"白麟"为"黄麟"的做法，本就具有现实的色彩依据；从阴阳学的角度而言，"麟"与"龙"的融合，又恰好符合阴阳相生的哲理；从艺术学的角度而言，麟、龙合体形象的创造，也顺应了西汉对于具有神灵地位的鸟兽予以文化加工的时代潮流；从功能学的角度而言，以仁兽"麟"合并凶兽"龙"的形象，还可以借助性情的互补更好地满足被据以辟邪除凶的功用需求；从民族学的角度而言，以代表四夷的"麒麟"形象与标志华夏的"黄龙"融合，还蕴含着怀柔四夷与夷夏和平的深层内涵。

总体而言，则以"麒麟"兼容"黄龙"的"蚩虞"神化形象，便是西汉五行文化观念与汉武帝政治运用的必然结果，以及融入麒麟大体

第五章 衣镜的麒麟神兽与黄龙形象

毛色、阴阳相生之道、艺术创作潮流、现实功用需求、民族共存相安这些社会因素的合理选择。其中,汉武帝确立汉王朝以"土德"为朝运,以"上黄"、"用五"为礼制,以儒学仁道为官学,以民族"大一统"为政治理想的情况,都是促成"蚩虞"神兽最终产生的原动力,因而汉武帝铸造"麟趾金"以协"白麟"、"黄金"之瑞的举措,也不失看成"蚩虞"神兽的形象发端。而且,"蚩虞"一词首见于《史记·司马相如列传》,与后见于刘贺墓《衣镜赋》,以及也为《焦氏易林》"麟趾龙身"神兽的情况,还可以佐证"麒麟"神化为"蚩虞"的现象,应当起源于汉武帝时期,并影响着后世汉人的这种史实。只是,相比后代"鹿头龙身"的形象描述,汉人还有着蔡邕对于"天官五兽"之中央称为"大角轩辕麒麟"的这种说法,更为明晰地指出了"麒麟"匹配为"勾陈"星象的关系,以及作为神兽的麒麟为"大角"之"麟"与"轩辕"之"黄龙"合体形象的事实。所以,对比《衣镜赋》"蚩虞"兼具作为中央神兽"麒麟"与土星"勾陈"身份的情况,可知"五灵"的概念及其与"五星"的匹配关系,正是早在西汉中期便已经产生,而通过解析"麒麟"这种本为民族特产的真实动物的神化形象,也无疑提示着所谓的"神兽",不能简单视为"虚幻"。

此外,有关五行理论之中的这种"麒麟"形象,也还另有一些值得关注的问题。首先,就体现其为"黄麟"的金属材质而言,不仅有汉武帝"麟趾金"以"黄金"为"黄龙"变体、为"黄麟"之"黄色"的这种方式,实则更为常用的还应当是"铜"这种金属。因为黄金贵重,哪怕汉武帝也不过是铸造"麟趾"以象征其为麒麟的身份,而"铜"又正是存在被称为"金",并列为"金"之"三等"的情况。比如,由李贤注《后汉书·董卓列传》"铜马"、"铜人"所云:"明帝永平五年,长安迎取飞廉及铜马置上西门外,名平乐馆。铜马则东门京所作,致于金马门外者也";"《三辅旧事》曰:'秦王立二十六年,初定天下,称皇帝。大人见临姚,身长五丈,迹长六尺,作铜人以厌之,立在阿房殿前。汉徙长乐宫中大夏殿前。'《史记》曰:'始皇铸天下兵器为十二金人'"①,可见所谓的"金马"、"金人",实际即为"铜马"、"铜人"。又如,《史记·平准书》与《汉书·食货志下》都记载汉武帝时有司言曰:"金有三等,黄金为上,白金为中,赤金为下",且《集解》与颜师古注还补充"《汉书音义》"与"孟康"皆曰:"白金,银也。赤金,丹阳铜也";《索隐》则又提到"《说文》云:'铜,赤金也'"。②至《论衡·验符篇》之中,便是还相应而有"金有三品"③的说法。所以,在这种对于"金"的等级概念之下,"铜"正是可以称之为"金",因而"黄金"也正是能够以"铜"作为替代,只是又大体应指品级为下等的"赤金"之"丹阳铜"而已。

与此相应,上举扬雄所言的甘泉宫钟虡也正是存在以"蜚虡"象物的情况,李贤注《后汉书·董卓列传》"钟虡"又说:"钟虡以铜为之,……《前书音义》曰:'虡,鹿头龙身,神兽也。'"④所以,从"蜚虡"作为"钟虡"象物的情况来看,汉代的"蜚虡"形象,应当又以"铜"这种金属材质,来表现其身为"黄麟"之"黄色"的方式更为多见。而且,由"丹阳铜"又恰好是汉代铜镜引以为傲的铸镜材质来看,汉镜也应当常见以这种材质代表着"五色"之"黄色"。比如,江苏省连云港市东海县尹湾村汉墓出土的两枚西汉晚期的"四灵博局镜",镜铭分别如下:

---

① (南朝宋)范晔撰,(唐)李贤等注:《后汉书》卷七十二,中华书局1965年标点本,第8册,第2325—2326页。

② 分别见(汉)司马迁撰,(南朝宋)裴骃集解,(唐)司马贞索隐《史记》卷三十,中华书局2013年标点本,第1720、1721页;(汉)班固撰,(唐)颜师古注《汉书》卷二十四下,中华书局1962年标点本,第4册,第1163、1164页。

③ 对此,黄晖先生提及:"《禹贡》:'扬州厥贡惟金三品。'疏引郑曰:'三品者,铜三色也。'王肃、伪孔并云:'金、银、铜也。'陈乔枞曰:'郑以金三品为铜色,当是今文家说。三色者,盖清白赤也'",按此文,则"谓黄金、白金、赤金,非如郑说铜三色也",而《汉书·食货志》"金有三等"的说法,与"《尔雅·释器》亦以银为白金,与仲仁说合。孟坚、仲仁并习今文,王肃治古文,而其说相同,盖王肃于郑氏,有意求异,故袭今文说,而斥郑义。陈氏以郑氏为今文说,书传无证"。黄晖撰:《论衡校释》,中华书局2017年版,第980页。

④ (南朝宋)范晔撰,(唐)李贤等注:《后汉书》卷七十二,中华书局1965年标点本,第8册,第2326页。

第五章 衣镜的麒麟神兽与黄龙形象

汉有善铜出丹阳，卒（杂）以银锡清而明，刻娄（镂）六博中兼方，左龙右虎游四彭，朱爵（雀）玄武顺阴阳，八子九孙治中英（央），常葆父母利兄弟，应随四时合五行，浩如天地日月光，昭（照）神明镜相侯王，忠真（贞）美好如玉央（英），千秋万世，长乐未央兮。①

汉有善铜出丹阳，卒（杂）以银锡青（清）而明，刻治六博显（颢）文章。左龙右虎去不羊（祥），千秋万世，长乐未央。②

从这二者都以"汉有善铜出丹阳"为镜铭之始的情况，即可知"丹阳铜"正是被奉为铜镜铸造的"善铜"。而以这种善铜"杂以银锡"，便能够使铜镜达到"清而明"的工艺效果，并从而满足铜镜主人照面修容的功用需求。

不仅如此，比较这两条镜铭，还可见以丹阳铜制造的这类铜镜的相似性，也表现在纹饰对象与祈愿之辞方面，这说明刻镂龙、虎、朱雀、玄武为纹饰，以合于"四方"、"四时"观念的做法，正常见运用于汉镜。同时，这四方神异鸟兽，又已知与"五色"之青、白、赤、黑有着明确的对应关系，因而联系西汉晚期两枚"铜华镜"都有的"湅治铜华得其清，以之为镜昭（照）身刑（形），五色尽具正赤青"③铭文，也就确定可以称之为"铜华"的"丹阳铜"，正是以其材质对应着汉镜所欲以表现的"五色"之"正"的中央"黄色"。若再由所举的这两枚铜镜的出土之地所隶属的西汉"东海郡"，又与刘贺的"故昌邑王国"相去不远的情况，结合《衣镜赋》对于衣镜"佳以明"、"质直见请（清）"、"幸得降灵兮奉景光"的评价，又与这二者"清而明"、

---

① 见于《图集》"正文：图273"。王纲怀编著：《汉镜铭文图集》，中西书局2016年版，第282页。
② 见于《图集》"正文：图274"。王纲怀编著：《汉镜铭文图集》，中西书局2016年版，第283页。
③ 见于《图集》"正文：图215、216"。王纲怀编著：《汉镜铭文图集》，中西书局2016年版，第224、225页。

"神明镜"的铭文大意相吻合的情况,以及三者都以四方神灵鸟兽为纹饰对象,与都祈愿"千秋万世"、"长乐未央"(按:对应《衣镜赋》的17句"□□□岁兮乐未央")的情况,还可以推测作为刘贺墓"孔子衣镜"铜镜部分铸造材质的,或即也是这种出自"丹阳"的"善铜"。

就作为"孔子衣镜"镜座象物的"蚩虞"来说,对应其为"黄麟"的这种五行色彩,若以"铜"为材质,也就最为可能是"丹阳铜";若以"木"为材质,也就存在涂覆以黄漆的可能性。若联系刘贺墓钟虡象物为"龙头虎身"的铜螭虎的现象,与张衡《西京赋》"洪钟万钧,猛虎趡趡。负笋业而余怒,乃奋翅而腾骧"①的文辞,便还可以确定皆能"奋翅而腾骧"的"螭虎"与"蚩虞",又正是汉代铜"钟虡"象物的常用神兽。所以,结合"蚩虞"作为"钟虡"与"衣镜"象物的情况来看,"五行"理论与"上黄"礼制,自汉武帝以来,应当得到了多方面、深层次的贯彻,《衣镜赋》"蚩虞"神兽以"麒麟"为本体而兼容"黄龙"的神化形象,即关系着其时存在的"五灵"、"五星"、"五方"、"五色"、"五帝"、"五德"这些"五行"概念,以及趋吉避凶的阴阳相合之道等,因而"蚩虞"神兽也是当时社会阴阳五行灾异之说流行的反映。

其次,就汉时"麟"、"龙"紧密结合的这种"蚩虞"神兽形象,及其与圣人"黄帝"联系起来的观念,于后世语言习惯与神化传说的影响来说,便是还存在以"龙麟"代指杰出人物的比喻方式,以及形成了"龙骧麟振"、"麟超龙翥"这类麟、龙并举的成语,与孔子为龙、麟护佑所降生的故事。如《抱朴子外篇·行品》所言"若令士之易别,

---

① 薛综注曰:"洪,大也。猛,怒也。三十斤曰钧。……言大钟乃重三十万斤,虞力猛怒,故能胜之焉","当笋下为两飞兽以背负,又以板置上,名为业。腾,超也。骧,弛也。言兽负此笋虞已重,乃有余力奋其两翼,如将超弛者矣";李善曰:"《周礼》曰:鬼氏写兽之形,大声有力者,以为钟虡"。(南朝梁)萧统编,(唐)李善注:《昭明文选》,崇文书局2018年版,第37—38页。

第五章　衣镜的麒麟神兽与黄龙形象

如鹪鹩之与鸿鹄，狐兔之与龙麟者"①，即是以"龙麟"比喻品质高洁的贤能之士。又如，《晋书·段灼列传》记载：段灼因感"故征西将军邓艾，心怀至忠，而荷反逆之名；平定巴蜀，而受三族之诛"为冤，而上疏晋武帝"追理艾曰：……艾受命忘身，龙骧麟振，前无坚敌"②；张景阳《七命》曰："蚪踊螭腾，麟超龙翥。"③再如，《拾遗记·周灵王》所传言的孔子降生故事，既有"夜有二苍龙自天而下，来附徵在之房，因梦而生夫子"的说法，又有"夫子未生时，有麟吐玉书于阙里人家，……故二龙降室，五星降庭。徵在贤明，知为神异，乃以绣绂系麟角，信宿而麟去"的情节，还有"五老列于徵在之庭，则五星之精也"的解释，与西狩所获之麟"系角之绂，尚犹在焉。夫子知命之将终，乃抱麟解绂，涕泗滂沱"的验证之辞。④可见又正是以龙、麟同为圣人孔子降生的护佑之神。

再次，就汉人"五灵"与"五行"关系之中，"凤凰"与"南方火"相为匹配的情况来看，《衣镜赋》的"上凤凰"，则还可以从五行属性的角度而称为"火凤"；从南方五行之色的角度而称为"赤凤"、"朱凤"、"丹凤"。而相应的称谓，也正是有见于古人。如《隋书·音乐志中》记载"武舞将作"而先设的"阶步辞"，即有言曰"火凤来巢"⑤。又如，刘歆《西京杂记》卷三《戚夫人侍儿言宫中乐事》云："戚夫人侍儿贾佩兰，后出为扶风人段儒妻"，说戚夫人、高帝曾经"歌《赤凤凰来》"⑥；《宣和博古图》卷二十九《鉴二》所收录的一件

---

① 杨明照撰：《抱朴子外篇校笺》（上册），中华书局1991年版，第556页。
② （唐）房玄龄等撰：《晋书》卷四十八，中华书局1974年版，第5册，第1336—1337页。
③ 李善注："《甘泉赋曰》：駓苍螭兮六素虯。刘梁《七举》曰：天马之号，出自西域。……《尸子》曰：马有骐驎径骏。《南都赋》曰：马鹿超而龙骏。"（南朝梁）萧统编，（唐）李善注：《昭明文选》第三十五卷，崇文书局2018年版，第1106页。
④ （晋）王嘉撰，（梁）萧绮录，齐治平校注：《拾遗记》卷三，中华书局1981年版，第70—71页。
⑤ （唐）魏征等撰：《隋书》，中华书局1973年版，第329页。
⑥ （汉）刘歆等撰，王根林校点：《西京杂记》，上海古籍出版社2012年版，第26页。

汉器,即被王黼命曰:"朱凤鉴"①。再如,《武帝祭禹庙文》曰:"玄鹤丹凤,飞鸣来往"②;李善注任彦昇《王文宪集序》,还提到"《钟会集》言:程盛曰:丹霄之凤,青冥之龙"③。其中,刘歆关于"赤凤"作为乐名而在汉高帝时使用的传言,又证实这些称谓以"凤凰"神鸟代表"南方火"的观念,也正是在汉时已然形成,《衣镜赋》"上凤凰"对于"凤凰"代表四方之"南"(即"上")的明言,便是有关凤凰"五方"地位与"五行"属性的直接证明。

此外,由于"五灵"之麟、凤、龙的地位格外神圣,而"龙"又还与皇权比附起来,因而有关三者真实形象被神化的成分也在后世逐渐累积。比如,麒麟还明显增添了公狮鬃毛的形象;在"龙生九子"的传言中,则更是将本为"龟"的"赑屃"、本为"狮子"的"狻猊"等不同种类的动物都纳入"龙子"的范畴④。所以,基于时代文化意识而对它们不断予以的艺术加工,终究导致了它们变而成为大多数人所认定的虚幻神物。然而,它们的真实性与民族性却又事实可为追溯。如以"一角"之"鹿"的"麟"来说,传世于宋的一件"周麟凤百乳罍"纹饰"四麟"、"四凤"的情况,与四麟"各顶一角屹然而起"的形貌⑤,即可以佐证"麟"以"一角"为标志的这种特征。而就"凤"的民族性来说,由春秋东夷国君郯子对于自己远祖"少皞立,凤鸟适至,故纪于鸟,为鸟师而鸟名"⑥ 的追忆出发,学界实则也已经认可了

---

① (宋)王黼著,诸莉君整理校点:《宣和博古图》,上海书店出版社 2017 年版,第 536、537 页。
② 《全梁文》卷五十二《王僧孺(二)》,(清)严可均校辑:《全上古三代秦汉三国六朝文》,中华书局 1958 年版,第 3252 页。
③ (南朝梁)萧统编,(唐)李善注:《昭明文选》第四十六卷《序下》,崇文书局 2018 年版,第 1428 页。
④ 有关"龙生九子"的名目,详见(明)徐应秋《玉芝堂谈荟》卷三十三"龙生九子",《钦定四库全书·子部》,第 1a—2b 页。
⑤ 对于该器的麟、凤纹饰,王黼描绘说:"其棱四起,而上立四凤,中间又为四兽,各顶一角屹然而起,疑其为麟。盖麟凤王者之嘉,致于彝器,每每有之。"(宋)王黼著,诸莉君整理校点:《宣和博古图》卷七《罍》,上海书店出版社 2017 年版,第 127—128 页。
⑥ 见载于《左传·昭公十七年》。杨伯峻编著:《春秋左传注》,中华书局 1990 年版,第 1386 页。

"凤"起初为"东夷"民族象征性灵物的史实。所以，认识迄今仍发挥着影响的这些古代神异鸟兽，不在于一味强调它们后为"虚幻"的性质，而在于探索它们先为"真实"的面貌。

第六章

由孔子与弟子的传记对《史记》流传的再认识

在南昌海昏侯刘贺墓出土的众多随葬物中，衣镜及其"孔子画像"备受瞩目。从时代背景而论，这幅画像包涵儒学深意、事关汉代教育大计，因而具体又属于"孔子与弟子画像"这一类型。为了明确画像的创制依据，前述已经针对画像中个体的"孔子"与"弟子"予以了分别考察，并指出了画像中的孔子及其弟子不管是"传记"的书写、还是"图案"的描绘，都以《史记》为根本性文本的事实。如此，再将这幅画像的整体情况，观照《史记》的研究成果，就可以发现学界既往有关《史记》在西汉流传问题的看法还有必要予以再探讨。

第一节 对《史记》在西汉流传与否的认识

一 由刘贺墓孔子画像观宣帝朝《史记》之流传

学者多因成帝时东平王求《史记》而遭拒的事情，认为《史记》在西汉乃至整个汉代都流传有限。然而，刘贺历经武、昭、宣三帝，薨于宣帝神爵三年（前59年）[1]，这意味着随葬于墓中的这幅"孔子画像"，至少反映了宣帝时期《史记》已经得以流传的情况。而且，《史记》成书于汉武帝时期，若按时间的早晚先后推测，则《史记》的流

---

[1]《王子侯表》云："海昏侯贺，……神爵三年薨。"（汉）班固撰，（唐）颜师古注：《汉书》（二），中华书局1962年标点本，第493页。

第六章　由孔子与弟子的传记对《史记》流传的再认识

传上限还可以更早。事实如何？还需先从这幅"孔子画像"和已有《史记》研究的情况说起。

(一) 由"孔子画像"对已有研究的反思

对于《史记》流传的开始，学者们往往追溯到汉宣帝之时司马迁外孙杨恽的宣布，并倾向于认为《史记》在西汉没有得到广泛传播。比如赵生群先生说："魏晋时期，《史记》得以广泛传播"[①]；又如张玉春先生以杨恽的宣布为《史记》正式流传的标志，至于广泛流传也被定在魏晋时期[②]；再如王涛说：《史记》"自其撰成之后，至西汉末期百余年的时间，由于各种条件的限制，始终无法广泛流传"[③]；还如陈纪然说："《史记》在汉武帝一朝难得一闻"，"汉武帝逝后，昭宣二帝时期，《史记》稍得传布"，"直到东汉末，执政者对待《史记》尚有偏见"，总之，在汉世，"只有政治许可，才有小部分人可以得到《史记》，《史记》并未广泛流布"，直到晋唐间情况才发生改变。[④] 受自这类观点的影响，学者早先也多为怀疑《史记》就是海昏侯墓"孔子画像"的文本依据，态度要么模棱两可，要么直接否定，或者提出源于"衣镜传记"和《史记》"共同母本"的观点，倾向于刘贺没有机会接触到《史记》内容。[⑤]

然而，通过画像与《史记》的全方位比较，可见"孔子传记"主要依据《孔子世家》，"六年"乃是"廿年"的书写错误，"姓孔，子氏"乃是"姓孔氏"的衍生错误，"野居"乃是"野合"的书写错误；间或参照《仲尼弟子列传》和《太史公自序》，这分别指孔子弟子的人数写作"七十有七"而非"七十有二"，与不见于《世家》的孔子自我评价之语；仅有个例受自《公羊传》的影响，即"南夷與北夷交，中國不絕如縷耳"一句，而除去看似大意不同和没有出处的这几点相异之处，其余文本还都

[①] 赵生群：《〈史记〉相关重要问题和新版〈史记〉修订情况》，《文史哲》2017年第4期，第109页。

[②] 张玉春：《〈史记〉早期版本源流研究》，《史学史研究》2002年第1期，第49页。

[③] 王涛：《元前〈史记〉诠释文献研究》，山东大学2008年博士学位论文，第7页。

[④] 陈纪然：《汉唐间〈史记〉的传布与研读》，《学术交流》2006年第6期，第161—164页。

[⑤] 王楚宁：《海昏侯墓系列研究》之一《海昏侯墓"孔子立镜（孔子屏风）"再释》，北京联合大学文化遗产保护协会编《文化遗产与公众考古》（第三辑），2016年，第102—103页。

与《史记》趋近于一致。又有"孔子弟子传记"主要依据《仲尼弟子列传》，其中参照《论语》的成分也只是为了补充《史记》的相关内容。至于孔子与弟子的图案形象，同样吻合于《史记》的记载。所以，整副画像都以《史记》为根本性依据，"传记"与"图案"可以互为参照。

其中，尤其是"孔子传记"中有两句直接出自司马迁之口的文字内容，可以使学者怀疑凭借《史记》的想法不攻自破。二者分别如下表所示：

"孔子传记"①	《史记》
子曰："吾欲载之空言，不如见行事深切著名也。故作春秋，上明三王之道，下辨人事经纪，□（决）□（嫌）□（疑），□□恶，举贤才，废不肖，赏有功，诛桀暴，长善苴恶以备王道，论必称师，而不敢专己。"	子曰："我欲载之空言，不如见之于行事之深切著明也。夫《春秋》，上明三王之道，下辨人事之纪，别嫌疑，明是非，定犹豫，善善恶恶，贤贤贱不肖，存亡国，继绝世，补敝起废，王道之大者也。"（《太史公自序》，第4003页）
天下君王至于贤人众矣，当时则荣，殁则已焉。孔子布衣，传十余世，至今不绝。学者宗之，自王侯，中国言六艺者折中于夫子，可胃至圣矣！	太史公曰：……天下君王至于贤人众矣，当时则荣，没则已焉。孔子布衣，传十余世，学者宗之。自天子王侯，中国言六艺者折中于夫子，可谓至圣矣！（《孔子世家》，第2356页）

首先，就前句而言，虽然用字、用句略有不同，但是大体文字、语句大意与《史记》是吻合的，而且阅读上下文可知这是出于太史公对于"上大夫壶遂"提问的答语之中。即：

上大夫壶遂曰："昔孔子何为而作《春秋》哉？"

太史公曰："余闻董生曰：周道衰废，孔子为鲁司寇，诸侯害之，大夫壅之。孔子知言之不用，道之不行也，是非二百四十二年之中，以为天下仪表，贬天子，退诸侯，讨大夫，以达王事而已矣。子曰：'我欲载之空言，不如……'"②

---

① "孔子传记"原文，参照王意乐、徐长青、杨军、管理《海昏侯刘贺墓出土孔子衣镜》，《南方文物》2016年第3期，第65页。

② （汉）司马迁撰：《史记》（一〇），中华书局2013年标点本，第4003页。

第六章 由孔子与弟子的传记对《史记》流传的再认识

从"余闻董生曰"可见司马迁撰写《史记》确有参照他人之言,而且此"董生"服虔曰:"仲舒也。"如此则可推论司马迁曾受到过董仲舒思想的影响,或者《史记》有参照《公羊春秋》的成分。但即便如此,也不能说明司马迁就没有自己的主张,《史记》就没有自己的影响。因为《史记》在武帝年间成书之时,《公羊传》早已存在较大影响,倘若司马迁一味地照书照搬,就不会有与《公羊传》不同的孔子纪年说法的存在。所以,此句话直接的文本依据只能是"太史公曰"的内容。而这四个字,被公认为司马迁在《史记》中表达观点、议论史事的文体。

其次,就后句而言,与《孔子世家》已经趋近于逐字相同的地步,而且作为"传记"与《世家》共同结语的这部分文字,《世家》明确记载为"太史公曰"的内容。具有标志性的便是最后落脚的"至圣"二字的评价,因为这一说法最早便是出于《史记》中的"太史公"之口。在《史记》之前与武帝时期,对于孔子的评价,赞誉为"圣人"的说法也有,或出自其弟子之口,如子贡曾誉之为"天纵之圣"[1];或出自求教者之口,如"吴客曰:'善哉圣人'"[2];或出自官员之口,如韩婴认同他为能够与黄帝、颛顼、帝喾、尧舜禹汤、文武周公相提并论的"圣人"[3]。此外,还有仪封人称其为"天之木铎"[4];还有董仲舒称其为"素王"[5]。但这些描述并未在"孔子传记"中得以体现。相反,《史记》将先秦对于孔子"圣人"的评价,一跃而升为"至圣",正是对孔子思想相沿至汉,不仅历久未绝,还能被尊为学者宗师的新情况的反响,传记"传十余世,至今不绝"几字,正指向司马迁所在的时代。

因此,这两句话连同其它的画像内容,足以证明海昏侯墓"孔

---

[1] 《论语·子罕》,杨伯峻译注:《论语译注》,中华书局1980年版,第88页。
[2] (汉)司马迁撰:《史记》卷四十七《孔子世家》,中华书局2013年标点本,第2318页。
[3] (汉)韩婴撰,许维遹校释:《韩诗外传集释》,中华书局1980年版,第195—196页。
[4] 《论语·八佾》,杨伯峻译注:《论语译注》,中华书局1980年版,第32—33页。
[5] 《董仲舒传》,(汉)班固撰,(唐)颜师古注:《汉书》(八),中华书局1962年标点本,第2509页。

画像"的根本性依据就是《史记》。而《史记》的文本作用既然已经被证实,就意味着至少在刘贺被埋葬的宣帝年间,《史记》便已经具有一定程度的流传和影响。如此衣镜制作者才会选择《史记》为创制依据,而非其时并行于世的其他文献。所以,曾经关于《史记》在西汉流传有限的认识,还有重新思考的必要。

(二) 由"刘贺经历"对流传情况的证明

被学者引以为刘贺无缘《史记》的"东平王事件",与《史记》在刘贺薨前的流传与否,本就没有直接的联系。因为《汉书》虽然有汉成帝时朝廷控制诸侯王拥有《史记》的事例,即《宣元六王传》记载：东平王刘宇上疏求《太史公书》,但朝廷未予,理由是"《太史公书》有战国从横权谲之谋,汉兴之初谋臣奇策,天官灾异,地形厄塞：皆不宜在诸侯王"。① 但这并不意味着《史记》在之前的武、昭、宣时期,就没有被传抄而流传的可能,至多能说明成帝其时的一种官方态度。这就像汉武帝时《史记》的流传没有得到官方的正式许可,但在宣帝时却已能公布于世；又如宣帝时刘贺薨后,"坐故行淫辟,不得置后",但汉元帝"初元三年,鳌侯代宗以贺子绍封"②。所以,东平王求书遭拒并不能否定刘贺墓"孔子画像"凭借《史记》的事实。

相反,《汉书》中倒是有不少记载,可以推测出刘贺有缘《史记》。比如,《司马迁传》曰："迁既死后,其书稍出。"③ 虽然司马迁卒于何年,史书中没有明确的答案,但学者们考订出征和三年、征和二年、太始四年、"与武帝相终始"④ 等几种说法,也就是在武帝晚期或昭帝初

———————

① (汉) 班固撰,(唐) 颜师古注：《汉书》(一〇),中华书局 1962 年标点本,第 3324—3325 页。

② 《王子侯表》,(汉) 班固撰,(唐) 颜师古注：《汉书》(二),中华书局 1962 年标点本,第 493 页。

③ (汉) 班固撰,(唐) 颜师古注：《汉书》(九),中华书局 1962 年标点本,第 2737 页。

④ 分别见于李伯勋《再谈〈报任安书〉的写作年代与司马迁的卒年问题》,《青海社会科学》1985 年第 5 期,第 112—113 页；袁传璋《王国维之司马迁"卒年与武帝相终始"说商兑——太史公卒年考辨之一》,《安徽师大学报》(哲学社会科学版) 1984 年第 2 期,第 67 页；陈尽忠《对司马迁生卒年的一些看法》,《厦门大学学报》1982 年第 S1 期,第 109 页；王国维《太史公行年考》,见《观堂集林(外二种)》,河北教育出版社 2001 年版,第 319—320 页。

第六章　由孔子与弟子的传记对《史记》流传的再认识

年。那么，宣帝时才离世的刘贺，自然有机会通过民间渠道获取《史记》。又如，《霍光传》记载刘贺曾经有过27天的短暂为帝经历，时任宰相的杨敞恰为司马迁的女婿①，而且《太史公自序》记载《史记》在成书之后，被"藏之名山，副在京师"②，这意味着刘贺在帝都长安的阶段，也是有机会见到《史记》的。再如，《司马迁传》还有言曰："宣帝时，迁外孙平通侯杨恽祖述其书，遂宣布焉"③，又有《景武昭宣元成功臣表》云：杨恽"以左曹中郎受董忠等言霍禹等谋，以告侍中金安上，侯，二千五百户"④。可知杨恽封侯与举报霍禹等谋，以及祖述并宣布迁书之间应当有着因果关系。而霍氏家族倾灭的时间是宣帝地节四年（前66）⑤，则杨恽封侯也当在此年。只是杨恽宣布《史记》的具体年限，由于史书缺载，难以明确。不过由他地节四年封侯，而五凤二年（前56）被免为庶人来看，其时间应当在此范围之内。又由其家中本传有《史记》，而且其读《史记》又在他"擢为左曹"、"霍氏谋反"之前⑥，所以，杨恽宣布《史记》的时间，应当趋近于他封侯的时间。这样刘贺所薨的神爵三年（前59）自在其后，如此则刘贺生前也有可能见到杨恽（杨敞之子）公布的《史记》，甚至于借着朝廷公开认可《史记》流传的时机，经由他人而与秘府所藏《史记》发生联系。

那么，刘贺与画像联系起来的时间，更有可能是什么时候？结合刘贺王、帝、侯的各阶段行为和心路历程，推测可能是在刘贺帝位被废之后，到封侯之前的昌邑"故王"阶段。此处再由"地节四年"这样一个关键时间节点来看，仍然保持原有观点。据《汉书·武五子传》的

---

① （汉）班固撰，（唐）颜师古注：《汉书》（九），中华书局1962年标点本，第2937—2946页。
② （汉）司马迁撰：《史记》（一〇），中华书局2013年标点本，第4027页。
③ （汉）班固撰，（唐）颜师古注：《汉书》（九），中华书局1962年标点本，第2737页。
④ （汉）班固撰，（唐）颜师古注：《汉书》（三），中华书局1962年标点本，第671页。
⑤ 《宣帝纪》记载：地节四年"秋七月，大司马霍禹谋反。……咸伏其辜。……八月己酉，皇后霍氏废"。（汉）班固撰，（唐）颜师古注：《汉书》（一），中华书局1962年标点本，第251页。
⑥ （汉）班固撰，（唐）颜师古注：《汉书》（一、九），中华书局1962年标点本，第266、2889页。

记载，这一年九月中，山阳太守张敞曾亲入"故昌邑王宫"，以监察刘贺的情况①，这说明《史记》公布于世的时间正当刘贺"故王"阶段。此时刘贺被监视的处境，让他具有"以儒示人"的需求。因为君臣的名分观念，最为监视他的汉宣帝所看中，孔子及其弟子作为提出和倡导这一理论的儒者代表，自然可以起到掩人耳目的作用。相比之下，其他阶段的刘贺，或没有尊孔崇儒的兴趣，或没有为我所用的需要。而且，墓葬出土许多带有"昌邑"字样的文物，也说明海昏侯墓的随葬品多有来自故封国昌邑的。

综合这诸多信息，可知在杨恽宣布之前，《史记》虽然在民间已经有所流传，但刘贺与"孔子画像"的直接联系，却应当在此之后，或与杨恽的公开有关。"孔子画像"对《史记》的采用，既说明杨恽封侯之后的这次"遂宣布焉"，乃是获得官方认可层面的公布于世；又证实杨恽的宣布推动了《史记》在宣帝朝的流传。因此，《史记》在刘贺薨前已经公开流传的事实，可以作为"孔子画像"参照《史记》的论据，同时"孔子画像"可以作为实物证明《史记》在宣帝朝就已经具有一定的流传广度和文本影响。至于"孔子画像"归属刘贺的时间，则可能在"地节四年"到"元康三年"（前63）封侯之前的时段内。

此外，《史记》在宣帝朝的流传，在其时的其他人物身上同样可以见到。比如"桓宽"便是在《史记》的影响下编撰了《盐铁论》一书，而这种影响既包括外在之言语，又包括内在之思想。如《盐铁论·杂论》中，桓宽借"客"曰："然巨儒宿学恧然，不能自解。"② 而《史记·老子韩非列传》中有言："虽当世宿学不能自解免也。"③ 又如，桓宽的编撰"欲以究治乱，成一家之法"④，很明显与太史公"欲以究天人之际，通古今之

---

① （汉）班固撰，（唐）颜师古注：《汉书》（九），中华书局1962年标点本，第2767页。
② 王利器校注：《盐铁论校注》，中华书局2015年版，第682页。
③ （汉）司马迁撰：《史记》（七），中华书局2013年标点本，第2609页。
④ 《公孙刘田王杨蔡陈郑传》，（汉）班固撰，（唐）颜师古注：《汉书》（九），中华书局1962年标点本，第2903页。

第六章　由孔子与弟子的传记对《史记》流传的再认识

变，成一家之言"① 的志向相通。再如，早有学者提出《盐铁论》的书名，是效仿司马迁的《平准书》而有②。而且，对于二者的这种关系认可者不在少数，比如侯外庐先生也说过："桓宽撰述《盐铁论》所暴露的思想矛盾，多摹仿《平准书》的论断。"③ 既然桓宽撰述多效仿《史记》，自然也是读过《史记》的，因而由《盐铁论》在宣帝年间的成书，同样可见《史记》在西汉的流传和影响要比许多人认识的要广、要大。

二　由"盐铁会议"观昭帝朝《史记》之流传

诚如上述，杨恽的"宣布"、桓宽的效仿，以及海昏侯墓"孔子画像"的采用，共同说明了《史记》在宣帝朝的流传事实。但从画像创作者独独采用《史记》来看，可知至少在杨恽宣布之前，《史记》已然形成了较大的影响。而且画像所反映出的尊孔崇儒气息，自武帝以来就一直存在，那么，《史记》的流传是否可以追溯到昭帝时期呢？从桓宽《盐铁论》正是对昭帝朝始元六年盐铁会议的纪录来看，是可以肯定的。

（一）《盐铁论》对昭帝朝历史的保存

《盐铁论》记载的内容，是否能够真实反映昭帝年间的情况，虽然有学者提出过异议，比如清代姚鼐认为该书"四十二篇以下""必宽臆造也"④。然而，反对此说者也大有人在，如马非百、徐复观、黑琨、王永、龙文玲等。⑤ 这些学者已经从多种角度阐释了这部分被质疑的内

---

① 《司马迁传》，（汉）班固撰，（唐）颜师古注：《汉书》（九），中华书局1962年标点本，第2735页。
② 《金蟠刻本盐铁论自序》有言曰："所论匪特盐、铁也，独举盐、铁者，犹太史公综货殖独书平准也，独书《平准》，而四民俱困之形见；独论盐、铁，而万世蔽病之本晰，故有取尔也。"见王利器校注《盐铁论校注》，中华书局2015年版，第875页。
③ 侯外庐等：《中国思想通史·第二卷》，人民出版社1957年版，第161页。
④ （清）姚鼐著，刘季高标校：《惜抱轩诗文集》，上海古籍出版社1992年版，第275—276页。
⑤ 马非百注释：《盐铁论简注》，中华书局1984年版，第308页；徐复观：《两汉思想史》（第三卷），华东师范大学出版社2001年版，第77页；黑琨：《〈盐铁论〉后半部非臆造之作论考》，《甘肃社会科学》2002年第1期，第63页；王永：《〈盐铁论〉研究》，宁夏人民出版社2009年版，第41页；龙文玲：《〈盐铁论〉四十二至五十九篇非桓宽臆造——以〈盐铁论〉引书用书之考察为中心》，《首都师范大学学报》（社会科学版）2012年第6期，第113—119页。

容，非桓宽一人之力所能臆造。所以，即便桓宽对会议议文有过润色增删，但他主要依据的还是众人发言所留存的原始"议文"，而《盐铁论》也就可以视为辩论情况的真实记录。

在这次著名大会上，论辩双方多引经据典以为己说，对此情况桓宽在《杂论》中借助"客"语也有所言明，称："余睹盐、铁之义，观乎公卿、文学、贤良之论，意指殊路，各有所出，或上仁义，或务权利。"① 此处自然也就可以凭借该书记载的众人引据经典的情况予以考察。是否有人引用过《史记》，通过比较二书的文字内容，发现这是一个不争的事实。

（二）"盐铁会议"对《史记》的引用

对于《盐铁论》与《史记》文本的相似，实际早有学者注意到。比如，清代学者张敦仁，日本学者影山刚，与陈直、马非百、徐复观等②。龙文玲更是统计出这次会议上众人援引的典籍近60种，其中仅就可以明确认定为援用《史记》的情况，仅次于《论语》，并且大大超过其他史书，凡113处，"含大夫41次，丞相史2次，御史10次，文学54次，贤良5次，客（即桓宽）1次"③。虽然不见有逐一排比的结果，但二书的相似言论确实不在少数，试列举部分：

1. 《论功》记载文学谈秦国之事，出于《秦始皇本纪》"太史公曰"的内容。④

2. 《西域》记载文学谈"有司言外国"之事，出于《匈奴列

---

① 王利器校注：《盐铁论校注》，中华书局2015年版，第681页。
② （清）张敦仁：《盐铁论考证》，中华书局1991年版，第40页。[日] 影山刚：《论〈盐铁论〉》，《中国古代的商工业与专卖制》，东京：东京大学出版会1984年版，第395—408页。陈直：《汉晋人对史记的传播及其评价》，《四川大学学报》（社会科学版）1957年第3期，第42页；陈直：《史记新证》，天津人民出版社1979年版，第73—75页。马非百注释：《盐铁论简注》，中华书局1984年版，第130页。徐复观：《〈盐铁论〉中的政治社会文化问题》，《两汉思想史》（第三卷），华东师范大学出版社2001年版，第127页。
③ 龙文玲：《〈盐铁论〉引书用书蠡测》，《中国典籍与文化》2010年第1期，第49页。
④ 王利器校注：《盐铁论校注》，中华书局2015年版，第606页；（汉）司马迁撰：《史记》（一），中华书局2013年标点本，第350页。

第六章 由孔子与弟子的传记对《史记》流传的再认识

传》"太史公曰"的内容。①

3.《刑德》记载文学谈秦法，出于《酷吏列传》"太史公曰"的内容。②

4.《毁学》记载大夫曰："司马子言：'天下穰穰，皆为利往'"，并举赵女、郑姬、戎士为例，出于《货殖列传》。③

5.《非鞅》记载文学谈商鞅之叹，出于《商君列传》。④

6.《遵道》记载大夫曰："饰虚言以乱实，道古以害今"，出于《秦始皇本纪》记载的李斯上言，即"语皆道古以害今，饰虚言以乱实。"⑤

7.《毁学》记载文学谈"郊祭之牛"，出于《老子韩非列传》"庄周笑谓楚使者"的内容。⑥

这些例证，或源于"太史公曰"的内容，或言明为"司马子言"，或文本的相似度很高，因而可以确定发言者就是援用了《史记》。"大夫"与"文学"分别可为朝野两类士人的代表，他们围绕经济政策而论，兼及民族问题，但即便如此所涉及的也并非只是《货殖列传》、《匈奴列传》这类直接相关的篇目，更何况御史大夫桑弘羊称"子"的方式，不见于其他汉武名臣儒士被提及之时，这些都足以说明昭帝时人对于司马迁的仰慕之情，以及《史记》在昭帝朝已经具有一定广度的

---

① 王利器校注：《盐铁论校注》，中华书局2015年版，第557页；(汉)司马迁撰：《史记》(九)，中华书局2013年标点本，第3525—3526页。
② 王利器校注：《盐铁论校注》，中华书局2015年版，第627—628页；(汉)司马迁撰：《史记》(一〇)，中华书局2013年标点本，第3803页。
③ 王利器校注：《盐铁论校注》，中华书局2015年版，第255页；(汉)司马迁撰：《史记》(一〇)，中华书局2013年标点本，第3952、3969页。
④ 王利器校注：《盐铁论校注》，中华书局2015年版，第105页；(汉)司马迁撰：《史记》(七)，中华书局2013年标点本，第2717页。
⑤ 王利器校注：《盐铁论校注》，中华书局2015年版，第322页；(汉)司马迁撰：《史记》(一)，中华书局2013年标点本，第325页。
⑥ 王利器校注：《盐铁论校注》，中华书局2015年版，第256页；(汉)司马迁撰：《史记》(七)，中华书局2013年标点本，第2610页。

流传真相。此外,由会议所具有的官方性质,还可知昭帝朝并没有禁止人们接触《史记》,否则就不会出现朝堂上公然征引的局面。

三 由"孔子见老子汉画像"对武帝朝《史记》的流传推测

"盐铁会议"上众人对《史记》的引用事实,既可证实前文关于"东平王事件"不足以论证刘贺无缘《史记》的说法,又可以纠正只是将《史记》的流传追溯到杨恽宣布的错误认识,还可以得知宣帝年间对于《史记》的采用案例,正是《史记》影响继续扩大的结果。此外,据此还可推测出《汉书·司马迁传》所说"迁既死后,其书稍出"的言论具有真实性,而这需要结合汉代孔子画像的另一大类型才能理解史书留给后人的线索。

(一)"迁既死后,其书稍出"的真实性

有关司马迁的离世时间,考虑到《史记》的记事下限、《报任安书》的写作等因素,武帝晚年的说法更具有可能性。倘若事实如此,就意味着《史记》在武帝朝已经在小范围内开始流行,而这可以司马迁的主观愿望作为辅证。据《太史公自序》的记载:司马谈病危临终之际,将自己未竟的著史大业托付司马迁,"执迁手而泣曰:'余先周室之太史也。自上世尝显功名于虞夏,典天官事。后世中衰,绝于予乎?汝复为太史,则续吾祖矣。……余死,汝必为太史;为太史,无忘吾所欲论著矣。'"而且为了确保司马迁在自己死后能够继承遗志,甚至不惜以"孝道"施压,嘱咐司马迁要做到"扬名于后世,以显父母"。这种沉重的家族使命感,使得司马迁"俯首流涕曰:'小子不敏,请悉论先人所次旧闻,弗敢阙。'"①

除此之外,司马迁本身也具有强烈的史官责任感。因而在《太史公自序》中,司马迁首先便说到"司马氏世典周史"的家族历史,而后又反复提到修史的必要性和个人愿景,如:

---

① (汉)司马迁撰:《史记》(一〇),中华书局2013年标点本,第4000—4001页。

· 370 ·

第六章　由孔子与弟子的传记对《史记》流传的再认识

"先人有言：'自周公卒五百岁而有孔子。孔子卒后至于今五百岁，有能绍明世，……?'……小子何敢让焉"；"汉兴以来，至明天子，……且余尝掌其官，废明圣盛德不载，灭功臣世家贤大夫之业不述，堕先人所言，罪莫大焉"；"为《太史公书》。序略，以拾遗补艺，成一家之言，厥协六经异传，整齐百家杂语，藏之名山，副在京师，俟后世圣人君子"。①

对于这种想法，《史记》的其他篇章也多有所见，如《六国年表》记载："余于是因《秦记》，踵《春秋》之后，……著诸所闻兴坏之端。后有君子，以览观焉。"② 而且他在《报任安书》中也多次提到。比如对于他因"李陵事件"而遭受"宫刑"却选择"隐忍苟活"的原因，他自言："恨私心有所不尽，鄙没世而文采不表于后也"③；在总结自己的志向时，他说："凡百三十篇，亦欲以究天人之际，通古今之变，成一家之言。草创未就，适会此祸，惜其不成，是以就极刑而无愠色。仆诚已著此书，藏之名山，传之其人通邑大都，则仆偿前辱之责，虽万被戮，岂有悔哉！"④

从司马谈的嘱托和司马迁的"弗敢阙"、"小子何敢让焉"、"罪莫大焉"、"俟后世圣人君子"、"恨私心有所不尽"、"岂有悔哉"等言论，都可以深刻的感受到对于所成的这部饱含兴坏成败之理的"一家之言"，司马迁是非常希望能够在家族不断传承下去、并在社会上流传开来的。所以，《史记》撰成之初就有"正本"和"副本"存世。只是有学者认为这两本《史记》，"都被较为严格地控制起来"，而且"终司马迁死后的西汉后期百余年，《史记》的正、副两个藏本，开始阶段闻其名者甚少，

---

① （汉）司马迁撰：《史记》（一〇），中华书局2013年标点本，第3989、4002、4005、4027页。
② （汉）司马迁撰：《史记》（二），中华书局2013年标点本，第837页。
③ 《司马迁传》，（汉）班固撰，（唐）颜师古注：《汉书》（九），中华书局1962年标点本，第2733页。
④ 《司马迁传》，（汉）班固撰，（唐）颜师古注：《汉书》（九），中华书局1962年标点本，第2735页。

杨恽'宣布'之后，知者略增，到刘向、刘歆父子校书，相继撰成《别录》和《七略》，将其列入正式的官方书目之后，才为更多的人所知，而即使大家有所耳闻，该书也始终处于秘藏难见的状况中"①。

然而，这种"被收藏"与"被控制"、"秘藏难见"并不能等同。只有"迁既死后，其书稍出"的事实存在，才能呼应武帝"置写书之官"的文化政策和司马迁"俟后世圣人君子"的强烈愿景。因为既然《史记》被收藏于秘府，"写书之官"又能"下迄诸子传说"，抄写《史记》就在情理之中。同时，既然《史记》在司马迁家中有文本存在，本着司马迁的遗愿，其后人自然也有可能使之流传。所以，《史记》流传的上限至少可以追溯到班固所说的"迁既死后"。也只有如此，在距离武帝崩逝仅六年的"盐铁会议"上，论辩者才有引用《史记》的可能。

（二）太史公生前《史记》流传的可能性

以上虽然说明了班固关于司马迁死后《史记》便已存在流传情况的真实性，

但是这一上限，从理论上来说还有提升的可能。因为《史记》流传所涉及的为他人知晓的主观愿望，在司马迁生前便已具备，这意味着《史记》在撰成之后到司马迁去世之前的时段里，乃至在司马迁成书之前的撰写过程之中，《史记》就已经具有了流传的可能性，只是流传的范围要狭窄很多、流传的篇目要具体而论。如此说法，当然也不是随意揣测。司马贞《史记》索隐称"桓谭云：迁所著书成，以示东方朔，朔皆署曰'太史公'"②。按桓谭之言，东方朔就是在司马迁生前"书成"之后见过《史记》的。

又如，还可以从《史记》的性质予以窥视。一般认为《史记》是"私修"，与班固《汉书》的"官修"相区分。实则这并非司马迁的纯粹

---

① 王涛：《元前〈史记〉诠释文献研究》，山东大学 2008 年博士学位论文，第 7—8 页。
② （汉）司马迁撰，（唐）司马贞索隐：《史记》（一〇），中华书局 2013 年标点本，第 4028 页。

第六章 由孔子与弟子的传记对《史记》流传的再认识

个人行为，还是他身为"太史令"的职责所在。在《太史公自序》中，不管是从司马谈临终遗言的"汝复为太史，则续吾祖矣"与"余为太史而弗论载，废天下之史文，余甚惧焉，汝其念哉"①，还是从司马迁自己说的"且余尝其官，废明圣盛德不载，灭功臣世家贤大夫之业不述，堕先人所言，罪莫大焉"，都可以明确修史本就是史官的分内之事。因而对于自己担任太史令期间所做的修史工作，司马迁自称为"营职"②。所以，《史记》在撰写之初就并非隐而不宣的事情。这可以前文提到的《太史公自序》关于"上大夫壶遂"与司马迁的对话为证。司马迁对孔子修订《春秋》意图的回答，引出壶遂再问司马迁："夫子所论，欲以明何？"司马迁答道："余所谓述故事，整齐其世传，非所谓作也。"③ 而这次对话的发生时间恰为"太初元年"（前104），也就是司马迁"论次其文"之初，可见《史记》一开始就引起了朝廷官员的注目。

也正是起初所具有的这种官修性质，《史记》还吸引了武帝的关注。据《西京杂记·汉太史公》的记载："汉承周史官，至武帝置太史公。……太史公序事如古《春秋》法，司马氏本古周史佚后也。作《景帝本纪》，极言其短及武帝之过，帝怒而削去之。后坐举李陵，陵降匈奴，下迁蚕室。"④ 武帝是否影响过《景帝本纪》的文本内容，可以暂且不论，但是由此可以确定《史记》在撰写过程中，就已经为武帝所知并且阅读过。只是"李陵之祸"后，司马迁改为出任"中书令"，这使得学者多由此将其定性为"私修"。然而，值得注意的是，即便为朝廷所知晓，抑或还有武帝的不满，官方始终没有禁止司马迁写史。而且其后来身为闺阁近臣，若非得到武帝默许，很难想象这样一部卷帙浩繁、规模宏大的巨著在当时能够以一人之力而最终成书。既然本就带有官修性质，司马迁著史一事在武帝朝堂也就是公开的，《史记》在撰述过程中就可能

---

① （汉）司马迁撰：《史记》（一〇），中华书局2013年标点本，第4000—4001页。
② 《司马迁传》，（汉）班固撰，（唐）颜师古注：《汉书》（九），中华书局1962年标点本，第2729页。
③ （汉）司马迁撰：《史记》（一〇），中华书局2013年标点本，第4005页。
④ （晋）葛洪撰，周天游校注：《西京杂记》，三秦出版社2006年版，第267页。

有人已经接触到,并由此生发出一定的社会知晓度。

这种流传可能的存在,又可旁见于"孔子见老子汉画像"的具体情况。此类画像作为汉代"孔子画像"的另一基本类型,同样受到了《史记》的影响。比如,这类画像中经常出现车马,而《孔子世家》记载有:"鲁南宫敬叔言鲁君曰:'请与孔子适周。'鲁君与之一乘车,两马,一竖子俱,适周问礼,盖见老子云。"① 对于"问礼"的主旨,画像还常以手捧简册的随行弟子形象加以体现。而且为了突显问礼所表达的孔子好学的品质,画像还常常在孔老之间刻画有小儿项橐的形象。

相比之下,其他文献虽然也有孔老相见之事的记载,但是却与汉画像所表达的不尽相同。比如《礼记·曾子问》记载孔子曰"昔者吾从老聃助葬于巷党,及堩,日有食之"②,而此"巷党"通常认为是鲁地;又如《庄子·天运》记载"孔子行年五十有一,而不闻道,乃南之沛,见老聃"③,而此"沛"则属宋地,可见相见的地点本就不同。或者记载简略,详情不明,如《吕氏春秋·当染》记载:"孔子学于老聃、孟苏、夔靖叔。"④ 而迄今所见两类汉代孔子画像的实物,最早都在宣帝年间(一为海昏侯墓的"孔子与弟子画像";一为山东微山沟南村的"孔子见老子画像"),这证实了《史记》在宣帝年间的影响已经非同一般。又从"孔子见老子汉画像"广泛发现于鲁、陕、豫、川、苏等地来看,《史记》对于孔子事迹的书写,使得相关故事波及范围广大、影响深远。所以,汉代"孔子画像"的创制,总体多应凭借了《史记》的记载。

就题材来说,在武氏祠画像中还发现有"孔子荷蒉"和"孔子师项橐"各一副,由于分别关系孔子教育弟子和孔子谦逊好学的两面,同样可以归入"孔子画像"的两大基本类型中。而且不无巧合的是,

---

① (汉)司马迁撰:《史记》(六),中华书局2013年标点本,第2314页。
② (清)朱彬撰,饶钦农点校:《礼记训纂》,中华书局1996年版,第309页。
③ (清)王先谦:《庄子集解》,国学整理社编《诸子集成》(三),中华书局2006年版,第92页。
④ (汉)高诱注:《吕氏春秋》,国学整理社编《诸子集成》(六),中华书局2006年版,第20页。

第六章 由孔子与弟子的传记对《史记》流传的再认识

画像所取材的"孔子施教"、"孔子问礼"、"孔子师项橐"和"孔子击磬"的典故，只是共同见载于《史记》。即《孔子世家》、《仲尼弟子列传》记载有"孔子施教"之事；《孔子世家》、《老子韩飞列传》记载有"孔子问礼"之事；《樗里子甘茂列传》、《孔子世家》则分别记载有"师项橐"与"荷蒉"两事。① 再联系到汉武帝为了表彰金日磾的母亲教子有方，"诏图画于甘泉宫，署曰'休屠王阏氏'"②，以及为了立少子托孤，"乃使黄门画者画周公负成王朝诸侯以赐（霍）光"③ 等行为，可知画像是汉武帝施行教化的一种手段。

同出于历史典故的"周公辅成王图"，正是已发现汉画像中仅次于"孔子见老子图"的第二大类历史题材。这类画像既然可以受自武帝之意，出于宫廷画师之手，而为政治目的所服务。那么，与儒学教育密切相关的孔子故事，也就具有被宫廷画师图画的可能。这些宫廷画师之作，因直接反映国家意识形态，又具有高超的艺术水准，自然会成为民间争相摹仿的对象，而范式既成，又会在工匠手中不断传承。因而从武梁祠等地的"周公辅成王画像"与《鲁周公世家》相应的情况来看，当时的"黄门画者"可能就参照过《史记》的记载。相应地，从宣帝到东汉末的"孔子画像"，基本与《孔子世家》、《仲尼弟子列传》、《老子韩非列传》相吻合的情况，就或可推出武帝时期其范式便已形成，而如此才能符合当时的教化所需。所以，即便《史记》在撰述过程中是否存在流传的情况难以求证，但是在司马迁生前《史记》又确实具有了流传的可能性。

---

① 《老子韩非列传》曰："孔子适周，将问礼于老子"；《樗里子甘茂列传》记载："甘罗曰：'大项橐生七岁为孔子师'"；《孔子世家》记载："孔子击磬，有荷蒉而过门者，曰：'有心哉，击磬乎！硁硁乎，莫己知也夫而已矣！'"（汉）司马迁撰：《史记》（七、七、六），中华书局2013年标点本，第2604、2816、2332页。
② 《金日磾传》，（汉）班固撰，（唐）颜师古注：《汉书》（九），中华书局1962年标点本，第2960页。
③ 《霍光传》，（汉）班固撰，（唐）颜师古注：《汉书》（九），中华书局1962年标点本，第2932页。

小结

《史记》既然在武帝朝就存在流传的可能,在昭宣时期就多被人引用,那么将《史记》的广泛传播定在魏晋的说法就有待提前。这从其他类型的汉画像同样多与《史记》相合的情况也可看出。以武梁祠画像为例,其中,颛顼、帝喾和帝尧的画像题字就源出《五帝本纪》;夏桀、文王的画像则分别与《夏本纪》、《管蔡世家》相关;"鸿门宴"的画像又与《项羽本纪》吻合;"季札挂剑"的画像与《吴太伯世家》的情节相符;"赵氏孤儿"的画像则与《赵世家》相符;"荆轲刺秦王"、"专诸刺王僚"、"豫让杀身报知己"、"曹沫刺桓公"的画像则与《刺客列传》记载吻合。① 这些画像在传播《史记》的同时,自身又发挥着以史教化的作用。所以,这种流传事实客观上推进了官学教育,说明汉代以儒教化的文本,除了五经和《论语》、《孝经》等儒家经典,还依据了《史记》的相关记载和司马迁的评价,最终合力促成了尊孔崇儒社会风气的形成。

海昏侯墓"孔子画像"存在的文本错误,提示为《汉书》中"荒淫无道"的刘贺进行翻案的倾向,还需更为理性地对待,因为这种官方儒学教育也存在失败的例子。昭宣时人引用《史记》的事实,又说明西汉朝野士人对于《史记》有着高度重视的态度,而这从根本上推动了《史记》在汉代的流传。总归,由"孔子画像"可以感受到司马迁所成"一家之言"在汉代的深刻影响。具体到三帝时期,则大致为:开始于武帝朝,扩大于昭帝朝,进一步流传于宣帝朝。

第二节 对《史记》在西汉流传形式的蠡测

海昏侯刘贺墓出土的"孔子画像",作为迄今发现最早的此类实物,具有重要学术价值。这其中便包括画像及其传记的存在,可以推动

---

① 张柯:《与〈史记〉有关的汉画像石综述》,《开封大学学报》2013年第3期,第24—26页。

第六章　由孔子与弟子的传记对《史记》流传的再认识

《史记》流传问题再认识的一面。而上节既然已经明确《史记》在武、昭、宣时期存在流传的事实，则本节便进一步围绕流传形式而论，并旁及流传时间和相应程度等问题。因为对于《史记》在西汉的流传形式，鲜有学者谈到。就眼力所及，仅有贺次君先生说："原著一百三十篇的分量很大，那时又是木简绢书，很不方便，于是遂有单篇流传的情况"①；以及张玉春先生说："《史记》在西汉末年，是以单篇的形式流传的。直到东汉初年，这种形式依然没有改变"②。可见言及者也是多推断而乏论证，提出的自身篇幅过大、当时书籍传播有难度等因素，虽然确实可以作为"单篇流传"的理由，但是这种流传形式是全部还仅仅是部分？又有哪些篇目曾经单传？单传的结果是否还受到了其他情况的影响？单传的时间和对象是否有所区分？这诸多问题，实则又都可以借助刘贺墓的这幅孔子画像得窥一二。

一　家传本《史记》的存在与流传

（一）外孙杨恽与《史记》

《汉书·司马迁传》记载："迁既死后，其书稍出。宣帝时，迁外孙平通侯杨恽祖述其书，遂宣布焉。"③ 这两句话的相续而言，影射出司马迁死后"稍出"的《史记》出于家传本。至于所传之家，由外孙杨恽的宣布，可推测为女婿杨敞之家。而且相较曾经的"稍出"，杨恽封侯之后的"祖述"和"宣布"应当为全本，也就是"稍出"者只能是《史记》的部分篇目。之所以能够全本流传，是因为杨恽的这次宣布，乃是获得官方明确认可的公之于众。这既因杨恽自己举报霍氏叛乱有功，也与他父亲杨敞赞同宣帝登位有关，因而成全他们对于先人遗愿的实现，是宣帝笼络人心的帝王之术，带有抚慰和奖励性质。这种家传本的存在，还可以杨恽入仕前"读外祖《太史公记》"的经历为证，

---

① 贺次君：《史记书录》，商务印书馆1958年版，自序第1页。
② 张玉春：《〈史记〉早期版本源流研究》，《史学史研究》2002年第1期，第52页。
③ （汉）班固撰，（唐）颜师古注：《汉书》（九），中华书局1962年标点本，第2737页。

杨恽也由此"以材能称。好交英俊诸儒，名显朝廷"①。

由此不难想象《史记》在杨恽所交往的对象中也得到了部分的传播，只是在官方尚未明确认可之前，流传的规模和范围应当受到了限制，只能是以部分篇目为内容，与"其书稍出"的记载相对应。至于阅读过家传本全部内容的，在宣布之前可以肯定的也就只有杨恽本人。具有可能性的则还有杨恽的母亲，因为她本身就是家传本直接的拥有者，又观察她在"废昌邑王，立宣帝"过程中镇定自若、当机立断的表现②，可知绝非等闲之女。联系班昭因博学多才而被汉和帝征召"东观"续写《汉书》并教授马融，以及成为皇后、贵人之师的事迹来看，司马迁之女也当具有阅读《史记》全本的可能。总之，家传本《史记》的全本在杨恽宣布之前，应当仅限于家内流传。

（二）盐铁会议与《史记》

杨恽宣布之前对外单篇流传的形式，当然不是完全出于推理，这可以从昭帝始元六年盐铁会议上与会者发言的援用情况得到求证。对照《盐铁论》关于此次会议的纪录，可以发现多有"文学"之言源自《史记》的化用。此处试举几例：

  1.《论功》记载文学谈秦国之事，出于《秦始皇本纪》"太史公曰"的内容。③

---

①《杨恽传》记载："恽母，司马迁女也。恽始读外祖《太史公记》，颇为《春秋》。以材能称。好交英俊诸儒，名显朝廷，擢为左曹。霍氏谋反，恽先闻知，因侍中金安上以闻，召见言状。霍氏伏诛，恽等五人皆封，恽为平通侯，迁中郎将。"（汉）班固撰，（唐）颜师古注：《汉书》（九），中华书局1962年标点本，第2889页。

②《杨敞传》记载："昭帝崩。昌邑王征即位，淫乱，大将军光与车骑将军张安世谋欲废王更立。议既定，使大司农田延年报敞。敞惊惧，不知所言，汗出洽背，徒唯唯而已。延年起至更衣，敞夫人遽从东箱谓敞曰：'此国大事，今大将军议已定，使九卿来报君侯。君侯不疾应，与大将军同心，犹与无决，先事诛矣。'延年从更衣还，敞、夫人与延年参语许诺，请奉大将军教令，遂共废昌邑王，立宣帝。宣帝即位月余，敞薨，谥曰敬侯。子忠嗣，以敞居位定策安宗庙，益封三千五百户。"（汉）班固撰，（唐）颜师古注：《汉书》（九），中华书局1962年标点本，第2889页。

③ 王利器校注：《盐铁论校注》，中华书局2015年版，第606页；（汉）司马迁撰：《史记》（一），中华书局2013年标点本，第350页。

第六章 由孔子与弟子的传记对《史记》流传的再认识

2.《非鞅》记载文学谈商鞅之叹，出于《商君列传》。①

3.《结合》记载文学谈秦越胡与吴齐关系，分别出于《建元以来侯者年表》与《春申君列传》。②

4.《西域》记载文学谈"有司言外国"与"张骞言大宛"之事，分别出于《匈奴列传》"太史公曰"的内容与《大宛列传》。③

5.《刑德》记载文学谈秦法，出于《酷吏列传》"太史公曰"的内容。④

这些例证，尤其是直接源于"太史公曰"的内容，充分说明《史记》已经在"文学"这样一个群体中流传。若据龙文玲先生的统计结果，则这次会议上众人援引的典籍近60种，仅就可以明确认定为援用《史记》的情况，仅次于《论语》，并且大大超过其他史书，凡113处，其中就包括"文学54次，贤良5次"⑤。虽未见列出一一排比之例，但所举引用情况的真实存在，推测应当不是妄说，因而从被引的高频率，足见《史记》在昭帝朝的影响。而这种影响的形成，就应当直接源自家传本《史记》在民间的流传。

因为引用《史记》的"文学"、"贤良"本就征召自地方。据《汉书·昭帝纪》的记载，始元五年六月朝廷曾颁诏："其令三辅、太常举贤良各二人，郡国文学高第各一人"；次年二月，"诏有司问郡国所举贤良文学民所疾苦。议罢盐铁榷酤。"⑥ 由此可知参与盐铁会议的"贤良"来自京畿，由京兆尹、左冯翊、右扶风和太常选拔而出；"文学"

---

① 王利器校注：《盐铁论校注》，中华书局2015年版，第105页；（汉）司马迁撰：《史记》（七），中华书局2013年标点本，第2717页。

② 王利器校注：《盐铁论校注》，中华书局2015年版，第535页；（汉）司马迁撰：《史记》（三、七），中华书局2013年标点本，第1225、2902页。

③ 王利器校注：《盐铁论校注》，中华书局2015年版，第557页；（汉）司马迁撰：《史记》（九、一〇），中华书局2013年标点本，第3525—3526、3836、3852—3857页。

④ 王利器校注：《盐铁论校注》，中华书局2015年版，第627—628页；（汉）司马迁撰：《史记》（一〇），中华书局2013年标点本，第3803页。

⑤ 龙文玲：《〈盐铁论〉引书用书蠡测》，《中国典籍与文化》2010年第1期，第49页。

⑥ （汉）班固撰，（唐）颜师古注：《汉书》（一），中华书局1962年标点本，第223页。

则来自各郡国。他们既然来自于民间，了解《史记》的渠道也自当就是家传本。所以，在杨恽宣布之前，《史记》的部分内容已经辗转在社会流传，并且闻名于当时的学界。

至于《史记》在流出之后，是否有再次传播的可能，答案是肯定的。这从桓宽《盐铁论》的成文不仅取决于盐铁会议的原始议文，还受益于与会的"汝南朱子伯"之言可以看出。① 与会者既然存在对外讲述会议内容的情况，那么他们经由参会对《史记》的了解，自然也会成为谈论的对象，这说明《史记》在民间的流传多为凭借人际关系而实现。其方式则应当包括口述、阅读、抄写等，又因为个体知晓的情况不一、《史记》的篇幅巨大和书籍传播的难度等客观因素，家传本《史记》在杨恽宣布之前的对外情况，就应当都是这种单篇部分流传的形式。

二 官藏本《史记》的存在与流传

（一）在朝官员与《史记》

考虑到盐铁会议上，征引《史记》以为己说的人员，还有当朝的大臣，这就提示《史记》的流传应当还有另外的渠道。此处同样试举几例：

> 1.《遵道》记载大夫曰"饰虚言以乱实，道古以害今"，出于《秦始皇本纪》记载的李斯上言，即："语皆道古以害今，饰虚言以乱实。"②

---

① 《盐铁论·杂论》记载桓宽曰："始汝南朱子伯为予言：当此之时，豪俊并进，四方辐凑。贤良茂陵唐生、文学鲁国万生之伦，六十余人，咸聚阙庭，舒六艺之风，论太平之原。智者赞其虑，仁者明其施，勇者见其断，辩者陈其词。"王利器校注：《盐铁论校注》，中华书局2015年版，第681页。

② 王利器校注：《盐铁论校注》，中华书局2015年版，第322页；（汉）司马迁撰：《史记》（一），中华书局2013年标点本，第325页。

第六章 由孔子与弟子的传记对《史记》流传的再认识

2.《本议》记载大夫对工农商关系的阐释，出于《货殖列传》。①

3.《毁学》记载大夫对贫贱与仁义关系的阐释，出于《货殖列传》。②

4.《复古》、《刺权》记载大夫对山海之利的态度与咸阳、孔仅上请之事，出于《平准书》。③

5.《毁学》记载大夫曰："司马子言：'天下穰穰，皆为利往'"，并举赵女、郑姬、戎士为例，出于《货殖列传》。④

6.《论儒》记载御史谈伊尹事汤、百里事穆公，出于《孟子荀卿列传》。⑤

这些例证，尤其是大夫明确说明的"司马子言"的内容，足以显示《史记》在朝廷官员之间已经流传。若据龙文玲先生的统计，则"含大夫41次，丞相史2次，御史10次"⑥。这种多次的引用，加上援引武帝时人独有司马迁称"子"的情况，可知他们深受《史记》的影响。联系到秘府收藏有《史记》的事实，则这些官员所见《史记》就应当是源自官藏本。因为《太史公自序》记载《史记》在成书之后，被"藏之名山，副在京师"⑦，这意味着《史记》起初就有"正本"和"副本"存世，只是两底本的收藏地点如何与"名山"和"京师"相

---

① 王利器校注：《盐铁论校注》，中华书局2015年版，第3页；（汉）司马迁撰：《史记》（一〇），中华书局2013年标点本，第3950—3951页。
② 王利器校注：《盐铁论校注》，中华书局2015年版，第254页；（汉）司马迁撰：《史记》（一〇），中华书局2013年标点本，第3970页。
③ 王利器校注：《盐铁论校注》，中华书局2015年版，第84、132页；（汉）司马迁撰：《史记》（四），中华书局2013年标点本，第1724页。
④ 王利器校注：《盐铁论校注》，中华书局2015年版，第255页；（汉）司马迁撰：《史记》（一〇），中华书局2013年标点本，第3952、3969页。
⑤ 王利器校注：《盐铁论校注》，中华书局2015年版，第165页；（汉）司马迁撰：《史记》（七），中华书局2013年标点本，第2850页。
⑥ 龙文玲：《〈盐铁论〉引书用书蠡测》，《中国典籍与文化》2010年第1期，第49页。
⑦ （汉）司马迁撰：《史记》（一〇），中华书局2013年标点本，第4027页。

对应，古今学者的意见多有分歧。

　　如唐司马贞索隐称："言正本藏之书府，副本留京师也。……郭璞（案：注《穆天子传》"天子北征，至于群玉之山，……先王所谓策府"）云：'古帝王藏策之府'。则此谓藏之名山是也。"① 即引用"群玉之山"的典故，以"名山"为"帝王藏书之府"。这意味着《史记》正本为官方书府所收藏。

　　又如陈直先生说："所谓名山，即是藏之于家。"对此看法附议者不少，如张玉春先生就评论这"是符合实际的"，相对的"京师"就被解释为"汉皇家书会"②。这又意味着《史记》正本留存于家，副本收藏于秘府。赞同者还有黄觉弘③等学者。

　　再如易平、易宁先生主张：《自序》"两句相互发明。'藏之名山'本既曰'藏'（藏本），'副在京师'本则为'传'（传本）。……'在京师'本既曰'副'（副本），藏'名山'本则为'正'（正本）。可知，《太史公书》正本'藏之名山'，秘存不宣；副本留在京师，以俟'传之其人'。"④

　　此外，还存在唐颜师古以"名山"为"高山"⑤；冯学忠认为"名山"指"华山"⑥的说法，因为藏书于山的做法有悖常理，可以排除。

---

　　① （汉）司马迁撰：《史记》（一○），中华书局2013年标点本，第4028页。
　　② 陈直：《汉晋人对〈史记〉的传播及其评价》，历史研究编辑部编《司马迁与〈史记〉论集》，陕西人民出版社1982年版，第215页；陈直：《汉晋人对史记的传播及其评价》，《四川大学学报》（社会科学版）1957年第3期，第42页；张玉春：《〈史记〉早期版本源流研究》，《史学史研究》2002年第1期，第51页。
　　③ 黄觉弘：《〈春秋〉家与汉魏时期〈史记〉之流传》，《唐都学刊》2008年第4期，第1页。
　　④ 易平、易宁：《〈史记〉早期文献中的一个根本问题——〈太史公书〉"藏之名山，副在京师"考》，《南昌大学学报》（人文社会科学版）2004年第1期，第85—86页。
　　⑤ 颜师古注《司马迁传》曰："藏于山者。备亡失也。其副贰本乃留京师也。"由"藏于山"与"备亡失"之间没有必然联系且不合情理，加之杨恽阅读、祖述并宣布《史记》，以及点校秘书著录有《史记》等情况，可以确定以"名山"为"山"的观点有误。（汉）班固撰，（唐）颜师古注：《汉书》（九），中华书局1962年标点本，第2724页。
　　⑥ 冯学忠认为：藏于华山的是杨敞、杨恽父子，因为"杨敞是华阴人，虽家系何村不可考，但距华山不远，或居华阴县城是可能的"。此说推理缺环，也别无据据，难免牵强。见冯学忠《〈史记〉正本藏何处》，秦始皇兵马俑博物馆、陕西省司马迁研究会编《司马迁与史记论文集》（第一辑），陕西人民出版社1994年版，第536—537页。

第六章　由孔子与弟子的传记对《史记》流传的再认识

反倒是以"名山"比喻"帝王藏策之府"的用语习惯，在东汉仍然有延用之例，比如《后汉书·窦融列传》记载："是时学者称东观为老氏藏室，道家蓬莱山。"①所以"名山"就是帝都长安的宫廷秘府，为正本；"京师"就是司马迁京城的家中，为副本。只是官藏本《史记》同样在对外流传着，盐铁会议上朝廷官员的引用即是明证。而且由"大夫"桑弘羊之言多出自《货殖列传》和《平准书》来看，引文虽然有切合议题的需要，但也能够反映出论者的个人喜好问题。

因为桑弘羊本就是"洛阳贾人子"②，终其一生最为关注的就是经济问题，武帝朝曾主持财政改革，掌管汉室经济二十余年，建立了官营煮盐、冶铁和铸钱业，与均输、平准、酒榷，以及算缗、告缗等政策，最终以卓越功勋为御史大夫，跻身三公，受武帝托孤重任。而《史记》一书有关经济思想的言论，正集中于《货殖列传》和《平准书》，因而他的多次引用说明他曾经有所针对性的阅读过《史记》内容。与此同时，一些客观条件也为他实现阅读提供了保障。据《汉书·艺文志》记载："汉兴，改秦之败，大收篇籍，广开献书之路。迄孝武世，书缺简脱，礼坏乐崩，圣上喟然而称曰：'朕甚闵焉。'于是建藏书之策，置写书之官，下迄诸子传说，皆充秘府。"③"写书之官"的设置，为官藏本《史记》流向朝廷官员提供了物质基础。又据《汉书·百官公卿表上》记载御史大夫的属官中，"一曰中丞，在殿中兰台，掌图籍秘书"④，因而桑弘羊方便获得由写书之官所誊抄的《史记》副本。

而桑弘羊既然可以阅读到官藏本《史记》，其他在朝官员应当也有机会接触到，如此盐铁会议上才会存在"丞相史"和"御史"引用的情况；桑弘羊可以按需阅读《史记》的部分篇目，又意味其他了解《史记》的官员，可能也会采用同样的方式，这恰好能够符合"写书之

---

① （南朝宋）范晔撰，（唐）李贤等注：《后汉书》（三），中华书局1965年标点本，第821—822页。
② （汉）司马迁撰：《史记》卷三十《平准书》，中华书局2013年标点本，第1723页。
③ （汉）班固撰，（唐）颜师古注：《汉书》（六），中华书局1962年标点本，第1701页。
④ （汉）班固撰，（唐）颜师古注：《汉书》（三），中华书局1962年标点本，第725页。

官"按篇誊抄的惯例。《艺文志》著录"凡《春秋》二十三家,九百四十八篇,省《太史公》四篇"①。因重复而省去的这四篇,就应当是写书之官按篇目所抄写的副本。所以,《史记》的卷帙浩繁和篇目间一定的独立性,加上官员职位需求和个人兴趣的不同,导致了官藏本在朝廷官员之间以单篇形式而部分流出的结果。此外,盐铁会议所见朝野双方存在交流的情况,提示官方和民间两种流传渠道,也应存在逐渐渗透并相互影响的情况。

(二) 在朝学者与《史记》

在汉朝的官员之中,有一个特殊的群体,他们不直接拥有权力,却能够影响政治走向,被称为"学官","议郎"、"博士"均属此列。这类官员本质上是学者,因而此处独立而论。他们本着对于学问的追求和学官的要求,以及在朝的职位之便,正是汉代阅读官藏本《史记》的主体。

就西汉"议郎"来说,可以撰写《盐铁论》的桓宽为代表。这由他自己也曾引用过《史记》之文②,以及《盐铁论》的编撰深受《史记》的影响可以看出③。既然他从语言到思想都多效仿《史记》,自然是读过原文的。只是他所接触的版本,由他"为郎"的经历,可以推定正是官藏本。据《汉书》的记载:"所谓盐铁议者,……当时相诘难,颇有其议文。至宣帝时,汝南桓宽次公治《公羊春秋》,举为郎,至庐江太守丞,博通善属文,推衍盐铁之议。"④ 由汝南人的身份,桓

① (汉)班固撰,(唐)颜师古注:《汉书》(六),中华书局1962年标点本,第1714页。
② 如《盐铁论·杂论》中,桓宽借"客"曰:"然巨儒宿学恧然,不能自解。"而《史记·老子韩非列传》中有言:"虽当世宿学不能自解免也。"王利器校注:《盐铁论校注》,中华书局2015年版,第682页;(汉)司马迁撰:《史记》(七),中华书局2013年标点本,第2609页。
③ 如桓宽的编撰"欲以究治乱,成一家之法",很明显与太史公"欲以究天人之际,通古今之变,成一家之言"的志向相通。分别见于《公孙刘田王杨蔡陈郑传》,(汉)班固撰,(唐)颜师古注:《汉书》(九),中华书局1962年标点本,第2903页;《司马迁传》,(汉)班固撰,(唐)颜师古注:《汉书》(九),中华书局1962年标点本,第2735页。又如早有学者指出:《盐铁论》的书名,是效仿司马迁的《平准书》而有;"桓宽撰述《盐铁论》所暴露的思想矛盾,多摹仿《平准书》的论断"。分别见于《述书》所载《金蟠刻本盐铁论自序》,王利器校注:《盐铁论校注》,中华书局2015年版,第875页;侯外庐等:《中国思想通史·第二卷》,人民出版社1957年版,第161页。
④ 《公孙刘田王杨蔡陈郑传》,(汉)班固撰,(唐)颜师古注:《汉书》(九),中华书局1962年标点本,第2903页。

第六章 由孔子与弟子的传记对《史记》流传的再认识

宽或许可能以同乡的身份从"汝南朱子伯"处接触到《史记》的个别内容；由"庐江太守丞"的身份，桓宽则只能通过民间渠道接触到家传本的部分内容，但要由此深受影响却都是无从达到的。所以，桓宽对于《史记》较为详细的了解，只能是在"为郎"期间通过阅读官藏本而得以实现的。

所谓郎官，通常被视为侍从皇帝左右的护卫，但"议郎"特殊于其他郎官。《后汉书·百官志》记载："凡郎官皆主更直执戟，宿卫诸殿门，出充车骑。唯议郎不在直中"；"凡大夫、议郎皆掌顾问应对，无常事，唯诏令所使。"① 可见"议郎"的职掌同于大夫，乃是侍从皇帝的文官，而非武官。所以，葛志毅先生认为："汉代的议郎，虽无学官之名，但其性质与博士颇多相近之处，因而对汉代学术教育的影响，几乎可与博士比拟。"② 而且只有这样，才能清楚解释桓宽因"治《公羊春秋》"，而被"举为郎"之间的逻辑关系，因而桓宽所为之"郎"为"议郎"无疑。又因为"议郎"无常事而职在言议，因而桓宽也需要阅读秘府藏书；还因为各级官吏的主要来源之一，便是从郎官中进行选拔，所以桓宽又可以因"举为郎"而"至庐江太守丞"。

桓宽本有出入秘府之便，又治《公羊春秋》，司马迁又曾求教于治公羊学的董仲舒，可以推想桓宽对《史记》应当是有着了解欲望的，所以《盐铁论》所受《史记》的影响，就是他利用自己"议郎"的身份而阅读官藏本的结果。而且他目睹盐铁会议的议文，也只能是在这一阶段。据《汉书·武帝纪》的记载：元光元年五月，"诏贤良曰：'……贤良明于古今王事之体，受策察问，咸以书对，著之于篇，朕亲览焉。'于是董仲舒、公孙弘等出焉。"③ 由贤良受诏察问会被著之于篇的情况来看，纪录盐铁会议的议文只能是保存于朝廷。也正是由于桓宽是在"议郎"期间，通过接触秘府之文才撰成了《盐铁论》一书，所

---

① （南朝宋）范晔撰，（唐）李贤等注：《后汉书》（一二），中华书局1965年标点本，第3574—3575、3577页。
② 葛志毅：《汉代的博士与议郎》，《史学集刊》1998年第3期，第3页。
③ （汉）班固撰，（唐）颜师古注：《汉书》（一），中华书局1962年标点本，第160—161页。

以该书也成为秘府收藏的对象，《汉书·艺文志》著录有"桓宽《盐铁论》六十篇"①，即是证明。

既然"议郎"可比"博士"，而"博士"自武帝以来就为汉代通经学官，职掌太学弟子的教授，而且所建"藏书之策"，本就有"博士之藏"②，因而在对照秦始皇"史官非秦记皆烧之。非博士官所职，天下敢有藏《诗》、《书》、百家语者，悉诣守、尉杂烧之。有敢偶语《诗》《书》者弃市。……所不去者，医药卜筮种树之书"③的文化政策，可以确定代表时代学术的"博士"在提倡文化兴复的汉朝，应当同样不在禁书限制的范围之内，更何况《史记》在汉代也并非禁书。所以，以"议郎"和"博士"为代表的在朝学者，就是阅读官藏本《史记》的主要人群。

此外，能够接触《史记》的知识分子还大有人在，校书者与续写者就是两个突出的群体。《汉书·叙传》记载：

> （班）斿博学有俊材，左将军史丹举贤良方正，以对策为议郎，迁谏大夫、右曹中郎将，与刘向校秘书。每奏事，斿以选受诏进读群书。上（案：成帝）器其能，赐以秘书之副。时书不布，自东平思王以叔父求《太史公》、诸子书，大将军白不许。④

对比东平思王的求书不许，班斿的获赐秘书之副，足见汉成帝对他

---

① （汉）班固撰，（唐）颜师古注：《汉书》（六），中华书局1962年标点本，第1727页。对于桓宽所读《史记》的版本，黑琨持不同意见。他认为："桓宽著述《盐铁论》时官居庐江太守丞，以其地位而言，当不应像桑弘羊那样有机会利用职权所便见到官府秘书，他见到《史记》的时间应在杨恽升迁平通侯、'宣布'《史记》之后。"黑琨：《〈盐铁论〉成书时间考》，《四川师范大学学报》（社会科学版）2003年第2期，第79页。
② 颜注引如淳曰："刘歆《七略》曰'外则有太常、太史、博士之藏，内则有延阁、广内、秘室之府。'"（汉）班固撰，（唐）颜师古注：《汉书》（六），中华书局1962年标点本，第1702页。
③ 《秦始皇本纪》，（汉）司马迁撰：《史记》（一），中华书局2013年标点本，第325—326页。
④ （汉）班固撰，（唐）颜师古注：《汉书》（一二），中华书局1962年标点本，第4203页。

· 386 ·

第六章 由孔子与弟子的传记对《史记》流传的再认识

个人的重视，但是由班斿曾为"议郎"的身份，和"与刘向校秘书"的经历，以及成帝之赐是源于"器其能"，还可知这次赏赐代表的是朝廷并不限制知识分子接触秘书的态度。班斿既然协同刘向校理过秘书，《汉书·艺文志》又著录有"《太史公》百三十篇"① 的情况，而且班固明确说明了《艺文志》乃是他"删其要，以备篇籍"而成，所删者便是刘歆总领群书而上奏的《七略》，而至于《七略》之写成，又要追溯到"成帝时，以书颇散亡，使谒者陈农求遗书于天下。诏光禄大夫刘向校经传诸子诗赋，……。每一书已，向辄条其篇目，撮其指意，录而奏之。会向卒，哀帝复使向子侍中奉车都尉歆卒父业"②。所以，班斿、刘向和刘歆自然都是接触过《史记》的。

而且不仅是他们三人，他们所代表的校书群体都应阅读过官藏本。比如"时丞相史尹贤以能治《左氏》，与歆共校经传"③，联系到盐铁会议上也有"丞相史"的引用之例，可知担任该职位者也为学者型官员，他们向来就有接触秘书的可能。又如续写《史记》的众人之中，事迹可查者也多有受诏校书之事。若依据《史通·外篇·古今正史》的总结，不算东汉班彪、班固父子，仅西汉续写《史记》所能列出名字者，就多达15家。即：

> 《史记》所书，年止汉武，太初以后，阙而不录。其后刘向、向子歆及诸好事者，若冯商、卫衡、扬雄、史岑、梁审、肆仁、晋冯、段肃、金丹、冯衍、韦融、萧奋、刘恂等，相次撰续，迄于哀、平间，犹名《史记》。④

---

① （汉）班固撰，（唐）颜师古注：《汉书》（六），中华书局1962年标点本，第1714页。
② （汉）班固撰，（唐）颜师古注：《汉书》（六），中华书局1962年标点本，第1701—1703页。
③ 《楚元王传》，（汉）班固撰，（唐）颜师古注：《汉书》（七），中华书局1962年标点本，第1967页。
④ 白云译注：《史通》，中华书局2014年版，第550页。

这些所谓的"好事者"之中，除刘向、刘歆已知是奉诏领校秘书外，冯商也是如此。《汉书·艺文志》著录有"冯商所续《太史公》七篇"，颜师古注引韦昭曰："冯商受诏续《太史公》十余篇，在班彪《别录》"；颜师古自己还说："《七略》云商阳陵人，治《易》，事五鹿充宗，后事刘向，能属文，后与孟柳俱待诏，颇序列传，未卒，病死。"①由此还可获知与冯商一起受诏续写的，还有孟柳，这意味着《史通》的总结也并非全部列举，事实上还存在更多的人续写过《史记》。

这些好事者既然能够续写，自然是阅读过《史记》的，因而扬雄多有对司马迁和《史记》总体性的评价，如《扬子法言》的《重黎》云："或问《周官》，曰立事；《左氏》曰品藻；太史迁曰实录"；《君子》云："仲尼多爱，爱义也；子长多爱，爱奇也。"②再联系到前文所说桓宽深受影响的情况，或可推论这些学者型官员的阅读，应当有别于其他朝廷官员按兴趣需要而有所选择的方式。由冯商、孟柳既为受诏续写，冯商又是因为事刘向才受诏，而刘向、刘歆既总领群书又续写《史记》，可知学者的阅读应当是全本。而且由所置博士本就有"《春秋》二，《公羊》严、颜氏。掌教弟子。国有疑事，掌承问对。本四百石，宣帝增秩"③，加上刘向、刘歆等人的升迁经历，还可获知其中应当有大部分人是治《春秋》学出身。

据《楚元王传》的记载，宣帝时"会初立《穀梁春秋》"，征刘向"受穀梁，讲论五经于石渠。复拜为郎中、给事黄门，迁散骑、谏大夫、给事中"；成帝即位，刘向"以故九卿召拜为中郎"，"迁光禄大夫"，受诏领校"中五经秘书"；而刘歆"少以通《诗》《书》能属文召，见成帝，待诏宦者署，为黄门郎。河平中，受诏与父向领校秘

---

① （汉）班固撰，（唐）颜师古注：《汉书》（六），中华书局1962年标点本，第1714—1715页。

② （汉）扬雄：《扬子法言》，国学整理社编《诸子集成》（七），中华书局2006年版，第32，38页。

③ 《百官志》，（南朝宋）范晔撰，（唐）李贤等注：《后汉书》（一二），中华书局1965年标点本，第3572页。

第六章 由孔子与弟子的传记对《史记》流传的再认识

书";哀帝初即位,刘歆"为侍中太中大夫,迁骑都尉、奉车光禄大夫,贵幸。复领五经,卒父前业",只是与刘向"受《穀梁春秋》,十余年,大明智"不同,"及歆校秘书,见古文《春秋左氏传》,歆大好之"。① 如此再联系到桓宽治《公羊春秋》、尹贤治《左氏》,以及《史记》被刘向、刘歆、班固列入《春秋》家等情况,可知喜读《史记》者也多为学习《春秋》三传者,而且多有存在从属关系,比如刘向、刘歆之类的父子关系,以及冯商与刘向、班斿与刘向、尹贤与刘歆之类的职位关系等。

因此,就官藏本《史记》来说,除议郎、博士之外,还应当有刘向、刘歆都曾担任过的"光禄大夫",以及其他受诏校书和续书的在朝学者阅读过。而由于《春秋》学为汉代显学,事实接触过《史记》的应当远不止见载于文献的诸人,《史记》在西汉的流传和影响也就远比大多数人认为的要为广泛而深远。之所以能够这样说,还因为虽为秘书,但经由在朝学者还有再次传播的可能,这由班斿所获赐秘书之副的去向可以看出。一方面,班斿有子曰班嗣,有从子班彪"字叔皮,幼与从兄嗣共游学,家有赐书"②,班彪后来续写有《史记后传》,可见秘书之副在班氏家族内部得以传承,而且其中就应当有《史记》,家族成员能够窥其全貌。另一方面,桓谭曾经"欲借其书"于班嗣,说明经由直接接触者,秘书之副是可以与其他知识分子发生联系的。只是又结合班嗣"虽修儒学,然贵老严之术",且借用邯郸学步的典故比喻桓谭借书,说他"已贯仁谊之羁绊,系名声之缰锁,伏周、孔之轨躅,驰颜、闵之极挚,既系挛于世教矣,何用大道为自眩曜",并最终"不进"③ 的结果,可知桓谭所借正是老严著作,则班斿获赐的秘书中还包括《老子》、《庄子》。而主家可以不借的这种态度,意味对外传布时存

---

① (汉)班固撰,(唐)颜师古注:《汉书》(七),中华书局1962年标点本,第1929、1949、1950、1967页。
② (汉)班固撰,(唐)颜师古注:《汉书》(一二),中华书局1962年标点本,第4205页。
③ (汉)班固撰,(唐)颜师古注:《汉书》(一二),中华书局1962年标点本,第4205—4206页。

在有所保留的情况,可能只是部分内容。

总之,这些在朝学者阅读的是官藏《史记》的全本,只是经由他们而流广于西汉社会的,应当大都以单篇部分内容的形式而存在。班氏受赏"秘书之副",不仅证实了前面关于汉廷有收藏和抄写《史记》的做法,更说明了西汉朝廷并没有严格限制《史记》的流传,而这与盐铁官方会议上朝野两类士人公开征引的情况吻合。这种官方态度正是《史记》流传在取得朝廷正式认可之前,得以单篇部分传播于世的重要原因。所以,《史记》在西汉是两种渠道的流传同时并存,而学者和官员既然都能够接触到《史记》,《史记》自然也就有了不小的社会知名度,而且随着这些接触者生活地点和接触人群的变化,《史记》经由他们为更多人所知晓的可能性也就增大。只是与朝廷其他官员可以直接获取写书之官的副本不同,这些学者型官员或许是通过借阅副本而自行誊抄的方式得以实现。

三 成王时东平王事件的正确理解

(一) 东平王事件的惯常看法

与盐铁会议上透露出的官方态度不同,《汉书·叙传》提及的"东平王事件",常被学者们视为西汉乃至整个两汉朝廷严格限制《史记》流传的力证。其事详细见载于《汉书·宣元六王传·东平王传》,即东平王刘宇在成帝时趁来朝之机:

> 上疏求诸子及《太史公书》,上以问大将军王凤,对曰:"臣闻诸侯朝聘,考文章,正法度,非礼不言。今东平王幸得来朝,不思制节谨度,以防危失,而求诸书,非朝聘之义也。诸子书或反经术,非圣人,或明鬼神,信物怪;《太史公书》有战国从横权谲之谋,汉兴之初谋臣奇策,天官灾异,地形阨塞:皆不宜在诸侯王。不可予。不许之辞宜曰:'《五经》圣人所制,万事靡不毕载。王审乐道,傅相皆儒者,旦夕讲诵,足以正身虞意。夫小辩破义,小

第六章 由孔子与弟子的传记对《史记》流传的再认识

道不通，致远恐泥，皆不足以留意。诸益于经术者，不爱于王。'"对奏，天子如凤言，遂不与。①

学者们多由此得出《史记》在汉代流传有限的结论。比如：

> 黄觉弘由此认为："《史记》虽然"宣布"，流传却并不广，因为它受到朝廷的严格控制。即便是诸侯宗室想要获睹，也非易事。"②

> 曾小霞由此认为："汉代统治者为维护国家统一，对纵横之术不予提倡，《史记》因记载了先秦纵横术而被统治者视为禁书"；"到了东汉，得以阅读《史记》者仍然不多，一般为皇帝赐书阅读"。③

> 王永由此说：东平王来朝的时间，"上距宣帝地节四年（前66），杨恽宣布《史记》已经过去了30余年，身为宣帝之子的东平思王，尚且不能拥有《史记》，可知，即便是在杨恽宣布《史记》之后，能阅读过《史记》原文的人数，仍然是极其有限的。"④

> 黎子耀由此说："王侯尚不易得到《史记》，可见此书在当时流传不广。"⑤

> 安子毓由此说："当时朝廷有意限制《史记》流传，连诸侯王尚难窥其全豹。"⑥

> 陈纪然由此说："东平王求书事距宣帝末仅十几年，如果说

---

① （汉）班固撰，（唐）颜师古注：《汉书》（一○），中华书局1962年标点本，第3324—3325页。
② 黄觉弘：《〈春秋〉家与汉魏时期〈史记〉之流传》，《唐都学刊》2008年第4期，第1页。
③ 曾小霞：《〈史记〉〈汉书〉的叙述学及其研究史》，苏州大学2012年博士学位论文，第21页。
④ 王永：《〈盐铁论〉成书时间再考论》，《宁夏师范学院学报》2009年第1期，第19页。
⑤ 黎子耀：《史学在魏晋南北朝时期的新地位》，《杭州大学学报》（哲学社会科学版）1979年第3期，第67页。
⑥ 安子毓：《〈史记〉秦代史辨疑三题》，中国社会科学院历史研究所文化史研究室编《形象史学研究》，人民出版社2014年版，第272页。

《史记》由杨恽宣布并由此传布广大，当时的情况绝对不应该是'时书不布'。所谓杨恽'宣布'，看来只是为人所知，即使有传布的可能，但也不会为人随便可得。《史记》不宜在诸侯，何论民众？"①

张玉春由此说："《史记》传出伊始，流传范围很小，至西汉末年，达官显贵，亦难得一见。"②

持此类说法者还有很多，此处无需再一一列举。那么，此次事件真的足以代表汉室朝廷对于《史记》的官方态度，以及由此主导下对于流传情况的推定吗？从前面所说盐铁会议、续写《史记》和赏赐《史记》等情况看，未必尽然。对于此事正确的思路应当是就事而论，因为东平王求书遭拒与汉室的官方态度，本没有直接的联系。这就像汉武帝时《史记》的流传没有得到官方的正式许可，但在宣帝时却已能公布于世；又如宣帝时刘贺薨后，"坐故行淫辟，不得置后"，但汉元帝"初元三年，釐侯代宗以贺子绍封"③。更何况盐铁会议上众人的引用和海昏侯墓"孔子画像"凭借《史记》的事实，以及宣帝之后众多阅读之人，都说明此次事件至多只能指向成帝其时的一种官方态度，并不能代表西汉、更不论整个汉代。而且联系到成帝时尚有刘向校书、班斿获赐的情况，说明即便是成帝时期的官方态度，也还得具体而论。

（二）事件所显示的真正信息

再观此次事件，可以发现以往学者多从流传与否或者流传广度来思考的方向有误，正确的理解应该看到的是流传对象和流传形式的历史真相。

第一，可阅读的群体。

从大将军王凤所言"不宜在诸侯王"的四项内容，可知王凤是阅

---

① 陈纪然：《汉唐间〈史记〉的传布与研读》，《学术交流》2006年第6期，第162页。
② 张玉春：《〈史记〉早期版本源流研究》，《史学史研究》2002年第1期，第52页。
③ 《王子侯表》，（汉）班固撰，（唐）颜师古注：《汉书》（二），中华书局1962年标点本，第493页。

第六章 由孔子与弟子的传记对《史记》流传的再认识

读过《史记》的,因而才会知道书中的具体情况。他称谓《太史公书》的说法,与刘氏父子的著录相同,说明这是当时的习惯,而这一习惯称法本就源自《史记·太史公自序》中司马迁自己所言,因而这一称谓也说明他们都确实读过《史记》。至于版本,自然都是官藏本。正因为官方保存有《史记》,所以东平王求书的对象是朝廷而非其他,朝廷的反应是"不予"而不是"无有"。

第二,被限制的对象。

由东平王遭拒的结果,可见官方对于《史记》传播的对象也确实有所限制。仅从东平王的身份来看,被限制的对象是诸侯王。但是,联系到东平王的个人形象,还可进一步得知只是对那些行为不端、可能窝藏反心的诸侯王有所防范。《东平王传》记载:"东平思王宇,甘露二年立。元帝即位,就国。壮大,通奸犯法,上以至亲贳弗罪,傅相连坐。久之,事太后,内不相得,太后上书言之,求守杜陵园",使得元帝遣太中大夫张子蟜奉玺书敕谕东平王要修养孝道德行,至元帝崩,他甚至还曾图谋自立,并且在居丧期内"饮酒食肉,妻妾不离侧",其中姬朐臑因为"故亲幸"而"后疏远",又被斥为家人子,"扫除永巷,数笞击之。朐臑私疏宇过失,数令家告之。宇觉之,绞杀朐臑"。① 正是鉴于他之前的系列行为,朝廷对其本就心存芥蒂之心,因而对他的来朝求书,王凤才有"幸得来朝,不思制节谨度,以防危失,而求诸书,非朝聘之义也"的评价。

第三,流传可能的内容。

虽然已知秘府收藏有《史记》,并具有被官方人员(包括:藏书写书之官、朝廷大臣和学者型官员)认识的事实,但具体哪部分可以对外流传,还得具体而论。一方面,在杨恽宣布之前,朝廷虽未禁止《史记》流传,但也没有明确认可,在这种情况之下,未免惹祸上身,就多源自所揣测的"上意"。而文献多有武帝对《孝景本纪》和《孝武本纪》有所不满的记

---

① (汉)班固撰,(唐)颜师古注:《汉书》(一〇),中华书局 1962 年标点本,第 3320—3323 页。

载，如《三国志·魏书·王朗传》记载王肃曰："司马迁记事，不虚美，不隐恶。刘向、扬雄服其善叙事，有良史之才，谓之实录。汉武帝闻其述《史记》，取孝景及己本纪览之，于是大怒，削而投之。于今此两纪有录无书。后遭李陵事，遂下迁蚕室。"[1] 王肃将武帝的"大怒削而投之"，与景武两篇帝纪在后来的有录无书联系起来，说明《史记》部分篇目的流传确曾受到了限制。另一方面，在杨恽宣布《史记》之后，朝廷虽然明确认可了《史记》的全本流传，但是对于特殊对象还是有篇目上的限制。比如因为东平王的"非礼"，所求"诸子书"和《太史公书》中一些涉及权谋奇策、灾异地形和违背经术圣人之意的内容，就具有了危害朝廷的可能，王凤的"不宜在诸侯王"就是针对这部分篇目于东平王而言。又从诏令东平王读《五经》，听儒者讲诵，"以正身虞意"来看，如东平王之类的个别对象所能接触到的只能是符合统治者用意的篇目。东平王正是通过民间渠道阅读过部分篇目，才欲窥其全貌而求全本于朝廷。东平王刘宇既是成帝叔父，又为元帝兄弟、宣帝皇子，这意味着杨恽在宣帝朝宣布《史记》时，东平王正生活在长安京城，所以在他求书遭拒之前完全有机会接触到家传本《史记》的部分篇目。

总之，此次事件针对的是东平王个人，涉及的也仅仅是官藏本《史记》，并不能由此代表整个西汉或汉代的官方态度，更不能由此抹去民间家传本《史记》的流传作用。汉室对于《史记》"赏赐"与"不予"的并存，共同说明了朝廷对于《史记》的看重，而且两相比较可知：官方对于《史记》从学术上秉持着推崇的态度，对于个别对象和部分篇目的谨慎则是出于政治立场的考虑。而《史记》篇目既然有"可以"和"不可以"流传的区分，其结果自然就是可以流传的部分先

---

[1] （晋）陈寿撰，（南朝宋）裴松之注：《三国志》（二），中华书局1982年版，第418页。相似记载还见于《西京杂记·汉太史公》：即太史公"作《景帝本纪》，极言其短及武帝之过，帝怒而削去之。后坐举李陵，陵降匈奴，下迁蚕室。有怨言，下狱死"。另有卫宏《汉书旧仪注》曰："司马迁作《景帝本纪》，极言其短及武帝过，武帝怒而削去之。后坐举李陵，陵降匈奴，故下蚕室。有怨言，下狱死。"分别出自（晋）葛洪撰，周天游校注《西京杂记》，三秦出版社2006年版，第267页；（南朝宋）裴骃集解《太史公自序》引语，（汉）司马迁撰《史记》（一〇），中华书局2013年标点本，第4029页。

行见世。所以，此次事件所指向的不是《史记》流传范围的广狭，而是西汉流传的基本形式，即《史记》除了受到客观条件的影响，更受到了官方主观态度的作用，这使得西汉尽管有了全本流传的情况存在，但仍然是以单篇的形式为主。只有不在官方忌讳范围之内的篇目，才可能真正得以广泛流传；为统治者所顾虑的篇目，则应仅限于接触者个人或家内知晓。《汉书·叙传》中所说的"时书不布"，应当就包括官藏本《史记》并非全本流广于外的情况。

四 海昏侯墓孔子画像的隐含提示

（一）《史记》在西汉广泛流传的篇目

有关东平王事件的惯常看法，还直接影响了学者对于海昏侯墓"孔子与弟子画像"文本依据的判断。学者由《史记》的流传有限，多为怀疑《史记》就是画像的依据，态度要么模棱两可，要么直接否定，或者提出源于"衣镜传记"和《史记》"共同母本"的观点，倾向于刘贺没有机会接触到《史记》。[①] 现在已知东平王刘宇虽然无缘官藏全本《史记》，但是阅读过家传本《史记》的部分篇目，那么做过"昌邑王"的刘贺也当有接触《史记》的机会。前述既已通过画像与《史记》的全方位比较，确定画像参照《史记》无疑，则作为墓主人的刘贺也就确实接触过《史记》内容。至于接触发生的时间，从刘贺的人生阶段与相应的心路历程，以及杨恽封侯和宣布《史记》的时间等情况，则可以推定在宣帝地节四年到刘贺封为海昏侯之间的时段。

此时为"废帝"的刘贺，正以"故昌邑王"的身份居于"故昌邑王宫"，并因其特殊的身份，为宣帝所忌惮，处于山阳太守张敞的密切

---

① 如王楚宁说："从时间上讲刘贺活到了《史记》宣布于世，但笔者认为海昏侯刘贺在宣帝时代是难以见到《史记》的"；"刘贺是略有可能在昭帝时代看到稍出于世的《史记》的。若'孔子立镜'也造于这一时期，那其上的文字就略有可能源于《孔子世家》。但即便'孔子立镜'上的文字不是源于《孔子世家》，也不能否定与《史记》的重要关系，'孔子立镜'与《孔子世家》很可能拥有共同的母本"。王楚宁：《海昏侯墓系列研究》之一《海昏侯墓"孔子立镜（孔子屏风）"再释》，北京联合大学文化遗产保护协会编《文化遗产与公众考古》（第三辑），2016年，第102—103页。

监视之中。以刘贺如此的处境,所能公然接触到的《史记》内容,自然就是西汉得以广泛流传的篇目,具体便是《孔子世家》、《仲尼弟子列传》和《太史公自序》这三篇。由其参照《孔子世家》的部分,最终落脚于对孔子"学者宗之"的"至圣"评价;参照《仲尼弟子列传》的部分,意在体现弟子对于孔子的高度推崇;参照《太史公自序》的部分则述及孔子修《春秋》的旨意,可知共同凸显的是孔子崇高的地位和善教的品质。再联系到汉代"孔子画像"的另一大类型(指"孔子见老子画像"),存在参照《孔子世家》和《老子韩飞列传》以宣扬孔子好学品质的情况,且此类实物最早也能追溯到宣帝年间(见于山东微山沟南村),还可推测西汉这种单篇流传为主的形式,或许还包括由相同主题篇目汇集而成的"小册"别本单行的情况,如此才好解释众多相似的汉代孔子画像分布于不同区域的现象。

若真实存在,则与"孔子"直接相关的这四篇内容,及对应的汉代两类孔子画像,正好可应和教育"教与学"的两个方面,及诲人不倦、学而不厌的两种精神,与教师和学生两大主体。而且所教与所学皆为儒学与礼制,都符合武帝以来"尊孔崇儒"、"以儒教化"的文化氛围和教育政策。只是别本单行情况的形成,还是受益于单篇的较早流传。因为早在盐铁会议上,就已经出现了引用《孔子世家》和《老子韩非列传》的情况。比如:

1. 《毁学》记载文学谈"郊祭之牛",出于《老子韩非列传》"庄周笑谓楚使者"的内容。[①]

2. 《大论》记载文学曰:"孔子生于乱世,……悠悠者皆是",出于《孔子世家》孔子"使子路津焉"的桀溺之语。[②]

[①] 王利器校注:《盐铁论校注》,中华书局 2015 年版,第 256 页;(汉)司马迁撰:《史记》(七),中华书局 2013 年标点本,第 2610 页。

[②] 王利器校注:《盐铁论校注》,中华书局 2015 年版,第 672 页;(汉)司马迁撰:《史记》(六),中华书局 2013 年标点本,第 2336 页。

第六章 由孔子与弟子的传记对《史记》流传的再认识

此外,《刑德》记载文学曰:"为术者法孔子",与《孔子世家》太史公曰"孔子布衣,传十余世,学者宗之"的基调一致①,联系文学的其他引用之例,此处或可理解为化用。所以,这些篇目的较早流传,推动了《史记》社会影响力的形成和扩大。

相对的,为官方所忌讳的篇目,则流传有限。前引《三国志》王肃之言,说明《史记》有篇目失传的情况,而且其原因就与统治者的态度有关。事实上,除了此处谈到的两篇帝纪的缺失,其他文献也多有提到《史记》亡佚的情况。比如《汉书·艺文志》记载:"《太史公》百三十篇。十篇有录无书"②;《司马迁传》中也说:"十篇缺,有录无书"③。又如《后汉书·班彪列传上》记载班彪说:司马迁"作本纪、世家、列传、书、表凡百三十篇,而十篇缺焉"④。

至于所缺十篇为何,三国魏人张晏最早给出了解答。他说:"迁没之后,亡《景纪》、《武纪》、《礼书》、《乐书》、《兵书》、《汉兴以来将相年表》、《日者列传》、《三王世家》、《龟策列传》、《傅靳列传》。"对此说法,颜师古认为:"序目本无《兵书》,'张'云亡失,此说非也。"⑤ 而裴骃集解在注引张晏之说时,《兵书》就写作《律书》⑥。其他古今学者对此所列篇目以及缺失的具体情况,也是聚讼不休,至今尚无定论。但由没有争议的部分篇目来看,又恰好能够印证前文的一些推测。

一方面,恰有官方所忌讳的篇目。比如《景纪》、《武纪》正是武帝曾经有所不悦的内容;又如《日者列传》、《龟策列传》、《传靳列

---

① 王利器校注:《盐铁论校注》,中华书局2015年版,第630页;(汉)司马迁撰:《史记》(六),中华书局2013年标点本,第2356页。
② (汉)班固撰,(唐)颜师古注:《汉书》(六),中华书局1962年标点本,第1714页。
③ (汉)班固撰,(唐)颜师古注:《汉书》(九),中华书局1962年标点本,第2724页。
④ (南朝宋)范晔撰,(唐)李贤等注:《后汉书》(五),中华书局1965年标点本,第1325页。
⑤ 见颜师古注《司马迁传》,(汉)班固撰,(唐)颜师古注:《汉书》(九),中华书局1962年标点本,第2725页。
⑥ 见(南朝宋)裴骃集解《太史公自序》,另外,《汉兴以来将相年表》的"以"写作"已";《传靳列传》写作《傅靳蒯列传》。(汉)司马迁撰:《史记》(一○),中华书局2013年标点本,第4029页。

传》，又正是成帝时王凤大将军所说"不宜在诸侯王"的内容。这透露出官藏本《史记》缺失的原因，可能与朝廷的主观干预有关。但同时也不排除意外客观情况的存在，因为如《礼书》、《乐书》者当不在忌讳范围之内。另一方面，又正好没有"孔子画像"所依据的篇目。这说明画像所采用的相关内容，就是西汉较早开始并广泛流传的篇目，这为孔子画像作为汉画像历史题材中的第一大典故提供了依据。而不管是何种原因导致的缺失，所缺者都以"篇"为计算，就说明"篇"正是当初抄写与流传的基本单位。

（二）刘贺所获知《史记》篇目的底本

由《汉书》、《后汉书》的记载，可见班彪、班固父子所见的官藏本《史记》即有十篇缺失具体内容。又因为班氏父子的说法本就是依据刘向《别录》、刘歆《七略》节缩而成，所以"十篇有录无书"的情况，至少可以追溯到刘向奉诏点校秘书的成帝时期。只是再联系到褚少孙补阙一事，则这一时间还可以提前，而这恰是认识刘贺墓葬中孔子画像凭借《史记》底本的关键。刘贺作为宣帝的重点防备对象，获得赐书或自行前往秘府借阅并誊抄的可能性微乎其微，因而史书也没有相关的记载。又已知东平王由宣帝到成帝之时，只能通过民间渠道获知家传本《史记》的部分内容，那么宣帝年间便离世的刘贺，似乎也只能接触到家传本的个别篇目。而且前引盐铁会议上"文学"对于《孔子世家》和《老子韩飞列传》的引用，以及两类汉代孔子画像的实物都可早至宣帝年间和今山东境内，这些情况都意味着刘贺确实可以通过民间渠道了解到家传本的内容。

只是刘贺本就不好儒术、不喜儒生，由他主动交往民间学者从而了解家传本《史记》的可能性也就值得怀疑。《汉书·诸侯王表》又记载"武有衡山、淮南之谋，作左官之律，设附益之法，诸侯惟得衣食税租，不与政事"①，可见诸侯王的社会活动范围本就受到限制，更遑论刘贺此时"故王"的身份和处境，因而这一阶段的他行为谨慎，"闭大

---

① （汉）班固撰，（唐）颜师古注：《汉书》（二），中华书局1962年标点本，第395页。

第六章 由孔子与弟子的传记对《史记》流传的再认识

门,开小门,廉吏一人为领钱物市贾,朝内食物,它不得出入",另有"督盗一人别主徼循,察往来者",但也曾有"太傅豹等擅留"的情况①。所以,刘贺虽然对外交往有限,但还是存在与个别"故吏"的联系,由"孔子画像"的情况来看,交往者则不仅有太傅豹,还有王式。正因为刘贺与王式的关系,刘贺所获知《史记》篇目的底本具有了特殊性,虽然来自民间渠道,却并非源于家传本,而应当是官藏本。前文通过盐铁会议的情况已经说明,民间学者可以通过与朝廷官员的接触,认识官藏本的内容。反过来,了解官藏本的朝廷官员,自然也可以在他们的人际交往过程中,起到传播《史记》的作用,而这些都还得从褚少孙所师事的大儒王式说起。

《史记》篇目既然有所亡失,就相应地出现了补阙之人。对于补阙之人和所补内容,张晏说"元、成之间褚先生补缺,作《武帝纪》,《三王世家》,《龟策》、《日者传》,言辞鄙陋,非迁本意也"②,则古人对于褚少孙补阙一事,也是以篇为计算单位③。所以,不管所补内容为何,都不能改变《史记》曾经单篇流传过的事实。而且这种说法在今本《史记》中是可以得到验证的,比如多有注明"褚先生曰"的字样,证实其说真实可靠。只是"褚先生"所补者同样是官藏本《史记》,而这是由他的"博士"身份所决定的。《史记·孝武本纪》集解引张晏曰:"《武纪》,褚先生补作也。褚先生名少孙,汉博士也";索隐则说:"张晏云'褚先生颍川人,仕元成间'",又引韦稜云:"宣帝代为博

---

① 《武五子传》,(汉)班固撰,(唐)颜师古注:《汉书》(九),中华书局1962年标点本,第2767—2768页。

② 见颜师古注《司马迁传》,(汉)班固撰,(唐)颜师古注:《汉书》(九),中华书局1962年标点本,第2725页。还见于(南朝宋)裴骃集解《太史公自序》,只是《日者传》被写作《日者列传》,见(汉)司马迁撰《史记》(一〇),中华书局2013年标点本,第4029页。

③ 对于此事,《史通·外篇·古今正史》的记载有不同看法,曰:"至宣帝时,迁外孙杨恽祖述其书,遂宣布焉。而十篇未成,有录而已。元、成之间,褚先生更补其缺,作《武帝纪》、《三王世家》、《龟策》、《日者》等传,辞多鄙陋,非迁本意也。"白云译注:《史通》,中华书局2014年版,第548页。

士,寓居于沛,事大儒王式,号为'先生',续《太史公书》。"① 可见张晏以褚少孙为元成间博士,韦稜以其为宣帝博士。

究竟为何时?由他与王式的师承关系来看,基本可以确定为宣帝博士的说法更为符合事实。对于二者的师承,《汉书·儒林传》中也有记载,即:

> 山阳张长安幼君先事式,后东平唐长宾、沛褚少孙亦来事式。……唐生、褚生应博士弟子选,诣博士,抠衣登堂,颂礼甚严……共荐式。诏除下为博士。……张生、唐生、褚生皆为博士。张生论石渠,至淮阳中尉。唐生楚太傅。由是《鲁诗》有张、唐、褚氏之学。②

只是二人所交流的内容,应当不仅仅是《鲁诗》,还应当有《史记》。因为不仅褚少孙自言"臣以通经术,受业博士,治《春秋》,以高第为郎,幸得宿卫,出入宫殿中十有余年。窃好《太史公传》"③,而且王式应当也是读过《史记》的。

这由王式曾经到过长安,并被立为宣帝朝博士,可知他具有阅读和抄写官藏本《史记》的条件。加上《史记》作为当时在朝学者和官员普遍了解的名著,王式自当也是有着了解欲望的。

王式不仅将他所了解的内容,运用于了他与褚少孙的交流之中,他还因为与刘贺的师徒关系,使得刘贺与《史记》发生了间接的联系。对此二人的师徒关系,《儒林传》中同样有明确记载:

> 王式"东平新桃人也","为昌邑王师。昭帝崩,昌邑王嗣立,

---

① (汉)司马迁撰,(南朝宋)裴骃集解,(唐)司马贞索隐:《史记》(二),中华书局2013年标点本,第575页。
② (汉)班固撰,(唐)颜师古注:《汉书》(一一),中华书局1962年标点本,第3610页。
③ 《龟策列传》中"褚先生曰"的内容,(汉)司马迁撰:《史记》(一〇),中华书局2013年标点本,第3920页。

第六章　由孔子与弟子的传记对《史记》流传的再认识

以行淫乱废，昌邑群臣皆下狱诛，唯中尉王吉、郎中令龚遂以数谏减死论。式系狱当死，治事使者责问曰：'师何以亡谏书？'式对曰：'臣以《诗》三百五篇朝夕授王，至于忠臣孝子之篇，未尝不为王反复诵之也；至于危亡失道之君，未尝不流涕为王深陈之也。臣以三百五篇谏，是以亡谏书。'使者以闻，亦得减死论，归家不教授。"①

王式曾授《诗》于还是昌邑王的刘贺，印证了他为西汉通《诗》大儒，为《鲁诗》三家之学宗师的记载。只是刘贺不听教导的结果显示，刘贺在昌邑王任内拥有宣扬孔学儒术的"孔子衣镜"的可能性不大，对应的即是以王式为代表的儒师这一阶段还没有接触到官藏本《史记》，而家传本《史记》也尚未被杨恽宣布的情况。

在刘贺被废去帝位之后，王式因为自诉曾以《诗》为谏而得以免死，后在宣帝即位后因"诸生"推荐之故，得以为博士。"徵来，衣博士衣而不冠，曰：'刑余之人，何宜复充礼官？'既至，止舍中，会诸大夫博士，共持酒肉劳式，皆注意高仰之。博士江公世为《鲁诗》宗，至江公著《孝经说》，心嫉式，谓歌吹诸生曰：'歌《骊驹》'"，王式由此"让诸生曰：'我本不欲来，诸生强劝我，竟为庶子所辱！'遂谢病免归，终于家"。②王式因被博士江公所辱，终谢病免归，而其所归的东平新桃，即今山东东平。而此时的刘贺正住在曾经的昌邑王府，这样鉴于二人曾经的主从和师徒关系，与现今的同处一地，加上刘贺墓随葬孔子画像对于《史记》的参照事实，可以推想他们在此阶段应当也发生过联系，《史记》也就这样经由王式而与刘贺产生了瓜葛。

至于联系的具体时间，还应当是之前所推想的杨恽宣布之后到刘贺封侯之前的阶段。王式在经历了生死体验和政治沉浮之后，对于朝廷政策应当是有着一定的敏锐度和忌惮心的，因而最可能的就是利用杨恽宣

---

① （汉）班固撰，（唐）颜师古注：《汉书》（一一），中华书局1962年标点本，第3610页。
② （汉）班固撰，（唐）颜师古注：《汉书》（一一），中华书局1962年标点本，第3610页。

布家传本《史记》的时机,在符合官方明确态度的同时,选取了符合宣扬儒学的篇目,行劝谏刘贺之事,这样为王式所了解的官藏本《史记》就与刘贺发生了联系。刘贺与《史记》的这种特殊关系,再次说明了家传本与官藏本的流传并非互不影响;推荐王式为博士的"诸生"中包括"褚生",证明褚少孙为宣帝博士的说法更为可靠,褚少孙阅读、补阙《史记》就应当发生在他出入宫殿的十有余年的"博士"和"为郎"期间。他"治《春秋》"的背景和"窃好《太史公传》"的旨趣,其间的学术联系不仅印证了前文关于西汉王朝并不限制学者型官员接触《史记》,与接触者多为研读《春秋》之人的说法,还意味着《史记》篇目的亡佚时间,可以由成帝时期提前至宣帝年间。

此外,从《史记》存在两个底本、两种流传渠道,与褚少孙曾经"往来长安中,求《龟策列传》不能得,故之大卜官,问掌故文学长老习事者,写取龟策卜事,编于下方"①的情况,可知褚少孙补写《史记》也应如他人续写一样,乃是针对官藏本《史记》而言,出于官方意图,因而会自称为"臣"并询问"大卜官"。至于其所补的方法,应当存在依据家传本的情况,毕竟家传本其时已经在长安部分流传,而且褚少孙与杨恽二人又同在宣帝朝为官过②,还都读过《史记》全本,并且杨恽有"好交英俊诸儒"的习惯。所以,二人即所代表的两种传本,都可能曾经发生过交集,只是"求《龟策列传》不能得"的情况,还提示彼时此篇外传的情况有限或无有。

五 《史记》流传问题的相关余论

(一) 东汉《史记》的流传形式

《史记》在东汉得到了更为广泛的传播,这从朝廷赐书、《史记》

---

① (汉) 司马迁撰:《史记》(一〇),中华书局 2013 年标点本,第 3920 页。
② 《汉书·杨恽传》记载,宣帝时杨恽先"以忠任为郎,补常侍骑";后因读外祖《太史公记》,"以材能称。好交英俊诸儒,名显朝廷,擢为左曹";后再因告发霍氏谋反有功,被封为"平通侯,迁中郎将";后又因政绩突出,"由是擢为诸吏光禄勋,亲近用事";直至因故被贬为庶人,可见在朝为官多年。(汉) 班固撰,(唐) 颜师古注:《汉书》(九),中华书局 1962 年标点本,第 2889—2893 页。

第六章 由孔子与弟子的传记对《史记》流传的再认识

称谓源起、出现注释等情况都可以看出。首先，陈直先生就考证《史记》名称开始于桓帝之时，桓灵献三世著书多引用《史记》。① 其次，注解音义之作诞生，包括延笃的《音义》一卷，不记作者的《音隐》五卷等②。再次，还多有对于司马迁和《史记》的评价，比如建武初年在议立《左传》时，先拜议郎、时迁博士的范升和"为郎"的陈元就对《史记》展开过辩论。即：

《后汉书·范升传列》记载："时难者以太史公多引《左氏》，（范）升又上太史公违戾《五经》，谬孔子言，及《左氏春秋》不可录三十一事"；《陈元列传》记载陈元认为："升等所言，前后相违，皆断截小文，媟黩微辞，以年数小差，掇为巨谬，遗脱纤微，指为大尤，抉瑕擿釁，掩其弘美，所谓'小辩破言，小言破道'者也。"③

又如"郡举孝廉，州辟，公车征，皆不就"的颍容说："其所著作，违义正者，迁尤多"，并举"《史记》不识毕公文王之子，而言与周同姓。"④ 还如班彪评论司马迁："善述序事理，辩而不华，质而不野，文质相称，盖良史之才也"⑤；王充说："或抽列古今，纪著行事，若司马子长、刘子政之徒，累积篇第，文以万数"，"若典官文书，若太史公及刘子政之徒，有主领书记之职，则有博览通达之名矣"⑥。所

---

① 陈直：《太史公书名考》，《文史哲》1956年第6期，第7页。
② 《史记索隐后序》，见（汉）司马迁撰《史记》（一○），中华书局2013年标点本，第4045页。
③ （南朝宋）范晔撰，（唐）李贤等注：《后汉书》（五），中华书局1965年标点本，第1229、1231页。
④ 颍容：《春秋释例序》，严可均校辑：《全上古三代秦汉三国六朝文》，中华书局1958年版，第938页。
⑤ 《班彪列传上》，（南朝宋）范晔撰，（唐）李贤等注：《后汉书》（五），中华书局1965年标点本，第1325页。
⑥ 分见《超奇篇》《定贤篇》，（汉）王充：《论衡》，国学整理社编《诸子集成》（七），中华书局2006年版，第135、266页。

· 403 ·

以，由这些所举对象的身份，可见东汉官吏都能比较容易的阅读到《史记》。

只是从《后汉书》记载的赐书情况来看，《史记》在东汉的流传仍然是以单篇为主要形式。即：

  《窦融列传》记载：光武帝对窦融"深嘉美之，乃赐融以外属图及太史公《五宗》、《外戚世家》、《魏其侯列传》。"①

  《循吏列传》记载：汉明帝"永平十二年，议修汴渠，……（王）景陈其利害，应对敏给，帝善之。又以尝修浚仪，功业有成，乃赐景《山海经》、《河渠书》、《禹贡图》，及钱帛衣物。夏，遂发卒数十万，遣景与王吴修渠筑堤。"②

这两例赐书显示：《史记》在东汉仍然为秘府所收藏，并有专人抄写而有官藏本的副本用于赏赐，只是赏赐都并非全本，而是带有明显针对性的部分篇目。比如窦融身为外戚功臣，所得赐书都与自身身份有关，其中出于《史记》的《五宗》、《外戚世家》、《魏其侯列传》都有提示注重宗法伦理、谨言慎行之意。又如王景受赏《河渠书》，是源于汉明帝欣赏他的理水见解，又欲以委任治水有关，因而其他所赐秘书也皆是与治水有着直接关联。所以，东汉统治者按需赏赐部分篇目，与西汉一般朝臣按需阅读部分篇目相类似，都意味着《史记》单篇流传的形式。而且联系到孔子画像的情况，窦融所获三篇其后也有因同一主题而别本单行的可能。

此外，对应西汉在朝两类人物的情况，东汉的在朝学者所接触到的《史记》也应是官藏的全本，这可以章帝时杨终曾"受诏删《太史公

---

  ① （南朝宋）范晔撰，（唐）李贤等注：《后汉书》（三），中华书局1965年标点本，第803页。

  ② （南朝宋）范晔撰，（唐）李贤等注：《后汉书》（九），中华书局1965年标点本，第2465页。

第六章　由孔子与弟子的传记对《史记》流传的再认识

书》为十余万言"①为证。既可删书，则定是见过全部内容。只是《史记》的这一遭遇，往往让学者们推想出朝廷对于《史记》不待见的态度，认为与《汉书》的情况截然相反，因为《后汉书·班固列传》有说："当世甚重其书，学者莫不讽诵焉。"②但是事实是东汉同样存在删《汉书》的诏令，即"初，汉献帝以固书文烦难省，乃诏侍中荀悦依《左氏传》体删为《汉纪》三十篇，命秘书给纸笔。经五六年乃就。其言简要，亦与纪传并行"③。所以，以删书论证《史记》为禁书而流传有限的推理也并不科学，而删后其文的简要易行反倒是可以推动更大程度的流传。

与此同时，不可回避的是一些为统治者所忌讳的篇目，自然的就成为了删减或限制流传的部分。能接触到全本的，通常是具有学官性质的人员，删《太史公书》的杨终即是如此，他"年十三，为郡小吏，太守奇其才，遣诣京师受业，习《春秋》。显宗时，征诣兰台，拜校书郎"④。又如之前的班固也曾兰台校书，所撰写的《汉书》于汉武帝中期之前的历史基本承袭了《史记》的内容，可知班固所见者也为全本。由二人"校书郎"、"兰台令"的身份，可见西汉于《史记》的人事政策，在东汉得到了传承，而且由杨终"习《春秋》"来看，《史记》仍然是研读《春秋》学者的偏爱之作。

因此，不管是赐书、校书，还是续书、删书，都说明东汉朝廷同样甚重《史记》，《史记》以单篇部分内容为主的形式得到了更为广泛的流传。也只有这样才能合理解释三国时期为什么就常见《史》《汉》并称或"三史"（指《史记》、《汉书》和《东观汉记》）的说法，比如

---

① 《杨终列传》，（南朝宋）范晔撰，（唐）李贤等注：《后汉书》（六），中华书局1965年标点本，第1599页。
② （南朝宋）范晔撰，（唐）李贤等注：《后汉书》（五），中华书局1965年标点本，第1334页。
③ 《史通·外篇·古今正史》，白云译注：《史通》，中华书局2014年版，第552—553页。
④ 《杨终列传》，（南朝宋）范晔撰，（唐）李贤等注：《后汉书》（六），中华书局1965年标点本，第1597页。

《三国志》记载：张裔"博涉《史》《汉》"；孟光"尤锐意于三史"；以及裴注孙权对吕蒙说自己"省三史"，"自以为大有裨益"，并劝吕蒙"宜急读""三史"①。

（二）《史记》流传的其他问题

综上已知，《史记》撰成之后就有"正本"和"副本"存世，分别对应"藏之名山"的帝王书府和"副在京师"的司马迁家中，这样就有了家传本和官藏本的区别，分别对应西汉《史记》流传的官方与民间的两种渠道，正是基于"自上而下"与"自下而上"的交互作用，才终究实现了太史公"俟后世圣人君子"的强烈愿望。只是就流传形式来说，主要以单篇部分内容的流传而存在，这既与当时书籍传播所受客观条件的限制有关，也与《史记》全本篇幅过大有关，还取决于统治者、读者的主观考虑。就传播媒介来说，家传本主要涉及私人关系，应多以他人相闻、借阅、手抄而实现；官藏本则主要涉及在朝的官员和学者，应多以汉皇赏赐或自己借阅、手抄而实现。而且随着知晓人员的人际交往，《史记》会发生再次与反复的传播。所以，盐铁会议上朝野士人对于《史记》的引用、海昏侯墓孔子画像的文本凭借，都是《史记》在西汉已经形成重大影响的确证，而且以单篇部分内容为主的流传形式，在东汉时期仍然如此。至于全本流传的形式虽然存在，但往往仅限于具有学官身份之人和家书拥有者的家内传承。

除此之外，对于《史记》流传情况的探讨，还有诸多值得注意的地方。比如：

第一，就流传的范围来说。

学者通常将《史记》的广泛流传定在魏晋时期，比如张玉春、高岩等都是如此。② 偶有学者将流广的时间提前至东汉中叶以后，比如黄

---

① （晋）陈寿撰，（南朝宋）裴松之注：《三国志》，中华书局1982年版，第1011、1023、1275页。
② 张玉春：《〈史记〉早期版本源流研究》，《史学史研究》2002年第1期，第49页；高岩：《〈史记〉版本源流综述》，《长春理工大学学报》2010年第8期，第53页。

第六章 由孔子与弟子的传记对《史记》流传的再认识

觉弘。① 但由本节所见盐铁会议的情况，与《盐铁论》在宣帝年间的成书、宣帝年间杨恽的公开宣布、海昏侯墓孔子画像的情况，以及褚少孙补缺和众人续写等情况，都可见《史记》在西汉就已经为很多人士所阅读，并发生了重大影响。比如桑弘羊、王凤等官吏，桓宽等议郎，刘向、刘歆、冯商等校书，褚少孙等博士，以及盐铁会议上引用过《史记》的御史、文学等。

第二，就流传的上限来说。

学者通常依据《汉书·司马迁传》的记载，追溯到司马迁死后"稍出"的《史记》。但是《史记》各篇的成文本有早晚之分，又有着一定的独立性，而《史记》在撰写之初就有上大夫壶遂向司马迁询问修史的用意，并且司马迁本就有着使《史记》流广于社会的内心期待，那么有人在司马迁"书成"之后甚至是撰写过程中，来了解《史记》的内容也就合情合理。更何况桓谭云"迁所著书成，以示东方朔，朔皆署曰'太史公'"②，而且汉武帝也曾在司马迁"李陵之祸"之前阅读过《史记》，这些都意味着《史记》在司马迁生前就有为他人所见的事实。而《史记》的书写作为当时备受瞩目之事，既然有人亲见，就具有了外传的可能。那么，这是否意味着《史记》流传的上限可以更早。若可能性成立，则流传也只能是单篇的形式，而且大体应是先写成的先流出。与其同时，就是流传的范围则相对狭小，能直接接触部分内容的只能是与司马迁相识并有着私交的人士。

第三，就流传的作用来说。

因为班彪有"史公三失"之说，即"其论术学，则崇黄老而薄五经；序货殖，则轻仁义而羞贫穷；道游侠，则贱守节而贵俗功：此其大

---

① 黄觉弘认为："严格控制传播范围的《史记》流传状态直到东汉中叶以后才开始有较大的改变。桓、灵时期一般士吏也可以比较容易地看到《史记》了，《史记》之名也逐渐确定下来。"黄觉弘：《〈春秋〉家与汉魏时期〈史记〉之流传》，《唐都学刊》2008年第4期，第2页。
② （唐）司马贞《史记》索隐称引，（汉）司马迁撰：《史记》（一〇），中华书局2013年标点本，第4028页。

敝伤道，所以遇极刑之咎也"①，所以《史记》对于汉代儒学的作用往往被忽略。但是，由汉代"孔子画像"的艺术创作，多以《史记》的《孔子世家》、《仲尼弟子列传》、《老子韩飞列传》和《太史公自序》这些篇目为文本依据的情况，以及画像实物又广布于多个地区，并且从西汉中期到东汉晚期呈现逐渐递增的趋势，可以证实《史记》的流传极大推动了汉代的儒学教育。而这又是发挥了史书以古鉴今的根本功能，只是从刘贺虽然拥有依据《史记》而制作的孔子画像，但是画像中的人物传记仍然存在明显错误，比如将孔子三十岁纪年错写为"鲁昭公六年"，而非《孔子世家》本来的"鲁昭公二十年"等情况，还可知评定刘贺的真实形象，并不能仅仅依据他曾经受过儒学教育的经历，因为教育也可能存在失败的例子，刘贺"以行淫乱废"的结局即是证明。这意味着许多据此画像为刘贺翻案，认为他尊孔崇儒、"图史自镜"的观点值得商榷。② 相应地，对于霍光的评价、《汉书》记载的真实性等问题，都应保持谨慎而理性的态度。

第四，就流传的版本来说。

海昏侯墓的孔子画像具有突出的文献价值。从逻辑上看，存在单篇流传的情况，就会存在单篇缺失的可能；存在部分篇目的缺失，又会产生相应的补缺之人。而在褚先生补阙之前，《史记》虽然存在两个底本，但都是出于司马迁本人的原文。相对的，在补阙之后，乃至其他流传过程中发生的文本变动，都会使得《史记》版本与底本发生偏离。孔子画像对应的篇目在宣帝年间尚未发生缺失及变动的情况，意味着相应的文字内容在排除书写错误和有意补充的部分外，就是基本保持了《史记》底本的面貌。这使得画像传记与今本《史记》的对比研究具有了科学性。所以，可以依据传记来探讨《史记》的底本。

---

① 《班彪列传上》，(南朝宋)范晔撰，(唐)李贤等注：《后汉书》(五)，中华书局1965年标点本，第1325页。
② 王楚宁：《海昏侯墓系列研究》，北京联合大学文化遗产保护协会编《文化遗产与公众考古》(第三辑)，2016年，第96—113页；王意乐、徐长青、杨军、管理：《海昏侯刘贺墓出土孔子衣镜》，《南方文物》2016年第3期，第61—70页。

第六章　由孔子与弟子的传记对《史记》流传的再认识

总之,《史记》的流传和影响于汉代来说,比大多数人所意识的要更广、更大,甚至更早。官方和学界都是甚重《史记》,这从为秘府所收藏、有官吏负责抄写、谨慎传播对象,以及认可《史记》的公开流传等现象足以说明。并且两种渠道、两个底本的流传,存在相互作用、逐渐合流的趋势,只是就其形式来说,以单篇流传为主,全本流传为辅,而且传播对象之间多存在从属关系。

第七章

有关衣镜主人刘贺《汉书》所载形象的再认识

　　南昌海昏侯刘贺墓的发现，无疑是考古界近年来最为轰动的历史性事件之一。其轰动的外在表现为众多媒体的广泛聚焦、广大群众的热情关注、考古成果展的成功举办、年度考古新发现的殊荣囊获等，而内在动因却源于该墓创造的诸多历史纪录所彰显出的突出学术价值，因而不少研究者多在积极探索这一蜚名海内外的墓葬。至于如何深层次挖掘所内涵的历史信息，学者们在依据刘贺玉印最终确定墓主身份之后，转为关注刘贺的传奇经历，也就是借助墓葬呈现出的具体面目来认识刘贺的本来形象，判定史书对于刘贺帝位被废记载的真实性。对于刘贺为什么被废，又该如何去评价他？这个问题事关西汉中期政治的真相与刘贺身后的声名，所以，即便目前已有不少相关解读，这一课题仍然有继续研究的必要。而且在总结既有成果得失的基础上，本章将更为注重文物与文献的有机结合，从而对这位备受争议、身份复杂的历史人物做出真实的展现和科学的评价。以下便从他人对于刘贺的已有认知入手，来了解他在史书中的形象与今人对他的评价，然后再借助"孔子衣镜"与刘贺个人的关系，以及刘贺行径在汉礼中的性质与《汉书》所载刘贺做派吻合于其墓随葬物等情况，重新估量刘贺的真实形象。

第一节　由孔子画像对刘贺形象的再思考

　　要清楚认识刘贺本人，不是一件容易的事情，其原因便是当时文献

第七章　有关衣镜主人刘贺《汉书》所载形象的再认识

对于刘贺的记载本就不多，流传到两千余年之后的今天也就只可能是越发的少。但是刘贺作为西汉历史上的第九位皇帝，仅仅27天便被废黜，这一空前而且绝后的事件又吸引着古往今来的人们不断关注的目光，人们关注着刘贺的特殊身份和废立的真相，关注着史书记载的是否可靠。从整体情况来看，在海昏侯墓被发掘之前，大多数的声音都是认同文献记载的，也就是相信《汉书》的《霍光传》、《武五子传》中的集中记述，以及本纪、列传、外戚传、《天文志》和《五行志》中散见的一些只言片语，即"淫乱失道"是刘贺被废的根本缘由。但是，自海昏侯墓发掘之后，反对的声音变得愈来愈多，为刘贺翻案似乎已然成为了一种主流趋势，这不仅包括众多媒体的报道和文人勾勒的观点，也包括许多研究性学者所阐述的观点在内。[①] 然而，《汉书》记载中的刘贺形象，是否可以就此得以翻案，事实还值得再思考。

一　关于海昏侯的已有认知倾向——刘贺无辜，历史冤案

总结2015、2016两年对刘贺讨论最为集中的这些阶段性成果，可

[①] 媒体、文人的观点如：卢扬、陈丽君：《海昏侯墓珍贵文物亮相首博引发观展潮　带你还原"汉废帝"刘贺的多面人生》，《北京商报》2016年3月4日第A01版；寇勇、游雪晴：《海昏侯墓主是汉武帝之孙刘贺——南昌西汉海昏侯墓考古发掘及展示侧记》，《科技日报》2016年3月3日第3版；马南迪、杨军：《汉代侯国聚落遗址再现　海昏侯墓主之谜》，《世界博览》2016年第22期，第39、40页；熊朝铜：《五色炫曜　盛世重光——南昌汉代海昏侯国考古成果展先睹记》，《武汉文博》2016年第2期，第51页；张力文、徐蕾：《海昏侯墓再次出现"孔子屏风"》，《南昌日报》2015年12月1日第2版；郭晶：《传奇发现南昌西汉海昏侯墓》，《江西画报》2016年第2期，第12页；周梦：《海昏侯墓创考古之最》，《世界知识画报》（艺术视界）2016年第4期，第6页；彭金鸿：《海昏侯墓大起底》，《老友》2016年第4期，第8页；罗婷：《海昏侯墓主刘贺》，《农民文摘》2016年第4期，第57页；罗婷：《埋在海昏侯墓里的汉废帝刘贺秘史》，《百姓生活》2016年第5期，第54页；《海昏侯的宝藏》，《小学科学》2016年第6期，第32页。研究性学者的观点如：吴军行、唐震刚：《海昏侯刘贺与音乐》，《星海音乐学院学报》2016年第3期，第62—67页；陈明：《从海昏侯墓孔子画像看汉代墓室绘画》，《中国美术》2016年第4期，第53页；李鹏为、安瑞军：《昌邑王登基前的一次天象》，《文史知识》2016年第11期，第64页；王刚：《海昏侯墓"大刘记印"研究二题》，《江西师范大学学报》（哲学社会科学版）2016年第2期，第23页；王意乐、徐长青、杨军、管理：《海昏侯刘贺墓出土孔子衣镜》，《南方文物》2016年第3期，第70页；信立祥：《西汉废帝、海昏侯刘贺墓考古发掘的价值及意义略论》，《南方文物》2016年第3期，第37页；孙家洲：《海昏侯刘贺"过山车式"政治生涯，透露出啥》，《人民论坛》2016年第10期。

以将人们为刘贺翻案的理由,大致归纳为:(1)依据刘贺曾在山东孔孟之乡做过昌邑王,认为刘贺从小就接受过儒学的熏陶和教育;(2)依据墓中出土的"孔子衣镜"、儒家简牍,认为刘贺是一位尊崇圣贤、爱好读书、深受儒家思想影响的人物;(3)依据墓中出土的整套乐器、乐车、棋盘、砚台、博山炉等文房雅玩,以及大量酒器、玉器和周代青铜器等,认为刘贺是一位讲究礼乐、热爱文学艺术,且兴趣广泛的君子,却郁郁不得志的悲剧人物。也就是现今社会上大部分人群都相信刘贺是冤屈的,文献对于刘贺"荒淫无道"的记载是失实的,刘贺被废乃是霍光一手操控所致,其历史性冤案也是拜成王败寇所赐,海昏侯墓出土的与儒家文化相关的文物便是为刘贺洗刷冤屈的凭证。

不过在此情形之下,还有一少部分人保持着谨慎的态度,认为即便霍光在刘贺被废的过程中扮演了重要角色,刘贺本人也应当承担一部分责任。如黄今言教授在总结刘贺帝位被废的原因时,便归为"刘贺不修身奉法"、"霍光掌控朝权"和"朝野存在暗中支持宣帝继位的政治势力"三方面的共同结果[1];又如徐卫民教授在评价刘贺时说,"既不能完全否定正史中的文献记载,也不能全面为刘贺翻案"[2]。另外,也有个别学者旗帜鲜明的否定翻案的可能性,如孙筱研究员说:"给刘贺翻案皆无本可据。纵使海昏侯墓金玉满莹,也只能作为其翻案的反证"[3];又如臧知非教授说:"仅凭出土儒家典籍,还不能说刘贺是儒家信徒,更不等于刘贺为昌邑王时就是儒家学说的践行者,还不足以、起码不足以全部否定文献所载刘贺种种'昏乱'的真实性"[4];再如朱绍侯教授说:"刘贺被废,是咎由自取,霍光废刘贺是忠于汉室,是为汉帝国的长治久安着想"[5]。

---

[1] 黄今言、温乐平:《刘贺废贬的历史考察》,《江西师范大学学报》(哲学社会科学版) 2016年第2期,第10页。
[2] 徐卫民:《汉废帝刘贺新论》,《史学月刊》2016年第9期,第8页。
[3] 孙筱:《从"为人后者为之子"谈汉废帝刘贺的立与废》,《史学月刊》2016年第9期,第13页。
[4] 臧知非:《刘贺立、废的历史分析》,《史学月刊》2016年第9期,第17页。
[5] 朱绍侯:《昌邑王废帝海昏侯刘贺经历考辨》,《南都学坛》2016年第4期,第1页。

第七章　有关衣镜主人刘贺《汉书》所载形象的再认识

至于为刘贺翻案的倾向为何短短时间成为目前影响力最大的主张，无外乎出于两种心理，一者人性本能对弱者的同情，刘贺的政治失败和英年早逝，让人不免有所惋惜，并进而好奇是否隐藏着某种冤情；二者学界对创新的刻意追求，自实证主义、疑古思潮影响中国学术界以来，学者内心暗含着利用新材料发现旧史料中新真相的激情，这导致特意标新立异者不在少数，似乎结论不新，就不足以说明学者自身的研究能力和成果的学术价值。在这样的学术大氛围下，学者们往往会抱着"除旧立新"的主导思想以迎合对于成果有无价值的评判标准，去重新审视并质疑文献记载的可信度。

但是，还历史以本来面目，靠的不是一厢情愿，也不是肆意推测，若欲得出较为科学客观的结论，还须使出土文物与传世文献得到更为有机的结合，既要符合历史发展的逻辑性，又要符合当时的社会背景，这样才能考察出最有可能性的历史真相。本节拟选取在众多随葬器物中，被引以为最有力的翻案证据"孔子衣镜"[①] 入手，再来审视墓主刘贺，认识衣镜是否足以证明刘贺是一副儒者形象。如此也就解决了刘贺的悲剧到底是谁所导演的，霍光到底是权臣还是忠臣，史书记载到底可靠与否等许多连带问题，从而揭开刘贺废立事件的真相。而解决这一困扰学界的难题，关键在于分析"孔子衣镜"所折射出的"尊孔崇儒"思想，代表的只是当时的整个社会风气，还是也可以代表刘贺的个人喜好。

二　孔子衣镜与刘贺个人的关系——因缘故里，玩世不恭

已知从"孔子衣镜"自身的构图和布局，可见衣镜的核心形象便是孔子及其弟子，展示的主要思想便是儒家学说，体现的是武、昭、宣

[①] 有关"孔子衣镜"的器物基本信息、文字内容释读等，主要依据江西省文物考古研究所的王意乐、徐长青、杨军、管理四位学者所刊之文：《海昏侯刘贺墓出土孔子衣镜》，《南方文物》2016年第3期，第61—70页。其上的文字部分，由于破损造成缺文或漫漶不清无法辨识的文字用□代替，残损文字用…表示，（　）内的字为根据上下文和现存文献所推测的。为行文方便，以下不再一一注释。

之世"尊孔崇儒"的社会思潮,同时也显现了一种"儒主道辅"的思想格局,是西汉中期社会整体面貌的一个缩影。因而衣镜上孔子画像的存在,正是统治者儒道设教意图的展现。孔子也说过,圣贤可使人"见贤思齐焉,见不贤而内自省也"①;且"夫明镜所以察形,往古者所以知今"②。是此"见贤思齐"、"图史自镜"本就是一种"自省"的传统方式,并影响深远,以至于唐太宗还留有"以铜为镜,可以正衣冠;以古为镜,可以知兴替;以人为镜,可以明得失"③的名言。

由此或可猜测,"孔子衣镜"的作用就不仅仅是"正衣冠"的客观效用,还通过其上的孔子画像传达了"正己身"的主观用意,所以"衣镜赋"开头两句所说的:"新就衣镜兮佳以明,质直见请兮政以方",就应当是一句双关语,不仅说明了新造的方形铜镜美观明亮,可以用来整理衣冠,还隐含了可以用来匡正面镜之人的用意。也因而在"衣镜赋"的末尾部分,有点明通过圣人孔子和圣人之徒"临观其意"才能"顺阴阳"、"乐未央"、"皆蒙庆"④的文字表述。只是这一主观用意是工匠或画师秉自汉皇上意而做的民俗用品,并非使用者刘贺内心的真实反映。

(一) 昌邑王国,独立于世

西汉中期社会,民众普遍尊孔崇儒,这是否也影响到了刘贺呢?从刘贺对待儒者、儒学的态度,可见"尊孔崇儒"并非刘贺的个人喜好。有一个不争的事实是,刘贺身处的环境儒学氛围浓厚。就大环境而言,刘贺自小生活的昌邑封国,在春秋战国时期为鲁国之地,不仅是孔子故里,还是颜回、曾子、孟子、子思等众多大儒活动的区域,而且因地利之便,孔门弟子本身就以鲁国及其辐射区域最多。这种深厚的儒学传统,一直延续到了西汉,"及高皇帝诛项籍,举兵围鲁,鲁中诸儒尚讲诵习礼乐,弦歌之音

---

① 《论语·里仁》,杨伯峻译注:《论语译注》,中华书局1980年版,第39页。
② 《孔子家语·观周》,王国轩、王秀梅译注:《孔子家语》,中华书局2009年版,第90页。
③ 《旧唐书·魏徵列传》,(五代后晋)刘昫等撰:《旧唐书》(八),中华书局1975年版,第2561页。
④ 王意乐、徐长青、杨军、管理:《海昏侯刘贺墓出土孔子衣镜》,《南方文物》2016年第3期,第64页。

第七章 有关衣镜主人刘贺《汉书》所载形象的再认识

不绝"①；到司马迁"适鲁，观仲尼庙堂车服礼器，诸生以时习礼其家"②，故而有言："邹鲁滨洙泗，犹有周公遗风，俗好儒，备于礼"③；班固也说：鲁地其民"好学犹愈于它俗"④。正是由于山东是当时的文化圣地，尤以学礼、遵礼而著名，刘贺之父刘髆才被汉武帝特意分封于此，寄予厚望。就小环境而言，刘贺身边有不少通经的大儒。如刘贺的老师王式是西汉大儒，通《诗》；又如刘贺父亲刘髆的太傅夏侯始昌及其族子夏侯胜都是通《尚书》的大儒，且也在昌邑国任职；再如在昌邑国担任重要官职的中尉王吉和郎中令龚遂也都是以"明经"为官。

鉴于身处这样一种浓厚的儒学氛围之中，不少学者便援以证明刘贺也是一副"尊孔崇儒"的儒者形象，并且联系刘贺被废时所说的一句话，进一步证明刘贺对于儒家经典也是有着一定了解的。其事见于《汉书·霍光传》，记述的是当皇太后下诏批准群臣请求废黜刘贺的奏章后，霍光令刘贺起拜受诏，刘贺曰："闻天子有争臣七人，虽无道不失天下。"⑤ 刘贺所说的这句话，原文出自《孝经·谏诤章》所载孔子之语。⑥ 但是这两点足以说明刘贺本人一定就深受儒家思想的影响吗？答案自然是否定的。因为刘贺生长之地的儒学传统不管有多么浓厚，抑或是刘贺身边的人对儒家经典有多么充分的理解，这些思想并不会直接移植入刘贺的内心。所以，即便刘贺对儒家经典有一定的知晓，但他还是干出了许多违背礼仪之事。《汉书》上留下的他荒诞不经的无道记载，便是他并不重视儒家思想及儒者的必然结果。

他在担任昌邑王时，一贯的不喜儒术而好玩乐、不听儒者进谏而任意妄为，便是最好的证明。如王吉因通晓经学，后被举荐为贤良做了昌邑国

---

① 《史记·儒林列传》，（汉）司马迁撰：《史记》（一〇），中华书局1982年标点本，第3117页。
② 《史记·孔子世家》，（汉）司马迁撰：《史记》（六），中华书局1982年标点本，第1947页。
③ 《史记·货殖列传》，（汉）司马迁撰：《史记》（一〇），中华书局1982年标点本，第3266页。
④ 《汉书·地理志》，（汉）班固撰，（唐）颜师古注：《汉书》（六），中华书局1962年标点本，第1663页。
⑤ （汉）班固撰，（唐）颜师古注：《汉书》（九），中华书局1962年标点本，第2946页。
⑥ 汪受宽撰：《孝经译注》，上海古籍出版社2004年版，第72页。

的中尉，看到刘贺"好游猎，驱驰国中，动作亡节"，王吉便上书规劝，其言语中就直接提到了刘贺"不好书术而乐逸游"，认为这不仅耽误农时，有损百姓生活，也不是保护好身体的办法，更不是使仁义之德得到长进的做法，希望他能够"考仁圣之风，习治国之道"。除去从这些角度来劝谏刘贺外，王吉还进一步以刘贺与昭帝的关系来提醒他，说："诸侯骨肉，莫亲大王，大王于属则子也，于位则臣也，一身而二任之责加焉，恩爱行义，孅介有不具者，于以上闻，非飨国之福也。"但是对于王吉的忠言，刘贺只是表面说"中尉甚忠，数辅吾过"，并给予物质奖励，但实际是充耳不闻，依旧我行我素，也就是史书所说的"其后复放从自若"。① 又如昌邑国郎中令龚遂看到刘贺"动作多不正"，"久与驺奴、宰人游戏饮食，赏赐无度"，也曾"涕泣膝行"以"社稷危也"为劝，希望他能收敛心性，远离邪恶小人，并为他挑选"郎中张安等十人侍王"，希望通过这些"通经术有行义者与王起居，坐则通《诗》、《书》，立则习礼容"，从而使刘贺能够勤学苦读、勤理政事，但"居数日，王皆逐去"。②

正是鉴于刘贺的一贯行径，王吉在刘贺被迎立之初，就上书告诫过刘贺，让他对于昭帝之丧，应当日夜悲伤哭泣；对于权力的使用，应当学习殷高宗居丧期间不乱说乱作，听从大将军霍光之意，自己垂衣拱手南面而坐。③ 若刘贺听从了王吉的规劝，历史肯定又会是另一番局面。可惜的是，刘贺到了长安之后，习惯使然将王吉的话抛之脑后，"服斩缞，亡悲哀之心，废礼谊"，即位仅27天，他的种种恶习便显露无遗，且"数进谏，不变更，日以益甚"。即便是在朝廷风云为之大变的当日，刘贺还曾出宫玩

---

① 《汉书·王吉传》，（汉）班固撰，（唐）颜师古注：《汉书》（一〇），中华书局1962年标点本，第3058—3061页。

② 《汉书·循吏传》，（汉）班固撰，（唐）颜师古注：《汉书》（一一），中华书局1962年标点本，第3637—3638页。

③ 《汉书·王吉传》记载王吉劝谏刘贺说："臣闻高宗谅闇，三年不言。今大王以丧事征，宜日夜哭泣悲哀而已，慎毋有所发。……大将军仁爱、勇智、忠信之德，天下莫不闻，事孝武皇帝二十余年，未尝有过。先帝弃群臣，属以天下，寄幼孤焉。大将军抱持幼君襁褓之中，布政施教，海内晏然，虽周公、伊尹亡以加也。今帝崩，亡嗣，大将军惟思可以奉宗庙者，攀援而立大王，其仁厚岂有量哉！臣愿大王事之敬之，政事一听之，大王垂拱南面而已。愿留意，常以为念。"见（汉）班固撰，（唐）颜师古注《汉书》（一〇），中华书局1962年标点本，第3061—3062页。

第七章　有关衣镜主人刘贺《汉书》所载形象的再认识

乐,并将挡车提醒他将有谋反之事发生的光禄大夫夏侯胜捆绑处置。[①] 刘贺的种种行为,导致人心尽失,夏侯胜本是刘贺师傅夏侯始昌的侄子,与刘贺关系密切,最终也转而投向霍光集团。这就证实了刘贺丧不改常,所体现的就是他一贯的荒淫无道,所以群臣那封控告辞和废黜辞二合一的奏章,开篇就以刘贺"废礼谊"而始,结尾又以刘贺"荒淫迷惑,失帝王礼谊,乱汉制度"而终。

刘贺因自己"废礼",而招致了自己帝位的"被废",可见武帝"以礼治国"策略的延续。而众礼之中,"孝"被视为天经地义之大法,是最为根本的治国纲领,是而常言汉是"以孝治天下"。所以,对于什么是《孝经》?班固解释说:"夫孝,天之经,地之义,民之行也,举大者言,故曰《孝经》。"[②] 为推广这一根本伦理大法,武帝于"元光元年冬十一月,初令郡国举孝廉各一人"[③],此后"孝廉"便发展为察举制最重要的科目,以此行教化而移风易俗,由此可见西汉中期社会对于"孝道"的提倡。然"元平元年,昭帝崩,亡嗣",霍光"承皇太后诏,遣行大鸿胪事少府乐成、宗正德、光禄大夫吉、中郎将利汉迎昌邑王贺",刘贺却在奉诏典丧前往京师的途中,以及抵达京师以后的27天服丧期内,做出了种种荒淫无道之举。他不仅不遵循丧礼中素食废乐的规定,照常饮食酒肉,与官奴嬉戏、鼓吹歌舞;还亲近女色,"使大奴善以衣车载女子",甚至还与"孝昭皇帝宫人蒙等淫乱",表现出了他的毫无悲哀之心。因而当奔丧到达长安东郭门时,郎中令龚遂提醒当按礼"望见国都哭",但刘贺却说"我嗌痛,不能哭",等到达东城门时,刘贺再次拒绝了龚遂的提醒,直到来到皇宫未央宫东阙门,在龚遂的再次提醒下,刘贺才下车望门"哭如仪"。可见刘贺在主丧期

---

① 《汉书·五行志下之上》记载:"昭帝元平元年四月崩,亡嗣,立昌邑王贺。贺即位,天阴,昼夜不见日月。贺欲出,光禄大夫夏侯胜当车谏曰:天久阴而不雨,臣下有谋上者,陛下欲何之?贺怒,缚胜以属吏,吏白大将军霍光。光时与车骑将军张安世谋欲废贺。"见(汉)班固撰,(唐)颜师古注《汉书》(五),中华书局1962年标点本,第1459页。

② 《汉书·艺文志》,(汉)班固撰,(唐)颜师古注:《汉书》(六),中华书局1962年标点本,第1719页。

③ 《汉书·武帝纪》,(汉)班固撰,(唐)颜师古注:《汉书》(一),中华书局1962年标点本,第160页。

间，确实不遵丧礼、不守孝道，加上随意出令、乱行赏罚，完全不见帝王应有的德行和智慧。尤其是按照"为人后者为之子也"的礼制，刘贺是以汉昭帝继子的身份继承大统，而"受皇帝玺绶，袭尊号"的，但他却没有去拜谒汉高祖庙，反倒是先派特使"以三太牢祠昌邑哀王园庙，称嗣子皇帝"，这就等同于不认可自己是昭帝之子。由于刘贺如此的"不孝无礼"，完全丧失帝王最基本的"仁德"，因而当时政局正如田延年所说"今群下鼎沸，社稷将倾，且汉之传谥常为孝者，以长有天下，令宗庙血食也。如令汉家绝祀"，群臣们由是生出了"昌邑王行昏乱，恐危社稷，天下不安"的担忧，终归招致了"光奏王贺淫乱，请废"的结局。①

所以，刘贺即便读过《孝经》，在昭帝之丧中却没有表现出丝毫的孝心，以此来证实他儒者的形象自然也失去了合理性，霍光将刘贺被废一事归结为"王行自绝于天"②，也就是客观史实。而儒家讲究："其为人也孝弟，而好犯上者，鲜矣；不好犯上，而好作乱者，未之有也。君子务本，本立而道生。孝弟也者，其为仁之本与！"③受这种孝道观念的影响，汉人又进而认为"上不知顺孝，则民不知反本"④，也就是统治者应当率先垂范，是此上行下效才会发挥积极的作用。然而刘贺的不孝行为，无疑会让维护汉室江山的礼制形同虚设，从而危及社稷、致使天下不安。唐朝学者虞世南就曾推测："沉湎昏纵如斯之甚，若使遂享中国，肆其狂暴，则夏癸、商辛未足比也。"⑤如此看来，刘贺确非什么尊孔崇儒之辈，他不修个人品行、不好治国之道而专好玩乐专权之事，也实在不是什么能够胜任皇帝之职的人选，他的被废也就主要源自咎由自取，他的淫乱昏庸的形象也

---

① 对刘贺帝位废立的这段历史，《汉书》的《宣帝纪》《武五子传》《霍光传》都有记载。分别见于（汉）班固撰，（唐）颜师古注《汉书》（一、九、九），中华书局1962年标点本，第238、2764—2765、2937—2946页。

② 《汉书·霍光传》载："大将军光送至昌邑邸，光谢曰：'王行自绝于天，臣等驽怯，不能杀身报德。臣宁负王，不敢负社稷。愿王自爱，臣长不复见左右。'光涕泣而去。"见于（汉）班固撰，（唐）颜师古注《汉书》（九），中华书局1962年标点本，第2946页。

③ 《论语·学而》，杨伯峻译注：《论语译注》，中华书局1980年版，第2页。

④ 《韩诗外传·卷五》，（汉）韩婴撰，许维遹校释：《韩诗外传集释》，中华书局1980年版，第179页。

⑤ （唐）虞世南撰，陈虎译注：《帝王略论》，中华书局2008年版，第65页。

第七章　有关衣镜主人刘贺《汉书》所载形象的再认识

不是成王败寇理论下被人编排的样子，他本来便是如此。

（二）孔子画像，集聚山东

刘贺既然独立于世、不喜儒学、不遵礼仪，那么他又怎么会拥有"孔子衣镜"呢？这就与他生长的昌邑故国的文化氛围直接相关。简单地说，山东历来儒者众多、儒学氛围甚浓，自西汉中期以来，以不同载体呈现的汉代孔子画像在山东不过是常见之物。所以，就已经发现的实物而论，"孔子画像"齐聚山东，这不仅表现在数量最多[1]，而且题材也最为丰富[2]。就山东来说，"又以地处鲁南的济宁市最为集中，包括嘉祥、微山、济宁、邹城、曲阜等县市区"[3]。而刘贺的昌邑王国，正处于"孔子画像"最为集中的济宁市范围内[4]，这样刘贺拥有"孔子衣镜"也就不足为怪了，就是当时山东地区儒家文化盛行的体现。所以，即便是出土于江西衣镜上的"孔子与弟子画像"，在一些山东的"孔子见老子画像"中，总能找到似曾相识的感觉。

观察"孔子衣镜"中的孔子画像，其显著特点就是与西王母、东王公一同出现，对此山东不少墓葬出土的画像，明显与此遵循着同样的组合思路。如枣庄市山亭区冯卯乡汉墓中，一方画像石的上层刻画西王

---

[1] 已知的"孔子见老子画像"，发现于山东、陕西、四川、河南、内蒙古等地，见于墓室、祠堂和石阙上，以墓室和祠堂为主；形式上可分为画像石、画像砖和壁画，以画像石为主。但绝大多数在山东，其次是紧挨山东的江苏，有学者通过统计整个汉代的发现，得出"山东地区的约占总数的80%"的结论；和"在现在山东省中南部以及江苏省徐州地区出现最为集中，几乎占据所有图像的85%"的结论，这两个数据可资参考。分别见于李强《汉画像石〈孔子见老子图〉考述》，《华夏考古》2009年第2期；陈岩《汉画"孔子见老子"的资源和制作》，中央美术学院2011年硕士学位论文，第6页。

[2] 除了"孔子见老子画像"占有绝对优势外，还各发现一副"孔子师项橐"与"孔子荷蒉"的题材，都是出于嘉祥县武氏祠。分别见于中国画像石全集编辑委员会编《中国画像石全集·第2卷·山东汉画像石》，山东美术出版社、河南美术出版社2000年版，附录第5页；蒋英炬、吴文祺编著《汉代武氏墓群石刻研究》，山东美术出版社1995年版，第166页，图47。

[3] 郑建芳：《论汉画像石中的孔子见老子》，顾森、邵泽水主编《大汉雄风——中国汉画学会第十一届年会论文集》，高等教育出版社2008年版，第111页。

[4] 钱存训教授考释说："昌邑，秦置县，汉属山阳郡。武帝天汉四年（公元前97年）更山阳为昌邑国。故城在今山东金乡县西北四十里。"见钱存训《东西文化交流论丛》，商务印书馆2009年版，第194页。

· 419 ·

母；下层为"孔子见老子"①。又如山东嘉祥宋山一号墓的画像石中，上层刻画"东王公"、"西王母"；中间刻画"孔子见老子"、"周公辅成王"等历史故事。② 再如山东平阴县实验中学出土的画像石中，5号石表现的是以西王母、东王公为核心的神仙世界，7号石表现的是"孔子见老子图"。③ 在这些画像中，孔子、孔子弟子与西王母、东王公也是并存出现，可见"孔子衣镜"的这种人物组合形式，在东汉的山东地区一直流传着。这种长期流传又反证了孔子衣镜的构图，就是山东流行的客观样式。④ 所以，继承西汉中期的画像风格，其后的孔子仍然作为核心人物，保持着既往的高冠、长袍、拱手的布衣姿态，只是与衣镜的漆画形式不同，其他画像换用了表现的载体。这种多样的展示方式，正反映了西汉中期以来山东地区存在的尊孔崇儒风气。

在这种文化氛围之下，许多儒者出身的官吏，就热衷于通过刻画符合儒学要义的图像，来表明自己的道德追求，在此个人喜好与社会风尚便合二为一。如在有着"汉画像石之王"美誉的嘉祥武氏祠群石刻中，除了有"孔子画像"外，还描绘了不少有关"忠孝节义"的历史典故，包括："荆轲刺秦王"、"专诸刺王僚"、"曹子劫桓"、"聂政刺韩王"、"豫让刺赵襄子"、"要离刺杀庆忌"、"休屠"、"李善抚孤"、"蔺相如完璧归赵"等忠义故事；"丁兰刻木"、"老莱子娱亲"、"闵子骞御车失棰"、"曾母投杼"、"朱明"、"董永佣耕养父"、"邢

---

① 中国画像石全集编辑委员会编：《中国画像石全集·第2卷·山东汉画像石》，山东美术出版社、河南美术出版社2000年版，第135页，图144。
② 朱锡禄：《山东嘉祥宋山发现汉画像石》，《文物》1979年第9期；王思礼：《山东画像石中几幅画像的考释》，《考古》1987年11期。
③ 乔修罡、王丽芬、万良：《山东平阴县实验中学出土汉画像石》，《华夏考古》2008年第3期。
④ 对于这种地区性范式的存在，已有学者涉及过。如冯汉骥先生说：成都画像砖都是模制的，"当时仅有一两家制造此种画像砖的场所，有如近代的'纸扎店'。丧家在建墓时，即可按照墓主的身份和社会地位，购买与其相合者砌在墓壁上，作为墓主在死后的享用。"又如邢义田先生认为：江苏高淳固城画像砖墓（M2）所出的"孔子见老子"画像砖即是模印，而许多类似模式的反复出现，与粉本的使用有很大关系。分别见于冯汉骥《四川的画像砖墓及画像砖》，《文物》1961年第11期，第42页；邢义田《汉碑、汉画和石工的关系》，载氏著《画为心声：画像石、画像砖与壁画》，中华书局2011年版，第59—66页。

第七章　有关衣镜主人刘贺《汉书》所载形象的再认识

渠哺父"、"伯榆伤亲年老"、"孝孙原谷"、"赵酬屠"、"孝子魏汤"、"杨伯雍义浆"、"三洲孝人"等孝子故事；"京师节女"、"齐义继母"、"梁节姑姊"、"使者"、"丑女钟离春"、"楚昭贞姜"、"鲁义姑姊"、"秋胡洁妇"、"梁高行"等烈女故事。[①] 这些画像的存在，正与武氏家族成员的经历相当。如武荣祠堂画像的主人"治鲁诗经韦君章句，阙帻传讲，孝经、论语、汉书、史记、左氏、国语，广学甄彻，靡不贯综"[②]。由武荣深明经史、精通儒学来看，这些画像出现在他的祠堂中也就顺理成章。

那么，"孔子衣镜"与墓主刘贺的关系与此类似吗？从"衣镜赋"的文字内容和衣镜的艺术水准来看，该衣镜应为刘贺本人的生前用物，而非家属为他的埋葬所制作的冥器，因此，"孔子衣镜"的存在，除了与社会的集体意识直接相关外，也应与刘贺的个人想法有所关联。至于是一种什么样的关联？关键在于分析刘贺在帝位被废之前的玩世不恭、不遵礼仪，经帝位被废一事后是否会有所改善。

（三）孔子衣镜，随葬江西

"读经"、"观画"作为武帝以来儒道设教的两种重要方式，在海昏侯墓中都有体现，随葬的儒家简牍、孔子衣镜即是其证。由"孔子画像"集聚山东，可见刘贺的故里昌邑王国确实儒学鼎盛，但观察他帝位被废之前的种种举动，却知他并不具备一个儒者的基本素养。那么经过大起大落之后，刘贺是否会一改旧习、潜心儒学，以衣镜上的孔子及其弟子为榜样，改过迁善、奉行礼法呢？或者说，"孔子衣镜"在刘贺生前到底发挥着什么样的作用？在回答这一问题时，学者们往往与一同随葬的儒家简牍联系起来，尤其是其中一版比较特殊的木牍，内容是抄

[①] 参看江继甚《汉画像题榜艺术》，朱青生主编《中国汉画学会第九届年会论文集》，中国社会出版社2004年版，第540—544页。这种情况与东汉王延寿在《鲁灵光殿赋》中所记述之文正可遥相辉映，其曰："黄帝唐虞，轩冕以庸，衣裳有殊，下及三后，淫妃乱主，忠臣孝子，烈士贞女，贤愚成败，靡不载叙。"这些画像题材所渲染出的儒学氛围，正是政权稳固的无形基石。见（南朝梁）萧统编，（唐）李善注《文选》，上海古籍出版社1986年版，第516页。

[②] 此乃《故执金吾丞武荣碑》所记，见（宋）洪适《隶释》，新文丰出版公司编辑部编《石刻史料新编》第一辑第9册，台北：新文丰出版股份有限公司1977年版，第6888页。

写的《论语》。而之所以特殊,是与同出竹简上所抄写的儒家经典相比,竹简上的文字十分规整拘束,可能是专门抄书人所写,木牍上的文字则十分率性随意,接近章草,字迹与其它竹简和木牍上的均为不同,所以,有学者便猜测这是刘贺本人读书时随手做的笔记。① 假设这种推论可靠,刘贺学习《论语》便不仅仅是打发时间以自娱这么简单,其真正用意还得结合他帝位被废之后的表现才能加以推定。

据《汉书》的记载,刘贺在被废以后的"故王"阶段,由于新即位的宣帝对他内心多有忌惮,便密令山阳太守张敞行监察之责,刘贺从此过起了幽禁式的生活。张敞受命之后,便开始督察刘贺的活动踪迹,他不仅"数遣丞吏行察",还曾两次亲视昌邑王居,一是在地节三年五月,发现刘贺行为谨慎,对外没有交往,也没有闲杂人员出入;二是在地节四年九月,发现刘贺身体很差,行动不便,并且"清狂不惠"。通过张敞的上奏,汉宣帝"由此知贺不足忌。其明年春,乃下诏曰:'盖闻象有罪,舜封之,骨肉之亲,析而不殊。其封故昌邑王贺为海昏侯,食邑四千户。'"对此诏书,"侍中卫尉金安上上书言:'贺,天之所弃,陛下至仁,复封为列侯。贺嚚顽放废之人,不宜得奉宗庙朝聘之礼。'奏可。贺就国豫章"②。宣帝一方面想以此彰显自己重视骨肉亲情的仁义,另一方面为了确保刘贺没有东山再起的可能性,在给他封侯的同时,还剥夺了他贡奉宗庙、朝觐天子的权利。可见将刘贺封为海昏侯,让他远离经济发达、文化繁荣的故土,而就国偏处南荒的豫章,就是汉宣帝明升暗降的政治伎俩,汉宣帝的精明,也说明了他更适合做大汉皇帝。

但刘贺"故王"阶段的安分守己仅仅是一种表象,海昏侯墓中的随葬器物、墓葬形制等,多存在违礼逾制的现象,就是刘贺不臣心态的

---

① 王意乐、徐长青、杨军、管理:《海昏侯刘贺墓出土孔子衣镜》,《南方文物》2016年第3期,第70页。
② 《汉书·武五子传》,(汉)班固撰,(唐)颜师古注:《汉书》(九),中华书局1962年标点本,第2767—2769页。

第七章　有关衣镜主人刘贺《汉书》所载形象的再认识

展露。① 这与刘贺封侯之后又开始忘乎所以,故而在与故太守卒史孙万世闲话中轻放厥词,并被扬州刺史柯上奏朝廷,而使野心公之于众的表现吻合。包括悔恨当年宫廷政变时,没有"坚守毋出宫,斩大将军,而听人夺玺绶";又相信自己将"王豫章,不久为列侯",终归招致了"削户三千"的结果。② 这说明刘贺即便在帝位废黜之后的人生生涯中,对于儒家学说也并非怀有发自内心的喜爱和打算去遵循的意图,而是继续给自己的被废寻找可以利用的借口。刘贺对于帝位被废和列侯身份的不满情绪,也直接影响了他的后人。所以,在对他的后事安排上,也是秉承了刘贺不甘心以一个普通列侯的身份入土下葬的真实想法,这才有了我们今日得以见到的海昏侯墓。但刘贺自身的这样一种愤懑不平的心态,或者说时刻梦想能够逐渐重返权力中心的这种欲望,也直接招致了死后因"暴乱之人不宜为太祖"而"不宜为立嗣,国除"的结局③,这样刘贺不仅自己回归政坛中心无门,也堵塞了后人的权势之路。

刘贺的真实心态与现实处境,共同决定了被废之后的刘贺,大多处于口是心非、表里不一的状态,因而虽然有不少器物和现象反映了刘贺不臣的心态,但从他所写的奏牍来看,却完全是一副努力效忠朝廷,做国之屏藩的态度,如分别出现了三次"臣贺"与"皇帝陛下"的字样,以及一次"拜上"和"南藩海昏侯"的字样。这种谦恭的语气明显与他私交孙万世

---

① 对此已有学者有所涉及,如熊长云认为大刘记印"反映了制作印章时的特殊心态";周洪认为墓葬存在出土有天子祭天才能使用的苍璧,和天子祭祀上帝使用的供品金板,以及按照天子所居东北方位安置主棺位置等,明显逾礼的现象;张仲立、刘慧中认为墓葬显然存在墓园逾制、封土逾制、墓圹踩线、棺椁逾制、礼制建筑逾制等现象。分别见于熊长云《海昏侯墓"大刘记印"小考》,《中国文物报》2015年12月18日第6版;周洪《有关海昏侯墓葬文物礼制的三个问题》,《南昌师范学院学报》2016年第2期,第1—4页;张仲立、刘慧中《海昏侯刘贺墓逾制几论》,《南方文物》2016年第3期,第57—58页。
② 《汉书·武五子传》,(汉)班固撰,(唐)颜师古注:《汉书》(九),中华书局1962年标点本,第2769—2770页。
③ 《汉书·武五子传》记载:在刘贺去世后,"豫章太守廖奏言:'舜封象于有鼻,死不为置后,以为暴乱之人不宜为太祖。海昏侯贺死,上当为后者子充国;充国死,复上弟奉亲;奉亲复死,是天绝之也。陛下圣仁,于贺甚厚,虽舜于象无以加也。宜以礼绝贺,以奉天意。愿下有司议。'议皆以为不宜为立嗣,国除。"见(汉)班固撰,(唐)颜师古注《汉书》(九),中华书局1962年标点本,第2770页。

· 423 ·

时所流露出来的信息不一致,而这正是他心存不甘的反映,说明他至死也没有忘怀他那段贵为天子的短暂荣耀。但处于宣帝严密监视之下的刘贺,需要做出一副改过自新、遵循礼法的样子,这样"孔子画像"就成为了一个很好的掩人耳目的工具。因为对于统治者图化天下的榜样示范意图,被统治者也是众所周知,一个美好的例证便是班婕妤辞于汉成帝。据《汉书·外戚传》的记载:"成帝游于后庭,尝欲与婕妤同辇载,婕妤辞曰:'观古图画,贤圣之君皆有名臣在侧,三代末主乃有嬖女,今欲同辇,得无近似之乎?'"①一个女子尚且能明白图画深意、恪守自律,可见"图史自镜"、"见贤思齐"的方式,在汉代引领思想动向和社会风尚方面确实被多加运用。刘贺对此自然心知肚明,又深知宣帝最为忌惮的就是自己"废帝"的身份,所以便随波逐流地买了一件当时的流行物件,以给他人制造一种尊孔崇儒、恪守君臣名分的假象。②阅读儒家经典同样有如此功效,而且《论语》中的许多治国思想也在给刘贺以启迪,他或许还在反思自己被废的始末,思考自己予人口实招致被废的原因,并希望通过反思能达成之后的一些目的。所以,他对于被废的不平、侯位的不满,就说明了他对《论语》的批注,就如同他对《孝经》的知晓一样,并不能作为他"学礼"、"遵礼"的依据。

总之,刘贺生前死后的种种迹象表明,刘贺对于儒学的不尊重、不践行是自始而终的,"孔子衣镜"和"儒家简牍"的出土,并不能为刘贺"行昏乱"的历史形象提供有力的翻案支撑。也就是说,"孔子画像"表现出的"尊孔崇儒",是经统治者提倡并进而流行于大众的主流思想意识,而并不能算作刘贺内心的个人爱好。衣镜对于刘贺,除了日常"正衣冠"的作用,就是制造遵守礼制、安分守己的表象。只是按照"事死如事生"的丧葬习俗,"孔子衣镜"作为刘贺生前使用的器物也被埋进了墓葬。就拥有时间而言,最可能为刘贺帝位被废以后的

---

① (汉)班固撰,(唐)颜师古注:《汉书》(一二),中华书局1962年标点本,第3983—3984页。
② 对此观点,邵鸿先生曾有相似推测,他认为"屏风中较多文字错误则表明,其可能只是刘贺为自保以以尊儒示人的一件道具"。见邵鸿《海昏侯墓孔子屏风试探》,《江西师范大学学报》(哲学社会科学版)2016年第5期,第16页。

第七章　有关衣镜主人刘贺《汉书》所载形象的再认识

"故王"阶段,后随同刘贺南迁至江西。① 它隐约展现了刘贺王、帝、民、侯四种不同身份转化的经历,给他带来的心理感受,临死之前虽仍然怀着一股不甘心的执念,但最终也只能带着万般的无奈长眠在他还不够熟悉的鄱阳湖边。所以,汉代皇帝儒道设教的统治策略,虽然对于当时绝大多数人都是成功的,但刘贺就是一个教育失败的典型案例,说明即便生长于浓厚的儒学氛围之中,也并非人人都能受到社会习气的浸染。而"孔子衣镜"和"儒家简牍"尚且不能证明刘贺儒者的形象,其他砚台等文墨用品、钟磬等乐器、铜鼎等礼器,更不能作为他尊孔崇儒的象征,因为对刘贺而言不过就是一种实用物品。

小结

基于目前借助海昏侯墓出土文物而普遍存在的翻案之风,本节选取了被引以为最有力的证据"孔子衣镜"入手,围绕绘于其上的"孔子画像",重新审视了刘贺的真实形象和衣镜的可靠价值。认为衣镜不足以证明刘贺就是一副儒者的形象,它所折射出的"尊孔崇儒"思想,代表的只是当时的整个社会风气,而并非刘贺的个人喜好,《汉书》有关刘贺废立事件的记载,也就是历史的真相所在。

"孔子衣镜"对于刘贺来说,并没能起到"见贤思齐"、"图史自镜"的作用。他在担任昌邑王时,不喜儒术而好玩乐、不听儒者进谏而任意妄为,便证明他在奉诏典丧前往京师的途中,以及抵达京师以后的 27 天服丧期内,做出的种种荒淫无道之举,就是他的一贯行为。由于他居昭帝之丧而毫无悲哀之心,这种"不孝无礼"的行径动摇了大汉朝的统治根基,而招致了群臣请废的结局,所以,霍光所说的"王

---

① 一方面,海昏侯墓中许多器物均是由山东迁来江西的,这从随葬的马蹄金、麟趾金,以及许多带有"昌邑"字样的漆器、铜器可以为证。另一方面,这种文化现象随人而迁徙的事例也有其他例证。如射阳的孔子见老子画像,有学者就推论,墓主人"很可能是东汉中期以后的原籍山东,或在那里做过官吏的儒学信徒,后期定居于射阳,死后埋于此。另从这一块画像石刻的风格与扬州附近所见的迥异,亦可作为它的佐证"。参见尤振尧《宝应〈射阳汉石门画像〉考释》,《东南文化》(第一辑),江苏古籍出版社 1985 年版,第 68—69 页。

行自绝于天"，就是刘贺帝位被废的主要原因。

他不修个人品行、不好治国之道而专好玩乐专权之事，也实在不是什么能够胜任皇帝之职的人选。只是作为"废帝"的刘贺，长期处于宣帝的监视之下，虽然内心不喜儒学、不遵礼仪，却需要做出一副尊孔崇儒、恪守君臣名分的样子，以打消宣帝对自己的忌惮，这样"孔子画像"作为常见的宣教之物，就成了很好的掩人耳目、为我所用的工具。因而"孔子衣镜"的拥有时间，最可能为刘贺"故王"阶段，衣镜的人物组合就是故国昌邑的流行样式，是山东地区尊孔崇儒风气的反映，只是后来随着刘贺就国豫章，衣镜也南迁到了江西。

受封海昏侯以后的刘贺，不臣之心渐露，他对帝位被废的不满和所封侯位的不知足，招致了"削户三千"的结果。也使之前"故王"阶段安分守己的表象暴露无遗，加之海昏侯墓中随葬器物、墓葬形制多存在违礼逾制的现象，说明刘贺即便在帝位废黜之后的人生生涯中，对于儒家学说也并非怀有发自内心的喜爱和打算去遵循的意图，而是继续给自己的被废寻找可以利用的借口。刘贺这样一种愤懑不平的心态和执着的权力欲望，还直接招致了死后因"暴乱之人不宜为太祖"而"不宜为立嗣，国除"的结局。总之，刘贺生前死后的种种迹象表明，刘贺确非尊孔崇儒、遵循礼仪之辈，"孔子衣镜"等文物的出土，并不能为刘贺"行昏乱"的历史形象提供有力的翻案支撑。

此外，从对刘贺形象的定位情况来看，也促使我们反思学术研究的导向。现今利用考古材料来探究历史真相的情况已是常有之事，但要科学判断历史事件和历史人物，需要谨慎论证，排除个人求新的欲望，尤其要注重分析人物的内心和事件发展的阶段，因为"物"是死的，"人"是活的。而且文献与文物资料不可偏废，要做到有机结合，才能发挥它们所具有的真正价值。

第二节 由汉代丧礼对刘贺形象的再思考

南昌海昏侯墓作为 2015 年度的全国重大考古发现之一，曾引发公众

第七章　有关衣镜主人刘贺《汉书》所载形象的再认识

追剧式的关注，人们在赞叹随葬品的精美之余，便津津乐道于刘贺一生跌宕起伏的传奇经历。学者们借助墓葬出土文物，对刘贺真实形象的讨论也尤为热烈，但除了少部分人还保持较为冷静的态度外，社会上已经形成了为刘贺平冤昭雪之风。而目前处于争论焦点的刘贺帝位被废一事，在西汉历史上空前而且绝后，作为大汉王朝的第九位皇帝，仅仅27天便被废黜的原因何在，吸引着古往今来的人们不断探求的目光。一方面，《汉书》的记载，说明刘贺被废的根本缘由在于居丧废礼；另一方面，有人凭借海昏侯墓中随葬的"孔子衣镜"和"儒家经典"等文物，认为刘贺本身尊孔崇儒，《汉书》记载有误，从而将考古与文献对立，将它们界定为孰是孰非的问题上来。那么，这种对于文物内涵的理解，以及对于班固记载的否定，是否代表了历史的真相所在呢？

针对目前普遍存在的这种翻案趋势，上节已经取被引以为最有力的证据"孔子衣镜"入手，围绕绘于其上的"孔子画像"，重新审视了衣镜的可靠价值。通过分析孔子画像与汉代教育、山东文化的关系，和观察刘贺生前死后的种种迹象，认为衣镜不足以证明刘贺就是一副儒者的形象，它所折射出的尊孔崇儒思想，只能代表受官方儒学教育影响下的整个社会风气，而并非刘贺的个人喜好。《汉书》有关刘贺废立事件的记载，也就是历史的真相所在。对于刘贺本来就荒淫无道的这种观点，本节则重点围绕作为翻案另一重要证据的儒家经典，结合墓葬的其他出土文物，对于《汉书》的相关记载予以再分析，再次证实记载的真实性和刘贺的本来面目。

一　《霍光传》所记刘贺帝位被废的原因

正确理解史书原意，是评判记载真实与否的前提，因而首先需要回归文献本身予以分析，以免差之毫厘、谬以千里。有关刘贺废立一事，集中记载于《汉书·霍光传》[①]之中，根据该篇所记，元平元年汉昭帝

[①] 见于（汉）班固撰，（唐）颜师古注《汉书》（九），中华书局1962年标点本，第2937—2946页。为行文方便，以下涉及该篇内容，不再一一注释。

· 427 ·

英年病逝，由于没有子嗣继位，在霍光的力主之下，第二代昌邑王刘贺被迎立为新帝，然而戏剧性的是，这位新皇帝仅仅坐了27天的宝座，又在霍光的提议之下，被赶回了原来的昌邑国，史称"汉废帝"。这就是人们常言的"成也霍光、败也霍光"，"行伊霍之事"也由此被用以形容权臣对于皇帝的擅自废立。虽然此事可见霍光在当时的权势之大，但以臣子身份想废黜皇帝绝非小事，若无极其具有说服力的理由，即使权势再大也无法成功。那么，霍光给出的理由是什么呢？解析霍光与群臣请求废黜刘贺的联名上书便可得知。

(一) 居丧而不改常

这主要是指刘贺居昭帝之丧，而不改变生活习惯，照常饮酒食肉、奏乐嬉戏、亲近女色等。包括：

第一，奔丧途中不改常。

即"不素食，使从官略女子载衣车，内所居传舍"。

第二，昭帝葬前不改常。

即初到长安，谒见太后，"立为皇太子，常私买鸡豚以食"；受皇帝玺印以来，又常与昌邑旧人"居禁闼内敖戏"；昭帝未葬，便"发乐府乐器，引内昌邑乐人，击鼓歌吹作俳倡"。

第三，昭帝葬后不改常。

即尚未除服，便"上前殿，击钟磬，召内泰一宗庙乐人辇道牟首，鼓吹歌舞，悉奏众乐。发长安厨三太牢具祠阁室中，祀已，与从官饮啖。驾法驾，皮轩鸾旗，驱驰北宫、桂宫，弄彘斗虎。召皇太后御小马车，使官奴骑乘，游戏掖庭中"；又"与孝昭皇帝宫人蒙等淫乱，诏掖庭令敢泄言要斩"；还"与从官、官奴夜饮，湛沔于酒。诏太官上乘舆食如故。食监奏未释服未可御故食，复召太官趣具，无关食监。太官不敢具，即使从官出买鸡豚，诏殿门内，以为常"。

(二) 居丧而乱出令

这主要是指刘贺在为帝的27天之内，随意发号施令、任意妄为，乱行赏罚、不听劝谏等。包括：

第七章 有关衣镜主人刘贺《汉书》所载形象的再认识

第一，昭帝葬前乱出令。

即"受皇帝信玺、行玺大行前，就次发玺不封"；"从官更持节，引内昌邑从官驺宰官奴二百馀人"；"自之符玺取节十六，朝暮临，令从官更持节从"；"为书曰'皇帝问侍中君卿：使中御府令高昌奉黄金千斤，赐君卿取十妻'"。

第二，昭帝葬后乱出令。

即"取诸侯王、列侯、二千石绶及墨绶、黄绶以并佩昌邑郎官者免奴。变易节上黄旄以赤。发御府金钱刀剑玉器采缯，赏赐所与游戏者"；"独夜设九宾温室，延见姊夫昌邑关内侯"；"祖宗庙祠未举，为玺书使使者持节，以三太牢祠昌邑哀王园庙，称嗣子皇帝"；"受玺以来二十七日，使者旁午，持节诏诸官署征发，凡千一百二十七事。文学光禄大夫夏侯胜等及侍中傅嘉数进谏以过失，使人簿责胜，缚嘉系狱"。

总结这两类多条的罪状，刘贺直接做错的实际就一件事——"不守丧礼"，这从食监上奏所称的"未释服"，也可知刘贺在位的这 27 日都处于服丧期间。由于刘贺居丧的种种行为都违背了丧礼，因而请求废黜刘贺的奏章，开篇就点明了"昌邑王典丧。服斩缞，亡悲哀之心，废礼谊"的缘故。是此刘贺被废乃是由于自身的"废礼"，正由于他奔丧不以礼、居丧不以礼、丧祭不以礼，终究招致了群臣废之的结局。所以，从《霍光传》所记刘贺的行事来看，皇太后给他的评价"悖乱"，大臣们给他定位的"荒淫迷惑"、"行淫辟不轨"，一点都不冤枉他。这与霍光事先与大臣商议废黜之事时，所说的"行昏乱"也吻合，因而班固作《汉书》时，对刘贺为帝的表现，直接概括为："既至，即位，行淫乱。"

二 《汉书》关于刘贺被废真实性的自证

对于《霍光传》的这段记载，多有揪着"受玺以来二十七日，使者旁午，持节诏诸官署征发，凡千一百二十七事"一句不放者，他们将之理解为《汉书》记载刘贺从接受皇帝玺印以来的 27 天之内干了 1127 件坏事，又据此臆测做了一道简单易懂的算术题，1127 件坏事除以 27 天，等于刘贺平均每天要干41.7件坏事,再刨去每天8小时睡眠时间,认为刘贺平均每小时要身体力行的做2.6件坏事,如此一算,大众出于人之常情考虑,自然觉得过于夸张,《汉书》的可信度也随之大打折扣。所以,现今每每观看关于刘贺的报道,多是为他叫屈的言论,许多学者也力图还原一个真实的刘贺,而这便是早就设想好的儒者形象。《汉书》也就因此成了为胜利者代言的失实之作,然而派遣使者持节诏令各官署征发之事,能与身体力行所干坏事划等号吗?错误原本就是显而易见的,只是"喜新"的人们愿意不明就里的去追寻热度。只要通检《汉书》,便可从多方面证实记载的无误,刘贺的被废就是咎由自取,不是霍光保存私心、一手遮天,更不是班固与他有仇、刻意丑化。

(一)刘贺先王后帝的表现互证

武、昭、宣之世,民众普遍"尊孔崇儒",这是否也影响到了刘贺?从他对待儒者、儒学的一贯态度,可见并非他的个人喜好。他在担任昌邑王时,不喜儒术而好玩乐、不听儒者进谏而任意妄为,便是他在奔丧途中与京师典丧过程中的种种违礼行为的最好证据。

第一,喜好玩乐、乱行赏罚。

《霍光传》中谈到的刘贺罪状,很多都与他喜爱玩乐、乱行赏罚有关,如乘法驾,用皮轩鸾旗,在北宫、桂宫策马疾驰,弄彘斗虎;又如调用皇太后专用的小马及车辆供昌邑官奴们骑坐,游戏于后宫;再如私自取出王侯官吏的多条绶带,免放一些昌邑旧人为良民;还如将御府中的金钱、刀剑、玉器、彩丝等物随意赏赐给那些陪他游玩的人们。此外,他不仅玩乐于宫内,还每每出外游戏。也正是在他出宫玩乐之日,朝廷风云为之大变,待回宫之后便很快被废。对此,《夏侯胜传》也说:"会昭帝崩,昌邑王嗣立,数出。"①

而观察他在昌邑国的既往表现,发现这些所作所为都属于正常情况。如《王吉传》记载,刘贺当昌邑王时,"不好书术而乐逸游,冯式撙衔,驰骋不止","好游猎,驱驰国中,动作亡节","幸方舆,

---

① (汉)班固撰,(唐)颜师古注:《汉书》(一〇),中华书局1962年标点本,第3155页。

第七章 有关衣镜主人刘贺《汉书》所载形象的再认识

曾不半日而驰二百里"。① 又如《武五子传》记载,刘贺在接到召他典丧的旨意后,日中从昌邑出发,"晡时至定陶,行百三十五里,侍从者马死相望于道"②。再如《五行志中之上》记载:"昭帝时,昌邑王贺遣中大夫之长安,多治仄注冠,以赐大臣,又以冠奴。……时王贺狂悖,闻天子不豫,弋猎驰骋如故,与驺奴宰人游居娱戏,骄嫚不敬。"③ 此外《循吏传》还记载:刘贺在昌邑王国,因为"动作多不正","尝久与驺奴宰人游戏饮食,赏赐无度",而使郎中令龚遂"痛社稷危也","内谏争于王"。龚遂不仅在昌邑曾直陈刘贺"亲近群小,渐渍邪恶"之过错;在长安还曾评论到:"王立为天子,日益骄溢,谏之不复听,今哀痛未尽,日与近臣饮食作乐,斗虎豹,召皮轩,车九流,驱驰东西,所为悖道。"④

对比刘贺在昌邑与长安,为王、为帝的前后表现,可以清晰地感受到它们若合符节、遥相辉映。再将龚遂这位忠诚正直士人的评价,与京城朝堂上众人对刘贺的看法相比较,可知《汉书》对于刘贺行为的记述,就是历史的本来面目,而非政治阴谋下的编排。

第二,任意妄为、不听劝谏。

刘贺即位仅27天,他的种种恶习便显露无遗,且"臣敞等数进谏,不变更,日以益甚"。即便在被废当日,刘贺还曾出宫玩乐,并将挡车提醒他将有谋反之事发生的光禄大夫夏侯胜捆绑处置。⑤ 面对暗波涌动

---

① (汉)班固撰,(唐)颜师古注:《汉书》(一〇),中华书局1962年标点本,第3058—3062页。有关王吉与刘贺的关系多见于此篇,以下不再一一注释。

② (汉)班固撰,(唐)颜师古注:《汉书》(九),中华书局1962年标点本,第2764页。

③ (汉)班固撰,(唐)颜师古注:《汉书》(五),中华书局1962年标点本,第1366—1367页。

④ (汉)班固撰,(唐)颜师古注:《汉书》(一一),中华书局1962年标点本,第3637—3638页。有关龚遂与刘贺的关系,多见于此篇,以下不再一一注释。

⑤ 《汉书·五行志下之上》记载:"昭帝元平元年四月崩,亡嗣,立昌邑王贺。贺即位,天阴,昼夜不见日月。贺欲出,光禄大夫夏侯胜当车谏曰:天久阴而不雨,臣下有谋上者,陛下欲何之?贺怒,缚胜以属吏,吏白大将军霍光。光时与车骑将军张安世谋欲废贺。"见(汉)班固撰,(唐)颜师古注《汉书》(五),中华书局1962年标点本,第1459页。对于此事,《夏侯胜传》中也有记载,见(汉)班固撰,(唐)颜师古注《汉书》(一〇),中华书局1962年标点本,第3155页。

的朝局，刘贺不仅自己没有丝毫觉察，还对夏侯胜的进谏不以为意，这与其他皇帝对于谋反慎之又慎的态度大相径庭，也给霍光与群臣的废黜腾出了空间与时间，由此可见刘贺对于进谏的态度。同样，他在王室的这种表现，也与他在昌邑国的既往保持一致。

如《王吉传》记载，王吉因通晓经学，后被举荐为贤良做了昌邑国的中尉，看到刘贺不喜欢读书，不探求治国方略，而乐于享乐、行为没有节制。王吉便上书规劝，认为这不仅耽误农时，有损百姓生活，也"非所以全寿命之宗也，又非所以进仁义之隆也"。而除去从王国百姓的利益，和刘贺自身身体的保护、德行的长进这些角度来劝谏刘贺外，王吉还进一步以刘贺与昭帝的关系来提醒他，说："诸侯骨肉，莫亲大王，大王于属则子也，于位则臣也，一身而二任之责加焉，恩爱行义，㦛介有不具者，于以上闻，非飨国之福也。"王吉希望通过自己的忠言，而使刘贺能够"考仁圣之风，习治国之道"。但刘贺只是表面说"中尉甚忠，数辅吾过"，并给予物质奖励，但实际是充耳不闻，依旧我行我素，也就是篇中所说的"其后复放从自若"。

又如《循吏传》记载，昌邑国郎中令龚遂以"明经"为官，看到刘贺"动作多不正"，也曾"涕泣膝行"以"社稷危也"为劝，希望他能收敛心性，远离邪恶小人，并为他挑选"郎中张安等十人侍王"，希望通过这些"通经术有行义者与王起居，坐则通《诗》、《书》，立则习礼容"，从而使刘贺能够勤学苦读、勤理政事，但"居数日，王皆逐去"。

正是鉴于刘贺的一贯行径，王吉在刘贺被迎立之初，就上书告诫过刘贺，让他对于昭帝之丧，应当日夜悲伤哭泣；对于权力的使用，应当学习殷高宗居丧期间不乱说乱作，听从大将军霍光之意，自己垂衣拱手南面而坐。① 若刘贺听从了王吉的规劝，历史肯定又会是另一番局面。

---

① 《汉书·王吉传》记载王吉劝谏刘贺说："臣闻高宗谅闇，三年不言。今大王以丧事征，宜日夜哭泣悲哀而已，慎毋有所发。……大将军仁爱、勇智、忠信之德，天下莫不闻，事孝武皇帝二十馀年，未尝有过。先帝弃群臣，属以天下，寄幼孤焉。大将军抱持幼君襁褓之中，布政施教，海内晏然，虽周公、伊尹亡以加也。今帝崩，亡嗣，大将军惟思可以奉宗庙者，攀援而立大王，其仁厚岂有量哉！臣愿大王事之敬之，政事一听之，大王垂拱南面而已。愿留意，常以为念。"

第七章 有关衣镜主人刘贺《汉书》所载形象的再认识

可惜的是，刘贺到了长安之后，习惯使然将王吉的话抛之脑后，"服斩缞，亡悲哀之心，废礼谊"。这些都证实了刘贺丧不改常而乱出令，所体现的就是他一贯的荒淫无道，因而群臣那封控告辞和废黜辞二合一的奏章，开篇才会以刘贺"废礼谊"而始，结尾才会以刘贺"荒淫迷惑，失帝王礼谊，乱汉制度"而终。

面对这个无品无能的皇帝，臣子们在屡次进谏也不见改变，反而愈发不可收拾时，才斗胆动了废黜之心，只是作为当时臣子之首的霍光，此事只能由他来提议。但从群臣对于刘贺的评价来看，他的种种行为早已导致人心尽失。这些都是刘贺不能胜任皇帝之职的理由，所以刘贺被废确实是他咎由自取。也因此有学者以刘贺身边多儒者为证据，来证明刘贺就是一副儒生形象，逻辑上有明显缺失，即便刘贺身边有再多的贤能之人，他作为权利中心，不听取别人意见，一切都是枉然。王吉、龚遂也因屡次劝谏刘贺，在刘贺被废后得以幸免于死，这正是《王吉传》所记载的："王既到，即位二十余日以行淫乱废。昌邑群臣坐在国时不举奏王罪过，令汉朝不闻知，又不能辅道，陷王大恶，皆下狱诛。唯吉与郎中令龚遂以忠直数谏正得减死，髡为城旦。"

（二）其他不守丧礼的结果互证

既然刘贺被废的直接原因在于违背丧礼，那么这个罪状是否只是在刘贺一人身上得到了运用，便是解开历史谜题的关键所在。若只是刘贺因此而受到了惩罚，那就是为废黜刘贺而特设的理由。而事实却并非如此，在西汉因不守丧礼而受到处置的，《汉书》中所记录的还有很多。

第一，在西汉因"居丧而不改常"受到惩罚的，不止刘贺一人。

其一，有居父丧奸淫且饮酒作乐，而身死国除的。

例1：汉景帝时，江都易王刘非薨，还未下葬，太子刘建便"居服舍，召易王所爱美人淖姬等凡十人与奸。建女弟徵臣为盖侯子妇，以易王丧来归，建复与奸"。因为居丧和平日的荒淫行为，时人称刘建"所行无道，虽桀纣恶不至于此"，最终被问罪自杀，

· 433 ·

国除为广陵郡。①

例2：汉景帝时，常山宪王刘舜薨，太子刘勃继位。因宪王病时，"不自尝药，又不宿留侍疾"，"及薨，六日出舍"，且"私奸、饮酒、博戏、击筑、与女子载驰，环城过市"，故"王数月，废，国除"。②

其二，有居母丧奸淫，而负罪自杀的。

例1：汉武帝元鼎元年，隆虑侯陈融"坐母丧未除服奸，自杀"。③

例2：汉武帝元鼎元年，堂邑侯陈季须"坐母公主卒未除服奸，兄弟争财，当死，自杀"。④

其三，有居君丧不哀且公然娶女、置酒歌舞，而罢官获罪的。

例1：汉成帝去世，哀帝即位"后月余，司隶校尉解光奏：'曲阳侯根……骨肉至亲，社稷大臣，先帝弃天下，根不悲哀思慕，山陵未成，公聘取故掖庭女乐五官殷严、王飞君等，置酒歌舞，捐忘先帝厚恩，背臣子义。及根兄子成都侯况幸得以外亲继父为列侯侍中，不思报厚恩，亦聘取故掖庭贵人以为妻，皆无人臣礼，大不敬不道'"。哀帝是以认为王根、王况"背忘恩义"，遂将王根"遣就国"；将王况免为庶人，"归故郡"；"根及况父商所

---

① 《汉书·景十三王传》，(汉) 班固撰，(唐) 颜师古注：《汉书》(八)，中华书局1962年标点本，第2414—2418页。
② 《汉书·景十三王传》，(汉) 班固撰，(唐) 颜师古注：《汉书》(八)，中华书局1962年标点本，第2434—2435页。
③ 《汉书·高惠高后文功臣表》，(汉) 班固撰，(唐) 颜师古注：《汉书》(二)，中华书局1962年标点本，第538页。
④ 《汉书·高惠高后文功臣表》，(汉) 班固撰，(唐) 颜师古注：《汉书》(二)，中华书局1962年标点本，第537页。

第七章 有关衣镜主人刘贺《汉书》所载形象的再认识

荐举为官者,皆罢"。①

此处所举五例中的江都王刘建、常山王刘勃、隆虑侯陈融、堂邑侯陈季须、曲阳侯王根、成都侯王况五人,与刘贺在居丧期间所做行径类同,都是在服丧期内而衣食住行不改于平常,饮酒食肉、奏乐嬉戏、近女色行淫乱等一贯如故。且五人因居丧无悲哀之心、不守礼仪,而身死、丢官、去爵、除国的事例,早在刘贺即位之前的景帝、武帝时期已经存在,晚在刘贺被废之后的哀帝时期仍然发生,可见早在刘贺即位之前的西汉,已经形成对王侯不守丧礼而论罪的惯有做法。而且这一做法也没有因为刘贺已经被废而消失,就充分说明了霍光及群臣上奏废除刘贺帝位的罪状不是"莫须有"的罪名。汉景帝时常山王刘勃因居丧不改常,而数月被废王位之事,则与刘贺不守丧礼而被废帝位之事,带有很大的相似性。所以,刘贺被废乃是按礼法的习惯处置方式,从这个角度来说,未见有何不妥。

另外,若按事件的发生顺序来看,刘贺在奔丧途中"不素食"、"载女子"的行为,违背的是奔丧之礼,而在西汉因违背奔丧之礼受到惩罚的,同样不止刘贺一人。如:

例1:有临丧后而免爵者。如汉武帝建元五年,北平侯张类"坐临诸侯丧后,免"。②

例2:有父死不奔丧而下狱者。如汉元帝初元二年,富平侯张勃举荐陈汤为茂材,"汤待迁,父死不奔丧,司隶奏汤无循行,勃选举故不以实,坐削〔户二百〕,会薨,因赐谥曰缪侯。汤下狱论"。③

---

① 《汉书·元后传》,(汉)班固撰,(唐)颜师古注:《汉书》(一二),中华书局1962年标点本,第4028页。
② 《汉书·高惠高后文功臣表》,(汉)班固撰,(唐)颜师古注:《汉书》(二),中华书局1962年标点本,第576页。
③ 《汉书·陈汤传》,(汉)班固撰,(唐)颜师古注:《汉书》(九),中华书局1962年标点本,第3007页。

此处所举两例分别发生于刘贺在位前后，可见惩罚违背奔丧之礼者，也不是为刘贺所特设。所以，刘贺即位之前固有惩罚违背丧礼者，刘贺违背丧礼而被废乃是情理之中，再比较其他身死国除者，他的被废一点也不冤枉。

第二，在西汉因违背其他丧祭之礼而受到惩罚的，还有许多。

从刘贺所违背的丧礼来看，既涉及葬前的丧葬之礼，又包括葬后的宗庙祭祀之礼。由此角度翻查《汉书》，同样可以看到许多相似案例。

其一，有因违背其他丧葬之礼，而丢官免爵的。

> 例1：有因埋葬过律而免爵的。如汉景帝后二年，武原侯卫不害"坐葬过律，免"。①
>
> 例2：有没把丧事办好而被丢官的。汉武帝建元六年，"窦太后崩，丞相（许）昌、御史大夫（庄）青翟"坐丧事不办，免"。②

其二，有因违背其他宗庙祭祀之礼，而降级丢官身死的。

> 例1：汉景帝中二年，临江王刘荣"坐侵太宗庙地，征诣中尉，自杀"。③
>
> 例2：汉武帝元朔三年，蓼侯孔臧"坐为太常衣冠道桥坏不得渡，免"。④
>
> 例3：汉武帝元狩四年，高景侯周平"坐为太常不缮园屋，免"。⑤

---

① 《汉书·高惠高后文功臣表》，（汉）班固撰，（唐）颜师古注：《汉书》（二），中华书局1962年标点本，第587页。
② 《汉书·田蚡传》，（汉）班固撰，（唐）颜师古注：《汉书》（八），中华书局1962年标点本，第2379页。
③ 《汉书·景帝纪》，（汉）班固撰，（唐）颜师古注：《汉书》（一），中华书局1962年标点本，第146页。
④ 《汉书·高惠高后文功臣表》，（汉）班固撰，（唐）颜师古注：《汉书》（二），中华书局1962年标点本，第551页。
⑤ 《汉书·高惠高后文功臣表》，（汉）班固撰，（唐）颜师古注：《汉书》（二），中华书局1962年标点本，第595页。

第七章 有关衣镜主人刘贺《汉书》所载形象的再认识

例4：汉武帝元狩五年，安乐侯李蔡"坐以丞相侵卖园陵道壖地，自杀"。①

例5：汉武帝元狩六年，俞侯栾贲"坐为太常雍牺牲不如令，免"。②

例6：汉武帝元狩十年，鄮侯萧寿成"坐为太常牺牲瘦，免"。③

例7：汉武帝元鼎二年，广阿侯任越人"坐为太常庙酒酸，免"。④

例8：汉武帝元鼎六年，"列侯坐献黄金酎祭宗庙不如法夺爵者百六人，丞相赵周下狱死。乐通侯栾大坐诬罔要斩"。⑤

例9：汉武帝太初二年，睢陵侯张昌"坐为太常乏祠，免"。⑥

例10：汉宣帝甘露元年，博阳侯丙显"坐酎宗庙骑至司马门，不敬，夺爵一级为关内侯"。⑦

除以上所列举事例之外，《汉书》的《百官公卿表下》和人物传中，还有许多因身为太常不循祭祀之职，违背一些宗庙祭祀仪式，而被免去职务的例证，此处不再一一列举。由所列宣帝之前的这些获罪案例，再联系刘贺相关的违礼事件，可以看出西汉丧祭之礼已经由礼入

---

① 《汉书·景武昭宣元成功臣表》，(汉) 班固撰，(唐) 颜师古注：《汉书》(三)，中华书局1962年标点本，第644页。
② 《汉书·景武昭宣元成功臣表》，(汉) 班固撰，(唐) 颜师古注：《汉书》(三)，中华书局1962年标点本，第636页。
③ 《汉书·高惠高后文功臣表》，(汉) 班固撰，(唐) 颜师古注：《汉书》(二)，中华书局1962年标点本，第543页。
④ 《汉书·高惠高后文功臣表》，(汉) 班固撰，(唐) 颜师古注：《汉书》(二)，中华书局1962年标点本，第603页。
⑤ 《汉书·武帝纪》，(汉) 班固撰，(唐) 颜师古注：《汉书》(一)，中华书局1962年标点本，第187页。
⑥ 《汉书·高惠高后文功臣表》，(汉) 班固撰，(唐) 颜师古注：《汉书》(二)，中华书局1962年标点本，第596页。
⑦ 《汉书·外戚恩泽表》，(汉) 班固撰，(唐) 颜师古注：《汉书》(三)，中华书局1962年标点本，第701页。

法，违背相关精神和规定就会被视为违法，从而受到惩罚和制裁。刘贺因违背丧礼而被废帝位的做法，便是西汉的惯例，尤其是汉武帝表彰六经、独尊儒术以来，儒家丧礼更是在西汉上层社会被强制推行。因此，刘贺不循祖宗之法、肆意妄为，而最终受到祖宗之法的严惩，乃是有因有果的正常情况。

三 海昏侯墓随葬儒家经典与刘贺的关系

在海昏侯墓随葬的约五千支竹简之中，考古人员依据初步的释读结果，已知有《论语》《孝经》《礼记》《易经》《医书》《悼亡赋》《五色食胜》等多部书籍①，可见大多为儒家经典。而且在出土的约二百版木牍之中，有一版是抄写的《论语》，与竹简上抄写规整的儒家经典不同，木牍上的文字则十分率性随意，接近章草，因此有学者猜测竹简内容为专门抄书人所写，这版木牍则是刘贺本人读书时随手做的笔记。② 此外，《霍光传》记载皇太后下诏批准群臣请求废黜刘贺的奏章后，霍光令刘贺起拜受诏，刘贺辩解到："闻天子有争臣七人，虽无道不失天下。"③ 刘贺所说的这句话，原文出自《孝经·谏诤章》所载孔子之语。④ 由此有关儒家经典的这些信息，也被人们借以配合同出的"孔子衣镜"，用于证明刘贺尊孔崇儒的形象。⑤ 此处就在文献认知刘贺的基础之上，围绕《论语》、《孝经》这两部与刘贺关系看似密切的书籍，再来评判这些儒家经典对于刘贺形象认识的价值，分析它们是否能够用以证明刘贺对于儒学的喜爱和尊重。

（一）刘贺与《论语》

海昏侯墓中既有竹简的《论语》，还有可能为刘贺手抄的木牍。那

---

① 杨军、徐长青：《南昌市西汉海昏侯墓》，《考古》2016年第7期，第61页。
② 王意乐、徐长青、杨军、管理：《海昏侯刘贺墓出土孔子衣镜》，《南方文物》2016年第3期，第70页。
③ （汉）班固撰，（唐）颜师古注：《汉书》（九），中华书局1962年标点本，第2946页。
④ 汪受宽撰：《孝经译注》，上海古籍出版社2004年版，第72页。以下对《孝经》的引用皆出自这一版本。
⑤ 杨军、王楚宁、徐长青：《西汉海昏侯刘贺墓出土〈论语·知道〉简初探》，《文物》2016年第12期，第75页。

· 438 ·

第七章 有关衣镜主人刘贺《汉书》所载形象的再认识

么，刘贺是否深受《论语》的影响呢？这还得看刘贺的行为与《论语》要义是否相符。然而比较的结果，却是完全不符，如：

第一，对于丧事的重要性，《论语》十分看重，讲究"死，葬之以礼，祭之以礼"①，而刘贺却不以为意、不按礼制行事。

第二，对于应当如何居丧，《论语》讲究"食旨不甘，闻乐不乐，居处不安，故不为也"②，而刘贺却饮食酒肉、鼓吹歌舞、亲近女色。

第三，对于居丧的核心要求，《论语》讲究"以哀为本"③，而刘贺却是"服斩衰，亡悲哀之心"。

第四，对于父亲的去世，《论语》讲究"三年无改于父之道，可谓孝矣"④，而刘贺却擅改节饰颜色，还与孝昭皇帝的宫人淫乱。

第五，对于国君的去世，《论语》讲究"君薨，百官总己以听于冢宰三年"⑤，而刘贺却是自己任意妄为。

第六，对于学习之事，《论语》讲究"不学礼，无以立"、"博学于文，约之以礼"、"见贤思齐"⑥，而刘贺却不好经典、不喜儒者、不依礼而行。

第七，对于国君与臣民的关系，《论语》讲究"君使臣以礼"、"修

---

① 《为政》载问孝，子曰："生，事之以礼；死，葬之以礼，祭之以礼。"（P13）《尧曰》记载："所重：民、食、丧、祭。"（P209）《子罕》记载子曰："出则事公卿，入则事父兄，丧事不敢不勉，不为酒困。"（P92）《子罕》记载："子见齐衰者……，见之，虽少，必作；过之，必趋。"（P89）《乡党》记载："见齐衰者，虽狎，必变。……凶服者式之。"（P107）

② 《阳货》记载子曰："夫君子之居丧，食旨不甘，闻乐不乐，居处不安，故不为也。"（P188）《述而》记载："子食于有丧者之侧，未尝饱也"；"子于是日哭，则不歌。"（P68）《乡党》记载："齐必变食，居必迁坐。"（P101）

③ 《子张》记载子张曰："祭思敬，丧思哀。"（P199）《子张》记载子游曰："丧致乎哀而止。"（P202）

④ 《学而》载子曰："父在，观其志；父没，观其行；三年无改于父之道，可谓孝矣。"（P7）

⑤ 《宪问》记载：子张曰："《书》云：'高宗谅阴，三年不言。'何谓也？"子曰："何必高宗，古之人皆然。君薨，百官总己以听于冢宰三年。"（P158）

⑥ 《雍也》记载子曰："君子博学于文，约之以礼，亦可以弗畔矣夫！"（P63—64）《里仁》载子曰："见贤思齐焉，见不贤而内自省也。"（P39）《季氏》记载子曰："不学礼，无以立。"（P178）《尧曰》记载孔子曰："不知命，无以为君子也；不知礼，无以立也；不知言，无以知人也。"（P211）

·439·

己以安百姓"①,刘贺自身却是"不孝无礼"、不问民间疾苦。

第八,对于如何选官,《论语》讲究"举直错诸枉"、"举善而教不能"②,而刘贺却是亲小人近臣,远贤能功臣,仅凭个人喜好而不论国家利益。

第九,对于天子如何为政,《论语》讲究"以德治国"、"率先垂范"③,而刘贺却以不孝无礼居天子之位,却不思治国之道。

第十,对于错误的态度,《论语》讲究"过而能改"④,而刘贺却是不知反省、"日以益甚"。

基于刘贺的种种表现,用《八佾》所载孔子之语评价就是:"居上不宽,为礼不敬,临丧不哀,吾何以观之哉?"⑤ 孔子不欲观之人,孔门的后学儒生们自然也不欲观,受儒生影响下的当时其他众人自然也不

---

① 《八佾》载定公问:"君使臣,臣事君,如之何?"孔子对曰:"君使臣以礼,臣事君以忠。"(P30)《子张》记载子夏曰:"君子信而后劳其民;未信,则以为厉己也。"(P201)《宪问》记载子曰:"上好礼,则民易使也。"(P158)《宪问》记载:"子路问君子",子曰:"修己以安百姓"。(P159)

② 《为政》载哀公问曰:"何为则民服?"孔子对曰:"举直错诸枉,则民服;举枉错诸直,则民不服。"(P19)《为政》载季康子问:"使民敬、忠以劝,如之何?"子曰:"临之以庄,则敬;孝慈,则忠;举善而教不能,则劝。"(P20)《颜渊》记载子曰:"举直错诸枉,能使枉者直";子夏曰:"富哉言乎! 舜有天下,选于众,举皋陶,不仁者远矣。汤有天下,选于众,举伊尹,不仁者远矣。"(P131)《卫灵公》记载子曰:"臧文仲其窃位者与! 知柳下惠之贤而不与立也。"(P165)《卫灵公》记载子曰:"君子不以言举人,不以人废言。"(P166)《微子》记载:"周公谓鲁公曰:'君子不施其亲,不使大臣怨乎不以。'"(P198)

③ 《为政》载子曰:"为政以德,譬如北辰居其所而众星共之。"(P11)《为政》载子曰:"道之以德,齐之以礼,有耻且格。"(P12)《颜渊》记载:"季康子问政于孔子。孔子对曰:'政者,正也。子帅以政,孰敢不正?'"(P129)《子张》记载子张:"执德不弘,信道不笃,焉能为有? 焉能为亡?"(P199)《子路》记载:"子路问政。子曰:'先之劳之。'请益。曰:'无倦'。"(P133)《子路》记载:"仲弓为季氏宰,问政。子曰:'先有司,赦小过,举贤才。'"(P133)《子路》记载子曰:"其身正,不令而行;其身不正,虽令不从。"(P136)《子路》记载子曰:"苟正其身矣,于从政乎何有? 不能正其身,如正人何?"(P138)《子路》记载子曰:"礼乐不兴,则刑罚不中;刑罚不中,则民无所错手足。"(P134)《子路》记载子曰:"上好礼,则民莫敢不敬;上好义,则民莫敢不服;上好信,则民莫敢不用情。"(P135)

④ 《述而》记载子曰:"德之不修,学之不讲,闻义不能徙,不善不能改,是吾忧也。"(P67)《卫灵公》记载子曰:"过而不改,是谓过矣。"(P168)《子张》记载子贡曰:"君子之过也,如日月之食焉,过也,人皆见之;更也,人皆仰之。"(P203)

⑤ 杨伯峻译注:《论语译注》,中华书局1980年版,第34页。本节所引用《论语》皆出自这一版本。

第七章 有关衣镜主人刘贺《汉书》所载形象的再认识

欲观,所以请求废黜刘贺的奏章中所用语句,就多次涉及了儒家经典的内容。此外,刘贺在担任昌邑王时,闻昭帝有疾而不忧虑等行为,也违背了《论语》关于"君臣父子"的理论。① 这样一个不忠不孝之人担任皇帝,如何起到《论语》所主张的统治者应当率先垂范的作用。他依据个人好恶而为的结果,只能招致《里仁》所载孔子所说的"放于利而行,多怨"②的结果。而且按照《论语》"行孝"与"为政"相通的主张③,刘贺的不孝行为还将使民风恶劣,从而导致犯上作乱之事的发生。《泰伯》记载,子曰"不在其位,不谋其政"④,刘贺既然居于天子之位,又无天子之德行,带头不行孝、不遵礼,那么为了防患于未然,废黜这个还未拜祭高庙、还不算正式天子的皇帝,也就成了合理明智之举。《微子》还记载:"齐人归女乐,季桓子受之,三日不朝,孔子行。"⑤ 此处孔子的行为也说明,面对昏暗政局,忠臣离职、贤能远走等离心离德之事的发生,有其合于礼制的一面。

总之,刘贺自己离经叛道的同时,也给人留下不孝之子、不明之君的形象。他本就没有循行,又不能改过迁善,自然会惹群臣忧虑,视之为"窃位者"。倘若继续为政,势必会造成臣下不忠、百姓不服、政令不通的严重后果。为了汉室江山永久,群臣与太后自然要使他不得立于朝堂宗庙。所以,刘贺表现与《论语》主张相较之下的结果,就是海昏侯墓中《论语》的出土,并不能改变《汉书》中的刘贺形象。

(二) 刘贺与《孝经》

海昏侯墓中既有竹简的《孝经》,刘贺又说出过《孝经》之语,说明他对《孝经》内容有一定的知晓,但这足以说明刘贺内心好儒吗?

---

① 《颜渊》记载:"齐景公问政于孔子。孔子对曰:'君君,臣臣,父父,子子。'"(P128)
② 杨伯峻译注:《论语译注》,中华书局1980年版,第38页。
③ 《为政》载子曰:"《书》云:'孝乎惟孝,友于兄弟,施于有政。'是亦为政,奚其为为政?"(P20—21)《学而》载有子曰:"其为人也孝弟,而好犯上者,鲜矣;不好犯上,而好作乱者,未之有也。君子务本,本立而道生。孝弟也者,其为仁之本与!"(P2)《学而》载曾子曰:"慎终,追远,民德归厚矣。"(P6)
④ 杨伯峻译注:《论语译注》,中华书局1980年版,第82页。
⑤ 杨伯峻译注:《论语译注》,中华书局1980年版,第193页。

比较之下不难发现，他的行为同样违背了《孝经》要义。如刘贺居丧不哀的种种表现，违背了《孝经》"死事哀戚"的主张。① 又如刘贺即皇帝位却不讲孝道的诸多行为，违背了《孝经》视孝为诸德之源②、为治国之本③的主张。又因为《孝经》还主张"孝亲"与"忠君"相通④，故而《五刑章》记载："子曰：'五刑之属三千，而罪莫大于不孝。……此大乱之道也。'"⑤

那么，按照《孝经》的理论，刘贺不孝无礼，就无法对臣民施行教化，臣民不知孝顺父母，就不知忠君爱国。同时，身为天子不奉行天经地义之法则，也就无法得到鬼神的福佑。而这样势必会引起儿女不孝、政令不行、臣民作乱、远方不服的严重后果，所以被称为"大乱之道也"。所以，刘贺对于《孝经》虽有了解，却未领略其精神，同样不能说明他曾经潜心儒学，这才有了他与《孝经》要义明显大相径庭的行为。

---

① 《丧亲章》记载："子曰：'孝子之丧亲也，哭不偯，礼无容，言不文，服美不安，闻乐不乐，食旨不甘，此哀戚之情也。……死事哀戚，生民之本尽矣。'"（P86）《纪孝行章》记载："子曰：'孝子之事亲也，……丧则致其哀，祭则致其严。'"（P53）

② 《开宗明义章》记载子曰："夫孝，德之本也，教之所由生也。……夫孝，始于事亲，中于事君，终于立身。"（P2）《圣治章》记载："子曰：'天地之性，人为贵。人之行，莫大于孝。'"（P42）

③ 《孝治章》记载："昔者明王之以孝治天下也，……故生则亲安之，祭则鬼享之，是以天下和平，灾害不生，祸乱不作"；"《诗》云：'有觉德行，四国顺之。'"（P36—37）《天子章》记载子曰："爱敬尽于事亲，而德教加于百姓，刑于四海。盖天子之孝也"；"《甫刑》云：'一人有庆，兆民赖之。'"（P9）《三才章》记载："曾子曰：'甚哉，孝之大也！'子曰：'夫孝，天之经也，地之义也，民之行也。天地之经，而民是则之。则天之明，因地之利，以顺天下。是以其教不肃而成，其政不严而治。先王见教之可以化民也，是故先之以博爱，而民莫遗其亲；陈之于德义，而民兴行；先之以敬让，而民不争；导之以礼乐，而民和睦；示之以好恶，而民知禁。'"（P30）《广要道章》记载："子曰：'教民亲善，莫善于孝。……安上治民，莫善于礼。'"（P61）《广至德章》记载："子曰：'君子之教以孝也。'"（P65）《感应章》记载子曰："昔者明王，事父孝，故事天明"；天子"宗庙致敬，不忘亲也。修身慎行，恐辱先也。宗庙致敬，鬼神著矣。孝悌之至，通于神明，光于四海，无所不通"；"《诗》云：'自西自东，自南自北，无思不服。'"（P77）

④ 《士章》记载："资于事父以事君，而敬同。……故以孝事君则忠。"（P22）《圣治章》记载："父子之道，天性也，君臣之义也。"（P43）《广扬名章》记载："子曰：'君子之事亲孝，故忠可移于君。'"（P68）

⑤ 汪受宽撰：《孝经译注》，上海古籍出版社2004年版，第58页。

第七章　有关衣镜主人刘贺《汉书》所载形象的再认识

对比《霍光传》的记载，发现请求废黜刘贺的奏章也提到了类似之语，其言：

> 《诗》云："籍曰未知，亦既抱子。"五辟之属，莫大不孝。周襄王不能事母，《春秋》曰："天王出居于郑"，由不孝出之，绝之于天下也。宗庙重于君，陛下不可以承天序，奉祖宗庙，子万姓，当废！

由此可知刘贺的居丧不哀，在时人看来就是犯了大不孝之罪，而五刑之罪，莫重于不孝，且古时本就有周襄王因不孝之罪，而被驱逐绝于天下的先例，刘贺既然如此不孝无礼，废黜刘贺自然就反成了合于礼制之事，所以"不孝"是众臣请求废黜刘贺的根本原因。因为按照当时"为人后者为之子"的礼制，刘贺虽非昭帝亲生，但既已被立为皇太子，就是继承的汉昭帝大业，为汉昭帝之子，自当为昭帝服父丧，是此奏章中才会提到刘贺"服斩衰之丧"。因而刘贺服丧不哀，就是不孝父亲、不尊祖宗、不重正统的体现。

刘贺不孝为何就会招致废黜的结局呢？这是在于汉室天子奉行"以孝治天下"的国策，因而田延才会说："汉之传谥常为孝者，以长有天下，令宗庙血食也。"在这样的文化氛围和政治背景之下，刘贺的行为已经动摇了国家统治根基，所以才会招致群臣"恐危社稷，天下不安"的忧虑。而群臣又相信"天子所以永保宗庙总一海内者，以慈孝礼谊赏罚为本"，刘贺内不怀慈孝之心，外又不行礼仪之举、不明赏罚之用，完全不见帝王应有的德行和智慧，便是没有资格做皇帝。所以自当可以秉承"宗庙重于君"的传统，废去不足以奉祀宗庙和为万民父母的淫乱之君。

而再次观察刘贺所说"闻天子有争臣七人，虽无道不失天下"的这句话，可以读出双重含义：一是刘贺对于自己的"无道"事实采取了默认的态度；二是刘贺在默认自己确有无道行为的同时，对于自己被废黜的结果却是不认可的。在他看来，若要为自己的行为找个责任人，

· 443 ·

那便是臣子，因为是臣子没有尽到进谏、规劝的责任，自己才会无道，所以他不当失去天下。很明显，刘贺仍旧未能认识到自己有何过错，理直气壮地为自己的无道寻找着自认为合法的借口和合理的替罪羊。由此可以感受到，刘贺拥有的是带有绝对君权色彩的帝王心态，儒家经典只是他为我所用的工具，刘贺内心对待儒学的这种自我意识，证明了"尊孔崇儒"并非刘贺的个人喜好。所以，即便以墓葬出土的《礼记》《易经》为例，同样不能说明刘贺就是深受儒家思想的熏陶。因为儒家经典旨意相通，同样讲究居丧以哀、以礼治国的理念。这正如《汉书·礼乐志》所说的：

人性"有哀死思远之情，（圣人）为制丧祭之礼，……哀有哭踊之节，……正人足以副其诚，邪人足以防其失"故"丧祭之礼废，则骨肉之恩薄，而背死忘先者众。……故孔子曰：'安上治民，莫善于礼'"，并且"六经之道同归，而《礼》《乐》之用为急。治身者斯须忘礼，则暴嫚入之矣；为国者一朝失礼，则荒乱及之矣"。①

因此，刘贺的个人喜好与儒家经典并没有多大关系。这些随葬经典与"孔子衣镜"一样，只能作为当时社会儒学氛围浓厚的证明。这在官方提倡的情况下，一点也不意外。因为自汉武帝接受董仲舒"罢黜百家、表彰六经"的建议以来，儒家学说就上升到国家意识形态的层面。《论语》、《孝经》等儒家经典，由于不仅陈孝道伦理，有助于个人的修身与安家；更兼具治国纲要，有助于君王的安邦与定国，所以它们自西汉中期以来是备受重视。故而汉昭帝从小所读之书就有《孝经》《论语》等，而如此做的目的便是"修古帝王之事"②；汉宣帝从小学习

---

① （汉）班固撰，（唐）颜师古注：《汉书》（四），中华书局1962年标点本，第1027—1028页。
② 《汉书·昭帝纪》记载：始元五年，汉昭帝诏曰："朕以眇身获保宗庙，战战栗栗，夙兴夜寐，修古帝王之事，通《保傅传》、《孝经》、《论语》、《尚书》。"见（汉）班固撰，（唐）颜师古注《汉书》（一），中华书局1962年标点本，第223页。

第七章 有关衣镜主人刘贺《汉书》所载形象的再认识

《论语》、《孝经》的经历①，更是成为他后来被选立为帝的政治资本。刘贺不好儒家书籍，不修儒家之道，自然也不具备相应德行，所以刘贺的被废，虽直接源于霍光和众大臣的奏章，但实际是他自己德行有亏才丢了天子之位。

只是霍光受武帝临终之托，害怕自己死后将无颜面见先帝，由此才生出了废黜之心。但联系刘髆曾因谋立太子之位的不孝之举，而被武帝放弃作为继承人选一事来看，刘贺的被废也当是武帝在世的选择。只是此事由执政大臣霍光提出，便惹出了这众多的非议与遐想。但从客观上来说，废黜刘贺不仅是适应时代需要的利国利民之举，也是秉承了武帝以来的一贯传统。总之，刘贺终归是自己招致了"光奏王贺淫乱，请废"的结局②，霍光所说的"王行自绝于天"③，就是刘贺帝位被废的主要原因。

此外，既然皇帝都在学习《论语》和《孝经》，刘贺有师传授儒家经典也就十分正常。对此《汉书·儒林传》有明确记载：

> 王式"为昌邑王师。昭帝崩，昌邑王嗣立，以行淫乱废，昌邑群臣皆下狱诛，唯中尉王吉、郎中令龚遂以数谏减死论。式系狱当死，治事使者责问曰：'师何以亡谏书？'式对曰：'臣以《诗》三百五篇朝夕授王，至于忠臣孝子之篇，未尝不为王反复诵之也；至于危亡失道之君，未尝不流涕为王深陈之也。臣以三百五篇谏，

---

① 《汉书·宣帝纪》记载：元平元年七月，霍光奏议曰："礼，人道亲亲故尊祖，尊祖故敬宗。大宗毋嗣，择支子孙贤者为嗣。孝武皇帝曾孙病已，有诏掖庭养视，至今年十八，师受《诗》、《论语》、《孝经》，操行节俭，慈仁爱人，可以嗣孝昭皇帝后，奉承祖宗，子万姓。"见（汉）班固撰，（唐）颜师古注《汉书》（一），中华书局1962年标点本，第238页。

② 对刘贺帝位废立的这段历史，《汉书》的《宣帝纪》《武五子传》《霍光传》都有记载。分别见于（汉）班固撰，（唐）颜师古注《汉书》（一、九、九），中华书局1962年标点本，第238、2764—2765、2937—2946页。

③ 《汉书·霍光传》载："大将军光送至昌邑邸，光谢曰：'王行自绝于天，臣等驽怯，不能杀身报德。臣宁负王，不敢负社稷。愿王自爱，臣长不复见左右。'光涕泣而去。"见于（汉）班固撰，（唐）颜师古注《汉书》（九），中华书局1962年标点本，第2946页。

是以亡谏书。'使者以闻，亦得减死论，归家不教授。"①

　　刘贺被废后朝廷对于昌邑群臣的这种分别处置，影射了霍光在刘贺废立一事上乃是公事公办。而从王式朝夕授王以《诗》，不管是反复诵读忠臣孝子之篇，还是流涕深陈危亡失道之君，刘贺却还是"以行淫乱废"的结局，可见刘贺身边虽然确实有众多儒者，但刘贺不好儒术、不听劝谏，所以虽然受过儒学教育，但这些当世名儒的讲授并未对刘贺发生实质性的作用。《汉书》没有隐去刘贺曾经有过学儒的这段经历，也反证了班固的记载乃是据实所录，而不是主观地捏造、增加或者夸大他的行为。至于刘贺拥有这批儒家经典的时间，依据《艺文志》"传《齐论》者，昌邑中尉王吉"等人的记载②，以及随葬《论语》即为《齐论》的情况，推测应当是他在昌邑居住期内，只是后来随着他的封侯才一并到了今天的南昌。

四　其他文物对《汉书》刘贺形象的证明

　　以上通过观察刘贺先王后帝的表现和其他不守丧礼的结果，证实了《汉书》关于刘贺被废记载的真实性。又通过刘贺与《论语》、《孝经》的关系分析，说明文物本身的历史信息并不一定等同于墓主人的喜好。然而针对还有以儒家经典和孔子衣镜之外的其他随葬物品③，来证明刘贺尊孔崇儒的现象，最后还需重新审视下它们的历史价值。对比之下，可以发现不少出土文物倒是可以与《汉书》关于刘贺的记载予以互证。部分举例如下：

（一）帝位废去之前的刘贺

第一，车辆5乘、马匹20驾的真车马陪葬坑的发现，与刘贺为王、

---

① （汉）班固撰，（唐）颜师古注：《汉书》（一一），中华书局1962年标点本，第3610页。
② （汉）班固撰，（唐）颜师古注：《汉书》（六），中华书局1962年标点本，第1717页。
③ 有关随葬物品的信息，参考杨军、徐长青《南昌市西汉海昏侯墓》，《考古》2016年第7期，第45—62页。

第七章 有关衣镜主人刘贺《汉书》所载形象的再认识

为帝阶段喜欢骑马涉猎、外出游玩的记载吻合。即便马匹本身还配有精美异常的当卢等饰品,可见刘贺之喜好程度。

第二,随葬的众多乐器、伎乐木俑和玉舞人,与刘贺在服丧期间仍鼓吹歌舞、游戏后宫的记载吻合。这些乐器不仅有两堵带有精美纹饰的编钟,和一堵全国首次发现的铁质编磬,还有琴、瑟、排箫等。此外,在首次发现的两部偶乐车(金车、鼓车)上,配有青铜錞于、青铜铙和建鼓等,也可见刘贺确实十分好乐。

第三,墓葬椁室中发现有乐车库、车马库、钱库、粮库、乐器库、酒具库、衣笥库、武库、文书档案库、娱乐用器库、厨具库,吃喝玩乐、衣服财物可谓面面俱到,正影射了刘贺帝位被废以前的贪于饮食享乐。其中,青铜蒸馏器的存在,和两件先秦收藏品皆为酒器的现象,更是直接印证了刘贺好饮的记载。

(二)帝位废去之后的刘贺

第一,墓中频繁出现带有"昌邑"字样的器物,如"昌邑籍田"铜鼎、"昌邑食官"铜鼎、"昌邑七年"漆瑟、"昌邑九年"漆器、"昌邑十一年"漆器等,与"废贺归故国,赐汤沐邑二千户,故王家财物皆与贺"[①]的记载吻合。

第二,随葬的"五味子"、"冬虫夏草"等医药和医书,以及一件漆盘底部的"医工五禁汤"五字,与刘贺在故王阶段,宣帝密令山阳太守张敞所监察到的"身体长大,疾痿,行步不便"[②]的记载吻合。

第三,刘贺墓在南昌的发现,与汉宣帝通过张敞的上奏,得知刘贺身体很差,并且"清狂不惠"后,"由此知贺不足忌。其明年春,乃下诏曰:'盖闻象有罪,舜封之,骨肉之亲,析而不殊。其封故昌邑王贺

[①]《汉书·武五子传》,(汉)班固撰,(唐)颜师古注:《汉书》(九),中华书局1962年标点本,第2765页。
[②]《汉书·武五子传》,(汉)班固撰,(唐)颜师古注:《汉书》(九),中华书局1962年标点本,第2767页。

· 447 ·

为海昏侯，食邑四千户。'……贺就国豫章"①的记载吻合。

第四，墓中金饼的发现，与元康三年汉宣帝在给刘贺封侯的同时，又批准"侍中卫尉金安上上书言：'贺，天之所弃，陛下至仁，复封为列侯。贺嚚顽放废之人，不宜得奉宗庙朝聘之礼'"②的记载吻合。因为这批金饼的性质，依据其上墨书题写的"南海海昏侯臣贺元康三年酎金一斤"的字样，可以确定为"酎金"。但由于刘贺失去了回京朝觐皇帝、拜祭祖庙的权利，他为回长安参加宗庙祭祀而准备贡奉天子的"酎金"，最终只能随同他一起埋入墓中。

第五，刘贺在封侯当年为助祭准备过酎金的情况，还与刘贺在海昏侯任上，"与故太守卒史孙万世交通"时所暴露出的，他相信自己将"王豫章，不久为列侯"③的想法吻合。因为若再次封王，他重获祭祀祖庙的权利也就有了可能。

第六，墓中出土的万余件器物，涉及生活、娱乐、文房、出行等多类用器，涵盖青铜器、金银器、玉器、漆木器、铁器、陶瓷器、纺织品、简牍等众多材质，不仅创造了江西考古史上墓葬文物数量、种类、工艺水平的多个第一，也创造了我国汉墓出土金器数量最多、种类最全的历史纪录，从而被不少人视为中国考古史上最"土豪"的陪葬。这又与刘贺去世后，经豫章太守廖建议，朝中皆以"暴乱之人不宜为太祖"而"不宜为立嗣，国除"④的记载吻合。因为"国除"，刘贺生前所拥有财富的大多数只能选择埋入地下。其中马蹄金和麟趾金的出土，

---

① 《汉书·武五子传》，（汉）班固撰，（唐）颜师古注：《汉书》（九），中华书局1962年标点本，第2768—2769页。
② 《汉书·武五子传》，（汉）班固撰，（唐）颜师古注：《汉书》（九），中华书局1962年标点本，第2769页。
③ 《汉书·武五子传》，（汉）班固撰，（唐）颜师古注：《汉书》（九），中华书局1962年标点本，第2769—2770页。
④ 《汉书·武五子传》记载：在刘贺去世后，"豫章太守廖奏言：'舜封象于有鼻，死不为置后，以为暴乱之人不宜为太祖。海昏侯贺死，上当为后者子充国；充国死，复上弟奉亲；奉亲复死，是天绝之也。陛下圣仁，于贺甚厚，虽舜于象无以加也。宜以礼绝贺，以奉天意。愿下有司议。'议皆以为不宜为立嗣，国除"。见（汉）班固撰，（唐）颜师古注《汉书》（九），中华书局1962年标点本，第2770页。

第七章　有关衣镜主人刘贺《汉书》所载形象的再认识

更是直接证实了墓中超乎寻常的陪葬品,就是汇聚了两代昌邑王的成果,因为这两类金器都是汉武帝为应和祥瑞而特制并用以颁赐诸侯王的黄金。①

第七,刘贺在帝位被废时所表露出的不甘;和他在封侯后与孙万世闲话中,表露出的对于当年没有"坚守毋出宫,斩大将军,而听人夺玺绶"的悔恨;以及扬州刺史柯将他与孙万世的谈话上奏朝廷之后,众人对他"暴乱之人"的评价,与墓中的随葬器物、墓葬形制等,多存在违礼逾制的现象②吻合。

由以上海昏侯墓与《汉书》多可互证的情况,也可见记载的可靠性。由昌邑国臣子对他"动作亡节"的评价,到长安朝臣对他"荒淫迷惑"的评价,再到帝位被废之后时人对他"嚚顽放废之人"的评价,以及卒于豫章之后时人对他"暴乱之人"的评价,均可见刘贺本就是《汉书》中"不孝无礼"的样子。因此,与刘贺在"故王"阶段的安分守己仅仅是一种表象一样,"儒家简牍"、"孔子衣镜",以及一些礼乐文墨器物,对刘贺而言只是浮于表面的物质工具。总之,刘贺生前死后的种种迹象表明,刘贺对于儒学的不尊重、不践行是自始而终的,正是由于这诸多特殊性,也提醒着以刘贺墓的保存完整,而将之视为研究汉代列侯葬制标本的提法还需谨慎。而且观宣帝即位之后的种种表现,也可见他更适合做大汉皇帝。这在给刘贺封侯一事上,即可明显看出。宣帝一方面想以此彰显自己重视骨肉亲情的仁义,另一方面为了确保刘贺

---

① 《汉书·武帝纪》记载:太始二年,汉武帝颁布诏书说:"往者朕郊见上帝,西登陇首,获白麟以馈宗庙,渥洼水出天马,泰山见黄金,宜改故名。今更黄金为麟趾褭蹄以协瑞焉。因以班赐诸侯王。"见(汉)班固撰,(唐)颜师古注《汉书》(一),中华书局1962年标点本,第206页。

② 对此已有学者有所涉及,可资参考。如熊长云认为:大刘记印的"大刘"印文与刘贺臣属的身份不合,"反映了制作印章时的特殊心态";周洪认为墓葬存在出土有天子祭天才能使用的苍璧,和天子祭祀上帝使用的供品金板,以及按照天子所居东北方位安置主棺位置等,明显逾礼的现象;张仲立、刘慧中认为墓葬显然存在墓园逾制、封土逾制、墓圹踩线、棺椁逾制、礼制建筑逾制等现象,可资参考。分别见于熊长云《海昏侯墓"大刘记印"小考》,《中国文物报》2015年12月18日第6版;周洪《有关海昏侯墓葬文物礼制的三个问题》,《南昌师范学院学报》2016年第2期,第1—4页;张仲立、刘慧中《海昏侯刘贺墓逾制几论》,《南方文物》2016年第3期,第57—58页。

没有东山再起的可能性，在给他封侯的同时，又剥夺了他贡奉宗庙、朝觐天子的权利，并继续使用他的监视手段。所以，将刘贺封为海昏侯，让他远离经济发达、文化繁荣的故土，而就国偏处南荒的豫章，就是汉宣帝明升暗降的政治伎俩。

小结

本节首先通过重读《霍光传》，知道《汉书》所载刘贺帝位被废的原因，在于他违背了丧礼，包括居丧而"不改常"和"乱出令"。其次，通过对比刘贺先王后帝的表现，认为他一贯不喜儒术而好玩乐、不听儒者进谏而任意妄为，如此他在奔丧途中与京师典丧过程中的种种行为也就记载无误。再次，通过参照其他不守丧礼皆获罪的结果，证明请求废黜刘贺的罪状并非为他而特设，而是秉承了先王们的惯有做法，自此可观丧礼对于西汉社会的重要影响。故而《汉书》的相关记载真实可靠，对此海昏侯墓存在与之相合的诸多信息，亦是其证。此外，还围绕刘贺行为与《论语》《孝经》要义进行分析，认为海昏侯墓随葬的儒家经典，同样不能作为刘贺个人好儒、崇儒的凭借，而是与"孔子衣镜"一般，反映的只是当时尊孔崇儒的社会风气。

总之，刘贺帝位被废的真相就是《汉书》所载的"荒淫迷惑，失帝王礼谊，乱汉制度"。由于他违背了"居丧以哀"的丧礼精神和"居丧改常"、"居丧委政"的丧礼形式，给朝臣传递了不孝之子、不明之君的印象。出于宗庙社稷的大局考虑，本着"宗庙重于国君"的传统，依据"五辟之属，莫大不孝"的治国策略，在霍光的提议下，经群臣奏请、皇太后批准，这个"不孝无礼"的非正式皇帝终遭废黜。刘贺的被废也就不是霍光因私废公，更不是班固刻意丑化，而是他咎由自取，刘贺冤屈的说法也就无从提及。因为从客观上来说，废黜刘贺不仅是适应时代需要的利国利民之举，也是秉承了武帝以来的一贯传统，历史也证明宣帝更适合做大汉天子。

总　　结

　　第一章：南昌海昏侯刘贺墓中出土的"孔子衣镜"，由于绘有迄今发现最早的孔子画像，引起了学者的广泛关注，被誉为国宝级文物，学术价值值得深入挖掘。通过对衣镜图文内容的深入剖析，可见其总体蕴涵着儒学深意，包括：以上（南）为尊、以左（东）为尊和以中为尊的方位信仰；对赤色、黄色、黑色和"五色"的信仰；以及尊师重教、男尊女卑、重人轻神和阴阳和谐等思想。故而，"孔子衣镜"毋庸置疑地展示了武、昭、宣之世"尊孔崇儒"的社会思潮。

　　第二章·第一节：通过衣镜"孔子传记"与《史记》的文字对比，可见"传记"的书写主要依据《孔子世家》，并间或参照了《仲尼弟子列传》和《太史公自序》，而仅有个例受自《公羊传》的影响。描绘的孔子"长人"和"布衣宗师"的形象，又可见"孔子图案"与《史记》同样吻合。如此，海昏侯墓衣镜"孔子画像"的图文创制，也就以《史记》为根本依据，"传记"与"图案"则互为参照。而这也同时说明了《史记》在武、昭、宣三帝时期有着比人们既往认知更早的流传和更大的影响，并印证了这一阶段尊孔崇儒的时代背景。

　　第二章·第二节：通过考察海昏侯墓出土的衣镜绘画，可见孔子画像事关汉代的教育大计。"孔子画像"的存在，在于时人对于孔子"至圣"的高度评价，和对他所提倡儒家学说的推崇。"孔子见老子画像"和"孔子与弟子画像"，分别展示了孔子"学而不厌"和"诲人不倦"的教育精神，并向世人传达了统治者"劝学""遵礼"的主观意图。这

·451·

种图画孔子的做法，作为汉武帝以来教育机构的一贯传统，也进而引领了整个汉代的艺术创作，孔子像也由此被广泛的描绘和塑造。所以，"孔子衣镜"所反映出的尊孔崇儒风气，正是汉代官学教育成果的展现。在汉代"孔子画像"的两大宗题材之中，道家人物作为陪衬随同出现的事实，则又是汉武帝以来儒道并存、儒主道辅思想格局的体现。

第三章·第一节：通过对刘贺墓衣镜画像中的"孔子弟子传记"进行考察，发现其依据的根本性文本就是《史记·仲尼弟子列传》。这主要表现为二者在文字表述、总体大意和篇章结构等多方面上具有的一致性，并以子路传记的逐句相应和子张传记"问干禄"的逐字相同尤其具有代表性。其中，二者表述方面存在的差异之处，本质上同样吻合；确有参照《论语》之处，则也是为了补充说明采自《史记》的相关内容。所以，虽然《仲尼弟子列传》的撰写，也存在重点取材"《论语》弟子问"的情况，但就衣镜"弟子传记"直接参考的主体文本而言，则应当还是《仲尼弟子列传》。而且，"孔子衣镜"上的这些弟子传记，对于《仲尼弟子列传》的引用，也证明《史记》在刘贺生前就已经存在流传并成为了汉人认识孔子师徒与孔学的重要文献。

第三章·第二节：海昏侯墓衣镜上"孔子师徒画像"中的七位弟子，总体上遵循着一种"前三后四"的结构。所谓的"前三"，直接与孔子认为的理想人格"君子"有关。也就是，画像中颜渊、子赣、子路这前三位弟子是与孔子作为固定的师徒组合而出现的。他们排列的先后顺序所反映出的地位高低，是刘贺所生活的武、昭、宣时期的一种普遍意识。而这样将三人组合并排序的依据，便是孔子提出的"君子道者三"的理论，反映在画像中便是三人"仁者"、"智者"、"勇者"的形象分别。因此，三人依次为这一阶段汉人眼中孔门最为重要的三大弟子，并是他们学习的"君子"典范。三人的排序，则也主要取决于孔子认为仁者高于智者、智者又高于勇者的"君子"评价标准。其中，能够好学乐道并懂得用行舍藏之理的颜渊，即凭借最为符合仁道的品行而享有孔门首徒的身份；属于辩才之器而又货殖谋利的子赣，即由于仁不足、智有余而位居颜渊之下、子路之上；展示出勇者形象的子路，则又因为未智、未仁而排列在三人之末。

第三章·第三节：在主张衣镜上孔子师徒画像中的前三位弟子为"君子"组合并对应孔子"君子道者三"之理论的基础上，进一步分析仁者颜渊、智者子赣、勇者子路作为孔门三大代表性弟子身份的形成原因与三人地位高下的排序依据，认为这不仅取决于孔子对于三人和三种君子的评价，也受到了春秋时代三人已然在孔门内外所形成的社会声名的影响。而且，这些关键因素，又都与颜渊、子赣、子路所具有的治国能力直接相关，三人也分别还有着孔子和楚国君臣看法中的辅相、使臣、将帅的形象。因此，孔子推崇的高层次的"君子"，本质上是能够治理邦国、天下的德才兼备之人；提倡的仁、智、勇的"三达德"，实则也即治政所需的三方面能力。至于衣镜画像中三弟子的"君子"组合，则也可谓是政治角度堪为治国的"国士"组合。

第四章·第一节：借助海昏侯墓"孔子衣镜"上的西王母和东王公图像，可知墓主人刘贺所处的西汉武、昭、宣时期乃是西王母信仰发展的关键阶段，并具有着承前启后的时代特征，既继承了西汉早期对西王母作为拥有不死之药的仙人身份的定位，又开启了西汉晚期西王母信仰兴盛的局面。这种信仰在西汉中期的显著发展，则突出表现在专门祭祀场所与祭祀活动的出现，以及西王母发展为神界主神并发展出对偶之神东王公等方面。二位仙人图像共同出现在衣镜边框的情况，也即是这种阶段特征的实物凭证，并体现了时人普遍存在的"长生不死"的精神追求和"好生恶死"的生命意识。而且，由于西王母信仰与阴阳理论、神仙观念密不可分，衣镜边框所绘西王母、东王公和其他仙人、灵兽的图案，应当也和道家思想有关，并与衣镜中部所绘的孔子师徒画像形成一种儒主道辅的局面。所以，衣镜的纹饰，不仅是一种为了美观的装饰，更是西汉中期社会面貌的缩影。

第四章·第二节：通过对刘贺墓《衣镜赋》"蜚虡"与司马相如《上林赋》"飞遽"的同异解析，可知二者虽然写法可通，但实则不能等同。就《上林赋》"飞遽"而言，其可以上溯的写法，以《汉书·司马相如传上》的"蜚遽"为正确，以《史记·司马相如列传》的"蜚虡"为讹误；其本身的词意，指真实的山中怪兽"飞猿"、"长臂猿"，也即《尔雅·释兽》的"豦"，而并非是古代注家所说的"鹿头龙身"的"天上神兽"。就《衣镜赋》"蜚豦"而言，虽然与"蜚遽"写法相通，但"飞猿"却难以满足《衣镜赋》第二章的大义，也即不能匹配"蜚豦"此处除凶猛兽、门户神兽与镜座象物的多重身份。因此，《衣镜赋》"蜚豦"的写法，应当有误。至于此处符合本义的正确写法，则应当是《史记》中出现的"蜚虡"，并正好是注家所说的"鹿头龙身"形象的合体神兽。

第四章·第三节：通过"麒麟"、"蜚虡"在身份、形象与人地层面的多角度相合，可以确定海昏侯刘贺墓出土"孔子衣镜"上《衣镜赋》第二章中作为镜座象物的"蜚虡"神兽，及其在天所为的"勾陈"星象，实质就是指"麒麟"无疑。麒麟神化之后的形象，则既是古代学者传言"蜚虡"、"勾陈"皆为的"鹿头龙身"，又是《焦氏易林》中的"麟趾龙身"神兽。"蜚虡"与《衣镜赋》第三章的"凤凰"、"玄武"、"苍龙"、"白虎"，即共同构成了汉人在地为"五灵"、在天为"五星"的"五行"组合，并分别匹配"中央土"与"南方火"、"北方水"、"东方木"、"西方金"。而且，这种"五灵"组合，又正是渊源于《衣镜赋》第五章所言"圣人"孔子的"四灵"思想，因而以"麒麟"为"五灵"之首并匹配为"五星"之首"勾陈"星象的观念，或许应当归属于孔子后学之中以五行灾异之说而传儒的汉世学者，并体现了汉儒对于麒麟、仁政的推崇与对于五行理论的信奉，以及借助五星占术以趋吉避凶的心愿等。若论"蜚虡"的创造年代，由"蜚虡"、"五灵"之词和"五星"之说，皆与《史记》有着的关键联系，则可知最早可以追溯至汉武帝时期。《衣镜赋》"蜚虡"所承载的史料作用，则也展示了"孔子衣镜"所具有的重要学术价值。

第五章·第一节：刘贺墓"孔子衣镜"上《衣镜赋》中实为"蜚

虞"而写作"蚩尤"的神兽形象,既为古代学者传言的"鹿头龙身",又为《焦氏易林》的"麟趾龙身",还是蔡邕所说"天官五兽"之中的中央土兽"大角轩辕"。其中,"鹿头"、"麟趾"、"大角"的描述,即指向"蚩虞"作为动物原型的"麒麟";"龙身"、"轩辕"的描述,则指向"麒麟"神化形象所兼容的"黄龙"特征。而且,汉人选择"黄龙"融入"麒麟"的神化形象,具有着时代的"五行"必然性。也即,在汉武帝改朔易服以来的五行理论之下,这是以"五灵"之"麒麟"匹配为"五星"之中央土星"勾陈"的星象,与"中央土"又对应为"五色"之"黄色"的色彩,以及"勾陈"、"黄龙"又都是隶属"五帝"之中央"黄帝"的祥瑞,且汉武帝还确立了汉德与"黄帝"同为"五德"之"土德"、同以"黄龙"为符应的一种必然结果。

第五章·第二节:海昏侯墓"孔子衣镜"上《衣镜赋》中的"蚩虞"神兽,以"白麟"为本体而兼容有象征"黄龙"的"黄色"、"龙鳞"与"龙翼"的神化形象,不仅是汉武帝以来"五行"理论渗透于汉代社会的必然结果,也事实吸收了麒麟大体毛色、阴阳相生之道、艺术创作潮流、现实功用需求与民族共存相安这些时代的合理因素。所以,被置于"五行"理论之中的《衣镜赋》"蚩虞",实则特指兼容有"黄龙"形象、并匹配为"勾陈"星象的神化"黄麟"。它的存在,既是西汉中期阴阳五行观念与祥瑞意识盛行的反映,又是汉武帝将之运用于政治并影响汉人生活的体现。而且,对于"麒麟"神化形象乃文化意识主导下艺术加工之物的这种认识,也提示着看待古人所信奉的这些神灵鸟兽,不在于一味强调它们后为"虚幻"的神兽性质,而在于探索它们先为"真实"的历史面貌。

第六章·第一节:由海昏侯墓"孔子画像"对于《史记》的采用事实,可知关于《史记》在汉代流传有限的认识,还有重新思考的必要。从该画像作用的时间、杨恽的宣布与桓宽所受影响来看,《史记》在宣帝朝便已经存在一定程度的流传。"盐铁会议"论辩双方对于《史记》的引用,则又说明这种流传早在昭帝朝便已初具规模。再联系汉武帝的书籍政策和司马迁的个人期望,《史记》流传的上限则还可以早至武帝朝,因而《汉书·司马迁传》"迁既死后,其书稍出"的记载具有真实性。若结合其他汉代孔子画像的情况与《史记》撰写的经历,以及衣镜孔子师徒传记引用《史记》的事实,则还可知《史记》在太史公生前就具有了流传的可能性。所以,衣镜的孔子师徒画像与《史记》的关联,实则展示了司马迁所成的这"一家之言"在西汉中期的深刻影响。

第六章·第二节:基于海昏侯墓"孔子画像"参照《史记》的情况,深入了解《史记》在西汉的流传形式。由《史记》和司马迁外孙杨恽的联系,与盐铁会议上朝野两类人士的征引,以及文献关于在朝学者与《史记》关联的记录,可知探讨《史记》的流传需要区分两个底本、两条渠道。其中,家传本在杨恽宣布之前,只有部分篇目对外流出,全本则仅限于家内传承;官藏本由朝廷秘府所收藏,在朝的一般官员往往按兴趣、需要选择部分篇目加以阅读;藏书、写书之官和其他在朝的学者所接触的则通常为全本。只是,在凭借人际关系而实现再次对外传播之时,《史记》的传播大体也是以单篇的形式而发生。孔子画像依据《孔子世家》、《仲尼弟子列传》和《太史公自序》而创作的事实,便是既证实了这样一种主要的流传形式,又说明了以汉成帝年间东平王求书被拒事件推定《史记》为汉代禁书而流传有限的惯常看法有误。

第七章·第一节:考虑借助海昏侯墓出土文物而较为普遍存在的为刘贺翻案的倾向,选取被引以为最有力的证据"孔子衣镜"及绘于其上的"孔子画像",通过分析孔子画像与山东文化的关系,以及观察刘贺生前死后的种种迹象,认为衣镜不足以证明刘贺就是一副儒者的形象,它所折射出的尊孔崇儒思想,只能代表受官方儒学教育影响下的整个社会风气,而并非刘贺的个人喜好。所以,衣镜对于刘贺而言,应当主要是一种掩人耳目的工具,《汉书》有关刘贺废立事件的记载,也应当就是刘贺的真实形象与其帝位继承权被废的历史真相。

总　　结

　　第七章·第二节：通过重读《汉书》，对比刘贺先王后帝的表现和其他不守丧礼的结果，可知他在奔丧和典丧过程中所表现的诸多违礼行为，正是他一贯不修个人品行、不好治国之道的体现。而且，惩治"居丧不哀"、"不孝无礼"，乃是先帝们的惯有做法，故而《汉书》对于刘贺的相关记载真实可靠。对此，海昏侯墓存在与之相合的诸多信息，亦是其证。至于随葬的儒家经典，所反映的则同样是当时社会尊孔崇儒、以儒教化的风气。刘贺帝位被废的起因，则也就是《霍光传》所言明的他"荒淫迷惑，失帝王礼谊，乱汉制度"的表现，而并非霍光的因私废公或班固的刻意丑化。刘贺与其他诸侯因不守丧礼而被废的事情，则也显示了西汉统治者对于丧礼与"以孝治天下"的看重。

参 考 文 献

一 传世文献类

(一) 二十四史类

(汉) 司马迁撰,(南朝宋) 裴骃集解,(唐) 司马贞索隐,(唐) 张守节正义:《史记》,中华书局 1982、2013 年标点本。

(汉) 班固撰,(唐) 颜师古注:《汉书》,中华书局 1962 年标点本。

(晋) 陈寿撰,(南朝宋) 裴松之注:《三国志》,中华书局 1982、1999 年版。

(南朝宋) 范晔撰,(唐) 李贤等注:《后汉书》,中华书局 1965 年标点本。

(唐) 房玄龄等撰:《晋书》,中华书局 1974 年版。

(唐) 魏征等撰:《隋书》,中华书局 1973 年版。

(五代后晋) 刘昫等撰:《旧唐书》,中华书局 1975 年版。

(清) 梁玉绳撰:《史记志疑》,中华书局 1981 年版。

(清) 梁玉绳撰:《汉书人表考》,中华书局 1985 年版。

贺次君:《史记书录》,商务印书馆 1958 年版。

(二) 十三经类

(周) 左丘明传,(晋) 杜预注,(唐) 孔颖达正义:《春秋左传正义》,北京大学出版社 1999 年版。

(汉) 公羊寿传,(汉) 何休解诂,(唐) 徐彦疏:《春秋公羊传注疏》,北京大学出版社 1999 年版。

（汉）孔安国传，（唐）孔颖达疏：《尚书正义》，北京大学出版社 1999 年版。

（汉）郑玄注，（唐）孔颖达疏：《礼记正义》，北京大学出版社 1999 年版。

（汉）郑玄注，（唐）贾公彦疏：《周礼注疏》，北京大学出版社 1999 年版。

（汉）毛亨传，（汉）郑玄笺，（唐）孔颖达疏：《毛诗正义》，北京大学出版社 1999 年版。

（魏）何晏注，（宋）邢昺疏：《论语注疏》，北京大学出版社 1999 年版。

（晋）郭璞注，（宋）邢昺疏：《尔雅注疏》，北京大学出版社 1999 年版。

（清）李道平撰，潘雨廷点校：《周易集解纂疏》，中华书局 1994 年版。

（清）朱彬撰，饶钦农点校：《礼记训纂》，中华书局 1996 年版。

杨伯峻编著：《春秋左传注》，中华书局 1990 年版。

周振甫译注：《周易译注》，中华书局 1991 年版。

王维堤、唐书文撰：《春秋公羊传译注》，上海古籍出版社 2004 年版。

承载撰：《春秋穀梁传译注》，上海古籍出版社 2004 年版。

杨天宇撰：《周礼译注》，上海古籍出版社 2004 年版。

杨天宇撰：《礼记译注》，上海古籍出版社 2004 年版。

汪受宽撰：《孝经译注》，上海古籍出版社 2004 年版。

刘毓庆、李蹊译注：《诗经》，中华书局 2011 年版。

（三）诸子类

（汉）韩婴撰，许维遹校释：《韩诗外传集释》，中华书局 1980 年版。

（汉）刘向撰，向宗鲁校证：《说苑校证》，中华书局 1987 年版。

（汉）班固撰：《白虎通德论》，上海古籍出版社 1990 年版。

（汉）贾谊撰，阎振益、钟夏校注：《新书校注》，中华书局 2000 年版。

（汉）应劭撰，王利器校注：《风俗通义校注》，中华书局 2010 年版。

（汉）刘向编著，石光瑛校释，陈新整理：《新序校释》，中华书局 2001、2017 年版。

（汉）扬雄：《扬子法言》，国学整理社编《诸子集成》（七），中华书局 2006 年版。

（汉）高诱注：《吕氏春秋》，国学整理社编《诸子集成》（六），中华书局 2006 年版。

（汉）王充：《论衡》，国学整理社编《诸子集成》（七），中华书局 2006 年版。

（汉）高诱注：《淮南子》，国学整理社编《诸子集成》（七），中华书局 2006 年版。

（清）焦循：《孟子正义》，国学整理社编《诸子集成》（一），中华书局 2006 年版。

（清）王先谦：《荀子集解》，国学整理社编《诸子集成》（二），中华书局 2006 年版。

（清）王先谦：《庄子集解》，国学整理社编《诸子集成》（三），中华书局 2006 年版。

（清）郭庆藩：《庄子集释》，国学整理社编《诸子集成》（三），中华书局 2006 年版。

（清）孙诒让：《墨子间诂》，国学整理社编《诸子集成》（四），中华书局 2006 年版。

（清）王先慎：《韩非子集解》，国学整理社编《诸子集成》（五），中华书局 2006 年版。

（清）戴望：《管子校正》，国学整理社编《诸子集成》（五），中华书局 2006 年版。

（清）刘宝楠撰，高流水点校：《论语正义》，中华书局 1990 年版。

（清）张敦仁：《盐铁论考证》，中华书局 1991 年版。

（清）苏舆撰，钟哲点校：《春秋繁露义证》，中华书局 1992 年版。

（清）陈立撰，吴则虞点校：《白虎通疏证》，中华书局 1994 年版。

杨伯峻译注：《论语译注》，中华书局1980年版。

马非百注释：《盐铁论简注》，中华书局1984年版。

王明撰：《抱朴子内篇校释》，中华书局1985年版。

汪荣宝撰，陈仲夫点校：《法言义疏》，中华书局1987年版。

程树德撰，程俊英、蒋见元点校：《论语集释》，中华书局1990年版。

杨明照撰：《抱朴子外篇校笺》，中华书局1991年版。

杨伯峻译注：《孟子译注》，中华书局2010年版。

陆玖译注：《吕氏春秋》，中华书局2011年版。

王利器校注：《盐铁论校注》，中华书局2015年版。

杨伯峻撰：《列子集释》，中华书局2016年版。

黄晖撰：《论衡校释》，中华书局2017年版。

黎翔凤撰，梁运华整理：《管子校注》，中华书局2018年版。

（四）四库影印类

（梁）沈约撰：《宋书》，《钦定四库全书·史部》，武英殿本，文渊阁藏（下同）。

（前蜀）杜光庭：《广成集》，《钦定四库全书·集部》。

（宋）毛晃：《增修互注礼部韵略》，《钦定四库全书·经部》。

（宋）张君房：《云笈七签》，《钦定四库全书·子部》。

（明）杨慎：《丹铅余录》，《钦定四库全书·子部》。

（明）周祈：《名义考》，《钦定四库全书·子部》。

（明）杨士奇：《文渊阁书目》，《钦定四库全书·史部》。

（明）杨慎：《升庵集》，《钦定四库全书·集部》。

（明）张溥：《汉魏六朝百三家集》，《钦定四库全书荟要·集部》。

（明）徐应秋：《玉芝堂谈荟》，《钦定四库全书·子部》。

（明）朱谋㙔撰，（清）魏茂林训纂：《骈雅训纂》，《钦定四库全书·经部》。

（清）陈元龙：《格致镜原》，《钦定四库全书·子部》。

（清）吴任臣：《山海经广注》，《钦定四库全书·子部》。

（清）徐文靖：《管城硕记》，《钦定四库全书·子部》。

（清）梁诗正等：《钦定叶韵汇辑》，《钦定四库全书荟要·子部》。

（宋）欧阳德隆撰，（宋）郭守正增修：《增修校正押韵释疑》，《文渊阁四库全书》第 237 册《经部十·小学类三·韵书之属》，台湾商务印书馆 1986 年版。

（金）韩道昭：《五音集韵》，《文渊阁四库全书》第 238 册《经部二三二·小学类》，台湾商务印书馆 1986 年版。

（元）黄公绍原编，（元）熊忠举要：《古今韵会举要》，《文渊阁四库全书》第 238 册《经部二三二·小学类》，台湾商务印书馆 1986 年版。

（元）阴劲弦、阴复春编：《韵府羣玉》，《文渊阁四库全书》第 951 册《子部二五七·类书类》，台湾商务印书馆 1986 年版。

（元）杨桓：《六书统》，《文渊阁四库全书》第 227 册《经部二二一·小学类》，台湾商务印书馆 1986 年版。

（明）朱朝瑛：《读诗略记》，《文渊阁四库全书》第 82 册《经部七六·诗类》，台湾商务印书馆 1986 年版。

（明）乐韶凤、宋濂等奉敕撰：《洪武正韵》，《文渊阁四库全书》第 239 册《经部二三三·小学类》，台湾商务印书馆 1986 年版。

（明）张次仲：《待轩诗记》，《文渊阁四库全书》第 82 册《经部七六·诗类》，台湾商务印书馆 1986 年版。

（清）吴士玉、吴襄等奉敕撰：《御定子史精华（三）》，《文渊阁四库全书》第 1010 册《子部三一六·类书类》，台湾商务印书馆 1986 年版。

（清）顾炎武撰：《历代帝王宅京记》，《文渊阁四库全书》第 572 册《史部三三〇·地理类》，台湾商务印书馆 1986 年版。

（五）其余类

（汉）刘安撰，（清）孙冯翼辑：《淮南万毕术》，王云五主编《丛书集成初编》第 694 册，商务印书馆 1939 年版。

（汉）蔡邕：《独断》卷上，王云五主编《丛书集成初编》第 811 册《汉礼器制度（及其他五种）》，中华书局 1985 年版。

（汉）许慎撰，（清）段玉裁注：《说文解字注》，上海古籍出版社 1988 年版。

（汉）卫宏撰，（清）孙星衍辑：《汉旧仪补遗》，（清）孙星衍等辑，周天游点校《汉官六种》，中华书局 1990 年版。

（汉）蔡邕：《琴操》，陈文新译注《雅趣四书》，湖北辞书出版社 1998 年版。

（汉）焦延寿著，尚秉和注，常秉义点校：《焦氏易林注》，光明日报出版社 2005 年版。

（汉）刘向集录，范祥雍笺证，范邦瑾协校：《战国策笺证》，上海古籍出版社 2011 年版。

（汉）刘歆等撰，王根林校点：《西京杂记》，上海古籍出版社 2012 年版。

（汉）焦延寿撰，徐传武、胡真校点集注：《易林汇校集注》，上海古籍出版社 2012 年版。

（汉）刘熙撰：《释名》，中华书局 2016 年版。

（晋）王嘉撰，（梁）萧绮录，齐治平校注：《拾遗记》，中华书局 1981 年版。

（晋）常璩撰，任乃强校注：《华阳国志校补图注》，上海古籍出版社 1987 年版。

（晋）葛洪撰，周天游校注：《西京杂记》，三秦出版社 2006 年版。

（晋）张华等撰，王根林等校点：《博物志》（外七种），上海古籍出版社 2012 年版。

（晋）干宝著，邹憬译注：《搜神记译注》，上海三联书店 2012 年版。

（晋）葛洪撰，谢青云译注：《神仙传》，中华书局 2017 年版。

（南朝梁）萧统编，（唐）李善注：《昭明文选》，崇文书局 2018 年版。

（北魏）郦道元著，陈桥驿校证：《水经注校证》，中华书局 2007 年版。

（唐）张彦远：《历代名画记》，人民美术出版社1963年版。

（唐）李吉甫撰，贺次君点校：《元和郡县图志》，中华书局1983年版。

（唐）段成式撰：《酉阳杂俎》，中华书局1985年版。

（唐）虞世南撰，陈虎译注：《帝王略论》，中华书局2008年版。

（宋）章樵注：《古文苑（一）》，王云五主编《丛书集成初编》第1692册，商务印书馆1937年版。

（宋）司马光编著，（元）胡三省音注：《资治通鉴》，中华书局1956年版。

（宋）李昉等撰：《太平御览》，中华书局1960年版。

（宋）洪适：《隶释》，新文丰出版公司编辑部编《石刻史料新编》第一辑第9册，台北：新文丰出版股份有限公司1977年版。

（宋）陈彭年：《宋本广韵》，中国书店1982年版。

（宋）洪兴祖撰，白化文等点校：《楚辞补注》，中华书局1983年版。

（宋）王钦若等编纂，周勋初等校订：《册府元龟》，凤凰出版社2006年版。

（宋）乐史撰，王文楚等点校：《太平寰宇记》，中华书局2007年版。

（宋）郭茂倩编：《乐府诗集》，中华书局2019年版。

（清）严可均校辑：《全上古三代秦汉三国六朝文》，中华书局1958年版。

（清）张玉书等编：《康熙字典》，上海书店1985年版。

（清）陈士珂辑：《孔子家语疏证》，上海书店1987年版。

（清）姚鼐著，刘季高标校：《惜抱轩诗文集》，上海古籍出版社1992年版。

（清）崇文书局编：《百子全书》，浙江古籍出版社1998年版。

（清）严可均校辑，许振生审订：《全后汉文》，商务印书馆1999年版。

（清）顾炎武著，黄汝成集释：《日知录集释》，上海古籍出版社2006年版。

（清）徐文靖撰，范祥雍点校：《管城硕记》，上海古籍出版社2013

年版。

（清）孔广森撰，王丰先点校：《大戴礼记补注》，中华书局2013年版。

徐宗元辑：《帝王世纪辑存》，中华书局1964年版。

王国维校：《水经注校》，上海人民出版社1984年版。

黄怀信：《逸周书校补注译》，西北大学出版社1996年版。

王国维撰，黄永年校点：《古本竹书纪年辑校·今本竹书纪年疏证》，辽宁教育出版社1997年版。

周明初校注：《山海经》，浙江古籍出版社2000年版。

徐元诰撰，王树民、沈长云点校：《国语集解》，中华书局2002年版。

何清谷撰：《三辅黄图校释》，中华书局2005年版。

黄怀信、张懋镕、田旭东撰：《逸周书汇校集注》，上海古籍出版社2007年版。

王国轩、王秀梅译注：《孔子家语》，中华书局2009年版。

姚春鹏译注：《黄帝内经》，中华书局2010年版。

杨朝明、宋立林主编：《孔子家语通解》，齐鲁书社2013年版。

袁珂校注：《山海经校注》，北京联合出版公司2014年版。

白云译注：《史通》，中华书局2014年版。

白冶钢译注：《孔丛子译注》，上海三联书店2014年版。

陈曦译注：《六韬》，中华书局2016年版。

［日］安居香山、［日］中村璋八辑：《纬书集成》，河北人民出版社1994年版。

二 考古文物类

（一）著作类

（宋）王黼著，诸莉君整理校点：《宣和博古图》，上海书店出版社2017年版。

朱锡禄编著：《武氏祠汉画像石》，山东美术出版社1986年版。

南阳汉代画像石学术讨论会办公室编：《汉代画像石研究》，文物出版社 1987 年版。

朱锡禄编著：《嘉祥汉画像石》，山东美术出版社 1992 年版。

马汉国主编：《微山县汉画像石精选》，中原出版社 1994 年版。

蒋英炬、吴文祺编著：《汉代武氏墓群石刻研究》，山东美术出版社 1995 年版。

中国画像石全集编辑委员会编：《中国画像石全集·第 1 卷·山东汉画像石》，山东美术出版社、河南美术出版社 2000 年版。

中国画像石全集编辑委员会编：《中国画像石全集·第 2 卷·山东汉画像石》，山东美术出版社、河南美术出版社 2000 年版。

中国画像石全集编辑委员会编：《中国画像石全集·第 5 卷·陕西、山西汉画像石》，山东美术出版社、河南美术出版社 2000 年版。

信立祥：《汉代画像石综合研究》，文物出版社 2000 年版。

李淞：《论汉代艺术中的西王母图像》，湖南教育出版社 2000 年版。

谭维四主编：《湖北出土文物精华》，湖北教育出版社 2001 年版。

张家山二四七号汉墓竹简整理小组编：《张家山汉墓竹简》，文物出版社 2001 年版。

孙桂俭编著：《汉画石语》，文物出版社 2007 年版。

牛天伟、金爱秀：《汉画神灵图像考述》，河南大学出版社 2009 年版。

邢义田：《画为心声：画像石、画像砖与壁画》，中华书局 2011 年版。

王纲怀编著：《汉镜铭文图集》，中西书局 2016 年版。

江西省文物考古研究所、首都博物馆编：《五色炫曜——南昌汉代海昏侯国考古成果》，江西人民出版社 2016 年版。

（二）论文类

冯汉骥：《四川的画像砖墓及画像砖》，《文物》1961 年第 11 期。

李也贞等：《有关西周丝织和刺绣的重要发现》，《文物》1976 年第 4 期。

黄明兰：《洛阳西汉卜千秋壁画墓发掘简报》，《文物》1977 年第 6 期。

朱锡禄：《山东嘉祥宋山发现汉画像石》，《文物》1979 年第 9 期。

朱锡禄：《嘉祥五老洼发现一批汉画像石》，《文物》1982 年第 5 期。

徐州市博物馆、沛县文化馆：《江苏沛县栖山汉画像石墓清理简报》，《考古学集刊》（第二集），中国社会科学出版社 1982 年版。

贾振国：《西汉齐王墓随葬器物坑》，《考古学报》1985 年第 2 期。

尤振尧：《宝应〈射阳汉石门画像〉考释》，《东南文化》（第一辑），江苏古籍出版社 1985 年版。

信立祥：《论汉代的墓上祠堂及其画像》，南阳汉代画像石学术讨论会办公室编《汉代画像石研究》，文物出版社 1987 年版。

王思礼：《山东画像石中几幅画像的考释》，《考古》1987 年第 11 期。

李学勤：《竹简〈家语〉与汉魏孔氏家学》，《孔子研究》1987 年第 2 期。

李学勤：《新发现简帛与汉初学术史的若干问题》，《烟台大学学报》（哲学社会科学版）1988 年第 1 期。

孙德萱等：《河南濮阳西水坡遗址发掘简报》，《文物》1988 年第 3 期。

丁清贤、张相梅：《1988 年河南濮阳西水坡遗址发掘简报》，《考古》1989 年第 12 期。

王思礼、赖非、丁冲、万良：《山东微山县汉代画像石调查报告》，《考古》1989 年第 8 期。

［美］巫鸿著，李凇译：《论西王母图像及其与印度艺术的关系》，《艺苑》1997 年第 3 期。

汪小洋：《汉画像石中西王母中心的形成与宗教意义》，《南方文物》2004 年第 3 期。

江继甚：《汉画像题榜艺术》，朱青生主编《中国汉画学会第九届年会论文集》，中国社会出版社 2004 年版。

史家珍、李娟：《洛阳新发现西汉画像砖》，《中原文物》2005 年第 6 期。

杨建东：《山东微山县近年出土的汉画像石》，《考古》2006 年第 2 期。

郑建芳：《论汉画像石中的孔子见老子》，顾森、邵泽水主编《大汉雄风——中国汉画学会第十一届年会论文集》，高等教育出版社 2008 年版。

乔修罡、王丽芬、万良：《山东平阴县实验中学出土汉画像石》，《华夏考古》2008 年第 3 期。

李强：《汉画像石〈孔子见老子图〉考述》，《华夏考古》2009 年第 2 期。

陈岩：《汉画"孔子见老子"的资源和制作》，中央美术学院 2011 年硕士学位论文。

周洪：《有关海昏侯墓葬文物礼制的三个问题》，《南昌师范学院学报》2016 年第 2 期。

张仲立、刘慧中：《海昏侯刘贺墓逾制几论》，《南方文物》2016 年第 3 期。

熊朝铜：《五色炫曜　盛世重光——南昌汉代海昏侯国考古成果展先睹记》，《武汉文博》2016 年第 2 期。

郭晶：《传奇发现南昌西汉海昏侯墓》，《江西画报》2016 年第 2 期。

周梦：《海昏侯墓创考古之最》，《世界知识画报》（艺术视界）2016 年第 4 期。

彭金鸿：《海昏侯墓大起底》，《老友》2016 年第 4 期。

罗婷：《海昏侯墓主刘贺》，《农民文摘》2016 年第 4 期。

罗婷：《埋在海昏侯墓里的汉废帝刘贺秘史》，《百姓生活》2016 年第 5 期。

《海昏侯的宝藏》，《小学科学》2016 年第 6 期。

陈明：《从海昏侯墓孔子画像看汉代墓室绘画》，《中国美术》2016 年第 4 期。

王刚：《海昏侯墓"大刘记印"研究二题》，《江西师范大学学报》（哲学社会科学版）2016 年第 2 期。

信立祥：《西汉废帝、海昏侯刘贺墓考古发掘的价值及意义略论》，《南方文物》2016 年第 3 期。

解华英、傅吉峰：《浅谈嘉祥县出土孔子、老子、晏子同在的汉画像石》，顾森、邵泽水主编《大汉雄风——中国汉画学会第十一届年会论文集》，高等教育出版社 2008 年版。

武红丽：《试论汉画像石中乐舞图像的来源与变化——从乐舞祠西王母说起》，《美苑》2010 年第 1 期。

刘信芳、苏莉：《曾侯乙墓衣箱上的宇宙图式》，《考古与文物》2011 年第 2 期。

李建平：《从定州简〈论语〉看"子贡"与"子赣"》，《文史杂志》2012 年第 3 期。

姜生、种法义：《汉画像石所见的子路与西王母组合模式》，《考古》2014 年第 2 期。

史培争：《汉画像与历史故事研究——以〈孔子问学〉〈荆轲刺秦王〉为中心》，东北师范大学 2015 年博士学位论文。

郭永秉：《屏风上的断想》，《文汇报》2015 年 12 月 13 日。

熊长云：《海昏侯墓"大刘记印"小考》，《中国文物报》2015 年 12 月 18 日第 6 版。

杨军、徐长青：《南昌市西汉海昏侯墓》，《考古》2016 年第 7 期。

王意乐、徐长青、杨军、管理：《海昏侯刘贺墓出土孔子衣镜》，《南方文物》2016 年第 3 期。

邵鸿：《海昏侯墓孔子屏风试探》，《江西师范大学学报》（哲学社会科学版）2016 年第 5 期。

王楚宁：《海昏侯墓系列研究》之《海昏侯墓孔子屏风浅释》《海昏侯墓"孔子立镜（孔子屏风）"再释》，北京联合大学文化遗产保护协会编《文化遗产与公众考古》（第三辑），2016 年。

杨军、王楚宁、徐长青：《西汉海昏侯刘贺墓出土〈论语·知道〉简初探》，《文物》2016 年第 12 期。

杨军、恩子健、徐长青：《海昏侯墓衣镜画传"野居而生孔子"考》，《江西师范大学学报》（哲学社会科学版）2018 年第 1 期。

三 其余论著类

（一）著作类

侯外庐等：《中国思想通史·第二卷》，人民出版社1957年版。

（清）皮锡瑞著，周予同注释：《经学历史》，中华书局1959年版。

金德建：《司马迁所见书考》，上海人民出版社1963年版。

陈直：《史记新证》，天津人民出版社1979年版。

李零：《李零自选集》，广西师范大学出版社1998年版。

翦伯赞：《秦汉史》，北京大学出版社1999年版。

徐复观：《两汉思想史》，华东师范大学出版社2001年版。

王国维：《观堂集林（外二种）》，河北教育出版社2001年版。

杨宽：《西周史》，上海人民出版社2003年版。

鲁迅：《鲁迅全集·第九卷·汉文学史纲要》，人民文学出版社2005年版。

[美] 巫鸿著，郑岩、王睿编：《礼仪中的美术：巫鸿中国古代美术史文编》，生活·读书·新知三联书店2005年版。

王永：《〈盐铁论〉研究》，宁夏人民出版社2009年版。

钱存训：《东西文化交流论丛》，商务印书馆2009年版。

辛德勇：《海昏侯刘贺》，生活·读书·新知三联书店2016年版。

钱穆：《孔子传》，九州出版社2017年版。

（二）论文类

陈直：《太史公书名考》，《文史哲》1956年第6期。

陈直：《汉晋人对史记的传播及其评价》，《四川大学学报》（社会科学版）1957年第3期。

黎子耀：《史学在魏晋南北朝时期的新地位》，《杭州大学学报》（哲学社会科学版）1979年第3期。

库尔班·外力：《〈西王母〉新考》，《新疆社会科学》1982年第3期。

陈直：《汉晋人对〈史记〉的传播及其评价》，历史研究编辑部编《司马迁与〈史记〉论集》,陕西人民出版社 1982 年版。

陈尽忠:《对司马迁生卒年的一些看法》,《厦门大学学报》1982 年第 S1 期。

[日]影山刚:《论〈盐铁论〉》,《中国古代的商工业与专卖制》,东京:东京大学出版会 1984 年版。

袁传璋:《王国维之司马迁"卒年与武帝相终始"说商兑——太史公卒年考辨之一》,《安徽师大学报》(哲学社会科学版) 1984 年第 2 期。

李伯勋:《再谈〈报任安书〉的写作年代与司马迁的卒年问题》,《青海社会科学》1985 年第 5 期。

李玉方:《两汉时期尊师重教及历史原因》,《徐州师范学院学报》1992 年第 3 期。

冯学忠:《〈史记〉正本藏何处》,秦始皇兵马俑博物馆、陕西省司马迁研究会编《司马迁与史记论文集》(第一辑),陕西人民出版社 1994 年版。

陈良运:《汉代〈易〉学与〈焦氏易林〉》,《中州学刊》1998 年第 4 期。

葛志毅:《汉代的博士与议郎》,《史学集刊》1998 年第 3 期。

徐复观:《〈盐铁论〉中的政治社会文化问题》,《两汉思想史》(第三卷),华东师范大学出版社 2001 年版。

顾颉刚遗著,王煦华整理:《孔子研究讲义按语》,《中国典籍与文化》编辑部编《中国典籍与文化论丛》(第七辑),北京大学出版社 2002 年版。

杨朝明:《〈孔子家语·颜回〉篇与"颜氏之儒"》,李小虎主编《齐鲁文化研究》(第一辑),山东师范大学学报编辑部 2002 年版。

黑琨:《〈盐铁论〉后半部非臆造之作论考》,《甘肃社会科学》2002 年第 1 期。

张玉春:《〈史记〉早期版本源流研究》,《史学史研究》2002 年第 1 期。

黑琨：《〈盐铁论〉成书时间考》，《四川师范大学学报》（社会科学版）2003 年第 2 期。

易平、易宁：《〈史记〉早期文献中的一个根本问题——〈太史公书〉"藏之名山，副在京师"考》，《南昌大学学报》（人文社会科学版）2004 年第 1 期。

姜维公：《汉代经学教育中的师法与家法》，《社会科学战线》2005 年第 1 期。

陈纪然：《汉唐间〈史记〉的传布与研读》，《学术交流》2006 年第 6 期。

杨颉慧：《从两汉人名看汉代的神仙信仰》，《西南大学学报》（人文社会科学版）2007 年第 1 期。

黄觉弘：《〈春秋〉家与汉魏时期〈史记〉之流传》，《唐都学刊》2008 年第 4 期。

王涛：《元前〈史记〉诠释文献研究》，山东大学 2008 年博士学位论文。

王永：《〈盐铁论〉成书时间再考论》，《宁夏师范学院学报》2009 年第 1 期。

高岩：《〈史记〉版本源流综述》，《长春理工大学学报》2010 年第 8 期。

龙文玲：《〈盐铁论〉引书用书蠡测》，《中国典籍与文化》2010 年第 1 期。

龙文玲：《〈盐铁论〉四十二至五十九篇非桓宽臆造——以〈盐铁论〉引书用书之考察为中心》，《首都师范大学学报》（社会科学版）2012 年第 6 期。

曾小霞：《〈史记〉〈汉书〉的叙述学及其研究史》，苏州大学 2012 年博士学位论文。

张柯：《与〈史记〉有关的汉画像石综述》，《开封大学学报》2013 年第 3 期。

宁镇疆：《〈礼记·檀弓上〉"不诚于伯高"再议——兼谈〈孔子家语〉的相关问题》，《中国典籍与文化》2013年第3期。

安子毓：《〈史记〉秦代史事辨疑三题》，中国社会科学院历史研究所文化史研究室编《形象史学研究》，人民出版社2014年版。

马怡：《西汉末年"行西王母诏筹"事件考——兼论早期的西王母形象及其演变》，《形象史学研究》2016年第1期。

黄今言、温乐平：《刘贺废贬的历史考察》，《江西师范大学学报》（哲学社会科学版）2016年第2期。

徐卫民：《汉废帝刘贺新论》，《史学月刊》2016年第9期。

孙筱：《从"为人后者为之子"谈汉废帝刘贺的立与废》，《史学月刊》2016年第9期。

臧知非：《刘贺立、废的历史分析》，《史学月刊》2016年第9期。

朱绍侯：《昌邑王废帝海昏侯刘贺经历考辨》，《南都学坛》2016年第4期。

孙家洲：《海昏侯刘贺"过山车式"政治生涯，透露出啥》，《人民论坛》2016年第10期。

吴军行、唐震刚：《海昏侯刘贺与音乐》，《星海音乐学院学报》2016年第3期。

李鹏为、安瑞军：《昌邑王登基前的一次天象》，《文史知识》2016年第11期。

赵生群：《〈史记〉相关重要问题和新版〈史记〉修订情况》，《文史哲》2017年第4期。

后　记

　　本书汇集了个人 2017 年至 2020 年上半年关于南昌汉代海昏侯刘贺墓所出土"孔子衣镜"的大部分研究成果。虽然曾经也多有费心劳力，但由于书稿写成之后便转而忙于其他项目的现实情况，一些学者此前已有发表或出版的成果便未能纳为参考对象，而这也即本书付梓之际仍尚未能改进之处。比如，对于"孔子衣镜"的称谓方式，本书遵从镜铭仍以"衣镜"称之，但实际已有学者以"衣镜"融合其更早的"屏风"称谓，称之为"镜屏"；对于"孔子衣镜"的原有形象，比较已有成果的复原图和相关介绍，以及海昏侯国遗址博物馆所展出的复原实物，又可见色彩和形制等方面有分别，而有关衣镜的这种新名与形象之间的学者认识差异等问题，本书便并未予以探讨。

　　同时，在重点研究"孔子衣镜"的学者之中，事实上还有江西师范大学王刚老师已发表的相关成果可供学界参考，而且 2021 年 10 月他所立项的国家后期资助项目《南昌海昏侯墓"孔子衣镜"研究》的预期成果也值得期待。总体而言，邵鸿、杨军、王仁湘等著名学者与王刚、王楚宁、王意乐、刘子亮等众多年富力强的学者对于"孔子衣镜"的共同关注，便是该文物具有重大学术价值的明确显示，本书呈现的个人看法则受限于写作之时的所见资料和脑力、学识。所以，要充分揭示该文物的历史内涵与海昏侯墓的时代信息，还需要众多的学者继续参与到这一话题之中。以个人的学研计划来说，对于个体的"孔子衣镜"和整体的"海昏侯墓"的兴趣，不会就此终止。前期保留的一些相关思考所得，后期也将寻找合适的时机和方式分享于同行专家，以敬

后　记

请指教。

　　本书的出版，既得益于王国维、徐中舒两位史学大家提出的新史学研究方法，又有劳于宫长为先生的帮助和南昌大学人文学院的大力支持，在此谨分别致以诚挚的敬意和衷心的感谢！

何　丹

2023 年 3 月 19 日